本書爲二〇一一年度國家社科基金重大項目《黑水城漢文文獻整理與研究》系列成果之一

中國藏黑水城漢文文獻的整理與研究（中）

孫繼民 宋坤 陳瑞青 杜立暉 等著

中國社會科學出版社

图书在版编目(CIP)数据

中國藏黑水城漢文文獻的整理與研究：全三册／孫繼民等著．—北京：中國社會科學出版社，2016.10
ISBN 978-7-5161-8781-4

Ⅰ.①中… Ⅱ.①孫… Ⅲ.①出土文物—文獻—研究—額濟納旗—西夏 Ⅳ.①K877

中國版本圖書館 CIP 數據核字(2016)第 196881 號

出 版 人	趙劍英
責任編輯	宋燕鵬
責任校對	石春梅
責任印製	李寡寡

出　　版	中国社会科学出版社
社　　址	北京鼓樓西大街甲 158 號
郵　　編	100720
網　　址	http://www.csspw.cn
發 行 部	010-84083685
門 市 部	010-84029450
經　　銷	新華書店及其他書店
印刷裝訂	北京君昇印刷有限公司
版　　次	2016 年 10 月第 1 版
印　　次	2016 年 10 月第 1 次印刷
開　　本	787×1092　1/16
印　　張	146.5
字　　數	2532 千字
定　　價	568.00 圓(全三册)

凡購買中國社會科學出版社圖書，如有質量問題請與本社營銷中心聯繫調換
電話：010-84083683
版權所有　侵權必究

第五冊

卷五　軍政與站赤文書卷

（一）人事與選官文書

1. 元至順元年（1130）吏部移咨甘肅行省文為尊順奴代鄭別乞帖木兒充亦集乃路譯史事（一）

題解：

本件《中國藏黑水城漢文文獻》中原始編號為F16：W2，出版編號為M1·0750，收於第五冊《人事與選官文書》第977頁，擬題為《翰林院經歷司呈擬生員尊順奴充亦集乃路譯史》，並記其尺寸為27.2cm×33.6cm。本件還收錄於《黑城出土文書（漢文文書卷）》第88頁《人事類》，其所記文書編號為F116：W2(1)，與《中國藏黑水城漢文文獻》原始編號異，並列出文書諸要素為：竹紙，殘，行草書，尺寸為33.1cm×26.3cm。該書將本號文書與《中國藏黑水城漢文文獻》第五冊《人事與選官文書》第999頁M1·0774［84H·F16：W7/0525］號文書統一編號為F116：W2，作為一件文書釋錄。按，兩號文書紙張、墨色一致，其綴合應無誤。文書前後均缺，現存文字9行。從內容來看，其應為吏部為尊順奴代鄭別乞帖木兒充任亦集乃路譯史一事移咨甘肅行省文。劉廣瑞則指出本件文書應為元代解由文書。文書擬題依綴合後所定。參考文獻：1. 潘潔、陳朝輝《黑水城出土元代亦集乃路選官文書》，《寧夏社會科學》2009年第3期；2. 吳超《黑水城出土文書所見人事變化初探》，《吉林師範大學學報》（人文社會科學版）2011年第3期；3. 劉廣瑞《黑水城所出元代解由文书初探》，《承德民族師專學報》2012年第2期。

錄文標點：

　　　　（前缺）

1. ☐☐☐☐☐☐☐☐☐☐ 奉 此 ①☐☐☐☐☐☐☐☐

2. 鄭別乞②帖木兒实歷俸月亦集乃路， 致 ☐③☐☐☐

3. 年四月至天曆二年十二月計廿一月，至順元年正④

4. 月至三月迁去甘州路，當年四月至六月計歷

5. 六月，總計廿七月。因病身故，関請照驗。准此，本

6. 部議得，翰林院經歷司呈擬：生員尊順奴充

7. 亦集乃路譯史，代鄭別乞⑤帖木兒滿闕，関會

8. 完俗。参詳此等名役，例從所擬，宜從朝省⑥

9. 移咨甘肅行省，就行合属，更⑦為照勘。 所 委 ☐☐

10. 前人身故中☐☐☐☐☐☐☐☐☐

　　　（後缺）

2. 元亦集乃路禮房付也火答布文為給付執照事

題解：

　　本件《中國藏黑水城漢文文獻》中原始編號為F116：W82，出版編號為M1·0751，收於第五冊《人事與選官文書》第978頁，擬題為《奉總府公給執照》，並記其尺寸為30cm×29.7cm。本件文書共兩件殘片，還收錄於《黑城出土文書（漢文文書卷）》第90頁《人事類》，所記文書編號為F116：W182，與《中國藏黑水城漢文文獻》原始編號異，該書將兩件殘片拼合為一釋錄，並列出文書諸要素為：竹紙，殘，行書，尺寸為21.3cm×30.0cm。文書共兩件殘片，殘片一現存文字3行，殘片二現存文字1行。本錄文按《黑城出土文書（漢文文書卷）》拼合後錄文，參照圖版釋錄。從內容來看，其應為亦集乃路禮房付也火答布執照文書。

---

① "奉 此"，《黑城出土文書》錄文未釋讀，現據圖版補。
② "別乞"，《黑城出土文書》錄文漏錄，劉廣瑞文作"奴尔"，現據圖版改。
③ 此字殘，《黑城出土文書》錄文作"和"，現存疑。
④ "正"，《黑城出土文書》錄文錄作下一行，劉廣瑞文同，現據圖版改。
⑤ "別乞"，《黑城出土文書》錄文漏錄，劉廣瑞文作"奴尔"，現據圖版補。
⑥ "省"，《黑城出土文書》錄文作"著"，劉廣瑞文作"者"，現據圖版改。
⑦ "更"，《黑城出土文書》錄文作"要"，劉廣瑞文同，現據圖版改。

錄文標點：

1. 皇帝聖旨裏，亦集乃路 礼 房 ①

2. 　　云云②。摁府今③給执照，付也火荅

3. 　 布 ④収执以 憑 施行。

4. 　　　　右給付也火荅□□□⑤
　　　　（後缺）

3. 元荅荅國公舉保文書

題解：

本件《中國藏黑水城漢文文獻》中原始編號為 F64：W6，出版編號為 M1·0752，收於第五冊《人事與選官文書》第 979 頁，擬題為《荅荅國公舉保文書》，並記其尺寸為 16.9cm×23.6cm。本件還收錄於《黑城出土文書（漢文文書卷）》第 90 頁《人事類》，其所記文書編號與《中國藏黑水城漢文文獻》原始編號同，並列出文書諸要素為：麻紙，殘，行書，尺寸為 23.4cm×16.6cm。文書現存文字 3 行，從內容來看，似為保舉文書。

錄文標點：

1. 如来寺□□□巴，年二十九歲

2. 前平涼府判只立哈郎⑥□

3. 荅荅⑦國公夆保
　　　　（後缺）

---

① " 礼房 "，《黑城出土文書》錄文作 " 總管府 "，現據圖版改。
② " 云云 "，《黑城出土文書》錄文 " 奉 "，現據圖版改。
③ " 今 "，《黑城出土文書》錄文 " 公 "，現據圖版改。
④ " 布 "，《黑城出土文書》錄文作 " 右 "，現據圖版改。
⑤ 文書第 1—3 行為殘片一内容，第 4 行為殘片二内容。
⑥ " 郎 "，《黑城出土文書》錄文作 " 即 "，現據圖版改。
⑦ 第二個 " 荅 " 為省文符號，現徑改。

4. 元甘州路總管府依例貼補本路所闕司吏文書殘片

題解：

本件《中國藏黑水城漢文文獻》中原始編號為 F125：W8，出版編號為 M1·0753，收於第五冊《人事與選官文書》第 980 頁，擬題為《甘州路總管府遇本路司吏有闕依例貼補文書》，並記其尺寸為 10cm×27.4cm。本件還收錄於《黑城出土文書（漢文文書卷）》第 90 頁《人事類》，其所記文書編號與《中國藏黑水城漢文文獻》原始編號同，並列出文書諸要素為：竹紙，殘，行草書，尺寸為 26.7cm×8.7cm。文書前後均缺，現存文字 3 行。從內容來看，其似為甘肅行省下甘州路總管府劄付。

錄文標點：

（前缺）

1. ▭▭▭▭▭▭▭▭劄付照會▭▭
2. ▭▭付甘州路總管府，遇本路司吏內有闕，依例貼補
3. ▭▭▭到，如蒙將巨｜淵｜発於別路司吏近闕內貼補

（後缺）

5. 元某司故牒某路判官乞立馬沙敦武殘片

題解：

本件《中國藏黑水城漢文文獻》中原始編號為 F111：W45，出版編號為 M1·0754，收於第五冊《人事與選官文書》第 980 頁，擬題為《本路判官乞立馬沙敦武文牒》，並記其尺寸為 18.5cm×22cm。本件還收錄於《黑城出土文書（漢文文書卷）》第 90 頁《人事類》，其所記文書編號與《中國藏黑水城漢文文獻》原始編號同，並列出文書諸要素為：竹紙、殘、草行書，尺寸為 21.7cm×18.2cm。文書前後均缺，現存文字 3 行，首行有塗抹痕跡。從內容來看，其應為某司牒判官乞立馬沙敦武文書殘片。

錄文標點：

（前缺）

1. ☐須至牒者①
2. 右故牒
3. 本路判官乞立馬沙敦武
      （前缺）

6. 元至正廿五年（1365）劉住哥解由文書（一）

題解：

本件《中國藏黑水城漢文文獻》原始編號為F131：W1，出版編號為M1·0755，收於第五冊《人事與選官文書》第982頁，擬題為《劉住哥籍貫與祖孫三代歷仕狀》，並記其尺寸為15.2cm×29.9cm。本件還收錄於《黑城出土文書（漢文文書卷）》第89頁《人事類》，所記文書編號與《中國藏黑水城漢文文獻》原始編號同，並列出文書諸要素為：麻紙、殘、行草書，尺寸為29.3cm×14.3cm。文書前後均缺，現存文字8行。劉廣瑞指出本號文書與《中國藏黑水城漢文文獻》第五冊《人事與選官文書》第983頁M1·0756［F64：W2］號文書字跡一致，紙張相同，內容相關，應為同件文書，本號文書應接於M1·0756［F64：W2］號文書之後，其綴合之後為元代解由文書。杜立暉同意其為解由文書，但指出兩件文書應為同組文書，而非同件文書。參考文獻：1. 潘潔、陳朝輝《黑水城出土元代亦集乃路選官文書》，《寧夏社會科學》2009年第3期；2. 吳超《黑水城出土文書所見人事變化初探》，《吉林師範大學學報》（人文社會科學版）2011年第3期；3. 劉廣瑞《黑水城所出元代解由文書初探》，《承德民族師專學報》2012年第2期；4. 杜立暉《從黑水城文獻所見元代解由文書的體式變化與運作流程》，（待刊）。

錄文標點：

　　　　（前缺）
1. 　　　　一②劉住哥，見年卅二歲☐係寄受③
2. 　　　　　路庠序坊住貫平涼府民籍，自来

---

① 本行文字起首處有數字被塗抹。
② "一"為文書事項符號，下第5行同。
③ "受"，《黑城出土文書》錄文作"居在"，現據圖版改。

3.　　　　　　　不曾更名，見西関①寄受路②提領所民③户
4.　　　　　　　差役。
5.　　　　一三代：
6.　　　　　　曾祖父不記名諱；
7.　　　　　　祖父刘文振，欽管
8.　宣命奉議大夫，贈宣＿＿＿＿＿
　　　（後缺）

7. 元至正廿五年（1365）劉住哥解由文書（二）

題解：

本件《中國藏黑水城漢文文獻》中原始編號為F64：W2，出版編號為M1・0756，收於第五冊《人事與選官文書》第983頁，擬題為《沙州路達魯花赤總管府據稅使司呈准本司副使劉住哥歷仕狀》，並記其尺寸為41.8cm×31.1cm。本件還收錄於《黑城出土文書（漢文文書卷)》第88—89頁《人事類》，其所記文書編號與《中國藏黑水城漢文文獻》原始編號同，並列出文書諸要素為：麻紙、缺、草行書，尺寸為30.0cm×41.7cm。文書前完後缺，現存文字18行。劉廣瑞指出本號文書與《中國藏黑水城漢文文獻》第五冊《人事與選官文書》第982頁M1・0755［F131：W1］號文書字跡一致，紙張相同，內容相關，應為同件文書，本號文書應接於M1・0755［F131：W1］號文書之前，其綴合之後為元代解由文書。杜立暉同意其為解由文書，但指出兩件文書應為同組文書，而非同件文書，且本件文書應位於M1・0755［F131：W1］號之後。參考文獻：1. 潘潔、陳朝輝《黑水城出土元代亦集乃路選官文書》，《寧夏社會科學》2009年第3期；2. 吳超《黑水城出土文書所見人事變化初探》，《吉林師範大學學報》（人文社會科學版）2011年第3期；3. 劉廣瑞《黑水城所出元代解由文書初探》，《承德民族師專學報》2012年第2期；4. 杜立暉《黑水城所出元代解由文書再探》（待刊）。

---

① "西関"，《黑城出土文書》錄文作"□此"，現據圖版改。
② 《黑城出土文書》錄文於"路"字後衍錄一"府"字，現據圖版改。
③ "民"原作"軍"，後改寫為"民"，《黑城出土文書》錄文作"軍"。

錄文標點：

1. 皇帝聖旨裏，沙州路達魯花赤摠管府據稅史①
2. 　司呈：准本司付史②刘住哥関③，除前歷仕，前至正④
3. 　　廿三年三月内祗受⑤
4. 　　甘肅行省⑥剳付，除充前役⑦，代兀馬兒滿闕，自⑧至正
5. 　　廿四年三月内□役勾當，至至正廿五年三月内有新
6. 　　任付史唐完者代訖，計歷一十二月。緣住哥自到任
7. 　　至得代，中間並无侵借係官錢粮□□付与□⑨，
8. 　　亦无公私过犯，抄連所受⑩文憑，開坐三代歷
9. 　　仕，関請照驗，轉達給由施行。准此，申乞照驗。得此⑪
10. 　　付勘无過，办憑⑫无偽。今將本人歷仕三代開坐在
11. 　　前，今用天字五十四号半印勘合書填前去，官吏
12. 　　保結，合行具申，　　伏乞
13. 　　照驗施行。　須至申者：
14. ＿＿＿＿＿＿＿人氏□計歷⑬
15. ＿＿＿＿＿
16. ＿＿＿＿＿
17. ＿＿＿＿＿□⑭
18. ＿＿＿＿＿＿＿集乃寄居，本家听除
　　　（後缺）

---

① 據文意推斷，"史"應為"使"，《黑城出土文書》錄文作"使"。
② 據文意推斷，"史"應為"使"，《黑城出土文書》錄文作"使"。
③ "関"，《黑城出土文書》錄文作"開"，現據圖版改。
④ "正"，《黑城出土文書》錄文錄作下一行，現據圖版改。
⑤ "受"，《黑城出土文書》錄文作"候"，現據圖版改。
⑥ "行省"，《黑城出土文書》錄文作"行中書省"，現據圖版改。
⑦ "前役"，《黑城出土文書》錄文作漏錄，現據圖版補。
⑧ "自"，《黑城出土文書》錄文漏錄，現據圖版補。
⑨ "与□"，《黑城出土文書》錄文作"正官"，現據圖版改。
⑩ "抄連所受"，《黑城出土文書》錄文作"按連所需"，現據圖版改。
⑪ "得此"，《黑城出土文書》錄文作"將比"，現據圖版改。
⑫ "办憑"原作"憑办"，旁加倒乙符號，現徑改。
⑬ "歷"，《黑城出土文書》錄文作"祇"，現據圖版改。
⑭ 第15—17行《黑城出土文書》錄文未標注，現據圖版補。

8. 元至治三年（1323）亦集乃路管領新附屯田軍百户所給吳政宗充本屯倉官付身（一）

題解：

本件《中國藏黑水城漢文文獻》中原始編號為 F13：W131，出版編號為M1·0757，收於第五冊《人事與選官文書》第 984 頁，擬題為《吳政宗充本屯倉官狀》，並記其尺寸為 57.3cm×39.5cm。本件還收錄於《黑城出土文書（漢文文書卷）》第 89 頁《人事類》，其所記文書編號為 Y1：W131，與《中國藏黑水城漢文文獻》原始編號異，並列出文書諸要素為：竹紙、整、楷書，尺寸為 38.0cm×57.1cm。文書首尾均全，上下完整，現存文字 8 行。本號文書與《中國藏黑水城漢文文獻》第五冊《人事與選官文書》第 1000 頁M1·0775〔F3：W101〕號文書均有"付吳政宗"幾字，且字跡相同，應為同組文書。吳超指出該文書為亦集乃路文書。從內容來看，其應為亦集乃路總管府下屬機構管領新附屯田軍百户所批准向吳政宗發放付身的公文原件。參考文獻：1. 吳超《亦集乃路農業管理初探》，《吐魯番學研究》2008 年第 2 期；2. 徐悅《元代亦集乃路的屯田開發》，《寧夏社會科學》2008 年第 3 期；3. 吳超《黑水城出土文書所見人事變化初探》，《吉林師範大學學報》（人文社會科學版）2011 年第 3 期；4. 杜立暉《元代付身考——以黑水城元代付身文書為中心》（待刊）；4. 李逸友《元代文書檔案制度舉隅——記內蒙古額濟納旗黑城出土元代文書》，《檔案學研究》1991 年第 4 期。

錄文標點：

1. 皇帝聖旨裏，管領新附屯
2. 　田軍百户所，今擬吳
3. 　政宗充本屯倉官
4. 　勾當，所有付身，湏議
5. 　出給者。
6. 　　右付吳政宗，准此。

7. 　付身

8.　　**至治**叄**年**柒**月**　　日①(簽押)(簽押)

9. 元亦集乃路總管府給付梁耳今赤修蓋憑據文書

題解：

本件《中國藏黑水城漢文文獻》中原始編號為Y1：W113，出版編號為M1·0758，收於第五冊《人事與選官文書》第985頁，擬題為《聖容寺頭目任歷文書》，並記其尺寸為20.6cm×28.3cm。本件還收錄於《黑城出土文書（漢文文書卷）》第90頁《人事類》，其所記文書編號與《中國藏黑水城漢文文獻》原始編號同，並列出文書諸要素為：草紙、缺、草書，尺寸為27.9cm×20.8cm。文書前完後缺，現存文字6行。從內容來看，其應為亦集乃路總管府給付梁耳今赤修蓋憑據文書。參考文獻：張笑峰《聖容寺研究——以黑水城出土文書為中心》，《西夏研究》2011年第1期。

錄文標點：

1. 皇帝聖旨裏，□□②乃路摠管府據梁耳

2. 　　今赤狀▢▢此，取問得③聖容寺頭目

3. 　　任玉朗④狀拱相同。摠府今⑤給據付梁

4. 　　耳今赤収執，合下仰照驗，准上修⑥

5. 　　蓋施行。

6. 　　　右給付梁耳今赤

　　　　（後缺）

10. 元亦集乃路沙立等渠社長、俵水名錄

題解：

本件《中國藏黑水城漢文文獻》中原始編號為F105：W2，出版編號為M1·

---

① "至治　年　月　日"等字為墨戳文字，"叄、柒"兩字為手寫填入。且此行鈐朱印一枚。
② 張笑峰文將此處所缺文字推補為"亦集"。
③ "取問得"，《黑城出土文書》錄文作"□□將"，張笑峰文同，現據圖版改。
④ "玉朗"，《黑城出土文書》錄文作"歷即"，張笑峰文同，現據圖版改。
⑤ "今"，《黑城出土文書》釋文作"府"，現據圖版改。張笑峰文作"今"。
⑥ "修"，《黑城出土文書》錄文作"候"，張笑峰文同，現據圖版改。

0759，收於第五冊《人事與選官文書》第986頁，擬題為《社長與表水名錄》，並記其尺寸為21.1cm×16.1cm。本件還收錄於《黑城出土文書（漢文文書卷）》第90頁《人事類》，其所記文書編號與《中國藏黑水城漢文文獻》原始編號同，並列出文書諸要素為：麻紙、殘、行書，尺寸為15.9cm×16.3cm。文書前後均缺，現存文字10行。本件文書由其書寫格式可見，是以每渠為統計單位，載錄社長及俵水名錄的登記簿。參考文獻：1. 王艷梅《元代亦集乃路的渠社》，《今日湖北》（理論版）2007年第9期；2. 李艷、謝繼忠《從黑城文書看元代亦集乃路的水利管理和糾紛》，《邊疆經濟與文化》2010年第1期；3. 潘潔《黑水城出土元代賦稅文書研究》，《西夏學》第四輯，寧夏人民出版社2009年版；4. 徐悅《從黑水城文書看元代亦集乃路的農業》，寧夏大學碩士學位論文，2008年。

錄文標點：

   （前缺）
1. 沙立渠社長弍名： 李嵬令普
2.   沙的
3. 俵水叄名：
4.   李汝中普 刘嵬令普
5.   何高住

6. 本渠社長叄名： 撒的 許帖木
7.   俺普
8. 俵水叄名：
9.   ○何逆你立嵬 ○樊苔失帖木①
10.   □哈剌那孩
   （後缺）

11. 元帖木立充某渠社長文書殘尾

題解：

本件《中國藏黑水城漢文文獻》中原始編號為F197：W32，出版編號為M1·

---

① 本行文字中"何""樊"字前各有一小圓圈，應為勘驗時所留。

0760，收於第五冊《人事與選官文書》第 987 頁，擬題為《帖木立充本渠社長》，並記其尺寸為 20.3cm×42.5cm。本件還收錄於《黑城出土文書（漢文文書卷）》第 90 頁《人事類》，其所記文書編號與《中國藏黑水城漢文文獻》原始編號同，並列出文書諸要素為：麻紙、殘、行書，尺寸為 59.1cm×20.0cm。文書前後均缺，現存漢文文字 1 行，八思巴蒙古文 2 行。從內容來看，其應為一件關於帖木立充某渠社長的文書殘尾。參考文獻：1. 王艷梅《元代亦集乃路的渠社》，《今日湖北》（理論版）2007 年第 9 期；2. 徐悅《從黑水城文書看元代亦集乃路的農業》，寧夏大學碩士學位論文，2008 年。

錄文標點：

（前缺）

1. 帖木立充本渠社長

2. （八思巴字蒙古文）

3. （八思巴字蒙古文）①

（後缺）

12. 元亦集乃路廣積倉呈總管府文為選用計廈人員事（一）

題解：

本件《中國藏黑水城漢文文獻》中原始編號為 F1:W54，出版編號為 M1·0761，收於第五冊《人事與選官文書》第 988 頁，擬題為《廣積倉倉官選任狀》，並記其尺寸為 16.7cm×24.7cm。本件還收錄於《黑城出土文書（漢文文書卷）》第 89 頁《人事類》，其所記文書編號為 F1:W32（1），與《中國藏黑水城漢文文獻》原始編號異，並列出文書諸要素為：竹紙、殘、行楷書，尺寸為 24.2cm×16.0cm。該書將本號文書與《中國藏黑水城漢文文獻》第 989 頁 M1·0762［83H·F1:W32/0032］號文書統一編號為 F1:W32，作為一件文書釋錄。按，兩號文書字跡、紙張一致，內容均與廣積倉有關，應為同一件文書。文書前完後缺，現存文字 9 行。從內容來看，其應為亦集乃路廣積倉選任九月等人計廈呈亦集乃路總管府文。文書擬題依綴合後所定。參考文獻：1. 潘潔、陳朝輝《黑水城出土元

---

① 此行八思巴蒙古文《黑城出土文書》錄文未標注，現據圖版補。

代亦集乃路選官文書》,《寧夏社會科學》2009 年第 3 期；2. 吳超《黑水城出土文書所見人事變化初探》,《吉林師範大學學報》（人文社會科學版）2011 年第 3 期。

錄文標點：

1. 廣積倉
2. 謹呈：照得本倉計①厦人等勾當，年深若不革去存新選用，深為未便。卑所今將②
3. □□□去 計③厦，各各姓名開坐，合行具呈
4. 亦集乃路揔管府，伏乞
5. 照驗施行。湏至呈者：
6. 　　選用：
7. 　　　　九月　　拜顏　　安沙剌　　木薛非
8. 　　　　布南伯　哈阿章　觀昌　　　小李大
9. 　　　　朶黑朶　革城　　王五
　　　（後缺）

13. 元亦集乃路廣積倉呈總管府文為選用計厦人員事（二）

題解：

本件《中國藏黑水城漢文文獻》中原始編號為83H・F1：W32/0032，出版編號為M1・0762，收於第五冊《人事與選官文書》第989頁，擬題為《廣積倉官員任命狀》，並記其尺寸為12.9cm×23.6cm。本件還收錄於《黑城出土文書（漢文文書卷）》第89頁《人事類》，其所記文書編號為 F1：W32（2），並列出文書諸要素為：竹紙、殘、行楷書，尺寸為 23.3cm×11.7cm。該書將本號文書與《中國藏黑水城漢文文獻》第 988 頁M1・0761 ［F1：W54］號文書統一編號為F1：W32，作為一件文書釋錄。按，兩號文書字跡、紙張一致，內容均與廣積倉有關，應為同一件文書。文書前缺後完，現存文字 3 行。從內容来看，其應為亦集乃路

---

① "計",《黑城出土文書》錄文未釋讀，現據圖版補。
② "今將",《黑城出土文書》錄文作"人等"，現據圖版改。
③ "計",《黑城出土文書》錄文未釋讀，現據圖版補。

廣積倉選任九月等人計厦呈亦集乃路總管府文。文書擬題依綴合後所定。參考文獻：1. 潘潔、陳朝輝《黑水城出土元代亦集乃路選官文書》，《寧夏社會科學》2009 年第 3 期；2. 吳超《黑水城出土文書所見人事變化初探》，《吉林師範大學學報》（人文社會科學版）2011 年第 3 期。

錄文標點：

　　　　　（前缺）

1. 計厦①　　亦集乃路廣積|倉|付使　蔡　　　　　②
2. 　　　　　亦集乃路廣積倉大使　衛　　（簽押）
3. 　　　　　亦集乃路廣積倉監支　納石　（簽押）

14. 元某司呈亦集乃路總管府文為任克敬有關收補事

題解：

本件《中國藏黑水城漢文文獻》中原始編號為 F125：W31a，出版編號為 M1・0763，收於第五冊《人事與選官文書》第 990 頁，擬題為《任克敬明敏廉潔狀》，並記其尺寸為 19.5cm×25.3cm。本件文書共兩件殘片，其中殘片一還收錄於《黑城出土文書（漢文文書卷）》第 89 頁《人事類》，其所記文書編號為 F125：W31，並列出文書諸要素為：麻紙，殘，草書，尺寸為 24.4cm×7.5cm。文書殘片一現存文字 3 行，殘片二現存文字 2 行，均前後缺。從內容來看，其應為某司對貼書任克敬任書吏一事呈總管府文殘片。參考文獻：吳超《黑水城出土文書所見人事變化初探》，《吉林師範大學學報》（人文社會科學版）2011 年第 3 期。

錄文標點：

（一）

　　　　　（前缺）

1. 呈揔府
2. 發貼③書任克敬，賦性明敏，行④止廉介，儒

---

① "計厦"，《黑城出土文書》錄文漏錄，現據圖版補。
② 據文意推斷，此處所缺文字應為"（簽押）"。
③ "發貼"，《黑城出土文書》錄文作"後"，現據圖版改。
④ "行"，《黑城出土文書》錄文作"以"，現據圖版改。

3. 書吏事☐事以来，俱有可称，如將

　　　（後缺）

(二)①

　　　（前缺）

1. 揔府☐

2. 有闕，挨次收補，仍☐

　　　（後缺）

15. 元提調官千户文書殘片

題解：

本件《中國藏黑水城漢文文獻》中原始編號為 F117：W10，出版編號為 M1·0764，收於第五册《人事與選官文書》第 991 頁，擬題為《本府提調千户》，並記其尺寸為 10.9cm×23.3cm。本件還收錄於《黑城出土文書（漢文文書卷）》第 89 頁《人事類》，其所記文書編號與《中國藏黑水城漢文文獻》原始編號同，並列出文書諸要素為：竹紙，殘，草行書，尺寸為 21.6cm×10.5cm。文書前完後缺，現存文字 4 行。

錄文標點：

1. 本府②提調官千户只☐

2. 　咬住関文，不見各☐

3. 　覆，又属不當有☐

4. 　要事属不应有者

　　　（後缺）

16. 元官職品級名錄殘片

題解：

本件《中國藏黑水城漢文文獻》中原始編號為 F61：W4，出版編號為 M1·

---

① 此殘片《黑城出土文書》錄文未收錄。
② "府"字有塗改痕跡。

0765，收於第五冊《人事與選官文書》第 992 頁，擬題為《品官名錄》，並記其尺寸為 16.9cm×14.1cm。本件還收錄於《黑城出土文書（漢文文書卷）》第 88 頁《人事類》，其所記文書編號與《中國藏黑水城漢文文獻》原始編號同，並列出文書諸要素為：麻紙，缺，楷書，尺寸為 13.4cm×16.2cm。文書前後均缺，上下各有墨跡橫線一道，現存文字 14 行。鄭彥卿曾指出，文書前缺內容為從一品內官，且可能有更多內容殘缺。鄭先生還指出"文書記載品級相符、時間最早的是設置在至元、中統年間的行省承相和中書左右丞，最晚的是設置在順帝至正十三年（1353）的詹同，時間跨度 90 年，所以 F61∶W4 最早的成書時代應該是元末 1353 年。推測文書的時間為元末 1353 年"。參考文獻：鄭彥卿《黑水城所出一件元代職官文書考釋》，《寧夏社會科學》2007 年第 5 期。

錄文標點：

　　　　　（前缺）
1.｜　　大司農　　御史大夫　　　　　｜
2.｜　　宣政使　　宣徽使　　　　　　｜
3.｜　　內史　　　徽政使　　　　　　｜
4.｜　　大宗正府也可扎魯忽赤　　　　｜
5.｜　　外　　　　　　　　　　　　　｜
6.｜　　行省丞相　　平章　　　　　　｜
7.｜　　行院知院　　行臺大夫　行院詹事｜
8.｜正二品　　　　　　　　　　　　　｜
9.｜　　內　　　　　　　　　　　　　｜
10.｜　中書左右丞　集賢孝士　国史孝士｜
11.｜　翰林孝士　　司農卿　　樞蜜①同知｜
12.｜　詹同　　　　瑞典使②　太常使　｜
13.｜　通政使　　　御史中丞　宣政同　｜
14.｜　中政院使　　大都召③守　宣徽同　｜
　　　　　（後缺）

---

① 據文意推斷，"蜜"應為"密"，《黑城出土文書》錄文作"密"。
② "使"字右旁有一小對號，不知何意。
③ "召"同"留"。

17. 元奏准寧夏府官員數目文書殘片

題解：

本件《中國藏黑水城漢文文獻》中原始編號為84H・Y1采：W114/2784，出版編號為M1・0766，收於第五冊《人事與選官文書》第993頁，擬題為《奏准下項官員數目》，並記其尺寸為12.4cm×11.7cm。《黑城出土文書（漢文文書卷）》一書未收。文書前後均缺，現存文字1行，楷書。

錄文標點：

（前缺）

1. 奏准，下項官員數內寧夏府▢▢▢▢

（後缺）

18. 元選任官僚文書殘片

題解：

本件《中國藏黑水城漢文文獻》中原始編號為84H・F1：W18/0018，出版編號為M1・0767，收於第五冊《人事與選官文書》第993頁，擬題為《人事與選官文書殘件》，並記其尺寸為5.1cm×6.8cm。《黑城出土文書（漢文文書卷）》一書未收。文書前後均缺，現存文字3行，楷書。

錄文標點：

（前缺）

1. ▢▢▢▢▢

2. ▢正己而後可以正人矣。

3. ▢▢以來選任官僚

（後缺）

19. 元某達魯花赤呈文殘片

題解：

本件《中國藏黑水城漢文文獻》中原始編號為83H・F1：W29/0029，出版編號為M1・0768，收於第五冊《人事與選官文書》第993頁，擬題為《人事與選官文書殘件》，並記其尺寸為 9.9cm×19cm。《黑城出土文書（漢文文書卷）》一書未收。文書前後均缺，現存文字 6 行，行草與楷書兼具，左上角裱補一紙條，其中第 5 行起首兩字被裱壓。從內容來看，其似為某達魯花赤呈文殘片。

錄文標點：

（前缺）

1. _____①
2. 魯花赤勸農事□②□_____
3. 　　　謹呈：　承奉
4. 　　總府指揮該：為本軍呈嚓 稟_____
5. □饈③之奠敢昭告
6. 照上諭④_____

（後缺）

20. 元至順二年（1331）亦集乃路吏禮房呈文為前巡檢禿花迷失任官事

題解：

本件《中國藏黑水城漢文文獻》中原始編號為 Y1：W19，出版編號為 M1·0769，收於第五冊《人事與選官文書》第 994 頁，擬題為《人事與選官文書》，並記其尺寸為 12.3cm×27.2cm。本件還收錄於《黑城出土文書（漢文文書卷）》第 89 頁《人事類》，其所記文書編號與《中國藏黑水城漢文文獻》原始編號同，並列出文書諸要素為：竹紙，殘，行草書，尺寸為 26.3cm×11.5cm。文書前完後缺，現存文字 4 行。從內容來看，其應為吏禮房呈文殘片。

錄文標點：

1. 吏礼□⑤

---

① 此行文字有塗抹痕跡。
② 此字前原衍一字，後塗抹，現徑改。
③ "□饈"兩字被部分裱壓。
④ "照上諭"三字為裱補紙條上所書。
⑤ 此處所缺文字《黑城出土文書》推補為"房"，據元代地方行政設置可知，《黑城出土文書》推補無誤。

2. ☐呈准：本司前巡檢禿花迷失

3. ☐於天曆元年八月受本路①付身，

4. ☐子②巡檢，至順二年十一月得代

  （後缺）

21. 元保結文書為保舉某擬充巴羅巡檢事殘片

題解：

本件《中國藏黑水城漢文文獻》原始編號為 F224：W46，出版編號為 M1·0770，收於第五冊《人事與選官文書》第 995 頁，擬題為《擬充巴羅巡檢狀》，並記其尺寸為 20.6cm×28.3cm。本件還收錄於《黑城出土文書（漢文文書卷）》第 89 頁《人事類》，所記文書編號與《中國藏黑水城漢文文獻》原始編號同，並列出文書諸要素為：竹紙，殘，行草書，尺寸為 27.8cm×19.7cm。文書前後均缺，現存文字 2 行，有塗改痕跡。從內容來看，其應為保舉某人充任巴羅巡檢保結文書殘片。參考文獻：杜立暉《黑水城文書所見元代的巡檢司》（待刊）。

錄文標點：

  （前缺）

1. 將本人擬充巴羅巡檢勾當，誠

2. 為相應，所保③不當，甘伏濫保之責④。然此今⑤狀不免上告。

  （後缺）

22. 元至正廿七年（1367）依例遷發對調文書殘片

題解：

本件《中國藏黑水城漢文文獻》中原始編號為 F14：W4，出版編號為 M1·0771，收於第五冊《人事與選官文書》第 996 頁，擬題為《官吏遷發對調文書》，

---

① "路"，《黑城出土文書》錄文作"府"，現據圖版改。
② "子"，《黑城出土文書》錄文作"系"，現據圖版改。
③ "所保"，《黑城出土文書》錄文作"有所"，現據圖版改。
④ "所保不當，甘伏濫保之責"等字為左行補入，現逕改。
⑤ "今"，《黑城出土文書》錄文作"立"，現據圖版改。

並記其尺寸為 21.6cm×21.8cm。本件還收錄於《黑城出土文書（漢文文書卷）》第 89 頁《人事類》，其所記文書編號與《中國藏黑水城漢文文獻》原始編號同，並列出文書諸要素為：麻紙，殘，草書，尺寸為 20.7cm×20.7cm。文書前後均缺，現存文字 7 行。參考文獻：1. 潘潔、陳朝輝《黑水城出土元代亦集乃路選官文書》，《寧夏社會科學》2009 年第 3 期；2. 吳超《黑水城出土文書所見人事變化初探》，《吉林師範大學學報》（人文社會科學版）2011 年第 3 期。

錄文標點：

　　　　　（前缺）

1. 如由甘州□▭▭▭▭▭▭▭▭▭▭州路

2. 抄到▭▭▭▭▭▭隴北道肅政廉訪①甘肅

3. 等処分司，照▭▭▭▭劄②，於内照得

4. 文解③已是及格，例合迁発別路對

5. 調。蒙本路將文④躰関⑤発前来本路

6. 与⑥司吏羅□對調，自至正廿七年

7. ▭▭▭▭▭▭▭▭書填前管勾⑦

　　　　　（後缺）

23. 元至正二十年（1360）也先不花充欄頭文書殘尾

題解：

本件《中國藏黑水城漢文文獻》中原始編號為 F209：W53，出版編號為 M1·0772，收於第五冊《人事與選官文書》第 997 頁，擬題為《也先不花充欄頭》，並記其尺寸為 16.4cm×26cm。本件還收錄於《黑城出土文書（漢文文書卷）》第

---

① 據元代肅政廉訪司之設置可推知，"隴北道肅政廉訪" 前所缺文字中應有兩字為 "河西"。
② "劄" 字前數字被塗抹。
③ "文解"，《黑城出土文書》錄文作 "充俾"，現據圖版改。
④ "文"，《黑城出土文書》錄文作 "其"，現據圖版改。
⑤ "関"，《黑城出土文書》錄文作 "覆"，現據圖版改。
⑥ "与"，《黑城出土文書》錄文作 "□當"，現據圖版改。
⑦ "書填前管勾"，《黑城出土文書》錄文作 "必須前同勾"，現據圖版改。

90頁《人事類》，其所記文書編號與《中國藏黑水城漢文文獻》原始編號同，並列出文書諸要素為：竹紙，殘，行書，尺寸為25.7cm×16.0cm。文書前缺後完，現存文字2行，有簽押三處，印章一枚。從內容來看，其應為也先不花充欄頭一事的公文殘尾，李逸友先生《黑城出土文書（漢文文書卷）》一書中認為其應為總管府委派先不花充欄頭的付身。

錄文標點：

（前缺）

1. ☐也先不花充欄頭（簽押）（簽押）
2. ☐①正貳拾年　月　日②（簽押）

24. 元至正十九年（1359）亦集乃路稅使司給朶立只巴充欄頭付身

題解：

本件《中國藏黑水城漢文文獻》中原始編號為F131：W7，出版編號為M1·0773，收於第五冊《人事與選官文書》第998頁，擬題為《朶立只巴充欄頭狀》，並記其尺寸為45.5cm×48.4cm。本件還收錄於《黑城出土文書（漢文文書卷）》第90頁《人事類》，其所記文書編號與《中國藏黑水城漢文文獻》原始編號同，並列出文書諸要素為：桑皮紙，殘，行草書，尺寸為47.5cm×42.7cm。文書前全後缺，現存文字5行，有簽押三處、印章一枚。李逸友先生《黑城出土文書（漢文文書卷）》中認為本件文書為總管府委派朶立只巴充欄頭的付身。參考文獻：1. 杜立暉《元代付身考——以黑水城元代付身文書為中心》（待刊）；2. 吳超《蒙元時期亦集乃路畜牧業初探》，《農業考古》2012年第1期；3. 杜立暉《黑水城文獻所見元代稅使司的幾個問題》，《西夏學》（第十輯），上海古籍出版社2013年版。

錄文標點：

1. 皇帝聖旨裏，亦集乃路稅使司☐
2. 　　渠至正十九年一周歲欄頭勾☐

---

① 據元代年號推斷，此處所缺文字應為"至"。
② "☐正　年　月　日"等字為墨戳文字，字體較大；"貳拾"兩字為手寫填入，字體較小，且年號下鈐朱印一枚。

3.　　　毋致慢易所①有付身者。

4.　　　　　　右給付本人（朱印），准此。

5.　　　　　　　　　　　（簽押）
6. 朵立只巴充欄頭　　　（簽押）
7. _____②　　　（簽押）
　　　（後缺）

25. 元至順元年（1130）吏部移咨甘肅行省文為尊順奴代鄭別乞帖木兒充亦集乃路譯史事（二）

題解：

本件《中國藏黑水城漢文文獻》中原始編號為84H·F16：W7/0525，出版編號為M1·0774，收於第五冊《人事與選官文書》第999頁，擬題為《文書落款》，並記其尺寸為21.3cm×34.1cm。本件還收錄於《黑城出土文書（漢文文書卷）》第88頁《人事類》，其所記文書編號為F116：W2（2），與《中國藏黑水城漢文文獻》原始編號異，並列出文書諸要素為：竹紙，殘，行草書，尺寸為33.1cm×17.8cm。該書將本號文書與《中國藏黑水城漢文文獻》第977頁M1·0750［F16：W2］號文書統一編號為F116：W2，作為一件文書釋錄。按，兩號文書紙張、墨色一致，其綴合應無誤。文書前缺後完，現存文字2行，其中第1行為八思巴蒙古文年款，第2行為日期，日期上鈐朱印，另有簽押一處。從綴合後內容來看，其應為吏部為尊順奴代鄭別乞帖木兒充任亦集乃路譯史一事移咨甘肅行省文。劉廣瑞則指出其應為元代解由文書。文書擬題依綴合後所定。參考文獻：1. 潘潔、陳朝輝《黑水城出土元代亦集乃路選官文書》，《寧夏社會科學》2009年第3期；2. 吳超《黑水城出土文書所見人事變化初探》，《吉林師範大學學報》

---

① "所"，《黑城出土文書》錄文漏錄，現據圖版補。
② 此處所缺文字《黑城出土文書》錄文未標注，現據圖版補。據字形與文意推斷，此處所缺應為日期。

（人文社會科學版）2011 年第 3 期；3. 劉廣瑞《黑水城所出元代解由文书初探》，《承德民族師專學報》2012 年第 2 期。

錄文標點：

(前缺)

1. （八思巴蒙古文年款）
2. 卅日① （簽押）

26. 元至治三年（1323）亦集乃路管領新附屯田軍百户所給吳政宗充本屯倉官付身（二）

題解：

本件《中國藏黑水城漢文文獻》中原始編號為 F3：W101，出版編號為 M1·0775，收於第五册《人事與選官文書》第 1000 頁，擬題為《付吳政宗》，並記其尺寸為 10.6cm×28.6cm。《黑城出土文書（漢文文書卷）》一書未收。文書前後均缺，現存文字 1 行，從其書寫形式推斷，似為卷目殘片。按，本號文書與《中國藏黑水城漢文文獻》第五册第 984 頁 M1·0757［F13：W131］號文書均有"吳政宗"等字，應為同組文書。

錄文標點：

(前缺)

1. **付吳政宗**②

(後缺)

27. 元中書省咨文為諸路選充倉庫官例事

題解：

本件《中國藏黑水城漢文文獻》中原始編號為 F114：W3，出版編號為 M1·0776，收於第五册《人事與選官文書》第 1001 頁，擬題為《選有抵業無過之人充倉庫官》，並記其尺寸為 45.5cm×17.7cm。本件還收錄於《黑城出土文書（漢文文書卷）》第 88 頁《人事類》，其所記文書編號與《中國藏黑水城漢文文獻》

---

① "卅日"上鈐朱印一枚。
② 此行文字中鈐朱印一枚。

原始編號同，並列出文書諸要素為：竹紙，殘，行書，尺寸為 17.3cm×4.6cm（此處李逸友所記尺寸誤，應為 17.3cm×46.0cm）。文書寫於整紙的右側，左側留有大片空白，未見印章痕跡，現存文字 12 行。從其内容來看，應為中書省咨文抄件。杜立暉指出本件文書記載了元代選充倉庫官的標准、倉庫官的人員構成等内容，可與《元典章》吏部卷之三《典章九·倉庫官例》《永樂大典》"倉官條"等記載互相佐證。其不僅印證了《元典章》的相關内容，且由於其出土於黑水城，即元代甘肅行省所轄的亦集乃路，而《元典章》所載内容出自"江浙行省"，這表明了當時這件文書作為元政府的正式檔案已下達到全國各路的事實。另，據《元典章》吏部卷之三《典章九·倉庫官例》的材料，可推知本件文書的撰擬時間当在"至元二十九年"上下。參考文獻：1. 杜立暉《黑水城 F114：W3 元代選充倉庫官文書初探》，《西夏學》第四輯，寧夏人民出版社 2009 年版；2. 潘潔、陳朝輝《黑水城出土元代亦集乃路選官文書》，《寧夏社會科學》2009 年第 3 期；3. 吳超《黑水城出土文書所見人事變化初探》，《吉林師範大學學報》（人文社會科學版）2011 年第 3 期；4. 朱建路《黑水城元代糧食文書研究》，河北師範大學碩士學位論文，2009 年。

錄文標點：

1. 中書省咨：照得各処錢粮造作，責□□①司管領，
2. 俱有正官提調，每設有亏欠，省落追 培 ②。其倉庫
3. 官員在前俱係各路自行選充，近年以來，本省
4. 銓至③，中間恐無抵業，若侵欺錢粮，追究無可折剉，
5. 有累官府，除為未便，省府仰照驗。今後照依
6. 都省諮文内事理，於各處見役司吏，或曾受三品
7. 已上衙門文憑，歷過錢谷官三界相應人員， 從 ④

---

① 此處所缺兩字據《元典章·倉庫官例》可知應為"在有"。
② " 陪 "，《黑城出土文書》錄文未釋讀，現據圖版補。
③ "至"字為右行補入，現徑改。
④ " 從 "，《黑城出土文書》錄文未釋讀，現據圖版補。

8. □□①用有低②業無過之人充倉庫官，遍諭各
9. 路，依例扵路府請俸司吏，或有相應錢谷官内
10. 抵業物力高强、通曉書筭者點差，斉年随
11. 粮交代，庶革官吏貪賄之弊，亦绝疲③民積欠
12. 之患，欽此。

28. 元所轄翼所軍官文書殘片

題解：

本件《中國藏黑水城漢文文獻》中原始編號為84H·F245：W17/2514，出版編號為M1·0777，收於第五冊《人事與選官文書》第1002頁，擬題為《都元帥一員等》，並記其尺寸為8.7cm×11.1cm。《黑城出土文書（漢文文書卷）》一書未收。文書前後均缺，現存文字4行，第1、2行間有朱印一枚。

錄文標點：

（前缺）
1. 都元帥一員☐
2. 譯史一名④
3. 所轄翼所軍官☐
4. 万户貳員☐
（後缺）

（二）軍事與政令文書

1. 元至元五年（1339）亦集乃路總管府文為許順和等告擅放軍役事

題解：

本件《中國藏黑水城漢文文獻》中原始編號為F197：W33，出版編號為M1·

---

① 此處所缺兩字據《元典章·倉庫官例》可知應為"公選"。
② 據文意及《元典章·倉庫官例》可知，"低"應為"抵"。《黑城出土文書》錄文及潘潔、陳朝輝文、吳超文均作"抵"。
③ "疲"，《黑城出土文書》錄文作"废"，現據圖版改。
④ 第1—2行殘留所鈐朱印殘痕。

0778，收於第五冊《軍事與政令文書》第 1005—1008 頁，擬題為《至元五年軍政文卷》，並記其尺寸為 105.3cm×29.6cm。本件還收錄於《黑城出土文書（漢文文書卷)》第 98 頁《軍政事務類》，其所記文書編號與《中國藏黑水城漢文文獻》原始編號同，並列出文書諸要素為：竹紙，整，行草書，尺寸為 28.9cm×104.7cm。文書前後均完，為兩紙粘接，第一紙現存文字 11 行，第二紙現存文字 7 行，兩紙粘接處鈐朱文騎縫章一枚。從內容來看，其應為亦集乃路總管府對許順和等告擅放軍役一事之處理意見。

錄文標點：

1. 皇帝聖旨裏，亦集乃路總管府案呈云云①：
2. 　一申甘肅行省　　府司除已牒呈
3. 　　　　河西隴北道肅政廉訪司照詳
4. 　　　　外，合行具申，伏乞
5. 　　　　照詳施行。
6. 　　　　開
7. 　一牒呈憲司　　府司除已備申
8. 　　　　甘肅行省照詳外，合行牒呈，伏請
9. 　　　　照詳施行。
10. 　　　　開

11. 右各行

―――――（騎縫章）―――――

12. 　　至元五年五月　吏趙彥明（簽押）
13. 　　　提控案牘兼照磨承發②架閣倪　　文通（簽押）
14. 許順和等告擅放軍役
15. 　　　知　　事　袁　亦憐只（簽押）
16. 　　　經　　歷　王（簽押）

―――――

① "案呈云云"，《黑城出土文書》錄文作"呈□□"，現據圖版改。
② "發"，《黑城出土文書》錄文作"勘"，現據圖版改。

17.　　　　　（簽押）（簽押）

18.　　　　廿九日①　　　（簽押）
　　　　　　　　　　　　（簽押）

2. 元元統二年（1334）吏禮房呈文為迎接甘肅行省差鎮撫薛来開讀聖旨事

題解：

本件《中國藏黑水城漢文文獻》中原始編號為Y1：W36，出版編號為M1·0779，收於第五冊《軍事與政令文書》第1009頁，擬題為《出郭迎接甘肅行省鎮撫狀》，並記其尺寸為35.3cm×28.7cm。本件還收錄於《黑城出土文書（漢文文書卷）》第94頁《禮儀類》，其所記文書編號Y1：W30，與《中國藏黑水城漢文文獻》原始編號異，並列出文書諸要素為：竹紙，整，行草書，尺寸為28.1cm×34.5cm。文書前完後缺，現存文字16行。從內容來看，其應為吏禮房為元統二年十月初八日絕早出城迎接開讀聖旨使臣一事之呈文。船田善之認為，本文書反映的是亦集乃路接到舉行開讀聖旨的通知後的對應。李逸友則認為本件文書為告諭。邱樹森指出本件文書中的"答失蠻"即是管理回回人的機構——回回哈的司（所），這證明元"回回哈的司"在至大四年（1311）四月仁宗下令革罷後，幾經行廢，到元末順帝元統年間（1333—1340）已經恢復了。參考文獻：1. 船田善之《元代開讀詔旨考——基於黑城文書的探討》，《中國多文字時代的歷史文獻研究》，社會科學文獻出版社2010年版；2. 李治安《元代甘肅行省新論》，《元史論叢》第十一輯，天津古籍出版社2009年版；3. 李逸友《元代文書檔案制度舉隅——記內蒙古額濟納旗黑城出土元代文書》，《檔案學研究》1991年第4期；4. 邱樹森《從黑城出土文書看元"回回哈的司"》，《南京大學學報》（哲學·人文科學·社會科學版）2001年第3期。

錄文標點：

1.　　吏礼房

2.　　呈：據司吏程克廉呈，元統二年十月初八日絕早有

3.　　甘肅行省差鎮撫薛来前来本路②

---

① "廿九日"上鈐朱印一枚。
② "本路"，《黑城出土文書》錄文作"在路"，現據圖版改。下同，不再另作說明。

4. 開讀

5. 聖旨，為此覆奉

6. 　　惣府官台旨，仰告示本路並司属官吏人等至初八

7. 　　日絕早出廓①迎接，如違究治。奉此，

8. 　　本路府吏：

9. 　　　　毛順礼　程克廉　叚君傑　宋孝卿

10. 　　　　呂德卿　蔡伯英　姚進卿　趙仲贤

11. 　　　　高從道　賈才卿　吴②益卿　徐政卿

12. 　　司属：

13. 　　　　廣積倉（簽押）稅使司（簽押）河渠司　巡檢司

14. 　　　　支持庫（簽押）两屯百户所　　司獄司

15. 　　　　儒孝　　　　醫孝　　　　陰陽孝

16. 　　　　僧人頭目　　苔失蛮

　　（後缺）

3. 元亦集乃路總管府文書殘片

題解：

本件《中國藏黑水城漢文文獻》中原始編號為84H·F111：W47／1125，出版編號為M1·0780，收於第五冊《軍事與政令文書》第1010頁，擬題為《甘肅等處行中書省劄付該差官事》，並記其尺寸為14.4cm×31.6cm。《黑城出土文書（漢文文書卷）》一書未收。文書前完後缺，現存文字5行。從內容來看，其應為亦集乃路總管府奉甘肅行省劄付差官處理某事的公文。

錄文標點：

1. 皇帝聖旨裏，亦集乃達魯花赤總管府承奉

2. 　　甘肅等処行中書省劄付該：差官☐訪☐☐☐

3. 　　☐☐☐委到官，差人宋固☐籍☐☐☐

4. 　　☐☐☐☐根勾得忽都大☐☐☐☐

---

① "廓"，《黑城出土文書》錄文作"郭"，現據圖版改。
② "吴"，《黑城出土文書》錄文作"关"，現據圖版改。

5. ☐☐☐☐☐☐☐☐田地掏鷹未迴①賫訖☐☐☐☐☐☐☐
　　（後缺）

4. 元亦集乃路兵工房文為軍人王三哥事殘片

題解：

本件《中國藏黑水城漢文文獻》中原始編號為 F150：W8，出版編號為M1·0781，收於第五冊《軍事與政令文書》第 1011 頁，擬題為《兵工房准管軍萬戶府狀》，並記其尺寸為 8.1cm×27.2cm。本件還收錄於《黑城出土文書（漢文文書卷）》第 98 頁《軍政事務類》，其所記文書編號與《中國藏黑水城漢文文獻》原始編號同，並列出文書諸要素為：竹紙，殘，草書，尺寸為 27.2cm×8.0cm。文書前完後缺，現存文字 4 行。從內容來看，其應為亦集乃路兵工房文書殘片。參考文獻：霍紅霞《元代亦集乃路水利管理初探》，《農業考古》2012 年第 4 期。

錄文標點：

1. 兵工房准管軍万户府関該②：挹泉水渠☐③
2. 呈：
3. 千户所申百户班的等④狀呈⑤年　月☐☐☐☐
4. 軍人王三　哥☐☐☐☐☐
　　（後缺）

5. 元至正二十一年（1361）亦集乃路總管府發文為根勾河渠司官事

題解：

本件《中國藏黑水城漢文文獻》中原始編號為 HF249B 正，出版編號為M1·0782，收於第五冊《軍事與政令文書》第 1012 頁，擬題為《總府發天字號信牌前去莎伯渠根勾文書》，並記其尺寸為 21.3cm×31.3cm。《黑城出土文書（漢文文書卷）》一書未收。文書正背雙面書寫，此為正面內容，前後均缺，現存文字 6 行，

---

① "未迴"兩字為右行補入，現徑改。
② "関該"，《黑城出土文書》錄文作"閣下"，現據圖版改。
③ 此字《黑城出土文書》錄文未標注，現據圖版補。
④ "等"，《黑城出土文書》錄文作"取"，現據圖版改。
⑤ "呈"，《黑城出土文書》錄文作"是"，現據圖版改。

末鈐朱印。從內容來看，其應為亦集乃路總管府發信牌根勾河渠司官赴府一事公文。

參考文獻：霍紅霞《元代亦集乃路水利管理初探》，《農業考古》2012年第4期。

錄文標點：

（前缺）

1. 總府今発天字□□□信牌壹面前去莎伯渠根勾河渠
2. 司官汝中□、渴□□①狗立便同元発信牌一就賫來，赴
3. 府繳納，如違依
4. 條斷罪。奉此，　　汝中□　　渴 九月狗
5. 　　右仰
6. 　　至正二十一年三月十九日発行②

（後缺）

6. 元習字

題解：

本件《中國藏黑水城漢文文獻》中原始編號為HF249B背，出版編號為M1·0783，收於第五冊《軍事與政令文書》第1013頁，擬題為《習字》，並記其尺寸為21.3cm×31.3cm。《黑城出土文書（漢文文書卷）》一書未收。文書正背雙面書寫，此為背面內容，從內容來看，其應為習字。

錄文標點：

1. 　成　成
2. 　　成
3. 陸（簽押）　陸
4. 陸成　風　風　成
5. 　成　風　風　成
6. 　　　　□

---

① 據下文可知，此處所缺文字應為"九月"。
② 第5—6行鈐朱印一枚。

7. 元承差人巡檢呈總管府文書儀殘片

題解：

本件《中國藏黑水城漢文文獻》中原始編號為 F1：W39，出版編號為 M1·0784，收於第五冊《軍事與政令文書》第 1014 頁，擬題為《總府差引前去根勾公事》，並記其尺寸為 10.5cm×28.8cm。本件還收錄於《黑城出土文書（漢文書卷）》第 99 頁《軍政事務類》，其所記文書編號與《中國藏黑水城漢文文獻》原始編號同，並列出文書諸要素為：竹紙，殘，行草書，尺寸為 28.3cm×10.4cm。文書前完後缺，現存文字 4 行。從內容來看，其應為承差人巡檢呈亦集乃路總管府文，但文書涉及具體人均用"厶"代替，則應非實際應用文書，而應是呈文書儀。參考文獻：杜立暉《黑水城文書所見元代的巡檢司》（待刊）。

錄文標點：

1. 承差人巡檢
2. 謹呈：承奉
3. 揔府差引前去根勾厶所告厶一干人等□▢
4. □①根勾厶所告厶一干人等據②□▢
   　　（後缺）

8. 元亦集乃路總管府某月初九日當值府吏等名單

題解：

本件《中國藏黑水城漢文文獻》中原始編號為 Y1：W16，出版編號為 M1·0785，收於第五冊《軍事與政令文書》第 1015 頁，擬題為《當直府吏巡檢與牢子名單》，並記其尺寸為 13.5cm×14.1cm。本件還收錄於《黑城出土文書（漢文文書卷）》第 99 頁《軍政事務類》，其所記文書編號與《中國藏黑水城漢文文獻》原始編號同，並列出文書諸要素為：竹紙，整，行草書，尺寸為 13.7cm×13.6cm。文書前後均完，現存文字 6 行，記載了某年某月九日亦集乃路府吏等值日人員名單。參考文獻：杜立暉《黑水城文書所見元代的巡檢司》（待刊）。

---

① 此字殘，《黑城出土文書》錄文作"前"，現存疑。
② "據"，《黑城出土文書》錄文作"揔"，現據圖版改。

錄文標點：

1. 初九日當直府吏：叚君傑；
2. 巡檢：哈剌
3. 牢子：張官宝；
4. 右附札①：山馿、俺布、
5. 　　　侍哥。
6. 　今月　日示

9. 元巡檢卜顏帖木承管狀為勾喚各渠社長赴府事

題解：

本件《中國藏黑水城漢文文獻》中原始編號為Y1：W89A，出版編號為M1·0786，收於第五冊《軍事與政令文書》第1016頁，擬題為《渠社長依限勾喚赴府狀》，並記其尺寸為17.1cm×27cm。本件還收錄於《黑城出土文書（漢文文書卷）》第98—99頁《軍政事務類》，其所記文書編號為Y1：W89，並列出文書諸要素為：麻紙，殘，草書，尺寸為26.2cm×16.2cm。文書前完後缺，現存文字6行。從內容來看，其應為巡檢卜顏帖木為勾喚各渠渠長赴府一事所呈承管狀殘片。參考文獻：1. 張國旺《黑水城元代文獻研究二則》，《隋唐遼宋金元史論叢》（第一輯），紫禁城出版社2011年版；2. 杜立暉《黑水城文書所見元代的巡檢司》（待刊）。

錄文標點：

1. 巡檢卜顏帖木
2. 今當
3. 總府承管委得，限只今②前去將各
4. 渠社長依限勾喚赴府，不致違限，
5. 如違當罪不詞。承管是实，今③開于后：
6. 　　本渠　沙立渠　吾即渠
　　　　（後缺）

---

① "札"，《黑城出土文書》錄文作"孔"，現據圖版改。
② "今"，《黑城出土文書》錄文作"身"，現據圖版改。
③ "今"，《黑城出土文書》錄文作"照"，現據圖版改。

10. 元某月廿五日某司發文為勾喚社長、巷長赴府事

題解：

本件《中國藏黑水城漢文文獻》中原始編號為 F125：W54，出版編號為M1·0787，收於第五冊《軍事與政令文書》第 1017 頁，擬題為《仰喚社長與巷長赴府文狀》，並記其尺寸為 16cm×18.5cm。本件還收錄於《黑城出土文書（漢文文書卷）》第 99 頁《軍政事務類》，其所記文書編號與《中國藏黑水城漢文文獻》原始編號同，並列出文書諸要素為：竹紙，整，行草書，尺寸為 18.3cm×15.7cm。文書前後均完，現存文字 3 行。

錄文標點：

1. 仰喚下項人等赴

 社長：成德、

2. 府： 楊天福；

 巷長：卜八吉、

 陳別吉帖木

3. 今月廿五日發①行

11. 元張澤玉等文書殘片

題解：

本件《中國藏黑水城漢文文獻》中原始編號為 F135：W77，出版編號為M1·0788，收於第五冊《軍事與政令文書》第 1018 頁，擬題為《管軍等赴府》，並記其尺寸為 17.5cm×18.5cm。本件還收錄於《黑城出土文書（漢文文書卷）》第 99 頁《軍政事務類》，其所記文書編號與《中國藏黑水城漢文文獻》原始編號同，並列出文書諸要素為：竹紙，殘，行草書，尺寸為 14.5cm×13.5cm。文書前後均缺，現存文字 7 行。

錄文標點：

 （前缺）

---

① "發"，《黑城出土文書》錄文作"施"，現據圖版改。

1. 經▭①
2. 開坊□②
3. 寓甘泉郭寅□
4. 書至亦集乃路
5. 外郎張澤玉
6. 管軍元帥③府 專
7. □歷④▭
    （後缺）

12. 元亦集乃路總管府文為呼喚官典人李吉祥等赴府事殘片

題解：

本件《中國藏黑水城漢文文獻》中原始編號為Y1：W39，出版編號為M1·0789，收於第五冊《軍事與政令文書》第1019頁，擬題為《呼喚李吉祥等赴府文狀》，並記其尺寸為12.4cm×26.9cm。本件文書共兩件殘片，還收錄於《黑城出土文書（漢文文書卷）》第100頁《軍政事務類》，其將二殘片拼合為一釋錄，所記文書編號與《中國藏黑水城漢文文獻》原始編號同，並列出文書諸要素為：麻紙，殘，草書，尺寸為26.5cm×11.5cm。本錄文按《黑城出土文書（漢文文書卷）》拼合後錄文，參照圖版釋錄。文書殘片一現存文字2行，殘片二現存文字4行，拼合後現存文字5行。從內容來看，其應為亦集乃路總管府文書殘片。

錄文標點：

（前缺）

1. ▭ 外⑤，今⑥差本役花
2. 去呼喚下項□官典人等赴府

---

① 此行僅殘存起首"經"字，《黑城出土文書》錄文將其標注為此行末字，現據圖版改。
② "開坊□"，《黑城出土文書》錄文作"開"，現據圖版改。
③ "元帥"，《黑城出土文書》錄文作"等赴"，據《中國藏黑水城漢文文獻》原擬題可知編者對此兩字釋讀與《黑城出土文書》同，現據圖版改。
④ "歷"，《黑城出土文書》錄文作"府"，現據圖版改。
⑤ " 外 "，《黑城出土文書》錄文作"到"，現據圖版改。
⑥ "今"，《黑城出土文書》錄文漏錄，現據圖版補。

3.　　　　施行。

4.　　　　□□□数①　李吉祥　陳臺②山　哈剌③

5. 右各行

　　　　（後缺）

13. 元某月廿七日某司發文為赴倉送納事

題解：

本件《中國藏黑水城漢文文獻》中原始編號為Y1：W56，出版編號為M1·0790，收於第五冊《軍事與政令文書》第1020頁，擬題為《赴倉送納狀》，並記其尺寸為13cm×28cm。本件還收錄於《黑城出土文書（漢文文書卷）》第100頁《軍政事務類》，其所記文書編號與《中國藏黑水城漢文文獻》原始編號同，並列出文書諸要素為：竹紙，殘，行草書，尺寸為27.3cm×11.6cm。文書前缺後完，現存文字3行。

錄文標點：

　　　　（前缺）

1.　　　今 月 廿八日絕早□

2. 府赴倉送納，如違治罪，奉此。

3.　　今月廿七日辰時發行。

14. 元某年八月初五日某司發文為馬顯賫糧斗赴府事

題解：

本件《中國藏黑水城漢文文獻》原始編號為F249：W11，出版編號為M1·0791，收於第五冊《軍事與政令文書》第1021頁，擬題為《仰喚令史官馬顯赴府狀》，並記其尺寸為12.7cm×25.7cm。本件還收錄於《黑城出土文書（漢文文書卷）》第100頁《軍政事務類》，所記文書編號與《中國藏黑水城漢文文獻》原始編號同，並列出文書諸要素為：竹紙，殘，草書，尺寸為22.0cm×12.4cm。

---

① "数"，《黑城出土文書》錄文未釋讀，現據圖版補。
② "臺"，《黑城出土文書》錄文作"紫"，現據圖版改。
③ 文書第1行及第2行"官典人等赴府"等字為殘片一內容，其餘文字為殘片二內容。

文書前後均完，現存文字 3 行。

錄文標點：

1. 仰喚倉①官馬显即將

2. 粮斗 一 付立②便賫来赴 府

3. 　　八月初五日發③行。

15. 元某司發文為令張董董等赴府事

題解：

本件《中國藏黑水城漢文文獻》中原始編號為 Y1：W38，出版編號為 M1·0792，收於第五冊《軍事與政令文書》第 1022 頁，擬題為《張董董限十三日午時赴府等狀》，並記其尺寸為 20.9cm×21.3cm。本件還收錄於《黑城出土文書（漢文文書卷）》第 100 頁《軍政事務類》，其所記文書編號與《中國藏黑水城漢文文獻》原始編號同，並列出文書諸要素為：竹紙，殘，行草書，尺寸為 17.5cm×18.0cm。文書共兩件殘片，各存文字 3 行，《黑城出土文書（漢文文書卷）》一書將其拼合為一釋錄，但據文意推斷，其中間應有缺文，現按圖版分開釋錄。

錄文標點：

（一）

　　　　（前缺）

1. 奉

2. 揔府官 台

3. □巴④限今月十一日絶早赴

　　　　（後缺）

（二）

　　　　（前缺）

---

① "倉"，《黑城出土文書》錄文作"令史"，現據圖版改。
② "立"，《黑城出土文書》錄文作"与"，現據圖版改。
③ "發"，《黑城出土文書》錄文作"批"，現據圖版改。
④ "□巴"，《黑城出土文書》錄文作"已"，現據圖版改。

1. 如違當罪☐

2. 今月初十日辰時發行
3. ☐張董董①限十三日午時赴☐

16. 元七月十九日某司發文為喚河渠官人楊吉祥等赴府事
題解：
本件《中國藏黑水城漢文文獻》中原始編號為Y1：W67，出版編號為M1·0793，收於第五冊《軍事與政令文書》第1023頁，擬題為《河渠官人楊吉祥等赴府狀》，並記其尺寸為29.8cm×29.5cm。本件還收錄於《黑城出土文書（漢文文書卷）》第100頁《軍政事務類》，其所記文書編號與《中國藏黑水城漢文文獻》原始編號同，並列出文書諸要素為：麻紙，殘，行草書，尺寸為28.8cm×29.0cm。文書前缺後完，現存文字5行。

錄文標點：
（前缺）
1. ☐仰下項河渠官人等赴
2. ☐②
3. ☐前南古　　張沙剌歹
4. 　楊吉祥　　徐提領
5. 　七③月十九日發④

17. 元三月初四日戶房發文為將諸物時估文解等赴府事
題解：
本件《中國藏黑水城漢文文獻》中原始編號為F114：W15，出版編號為M1·0794，收於第五冊《軍事與政令文書》第1024頁，擬題為《將諸物時估文解賫

---
① 第二個"董"字為省文符號，現徑改。
② 此字殘，《黑城出土文書》錄文作"旨"，據圖版不似，現存疑。
③ "七"，《黑城出土文書》錄文作"今"，現據圖版改。
④ "發"，《黑城出土文書》錄文作"批"，現據圖版改。

来赴狀》,並記其尺寸為18.8cm×19.8cm。本件還收錄於《黑城出土文書(漢文文書卷)》第100頁《軍政事務類》,其所記文書編號與《中國藏黑水城漢文文獻》原始編號同,並列出文書諸要素為:竹紙,缺,行書,尺寸為18.8cm×18.8cm。文書前後均完,現存文字5行。

錄文標點:

1. 仰李□□□①將三月分
2. 諸物時估文解賫來,同各
3. 各行人一就引來赴
4. 府,如違治罪。奉此,
5. 　三月初四日户房發②

18. 元發放信牌文書殘片

題解:

本件《中國藏黑水城漢文文獻》中原始編號為84H·Y1采:W59/2729,出版編號為M1·0795,收於第五冊《軍事與政令文書》第1025頁,擬題為《軍政文殘件》,並記其尺寸為3.6cm×16.6cm。《黑城出土文書(漢文文書卷)》一書未收。文書前後均缺,現存文字1行。

錄文標點:

　　(前缺)

1. ▨▨為仰發信牌壹面,仰朶▨▨

　　(後缺)

19. 元喚黃木匠等整治樓子文書殘片

題解:

本件《中國藏黑水城漢文文獻》中原始編號為F111:W29,出版編號為M1·0796,收於第五冊《軍事與政令文書》第1025頁,擬題為《黃木匠賫什物家事赴府整治樓子狀》,並記其尺寸為8.8cm×16.2cm。本件還收錄於《黑城出土文

---

① 據文書字距推斷,此處應缺三字,《黑城出土文書》錄文作缺兩字,現據圖版改。
② "批"據其他相關文書疑應為"發"。

書（漢文文書卷）》第100頁《軍政事務類》，其所記文書編號與《中國藏黑水城漢文文獻》原始編號同，並列出文書諸要素為：竹紙，殘，行書，尺寸為16.0cm×8.5cm。文書前後均缺，現存文字3行。

錄文標點：

　　　　（前缺）

1. 仰黃木匠如来①□

2. 親賫什物家事赴

3. 府整治楼子，毋得違治②

　　　　（後缺）

20. 元王也先哥承管狀殘片

題解：

本件《中國藏黑水城漢文文獻》中無原始編號，出版編號為M1·0797，收於第五冊《軍事與政令文書》第1026—1027頁，共三件殘片，分為兩組，擬題為《政令殘件》及《文書殘件》，並記其尺寸分別為22.2cm×23.4cm、19.7cm×19.3cm。本件還收錄於《黑城出土文書（漢文文書卷）》第99頁《軍政事務類》，其所記文書編號為F116∶W137，並列出文書諸要素為：竹紙；殘；草行書，尺寸為43.7cm×15.3cm。文書殘片一現存文字6行，殘片二現存文字1行，殘片三僅存日期殘痕，其中殘片一、二可綴合，《黑城出土文書（漢文文書卷）》一書將其拼合釋錄。從內容來看，其應為王也先哥承管狀殘片。參考文獻：張國旺《黑水城元代文獻研究二則》，《隋唐遼宋金元史論叢》（第一輯），紫禁城出版社2011年版。

錄文標點：

（一、二）

1. 承管人王也先哥

2. 今當

---

① "如来"，《黑城出土文書》錄文作"各□"，現據圖版改。

② "治"，《黑城出土文書》錄文作"者"，現據圖版改。

3. □□□□①委得甘限　日領

4. ＿＿＿＿＿□荅②＿＿＿＿

5. ＿＿＿時限，根勾赴官

6. ＿＿＿□如违當罪

7. 不詞。承管是实，伏取③

　　　　（後缺）

（三）

　　　　（前缺）

1. 　　□□□④

21. 元巡檢司獲賊文書殘片

題解：

本件《中國藏黑水城漢文文獻》中原始編號為84H·F111∶W18/1096，出版編號為M1·0798，收於第五冊《軍事與政令文書》第1028頁，擬題為《軍政文書殘件》，並記其尺寸為11.5cm×7.3cm。《黑城出土文書（漢文文書卷）》一書未收。文書前後均缺，現存文字8行。

錄文標點：

　　　　（前缺）

1. ＿＿＿＿＿發⑤就呈云云：

2. ＿＿＿＿＿□巡檢司□＿＿＿

3. ＿＿＿＿□已勘事理＿＿＿＿

4. ＿＿＿目十月二十＿＿＿＿

5. ＿＿＿＿□移官听候＿＿＿

---

① 此四字殘損，《黑城出土文書》錄文作"捴府首管"，現存疑。
② "荅"，《黑城出土文書》錄文未釋讀，現據圖版補。
③ 文書第1—6行為殘片一內容，第7行為殘片二內容。
④ 據元代文書格式可推知，此處"□□□"應為"□□日"，且此行鈐朱印一枚。
⑤ "發"字前原衍一字，後塗抹，現徑改。

6. ▭候荅石① ▭
7. ▭并滿哥□ ▭
8. ▭□獲賊 ▭
    （後缺）

22. 元至正十八年（1358）軍人小馬文書殘片

題解：

本件《中國藏黑水城漢文文獻》中原始編號為84H・F192：W6/2226，出版編號為M1・0799，收於第五冊《軍事與政令文書》第1028頁，擬題為《軍政文書殘件》，並記其尺寸為24.1cm×9.1cm。《黑城出土文書（漢文文書卷）》一書未收。文書前後均缺，現存文字5行。

錄文標點：

    （前缺）
1. □▭
2. 防□□□巡▭
3. 李□祇候▭
4. 軍人小馬▭
5. 至正十八年十一▭
    （後缺）

23. 元牌子頭名錄殘片

題解：

本件《中國藏黑水城漢文文獻》中原始編號為84H・F197：W1/2251，出版編號為M1・0800，收於第五冊《軍事與政令文書》第1029頁，擬題為《文書殘件》，並記其尺寸為18cm×10.3cm。《黑城出土文書（漢文文書卷）》一書未收。文書前後均缺，現存文字8行，文書上方印有多方墨戳。參考文獻：吳超《〈黑城出土文書〉所見"牌子"考》，《北華大學學報》（社會科學版）2009年第4期。

---

① "石"字後原衍一字，後塗抹，現逕改。

錄文標點：

（前缺）
1. 　牌子頭☐
2. 　　李☐
3. 　　李☐
4. 　牌子頭哈☐
5. 　　王☐
6. 　　曹☐
7. 　牌子頭☐☐
8. 　　　☐

（後缺）

24. 元至正廿六年（1366）朵思麻宣政院正馬文書殘片

題解：

本件《中國藏黑水城漢文文獻》中原始編號為84H・F16：W5/0523，出版編號為M1・0801，收於第五冊《軍事與政令文書》第1029頁，擬題為《朵思麻宣政院》，並記其尺寸為10.5cm×10.6cm。《黑城出土文書（漢文文書卷）》一書未收。文書前完後缺，現存文字4行。參考文獻：杜立暉《黑水城文書所見元代的朵思麻宣政院》（待刊）。

錄文標點：

1. 朵思麻宣政院等☐
2. 正馬式疋，正壹拾壹☐
3. 　　依例☐
4. 　　至正廿六年☐

（後缺）

25. 元過川軍文書殘片

題解：

本件《中國藏黑水城漢文文獻》中原始編號為F249：W9，出版編號為M1・

0802，收於第五冊《軍事與政令文書》第 1030 頁，擬題為《軍政文書殘件》，並記其尺寸為 20.6cm×11.3cm。《黑城出土文書（漢文文書卷）》一書未收。文書前後均缺，現存文字 6 行，書寫潦草，有塗改痕跡。

  錄文標點：

    （前缺）

1. ＿＿＿＿＿委与李□好①，經我
2. ＿＿＿＿＿你真好心為我
3. ＿＿＿＿生受②鞍馬，又
4. ＿＿＿＿差遣過川軍
5. ＿＿＿□有旨小每月初③
6. ＿＿＿＿＿＿□□

    （後缺）

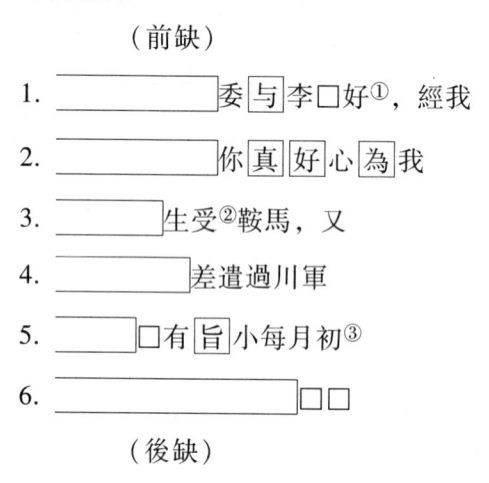

26. 元亦集乃路司吏預備某事文書殘片

題解：

本件《中國藏黑水城漢文文獻》中原始編號為 84H·F21：W11/0728，出版編號為 M1·0803，收於第五冊《軍事與政令文書》第 1031 頁，擬題為《軍政文書殘件》，並記其尺寸為 23.4cm×15.7cm。《黑城出土文書（漢文文書卷）》一書未收。文書前後均缺，現存文字 3 行。

  錄文標點：

    （前缺）

1. ＿＿＿＿□本路司吏人等預備
2. ＿＿＿＿□陳壁□湏慢等件須要
3. ＿＿＿＿違治罪。奉此，

    （後缺）

---

① "与""李""好"等字為右行補入，現逕改。
② "生受"書寫原誤，塗抹後於右行改寫，現逕改。
③ "初"字前原於右行補寫一字，後塗抹，現逕改。

27. 元某司牒文殘片

題解：

本件《中國藏黑水城漢文文獻》中原始編號為84H·F79：W40/0975，出版編號為M1·0804，收於第五冊《軍事與政令文書》第1032頁，擬題為《文牒殘件》，並記其尺寸為11.8cm×20.3cm。《黑城出土文書（漢文文書卷）》一書未收。文書共兩件殘片，各現存文字2行。

錄文標點：

（一）

　　　　　（前缺）

1. 関請照驗，捴 府 對 照 □
2. 発施行。准此，當司今□

　　　　　（後缺）

（二）

　　　　　（前缺）

1. ＿＿□□ 行 下 無 原 領 了 □
2. ＿＿□前去，合行移牒請

　　　　　（後缺）

28. 元將俺布等收獲物管押赴府文書殘片（稿）

題解：

本件《中國藏黑水城漢文文獻》中無原始編號，出版編號為M1·0805，收於第五冊《軍事與政令文書》第1033頁，擬題為《文牒殘件》，並記其尺寸為31cm×18.3cm。本件還收錄於《黑城出土文書（漢文文書卷）》第98頁《軍政事務類》，其所記文書編號為F116：W470，並列出文書諸要素為：竹紙，殘，公文稿，塗改過，行草書，尺寸為17.5cm×30.6cm。文書前後均缺，現存文字13行。參考文獻：杜立暉《黑水城文書所見元代的巡檢司》（待刊）。

錄文標點：

　　　　　（前缺）

766　中國藏黑水城漢文文獻的整理與研究

1.　┌──┐呈府，仰①□□②施行。
2.　　　　　開
3.　　右巡檢焦即孩③　總府除
4.　　　　外，合下仰照驗，速為依上
5.　　　　令者④□□賫公文前去
6.　┌──┐宁肅王┌──┐王傅并┌──┐
7.　　　□呈⑤委官一同前┌──┐⑥
8.　　　帥小云失不花根□⑦┌──┐
9.　　　人巴，又罕亦失丹并隨從
10.　┌──┐□俺布等收獲
11.　┌──┐管押赴府，仰
12.　┌──┐施行。
13.　　　　開
　　　（後缺）

29. 元發放信牌文書殘片

題解：

本件《中國藏黑水城漢文文獻》中原始編號為84H・大院內 a6：W78/2867，出版編號為M1・0806，收於第五冊《軍事與政令文書》第1034頁，擬題為《文牒殘件》，並記其尺寸為10.1cm×12.6cm。《黑城出土文書（漢文文書卷）》一書未收。文書前後均缺，現存文字4行。

錄文標點：

　　　（前缺）
1.　　　　一面　　┌──┐

---

① "仰"，《黑城出土文書》錄文作"并"，現據圖版改。
② 據元代文書書寫格式可推知，此處所缺文字應為"照驗"。
③ "孩"，《黑城出土文書》錄文作"該"，現據圖版改。
④ "者"，《黑城出土文書》錄文作"事"，現據圖版改。
⑤ "呈"，《黑城出土文書》錄文作"從"，現據圖版改。
⑥ 第6—7行文字被墨筆圈畫。
⑦ 此字殘，《黑城出土文書》錄文作"從"，現存疑。

2.　　　　号信牌一差☐☐☐☐
3.　☐☐等各正身一同☐☐
4.　☐☐并元碩斤①撫☐☐☐☐
　　　（後缺）

（三）勘合文書

1. 元亦集乃路總管府下某司文為用宙字壹號半印勘合支取某物事殘片
題解：

本件《中國藏黑水城漢文文獻》中原始編號為 F13：W104，出版編號為M1·0807，收於第五冊《勘合文書》第 1037 頁，擬題為《宙字壹號半印勘合文書》，並記其尺寸為 12.9cm×28.7cm。本件還收錄於《黑城出土文書（漢文文書卷）》第 142 頁《官用錢糧類》，其所記文書編號為 F132：W104，與《中國藏黑水城漢文文獻》原始編號異，並列出文書諸要素為：竹紙，殘，行草書，尺寸為 28.3cm×11.0cm。文書前完後缺，現存文字 4 行。從內容來看，其應為亦集乃路總管府下某司用宙字半印勘合支取某物文書。

錄文標點：
1. 皇帝聖旨裏，亦集乃路總管府案呈
2. 　　云云：總府今②用宙字壹号半印
3. 　　勘合書填前去，合下仰照驗比
4. 　　對元發☐号☐簿墨③跡字樣相同，更
　　　（後缺）

2. 元亦集乃路總管府下某司文為用黃字號勘合支取某物事殘片
題解：

本件《中國藏黑水城漢文文獻》中原始編號為 84H·F125：W41/1891，出版編號為M1·0808，收於第五冊《勘合文書》第 1038 頁，擬題為《黃字號半印勘

---

① "斤"字為右行補入，且原補字書寫誤，塗抹後改正，現徑改。
② "今"，《黑城出土文書》錄文作"公"，現據圖版改。
③ 《黑城出土文書》錄文於"墨"字前衍錄一"寫"字，現據圖版改。

合文書》，並記其尺寸為 10.6cm×22.5cm。《黑城出土文書（漢文文書卷）》一書未收。文書前後均缺，現存文字 4 行。從內容來看，其應為亦集乃路總管府下某司用黃字半印勘合支取某物文書。

錄文標點：

（前缺）

1. 甘肅等処行中書省劄付云云①。奉此，
2. 總府今用黃字　　　号半印勘合
3. 書填前去，合下仰照驗，比對元発号簿
4. □□□②樣相同，更照無

（後缺）

3. 元用勘合支糧文書殘片

題解：

本件《中國藏黑水城漢文文獻》中原始編號為 84H·F116：W141/1313，出版編號為M1·0809，收於第五冊《勘合文書》第 1039 頁，擬題為《勘合文書殘件》，並記其尺寸為 29.5cm×15.3cm。《黑城出土文書（漢文文書卷）》一書未收。文書共四件殘片，殘片一、二各存文字 1 行，殘片三、四各存文字 2 行。從內容來看，其應為用勘合支糧文書殘片。

錄文標點：

（一）

（前缺）

1. ＿＿＿＿強（簽押）

（後缺）

（二）

（前缺）

1. ＿＿簿字樣相同，更照

（後缺）

---

① 第二個"云"字為省文符號，現徑改。
② 據其他相關文書可知，此處所缺文字應為"墨跡字"。

（三）

（前缺）

1. ☐支式伯陸拾壹石伍斗
2. ☐伯壹拾陸石柒

（後缺）

（四）

（前缺）

1. ☐□□此發□☐
2. ☐二項共計見在正色☐

（後缺）

4. 元文書殘片

題解：

本件《中國藏黑水城漢文文獻》中原始編號為84HF146正，出版編號為M1·0810，收於第五冊《勘合文書》第1040頁，擬題為《文書殘件》，並記其尺寸為4.7cm×16.5cm。《黑城出土文書（漢文文書卷）》一書未收。文書為正背雙面書寫，此為正面內容，文書首尾均缺，現存文字1行，字體較大，墨色較濃。

錄文標點：

（前缺）

1. 元究竟把你来續

（後缺）

5. 元亦集乃路總管府下某司文為用某字勘合支取某物事殘片

題解：

本件《中國藏黑水城漢文文獻》中原始編號為84HF146背，出版編號為M1·0811，收於第五冊《勘合文書》第1040頁，擬題為《勘合文書殘件》，並記其尺寸為4.7cm×16.5cm。《黑城出土文書（漢文文書卷）》一書未收。文書為正背雙面書寫，此為背面內容，前後均缺，現存文字3行。從內容來看，其應為亦集乃路總管府下某司用半印勘合支取某物文書。

錄文標點：
　　　　　（前缺）
1. ☐☐☐前接支相同，總府今用□字拾捌
2. ☐☐☐合下仰照驗，比對元發号簿
3. 字 樣 ☐☐☐☐☐☐☐☐ □□
　　　　　（後缺）

6. 元用勘合照驗某事文書殘片

題解：

本件《中國藏黑水城漢文文獻》中原始編號為84H・F19：W50/0587，出版編號為M1・0812，收於第五冊《勘合文書》第1041頁，擬題為《勘合文書殘件》，並記其尺寸為6.1cm×30cm。《黑城出土文書（漢文文書卷）》一書未收。文書共兩件殘片，各存文字2行。

錄文標點：

（一）
　　　　　（前缺）
1. ☐☐☐上項事理， 仰 行 半印□☐☐☐
2. ☐☐☐元発號簿墨跡字樣相☐☐☐☐
　　　　　（後缺）

（二）
　　　　　（前缺）
1. ☐☐☐☐☐☐前去 訖 ，今據具呈
2. ☐☐☐☐☐☐□覆蒙
3. ☐☐☐☐☐☐□用☐☐☐
　　　　　（後缺）

7. 元用勘合照驗某事文書殘片

題解：

本件《中國藏黑水城漢文文獻》中原始編號為84H・采：W17/2957，出版編

號為M1·0813，收於第五冊《勘合文書》第1042頁，擬題為《勘合文書殘件》，並記其尺寸為14.4cm×22.8cm。《黑城出土文書（漢文文書卷）》一書未收。文書前後均缺，現存文字4行。

錄文標點：

（前缺）

1. ☐派成☐☐☐☐☐☐☐☐
2. ☐☐☐罪不詞，乞照驗。得此，惣府
3. ☐☐☐字　号半印勘合書填前去，
4. ☐☐☐☐☐到☐☐☐☐☐☐☐

（後缺）

（四）其他公文

1. 元某呈狀為收管孤老馮閏僧等事殘片

題解：

本件《中國藏黑水城漢文文獻》中原始編號為84H·F116: W211/1383，出版編號為M1·0814，收於第五冊《其他公文》第1045頁，擬題為《收管到孤老馮閏僧》，並記其尺寸為28.2cm×15.9cm。《黑城出土文書（漢文文書卷）》一書未收。文書前後均缺，現存文字7行。從內容來看，其應為也火朶☐為收管孤老一事之呈狀殘片。參考文獻：周永傑《黑水城出土亦集乃路孤老養濟文書若干問題研究》，《西夏學》（第十輯），上海古籍出版社2013年版。

錄文標點：

（前缺）

1. ☐☐☐☐☐☐惣府收管到孤老馮閏僧☐☐☐☐☐☐☐
2. ☐☐☐☐☐☐統鈔伍兩，委將依奉前去☐☐☐☐☐☐
3. ☐☐☐☐☐☐☐☐如違或事発☐☐☐☐☐☐

772　中國藏黑水城漢文文獻的整理與研究

4. _____□納①不詞。収管 是 ②_____

5. _____③

6. _____年六月　　日也火 朶 ④_____

7. 　　　□□日⑤

2. 元某年亦集乃路設立惠民藥局文書殘片

題解：

本件《中國藏黑水城漢文文獻》中原始編號為 F125：W7，出版編號為M1·0815，收於第五冊《其他公文》第 1046 頁，擬題為《設立惠民藥局》，並記其尺寸為 17.3cm×17cm。本件還收錄於《黑城出土文書（漢文文書卷）》第 99 頁《軍政事務類》，其所記文書編號與《中國藏黑水城漢文文獻》原始編號同，並列文書諸要素為：竹紙，殘，行草書，尺寸為 16.3cm×17.3cm。文書前後均缺，現存文字 8 行。從內容來看，其應為設立惠民藥局文書。劉海波認為，此惠民藥局為亦集乃路所設。參考文獻：1. 劉海波、劉玉書《〈黑城出土文書〉醫藥初探》，《第二屆中國少數民族科技史國際學術討論會論文集》，社會科學文獻出版社 1996 年版；2. 劉海波《〈黑城出土文書〉醫藥殘文考略》，《中華醫史雜誌》1998 年第 2 期；3. 內蒙古醫學史料編寫組《從出土醫書殘頁窺元代哈拉浩特醫學之一斑》，《內蒙古中醫藥》1993 年第 3 期。

錄文標點：

　　　　　（前缺）

1. 縱有□_____

---

① "納"，周永傑文未釋讀，現據圖版補。
② " 是 "，周永傑文未釋讀，現據圖版補。
③ 此行缺文周永傑文未標注，現據圖版補。
④ " 朶 "，周永傑文作"乃"，現據圖版改。
⑤ "□□日"上鈐印章一枚。

2. 一体①設立②惠民局，須降聖済③總錄⬚
3. 死揆④救致□□本⑤省⬚
4. 惠民藥⑥局即⬚
5. 就便放支中統鈔⬚
6. 良醫專一主管⬚
7. 民撥降聖済惣⬚
8. □□俻⑦⬚

　　　　（後缺）

3. 元某司呈文為差人前去各渠勾喚社長事殘片

題解：

本件《中國藏黑水城漢文文獻》中原始編號為84H・大院內a6：W34/2823，出版編號為M1・0816，收於第五冊《其他公文》第1047頁，擬題為《奉總管府臺旨》，並記其尺寸為13.5cm×26cm。《黑城出土文書（漢文文書卷）》一書未收。文書前後均缺，現存文字4行。從內容來看，其應為某司奉總府官台旨去各渠勾喚社長的文書殘片。

錄文標點：

　　　　（前缺）
1. 奉
2. 惣府官台旨⬚
3. 改差玉你布□前去各渠勾喚社⬚
4. ⬚管限□

　　　　（後缺）

---

① "体"，《黑城出土文書》錄文作"使"，現據圖版改。
② "立"，《黑城出土文書》錄文漏錄，現據圖版補。
③ "聖済"兩字為右行補入，現徑改。
④ "揆"，《黑城出土文書》錄文作"檢"，且此字後原衍一字，後塗抹，現徑改。
⑤ "本"，《黑城出土文書》錄文作"在"，現據圖版改。
⑥ "藥"字為右行補入，現徑改。
⑦ "□□俻"，《黑城出土文書》錄文作"仝在此"，前兩字殘，現存疑，後一字據圖版改。且此三字應為補寫文字，其後有數字被塗抹，現徑改。

4. 元大德四年（1300）某司委當職官員文書殘片

題解：

本件《中國藏黑水城漢文文獻》中原始編號為 84H·F116：W15/1186，出版編號為 M1·0817，收於第五冊《其他公文》第 1048 頁，擬題為《大德四年公文》，並記其尺寸為 8.9cm×22cm。《黑城出土文書（漢文文書卷）》一書未收。文書前後均缺，現存文字 4 行。

錄文標點：

（前缺）

1. □□□□①裏，懷□□□□□
2. 　　来文該：承奉
3. 　　甘肅等処行中書省剳付委當戡与省□□□
4. 　　大德四年□□□

（後缺）

5. 元溫古站頭目拜顏察立保結狀為羈管罪犯事（一）

題解：

本件《中國藏黑水城漢文文獻》中原始編號為 Y1·W77a，出版編號為 M1·0818，收於第五冊《其他公文》第 1049 頁，擬題為《溫古站頭目拜顏察立當差》，並記其尺寸為 13.3cm×18.9cm。本件還收錄於《黑城出土文書（漢文文書卷）》第 98 頁《軍政事務類》，其所記文書編號為 Y1：W77（1），並列出文書諸要素為：草紙，殘，行草書，尺寸為 18.3cm×12.7cm。該書將本號文書與《中國藏黑水城漢文文獻》第 1050 頁 M1·0819〔Y1·W77b〕號文書統一編號為 Y1：W77，作為一件文書釋錄。按，兩號文書字跡、紙張相同，內容相關，應為同一件文書。文書前完後缺，現存文字 4 行。從綴合後內容來看，其應為溫古站頭目拜顏察立保結文書殘片。文書擬題依綴合後所定。

---

① 據元代书书格式可知此處所缺文字應為"皇帝聖旨"。

錄文標點：

1. 　　溫古站頭目拜顏察立☐
2. 　　　　今當
3. 　　　　總府官羈管①到官☐
4. ☐失丹駙馬位☐
　　　　（後缺）

6. 元溫古站頭目拜顏察立保結狀為羈管罪犯事（二）

題解：

本件《中國藏黑水城漢文文獻》中原始編號為Y1・W77b，出版編號為M1・0819，收於第五冊《其他公文》第1050頁，擬題為《溫古站頭目拜顏察立當差》，並記其尺寸為18cm×28.8cm。本件還收錄於《黑城出土文書（漢文文書卷）》第98頁《軍政事務類》，其所記文書編號為Y1:W77（2），並列出文書諸要素為：草紙，殘，行草書，尺寸為28.3cm×13.5cm。該書將本號文書與《中國藏黑水城漢文文獻》第1049頁M1・0818［Y1・W77a］號文書統一編號為Y1:W77，作為一件文書釋錄。按，兩號文書字跡、紙張相同，內容相關，應為同一件文書。文書前後均缺，現存文字8行。從綴合後內容來看，其應為溫古站頭目拜顏察立保結文書殘片。文書擬題依綴合後所定。

錄文標點：

　　　　（前缺）
1. 　　　　　　　　　☐☐☐　　②
2. 　　　　　　　　☐声息寧息発迴还役當差，
3. 　　　　等趂③閃迯避。拜顏察立等情願根☐得④

---

① "管"，《黑城出土文書》錄文作"興"，現據圖版改。
② 此行文字《黑城出土文書》錄文未標注，現據圖版補。
③ 《黑城出土文書》錄文中"等"字未釋讀，"趂"作"趨"，現據圖版改。
④ "☐得"，《黑城出土文書》錄文作"將"，現據圖版改。

4. ☐更行，甘當羈管①罪犯②不詞。執結是③实，今④開
5. 　　于后：
6. 　　　　男子肆⑤名：
7. 　　　　哈迷失不花☐
8. 　　　　荅海☐⑥
　　（後缺）

7. 元至元元年（1335）司吏段某呈文殘片（一）

題解：

本件《中國藏黑水城漢文文獻》中原始編號為 Y1·W24a，出版編號為 M1·0820，收於第五冊《其他公文》第 1051 頁，擬題為《公文殘件》，並記其尺寸為 6.5cm×31.6cm。《黑城出土文書（漢文文書卷）》一書未收。文書前後均缺，現存文字 3 行。按，本號文書與同頁之 M1·0821［Y1·W24b］號文書字跡、紙張相同，編號相連，應為同一件文書殘片。從綴合後內容來看，其應為司吏段某呈文殘片。文書擬題依綴合後所定。

錄文標點：

　　　　（前缺）
1. 照驗施行，湏至呈者：
2. 　　一摠計
3. 　　　　馬直甫　趙仲賢　趙國靜
　　（後缺）

8. 元至元元年（1335）司吏段某呈文殘片（二）

題解：

本件《中國藏黑水城漢文文獻》中原始編號為 Y1·W24b，出版編號為 M1·

---

① "管"，《黑城出土文書》錄文作"興"，現據圖版改。
② "犯"，《黑城出土文書》錄文作"行"，現據圖版改。
③ "执結是"，《黑城出土文書》錄文作"據此事"，現據圖版改。
④ "今"，《黑城出土文書》錄文作"人坐"，現據圖版改。
⑤ "肆"，《黑城出土文書》錄文作"捌"，現據圖版改。
⑥ 此字殘損，《黑城出土文書》錄文作"兀"，現存疑。

0821，收於第五冊《其他公文》第 1051 頁，擬題為《至元元年閏十二月司吏呈》，並記其尺寸為 7.7cm×31.4cm。《黑城出土文書（漢文文書卷）》一書未收。文書前缺後完，現存文字 2 行，系公文殘尾。按，本號文書與同頁之 M1·0820［Y1·W24a］號文書字跡、紙張相同，編號相連，應為同一件文書殘片。從綴合後內容來看，其應為司吏段某呈文殘片。文書擬題依綴合後所定。

  錄文標點：

     （前缺）

 1. 呈

 2. 至元元年閏十二月   司吏段 □英（簽押）呈

9. 元補買文書殘片

  題解：

本件《中國藏黑水城漢文文獻》中原始編號為 84H·F249:W26/2559，出版編號為 M1·0822，收於第五冊《其他公文》第 1052 頁，擬題為《公文殘件》，並記其尺寸為 4.8cm×16cm。《黑城出土文書（漢文文書卷）》一書未收。文書前後均缺，現存文字 2 行。

  錄文標點：

     （前缺）

 1. 省府劄 付

 2. □各 補 買蒙古

     （後缺）

10. 元文書殘片

  題解：

本件《中國藏黑水城漢文文獻》中無原始編號，出版編號為 M1·0823，收於第五冊《其他公文》第 1052 頁，擬題為《公文殘件》，並記其尺寸為 13cm×11.9cm。《黑城出土文書（漢文文書卷）》一書未收。文書共兩件殘片，殘片一現存文字 1 行，殘片二現存文字 2 行，均前後缺。從內容來看，其應與屯田百戶所有關。

錄文標點：

（一）

　　　　　（前缺）

1.　　　吳　　　（簽押）

　　　　　（後缺）

（二）

　　　　　（前缺）

1.　　一　故牒屯田

2.　　　□明布

　　　　　（後缺）

11. 元文書殘片

題解：

本件《中國藏黑水城漢文文獻》中原始編號為84H·F116：W304/1476，出版編號為M1·0824，收於第五冊《其他公文》第1053頁，擬題為《公文殘件》，並記其尺寸為13.5cm×14.6cm。《黑城出土文書（漢文文書卷）》一書未收。文書共兩件殘片，殘片一現存文字1行，殘片二現存文字3行。

錄文標點：

（一）

　　　　　（前缺）

1.　　　　□驗收管囗

　　　　　（後缺）

（二）

　　　　　（前缺）

1.　　　開

2.　　一関甘州路

3.　　　□明

　　　　　（後缺）

12. 元亦集乃路總管府文書殘片

題解：

本件《中國藏黑水城漢文文獻》中原始編號為 84H·大院內 a6：W85/2874，出版編號為 M1·0825，收於第五冊《其他公文》第 1054 頁，擬題為《公文殘件》，並記其尺寸為 18.9cm×28.5cm。《黑城出土文書（漢文文書卷）》一書未收。文書共四件殘片，據元代公文格式可知，圖版排序有誤，其中殘片四（左第一片）應為本件文書的第一片，其他各片由於殘缺嚴重，其順序不知。從內容來看，其應為亦集乃路總管府公文。

錄文標點：

（一）

　　　　　（前缺）

1. ▢▢▢▢▢▢

　　　　　（後缺）

（二）

　　　　　（前缺）

1. 　　總府今▢▢▢▢
2. 　　　　　▢錢①▢

　　　　　（後缺）

（三）

　　　　　（前缺）

1. 一▢▢▢▢▢▢
2. 　　　　▢▢一干人等②赴

　　　　　（後缺）

（四）

　　　　　（前缺）

---

① "▢錢"兩字為右行補入，現徑改。
② "一干人等"原作"人數▢▢"，後塗抹，於右行改寫，現徑改。

1. 皇帝聖旨裏，亦集乃路摠管府案呈云云①：

    （後缺）

13. 元文書殘片

題解：

本件《中國藏黑水城漢文文獻》中原始編號為84H・F135：W63/2014，出版編號為M1・0826，收於第五冊《其他公文》第1055頁，擬題為《公文殘件》，並記其尺寸為4cm×17.6cm。《黑城出土文書（漢文文書卷）》一書未收。文書前後均缺，現存文字2行。

錄文標點：

（前缺）

1. ▭▭▭▭▭▭▭▭▭▭▭▭▭▭
2. ▭▭▭▭▭無上司许准明文，止憑本▭▭▭▭▭▭

（後缺）

14. 元某路官員文書殘片

題解：

本件《中國藏黑水城漢文文獻》中原始編號為84H・F175：W4/2180，出版編號為M1・0827，收於第五冊《其他公文》第1055頁，擬題為《達魯花赤總管同知》，並記其尺寸為11cm×27.8cm。《黑城出土文書（漢文文書卷）》一書未收。文書前後均缺，現存文字3行。

錄文標點：

（前缺）

1. ▭魯花赤　　摠管　　同知
2. 推官
3. ▭訖

（後缺）

---

① 第二個"云"字為省文符號，現徑改。

15. 元書吏王士恒等文書殘片

題解：

本件《中國藏黑水城漢文文獻》中無原始編號，出版編號為M1·0828，收於第五冊《其他公文》第1056頁，擬題為《書吏王士恒等》，並記其尺寸為46.7cm×26.8cm。《黑城出土文書（漢文文書卷）》一書未收。文書前後均缺，現存文字4行，第1行字號較小，其余3行用墨印有"事""使"等字，字號較大。

錄文標點：

（前缺）

1. ☐☐☐☐書吏王士恒等承
2. ☐☐☐☐☐☐　　　事
3. ☐☐☐☐☐☐　　　事
4. ☐☐☐☐☐☐　　　使①
5. （墨戳殘痕）

（後缺）

16. 元文書殘片

題解：

本件《中國藏黑水城漢文文獻》中原始編號為84H·大院內a6：W21/2810，出版編號為M1·0829，收於第五冊《其他公文》第1057頁，擬題為《公文殘件》，並記其尺寸為11.2cm×24cm。《黑城出土文書（漢文文書卷）》一書未收。文書共兩件殘片，各存文字3行。兩件殘片字跡非一，應非同件文書。

錄文標點：

（一）

（前缺）

1. 縂　　☐☐☐☐☐☐☐☐☐

---

① 第2—4行文字為墨戳文字。

2. ☐_____①

3. 亞中大夫亦集乃路總管府_____

　　　（後缺）

（二）

　　　（前缺）

1. _____為薄役不能吊☐_____

2. _____已不弃_____

　　　（中缺1行）

3. _____前来☐_____

　　　（後缺）

17. 元至正年間文書殘片

題解：

本件《中國藏黑水城漢文文獻》中原始編號為84H・F20：W18/0667，出版編號為M1・0830，收於第五冊《其他公文》第1057頁，擬題為《公文殘件》，並記其尺寸為10.3cm×26.5cm。《黑城出土文書（漢文文書卷）》一書未收。文書共兩件殘片，殘片一現存文字2行，殘片二現存文字5行。

錄文標點：

（一）

　　　（前缺）

1. 一道☐_____

2. 一_____

　　　（後缺）

（二）

　　　（前缺）

1. ☐☐路等_____

---

① 第1行所缺兩字及本行文字字跡較大，筆體凌亂。

2. □①書省咨至正☐
3. □闊西明仁殿裏有☐
4. 有来
5. □②魯禿右丞☐
   （後缺）

18. 元文書殘片

題解：

本件《中國藏黑水城漢文文獻》中原始編號為84H·F209：W37/2335，出版編號為M1·0831，收於第五冊《其他公文》第1058頁，擬題為《奉總府官台旨》，並記其尺寸為6.3cm×10.8cm。《黑城出土文書（漢文文書卷）》一書未收。文書首全尾缺，現存文字3行。

錄文標點：

1. 奉
2. 總府官台旨，仰☐
3. □行□□☐
   （後缺）

19. 元文書殘片

題解：

本件《中國藏黑水城漢文文獻》中無原始編號，出版編號為M1·0832，收於第五冊《其他公文》第1058頁，擬題為《公文殘件》，並記其尺寸為14cm×34.2cm。《黑城出土文書（漢文文書卷）》一書未收。文書共兩件殘片，殘片一現存墨線符號1行，殘文字1行；殘片二現存文字3行，大、小字相間。

錄文標點：

（一）

---

① 據文意推斷，此處所缺文字應為"中"。
② 據文意推斷，此處所缺文字應為"達"。

784　中國藏黑水城漢文文獻的整理與研究

（前缺）
1. ‒ ‒ ‒ ▲ ‒ ‒ ‒ ▲ ‒ ‒ ‒ ▲ ‒ ‒ ‒ ▲ ‒ ‒ ‒
2. _____
（後缺）

（二）
（前缺）
1. □
2. 恩唯鳳 啟 膺　諸膺新無思不服，臣俺普勸資
3. □省之來朝有物皆新無思不服，臣俺普等誠歡誠忭頓首□□欽惟
（後缺）

20. 元河西隴北道肅政廉訪司照刷文卷刷尾

題解：

本件《中國藏黑水城漢文文獻》中原始編號為 F116∶W459，出版編號為 M1·0833，收於第五冊《其他公文》第 1059 頁，擬題為《公文殘件》，並記其尺寸為 19.7cm×12cm。《黑城出土文書（漢文文書卷）》一書未收。文書前後均缺，現存文字 5 行，其右側有印章一枚，印章之上有大字殘筆，應為日期；中間有墨戳、朱筆字跡及鈐印章三枚；左側下方鈐有墨戳"書吏"等字。從內容來看，其應為河西隴北道肅政廉訪司照刷文書所留刷尾。

錄文標點：

（前缺）
1. 　　　□□□①

　　　　刷訖

─────（騎縫章）─────

---

① 據元代文書書寫格式可知，此處所缺應為日期"□□日"，且此行鈐印章一枚。

2. 照過①（印章） ②

3. ☐元四年五月初十日☐

4. ☐□管為尾，計紙柒☐ ③

5. ☐月　日　書吏

　　（後缺）

21. 元司吏趙農呈文殘片

題解：

本件《中國藏黑水城漢文文獻》中原始編號為 F116：W81A，出版編號為 M1·0834，收於第五冊《其他公文》第 1060 頁，擬題為《公文殘件》，並記其尺寸為 30.3cm×13.7cm。《黑城出土文書（漢文文書卷）》一書未收。文書共兩件殘片，殘片一現存文字 4 行，為文書殘首；殘片二現存文字 1 行，為文書殘尾。從內容來看，其應為總管府司吏趙農呈文殘片。

錄文標點：

（一）

1. ☐案呈云云④。承此

2. ☐

3. ☐□姜友直承行劄付准

4. ☐咨呈：近本省同□

　　（後缺）

（二）

　　（前缺）

1. 　　☐司吏趙農呈

　　（後缺）

---

① "照過" 兩字為朱書。
② 據其他刷尾文書可知，此墨戳中所缺文字應為 "河西隴北道/肅政廉訪司"。
③ 第 2—3 行鈐墨印一枚，朱印兩枚。
④ 第二個 "云" 為省文符號，現徑改。

22. 元某司呈文殘片

題解：

本件《中國藏黑水城漢文文獻》中原始編號為84H·F116：W172/1344，出版編號為M1·0835，收於第五冊《其他公文》第1061頁，擬題為《公文殘件》，並記其尺寸為19.7cm×19.8cm。《黑城出土文書（漢文文書卷）》一書未收。文書共三件殘片，殘片一現存文字1行；殘片二為兩紙粘接，第一紙現存文字2行，第二紙無文字殘留，兩紙粘接處鈐騎縫章一枚；殘片三現存文字2行。從內容來看，其應為某司呈文殘片。

錄文標點：

（一）

　　　　　（前缺）
1. ☐毋得☐
　　　　　（後缺）

（二）

　　　　　（前缺）
1. ☐限☐☐招伏
2. ☐☐具申施行
——————（騎縫章）——————
　　　　　（後缺）

（三）

　　　　　（前缺）
1. ☐☐壹☐
2. ☐施行。湏至☐
————————————
　　　　　（後缺）

23. 元文書殘片

題解：

本件《中國藏黑水城漢文文獻》中原始編號為84H·F116：W493/1665，出版編號為M1·0836，收於第五冊《其他公文》第1062—1063頁，共三件殘片，分為兩組，擬題為《公文殘件》，並記其尺寸分別為15.5cm×18.4cm、18.2cm×12.5cm。《黑城出土文書（漢文文書卷）》一書未收。文書殘缺嚴重，殘片一存文字2行，殘片二存文字4行，殘片三存文字1行。

錄文標點：

（一）

（前缺）

1. _____
2. □

（後缺）

（二）

（前缺）

1. _____□發□□□
2. _____移牒本路判
3. _____首領官 照 磨
4. _____□□

（後缺）

（三）

（前缺）

1. 廿 二 日

24. 元某司呈亦集乃路總管府文殘片

題解：

本件《中國藏黑水城漢文文獻》中原始編號為84H·F180:W2/2193，出版編號為M1·0837，收於第五冊《其他公文》第1064頁，擬題為《總管府伏乞》，並記其尺寸為10.7cm×8cm。《黑城出土文書（漢文文書卷）》一書未收。文書前後均缺，現存文字3行。從內容來看，其應為某司呈亦集乃路總管府文殘片。

錄文標點：

（前缺）

1. _____□不知去向□_____
2. _____路總管府，伏乞
3. 照驗，須至呈者
      （後缺）

25. 元文書殘片

題解：

本件《中國藏黑水城漢文文獻》中原始編號為84H·F116：W15，出版編號為M1·0838，收於第五冊《其他公文》第1064頁，擬題為《公文殘件》，並記其尺寸為3.3cm×10.5cm。《黑城出土文書（漢文文書卷）》一書未收。文書前後均缺，現存文字1行。

錄文標點：

     （前缺）
1. _____囬示外，合下仰_____
      （後缺）

26. 元亦集乃路總管府文為察立馬等狀告事殘片

題解：

本件《中國藏黑水城漢文文獻》中原始編號為84H·F111：W42/1124，出版編號為M1·0839，收於第五冊《其他公文》第1065頁，擬題為《達達田地》，並記其尺寸為9.4cm×28.7cm。《黑城出土文書（漢文文書卷）》一書未收。文書前完後缺，現存文字3行。

錄文標點：

1. 皇帝聖旨裏，亦集乃路達魯花赤總管府據察立馬_____
2.   麻荅更 行 狀告_____田□□諸等□_____
3.   達達①田地_____
      （後缺）

---

① 第二個"達"字為省文符號，現徑改。

27. 元某房呈亦集乃路總管府文殘片

題解：

本件《中國藏黑水城漢文文獻》中原始編號為84H·大院內a6：W31/2820，出版編號為M1·0840，收於第五冊《其他公文》第1066頁，擬題為《公文殘件》，並記其尺寸為20.3cm×14.7cm。《黑城出土文書（漢文文書卷）》一書未收。文書前完後缺，現存文字5行。從內容來看，其應為某房呈亦集乃路總管府文殘片。

錄文標點：

1. □房
2. 呈：據□
3. 城巡檢司狀
4. 總府官台旨□
5. 此，合行具呈者

　　（後缺）

28. 元文書殘片

題解：

本件《中國藏黑水城漢文文獻》中原始編號為84H·F249：W28/2561，出版編號為M1·0841，收於第五冊《其他公文》第1067頁，擬題為《呈廉訪司》，並記其尺寸為8cm×17cm。《黑城出土文書（漢文文書卷）》一書未收。文書前後均缺，現存文字3行。

錄文標點：

　　（前缺）

1. 　　　□□□
2. 　一牒呈廉訪司
3. 　　合□

　　（後缺）

29. 元文書殘片

題解：

本件《中國藏黑水城漢文文獻》中原始編號為84H·Y1采：W27/2697，出版編號為M1·0842，收於第五冊《其他公文》第1067頁，擬題為《公文殘件》，並記其尺寸為12.2cm×14.6cm。《黑城出土文書（漢文文書卷）》一書未收。文書共三件殘片，每件殘片均殘損嚴重，各存文字1行。

錄文標點：

（一）

（前缺）

1. ☐□歷司裁旨，仰□□□☐

（後缺）

（二）

（前缺）

1. ☐□①仰移□☐

（後缺）

（三）

（前缺）

1. 　　　總府☐

（後缺）

30. 元文書殘片

題解：

本件《中國藏黑水城漢文文獻》中原始編號為84H·Y1采：W14/2684，出版編號為M1·0843，收於第五冊《其他公文》第1068頁，擬題為《公文殘件》，並記其尺寸為9.3cm×16.4cm。《黑城出土文書（漢文文書卷）》一書未收。文書前後均缺，現存文字3行，第1、2行之間有一道墨色豎線。

---

① 此字前有塗抹痕跡。

錄文標點：

（前缺）

1. ☐☐☐☐☐☐行省照驗者。承此，合行移☐☐
2. 　　　　　總府除外，合行仰照驗
3. 　　　　　☐☐施行。

（後缺）

31. 元某司牒河西隴北道廉訪司甘、肅等處分司為照勘委只公事殘片

題解：

本件《中國藏黑水城漢文文獻》中原始編號為 F90：W5，出版編號為 M1・0844，收於第五冊《其他公文》第 1069 頁，擬題為《公文殘件》，並記其尺寸為 16.8cm×28.3cm。《黑城出土文書（漢文文書卷）》一書未收。文書前後均缺，現存文字 5 行。從內容來看，其應為某司牒河西隴北道肅政廉訪司甘、肅等處分司公文殘片。

錄文標點：

（前缺）

1. ☐☐☐☐☐☐廉訪司甘 肅 ☐☐☐☐☐☐
2. ☐到路，仰照勘本路有無☐☐☐☐應☐☐
3. 照勘委只公事，開坐牒司。承此，照勘得本
4. 路並無
5. 揔☐☐☐☐☐☐☐☐☐☐

（後缺）

32. 元文書殘片

題解：

本件《中國藏黑水城漢文文獻》中原始編號為 84H・Y1 采：W112/2782，出版編號為M1・0845，收於第五冊《其他公文》第 1070 頁，擬題為《公文殘件》，並記其尺寸為 17.5cm×11.1cm。《黑城出土文書（漢文文書卷）》一書未收。文書前後均缺，現存文字 6 行。

錄文標點：

(前缺)

1. ☐☐☐☐姓名開☐☐☐
2. ☐☐☐☐照勘，雖稱不堪
3. ☐☐☐☐☐本路達魯花
4. ☐☐☐☐☐縱無干碍
5. ☐☐☐☐☐委虛的難便
6. ☐☐☐☐☐勾照驗也

(後缺)

33. 元吏禮房呈文為趙惟忠應付僧膳食等事殘片（一）

題解：

本件《中國藏黑水城漢文文獻》中原始編號為F124：W6a，出版編號為M1・0846，收於第五冊《其他公文》第1071頁，擬題為《吏禮房文書》，並記其尺寸為13cm×27.2cm。本件還收錄於《黑城出土文書（漢文文書卷）》第141頁《官用錢糧類》，其所記文書編號為F124：W6，並列出文書諸要素：竹紙，殘屑，草書，尺寸為26.2cm×21.2cm。文書前完後缺，現存文字4行，字跡潦草，有塗改添加痕跡。按，本號文書與《中國藏黑水城漢文文獻》第1072頁M1・0847[F124：W6b]號文書字跡、紙張相同，編號相連，應為同件文書。從內容來看，其應為亦集乃路吏禮房為趙惟忠奉甘肅行省劄付應付僧饍食一事呈文。文書擬題依綴合後所定。

錄文標點：

1. 吏礼房
2. 一名趙惟忠①承奉
3. 甘肅等处行中書省劄付来申☐礼僧☐☐☐☐

---

① "一名趙惟忠"書寫原誤，塗抹後於右行改寫，現徑改。且"惟"，《黑城出土文書》錄文作"帷"，現據圖版改。

4. ☐☐☐☐僧饍☐☐負①，趙惟忠☐☐☐☐☐

  （後缺）

34. 元吏禮房呈文為趙惟忠應付僧膳食等事殘片（二）

題解：

  本件《中國藏黑水城漢文文獻》中原始編號為 F124：W6b，出版編號為M1・0847，收於第五冊《其他公文》第 1072 頁，擬題為《文書殘件》，並記其尺寸為 19.9cm×9.3cm。《黑城出土文書（漢文文書卷）》一書未收。文書前後均缺，現存文字 5 行。按，本號文書與《中國藏黑水城漢文文獻》第 1071 頁M1・0846 [F124：W6a] 號文書字跡、紙張相同，編號相連，應為同件文書。從內容來看，其應為亦集乃路吏禮房為趙惟忠奉甘肅行省剳付應付僧饍食一事呈文。文書擬題依綴合後所定。

錄文標點：

  （前缺）

1. ☐☐☐☐☐□取情犯
2. ☐☐☐☐☐覆奉

  （中缺 2 行）

3. ☐☐☐☐坐具呈者：
4. ☐☐☐□人叁名：
5. ☐☐☐何二哥

  （後缺）

35. 元某司呈文為支取公用紙札錢事殘片

題解：

  本件《中國藏黑水城漢文文獻》中原始編號為 F270：W9，出版編號為M1・0848，收於第五冊《其他公文類》第 1072 頁，擬題為《公用錢物文書》，並記其

---

① "☐負"書寫原誤，塗抹後於右行改寫，《黑城出土文書》錄文釋讀為"食"，現據圖版改。

尺寸為 15.5cm×12.3cm。本件還收錄於《黑城出土文書（漢文文書卷）》第 141 頁《官用錢糧類》，其所記文書編號與《中國藏黑水城漢文文獻》原始編號同，並列出文書諸要素為：草紙，屑，行書，尺寸為 12.1cm×14.5cm。文書前完後缺，現存文字 7 行。從內容來看，其應為某司奉總府官台旨支取購買夾紙等公用紙張錢的公文殘片。

錄文標點：

1. 奉
2. 總府官□□□□□□
3. 即將合用□□□□□
4. 錢①司公用 舁 □□□
5. 府對物支價□□□□
6. 　夾舁貳伯□□□
7. 　清水舁□□□□
　　　（後缺）

36. 元照驗土地文書殘片（一）

題解：

本件《中國藏黑水城漢文文獻》中原始編號為 84H・F116：W57/1229，出版編號為 M1・0849，收於第五冊《其他公文》第 1073 頁，擬題為《文書殘件》，並記其尺寸為 13.7cm×11.5cm。《黑城出土文書（漢文文書卷）》一書未收。文書前後均缺，現存文字 5 行。按，本號文書與同頁 M1・0850［84H・F116：W58/1230］號文書字跡、紙張相同，編號相連，應為同件文書。從內容來看，其應為某司奉總府官台旨照驗有關占地等事文書。文書擬題依綴合後所定。

錄文標點：

　　　　（前缺）
1. □□□□□□□□
2. 各處 雖 委□□□□

---

① "錢"，《黑城出土文書》錄文作"分"，現據圖版改。

3. 年，別無官路☐☐☐☐☐☐

4. 施行，得此☐☐☐☐☐☐

5. 所占地內☐☐☐☐☐☐☐

   （後缺）

37. 元照驗土地文書殘片（二）

題解：

本件《中國藏黑水城漢文文獻》中原始編號為84H·F116：W58/1230，出版編號為M1·0850，收於第五冊《其他公文》第1073頁，擬題為《文書殘件》，並記其尺寸為14.8cm×11.7cm。《黑城出土文書（漢文文書卷）》一書未收。文書前後均缺，現存文字4行。按，本號文書與同頁M1·0849［84H·F116：W57/1229］號文書字跡、紙張相同，編號相連，應為同件文書。從內容來看，其應為某司奉總府官台旨照驗有關占地等事文書。文書擬題依綴合後所定。

錄文標點：

   （前缺）

1. 分明，中間并☐☐☐☐☐

2. 驗，得此☐☐☐☐☐☐

3. 摠府官台旨☐☐☐☐☐

4. 照依各人☐☐☐☐☐☐

   （後缺）

38. 元至順四年（1333）吏禮房呈文殘片

題解：

本件《中國藏黑水城漢文文獻》中原始編號為F125：W20，出版編號為M1·0851，收於第五冊《其他公文》第1074頁，擬題為《至順四年八月初十日吏禮房文書》，並記其尺寸為9.7cm×23.2cm。《黑城出土文書（漢文文書卷）》一書未收。文書前完後缺，現存文字3行。從內容來看，其應為吏禮房呈文殘片。

錄文標點：

1. 吏礼房

2. 照得，至順四年八月初十日①呈：近於本路同知尹奉議関②，有父僧☐
3. 母☐☐☐☐初次☐☐
　　（後缺）

39. 元文書殘片

題解：

本件《中國藏黑水城漢文文獻》中無原始編號，出版編號為M1·0852，收於第五冊《其他公文》第1075頁，擬題為《劄子殘件》，並記其尺寸為13cm×10.7cm。《黑城出土文書（漢文文書卷）》一書未收。文書前後均缺，現存文字4行。

錄文標點：

（前缺）
1. 劄子☐
2. 承奉☐
3. 甘肅等☐
4. 為☐

（後缺）

40. 元吏禮房呈文殘片（一）

題解：

本件《中國藏黑水城漢文文獻》中原始編號為F16：W3，出版編號為M1·0853，收於第五冊《其他公文》第1076頁，擬題為《吏禮房文書》，並記其尺寸為14.3cm×21.3cm。《黑城出土文書（漢文文書卷）》一書未收。文書前完後缺，現存文字4行。按，本號文書與同頁M1·0854［F16：W6］號文書字跡、紙張相同，應為同件文書。從內容來看，其應為吏禮房呈文殘片。文書擬題依綴合後所定。

錄文標點：

（前缺）

---

① "照得，至順四年八月初十日"等字為右行補入，現徑改。
② "関"字後原衍"照得"兩字，後塗抹，現徑改。

1. □①禮房
2. 呈：承奉
3. 甘肅等処行中書省☐☐☐☐☐☐
4. 充 譯 ☐☐☐☐☐☐☐
　　　（後缺）

41. 元吏禮房呈文殘片（二）

題解：

本件《中國藏黑水城漢文文獻》中原始編號為 F16：W6，出版編號為M1·0854，收於第五冊《其他公文》第1076頁，擬題為《文書殘件》，並記其尺寸為9cm×14.3cm。《黑城出土文書（漢文文書卷）》一書未收。文書前後均缺，現存文字3行。按，本號文書與同頁M1·0853〔F16：W3〕號文書字跡、紙張相同，應為同件文書。從內容來看，其應為吏禮房呈文殘片。文書擬題依綴合後所定。

錄文標點：

　　　（前缺）
1. □☐☐☐☐☐☐
2. 呈者
3. 右謹□
　　　（後缺）

42. 元亦集乃路總管府判官差捏合伯等呈文為於兀不剌唐兀地面發現古跡碧鈿□洞事（稿）

題解：

本件《中國藏黑水城漢文文獻》中原始編號為 F111：W61，出版編號為M1·0855，收於第五冊《其他公文》第1077頁，擬題為《捏合伯等於兀不剌唐兀地面發現古跡碧鈿洞》，並記其尺寸為12.5cm×29.6cm。本件還收錄於《黑城出土

---

① 據元代地方行政機構設置可推知，此處所缺文字應為"吏"。

文書（漢文文書卷）》第 99 頁《軍政事務類》，其所記文書編號與《中國藏黑水城漢文文獻》原始編號同，並列出文書諸要素為：竹紙，殘，行草書，公文稿，塗改過，尺寸為 29.2cm×11.6cm。文書為正背雙面書寫，正面現存 4 行，有多處增添文字，且有塗抹現象，書寫不甚整齊、規範，疑為公文草稿；背面圖版《中國藏黑水城漢文文獻》未收，《黑城出土文書（漢文文書卷）》一書也未釋錄，從正面所透墨蹟看，背面有文字 2 行。

錄文標點：

正：

1. 皇帝聖旨裏，敦武校尉、亦集乃①總管府判官乞里馬沙今年貳月內②差令捏合伯等
2. 　　前去達達③地面行營盤処④做買賣，至⑤兀不剌唐兀地面見有
3. 　　古跡碧鈿洞⑥一処，扵彼就⑦採到山洞⑧面浮有日瞰⑨，
4. 　　□□描拓⑩大小不等，一裏⑪賫夯⑫□□□□照得前項収

　　係⑬□□□□

　　（後缺）

背：

　　（前缺）

1. □□

---

① 《黑城出土文書》錄文於"乃"字後衍錄一"路"字，現據圖版改。
② "乞里馬沙今年貳月內"等字為右行補入，且《黑城出土文書》錄文中"三"字未釋讀，現據圖版改。
③ 第二個"達"字為省文符號，現徑改。
④ "行營盤処"等字為右行補入，現徑改。
⑤ "至"字前原衍一字，後塗抹，現徑改。
⑥ "洞"字前原衍一字，後塗抹，現徑改。
⑦ "扵彼就"等字為右行補入，現徑改。
⑧ "山洞"兩字書寫原誤，塗抹後於右行改寫，現徑改。
⑨ "瞰"，《黑城出土文書》錄文作"照"，現據圖版改。
⑩ "描拓"，《黑城出土文書》錄文作"舊拓取"，現據圖版改。
⑪ "裏"，《黑城出土文書》錄文作"裏"，現據圖版改。
⑫ 據"描拓大小不等，一裏賫夯"等字與右行行距推斷，應為補寫文字，現徑改。
⑬ "照得前項収係"等字字體較小，應為補寫文字，現徑改。且"収"原作"碧鈿"，后塗抹於另行改寫，《黑城出土文書》錄文作"將碧鈿"，現據圖版改。

2. □□令大□□①
　　　（後缺）

43. 元至正十三年（1353）某人取狀殘片（一）

題解：

本件《中國藏黑水城漢文文獻》中原始編號為 F97：W1a，出版編號為M1·0856，收於第五冊《其他公文》第 1078 頁，擬題為《至正十三年十一月公文》，並記其尺寸為 7.7cm×9.3cm。本件文書還收於《黑城出土文書（漢文文書卷）》第 99 頁《軍政事務類》，其將本號文書與同頁M1·0857［F97：W1b］號文書拼合為一釋錄，編號為 F197：W1，並列出文書諸要素為：竹紙，殘，行草書。按，兩號文書字跡、紙張相同，編號相連，應為同件文書。文書前後均缺，現存文字 2 行。從內容來看，其應為某人取狀殘片。文書擬題依綴合後所定。

錄文標點：

　　　（前缺）
1. 台旨□□□□□□
2. 　至正□□□□□□
　　　（後缺）

44. 元至正十三年（1353）某人取狀殘片（二）

題解：

本件《中國藏黑水城漢文文獻》中原始編號為 F97：W1b，出版編號為M1·0857，收於第五冊《其他公文》第 1078 頁，擬題為《至正十三年十一月公文》，並記其尺寸為 16.8cm×17.3cm。本件還收錄於《黑城出土文書（漢文文書卷）》第 99 頁《軍政事務類》，其將本號文書與同頁M1·0856［F97：W1a］號文書拼合為一釋錄，編號為 F197：W1，並列出文書諸要素為：竹紙，殘，行草書，尺寸為 19.3cm×16.0cm。按，兩號文書字跡、紙張相同，編號相連，應為同件文書。文書前缺後完，現存文字 5 行。從內容來看，其應為某人取狀殘片。文書擬題依

---

① 背面兩行文字位於正面第 2、3 行之間。

綴合後所定。

錄文標點：

（前缺）

1. ☐☐☐☐管委得限☐每☐☐☐☐☐☐

2. ☐☐☐☐☐不致喚脫，如蒙☐☐☐☐

3. ☐☐☐☐是實，伏取

4. ☐☐

5. ☐☐十三年十一月　　取狀☐☐

附：M1·0856［F97：W1a］與M1·0857［F97：W1b］拼合文書：

（前缺）

1. ☐☐☐☐管委得限☐每☐☐☐☐

2. ☐☐☐☐不致喚脫，如蒙☐☐☐☐

3. ☐☐☐☐是實，伏取

4. 台旨。

5. 　　至正十三年十一月　　取狀☐☐

45. 元文書殘片

題解：

本件《中國藏黑水城漢文文獻》中原始編號為 F146: W14，出版編號為M1·0858，收於第五冊《其他公文》第1079頁，擬題為《咨請回示》，並記其尺寸為5.5cm×13.9cm。《黑城出土文書（漢文文書卷)》一書未收。文書前後均缺，現存文字2行。

錄文標點：

（前缺）

1. ☐☐☐☐子索元除照會，咨請回示☐☐☐☐

2. ☐☐☐☐☐

（後缺）

46. 元不荅失里文書殘片

題解：

本件《中國藏黑水城漢文文獻》中原始編號為 F166：W15，出版編號為 M1·0859，收於第五冊《其他公文》第 1080 頁，擬題為《公文殘件》，並記其尺寸為 13.2cm×11.4cm。《黑城出土文書（漢文文書卷）》一書未收。文書前後均缺，現存文字 3 行。

錄文標點：

（前缺）

1. ＿＿＿＿＿＿＿□府
2. ＿＿＿＿＿＿不荅失里等為
3. ＿＿＿＿＿□。准此，府司

（後缺）

（五）提調站赤文書

1. 北元至正三十年（1370）某司文為咨索鋪馬聖旨事殘尾

題解：

本件《中國藏黑水城漢文文獻》中原始編號為 F197：W26，出版編號為 M1·0860，收於第五冊《提調站赤文書》第 1083 頁，擬題為《至正三十年咨索鋪馬》，並記其尺寸為 24.4cm×37.9cm。本件還收錄於《黑城出土文書（漢文文書卷）》第 172 頁《站赤類·提調站赤》，其所記文書編號與《中國藏黑水城漢文文獻》原始編號同，並列出文書諸要素為：麻紙，整，楷行書，尺寸為 37.8cm×21.2cm。文書前缺後完，現存文字 4 行。按，鋪馬聖旨是元代中書省下發的乘驛文書，從內容來看，本文書應為咨索鋪馬聖旨文書殘尾。

錄文標點：

（前缺）

1. 至正卅年　月　　　　　掾史帖木兒不花（簽押）
2. 　　咨索鋪馬

3. 聖旨　　　　　　　　長史
4. 　　　　　　　　　　糸軍苦馬里

2. 元甘肅行省劄付亦集乃路總管府為在城等四站添設馳隻事

題解：

本件《中國藏黑水城漢文文獻》中原始編號為 F131：W8，出版編號為 M1·0861，收於第五冊《提調站赤文書》第 1084 頁，擬題為《在城并馬兀木南子山口普築四站增添駝隻》，並記其尺寸為 37.9cm×56.6cm。本件還收錄於《黑城出土文書（漢文文書卷）》第 175 頁《站赤類·提調站赤》，其所記文書編號與《中國藏黑水城漢文文獻》原始編號同，並列出文書諸要素為：棉紙，缺，楷行書，尺寸為 55.7cm×38.0cm。文書前完後缺，現存文字 5 行。從內容來看，其應為甘肅行省為站赤添設馳隻事下亦集乃路總管府劄付。參考文獻：1. 吳超《蒙元時期亦集乃路畜牧業初探》，《農業考古》2012 年第 1 期；2. 李逸友《元代文書檔案制度舉隅——記內蒙古額濟納旗黑城出土元代文書》，《檔案學研究》1991 年第 4 期。

錄文標點：

1. 皇帝聖旨裹，甘肅等処行中書省来申：本路所轄站赤沿①路沙漠石川，相雉②遠弯，其余站
2. 　　赤俱設馳伍隻，唯在城并馬兀木南子、山口、普築四站未曾添設馳隻，若蒙補
3. 　　買走遞，不致靠損站馬，乞明降事。得此，省府照得，上項站赤馳馬設置
4. 　　已定，合下仰照驗施行，湏議劄付者。

5. 　　　　　右劄付亦集乃路＿＿＿＿＿＿
　　　　　（後缺）

---

① "沿" 通 "沿"。下同，不再另作說明。
② "雉" 通 "離"，《黑城出土文書》錄文作 "難"，現據圖版改。

3. 元亦集乃路補買鋪馬駞隻文書殘片

題解：

本件《中國藏黑水城漢文文獻》中原始編號為83H・F1：W31/0031，出版編號為M1・0862，收於第五冊《提調站赤文書》第1085頁，擬題為《站赤補買駝馬》，並記其尺寸為20.5cm×15cm。本件文書共兩件殘片，還收錄於《黑城出土文書（漢文文書卷）》第172頁《站赤類・提調站赤》，其所記文書編號為F1：W31，並列出文書諸要素為：竹紙，殘，行草書，尺寸分別為14.9cm×13.1cm、14.9cm×6.2cm。文書殘片一現存文字5行，殘片二現存文字3行。參考文獻：吳超《蒙元時期亦集乃路畜牧業初探》，《農業考古》2012年第1期。

錄文標點：

（一）

1. 路總管普撒禿奉議☐☐☐☐☐
2. 省委官將元發中統☐☐☐☐☐
3. 一同補買到駞一十隻☐☐☐☐
4. 計一百六十五定；馬一 百 ☐☐
5. ☐☐☐☐☐☐☐☐☐☐ ①

　　　　（後缺）

（二）

　　　　（前缺）

1. 収買到☐☐☐☐☐☐☐
2. 俻責付站官人等入②站 赤 ③ ☐
3. 發膘分、站户姓名再申☐☐☐

　　　　（後缺）

---

① 此行文字《黑城出土文書》錄文未標注，現據圖版補。

② "入"，《黑城出土文書》錄文作"八"，現據圖版改。

③ " 赤 "，《黑城出土文書》錄文作"馬"，現據圖版改。

4. 元亦集乃路普竹、落卜尅等站米麵什物羊口文書

題解：

本件《中國藏黑水城漢文文獻》中原始編號為F135：W78，出版編號為M1·0863，收於第五冊《提調站赤文書》第1086頁，擬題為《普竹落卜尅等站赤米麵什物羊口文卷》，並記其尺寸為47.5cm×25.5cm。本件還收錄於《黑城出土文書（漢文文書卷）》第173頁《站赤類·提調站赤》，其所記文書編號與《中國藏黑水城漢文文獻》原始編號同，並列出文書諸要素為：麻紙，殘，草書，尺寸為24.3cm×47.5cm。文書前後均缺，現存文字21行。

錄文標點：

（前缺）

1.　　☐☐☐　大黑奴　☐☐☐☐
2.　　帖木兒　任安童　何完者哥
3.　　教化的　酒真①布
4.　普竹站：
5.　　面二百斤
6.　　羊一十口
7.　　即立鬼
8.　　繩子一付、席子一領、☐☐一个、☐☐☐☐②
9.　　雨衫一領、鞭☐四个、么糸③一条。
10.　　叚④文义　即☐束　☐忍你⑤
11.　　即⑥立　　葛玉　　白立春
12.　　張⑦真布　丕丑合　蘇瓦吾即⑧

---

① "酒"字有塗改痕跡，"真"字書寫原誤，塗抹後於右行改寫，現徑改。
② 此處缺文《黑城出土文書》錄文未標注，現據圖版補。
③ "么糸"，《黑城出土文書》錄文作"系"，現據圖版改。另，據文意推斷"么"應為"末"。
④ "叚"，《黑城出土文書》錄文作"鎖"，現據圖版改。
⑤ "你"，《黑城出土文書》錄文作"的"，現據圖版改。
⑥ "即"，《黑城出土文書》錄文作"那"，現據圖版改。
⑦ "張"，《黑城出土文書》錄文作"強"，現據圖版改。
⑧ "瓦"，《黑城出土文書》錄文漏錄，且"即"為右行補寫，現徑改。

13. 落卜尅

14. 面二百一十斤

15. 羊一十口

16. 吾七以真布

17.　繩子一付、□①□一付、西□一付、頭②氊一个、

18.　么糸③一条、馬鞭一个、□一个、正□□④

19. 何首下　八朵立只　□哈即荅⑤

20. 荅只　即只撒日宝　蘇□右⑥日

21. 立嵬真布　八只朵　吾⑦即乞□⑧糸

　　（後缺）

5. 元亦集乃路各站季報倒死駝馬文書

題解：

本件《中國藏黑水城漢文文獻》中原始編號為 F2：W65，出版編號為 M1·0864，收於第五冊《提調站赤文書》第 1087 頁，擬題為《在城鹽池普竹狼心即的馬兀木南子山口落卜尅等八站季報名錄》，並記其尺寸為 18.5 cm × 34.5 cm。本件還收錄於《黑城出土文書（漢文文書卷）》第 174 頁《站赤類·提調站赤》，其所記文書編號與《中國藏黑水城漢文文獻》原始編號同，並列出文書諸要素為：竹紙，殘；行草書，尺寸為 33.8 cm × 18 cm。文書為正背雙面書寫，正面現存文字 6 行，前後均缺，其中多處墨筆勾畫痕跡，應為勘驗時所留；背面圖版《中國藏黑水城漢文文獻》未收，《黑城出土文書（漢文文書卷）》一書也未釋錄，從正面所透墨跡看，背面現存文字 1 行。參考文獻：吳超《蒙元時期亦集乃路畜牧業初探》，《農業考古》2012 年第 1 期。

---

① 此字《黑城出土文書》釋讀為"狀"，據圖版不似，現存疑。
② "頭"，《黑城出土文書》錄文作"頂"，現據圖版改。
③ "么糸"，《黑城出土文書》錄文作"糸"，現據圖版改。另，據文意推斷"么"應為"末"。
④ 最末一字為右行補入，且《黑城出土文書》錄文將"正"字錄為最末一字，現據圖版改。
⑤ "荅"，《黑城出土文書》錄文作"本"，現據圖版改。
⑥ "□右"，《黑城出土文書》錄文作"若"，現據圖版改。
⑦ "吾"，《黑城出土文書》錄文作"立"，現據圖版改。
⑧ "乞□"，《黑城出土文書》錄文作"荅"，現據圖版改。

錄文標點：

正：

（前缺）

1. 各站提領百戶人等姓名開坐于后：
2. 　　在城站　　盐池站　　普竹站季報　狼心站新死駝隻①　　即的站倒死馬　季報②
3. 　　馬兀木南子站　　山口站季報　落卜尅站季報
4. 　　省府驗問③倒死駝馬付錢粮房各人④□站
5. 　　　申省 有 ⑤一十兩
6. 　　　　祇候

（後缺）

背面：

1. 各站提領⑥

6. 元站戶補替文書殘片（一）

題解：

本件《中國藏黑水城漢文文獻》中原始編號為 F62∶W12a，出版編號為 M1·0865，收於第五冊《提調站赤文書》第 1088 頁，擬題為《提調站赤文卷》，並記其尺寸為 49.5cm×23.3cm。本件文書文書共兩件殘片，殘片一還收錄於《黑城出土文書（漢文文書卷）》第 174 頁《站赤類·提調站赤》，其所記文書編號為 F62∶W12（1），並列出文書諸要素為：竹紙，殘，行草書，尺寸為 22.7cm×45.0cm。該書將本號文書殘片一與《中國藏黑水城漢文文獻》第 1089 頁 M1·0866［F62∶W12b］號文書統一編號為 F62∶W12，作為一件文書釋錄。按，兩號文書字跡、紙張相同，內容相關，應為同件文書。文書殘片一為兩紙粘接，第一紙現存文字 15 行，第二紙現

---

① "隻"，《黑城出土文書》錄文未釋讀，現據圖版補。
② 所有小字前及"普竹站、即的站、落卜尅站"等前均有墨筆勾畫痕跡，小字及勾畫應為勘驗時所留。
③ "問"，《黑城出土文書》錄文作"明"，現據圖版改。
④ "人"，《黑城出土文書》錄文作"各"，現據圖版改。
⑤ "省 有"，《黑城出土文書》錄文作"少於"，現據圖版改。
⑥ 此行文字為背面所書，位於正面第 5 行天頭處。

存文字 11 行；殘片二現存文字 2 行。文書擬題依綴合後所定。

錄文標點：

（前缺）

1. □⃞①
2. 何惠月⃞□⃞壓□②⃞
3. 移③起蓋⃞④弥
4. 常住田□□⑤人□□□住坐□
5. 聖壽。近有令真父何惠月敬⑥
6. 別奇帖木兒大王令旨，又一次敬奉
7. 荊王令旨，□⑦真父何惠月依⃞
8. ⃞至蓋弥弛⑧寺內⃞
9. 上位⑨⃞根底祈福祝壽□⃞
10. 此俱有欽⑩敬
11. 聖旨，累奉令旨收执⃞
12. 荊王令旨定⑪本府同知
13. 代，近蒙通政院分⃞
14. 府拘抄拆⑫居放□⃞

---

① 此行文字《黑城出土文書》錄文未標注，現據圖版補。
② "壓□"，《黑城出土文書》錄文未釋讀，現據圖版改。
③ "移"，《黑城出土文書》錄文作"檢"，現據圖版改。
④ 此處缺文《黑城出土文書》錄文未標注，現據圖版改。
⑤ 此處所缺應為兩字，《黑城出土文書》錄文標注缺一字，現據圖版改。
⑥ "敬"，《黑城出土文書》錄文未釋讀，現據圖版補。
⑦ 據上文可知，此處所缺文字應為"令"。
⑧ "弛"通"陁"。
⑨ "上位"，《黑城出土文書》錄文作"上依"，但其與"聖旨""聖壽"等平齊，按平闕制度，似為"上位"，現改。
⑩ "欽"，《黑城出土文書》錄文作"致"，現據圖版改。
⑪ "定"，《黑城出土文書》錄文漏錄，現據圖版改。
⑫ "拆"，《黑城出土文書》錄文漏錄，現據圖版補。

808 中國藏黑水城漢文文獻的整理與研究

15.　不當差役等□□□

16.　將令真□
17.　行下 錄① 省
18.　王傳揭
19.　間籍面
20.　得此照得
21.　奉通政
22.　聖旨送□
23.　站戶提
24.　下已□
25.　花園
26.　不□
　　　（後缺）
（二）
　　　（前缺）
1.　　　　　　起
2.　　　　　　後②
　　　（後缺）

7. 元站戶補替文書殘片（二）

題解：

本件《中國藏黑水城漢文文獻》中原始編號為 F62：W12b，出版編號為 M1·0866，收於第五冊《提調站赤文書》第 1089 頁，擬題為《提調站赤文卷》，並記

---

① "錄"，《黑城出土文書》錄文作"等"，現據圖版改。
② 此殘片《黑城出土文書》一書未收。

其尺寸為 19.0cm×22.2cm。本件還收錄於《黑城出土文書（漢文文書卷）》第 174 頁《站赤類·提調站赤》，其所記文書編號為 F62∶W12（2），並列出文書諸要素為：竹紙，殘，行草書，尺寸為 20.6cm×18.1cm。該書將本號文書與《中國藏黑水城漢文文獻》第 1088 頁M1·0865 ［F62∶W12a］號文書殘片一統一編號為 F62∶W12，作為一件文書釋錄。按，兩號文書字跡、紙張相同，內容相關，應為同件文書。文書前後均缺，現存文字 11 行。文書擬題依綴合後所定。

錄文標點：

（前缺）

1. ☐☐☐☐亦☐☐☐①
2. ☐②宝站等户依例補替。這
3. 般省諭，其有司③官吏④若將有
4. 丁力之家☐☐之中間一切捏合
5. 作弊，授
6. 宣官取招呈稟該⑤：
7. 敕官以下处⑥須就⑦便☐決攢造帳
8. 開⑧申部解院☐☐☐應從⑨監察
9. 御史廉訪司衙☐有☐☐定，候
10. 了結根底☐☐☐闕⑩☐☐☐
11. ☐☐酌⑪定☐☐☐☐☐☐

（後缺）

---

① 此行文字《黑城出土文書》錄文未標注，現據圖版補。
② 此處缺字《黑城出土文書》錄文未標注，現據圖版補。
③ "有司"，《黑城出土文書》錄文作"口到"，現據圖版改。
④ "吏"，《黑城出土文書》錄文未釋讀，現據圖版補。
⑤ "該"，《黑城出土文書》錄文作"又"，現據圖版改。
⑥ "处"，《黑城出土文書》錄文作"人"，現據圖版改。
⑦ "就"，《黑城出土文書》錄文作"狀"，現據圖版改。
⑧ "開"，《黑城出土文書》錄文作"册"，現據圖版改。
⑨ "應從"，《黑城出土文書》錄文作"憑以"，現據圖版改。
⑩ "闕"，《黑城出土文書》錄文作"疋"，現據圖版改。
⑪ "酌"，《黑城出土文書》錄文作"家"，現據圖版改。

8. 元呈文為各站赤馬匹馲隻事

題解：

本件《中國藏黑水城漢文文獻》中原始編號為84H·F111：W59/1137，出版編號為M1·0867，收於第五冊《提調站赤文書》第1090頁，擬題為《提調站赤文卷》，並記其尺寸為20cm×14.1cm。本件還收錄於《黑城出土文書（漢文文書卷）》第173頁《站赤類·提調站赤》，其所記文書編號為F111：W59，並列出文書諸要素為：麻紙，殘，行楷書，尺寸為13.2cm×19.4cm。文書前完後缺，現存文字9行。

錄文標點：

1. ☐☐☐☐☐☐☐失失
2. 謹呈：近蒙
3. 亦集乃路總管并
4. 行省左右司等都事☐☐☐☐☐☐☐☐
5. 奉此，除外，今據各站[官]☐☐☐☐☐☐
6. 站馬疋馲隻自元貞二年☐☐☐☐☐☐
7. 十四疋，馲二隻。若不具呈，誠恐☐☐☐☐
8. 懷①站赤，事繫利害，今將☐☐☐☐☐☐

    （後缺）

9. 元大德十年（1306）山丹州站赤春季馬料文書

題解：

本件《中國藏黑水城漢文文獻》中原始編號為84H·F64：W7/0904，出版編號為M1·0868，收於第五冊《提調站赤文書》第1091頁，擬題為《提調山丹州站赤文卷》，並記其尺寸為28.3cm×28.7cm。本件還收錄於《黑城出土文書（漢文文書卷）》第173頁《站赤類·提調站赤》，其所記文書編號為F64：W7，並列出文書諸要素為：麻紙，殘，行書，尺寸為28.2cm×28.2cm。文書前後均缺，

---

① "懷"據文意推斷應為"壞"，《黑城出土文書》錄文作"壞"。

現存文字 11 行。參考文獻：吳超《蒙元時期亦集乃路畜牧業初探》，《農業考古》2012 年第 1 期。

錄文標點：

（前缺）

1. ☐中書省據山丹州申：本州站官設
2. ☐除大德九年十月至十二月終冬季馬料
3. ☐月并①閏正②☐③春季四个月
4. ☐驗。得此☐據本州申，不花
5. ☐□叁伯石
6. ☐④
7. ☐官和籴大麦
8. ☐此，又據班都海
9. ☐人每根底⑤山丹有
10. ☐憐木忽里有的
11. ☐每多行有俺馬

（後缺）

10. 元用收字伍號勘合放支馬料文書殘片（一）

題解：

本件《中國藏黑水城漢文文獻》中原始編號為 F19：W107b，出版編號為 M1·0869，收於第五冊《提調站赤文書》第 1092 頁，擬題為《提調站馬文書》，並記其尺寸為 8cm×15.4cm。本件還收錄於《黑城出土文書（漢文文書卷）》第 173 頁《站赤類·提調站赤》，其所記文書編號為 F9：W107（2），與《中國藏黑水城漢文文獻》原始編號異，並列出文書諸要素為：麻紙，殘，行楷書，尺寸為

---

① "并"，《黑城出土文書》錄文漏錄，現據圖版補。
② "正"，《黑城出土文書》錄文作"五"，按下文為春季四個月，五月不為春季，故知其應為"正"。
③ 據文意推斷此處所缺文字應為"月通閏"。
④ 據文書行距推斷，此處疑缺一行文字，《黑城出土文書》錄文未標注，現補。
⑤ "底"，《黑城出土文書》錄文漏錄，現據圖版補。

15.2cm×7.0cm。該書將本號文書與同頁M1·0870［84H·F19：W107/0647］號文書統一編號為 F9：W107，作為一件文書釋錄。按，兩號文書字跡、紙張相同，內容相關，應為同件文書。文書前後均缺，現存文字 3 行。從綴合後內容來看，其應為用收字半印勘合放支馬料文書殘片。文書擬題依綴合後所定。

錄文標點：

（前缺）

1. ☐一日倒死馬 壹①☐
2. 十一月廿五日倒死馬貳疋，料☐
3. 十二月廿二日倒死馬壹疋，料☐

（後缺）

11. 元用收字伍號勘合放支馬料文書殘片（二）

題解：

本件《中國藏黑水城漢文文獻》中原始編號為 84H·F19：W107/0647，出版編號為M1·0870，收於第五冊《提調站赤文書》第 1092 頁，擬題為《提調站馬文書》，並記其尺寸為 11.6cm×33.3cm。本件還收錄於《黑城出土文書（漢文文書卷）》第 173 頁《站赤類·提調站赤》，其所記文書編號為 F9：W107（1），與《中國藏黑水城漢文文獻》原始編號異，並列出文書諸要素為：麻紙，殘，行楷書，尺寸為 33.0cm×11.0cm。該書將本號文書與同頁M1·0869［F19：W107b］號文書統一編號為 F9：W107，作為一件文書釋錄。按，兩號文書字跡、紙張相同，內容相關，應為同件文書。文書前後均缺，現存文字 5 行。從綴合後內容來看，其應為用收字半印勘合放支馬料文書殘片。文書擬題依綴合後所定。

錄文標點：

（前缺）

1. 今用収字伍号 勘②☐
2. 半印号簿相同，更照无差，依数責領放☐

---

① "壹"，《黑城出土文書》錄文未釋讀，現據圖版補。

② "勘"，《黑城出土文書》錄文未釋讀，現據圖版補。

3. 旧管馬貳伯捌拾叁疋：
4. 　　　在城站馬叁拾玖疋　　落卜尅站☐☐☐☐☐☐
5. 　　　盐池站馬叁拾☐疋☐☐☐☐☐☐☐☐
　　（後缺）

12. 元亦集乃路某站應付馬料文書殘片

題解：

本件《中國藏黑水城漢文文獻》中原始編號為84H・F209：W57/2355，出版編號為M1・0871，收於第五冊《提調站赤文書》第1093頁，擬題為《提調山口等站赤》，並記其尺寸為23.5cm×27.6cm。本件還收錄於《黑城出土文書（漢文文書卷）》第173頁《站赤類・提調站赤》，其所記文書編號為F209：W57，並列出文書諸要素為：草紙，殘，行草書，尺寸為27.2cm×23.1cm。文書前後均缺，現存文字5行。

錄文標點：

　　　　（前缺）
1. ☐☐☐☐☐子并山口等已委官亦集
2. ☐☐☐☐☐官忽都帖木等本処頭目
3. ☐☐☐☐☐把截官元帥沈普等应
4. ☐☐☐☐☐料并伴當等依上应付
5. ☐☐☐☐☐☐馬伍疋每☐☐☐☐
　　　（後缺）

13. 元站戶當役文書殘片

題解：

本件《中國藏黑水城漢文文獻》中原始編號為84H・F51：W11/0836，出版編號為M1・0872，收於第五冊《提調站赤文書》第1094頁，擬題為《提調站赤文卷》，並記其尺寸為38cm×14.7cm。本件還收錄於《黑城出土文書（漢文文書卷）》第173頁《站赤類・提調站赤》，其所記文書編號為F51：W11，並列出文書諸要素為：宣紙，屑，楷行書，尺寸為12.3cm×37.8cm。文書前後均缺，現存文字11行。

錄文標點：

（前缺）

1. ☐亦集乃有的属☐
2. ☐哥兩个您根底☐
3. ☐来那上頭☐
4. ☐①
5. ☐定奪者，將五处併做一处☐
6. ☐定奪的這拜降每☐
7. ☐②
8. ☐五站當役，若令☐
9. ☐當役便益。得此，已☐
10. ☐省府，合下③仰照驗☐

11. ☐者④

（後缺）

14. 元文書殘片

題解：

本件《中國藏黑水城漢文文獻》中原始編號為 F13：W127，出版編號為M1·0873，收於第五冊《提調站赤文書》第1095頁，擬題為《提調站赤文卷》，並記其尺寸為23.7cm×28.8cm。本件還收錄於《黑城出土文書（漢文文書卷）》第172頁《站赤類·提調站赤》，其所記文書編號與《中國藏黑水城漢文文獻》原始編號同，並列出文書諸要素為：竹紙，殘，行草書，尺寸為28.6cm×22.5cm。

---

① 據文書行距推斷，此處疑缺一行文字，《黑城出土文書》錄文未標注，現據圖版補。
② 據文書行距可知，此處應缺一行文字，《黑城出土文書》錄文未標注，現據圖版補。
③ "下"，《黑城出土文書》錄文漏錄，現據圖版補。
④ 此行文字《黑城出土文書》錄文漏錄，現據圖版補。

文書為正背雙面書寫，正面現存文字5行，前後均缺，鈐朱印二枚，從內容來看，可擬題為"元去河南催趕鋪馬馳隻文書"；背面圖版《中國藏黑水城漢文文獻》未收，從正面所透墨蹟看，現存文字4行，《黑城出土文書（漢文文書卷）》一書釋錄前3行，從內容來看，可擬題為"元依時價買物文書殘片"。本錄文背面內容依《黑城出土文書（漢文文書卷）》釋錄。

錄文標點：

正：

（前缺）

1. 省堂鈞旨，仰理問也先
2. 帖木兒、亦集乃路同知不花
3. 如承一同前去河南，作急
4. 催趕元派鋪馬馳隻 官①
5. 廿六日絕早須要赴②

（後缺）

背：

（前缺）

1. 　　捌斤半照付廿五日
2. 　　當時價每隻價錢式兩伍
3. 　　計中統鈔叁拾陸兩式錢伍
4. 右③

（後缺）

15. 元劄子為放支各站某物事

題解：

本件《中國藏黑水城漢文文獻》中原始編號為HF111（下層）C正，出版編號為M1·0874，收於第五冊《提調站赤文書》第1096頁，擬題為《提調站赤文

---

① "官"，《黑城出土文書》錄文作"定"，現據圖版改。
② "赴"，《黑城出土文書》錄文作"行"，現據圖版改。
③ "右"位於正面第2行第一字處，《黑城出土文書》錄文未釋讀，現據圖版補。

書》，並記其尺寸為 14.2cm×28.6cm。《黑城出土文書（漢文文書卷）》一書未收。文書為正背雙面書寫，此為正面內容，前完後缺，現存文字4行，有塗抹痕跡。

錄文標點：

1. 劄子
2. 　　見①准
3. 　　河西隴北道②肅③政廉訪分司牒④發到
4. 　　行省勘合支站放⑤支本路⑥各站⑦
　　　　（後缺）

16. 元文書殘片

題解：

本件《中國藏黑水城漢文文獻》中原始編號為 HF111（下層）C 背，出版編號為M1·0875，收於第五冊《提調站赤文書》第1097頁，擬題為《文書殘件》，並記其尺寸為 14.2cm×28.6cm。《黑城出土文書（漢文文書卷）》一書未收。文書為正背雙面書寫，此為背面內容，前後均缺，現存文字4行。

錄文標點：

　　　　（前缺）

1. 三十四个内：
2. 　　兀先管的二十四个内：
3. 　　　　大口一十四口，　小一十口。
4. 　　脫帖你
　　　　（後缺）

---

① "見"字原作"三月一个月□□"，後塗抹於右行改寫，現徑改。
② "河西隴北道"為右行補寫，現徑改。
③ "肅"字前原衍一字，後塗抹，現徑改。
④ "牒"字前原衍"元貞十一年六月初十日"等字，後塗抹，現徑改。
⑤ "放"字前原衍一字，後塗抹，現徑改。
⑥ "本路"兩字為右行補寫，現徑改。
⑦ "站"字後原衍"元貞□年　　　"等字，後塗抹，現徑改。

17. 元站赤文書殘片

題解：

本件《中國藏黑水城漢文文獻》中原始編號為84H・F116: W270／1442，出版編號為M1・0876，收於第五冊《提調站赤文書》第1098頁，擬題為《提調站赤文書殘件》，並記其尺寸為30.5cm×15cm。《黑城出土文書（漢文文書卷）》一書未收。文書共五件殘片，殘片一、三各存文字2行，殘片二、四、五各存文字1行。

錄文標點：

（一）

（前缺）

1. 普 竹☐☐☐☐☐
2. 各☐☐☐☐☐

（後缺）

（二）

（前缺）

1. ☐☐☐☐☐

（後缺）

（三）

（前缺）

1. ☐☐☐☐☐
2. ☐☐☐☐☐

（後缺）

（四）

（前缺）

1. ☐☐☐☐☐

（後缺）

（五）

（前缺）

1. ☐☐☐各☐☐☐☐☐

  （後缺）

18. 元文書殘片

題解：

  本件《中國藏黑水城漢文文獻》中原始編號為84H·F116：W273／1445，出版編號為M1·0877，收於第五冊《提調站赤文書》第1098頁，擬題為《提調站赤文書殘件》，並記其尺寸為28.6cm×17.8cm。《黑城出土文書（漢文文書卷）》一書未收。文書共四件殘片，其中殘片四與殘片一、二、三字跡不同，應非同件文書。前三件殘片為提調站赤文書，殘片四與遞發賊人有關。

錄文標點：

（一）

  （前缺）

1. 總☐☐☐☐☐☐☐
2. 日管各站☐☐☐☐☐☐

  （後缺）

（二）

  （前缺）

1. ☐☐☐站☐☐☐☐☐☐
2. 　馬兀木南子站☐☐

  （後缺）

（三）

  （前缺）

1. 　在☐☐☐☐☐
2. ☐管各站☐☐☐☐

  （後缺）

（四）

  （前缺）

1. 遞發賊人兀南帖木☐☐☐☐☐
         （後缺）

19. 元站赤馬料文書殘片

題解：

本件《中國藏黑水城漢文文獻》中原始編號為84H·F116: W275 ／ 1447，出版編號為M1·0878，收於第五冊《提調站赤文書》第1099頁，擬題為《提調站赤文書殘件》，並記其尺寸為27.1cm×15.7cm。《黑城出土文書（漢文文書卷）》一書未收。文書共四件殘片，殘片一現存文字2行，殘片二、三、四現存文字1行。

錄文標點：

（一）
         （前缺）
1. ☐☐☐☐一月分实在官馬☐
2.   伯貳拾貳疋
         （後缺）

（二）
         （前缺）
1. ☐☐☐☐卜尅站官馬壹拾玖疋
         （後缺）

（三）
         （前缺）
1. ☐府官議得上☐☐☐☐
         （後缺）

（四）
         （前缺）
1. 馬料粮数勘合☐☐☐☐
         （後缺）

20. 元某司下廣積屯田倉為放支馬料事殘片

題解：

本件《中國藏黑水城漢文文獻》中原始編號為84H·F116:W279／1451，出版編號為M1·0879，收於第五冊《提調站赤文書》第1100頁，擬題為《提調站赤文書殘件》，並記其尺寸為27.3cm×15.2cm。《黑城出土文書（漢文文書卷）》一書未收。文書共五件殘片，殘片一、二、三各存文字1行，殘片四現存文字2行，殘片五現存文字3行，其中殘片二、三可綴合。從內容來看，其應為某司為放支馬料一事下廣積屯田倉文書殘片。

錄文標點：

（一）

　　　　　（前缺）

1. ▢▢▢▢▢▢

　　　　　（後缺）

（二、三）

　　　　　（前缺）

1. 　▢下廣積屯田倉▢▢▢▢①

　　　　　（後缺）

（四）

　　　　　（前缺）

1. 　▢▢▢▢馬叁拾疋，每疋日支▢▢▢▢
2. 　▢▢▢▢▢拾伍石，內除小▢▢▢▢

　　　　　（後缺）

（五）

　　　　　（前缺）

1. 　▢▢▢▢▢▢▢▢將馬疋
2. 　▢▢▢▢木南子站官馬貳拾伍疋

---

① "▢下廣積屯"為殘片二內容，"田倉▢▢"為殘片三內容。

3. ☐馬叁拾疋
   （後缺）

21. 元至正八年（1348）站赤馬料文書殘片

題解：

本件《中國藏黑水城漢文文獻》中原始編號為84H·F116：W283／1455，出版編號為M1·0880，收於第五冊《提調站赤文書》第1101頁，擬題為《提調站赤文書殘件》，並記其尺寸為13.7cm×26cm。《黑城出土文書（漢文文書卷）》一書未收。文書共兩件殘片，殘片一現存文字1行，殘片二現存文字2行。

錄文標點：

（一）
   （前缺）
1. ☐☐口計捌升肆合叁勺
   （後缺）

（二）
   （前缺）
1. 旧管至正八年十月分官馬貳伯玖拾
2. 伍疋
   （後缺）

22. 元站赤馬料文書殘片

題解：

本件《中國藏黑水城漢文文獻》中原始編號為84H·F116：W293／1465，出版編號為M1·0881，收於第五冊《提調站赤文書》第1102頁，擬題為《提調站赤文書殘件》，並記其尺寸為26.8cm×15cm。《黑城出土文書（漢文文書卷）》一書未收。文書共四件殘片，殘片一、二、三各存文字1行，殘片四現存文字3行。

錄文標點：

（一）

　　　　　（前缺）
1. 馬▭▭▭▭▭▭▭
　　　　　（後缺）
（二）
　　　　　（前缺）
1. ▭▭▭伍拾捌石伍斗內▭▭▭
　　　　　（後缺）
（三）
　　　　　（前缺）
1. □▭▭▭▭▭▭
　　　　　（後缺）
（四）
　　　　　（前缺）
1. ▭▭▭▭▭▭▭▭叁拾壹疋
2. ▭▭▭▭▭▭▭官馬貳拾伍疋
3. ▭▭▭▭▭▭□站官馬叁拾貳疋
4. ▭▭▭▭▭▭▭▭▭▭疋
　　　　　（後缺）

23. 元至正年間站赤馬料文書殘片

題解：

本件《中國藏黑水城漢文文獻》中原始編號為84H·F116: W292 / 1464，出版編號為M1·0882，收於第五冊《提調站赤文書》第1103頁，擬題為《提調站赤文書殘件》，並記其尺寸為29.7cm×18.9cm。《黑城出土文書（漢文文書卷）》一書未收。文書共八件殘片，各存文字1—2行。

錄文標點：

（一）
　　　　　（前缺）
1. ▭▭▭大麥捌▭▭▭▭

　　　　　　（後缺）

（二）

　　　　　　（前缺）

1. ▢▢▢▢（簽押）

　　　　　　（後缺）

（三）

　　　　　　（前缺）

1. ▢▢▢▢▢▢

2. ▢▢官馬▢▢

　　　　　　（後缺）

（四）

　　　　　　（前缺）

1. 硫黄每▢▢▢▢▢①

2. ▢▢▢▢▢▢

　　　　　　（後缺）

（五）

　　　　　　（前缺）

1. ▢▢▢

　　　　　　（後缺）

（六）

　　　　　　（前缺）

1. ▢▢五斗外前項▢▢

　　　　　　（後缺）

（七）

　　　　　　（前缺）

1. 　　至正▢▢▢

　　　　　　（後缺）

---

① 此行文字殘留騎縫章殘痕。

(八)

　　　　　（前缺）

1. ☐☐☐☐☐支各站十一月☐☐☐☐

　　　　　（後缺）

24. 元收官糧文書殘片

題解：

本件《中國藏黑水城漢文文獻》中原始編號為84H·F111：W53／1131，出版編號為M1·0883，收於第五冊《提調站赤文書》第1104頁，擬題為《提調站赤文書殘件》，並記其尺寸為24.8cm×21.2cm。本件還收錄於《黑城出土文書（漢文文書卷）》第173頁《站赤類·提調站赤》，其所記文書編號為F111：W53，並列出文書諸要素為：麻紙，殘，草書，尺寸為20.9cm×23.3cm。文書前後均缺，現存文字7行。參考文獻：吳超《蒙元時期亦集乃路畜牧業初探》，《農業考古》2012年第1期。

錄文標點：

　　　　　（前缺）

1. ☐☐☐☐☐☐☐☐☐☐☐☐☐☐☐☐☐☐☐☐☐☐☐☐☐☐☐☐①
2. ☐☐☐☐☐☐☐☐☐☐☐☐☐☐☐☐草木不接，馳隻
3. ☐☐☐☐☐☐☐☐☐☐☐收官②粮事，得酌量添補
4. ☐☐☐☐☐☐☐救済人民，不致流移失所，已檢差
5. ☐☐☐☐
6. ☐☐☐☐奉
7. ☐☐☐☐牒

　　　　　（後缺）

---

① 此行文字《黑城出土文書》錄文未標注，現據圖版補。
② "官"，《黑城出土文書》錄文作"管"，現據圖版改。

25. 元失加耳領馬文書殘片

題解：

本件《中國藏黑水城漢文文獻》中原始編號為84H・F14：W5／0514，出版編號為M1・0884，收於第五冊《提調站赤文書》第1105頁，擬題為《提調站赤文書》，並記其尺寸為9.9cm×21.5cm。本件還收錄於《黑城出土文書（漢文文書卷）》第174頁《站赤類・提調站赤》，其所記文書編號為F14：W5，並列出文書諸要素為：草紙，殘，行草書，尺寸為21.2cm×8.7cm。文書前後均缺，現存文字6行。

錄文標點：

（前缺）

1. 站中統鈔四定。此時蒙官司▢▢▢▢▢▢▢
2. 馳般藏撥①赴
3. 總▢②所交納，當時③失加耳依奉前去送納了④
4. 當，頃⑤囬亦集乃。行至麻⑥都孩站，有苟禿兒孩
5. ▢▢▢▢▢▢▢支持，失加耳⑦將前領馬一定於▢
6. ▢▢▢▢▢▢▢▢▢▢▢至十五▢▢▢▢

（後缺）

26. 元放支馬料文書殘片

題解：

本件《中國藏黑水城漢文文獻》中原始編號為84H・F116：W261／1433，出版編號為M1・0885，收於第五冊《提調站赤文書》第1106頁，擬題為《放支站赤馬料文書》，並記其尺寸為14.1cm×25.8cm。《黑城出土文書（漢文文書卷）》

---

① "撥"，《黑城出土文書》錄文作"經"，現據圖版改。
② 此字《黑城出土文書》錄文作"府"，據圖版不似，現存疑。
③ "時"，《黑城出土文書》錄文作"的"，現據圖版改。
④ "納了"，《黑城出土文書》錄文作"房司"，現據圖版改。
⑤ "當，頃"，《黑城出土文書》錄文作"前項"，現據圖版改。
⑥ "麻"，《黑城出土文書》錄文作"亦"，現據圖版改。
⑦ "耳"，《黑城出土文書》錄文漏錄，現據圖版補。

一書未收。文書共二件殘片，殘片一現存八思巴字蒙古文1行，殘片二現存文字2行。

錄文標點：

（一）

（前缺）

1. （八思巴字蒙古文）

（後缺）

（二）

（前缺）

1. ☐捌☐斗☐叁升捌合□□□

2. ☐☐☐月分馬料大麦捌伯貳拾柒石伍斗外，該

（後缺）

27. 元至順元年（1330）亦集乃路總管府文為放支馬料事殘片

題解：

本件《中國藏黑水城漢文文獻》中原始編號為F175：W6a、b，出版編號為M1·0886，收於第五冊《提調站赤文書》第1107頁，擬題為《放支站赤馬料文書》，並記其尺寸為25.3cm×18.2cm。本件文書共兩件殘片，還收錄於《黑城出土文書（漢文文書卷）》第175頁《站赤類·提調站赤》，其所記文書編號為F175：W60，與《中國藏黑水城漢文文獻》原始編號異，並列出文書諸要素為：竹紙，殘，行書，尺寸分別為17.6cm×11.3cm、17.6cm×5.2cm。文書兩件殘片，各存文字5行。從內容來看，其應為亦集乃路總管府放支馬料文書殘片。參考文獻：吳超《蒙元時期亦集乃路畜牧業初探》，《農業考古》2012年第1期。

錄文標點：

（一）

1. 皇帝聖旨裏，亦集乃路總管☐☐☐☐☐

2. ☐☐合支馬料除天曆二年□☐☐☐☐

3. ☐☐☐□支付應將□□☐☐☐

4. ☐☐☐☐□先據□□☐☐☐

5. ▭▭□□▭▭▭▭▭①
　　（後缺）

（二）
　　　　（前缺）
1. ▭▭▭▭管②府據在城▭▭▭
2. ▭▭至順元年十一月分馬料▭▭□▭
3. ▭▭▭▭▭□实有見在数目開坐▭
4. ▭▭▭▭一月分馬③▭▭▭
5. ▭▭▭▭▭▭□▭▭▭④
　　（後缺）

28. 元放支馬料文書殘片

題解：

本件《中國藏黑水城漢文文獻》中原始編號為84H・F116：W142／1314，出版編號為M1・0887，收於第五冊《提調站赤文書》第1108頁，擬題為《放支站赤馬料文書殘件》，並記其尺寸為27.4cm×15cm。《黑城出土文書（漢文文書卷）》一書未收。文書共五件殘片，殘片一、二可綴合，現存文字1行；殘片三、四、五各存文字2行。

錄文標點：

（一、二）
　　　　（前缺）
1. ▭▭▭□□各▭▭▭⑤
　　（後缺）

---

① 此行文字《黑城出土文書》錄文未標注，現據圖版補。
② "管"，《黑城出土文書》錄文未釋讀，現據圖版補。
③ "馬"，《黑城出土文書》錄文作"分与"，現據圖版改。
④ 此行文字《黑城出土文書》錄文未標注，現據圖版補。
⑤ 本行文字"▭▭□□"為殘片一，"各▭"為殘片二。

（三）

　　　　　（前缺）
1. □□□拾壹疋，每
2. 日支料伍升□□斗
　　　　　（後缺）

（四）

　　　　　（前缺）
1. ☐粮房依□放支☐
2. ☐□接支相同。覆奉
　　　　　（後缺）

（五）

　　　　　（前缺）
1. ☐一日不支料壹石捌斗
2. ☐外，实支料伍拾貳石貳升
　　　　　（後缺）

29. 元放支馬料文書殘片

題解：

本件《中國藏黑水城漢文文獻》中原始編號為84H·F116：W134／1306，出版編號為M1·0888，收於第五冊《提調站赤文書》第1108頁，擬題為《放支站赤馬料文書殘件》，並記其尺寸為31.4cm×14.5cm。《黑城出土文書（漢文文書卷）》一書未收。文書共四件殘片，殘片一現存文字3行，殘片二現存文字2行，殘片三現存文字1行，殘片四現存文字2行。

錄文標點：

（一）

　　　　　（前缺）
1. ☐支料☐
2. ☐日不支料壹石捌斗伍升
3. ☐支料伍拾叁石肆斗伍升

　　　　　（後缺）
（二）
　　　　　（前缺）
1. ____官馬壹拾貳疋
2. ____□拾伍疋
　　　　　（後缺）
（三）
　　　　　（前缺）
1. ____六年十月分官馬貳伯
　　　　　（後缺）
（四）
　　　　　（前缺）
1. ____实支料肆拾陸石____
2. ____伍升
3. ____□馬____
　　　　　（後缺）

30. 元放支馬料文書殘片

題解：

本件《中國藏黑水城漢文文獻》中原始編號為84H·F19：W27／0564，出版編號為M1·0889，收於第五冊《提調站赤文書》第1109頁，擬題為《放支站赤馬料文書》，並記其尺寸為7.9cm×12.8cm。《黑城出土文書（漢文文書卷）》一書未收。文書前後均缺，現存文字5行。

錄文標點：

　　　　　（前缺）
1. ____分該支料叄佰捌拾____
2. 剩見在料____
3. ____支料粆子式伯肆拾石____

4. ☐☐☐☐城站馬叄拾柒疋，該支料伍☐☐☐
5. ☐☐☐☐☐☐☐☐☐☐☐☐料式☐☐☐☐

　　　　（後缺）

31. 元買站馬文書殘片

題解：

本件《中國藏黑水城漢文文獻》中原始編號為84H·F111：W34 / 1112，出版編號為M1·0890，收於第五冊《提調站赤文書》第1109頁，擬題為《購買站馬文書》，並記其尺寸為19.3cm×8.6cm。《黑城出土文書（漢文文書卷）》一書未收。文書前後均缺，現存文字7行。參考文獻：吳超《蒙元時期亦集乃路畜牧業初探》，《農業考古》2012年第1期。

錄文標點：

　　　　（前缺）
1. ☐☐☐☐☐件忐忑①
2. ☐☐☐☐散馬錢
3. ☐☐☐☐買站馬
4. ☐☐☐☐插指人②
5. ☐☐☐☐坐③地土
6. ☐☐☐☐☐軍☐

　　　　（後缺）

32. 元文書殘片

題解：

本件《中國藏黑水城漢文文獻》中原始編號為84H·F116：W271 / 1443，出

---

① "忐忑"兩字字體較小，墨色較淺，應為後寫，不知何意。
② "插指人"與左右兩行行距較窄，應為二次書寫，且"插指"兩字為朱書，吳超文未釋讀，現據圖版補。
③ "坐"吳超文作"王"，現據圖版改。

版編號為M1·0891，收於第五冊《提調站赤文書》第1110頁，擬題為《文書殘件》，並記其尺寸為30.1cm×13.6cm。《黑城出土文書（漢文文書卷）》一書未收。文書共四件殘片，殘片一、二各存文字1行，殘片三、四各存文字4行。

錄文標點：

（一）

   （前缺）

1. 亦　集　乃□□□□□□

   （後缺）

（二）

   （前缺）

1. 右　□□□□□□

   （後缺）

（三）

   （前缺）

1. □□□□□□

2. 前去□□□□□

3. 外，曾□□□□□

   （後缺）

（四）

   （前缺）

1. 將已□□□□□

2. 省□□□□□□

   （後缺）

33. 元至正八年（1348）徵收稅糧放支馬料文書殘片

題解：

本件《中國藏黑水城漢文文獻》中原始編號為84H·F116: W123 / 1295，出版編號為M1·0892，收於第五冊《提調站赤文書》第1110頁，擬題為《文書殘件》，並記其尺寸為27.2cm×19.3cm。《黑城出土文書（漢文文書卷）》一書未收。文書共六件殘片，殘片一、三、五各存文字 1 行，殘片二、四、六各存文字 2 行。

錄文標點：

（一）

（前缺）

1. ☐令柒斗☐

（後缺）

（二）

（前缺）

1. ☐該支料☐

2. ☐廿六日通該大麦貳伯

（後缺）

（三）

（前缺）

1. ☐站官馬弌☐

（後缺）

（四）

（前缺）

1. ☐一十五日計支料貳

2. ☐斗伍升

（後缺）

（五）

（前缺）

1. ☐疋，每☐

（後缺）

（六）

（前缺）

1. ☐具呈☐

2. ☐至正八年徵収稅粮

（後缺）

34. 元放支馬料文書殘片

題解：

本件《中國藏黑水城漢文文獻》中原始編號為84H・F116: W124 ／ 1296，出版編號為M1・0893，收於第五冊《提調站赤文書》第1111頁，擬題為《放支站赤馬料文書殘件》，並記其尺寸為30.6cm×16.9cm。《黑城出土文書（漢文文書卷）》一書未收。文書共五件殘片，殘片一、五各存文字2行，殘片二現存文字3行，殘片三、四各存文字1行。

錄文標點：

（一）

（前缺）

1. ＿＿＿＿＿＿□數開坐呈

2. ＿＿＿□古八站呈索＿＿＿

（後缺）

（二）

（前缺）

1. ＿＿＿＿＿＿＿＿＿

2. ＿＿＿＿□訖□□具呈照勘

3. ＿＿＿＿＿＿＿＿＿

（後缺）

（三）

（前缺）

1. ＿＿＿每疋日支伍升＿＿＿

（後缺）

（四）

（前缺）

1. ＿＿＿落卜尅站官馬叁拾陸

（後缺）

（五）
　　　　　（前缺）
1. ▢▢▢▢▢壹▢▢疋
2. ▢▢▢▢站馬壹拾肆疋
　　　　　（後缺）

35. 元放支馬料文書殘片

題解：

本件《中國藏黑水城漢文文獻》中原始編號為84H·F116:W125／1297，出版編號為M1·0894，收於第五冊《提調站赤文書》第1111頁，擬題為《放支站赤馬料文書殘件》，並記其尺寸為26.9cm×15.7cm。《黑城出土文書（漢文文書卷）》一書未收。文書共八件殘片，殘片一至六各存文字1行，殘片七、八各存文字2行。

錄文標點：

（一）
　　　　　（前缺）
1. ▢▢▢月分馬▢▢▢▢
　　　　　（後缺）

（二）
　　　　　（前缺）
1. ▢▢▢料▢▢▢▢
　　　　　（後缺）

（三）
　　　　　（前缺）
1. ▢▢▢▢▢▢
　　　　　（後缺）

（四）
　　　　　（前缺）
1. ▢▢▢除小尽▢▢▢

　　　　　（後缺）
（五）
　　　　　（前缺）
1. □□□外，实支□□□□□
　　　　　（後缺）
（六）
　　　　　（前缺）
1. □□□馬叁拾伍疋，每
　　　　　（後缺）
（七）
　　　　　（前缺）
1. □□□□日支伍升二□□□
2. □□□大尽卅日該支料壹□□□
　　　　　（後缺）
（八）
　　　　　（前缺）
1. □□□□合，該料□□□
2. □□□□□□□□
　　　　　（後缺）

36. 元放支馬料文書殘片

題解：

本件《中國藏黑水城漢文文獻》中原始編號為84H·F116：W126／1298，出版編號為M1·0895，收於第五冊《提調站赤文書》第1112頁，擬題為《放支站赤馬料文書殘件》，並記其尺寸為27.4cm×14.3cm。《黑城出土文書（漢文文書卷）》一書未收。文書共四件殘片，殘片一現存文字1行，殘片二、三、四各存2行。

錄文標點：

（一）

836 中國藏黑水城漢文文獻的整理與研究

　　　　（前缺）
1. 放支各站十□□□□
　　　　（後缺）

（二）
　　　　（前缺）
1. □□□站馬壹拾疋□□□
2. □□□□壹拾捌□□□
　　　　（後缺）

（三）
　　　　（前缺）
1. □□□□□□站□有□□□
2. □□□□付本房更為照勘□
　　　　（後缺）

（四）
　　　　（前缺）
1. □□□計支料伍拾肆石□□□
2. □□□□除小尽□□□
　　　　（後缺）

37. 元放支馬料文書殘片

題解：

本件《中國藏黑水城漢文文獻》中原始編號為84H・F116: W127／1300，出版編號為M1・0896，收於第五冊《提調站赤文書》第1112頁，擬題為《放支站赤馬料文書殘件》，並記其尺寸為28.9cm×17.8cm。《黑城出土文書（漢文文書卷）》一書未收。文書共十件殘片，文字多殘損，漫漶不清。

錄文標點：

（一）
　　　　（前缺）
1. □□□□□□

（後缺）

（二）

（前缺）

1. ☐☐☐馬叁拾☐☐☐

（後缺）

（三）

（前缺）

1. ☐☐去訖☐☐☐☐

（後缺）

（四）

（前缺）

1. ☐☐☐☐☐☐☐☐☐☐☐
2. ☐☐☐石☐☐☐☐☐☐

（後缺）

（五）

（前缺）

1. ☐☐☐☐外，計支☐☐☐

（後缺）

（六）

（前缺）

1. ☐☐☐馬叁拾☐☐☐

（後缺）

（七）

（前缺）

1. ☐☐☐更為照☐☐☐

（後缺）

（八）

（前缺）

1. ☐☐☐☐☐☐☐☐☐

2. ▢升，一十五日計支

　　　（後缺）

（九）

　　　（前缺）

1. ▢□□▢

　　　（後缺）

（十）

　　　（前缺）

1. ▢□数責領放支，承

　　　（後缺）

38. 元放支馬兀木南子等站馬料文書殘片

題解：

本件《中國藏黑水城漢文文獻》中原始編號為84H·F116：W128／1301，出版編號為M1·0897，收於第五冊《提調站赤文書》第1113頁，擬題為《放支馬兀木南子等站馬料文書》，並記其尺寸為17.1cm×26cm。《黑城出土文書（漢文文書卷）》一書未收。文書共兩件殘片，殘片一無文字殘留，殘片二現存文字5行。

錄文標點：

（一）

（無文字殘留）

（二）

　　　（前缺）

1. ▢馬兀木南子二站十一月

2. 分壹个月大尽叄拾日該支

3. 料壹伯令捌石

4. 貳升□合□勺

5. 外，实支料▢

　　　（後缺）

39. 元放支普竹等站馬料文書殘片

題解：

本件《中國藏黑水城漢文文獻》中原始編號為84H·F116：W129／1299，出版編號為M1·0898，收於第五冊《提調站赤文書》第1114頁，擬題為《放支普竹站馬料文書殘件》，並記其尺寸為28.3cm×15.1cm。《黑城出土文書（漢文文書卷）》一書未收。文書共六件殘片，殘片一現存文字3行，殘片二無文字殘留，殘片三現存文字1行，殘片四現存文字2行，殘片五現存文字3行，殘片六現存文字1行。

錄文標點：

（一）

（前缺）

1. ☐☐☐官馬叁拾捌疋，每疋日☐☐☐
2. ☐☐伍升，計支料伍拾捌石肆☐☐
3. ☐☐除小盡一日不支料壹石玖☐☐

（後缺）

（二）

（無文字殘留）

（三）

（前缺）

1. ☐☐☐□☐☐☐
2. ☐☐普竹站☐☐

（後缺）

（四）

（前缺）

1. ☐☐十月分馬料☐☐
2. ☐☐伯捌拾□☐☐□斗□

（後缺）

（五）
　　　　　（前缺）
1. □▢
2. 料□▢
3. 小▢
　　　　　（後缺）

（六）
　　　　　（前缺）
1. ▢叄拾壹▢
　　　　　（後缺）

40. 元放支普竹等站馬料文書殘片

題解：

本件《中國藏黑水城漢文文獻》中原始編號為84H·F116:W265／1437，出版編號為M1·0899，收於第五冊《提調站赤文書》第1115頁，擬題為《支普竹等站馬料文書殘件》，並記其尺寸為32.9cm×17.6cm。《黑城出土文書（漢文文書卷）》一書未收。文書共五件殘片，殘片一至四各存文字2行，殘片五現存文字1行。

錄文標點：

（一）
　　　　　（前缺）
1. ▢支料壹
2. ▢□石柒斗內，又除小尽一日
　　　　　（後缺）

（二）
　　　　　（前缺）
1. ▢官馬肆伯玖拾伍疋
2. ▢站官馬叄拾▢
　　　　　（後缺）

(三)

　　　　（前缺）

1. ☐普竹站官馬叁拾玖疋□□

2. ☐　　　支料貳拾玖

　　　　（後缺）

(四)

　　　　（前缺）

1. ☐支大麥叁石柒斗，今次廣

2. ☐各□□☐

　　　　（後缺）

(五)

　　　　（前缺）

1. ☐柒石柒斗，委是不敷，仰將

　　　　（後缺）

41. 元放支馬兀木南子等站馬料文書殘片

題解：

本件《中國藏黑水城漢文文獻》中原始編號為84H·F116: W266／1438，出版編號為M1·0900，收於第五冊《提調站赤文書》第1115頁，擬題為《放支站赤馬料文書殘件》，並記其尺寸為29.3cm×16.5cm。《黑城出土文書（漢文文書卷）》一書未收。文書共六件殘片，各存文字1行。

錄文標點：

(一)

　　　　（前缺）

1. ☐支料壹石伍斗內□

　　　　（後缺）

(二)

　　　　（前缺）

1. ☐拾叁石伍斗

842 中國藏黑水城漢文文獻的整理與研究

　　　　（後缺）
　（三）
　　　　（前缺）
1.　□南子站官馬叁拾陸定
　　　　（後缺）
　（四）
　　　　（前缺）
1.　□月分馬□
　　　　（前缺）
　（五）
　　　　（前缺）
1.　□壹拾伍日計官
　　　　（後缺）
　（六）
　　　　（前缺）
1.　□□□□
　　　　（後缺）

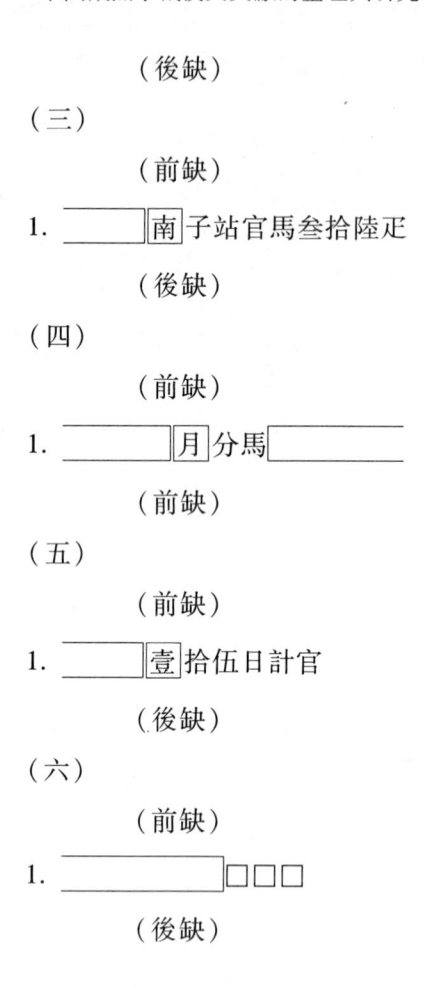

42. 元放支馬料文書殘片

題解：

　　本件《中國藏黑水城漢文文獻》中原始編號為84H·F116：W268／1440，出版編號為M1·0901，收於第五冊《提調站赤文書》第1116頁，擬題為《放支站赤馬料文書殘件》，並記其尺寸為30.1cm×14.9cm。《黑城出土文書（漢文文書卷）》一書未收。文書共四件殘片，殘片一現存文字1行，殘片二現存文字2行，殘片三為二紙粘接，第一紙現存文字1行，第二紙現存文字2行；現存文字3行，殘片四無文字殘留。

錄文標點：

　（一）
　　　　（前缺）

1. □月□□□□□□□
　　　　　（後缺）
（二）
　　　　　（前缺）
1. 支料□□□□□□
2. 小尽一□□□□□□
　　　　　（後缺）
（三）
　　　　　（前缺）
1. 馬兀各站馬□□□□
□□□□□□□□□□□

2.　　　拾□□□□
3.　　即的站□□□□
　　　　　（後缺）
（四）
（無文字殘留）

43. 元放支狼心等站馬料文書殘片

題解：

本件《中國藏黑水城漢文文獻》中原始編號為84H・F116: W267 / 1439，出版編號為M1・0902，收於第五冊《提調站赤文書》第1116頁，擬題為《放支站赤馬料文書殘件》，並記其尺寸為26cm×14.3cm。《黑城出土文書（漢文文書卷）》一書未收。文書共四件殘片，殘片一、二、三各存文字2行，殘片四現存文字1行。

錄文標點：

（一）
　　　　　（前缺）
1. 總府官台旨□□□□□

2. ▢▢▢▢月▢▢▢▢▢
　　　　（後缺）
（二）
　　　　（前缺）
1. 狼心▢▢▢▢▢▢
2. 即的站▢▢▢▢▢
　　　　（後缺）
（三）
　　　　（前缺）
1. ▢▢▢□石柒斗伍升外□▢▢
2. ▢▢▢□伯貳拾柒▢▢
　　　　（後缺）
（四）
　　　　（前缺）
1. ▢▢▢□用別卷內▢▢▢
　　　　（後缺）

44. 元放支山口等站馬料文書殘片

題解：

本件《中國藏黑水城漢文文獻》中原始編號為84H·F116：W274／1446，出版編號為M1·0903，收於第五冊《提調站赤文書》第1117頁，擬題為《山口等站放支馬料文書殘件》，並記其尺寸為27.6cm×20.3cm。《黑城出土文書（漢文文書卷）》一書未收。文書共三件殘片，殘片一現存文字3行，殘片二現存文字1行，殘片三現存文字3行。

錄文標點：

（一）
　　　　（前缺）
1. 　　石玖斗伍升外，实支
2. 　　料伍拾陸石伍▢▢▢

3. 山口站官馬陸□☐

（後缺）

（二）

（前缺）

1. 除小尽一日不支料壹☐

（後缺）

（三）

（前缺）

1. ☐城站官馬貳拾伍疋

2. ☐補買到馬壹伯令肆疋

3. ☐馬壹□

（後缺）

45. 元放支山口等站馬料文書殘片

題解：

本件《中國藏黑水城漢文文獻》中原始編號為84H·F116: W284 ／ 1456，出版編號為M1·0904，收於第五冊《提調站赤文書》第1118頁，擬題為《放支站赤馬料文書殘件》，並記其尺寸為25cm×19.8cm。《黑城出土文書（漢文文書卷）》一書未收。文書共四件殘片，各存文字2行。

錄文標點：

（一）

（前缺）

1. □□

2. □□

（後缺）

（二）

（前缺）

1. ☐陸疋，每疋□支

2. ☐伍

（後缺）

（三）
　　　　　（前缺）
1. ▭月二十三日倒死馬壹
2. ▭站馬不尽料六日該
　　　　　（後缺）
（四）
　　　　　（前缺）
1. ▭山口站▭
2. 　料伍升，叁拾日該支料□
　　　　　（後缺）

46. 元放支馬料文書殘片

題解：

本件《中國藏黑水城漢文文獻》中原始編號為84H·F116: W285／1457，出版編號為M1·0905，收於第五冊《提調站赤文書》第1119頁，擬題為《放支站赤馬料文書殘件》，並記其尺寸為16cm×25.3cm。《黑城出土文書（漢文文書卷）》一書未收。文書共三片殘片，殘片一無文字殘留，殘片二現存文字1行，殘片三僅存日期。

錄文標點：

（一）
（無文字殘留）

（二）
　　　　　（前缺）
1. ▭□支料
　　　　　（後缺）

（三）
　　　　　（前缺）
1. □□日

47. 元馬料文書殘片

題解：

本件《中國藏黑水城漢文文獻》中原始編號為84H·F116: W290／1462，出版編號為M1·0906，收於第五冊《提調站赤文書》第1120頁，擬題為《放支站赤馬料文書殘件》，並記其尺寸為14.6cm×26.6cm。《黑城出土文書（漢文文書卷）》一書未收。文書共兩件殘片，殘片一現存蒙古文墨戳1行，殘片二現存蒙古文墨戳2行，漢文1行。

錄文標點：

（一）

　　　　　（前缺）

1. 蒙古文墨戳1行

　　　　　（後缺）

（二）

　　　　　（前缺）

1. 蒙古文墨戳　　　楊聞琳☐☐☐
2. ☐☐☐馬料
3. 蒙古文墨戳　　　也先帖木兒☐☐

　　　　　（後缺）

48. 元放支在城等站馬料文書殘片

題解：

本件《中國藏黑水城漢文文獻》中原始編號為84H·F116: W291／1463，出版編號為M1·0907，收於第五冊《提調站赤文書》第1121頁，擬題為《放支站赤馬料文書殘件》，並記其尺寸為29.2cm×16cm。《黑城出土文書（漢文文書卷）》一書未收。文書共五件殘片，殘片一現存文字1行，殘片二、三、四各存文字1行，殘片五為二紙粘接，均無文字殘留。

錄文標點：

（一）

　　　　　　　（前缺）
1. _____上 項 馬 料 □□_____
2. _____□□____

　　　　　　　（後缺）
（二）
　　　　　　　（前缺）
1. 在城站官_____

　　　　　　　（後缺）
（三）
　　　　　　　（前缺）
1. _____支料弍伯陸拾叁石玖□_____

　　　　　　　（後缺）
（四）
　　　　　　　（前缺）
1. □每 疋 日 支料_____

　　　　　　　（後缺）
（五）
（無文字殘留）

49. 元文書殘片

題解：

　　本件《中國藏黑水城漢文文獻》中原始編號為84H·F209：W25／2323，出版編號為M1·0908，收於第五冊《提調站赤文書》第1122頁，擬題為《放支落卜尅站馬料文書殘件》，並記其尺寸為9.4cm×18.5cm。《黑城出土文書（漢文文書卷）》一書未收。文書共三件殘片，殘片一為正背雙面書寫，正面現存文字3行，為元放支落卜尅等站馬料文書殘片，背面圖版《中國藏黑水城漢文文獻》未收，從正面所透墨跡看，現存文字2行，與正面文字成經緯狀；殘片二現存文字1行；殘片三現存文字2行。殘片二、三字跡與殘片一不同，內容也不相關，應非同一件文書殘片。

錄文標點：

（一）

正：

　　　　　（前缺）

1. ☐站☐☐☐☐☐☐

2. 　計支料弍☐☐☐

3. 落卜尅站馬柒☐☐

　　　　　（後缺）

背：

　　　　　（前缺）

1. ☐☐☐☐☐生 等

2. ☐☐☐叁☐☐

　　　　　（後缺）

（二）

　　　　　（前缺）

1. ☐☐☐☐

　　　　　（後缺）

（三）

　　　　　（前缺）

1. ☐☐☐☐☐☐兩玖錢

2. ☐☐☐☐☐☐兩伍錢

　　　　　（後缺）

50. 元放支各站馬料文書殘片

題解：

本件《中國藏黑水城漢文文獻》中原始編號為84H・F116: W287／1459，出版編號為M1・0909，收於第五冊《提調站赤文書》第1123頁，擬題為《支站赤官馬草料文書》，並記其尺寸為18cm×25.8cm。本件文書共兩件殘片，還收錄於《黑城出土文書（漢文文書卷）》第175頁《站赤類・提調站赤》，其所記殘片一文書編號為F116:W287，殘片二文書編號為F116:W289，與《中國藏黑水城漢文文獻》原始編號異，並列出文書諸要素為：竹紙，屑，行書，尺寸分別為24.8cm×13.0cm、24.8cm×13.0cm。文書殘片一、二各存文字3行，均前後缺。

錄文標點：

（一）

（前缺）

1. _____］官①馬叁拾疋
2. 盐池站官馬肆拾疋
3. 普竹站官馬叁拾玖疋

（後缺）

（二）

（前缺）

1. _____］抄除已支②各站十月分③馬料大麦肆伯弐拾④
2. _____］見在弐伯捌拾捌⑤石玖斗
3. _____］囗月分⑥

（後缺）

51. 元放支普竹狼心即的三站馬料文書殘片

題解：

本件《中國藏黑水城漢文文獻》中原始編號為84H·F116:W286／1458，出版編號為M1·0910，收於第五冊《提調站赤文書》第1124頁，擬題為《放支普竹狼心即的三站馬料文書》，並記其尺寸為17.1cm×24.1cm。本件文書共兩件殘片，殘片一還收錄於《黑城出土文書（漢文文書卷）》第175頁《站赤類·提調站赤》，其所記文書編號為F116:W286，並列出文書諸要素為：竹紙，屑，行書，

---

① 《黑城出土文書》錄文於"官"字前推補一"站"字。
② "支"，《黑城出土文書》錄文作"交"，現據圖版改。
③ "分"，《黑城出土文書》錄文作"份"，現據圖版改。
④ 《黑城出土文書》錄文於"拾"字後衍錄一缺文符號。
⑤ "捌拾捌"，《黑城出土文書》錄文作"肆拾肆"，現據圖版改。另，此行文字起首處缺文《黑城出土文書》錄文未標注，現據圖版補。
⑥ 此行文字《黑城出土文書》錄文未標注，現據圖版補。

尺寸為23.4cm×13.5cm。文書殘片一現存文字3行，殘片二現存文字3行。參考文獻：吳超《蒙元時期亦集乃路畜牧業初探》，《農業考古》2012年第1期。

錄文標點：

（一）

（前缺）

1. 　　□□□□□□
2. 　　該支半個月普竹、狼心、即的三站
3. 　　□月初一至十五計一十五日①实該支

（後缺）

（二）

（前缺）

1. 　　　　□□肆拾壹疋，每疋日支料
2. 　　伍升，十五日計支料叁拾石柒
3. 　　斗伍升②

（後缺）

52. 元放支普竹等站馬料文書殘片

題解：

本件《中國藏黑水城漢文文獻》中原始編號為84H・F116: W272 / 1444，出版編號為M1・0911，收於第五冊《提調站赤文書》第1125頁，擬題為《普竹等站支料文書殘件》，並記其尺寸為8.2cm×27.8cm。本件還收錄於《黑城出土文書（漢文文書卷）》第175頁《站赤類・提調站赤》，其所記文書編號為F11 6: W 272，並列出文書諸要素為：竹紙，屑，行書，尺寸為27.3cm×7.3cm。文書前後均缺，現存文字3行。

錄文標點：

（前缺）

1. 　　　　伍拾貳石式□□□

---

① "計一十五日"，《黑城出土文書》錄文漏錄，現據圖版補。
② 此殘片《黑城出土文書》未收錄。

2.　　　　　普竹站官馬叁拾玖疋，每①

3.　　　　　疋日②支料伍升，計支③

　　　（後缺）

53. 元放支各站馬料文書殘片

題解：

本件《中國藏黑水城漢文文獻》中原始編號為84H·F116：W262／1434，出版編號為M1·0912，收於第五冊《提調站赤文書》第1126頁，擬題為《放支各站馬料文書》，並記其尺寸為12.1cm×23.5cm。本件還收錄於《黑城出土文書（漢文文書卷）》第174頁《站赤類·提調站赤》，其所記文書編號為F116：W262，並列出文書諸要素為：竹紙，屑，行書，尺寸為23.0cm×11.9cm。文書前後均缺，現存文字4行，其中3行蒙古文墨戳，漢文2行（其中1行，漢文、蒙古文各占半行）。

錄文標點：

　　　（前缺）

1.　　（蒙古文墨戳）

2. 放支各站（蒙古文墨戳）

3. □④月分馬料

4.（蒙古文墨戳⑤）

　　　（後缺）

54. 元放支馬料文書殘片

題解：

本件《中國藏黑水城漢文文獻》中原始編號為84H·F116：W269／1441，出版編號為M1·0913，收於第五冊《提調站赤文書》第1127頁，擬題為《放支站

---

① "每"，《黑城出土文書》錄文作"十月"，現據圖版改。
② "疋日"，《黑城出土文書》錄文作"初八日"，據文意應誤，現據圖版釋錄。
③ "升，計支"，《黑城出土文書》錄文作"斗半"，現據圖版改。
④ 此字殘損，《黑城出土文書》錄文推補為"十"。
⑤ "蒙古文墨戳"，《黑城出土文書》錄文均未標注，現據圖版補。

赤馬料文書殘件》，並記其尺寸為29.9cm×17.4cm。《黑城出土文書（漢文文書卷）》一書未收。文書共四件殘片，殘片一、二、三各存文字2行，殘片四無文字殘留。

錄文標點：

（一）

　　　　　　（前缺）

1. 支料□□□□□□

2. □□□□□□□□□□

　　　　　　（後缺）

（二）

　　　　　　（前缺）

1. ＿＿＿＿□就除□＿＿＿＿

2. ＿＿＿＿□壹伯肆拾貳石玖

　　　　　　（後缺）

（三）

　　　　　　（前缺）

1. 　　　初一日□□□□

2. 　　　支料伍□□□□

　　　　　　（後缺）

（四）

（無文字殘留）

55. 元放支馬料文書殘片

題解：

本件《中國藏黑水城漢文文獻》中原始編號為84H·F116:W263／1435，出版編號為M1·0914，收於第五冊《提調站赤文書》第1128頁，擬題為《支站赤馬料文書殘件》，並記其尺寸為28cm×11.6cm。《黑城出土文書（漢文文書卷）》一書未收。文書共五件殘片，殘片一、二、三各存文字2行，殘片四、五各存文字1行。

錄文標點：

（一）

（前缺）

1. ☐大麦貳拾叁石
2. ☐☐☐☐☐

（後缺）

（二）

（前缺）

1. ☐拾叁石
2. ☐疋，每疋日支

（後缺）

（三）

（前缺）

1. ☐□全支扣筭得十一月□
2. ☐☐☐☐

（後缺）

（四）

（前缺）

1. ☐□拾陸疋

（後缺）

（五）

（前缺）

1. ☐月分該支大麦

（後缺）

56. 元趙仲賢付普竹等站馬料文書殘片

題解：

本件《中國藏黑水城漢文文獻》中原始編號為84H·F116:W264／1436，出版編號為M1·0915，收於第五冊《提調站赤文書》第1128頁，擬題為《趙仲賢支普竹等站馬料文書》，並記其尺寸為 27.2cm×15.4cm。《黑城出土文書（漢文文書卷）》一書未收。文書共三件殘片，殘片一現存文字 2 行，殘片二現存文字 4 行，殘片三現存文字 3 行。

錄文標點：

（一）

（前缺）

1. ▢▢年十月吏趙仲賢付
2. ▢▢口

（後缺）

（二）

（前缺）

1. ▢▢▢站馬▢▢
2. ▢▢疋日支料伍升，叁拾日
3. ▢▢拾肆石
4. ▢▢▢▢口池、普竹

（後缺）

（三）

（前缺）

1. ▢▢口拾口疋，每疋日支
2. 口伍升，計支料壹伯肆拾
3. 口石貳斗口升內，除狠心

（後缺）

57. 元乘騎鋪馬文書殘片

題解：

本件《中國藏黑水城漢文文獻》中原始編號為 84H·F116:W4 / 1175，出版編號為M1·0916，收於第五冊《提調站赤文書》第 1129 頁，擬題為《乘騎鋪馬文書》，並記其尺寸為 7.1cm×29.8cm。本件還收錄於《黑城出土文書（漢文文書卷）》第 173 頁《站赤類·提調站赤》，其所記文書編號為 F116:W4，並列出文

856 中國藏黑水城漢文文獻的整理與研究

書諸要素為：竹紙，屑，楷行書，尺寸為 29.0cm×6.2cm。文書前後均缺，現存文字 3 行。

錄文標點：

（前缺）

1. ☐☐赴①
2. 省苔應告禀外，據本人乘騎鋪馬☐☐☐
3. 合下仰照驗，依例應付施行。

（後缺）

58. 元亦集乃路在城等站官馬文書殘片

題解：

本件《中國藏黑水城漢文文獻》中原始編號為 84H·F116: W130／1302，出版編號為 M1·0917，收於第五冊《提調站赤文書》第 1130 頁，擬題為《在城等站官馬》，並記其尺寸為 16.4cm×26.1cm。《黑城出土文書（漢文文書卷）》一書未收。文書共兩件殘片，殘片一現存文字 3 行；殘片二現存文字 2 行，為日期和簽押。

錄文標點：

（一）

（前缺）

1. ☐②卜尅站官馬叁拾☐疋
2. 在城站官馬叁拾疋
3. ☐☐馬☐☐叁疋

（後缺）

（二）

（前缺）

1. 廿九日
2. （簽押）

---

① 此行文字《黑城出土文書》錄文未標注，現據圖版補。
② 據亦集乃路站赤設置可知，此處所缺文字應為"落"。

59. 元落卜尅站面肉文書殘片

題解：

本件《中國藏黑水城漢文文獻》中原始編號為84H·F111：W69／1148，出版編號為M1·0918，收於第五冊《提調站赤文書》第1131頁，擬題為《落卜尅站麵肉等文書》，並記其尺寸為22.5cm×22.3cm。《黑城出土文書（漢文文書卷）》一書未收。文書現存文字7行。

錄文標點：

　　　　（前缺）

1. 落卜尅站
2. 　　正月
3. 　　　面一百五十□①，　肉七十八斤，
4. 　　　羊六十六□。
5. 　　二月：
6. 　　　肉七十九②斤半，　面一百九十二斤，
7. 　　　羊□□六口。
　　　　（後缺）

60. 元至正廿二年（1362）失林婚書案文卷（之一）

題解：

本件《中國藏黑水城漢文文獻》中原始編號為84H·F116：W276／1448，出版編號為M1·0919，收於第五冊《提調站赤文書》第1132頁，擬題為《文書殘片》，並記其尺寸為3.6cm×15cm。《黑城出土文書（漢文文書卷）》一書未收。文書共兩件殘片，各存文字2行。從內容來看，本件文書應與《中國藏黑水城漢文文獻》第四冊《失林婚書案》為同組文書。

錄文標點：

（一）

---

① "五十□"等字原作"七十□"，塗抹後於右行改寫，現徑改。
② "九"字原作"四"，塗抹後於右行改寫，現徑改。

　　　　（前缺）
1. 月廿三日□□□□
2. 諸雜文□□□□
　　　　（後缺）
（二）
　　　　（前缺）
1. □□□□將文字□□□□
2. □□□□□一吊□□□□□
　　　　（後缺）

61. 元至正廿二年（1362）失林婚書案文卷（之一）

題解：

本件《中國藏黑水城漢文文獻》中原始編號為84H·F116: W277／1449，出版編號為M1·0920，收於第五冊《提調站赤文書》第1132頁，擬題為《文書殘片》，並記其尺寸為13.2cm×28.4cm。《黑城出土文書（漢文文書卷）》一書未收。文書共十件殘片，均為殘屑。從內容來看，本件文書應與《中國藏黑水城漢文文獻》第四冊《失林婚書案》為同組文書。

錄文標點：

（一）
　　　　（前缺）
1. □□□□行□□□□□
　　　　（後缺）
（二）
　　　　（前缺）
1. □□□□用火□□□□
　　　　（後缺）
（三）
　　　　（前缺）
1. □□□□□□□□

（後缺）

（四）

　　　　（前缺）

1. ＿＿□在＿＿

　　　　（後缺）

（五）

　　　　（前缺）

1. 客＿＿＿

2. □□＿

　　　　（後缺）

（六）

　　　　（前缺）

1. ＿＿□＿

2. ＿□得此＿

　　　　（後缺）

（七）

　　　　（前缺）

1. ＿□□□＿

2. ＿倒刺□＿

　　　　（後缺）

（八）

　　　　（前缺）

1. ＿并□＿

2. ＿□□

　　　　（後缺）

（九）

　　　　（前缺）

1. ＿□□□＿

2. ＿犯外□□＿

3. ☐☐☐☐☐
　　　（後缺）
（十）
　　　（前缺）
1. ☐失林已☐☐
2. ☐☐☐☐
　　　（後缺）

62. 元文書殘片

題解：

本件《中國藏黑水城漢文文獻》中原始編號為84H·F116：W278／1450，出版編號為M1·0921，收於第五冊《提調站赤文書》第1133頁，擬題為《文書殘件》，並記其尺寸為13.4cm×26.9cm。《黑城出土文書（漢文文書卷）》一書未收。文書共兩件殘片，各存文字2行。

錄文標點：

（一）
　　　（前缺）
1. 前因照勘接支相同，得此，更蒙☐
2. ☐☐☐☐仰扣筭合該
　　　（後缺）
（二）
　　　（前缺）
1. ☐為照勘☐☐，別無重冒，差☐☐
2. ☐☐☐照筭合該☐
　　　（後缺）

63. 元草料文書殘片

題解：

本件《中國藏黑水城漢文文獻》中原始編號為84HF135炕內E，出版編號為

M1·0922，收於第五冊《提調站赤文書》第 1134 頁，擬題為《文書殘件》，並記其尺寸為 18.4cm×19.8cm。本件文書共兩件殘片，還收錄於《黑城出土文書（漢文文書卷）》第 172 頁《站赤類·提調站赤》，其所記文書編號為 F13 5:W 101，與《中國藏黑水城漢文文獻》原始編號異，並列出文書諸要素為：宣紙，殘，行書，尺寸分別為 16.0cm×6.5cm、14.1cm×12.0cm。文書殘片一現存文字 3 行，殘片二現存文字 6 行。

錄文標點：

（一）

    （前缺）

1. ☐☐☐☐擬申部去訖，今擬見☐☐☐
2. ☐☐☐疋草料別無上司許准明文☐
3. ☐☐☐□議擬申部行下右施行☐

    （後缺）

（二）

    （前缺）

1. ☐☐呈□☐☐☐☐☐☐☐ ①
2. ☐☐院②不行依理追問☐
3. ☐☐☐□不肯結斷使此処
4. ☐☐處自有応付飲食③
5. ☐☐☐ ④
6. ☐☐□□関牒及差撑車舡脚☐

    （後缺）

---

① 此行文字《黑城出土文書》錄文未標注，現據圖版補。
② "院"，《黑城出土文書》錄文作"既"，現據圖版改。
③ "食"，《黑城出土文書》錄文未釋讀，現據圖版補。
④ 此行缺文《黑城出土文書》錄文未標注，現據圖版補。

附

1. 元某司呈文為各站倒死馳馬事殘片

題解：

本件文書收於《黑城出土文書（漢文文書卷）》第 172 頁《站赤類·提調站赤》，共七件殘片，其所記文書編號為 F135：W19，並列出文書諸要素為：桑皮紙，屑，楷行書，尺寸分別為 5.8cm×9.2cm、6.8cm×4.7cm、8.1cm×3.3cm、6.7cm×7.2m、3.0cm×3.5cm、4.5cm×4.7cm、10.8cm×8.2cm。《中國藏黑水城漢文文獻》一書未收錄圖版。從內容來看，其應為某司為各站倒死馳馬事呈文殘片。

錄文標點：

（一）

　　　　　　（前缺）

1. □至至①元年□□□□□□②
2. 開坐前去，伏乞□□□□□

　　　　　　（後缺）

（二）

　　　　　　（前缺）

1. 　　馳弍隻
2. □□③尅站倒死馳馬：
3. 　　馳弍隻

　　　　　　（後缺）

（三）

　　　　　　（前缺）

1. 即的站倒死馬壹拾□□□□

---

① 案，元代未見有"至至"年號，疑此處《黑城出土文書》錄文有誤，其應為"至治"或"至正"。
② 此行錄文應有誤，元代並無"至至"年號。
③ 據元代亦集乃路站赤設置可知，此處所缺文字應為"落卜"。

2. ☐站倒死馳馬壹☐

   （後缺）

（四）

   （前缺）

1. 馬兀木☐

2. 在城站☐

   （後缺）

（五）

   （前缺）

1. 馬☐

2. 壹拾弍☐

   （後缺）

（六）

   （前缺）

1. 月

   （後缺）

（七）

   （前缺）

1. 具呈。 伏乞

   （後缺）

（六）簽補站戶文書

1. 元簽補站戶文卷（之一）

題解：

  本件《中國藏黑水城漢文文獻》中原始編號為 F116：W433，出版編號為 M1·0923，收於第五冊《簽補站戶文書》第 1137 頁，擬題為《簽補站戶文卷》，並記其尺寸為 71.5cm×49.5cm。本件還收錄於《黑城出土文書（漢文文書卷）》第 175 頁《站赤類·簽補站戶文卷》，其將本號文書與《中國藏黑水城漢文文獻》第 1138 頁 M1·0924 號文書拼合為一釋錄，所記文書編號與《中國藏黑水城漢文文獻》原始編號同，並列出文書諸要素為：宣紙，殘，行書，尺寸為 49.5cm × 138.5cm。文書共五件殘片，《黑城出土文書（漢文文書卷）》將其拼合釋錄，《中國藏黑水城漢文文獻》也對其進行了拼合。文書為元簽補站戶文卷之一，其起首云"皇帝聖旨裏甘☐☐☐☐"，據元代文書格式可知此文發文機關應為"甘肅等處行中書省"，M1·0924 號文書首行殘存"府准此"三字，可知接文機關應為"亦集乃路總管府"，故其應為甘肅行省下亦集乃路總管府剳付。

錄文標點：

1. 皇帝聖旨裏，甘☐☐☐☐☐☐☐
2. 　　中書省☐☐☐☐☐☐☐☐☐☐事御史臺前付歷巡①至霸州、固
3. 　　安州照刷☐☐☐☐☐☐☐等以拠大都昌平、榆林、赤☐②
4. 　　涿州☐☐☐☐☐☐☐☐州四伯☐☐霸州捌伯☐☐
5. 　　東☐☐☐☐☐☐☐☐☐☐☐☐☐唐家関③☐
6. 　　☐☐☐☐☐☐☐☐☐☐☐通政院☐☐☐僉補☐
7. 　　☐☐☐☐☐☐☐☐☐前到良鄉縣本官問出消乏站
8. 　　☐☐☐手祇候巡☐有涿州人戶蘇琮、蘇傑等七戶自行出
9. 　　☐戶發付有司収係。蘇琮等冒作消乏，一槩④申覆委的漏
10. 　☐又霸州係是京畿內☐☐☐☐☐☐以致如是，又照得☐
11. 　☐民而辦，今州縣所管盡皆站戶☐☐☐陸運提拳司☐
12. 　☐計不分上中下三等一槩僉充，単一☐☐☐是提調
13. 　☐隨即典賣田宅応當站役，比至☐☐☐戶計一槩僉☐⑤
14. 　☐☐☐☐☐☐☐便議得上項☐☐☐理依上僉補，其☐⑥

---

① "歷巡"原作"巡歷"，旁加倒乙符號，《黑城出土文書》錄文作"巡歷"，現徑改。
② "赤☐"，《黑城出土文書》錄文漏錄，現據圖版補。
③ "家関"，《黑城出土文書》錄文作"尓谷"，現據圖版改。
④ "槩"通"概"。下同，不再另作説明。
⑤ "戶計一槩僉☐☐"，《黑城出土文書》錄文作"戶計一概僉充"，並且錄於下一行，現據圖版改。
⑥ 《黑城出土文書》錄文將"理依上僉補，其☐"補入下一行，現據圖版改。

15. ☐官一同從☐豁磨使①有司知所遵☐②
16. ☐依例糾彈，侶為便益，如蒙准☐
17. ☐上施行，具呈照詳。得此，都省☐
18. ☐判官桑奉議，牒奉都堂鈞旨☐
19. ☐前到良鄉縣☐
20. ☐此以下☐
21. ☐涿州范陽申轉☐☐㲋充☐③蘇傑男蘇☐
22. ☐於本驛官司處陳告消乏，不期本站將所④㲋戶數親詣各處⑤
23. ☐等委實漏報丁產物力告乞詳狀事，除另行外，開坐☐如⑥
24. ☐☐迄至順四年六月初八日欽遵⑦
25. ☐乏，盖因給驛泛濫，失於☐治。今後迤北蒙古站赤以舊隸通☐

26. ☐⑧
27. ☐口北站赤
28. ☐年首思分例官為應付☐☐欽此。除欽遵外，移准通☐
29. ☐合兒麻怯薛⑨☐

（後缺）⑩

---

① "磨使"，《黑城出土文書》錄文作"麼便"，現據圖版改。
② 《黑城出土文書》錄文將"豁磨使有司知所遵☐"單獨錄為一行，現據圖版改。
③ "㲋充☐"，《黑城出土文書》錄文作"站戶"，現據圖版改。
④ "所"，《黑城出土文書》錄文作"伯"，現據圖版改。
⑤ 《黑城出土文書》錄文將"㲋戶數親詣各處"誤錄入下一行，現據圖版改。
⑥ "如"，《黑城出土文書》錄文未釋讀，現據圖版改。
⑦ "遵"，《黑城出土文書》錄文作"遇"，現據圖版改。
⑧ 此行文字《黑城出土文書》錄文未標注，現據圖版補。
⑨ "薛"，《黑城出土文書》錄文未釋讀，現據圖版補。
⑩ 文書第1—5行中缺符號前為殘片一內容，第2—5行中缺符號後為殘片二內容，第8—15行中缺符號前為殘片三內容，第6—19行除殘片三內容外為殘片四內容，第20—28行為殘片五內容。

2. 元簽補站戶文卷（之一）

題解：

本件《中國藏黑水城漢文文獻》中無原始編號，出版編號為M1·0924，收於第五冊《簽補站戶文書》第 1138 頁，擬題為《簽補站戶文卷》，並記其尺寸為 53.3cm×25.6cm。本件文書共兩件殘片，殘片一還收錄於《黑城出土文書（漢文文書卷）》第 175 頁《站赤類·簽補站戶文卷》，其將本號文書與《中國藏黑水城漢文文獻》第 1137 頁M1·0923 [F116:W433] 號文書拼合為一釋錄，所記文書編號為 F116:W433，並列出文書諸要素為：宣紙，殘，行書，尺寸為 49.5cm × 138.5cm。文書為元簽補站戶文卷殘片，殘片一現存文字 4 行，殘片二無文字殘留。從其拼合後內容來看，應為甘肅行省下亦集乃路總管府剳付。

錄文標點：

（一）

（前缺）

1. ☐☐☐府准此

2. （蒙古文）
3. 　　　　　　（簽押）
4. 　（簽押）　（簽押）①

（二）

（無文字殘留）

3. 元簽補站戶文卷（之一）

題解：

本件《中國藏黑水城漢文文獻》中無原始編號，出版編號為M1·0925，收於第五冊《簽補站戶文書》第 1139—1142 頁，擬題為《簽補站戶文卷》，並記其尺寸為85.8cm×33.4cm。本件還收錄於《黑城出土文書（漢文文書卷）》第 176 頁《站赤類·簽補站戶文卷》，其所記文書編號為 F116:W544，並列出文書諸要素

---

① 《黑城出土文書》錄文僅釋錄第 1 行文字，第 2—5 行未標注，現據圖版補。

為：宣紙，殘，行書，末尾有畏兀體蒙古文及亦思替非文字各一行，尺寸為44.5cm×129.3cm。文書為簽補站户文卷之一，前後均完，現存文字26行。從內容來看，其應為甘肅行省為簽補站户事劄付亦集乃路總管府。

錄文標點：

1. ＿＿＿＿＿＿省①
2. ＿＿＿＿＿近准
3. ＿＿＿＿＿＿②
4. ＿＿＿＿＿＿＿丹觔口昔宝赤及各投下已籍应當□＿＿＿＿＿＿＿＿＿＿
5. ＿＿＿＿＿＿＿梁米户不許簽③補外，令拘該＿＿＿＿＿＿＿＿＿＿＿
6. ＿＿＿＿＿＿＿＿鋪户內依驗股實有抵業＿＿＿＿＿＿＿＿＿＿
7. ＿＿＿＿＿＿，＿□□④等户亦驗人丁事產物力高⑤＿＿＿＿＿＿＿
8. ＿＿＿＿＿＿省麽道，定擬了當⑥。奉
9. ＿＿＿＿＿＿⑦
10. ＿＿＿＿官俗監察御史文書來通政院同簽唐家＿＿＿＿＿家⑧＿＿
11. ＿＿＿＿麽道，說將來的上頭⑨再告的人多□＿＿交兵部定擬呵＿＿
12. ＿＿＿＿違碍准擬了，通政院已簽人户別＿當役未簽户數親詣＿＿
13. ＿＿＿＿＿＿當役品荅高低＿＿無違碍相應人户內簽補替⑩＿＿
14. ＿＿＿＿＿州縣户內依上簽補，替下旧當⑪差，見告物力不均平⑫＿
15. ＿＿＿＿＿＿勘定奪，務要均平，其＿＿＿＿動擾，各處行省依＿＿

---

① 《黑城出土文書》錄文將"省"字錄入下一行，現據圖版改。
② 據文書行距可知，此處應缺一行文字，《黑城出土文書》錄文未標注，現據圖版補。
③ "篸"同"簽"，《黑城出土文書》錄文作"僉"，現據圖版改。下同，不再另作說明。
④ 此字殘損，《黑城出土文書》錄文作"揚"，現存疑。
⑤ "高"，《黑城出土文書》錄文作"畜"，現據圖版改。
⑥ "當"，《黑城出土文書》錄文作"奏"，現據圖版改。
⑦ 據文書行距可知，此處應缺一行文字，《黑城出土文書》錄文未標注，現據圖版補。
⑧ "家"，《黑城出土文書》錄文未釋讀，現據圖版補。
⑨ "頭"，《黑城出土文書》錄文作"告"，現據圖版改。
⑩ "替"，《黑城出土文書》錄文未釋讀，現據圖版補。
⑪ "當"字前原衍一字，後塗抹，《黑城出土文書》錄文作"户"，現據圖版改。
⑫ "平"，《黑城出土文書》錄文作"單"，現據圖版改。

16. _____向①受財者從監察御史_____
17. _____□呵，怎生奏呵，奉
18. _____當日②交火者賽罕③
19. _____□呵，奉
20. _____欽此，各省除外，咨請欽依_____
21. _____書省照詳回 降 未到省府除外，合下_____

22. _____簽補訖各各④事產物力攢造_____

23. 　　　　　　　　右劄付亦集乃路□□⑤
24. 　　　　（亦思替非文字）
25. 　　　　（畏兀兒體蒙古文）
26. 　　　　（蒙古文年款）（簽押）

4. 元簽補站戶文卷（之一）

題解：

本件《中國藏黑水城漢文文獻》中原始編號為 F116：W434，出版編號為 M1·0926，收於第五冊《簽補站戶文書》第 1143 頁，擬題為《簽補站戶文卷》，並記其尺寸為 80cm×33.7cm。本件還收錄於《黑城出土文書（漢文文書卷）》第 176 頁《站赤類·簽補站戶文卷》，其將本號文書與《中國藏黑水城漢文文獻》第 1145 頁 M1·0928 號文書拼合為一釋錄，所記文書編號為 F11 6：W434，並列出文書諸要素為：宣紙，殘，楷行書，末尾有八思巴字一行（圖版中未見八思巴字），尺寸為 56.2cm×154.5cm。文書為元簽補站戶文卷之一，共十一件殘片，

---

① "向"，《黑城出土文書》錄文作"的"，現據圖版改。
② "日"，《黑城出土文書》錄文樓劉，現據圖版補。
③ 《黑城出土文書》錄文於"罕"字後衍錄一缺文符號，現據圖版改。
④ 第二個"各"字為省文符號，現改作。
⑤ 據元代文書格式推斷，此處所缺文字應為"准此"。

《黑城出土文書（漢文文書卷）》一書將其拼合釋錄，但其錄文漏錄部分文字，今據圖版加以補正。杜立暉指出本件文書是一件關於元末至順年間站户簽補、管理的非常珍貴的官方文書。這件文書不僅保存了《經世大典·站赤》中有關記載的内容，具有很高的文獻價值，同時作為官方簽補站户文書，對於研究元代，特別是元朝末期站赤管理機關的運行，消乏站户的簽補、替下站户、復業站户的安置、處理等内容，都具有極其珍貴的史料價值。參考文獻：杜立暉《黑水城 F11 6∶W 434 元末簽補站户文書試釋》，《寧夏社會科學》2010 年第 4 期。

錄文標點：

（前缺）

1. ＿＿＿＿＿＿＿＿＿＿＿＿＿＿＿＿＿＿＿＿＿□并新籨人户
2. ＿＿＿＿＿＿＿＿＿＿＿＿＿＿＿＿＿＿＿＿＿中書省
3. ＿＿＿＿＿＿＿＿＿＿①
4. ＿＿＿＿＿＿＿＿＿＿＿送捴兵②＿＿軍站户，計看守係官
5. ＿＿＿＿＿＿＿＿＿院□□③前去，扵□□□④有州縣扵⑤見官一＿＿
6. ＿＿＿＿＿＿＿⑥
7. ＿＿＿＿＿＿□的委通政院官前＿＿＿＿＿＿＿
8. ＿＿＿＿＿＿⑦
9. ＿＿＿□令各処官司施⑧＿＿□兒⑨応當軍站⑩＿＿＿＿□了麽道告
10. ＿＿＿多有，奏呵，再從便商量＿者麽道，有

---

① 據文書行距可知，此處應缺一行文字，《黑城出土文書》錄文未標注，現據圖版補。
② 杜立暉文於"兵"字後推補一"部"字。
③ "□□"，《黑城出土文書》錄文作"内"，杜立暉文同，現據圖版改。
④ "□□□"，《黑城出土文書》錄文作"所"，杜立暉文同，現據圖版改。
⑤ "扵"，《黑城出土文書》錄文作"無"，杜立暉文同，現據圖版改。
⑥ 據文書行距可知，此處應缺一行文字，《黑城出土文書》錄文未標注，杜立暉文同，現據圖版補。
⑦ 據文書行距可知，此處應缺一行文字，《黑城出土文書》錄文未標注，杜立暉文同，現據圖版補。
⑧ "施"，《黑城出土文書》錄文作"強"，杜立暉文同，現據圖版改。
⑨ "□兒"，《黑城出土文書》錄文作"僅見"，杜立暉文同，現據圖版改。
⑩ 杜立暉文於"站"字推補一"户"字。

11. ☐☐得僉補迯亡貧難站户，除☐☐①丹躭口并昔宝赤及各投下已籍应當軍站户計

12. ☐☐守係官花菌户、匠户、礼樂户、☐☐②種粱米户不許僉補外，令③拘該路府州縣扵目

13. ☐☐应當差民户及除差祇候、☐④軍、弓手、急遞鋪户内依☐☐有抵業物力

14. 人丁之家僉補，如或不敷，扵应有☐⑤居放⑥良还俗僧道漏⑦籍等户及投充別管

15. 官司諸物户計内，依驗人丁事産物力高强，依例僉☐⑧，替下站户收係當

16. 差。已僉站户内，果係怯薛丹躭☐☐⑨昔宝赤，各投下应當☐☐☐

17. ☐☐☐諭了，其有司官吏，若☐☐丁力之家作貧乏☐☐☐

18. ☐☐☐☐☐呈☐☐路攢造衆☐☐二年十月廿七日☐☐

19. ☐☐☐☐☐御史廉訪司隨即体覆☐☐僉補，欽此。又

20. ☐☐☐☐☐⑩

21. ☐☐☐☐☐☐令頭目扵其下及☐☐☐☐在官司☐

---

① 據文書前後相關内容可知，此處所缺文字應為"怯薛"。
② 據文書前後文可知，此處所缺兩字應為"晉山"。
③ "令"，《黑城出土文書》錄文作"今"，杜立暉文同，但據M1·0925號文書相關内容可知，應為"令"。
④ 據前後文可知，此處所缺文字應為"巡"。
⑤ 據文書前後文可知，此處所缺文字應為"析"。
⑥ "放"，《黑城出土文書》錄文作"改"，杜立暉文同，現據圖版改。
⑦ "漏"，《黑城出土文書》錄文漏錄，杜立暉文同，現據圖版補。
⑧ 據M1·0925號文書相關内容可知，此處所缺文字應為"補"。
⑨ 據文書前後文可知，此處所缺兩字應為"口并"。
⑩ 據文書行距可知，此處應缺一行文字，《黑城出土文書》錄文未標注，杜立暉文同，現據圖版補。

22. _____①

23. _____奉_____

24. _____户及除_____

25. _____充站户與消乏_____

26. _____户壹千二百九十二户_____

27. _____本户消乏，僉充②□

28. _____李元徐郁李□楊小厮盖因二户消乏，合③_____

29. □□當④壹疋正馬東安因□_____比皆然，为此取具□_____

30. 各村莊花名，分當站役□_____會驗至順三年二月十七_____⑤

31. □奉

32. _____補逊亡貧難站户，除怯薛丹□□⑥并昔宝赤及各投下已籍应當_____

33. _____菌户、匠户、礼樂户、晋山種□□□⑦不許僉補外，令拘該路_____

34. _____□⑧户及除差祗候巡⑨軍_____⑩鋪户內依驗殷实有抵業_____⑪

---

① 據文書行距可知，此處應缺一行文字，《黑城出土文書》錄文未標注，杜立暉文同，現據圖版補。
② "僉充"杜立暉文作"今定"，現據圖版改。
③ "合"杜立暉文作"今"，現據圖版改。
④ "當"杜立暉文作"馬"，現據圖版改。
⑤ 文書第18—30行文字《黑城出土文書》錄文漏錄，現據圖版補。另，此處缺文，杜立暉文作"日"。
⑥ 據文書前後文可知，此處所缺文字應為"躭口"。
⑦ 此處所缺文字《黑城出土文書》錄文推補一"梁"，其後兩字據前後文可知應為"米户"。
⑧ 據文書前後文可知，此處所缺文字應為"民"。
⑨ "巡"，《黑城出土文書》錄文作"處"，現據圖版改。
⑩ 據文書前後文可知，此處所缺文字應為"弓手，急遞"。
⑪ 據文書前後文可知，此處所缺文字應為"物力、人丁之家僉補，如"。

35. 或不敷扵应有析□□□①还俗僧道漏藉等户及投充别②＿＿＿＿＿＿＿＿＿＿③

36. 亦驗人丁事產物力高□④，依例僉補替下站户収係當差。又一款，各⑤処站户⑥元申在逃復

37. 業從差去⑦官□＿＿＿＿＿勘⑧除堪役外，如有消乏不堪當役，可合併者，

38. ＿＿＿＿＿＿＿＿＿＿＿＿＿＿□役人户保勘是實，放罷為民

39. ＿＿＿＿陸運提⑨＿＿＿户除見當役＿＿＿府州縣於殷实有

40. ＿＿＿⑩应委官与真定保定二□⑪提調官一同從实＿＿＿＿＿到僉補

41. □□係被災去处，擬合委自⑫各処正官一員提調，行移廉訪司＿＿体覆明白，於相

42. □⑬户內僉補品荅各各⑭丁力，就発文申車頭应役，具實僉充⑮□各各村莊花名，

43. 攢造俻細文冊，呈报在逃人⑯户之事產，召人租賃。另＿＿＿＿＿招誘復業，依

---

① 據文書前後文可知，此處所缺文字應為"居放良"。
② "別"，《黑城出土文書》錄文未釋讀，杜立暉文同，現據圖版補。
③ 據文書前後文可知，此處所缺文字應為"管官司諸物户計内"。
④ 據文書前後文可知，此處所缺文字應為"強"。
⑤ 《黑城出土文書》錄文於"各"字前衍錄一"如"字，現據圖版改。
⑥ "户"字為後寫補入，現徑改。
⑦ "去"，《黑城出土文書》錄文作"告"，杜立暉文同，現據圖版改。
⑧ 《黑城出土文書》錄文於"勘"字前推補"同照"兩字。
⑨ 杜立暉文於"提"字後推補"舉司"。
⑩ 杜立暉文於此處推補"抵業"兩字。
⑪ 據文書前後文可知，此處所缺文字應為"路"。
⑫ "自"杜立暉文漏錄。
⑬ 據文書前後文可知，此處所缺文字應為"應"。
⑭ 第二個"各"字為省文符號，現徑改。
⑮ "充"，《黑城出土文書》錄文漏錄，杜立暉文同，現據圖版補。另，杜立暉文將此字后所缺文字推補為"補"，應誤。
⑯ "人"字為後寫補入，現徑改。

44. ☐☐☐例給付汋足①。其復業存恤限☐☐②一户既是見行當役☐☐☐③定奪外，拠籍内

45. ☐☐☐☐站户即目見行歇☐☐☐④，体覆是实，就便佥補及重役周立一户

46. ☐☐☐☐定应当站⑤☐☐☐☐照詳。得此，覆奉都堂　　陸運提夅

47. ☐☐☐☐☐☐☐☐☐☐☐☐☐☐重復⑥，更為照勘明白，依

48. ☐☐☐☐☐☐☐☐☐☐☐☐☐俗一十四☐☐已佥事

49. ☐☐☐☐☐☐☐☐☐☐☐☐☐☐☐等数晋寧

50. ☐☐☐☐☐☐☐☐☐☐☐☐☐☐☐☐成等卅⑦

（後缺）

5. 元簽補站户文卷（之一）

題解：

本件《中國藏黑水城漢文文獻》中原始編號為 F116：W543，出版編號為 M1·0927，收於第五冊《簽補站户文書》第 1144 頁，擬題為《簽補站户文卷》，並記其尺寸為 80cm×31.1cm。本件還收錄於《黑城出土文書（漢文文書卷）》第 176 頁《站赤類·簽補站户文卷》，其所記文書編號與《中國藏黑水城漢文文獻》原始編號同，並列出文書諸要素為：宣紙，殘，楷行書，尺寸為 56.2cm×154.5cm。文書為元簽補站户文卷之一，共五件殘片，《黑城出土文書（漢文文書卷）》將其拼合釋錄，《中國藏黑水城漢文文獻》一書也對文書進行了拼合，二者

---

① "足"杜立暉文作"差"，現據圖版改。
② 據文書字距，此處應缺兩字，《黑城出土文書》錄文作缺一字，杜立暉文同，現據圖版改。
③ 此處所缺文字《黑城出土文書》錄文補為"別無"，杜立暉文同。
④ 此處所缺文字杜立暉文推補為"役"。
⑤ 杜立暉文於"站"字後推補一"役"字。
⑥ "復"，《黑城出土文書》錄文作"役"，杜立暉文同，現據圖版改。
⑦ "卅"，《黑城出土文書》錄文作"州"，杜立暉文同，現據圖版改。

略有不同，今從《中國藏黑水城漢文文獻》一書。文書前後均缺，拼合後現存文字 38 行。從內容來看，其應為甘肅行省下亦集乃路總管府劄付。王亞莉指出本件文書記載了元末站戶消乏逃亡現象，朝廷命令各地站官及時簽補站戶，嚴格依照事產、物力、牲畜等財產標準來簽補。上戶、中戶、下戶一概簽充，打破了等級限制，並招誘逃亡或遷移站戶復業，以補充人數。他們一經簽發，就成了站戶主體，便長年累月、世世代代被束縛在驛站系統中，為站赤服務。參考文獻：王亞莉《黑城出土元代簽補站戶文書 F116: W543 考釋》，《寧夏社會科學》2009 年第 3 期。

錄文標點：

（前缺）

1. 聞奏相応，具呈照詳。得☐
2. 失剌斡耳朶西有時分☐
3. 　　伯顔太師☐
4. 　　撒敦荅剌华榮大王☐
5. 　　孛羅右承沙的糸議☐
6. 　　兒蒙古必闍赤長仙☐①
7. 奏過事內，一件各処②站赤消乏☐　官☐伐
8. ☐☐③篤皇帝行了
9. ☐☐ 为 通 政 院 差 去 使 臣，將 各 ☐④☐ 應 當 軍 站 人 户 僉 補 的☐
10. ☐管 交 兵 部 定 擬 呵。除 怯 薛 丹 躯 口 昔 宝 赤 及 各 投 下 已 籍 應 當 軍 站 戶☐
11. 　　薗户、匠户、礼樂户、晋山晋⑤梁米户不許僉補外，令拘☐

---

① 此行文字《黑城出土文書》錄文漏錄，王亞莉文作"以☐☐必☐赤长仙"，現據圖版改。
② "処"，《黑城出土文書》錄文作"站"，現據圖版改。
③ 《黑城出土文書》錄文認為此處缺一字，而元仁宗愛育黎拔力八達，蒙古語稱普顏篤皇帝，所以此處應為空缺兩字，即普顏篤皇帝。
④ 此字《黑城出土文書》錄文未標注，王亞莉文同，現據圖版補。
⑤ "晋"，《黑城出土文書》錄文漏錄，現據圖版補。按，據其他相關文書可知，"晋"應為"種"。

整理編　第五冊　875

12.　　應當▭户及除差祗候巡軍弓手急遞鋪户内▭
　　　抵業物

13.　　力人丁之▭如是不敷，於①應有析居放良還俗僧道漏籍等户
　　　亦驗②人丁事產③

14.　▭替下站户收係當差攢造文册申部呈麼道，定擬了
　　　奏奉

15.　▭④

16.　▭省監察御史文書与將⑤文書來⑥通政
　　　院▭

17.　▭⑦

18.　▭再交兵部定擬呵，腹▭

19.　▭已贪人户別无违碍，准⑧擬當役
　　　未▭

20.　▭無可當役品苔高低，依例於無违
　　　碍▭

21.　▭內依上贪役，替下旧户收係當差，見告
　　　物▭

22.　▭要均平，其余户計不得動擾，各
　　　処▭

23.　▭恤貧民，今▭

————————————
①　"於"，《黑城出土文書》錄文漏錄，現據圖版補。
②　"驗"，《黑城出土文書》錄文作"檢"，王亞莉文作"簽"，現據圖版改。
③　"產"，《黑城出土文書》錄文作"户"，王亞莉文同，現據圖版改。
④　據文書行距可知，此處應缺一行文字，《黑城出土文書》錄文未標注，王亞莉文同，現據圖版補。
⑤　"將"，《黑城出土文書》錄文作"府"，王亞莉文同，現據圖版改。
⑥　"來"，《黑城出土文書》錄文作"有"，王亞莉文同，現據圖版改。
⑦　據文書行距可知，此處應缺一行文字，《黑城出土文書》錄文未標注，王亞莉文同，現據圖版補。
⑧　"准"，《黑城出土文書》錄文漏錄，現據圖版補。

876　中國藏黑水城漢文文獻的整理與研究

24.　　　　□抵業物力人户殷　　　　　差①祗候□手巡軍不

25.　　　　　在高下，堪与不堪　　　　補替合將舊户発付，有

26.　　　　□収係當差。今者新舊 各　　　　同新籤站户既不分上

27.　　　　□□叁等一槩籤充单丁下户　　　　恐所必湏典賣田宅应

28.　　　　當②站役槩新叁年逼臨　　　　　　赤，今不得③濟，深④為

29.　　　　未便。以⑤此条详，未籤站户腹　　　　完已籤人户

30.　　　　別无违碍，准擬⑥當役未籤户　　　　的貧難逃亡無

31.　　　　可當役，品答高低，依例於無违　　　　敷，於隣近州縣户

32.　　　　内依上籤補，替下舊户収係當差　　　及官司從　　　⑦

33.　　　　定奪，务要均平，□□户計　　　　　　　　

34.　　　　補，中間⑧但有符同提　　　　　　　

35.　　　　御史肅政廉訪司嚴　　　　　　定擬了⑨，如今⑩仿

36.　　　　　　　　　　　　准此，省府除外⑪，合下仰⑫

---

① 《黑城出土文書》錄文於"差"字前推補一"係"字，王亞莉文同。
② "當"王亞莉文作"此"，現據圖版改。
③ "今不得"，《黑城出土文書》錄文作"令不將"，王亞莉文同，現據圖版改。
④ 《黑城出土文書》錄文於"深"字前衍錄一"深"字，現據圖版改。
⑤ "以"，《黑城出土文書》錄文作"照"，王亞莉文同，現據圖版改。
⑥ "擬"，《黑城出土文書》錄文作"仰"，現據圖版改。
⑦ 第30—32行行中缺文符號後文字為一殘片，《黑城出土文書》將此件殘片中第30行"的貧難逃亡無"、第31行"敷，於隣近州縣户"分別接於第21、22行之後，第32行"及官司從"單獨錄作一行。王亞莉文同，則將此重復釋錄，現據圖版改。
⑧ "間"，《黑城出土文書》錄文作"官"，王亞莉文同，現據圖版改。
⑨ 《黑城出土文書》錄文於"了"字後衍錄一"呵"，王亞莉文同，現據圖版改。
⑩ "如今"，《黑城出土文書》錄文作"各各"，王亞莉文同，現據圖版改。
⑪ "外"，《黑城出土文書》錄文作"到"，王亞莉文同，現據圖版改。
⑫ "仰"，《黑城出土文書》錄文作"擬"，王亞莉文同，現據圖版改。

（中缺）

37. ＿＿＿＿＿＿＿＿＿＿＿＿＿＿＿＿＿＿＿①路總管府准此
38. 　　　　　　　　　（簽押）②

（後缺）

6. 元簽補站戶文卷（之一）

題解：

本件《中國藏黑水城漢文文獻》中無原始編號，出版編號為M1·0928，收於第五冊《簽補站戶文書》第1145頁，擬題為《簽補站戶文卷》，並記其尺寸為54.9cm×32.7cm。本件還收錄於《黑城出土文書（漢文文書卷）》第177頁《站赤類·簽補站戶文卷》，其將本號文書與《中國藏黑水城漢文文獻》第1143頁M1·0926［F116：W434］號文書拼合為一釋錄，所記文書編號為F116：W434，並列出文書諸要素為：宣紙，殘，楷行書，末尾有八思巴字一行（圖版中未見八思巴字），尺寸為56.2cm×154.5cm。文書為元簽補站戶文卷之一，共三件殘片，《黑城出土文書（漢文文書卷）》一書將其拼合釋錄，今從。從內容來看，其應為甘肅行省下亦集乃路總管府劄付。杜立暉指出本件文書是一件關於元末至順年間站戶簽補、管理的非常珍貴的官方文書。這件文書不僅保存了《經世大典·站赤》中有關記載的內容，具有很高的文獻價值，同時作為官方簽補站戶文書，對於研究元代，特別是元朝末期站赤管理機關的運行，消乏站戶的簽補，替下站戶、復業站戶的安置、處理等內容，都具有極其珍貴的史料價值。參考文獻：杜立暉《黑水城F116：W434元末簽補站戶文書試釋》，《寧夏社會科學》2010年第4期。

錄文標點：

（前缺）

1. ＿＿＿＿＿＿＿＿＿＿＿＿＿＿＿躬＿＿＿＿
2. ＿＿＿＿＿＿＿＿＿＿＿＿有親管人戶及除＿＿
3. ＿＿＿＿＿＿＿＿＿＿＿當站役槳新戶計＿

---

① 據元代文書格式推斷，此處所缺文字應為"右劄付亦集乃"。
② 第1—22行文字為殘片一內容，第23—35行行中缺文符號前文字為殘片二內容，第24—29行行中缺文符號後文字為殘片三內容，第30—32行行中缺文符號後文字為殘片四內容，其餘文字為殘片五內容。

4. ☐☐☐☐☐☐☐☐☐☐☐ □當站，即与元奉事例不☐☐☐☐
5. ☐☐☐☐☐☐☐☐☐☐☐ 不隨僉隨逃中等之家一到☐☐☐
6. ☐☐☐☐☐☐☐☐☐☐☐ 逃竄盡絕，則州縣虛損戶☐☐☐
7. ☐☐☐☐☐☐☐☐☐☐☐ 裏去處，令路府州縣文①資☐
8. ☐☐☐縣大寧等処☐☐數親詣各処從公麽問体勘委☐
9. ☐☐☐九十一戶全未☐☐☐相應戶內僉補替換☐☐☐
10. 濟寧真定等路人戶☐☐☐☐各物力不均，爭☐☐
11. 補不均，已經行下合屬☐☐☐☐☐☐致違②☐☐
12. □監察御史言□☐☐☐☐☐☐☐☐☐☐☐☐☐☐☐

　　　　（中缺）

13. 　　☐☐付亦集乃路總管☐☐☐☐☐☐☐☐☐③

　　　　（後缺）④

7. 元簽補站戶文卷（之一）

題解：

本件《中國藏黑水城漢文文獻》中原始編號為84H・F116：W216/1388，出版編號為M1・0929，收於第五冊《簽補站戶文書》第1146頁，擬題為《簽補站戶文書殘件》，並記其尺寸為3cm×5cm。《黑城出土文書（漢文文書卷）》一書未收。文書為元簽補站戶文卷殘片，前後均缺，現存文字1行。

錄文標點：

　　　　（前缺）

1. ☐☐☐貧乏戶☐☐☐☐

　　　　（後缺）

---

① "文"，《黑城出土文書》錄文作"之"，杜立暉文同，現據圖版改。
② "致違"，《黑城出土文書》錄文作"違錯"，杜立暉文同，現據圖版改。
③ 此行文字《黑城出土文書》錄文推補為"☐剳付亦集乃路總管府"。據元代文書格式可知，此行文字應為"右剳付亦集乃路總管府，准此"。
④ 第8—12行中缺符號前文字為殘片二內容，第13行文字為殘片三內容，其餘文字為殘片一內容。

8. 元簽補站戶文卷（之一）

題解：

本件《中國藏黑水城漢文文獻》中原始編號為F116：W5，出版編號為M1·0930，收於第五冊《簽補站戶文書》第1146頁，擬題為《文書殘件》，並記其尺寸為7.5cm×31.6cm。本件還收錄於《黑城出土文書（漢文文書卷）》第177頁《站赤類·簽補站戶文卷》，其所記文書編號與《中國藏黑水城漢文文獻》原始編號同，並列出文書諸要素為：竹紙，屑，行楷書，尺寸為31.1cm×7.0cm。文書為元簽補站戶文卷之一，前後均缺，現存文字3行，從內容來看，其應為河西隴北道肅政廉訪司照刷簽補站戶文卷所留刷尾。參考文獻：1. 孫繼民、郭兆斌《從黑水城出土文書看元代的肅州廉訪司刷案制度》，《寧夏社會科學》2012年第2期；2. 孫繼民《黑水城文獻所見元代肅政廉訪司"刷尾"工作流程——元代肅政廉訪司文卷照刷制度研究之一》，《南京師範大學學報》（社會科學版）2012年第5期。

錄文標點：

（前缺）

1. □□□□□＿＿＿＿＿＿＿＿＿＿＿＿＿＿＿＿＿①
2. 行省剳付為②首，至當月十二日申檢③為尾，計扺
3. 四張縫，司吏張天福承行。

（後缺）

（七）至正二十四年整點站赤文書

1. 元至正二十四年（1364）亦集乃路整點站赤文卷（之一）

題解：

本件《中國藏黑水城漢文文獻》中原始編號為F116：W560，出版編號為

---

① 此行文字《黑城出土文書》錄文未標注，現據圖版補。
② "為"，《黑城出土文書》錄文作"舉"，現據圖版改。
③ "檢"，《黑城出土文書》錄文作"核"，現據圖版改。

M1·0931，收於第五冊《至正二十四年整點站赤文書》第1149—1152頁，擬題為《至正二十四年整點站赤文卷》，並記其尺寸為109.8cm×19.5cm。本件文書共兩件殘片，還收錄於《黑城出土文書（漢文文書卷）》第177頁《站赤類·至正二十四年整點站赤文卷》，該書將其拼合為一釋錄，所記文書編號與《中國藏黑水城漢文文獻》原始編號同，並列出文書諸要素為：竹紙，殘，草行書，尺寸為19cm×109.4cm。文書為元至正二十四年（1364）整點站赤文卷之一，其中殘片一為二紙粘接，第一紙現存文字14行，第二紙現存文字7行，兩紙粘接處鈐騎縫章一枚；殘片二僅存簽押一行。從內容來看，其似為兵工房呈亦集乃路總管府文，且《黑城出土文書（漢文文書卷）》一書拼合無誤，今從。

錄文標點：

　　　　（前缺）

1. ＿＿＿＿棨①管蒙古八站，置在邊陲，係
2. ＿＿＿＿＿＿＿之地，西接甘肅北鄙着
3. ＿＿＿＿＿＿＿恐各站提領百户人等
4. ＿＿＿＿＿＿馳馬瘦弱，館舍踈②漏
5. ＿＿＿＿正官前去各站整點阻碍
6. ＿＿＿＿事繫非輕，為此覆蒙
7. ＿＿＿＿議得上項事理，仰移関本路同知
8. ＿＿＿＿行添設，將引司吏一名馳驛前
9. ＿＿＿＿督責，提領百户人等即將各站实有
10. ＿＿＿＿并館舍鋪陈什物等件整點完備
11. ＿＿＿＿□具點訖駝馬毛色③齒歲④膘分同
12. ＿＿＿＿保結回示施行。所據差去官乘騎
13. ＿＿＿＿应付者。承此，合行具呈者。

---

① "棨"，《黑城出土文書》錄文未釋讀，現據圖版補。
② "踈"同"疏"，下同，不再另作說明。
③ "色"，《黑城出土文書》錄文漏錄，現據圖版補。
④ "歲"，《黑城出土文書》錄文作"數"，現據圖版改。

―――――（騎縫章）―――――

14. ☐
15. ☐①
16. ☐　　　　　　吏郭　斌（簽押）
17. 　　　　提控案牘聶　元宗（簽押）
18. 　　　　知　　事
19. 　　　　經　　歷
20. 　　（簽押）（簽押）
21. 　初二日②
22. 　　　　（簽押）③

2. 元至正二十四年（1364）亦集乃路整點站赤文卷（之一）

題解：

本件《中國藏黑水城漢文文獻》中原始編號為F116：W396，出版編號為M1·0932，收於第五冊《至正二十四年整點站赤文書》第1153—1157頁，擬題為《至正二十四年整點站赤文卷》，並記其尺寸為146.7cm×21.4cm。本件還收錄於《黑城出土文書（漢文文書卷）》第177—178頁《站赤類·至正二十四年整點站赤文卷》，其將殘片一及殘片二第一、二紙作為一件文書釋錄，編號為F116：W220，殘片二第三、四紙及殘片三作為一件文書釋錄，編號為F116：W396，並列出文書諸要素為：竹紙，殘，草行書，F116：W220尺寸分別為17.6cm×17cm、19.0cm×54.3cm，F116：W396尺寸為14.2cm×45.8cm。文書為元至正二十四年（1364）整點站赤文卷之一，斷為三件殘片，殘片一現存文字5行；殘片二為四紙粘接，第一紙現存文字4行，第二紙現存文字9行，第三紙現存文字20行，第四紙現存文字1行，第三、四紙粘接處鈐印朱文騎縫章一枚；殘片三現存文字8行。其中，殘片一及殘片二第一、二紙從內容來看，似為兵工房呈文；殘

---

① 第14、15行兩行缺文，《黑城出土文書》未標注。據元代文書格式可知，此兩行所缺文字應為"右謹具/呈"。
② "初二日"上鈐朱印一枚。
③ 文書第1—19行為殘片一內容，第20行為殘片二內容。

片二第三、四紙及殘片三從內容來看，應為亦集乃路總管府文。

錄文標點：

（前缺）

1. ＿＿＿＿＿＿帖木兒奉啓准
2. ＿＿＿＿□照得本路所槩①管蒙古八站，置②＿＿＿
3. ＿＿＿＿嶺北省即目草青不接③，却□＿＿＿
4. ＿＿＿弱瘦④館舍踈⑤漏，什物不＿＿＿＿
5. ＿＿＿＿余孝校水利等事＿＿＿＿＿

（中缺）

6. ＿＿＿＿＿＿＿名什物等件保結回示施行
7. ＿＿＿去官周和貴乘騎鋪馬以下在城站⑥依例應付者。
8. ＿＿＿合行具呈者。
9. ＿＿＿

＿＿＿＿＿＿＿＿＿＿＿＿＿＿＿＿＿

10. □⑦
11. ＿＿＿＿四年五月　吏　張　是□（簽押）
　　　　　　　　　　　　　郭　斌　（簽押）
12. ＿＿＿整點站赤
13. ＿＿＿□馬　提控案牘　聶　元宗（簽押）
14. 　　　　　知　事
15. 　　　　　□　歷
16. 　　　　　（簽押）

---

① "槩"，《黑城出土文書》錄文作"於"，現據圖版改。
② "置"，《黑城出土文書》錄文未釋讀，現據圖版補。
③ "接"，《黑城出土文書》錄文作"悔"，現據圖版改。
④ "弱瘦"，《黑城出土文書》錄文作"瘦弱"，現據圖版改。
⑤ "踈"，《黑城出土文書》錄文未釋讀，現據圖版補。
⑥ "以下在城站"等字為右行補入，現徑改。
⑦ 第9、10行兩行缺文，《黑城出土文書》錄文未標注。据元代文書格式可知，此兩行所缺文字應為"右謹具/呈"。

17.　　　　□□日①
18.　　　　　　　（押印）②
_____

19.　　□□　　路總管府　案呈云云③：
20.　　□□　　　　　　當府除外
21.　　　□□]関請
22.　　　□□]將引司吏一名□正馬　疋④馳驛前
23.　　□各站督責提領百戶人等即將
24.　　□站实有官給馳馬并館舍鋪陈
25.　　□□⑤等件湏要整點完備，听⑥蒙走
26.　　　□□□□]馬疋毛色齒歲⑦膘分
27.　　　□□]花户姓名保結，希
28.　　公文回示施行。
29.　　　□□]楊彬　總府除外，今差本
30.　　役糸隨⑧本路　　　一同⑨前
31.　　去各站，嚴責提領百戶人等，即將
32.　　各站实有官給馳馬并館舍鋪
33.　　□⑩什物等件湏要整點完備。听⑪蒙
34.　　　□□□]□具點過馬疋毛色齒

_____

① "□□日"上鈐朱印一枚。
② 文書第1—16行《黑城出土文書》編號為F116: W220。
③ "云云"，《黑城出土文書》錄文作"奉"，現據圖版改。
④ "□正馬　疋"等字為右行補入，現徑改。
⑤ 據相關文書可知，此處所缺文字應為"什物"。
⑥ "听"，《黑城出土文書》錄文作"頃"，現據圖版改。
⑦ "歲"，《黑城出土文書》錄文作"發"，現據圖版改。
⑧ "隨"，《黑城出土文書》錄文作"俗"，現據圖版改。
⑨ "一同"，《黑城出土文書》錄文作"照得"，現據圖版改。
⑩ 據文書前後內容推斷，此處所缺文字應為"陳"。
⑪ "听"，《黑城出土文書》錄文作"頃"，現據圖版改。

35.　　　　　　］同①花户姓名保結開坐

36.　　　　　　］合下仰照驗，依上施行。

37.　　　　　　］總府除外，合下仰照驗施

38.　　　　　］各人乘騎鋪馬依例应付。
　　――――――――（騎縫章）――――――――

39.　　　　　　］②
　　　　　　　（中缺）

40.　　　　　］□點站赤

41.　　　　　　　提控案牘聶　　元宗（簽押）

42. □官

43.　　　　　　　知　事

44.　　　　　　　經　歷

45.　　　　　　（簽押）　　（簽押）

46. 初九日③

47.　　　　　　　　　　（簽押）④

3. 元至正二十四年（1364）亦集乃路整點站赤文卷（之一）

題解：

本件《中國藏黑水城漢文文獻》中原始編號為 F116：W558，出版編號為 M1·0933，收於第五冊《至正二十四年整點站赤文書》第 1158—1162 頁，擬題為《至正二十四年整點站赤文卷》，並記其尺寸為 88cm×28.2cm。本件文書共三件殘片，還收錄於《黑城出土文書（漢文文書卷）》第 178 頁《站赤類·至正二十四年整點站赤文卷》，該書將其拼合為一釋錄，所記文書編號與《中國藏黑水城漢文文獻》原始編號同，並列出文書諸要素為：竹紙，殘，行草

---

① "同"，《黑城出土文書》錄文作"將"，現據圖版改。
② 據元代文書格式可知，此書所缺文字應為"右各行"。
③ "初九日"上鈐朱印一枚。
④ 文書第 1—5 行為殘片一內容，第 6—37 行為殘片二內容，第 38—45 行為殘片三內容。另，文書第 17—45 行《黑城出土文書》編號為 F116：W396。

書，尺寸為 26.7cm×91.1cm。文書為元至正二十四年（1364）整點站赤文卷之一，其中殘片一現存文字 1 行；殘片二為兩紙粘接，第一紙現存文字 20 行，第二紙現存文字 5 行，兩紙粘接處鈐騎縫章一枚；殘片三現存文字 2 行。從內容來看，其應為亦集乃路總管府文書，且《黑城出土文書（漢文文書卷）》一書拼合無誤，今從。

錄文標點：

1. 皇帝聖旨裏，亦集乃路□□①府案呈云云②：
2. ＿＿＿＿＿＿＿　　　　　當府合行移
3. 　　＿＿＿＿＿③
4. 　　□煩為將引司吏一名馳驛前
5. 　　＿＿＿＿④督責提領百戶人等即 將
6. 　　＿＿＿⑤見在官給駝馬并館
7. 　　＿＿＿⑥陈⑦什物等件，須要整
8. 　　□□⑧俻⑨，听蒙走遞，具寫⑩□馬
9. 　　□□⑪色齒歲⑫膘分同花⑬戶姓名
10. 　保結開坐，回示施行。
11. 　＿＿＿＿＿　　　　總府除外，差本役
12. 　糸隨本路同知阿速海奉訓一同⑭馳驛
13. 　前去各站，督責提領百戶人等即將

---

① 據元代文書格式可知，此處所缺文字應為"總管"。
② "案呈云云"，《黑城出土文書》錄文作"呈奉"，現據圖版改。另，第二個"云"字為省文符號，現徑改。
③ 據文書行距推斷，此處應缺一行文字，《黑城出土文書》錄文未標注，現據圖版補。
④ 據其他相關文書可知，此處所缺文字應為"去各站"。
⑤ 據其他相關文書可知，此處所缺文字應為"各站"。
⑥ 據其他相關文書可知，此處所缺文字應為"舍鋪"。
⑦ "陈"，《黑城出土文書》錄文作"除"，現據圖版改。
⑧ 據其他相關文書可知，此處所缺文字應為"點完"。
⑨ "俻"，《黑城出土文書》錄文作"便"，現據圖版改。
⑩ "寫"，《黑城出土文書》錄文未釋讀，現據圖版補。
⑪ 據其他相關文書可知，此處所缺文字應為"疋毛"。
⑫ "歲"，《黑城出土文書》錄文漏錄，現據圖版補。
⑬ "花"，《黑城出土文書》錄文作"百"，現據圖版改。
⑭ "一同"兩字為右行補入，現徑改。

14.　　　　各站实有官給駝馬并館舍鋪陈
15.　　　　□①物等件，湏要整點完俻，听蒙走遞，具
16.　　　　□□疋毛色齒歲同花戶姓名保結開坐
17.　　　　□□，仰照驗依上②施行
18.　　□站　　總府除外，合下仰照驗
19.　　　　即將各人乘騎鋪馬，依例
20.　　　　应付施行。

————————（騎縫章）————————

21.　　□③
22.　　　　────年六月　吏郭　斌（簽押）
23.　　　　　□控案牘　聶　　元宗（簽押）
24.　　　　　　□　事
25.　　　　　　經　　歷
26.　　　　（簽押）（簽押）
27.　　初二日④
28.　　　　　　（簽押）（簽押）⑤

4. 元至正二十四年（1364）亦集乃路整點站赤文卷（之一）
題解：
本件《中國藏黑水城漢文文獻》中原始編號為 F116：W579，出版編號為 M1・0934，收於第五冊《至正二十四年整點站赤文書》第 1163—1167 頁，擬題為《至正二十四年整點站赤文卷》，並記其尺寸為 156.2cm×22.9cm。本件文書

---

① 據文書前後文可知，此處所缺文字應為"什"。
② "依上"，《黑城出土文書》錄文漏錄，現據圖版補。
③ 據元代文書格式可知，此處應缺 1 行文字，所缺文字應為"右各行"。《黑城出土文書》錄文未標注，現補。
④ "初二日"上鈐朱印一枚。
⑤ 文書第 1 行"皇帝聖旨裏，亦集乃"為殘片一內容，第 1 行"府案呈云云"及第 2—25 行為殘片二內容，第 26—27 行為殘片三內容。

共三件殘片，其中殘片一、二還收錄於《黑城出土文書（漢文文書卷）》第178—179頁《站赤類·至正二十四年整點站赤文卷》，其將殘片一及殘片二第一、二紙作為一件文書釋錄，編號為F116:W397，殘片二第四紙作為一件文書釋錄，編號為F116:W579，並列出文書諸要素為：竹紙，殘，行草書，其中F116:W397尺寸分別為19.3cm×16cm、17.2cm×98.6cm，F116:W579尺寸為17.6cm×32.3cm。文書為元至正二十四年（1364）整點站赤文卷之一，殘片一為二紙粘接，第一紙無文字殘留，第二紙現存文字7行；殘片二為四紙粘接，第一紙現存文字13行，第二紙現存文字11行，兩紙粘接處鈐騎縫章一枚，第三紙無文字殘留，第四紙現存文字20行，其中墨色不一，應經二次書寫，兩次書寫內容各為一件文書（兩件文書交叉隔行書寫，不知為何）；殘片三現存文字1行。其中，殘片一及殘片二第一、二紙為一件文書，從內容來看，為兵工房呈總管府文；殘片二第四紙及殘片三可拆分為兩件文書，也均為兵工房呈文。參考文獻：霍紅霞《元代亦集乃路水利管理初探》，《農業考古》2012年第4期。

錄文標點：

（一）

（前缺）
——————————————

1. 兵工房
2. 呈：照得本路槊管蒙古八站▢▢▢▢
3. 沙漠石川，酷寒重地，正當①衝要驛②。
4. 本▢③
5. 処并
6. ▢▢通報軍情往来使官④頻遞⑤，切恐⑥

———

① "當"字書寫原誤，塗抹後於下改寫，現徑改。
② 《黑城出土文書》錄文於"驛"字後衍錄一缺文符號，現據圖版改。
③ 此字《黑城出土文書》錄文作"府"，據圖版不似，現存疑。
④ "使官"，《黑城出土文書》錄文漏錄，現據圖版補。
⑤ "遞"，《黑城出土文書》錄文未釋讀，現據圖版補。
⑥ "切恐"，《黑城出土文書》錄文作"炤役"，現據圖版改。

7. _____①
           （後缺）
（二）
           （前缺）
1. _____☐☐_____
2. ____本路同知李羅②帖木兒__
3. ____☐③，別行委④官提調前__
4. ____誠恐站赤倒斷，深為__
5. __☐
6. ____照得上項事理，仰移関本路濟__
7. _____調⑤煩為將引司吏一名__
8. _____池等八站督責提領__
9. _____实⑥有官給馳馬☐
10. _____如蒙差遞，毋致瘦弱及將__
11. ___什物一事一件⑦湏要如法⑧完俻，不☐
12. ___事。承此，合行具呈者。
13.   右謹具
——————（騎縫章）——————

14.   ☐⑨
15.   _____七月　吏常文義（簽押）

---

① 此行文字《黑城出土文書》錄文未標注，現據圖版補。
② "羅"，《黑城出土文書》錄文作"☐勝"，現據圖版改。
③ 此字漫漶，《黑城出土文書》錄文作"分"，現存疑。
④ "行委"，《黑城出土文書》錄文作"引☐"，現據圖版改。
⑤ "調"，《黑城出土文書》錄文作"再"，現據圖版改。
⑥ "实"，《黑城出土文書》錄文作"見"，現據圖版改。
⑦ "一件"，《黑城出土文書》錄文作"照得"，現據圖版改。
⑧ "如法"，《黑城出土文書》錄文作"収清"，現據圖版改。
⑨ 據元代文書格式可知，此處所缺文字應為"呈"，《黑城出土文書》錄文未標注，現據圖版補。

16. ⬜赤関管①
17. 　　　　提控案牘聶　　元宗（簽押）
18. ⬜□②
19. 　　　　知事（蒙古文官吏名）（簽押）
20. 　　　　經　　歷
21. 　　　　　　　（簽押）
22. 　　**廿九日**③
23. 　　　　（簽押）（簽押）
24. 　　　　　　　（簽押）④

_____

25. □□房
26. ⬜
27. ⬜照得同知孛羅帖木兒奉啟⑤関為提□
28. ⬜集乃路槳管蒙古八站，俱係沙漠石川
29. ⬜事⑥。准此，
30. ⬜酷寒重地，西接甘肅北節嶺省，即目草
31. ⬜青不接，切⑦恐各站提領百户人等不⬜
32. ⬜□□官給馬疋瘦弱，館舍疎漏⬜
33. ⬜親詣前去各站整點，見今當⬜
34. ⬜委官前去各站整點阻碍⬜
35. ⬜水利等事，不能摘那⑧，若不⬜

_____

① "関管"，《黑城出土文書》錄文未釋讀，現據圖版補。
② 此行文字《黑城出土文書》錄文未標注，現據圖版補。
③ "廿九日"上鈐朱印一枚。
④ 文書殘片一及殘片二第1—24行《黑城出土文書》編號為 F116: W397。
⑤ "啟"，《黑城出土文書》錄文作"政"，現據圖版改。
⑥ "事"，《黑城出土文書》錄文作"各"，現據圖版改。
⑦ "接，切"，《黑城出土文書》錄文作"切接"，現據圖版改。
⑧ "摘那"，《黑城出土文書》錄文作"擱□"，現據圖版改。

36. ▭事①繫非輕，為此覆蒙②

37. ▭③

38. ▭將上項事理，仰移関本▭

39. ▭當同等自揭有④馬疋弱瘦▭

40.　　　將引司吏一名馳驛前去

41. ▭合行移関，請照驗施行。准此，▭

42. ▭領百户人等，即將各站实有

43. ▭館舍鋪物等件整點完俗

44. ▭點訖馬疋毛色齒歲⑤▭

　　（後缺）⑥

（附：文書第25—44行可拆分為兩件文書如下：）

（a）

25. ▭▭房

26. ▭

28. ▭集乃路槃管蒙古八站，俱係沙漠石川⑦

30. ▭酷寒重地，西接甘肅北節嶺省，即目草

31. ▭青不接，切⑧恐各站提領百户人等不▭

32. ▭▭▭官給馬疋瘦弱，館舍疎漏▭

34. ▭委官前去各站整點阻碍▭

36. ▭事⑨繫非輕，為此覆蒙⑩

---

① "事"，《黑城出土文書》錄文未釋讀，現據圖版補。
② "蒙"，《黑城出土文書》錄文作"奉"，現據圖版改。
③ 據文書行距可知，此處應缺一行文字，《黑城出土文書》錄文未標注，現據圖版補。
④ "有"，《黑城出土文書》錄文漏錄，現據圖版補。
⑤ "歲"，《黑城出土文書》錄文未釋讀，現據圖版補。
⑥ 文書殘片二第25—44行《黑城出土文書》編號為F116:W579。
⑦ 文書第28、29行書寫順序原倒，旁加倒乙符號，《黑城出土文書》錄文照原順序釋錄，現據圖版改。
⑧ "接，切"，《黑城出土文書》錄文作"切接"，現據圖版改。
⑨ "事"，《黑城出土文書》錄文未釋讀，現據圖版補。
⑩ "蒙"，《黑城出土文書》錄文作"奉"，現據圖版改。

38. ⬜⬜將上項事理，仰移關本⬜⬜⬜

40. ⬜⬜⬜將引司吏一名馳驛前去

42. ⬜⬜領百戶人等，即將各站实有

43. ⬜⬜館舍鋪物等件整點完俻

44. ⬜⬜點訖馬疋毛色齒歲①⬜

　　　（後缺）②

（b）

　　　（前缺）

27. ⬜⬜照得同知字羅帖木兒奉啟③關為提⬜

29. ⬜⬜事④。准此，

33. ⬜⬜親詣前去各站整點，見今當⬜⬜⬜

35. ⬜⬜水利等事，不能摘那⑤，若不⬜⬜

39. ⬜⬜⬜當同等自揭有⑥馬疋弱瘦⬜⬜

41. ⬜⬜⬜合行移關，請照驗施行。准此，⬜

　　　（後缺）

（三）

　　　（前缺）

1. 以憑照用者。承此，合行具呈者

　　　（後缺）⑦

5. 元至正二十四年（1364）亦集乃路整點站赤文卷（之一）

題解：

本件《中國藏黑水城漢文文獻》中原始編號為84H・F116: W580/1254，出

---

① "歲"，《黑城出土文書》錄文未釋讀，現據圖版補。
② 文書殘片二第25—44行《黑城出土文書》編號為F116: W579。
③ "啟"，《黑城出土文書》錄文作"政"，現據圖版改。
④ "事"，《黑城出土文書》錄文作"各"，現據圖版改。
⑤ "摘那"，《黑城出土文書》錄文作"攔⬜"，現據圖版改。
⑥ "有"，《黑城出土文書》錄文漏錄，現據圖版補。
⑦ 此殘片《黑城出土文書》未收錄。

版編號為M1·0935,收於第五冊《至正二十四年整點站赤文書》第1168—1172頁,擬題為《至正二十四年整點站赤文卷》,並記其尺寸為101.3cm×21.8cm。本件還收錄於《黑城出土文書(漢文文書卷)》第180頁《站赤類·至正二十四年整點站赤文卷》,其將殘片一第一、二紙作為一件文書釋錄,編號為F116:W571,殘片一第三紙及殘片二作為一件文書釋錄,編號為F116:W580,並列出F116:W571號文書諸要素為:竹紙,殘,行草書,尺寸為18.3cm×74.2cm;F116:W580號文書諸要素為:宣紙,殘屑,行書,斷為兩段,尺寸分別為13.2cm×15.1cm、20.7cm×5.8cm。文書為元至正二十四年(1364)整點站赤文卷之一,共兩件殘片,殘片一為三紙粘接,第一紙現存文字20行,第二紙現存文字9行,第三紙現存文字6行,第一、二紙粘接處鈐騎縫章一枚;殘片二現存文字2行。其中,殘片一第一、二紙從內容來看,為亦集乃路總管府文;殘片一第三紙及殘片二從內容來看,應為某司呈文。

錄文標點:

(一)

(前缺)

1. 一関本①路總管吉祥奴添請②☐
2. 當府合行移関本③路
3. 照驗,煩為提調將引司吏④☐
4. 驛前去盐池至山口等⑤☐
5. 責各站提領百户人等☐☐
6. 站实有官給馳馬團⑥☐
7. 養肥壯,听蒙走遞,毋致☐
8. 及將館舍鋪陈什物一☐
9. 要如法完整施行。

---

① "本",《黑城出土文書》錄文作"在",現據圖版改。
② "請",《黑城出土文書》未釋讀,現據圖版補。
③ "本",《黑城出土文書》錄文作"在",現據圖版改。
④ "司吏",《黑城出土文書》錄文作"同差",現據圖版改。
⑤ "等",《黑城出土文書》錄文作"并",現據圖版改。
⑥ "團",《黑城出土文書》錄文作"陳",現據圖版改。

10. ☐役①地正馬叁疋，兀剌赤壹☐
11. 　一差司吏　　總府今差本☐
12. 　　馬壹疋馳驛糸隨本②路☐
13. 　　吉祥奴中順前去各站督☐
14. 　　領百户人等即將本③站实有☐
15. 　　鋪陈馳馬團④槽餵養肥☐
16. 　　☐，听蒙走遞，毋致瘦弱。及☐
17. 　　館舍鋪陈什物一事一件明☐
18. 　　完整外⑤，合下仰照驗
19. 　　施行。
20. ☐各 行⑥

———————（騎縫章）———————

21. ☐　四年七月　吏　常文義（簽押）
22. ☐　差官
23. ☐　　　　提 控案牘聶　元宗（簽押）
24. 　　　　　知　　事（蒙古文官吏名）（簽押）
25. 　　　　　經　　歷
26. 　　　　　　　　（簽押）
27. 　　　　廿九日⑦
28. 　　　　　　（簽押）
29. 　　　　　　　　（簽押）⑧

―――――――――――――――――――

① "役"，《黑城出土文書》錄文作"責"，現據圖版改。
② "本"，《黑城出土文書》錄文作"在"，現據圖版改。
③ "本"，《黑城出土文書》錄文作"在"，現據圖版改。
④ "團"，《黑城出土文書》錄文作"圍"，現據圖版改。
⑤ "外"，《黑城出土文書》錄文作"例"，現據圖版改。
⑥ "☐各 行"，《黑城出土文書》錄文漏錄，現據圖版補。
⑦ "廿九日"上鈐朱印一枚。
⑧ 文書殘片一第1—28行《黑城出土文書》編號為F116: W571。

30.　　　　　□呈：近蒙省府差哈□
31.　　　　　所轄失剌忽魯□
32.　　　　　所站赤呈乞照驗□
33.　　　　　伯親詣前去□
34.　　　　　湏要完整，听蒙□
35.　　　　　　蒙①□
　　　　（後缺）
（二）
　　　　（前缺）
1.　　　　□　　□②（蒙古文官吏名）（簽押）③
2.　　　　經　　歷
　　　　（後缺）④

6. 元至正二十四年（1364）亦集乃路整點站赤文卷（之一）

題解：

本件《中國藏黑水城漢文文獻》中原始編號為 F116: W557，出版編號為 M1·0936，收於第五冊《至正二十四年整點站赤文書》第 1173—1177 頁，擬題為《至正二十四年整點站赤文卷》，並記其尺寸為 112.3cm×20.4cm。本件還收錄於《黑城出土文書（漢文文書卷）》第 180 頁《站赤類·至正二十四年整點站赤文卷》，其將殘片一及殘片二第一、二紙作為一件文書釋錄，編號為 F116: W567，將殘片二第三紙及殘片三作為一件文書釋錄，編號為 F116: W577，與《中國藏黑水城漢文文獻》原始編號異，並列出 F116: W567 號文書諸要素為：竹紙，殘，行草書，末尾年款為宋體大字，尺寸為 16.7cm×21.8cm、17.0cm×21.0cm；F116: W577 號文書諸要素為：竹紙，殘，行草書，尺寸為 18.2m×28.8cm、

---

①　"　　　　蒙"，《黑城出土文書》錄文作"議得"，現據圖版改。
②　據元代文書格式可知，此處所缺文字應為"知事"。
③　此行文字《黑城出土文書》錄文未標注，現據圖版補。
④　文書殘片一第 29—34 行及殘片二《黑城出土文書》編號為 F116: W580。

17.2m×39.1cm。文書為元至正二十四年（1364）整點站赤文卷之一，共三件殘片，殘片一現存文字9行；殘片二為三紙粘接，第一紙無文字殘留，第二紙現存文字2行，第三紙現存文字13行；殘片三現存文字7行。其中，殘片一及殘片二第一、二紙為一件文書，從內容來看，並結合其他相關文書可知，其應為同知帖麥赤關文；殘片二第三紙及殘片三據元代文書格式推斷，《黑城出土文書（漢文文書卷）》一書綴合有誤，殘片二第三紙為亦集乃路總管府文書，其中出現"一關""一差"，據其他同類文書可知，其文書末尾應為"右各行"，而殘片三第2行有"具呈者"，可知其應為某司呈文。兩者應非同件文書，故本號文書應包含三件文書，一為同知帖麦赤関文，一為亦集乃路總管府文，一為某司呈文。

錄文標點：

（一）

　　　　　　（前缺）

1. ☐☐☐☐承奉

2. 甘肅行省鈞批為整點站赤公事。☐

3. 此，當玊依奉整點外，所據☐☐☐

4. 司吏未曾関嗦當玊，合行①移☐☐

5. ☐☐☐煩為摘撥司吏一名隨☐☐

6. 各站整點，未②致失悞，湏至☐

7. 　　右　　　　関

8. 　　　初二日

9. ☐③☐☐☐

　　　　　　（後缺）

（二）

　　　　　　（前缺）

---

① "合行"，《黑城出土文書》錄文作"得此"，現據圖版改。
② "未"，《黑城出土文書》錄文作"不"，現據圖版改。
③ 此字《黑城出土文書》錄文作"知"，現存疑。

1. _____ 站赤

2. ☐年　月　日①
_____

3. ☐☐②聖旨裏，亦集乃路總管府_____

4. 　　☐管吉祥奴中順関云云③：_____

5. 　　　　　一関揔管吉祥奴中順

6. 　　　　　来文為整_____

7. 　　　　　照驗☐④_____

8. 　　　　　施行。准此_____

9. 　　　　　在城站_____

10. 　　　　兀剌赤壹名☐☐_____

11. 　　　　照驗，煩為將引司吏_____

12. 　　　　前去各站整點☐_____

13. 　　　　一差司吏常文義　　揔_____

14. 　　　　差本役騎乘馬壹_____

15. 　　　　_____☐☐☐☐_____⑤

　　（後缺）

（三）

　　（前缺）

1. 　　　　　　_____☐省劄付為站赤

2. 　　　　　　_____具呈者。

_____

① 此行文字為墨戳文字，據文意可知其前所缺文字應為"至正二十四"。文書殘片一及殘片二第1—2行《黑城出土文書》編號為F116：W567。

② 據元代文書格式可知，此處所缺文字應為"皇帝"。

③ 第二個"云"為省文符號，現徑改。

④ 此字殘損，《黑城出土文書》錄文作"施"，現存疑。

⑤ 此行文字《黑城出土文書》錄文未標注，現據圖版補。

3. ☐①

4. 呈

5. ☐年八月　吏常　文義（簽押）

6. 　　　　☐☐日②（簽押）
7. 　　　　　　（簽押）③

7. 元至正二十四年（1364）亦集乃路整點站赤文卷（之一）

題解：

本件《中國藏黑水城漢文文獻》中原始編號為84H·F116: W615/1789 + 84H·F116: W150/1322 + 84H·F116: W155/1327 + 84H·F116: W168/1340 + 84H·F116: W154/1326，出版編號為M1·0937，收於第五冊《至正二十四年整點站赤文書》第1178—1182頁，擬題為《至正二十四年整點站赤文卷》，並記其尺寸為162.8cm×21.8cm。《中國藏黑水城漢文文獻》一書於第1178頁文書整體圖版下所列文書編號包括四件文書，但在其後第1179—1182頁分列圖版下所列文書編號僅有84H·F116: W168/1340、84H·F116: W154/1326、84H·F116: W155/1327、84H·F116: W615/1789四件，未見84H·F116: W150/1322號文書。本件還收錄於《黑城出土文書（漢文文書卷）》第179頁《站赤類·至正二十四年整點站赤文卷》，其將84H·F116: W168/1340、84H·F116: W154/1326、84H·F116: W155/1327三件文書綴合釋錄，編號為F116: W150；將84H·F116: W615/1789編號為F116: W615。另，84H·F116: W168/1340、84H·F116: W154/1326、84H·F116: W155/1327三件文書共八件殘片，其中三件殘片無文字殘留，《黑城出土文書（漢文文書卷）》將其拼合為三片，並列出文書諸要素為：竹紙，殘，草行書，尺寸分別為16.4cm×25.3cm、9.9cm×14.6cm、16.7cm×62.2cm。84H·F116: W615/1789號文書共四件殘片，《黑城出土文書（漢文文書卷）》將其拼合為兩

---

① 此行文字《黑城出土文書》錄文未標注，現據圖版補。據元代文書格式可知，此處所缺文字應為"右謹具"。
② "☐☐日"上鈐朱印一枚。"☐☐日"，《黑城出土文書》錄文作"☐一日"，但圖版漫漶，現存疑。
③ 文書殘片二第3—15行及殘片三《黑城出土文書》編號為F116: W577。

片，並列出文書諸要素為：紙，殘，行書，文書尺寸分別為 13.4cm×17.1cm、17.5cm×32.2cm。從內容來看，《黑城出土文書（漢文文書卷）》一書拼合無誤，今從。文書為元至正二十四年（1364）整點站赤文卷之一，其中 84H·F116：W168/1340＋84H·F116：W154/1326＋84H·F116：W155/1327 號文書應為亦集乃路總管府下楊彬文；84H·F116：W615/1789 號文書包含兩件文書，其中殘片一第一紙為察罕普化呈文殘尾；殘片一第二紙及殘片二、三、四為一件文書，從內容來看，其似為亦集乃路總管府呈文。

錄文標點：

A. 84H·F116：W168/1340＋84H·F116：W154/1326

（一）

1. □□□①旨裏，亦集乃路總管府准②

2. □③路同知帖麥赤関該：承奉

3. 甘肅行省鈞批為整點站赤公事。

4. □此，當咱依奉整點外④，所據□⑤

5. □司吏未曾関嗦當咱，合行

6. □関請照驗，煩為摘撐司吏一

7. □同前去各站整點，不致失悞。

8. _____□今⑥將司吏楊彬摘撐

9. _____各站整點外⑦，

（後缺）

（二）

（前缺）

1. _____行

---

① 據元代文書格式可知，此處所缺文字應為"皇帝聖"，其中《黑城出土文書》錄文推補了"聖"字。
② "准"，《黑城出土文書》錄文漏錄，現據圖版補。
③ 據文意可知，此處所缺文字應為"本"，《黑城出土文書》將其推補入上一行，現據圖版改。
④ "外"，《黑城出土文書》錄文作"於"，現據圖版改。
⑤ 此字漫漶，《黑城出土文書》錄文作"依"，現存疑。
⑥ "今"，《黑城出土文書》錄文作"合"，現據圖版改。
⑦ "外"，《黑城出土文書》錄文作"於"，現據圖版改。

2. ☐楊彬 ☐☐☐☐
      （後缺）①

（三）
（無文字殘留）

B. 84H·F116: W155/1327

      （前缺）

——————（騎縫章）——————

1.   至正廿四年八月　吏朱☐☐☐☐②
2. 整點站赤差
3.   提控案牘聶☐☐☐③
4. 司吏楊彬
5.   ☐☐
6.   經　歷
7.   初七日④
8.   （簽押）⑤

C. 84H·F116: W615/1789

（一）
      （前缺）
1.   察罕普化　呈
2.   （簽押）⑥

——————————

3. ☐☐☐☐集乃路揔管府來呈

——————————

① 此兩件文書《黑城出土文書》所記編號分別為：F116: W150（1）、F116: W150（2）。
② 據相關文書可知，此處所缺文字應為"孝如（簽押）"。
③ 據相關文書可知，此處所缺文字應為"元宗（簽押）"。
④ "初七日"上鈐朱印一枚。
⑤ 本號文書《黑城出土文書》編號為F116: W150（3），共五件殘片拼合，其中殘片一、五無文字殘留，文書第1—4行為殘片二內容，第5—6行為殘片三內容，第7—8行為殘片四內容。
⑥ 此兩行文字《黑城出土文書》錄文未釋讀，現據圖版補。

4. ☐☐☐☐站赤公事。得①此，摠府除

5. ☐☐☐☐經歷邢②察罕普化從仕起

6. ☐☐☐☐☐馳驛前去整點蒙古

7. ☐☐☐☐☐馬疋并鋪陈什物

8. ☐☐☐☐☐如法③完整，听④

　　　　　（後缺）

（二）

　　　　　（前缺）

1. ☐☐☐□為整點站赤公 事 ☐

2. ☐☐☐呈⑤者。

　　　　　（中缺）

3. 　　　至正廿四年八月　　吏　朱孝如（簽押）
　　　　　　　　　　　　　　　　張　舒（簽押）

4. 　　　　　壹日⑥（簽押）

5. 　　　　　　　（簽押）⑦

8. 元至正二十四年（1364）亦集乃路整點站赤文卷（之一）

題解：

本件《中國藏黑水城漢文文獻》中原始編號為84H·F116：W576/1750，出版編號為M1·0938，收於第五冊《至正二十四年整點站赤文書》第1183—1186頁，擬題為《至正二十四年整點站赤文卷》，並記其尺寸為77cm×20.2cm。本件文書共兩件殘片，還收錄於《黑城出土文書（漢文文書卷）》第181頁《站赤

---

① "得"，《黑城出土文書》錄文作"將"，現據圖版改。
② "邢"，《黑城出土文書》錄文未釋讀，現據圖版補。
③ "如法"，《黑城出土文書》錄文作"以清"，現據圖版改。
④ 此件文書《黑城出土文書》所記編號為：F116：W615（1）。
⑤ "呈"，《黑城出土文書》錄文作"定"，現據圖版改。
⑥ "壹日"上鈐朱印一枚。
⑦ 此件文書《黑城出土文書》編號為F116：W615（2），共三件殘片拼合，文書第1—2行為殘片一內容，第3—4行為殘片二內容，第5行為殘片三內容。《中國藏黑水城漢文文獻》將殘片三拼合入殘片一、二之間，誤，現改。

類·至正二十四年整點站赤文卷》，其所記文書編號為 F116：W578，與《中國藏黑水城漢文文獻》原始編號異，並列出文書諸要素為：竹紙，殘，行書，經塗改，尺寸分別為 18cm×29.2cm、18.8cm×45.1cm。文書為元至正二十四年（1364）整點站赤文卷之一，其中殘片一為二紙粘接，第一紙無文字殘留，第二紙現存文字 13 行；殘片二為二紙粘接，第一紙現存文字 7 行，第二紙現存文字 6 行。從內容來看，其應為兵工房呈文。王亞莉通過本件文書與 M1·0940〔84H·F116：W570/1744〕號文書內容的釋讀，對官員對落卜剋站的整點措施、落卜剋站位置、正馬、官給駝馬、輪流走遞等問題進行了考證。參考文獻：1. 王亞莉《黑城文書所見元代兩份整點站赤文書考釋》，《內蒙古師範大學學報》（哲學社會科學版）2008 年第 1 期；2. 吳超《蒙元時期亦集乃路畜牧業初探》，《農業考古》2012 年第 1 期。

錄文標點：

（一）

（前缺）

_____

1. 兵工房
2. 呈①：承奉
3. □②肅等處行中書省劄付該：據宣使哈
4. _____□，近蒙省府差哈兒不花□□
5. _____都計稟軍情，迴还□_____
6. _____忽花孫站並□_____
7. _____若不具呈，切恐_____
8. ____照驗。得此，省府合下仰照
9. _____俺伯親詣前去本③站_____
10. _____調鋪馬祗应什 物 _____

_____

① "呈"，《黑城出土文書》錄文未釋讀，現據圖版補。
② 據文意推補，此處所缺文字應為"甘"。
③ "本"，《黑城出土文書》錄文作"在"，現據圖版改。

11.　　　　　　　走遞，毋致倒斷站

12.　　　□依准申省。奉此，依上故

13.　　　　　　　□提調①

　　　　（後缺）

（二）

　　　　　　（前缺）

1.　　惚府官議得上項事理，仰具申

2.　　省府②照驗，及故牒判官俺伯忠翊將引司吏一名 馳 驛 ③前去④

3.　　落卜尅⑤站督勒提領百戶人等自上而下⑥

4.　　在站实有官給駝馬，如法⑦團⑧槽喂飼⑨

5.　　流，听蒙⑩走遞，毋致瘦弱倒死⑪，并鋪陳什物，須要一事一件完
　　　　□　　⑫

6.　　承此，合行具呈者。

7.　右謹具

_____

8.　□⑬

9.　　　　　　至正廿四年八月　　吏常　文義（簽押）

――――――――――

① "調"字後原衍一"者"字，後塗抹，現徑改。
② "省府"，《黑城出土文書》錄文作"不時"，現據圖版改。
③ " 馳 驛 "，《黑城出土文書》錄文漏錄，現據圖版補。
④ "將引司吏一名 馳 驛 "等字為右行補入，"前去"兩字為左行補入，且《黑城出土文書》錄文將"一名前"錄入下一行，現據圖版改。
⑤ "落卜尅"原作"□失□忽花孫"，後塗抹並於右行改寫，現徑改。
⑥ "自上而下"等字為左行補入，且《黑城出土文書》錄文將"下"字錄入下一行，現據圖版改。
⑦ "如法"，《黑城出土文書》錄文作"各該"，現據圖版改。
⑧ "團"，《黑城出土文書》錄文作"圃"，現據圖版改。
⑨ "飼"，《黑城出土文書》錄文未釋讀，現據圖版補。
⑩ "听蒙"二字為左行補入，現徑改。
⑪ "毋致瘦弱倒死"等字為右行補入，現徑改。
⑫ 《黑城出土文書》錄文將"一事一件完　　"錄入下一行，現據圖版改。
⑬ 據元代文書格式可知，此處所缺文字應為"呈"。另，此處缺文《黑城出土文書》錄文未標注，現補。

10.　站赤　　　　提控▢▢▢▢▢▢▢▢▢▢▢①

11.　　　　　　　知　事▢▢▢▢▢▢▢▢▢▢②

12.　　　　　　　經　　歷

13.　　　　　　▢▢日③　　（簽押）

9. 元至正二十四年（1364）亦集乃路整點站赤文卷（之一）

題解：

本件《中國藏黑水城漢文文獻》中原始編號為84H・F116: W406/1578，出版編號為M1・0939，收於第五冊《至正二十四年整點站赤文書》第1187—1191頁，擬題為《至正二十四年整點站赤文卷》，並記其尺寸為97.9cm×18.5cm。本件文書共三件殘片，其中殘片二、三還收錄於《黑城出土文書（漢文文書卷）》第181頁《站赤類・至正二十四年整點站赤文卷》，其所記文書編號F116: W406，並列出文書諸要素為：竹紙，殘，草行書，尺寸分別為：15.4cm×45.1cm、17.2cm×32cm。文書為元至正二十四年（1364）整點站赤文卷之一，其中殘片一無文字殘留，殘片二現存文字15行，殘片三為二紙粘接，第一紙無文字，第二紙現存文字7行，第一、二紙粘接處鈐騎縫章一枚。從內容來看，其應為亦集乃路總管府關文。

錄文標點：：

（一）

（無文字殘留）

（二）

1.　▢▢▢▢▢▢▢▢亦集乃路▢▢▢▢

2.　　　▢▢▢▢▢④

3.　　▢▢▢▢當叚提調▢▢▢▢▢

---

① 據其他相關文書可知，此處所缺文字應為"案牘蟲　元宗（簽押）"。
② 據其他相關文書可知，此處所缺文字應為"（蒙古文官吏名）（簽押）"。
③ "▢▢日"上鈐朱印一枚。
④ 據文書行距推斷，此處應缺一行文字，《黑城出土文書》錄文未標注，現據圖版補。

4. ☐此，依准提調官照得，即
5. ☐查苦①乾，官給馬疋瘦弱
6. ☐不完，若不親詣前去
7. ☐整點完俻，听蒙☐
8. ☐花赤，當取除已將☐
9. ☐前去各站整點外，所據
10. ☐乘騎鋪馬，未曾応付
11. ☐
12. ☐☐関請
13. ☐
14. ☐例応付施行。
15.   関
   （後缺）

（二）
   （前缺）
———————（騎縫章）———————
1.　　至正廿四年九月　吏朱☐②
2. 整點站赤
3.　　　　　提控案牘☐
4. 応付鋪馬
5.　　　　知　事
6.　　　　經　☐③
7.　　十二日④

---

① "苦"，《黑城出土文書》錄文作"若"，現據圖版改。
② 據其他相關文書可知，此處所缺文字應為"孝如（簽押）"。
③ 據其他相關文書可知，此處所缺文字應為"歷"。
④ "十二日"上鈐朱印一枚。

10. 元至正二十四年（1364）亦集乃路整點站赤文卷（之一）

題解：

本件《中國藏黑水城漢文文獻》中原始編號為84H·F116：W570/1744，出版編號為M1·0940，收於第五冊《至正二十四年整點站赤文書》第1192—1196頁，擬題為《至正二十四年整點站赤文卷》，並記其尺寸為 141.9cm × 21.6cm。本件文書共兩件殘片，還收錄於《黑城出土文書（漢文文書卷）》第181頁《站赤類·至正二十四年整點站赤文卷》，其所記文書編號為 F116：W570，並列出文書諸要素為：竹紙，殘，行草書，尺寸分別為 18.5cm × 97.3cm、19.0cm × 39.0cm。文書為元至正二十四年（1364）整點站赤文卷之一，其中殘片一為三紙粘接，第一紙無文字殘留，第二紙現存文字20行，第三紙現存文字7行；殘片二現存文字6行。從內容來看，其應為亦集乃路總管府對整點站赤一事之處理意見。王亞莉通過本件文書與M1·0938［84H·F116：W576/1750］號文書內容的釋讀，對官員對落卜剋站的整點措施、落卜剋站位置、正馬、官給駝馬、輪流走遞等問題進行了考證。參考文獻：王亞莉《黑城文書所見元代兩份整點站赤文書考釋》，《內蒙古師範大學學報》（哲學社會科學版）2008年第1期。

錄文標點：：

（一）

（前缺）

————————————————

1. ＿＿＿＿＿＿亦集乃路總管＿＿＿＿＿＿
2. 　□□　　　　府司除外①，□□□＿＿＿＿
3. 　　　　路判官俺伯親詣前去失剌＿＿＿＿
4. 　　　　忽花孫站依上②提調③者。今④□□＿＿

---

① "除外"兩字為右行補入，現徑改。且"府司除外"四字《黑城出土文書》錄文未釋讀，現據圖版改。

② "依上"兩字為右行補入，現徑改。且"依"，《黑城出土文書》錄文作"住"，現據圖版改。

③ "路判官俺伯親詣前去失剌　　忽花孫站依上提調"等字被墨筆圈畫。

④ "者。今"，《黑城出土文書》錄文未釋讀，現據圖版補。

5.　　　　　伏乞
6.　　　　　照驗施①行。
7.　　一牒②本路判官俺伯忠翊　　當府除外，
8.　　　　　合行故牒事③。
9.　　　　　照驗早为督責本站提領百户
10.　　　　人等，將在站实有官給馳馬
11.　　　　如法團④槽喂飼，听蒙輪流走
12.　　　　遞，毋致瘦弱倒死，并鋪陈什物
13.　　　　一事一件湏要完整。具點訖
14.　　　　各各⑤馬疋数目并鋪陈等件開⑥
15.　　　　坐牒奉⑦。
16.　　一差司吏　　揔府除外，今差本
17.　　　　役地正馬一疋馳⑧驛糹隨
18.　　　　本路已委判官俺伯忠翊前
19.　　　　去落卜剋站督勒提領百户
20.　　　　人等將各⑨站实有官給馳

────────────────────────────

21.　　　　馬湏要如法團⑩槽餵養，
22.　　　　听蒙輪流走遞，不致瘦
23.　　　　弱倒死，并鋪陈什物一事
24.　　　　一件整點完俻。具點訖

────────────────

① "施"，《黑城出土文書》錄文作"各"，現據圖版改。
② 《黑城出土文書》錄文於"牒"字前衍錄一"故"字，現據圖版改。
③ "事"，《黑城出土文書》錄文作"可"，現據圖版改。
④ "團"，《黑城出土文書》錄文作"圍"，現據圖版改。
⑤ 第二個"各"字為省文符號，現逕改。
⑥ "開"，《黑城出土文書》錄文未釋讀，現據圖版補。
⑦ "牒奉"，《黑城出土文書》錄文未釋讀，現據圖版補。
⑧ "馳"，《黑城出土文書》錄文未釋讀，現據圖版補。
⑨ "各"，《黑城出土文書》錄文作"在"，現據圖版改。
⑩ "團"，《黑城出土文書》錄文作"圍"，現據圖版改。

25.　　　　各各①馬疋駝隻数目并鋪
26.　　　　陈什物等件開坐呈来，
27.　　　　合②下仰照驗，依上施行。
　　　　　（後缺）

（二）
　　　　　（前缺）
1.　　☐至☐正廿四年八月　吏常　文義（簽押）
2.　☐站赤　　　　提控案牘聶　元☐宗（簽押）
3.　　　　　　　　知　　事（蒙古文官吏名）（簽押）
4.　　　　　　　　經　　歷
5.　　　　☐☐☐③
6.　　　　（簽押）

11. 元至正二十四年（1364）亦集乃路整點站赤文卷（之一）

題解：

本件《中國藏黑水城漢文文獻》中原始編號為F116：W189，出版編號為M1·0941，收於第五冊《至正二十四年整點站赤文書》第1197頁，擬題為《至正二十四年整點站赤文卷》，並記其尺寸為13.6cm×7.7cm。本件還收錄於《黑城出土文書（漢文文書卷）》第182頁《站赤類·至正二十四年整點站赤文卷》，其所記文書編號與《中國藏黑水城漢文文獻》原始編號同，並列出文書諸要素為：竹紙，屑，楷書，尺寸為7.5cm×12.9cm。文書為元至正二十四年（1364）整點站赤文卷之一，前後均缺，現存文字5行。從內容來看，其應為經歷邢察罕普化申文殘片。

錄文標點：

　　　　　（前缺）
1.　☐☐☐☐經歷邢察罕普化
2.　☐☐☐☐准此，卑职☐奉馳

---

① 第二個"各"字為省文符號，現徑改。
② "合"，《黑城出土文書》錄文未釋讀，現據圖版補。
③ 據元代文書格式可知，此行文字應為日期。《黑城出土文書》錄文未標注，現據圖版補。

3. ☐户人等從實整點
4. ☐疋鋪陳什物等件
5. ☐開坐，合行具申
   （後缺）

12. 元計點站赤文書殘片

題解：

本件《中國藏黑水城漢文文獻》中無原始編號，出版編號為M1·0942，收於第五冊《至正二十四年整點站赤文書》第1198頁，擬題為《整點站赤文書》，並記其尺寸為14.2cm×18.2cm。《黑城出土文書（漢文文書卷）》一書未收。文書前後均缺，現存文字5行。文書所存內容較少，無法確認是否為至正二十四年（1364）整點站赤文卷之一，現按文書所存內容擬題。

錄文標點：

（前缺）
1. ☐臨所轄肅沙等路站赤□☐
2. ☐①
3. ☐□及本站提領百戶人等☐
4. ☐失悞，鋪馬分例鋪陳當☐
5. ☐路宣使也先帖木兒馳☐
   （後缺）

13. 元站赤文書殘片

題解：

本件《中國藏黑水城漢文文獻》中原始編號為84H·F116∶W217/1389，出版編號為M1·0943，收於第五冊《至正二十四年整點站赤文書》第1199頁，擬題為《文書殘件》，並記其尺寸為2.5cm×5.9cm。《黑城出土文書（漢文文書卷）》一書未收。文書前後均缺，現存文字2行。文書所存內容較少，無法確認

---

① 據文書行距推斷，此處應缺一行文字。

是否為至正二十四年（1364）整點站赤文卷之一，現按文書所存內容擬題。

錄文標點：

（前缺）

1. ☐☐☐☐☐扎剌兒站☐☐☐☐
2. ☐☐☐☐□□☐☐☐☐☐

（後缺）

14. 元計點文書殘片

題解：

本件《中國藏黑水城漢文文獻》中原始編號為84H・F116：W251/1423，出版編號為M1・0944，收於第五冊《至正二十四年整點站赤文書》第1199頁，擬題為《計點站赤文書》，並記其尺寸為15.4cm×11.9cm。《黑城出土文書（漢文文書卷)》一書未收。文書前後均缺，現存文字5行。文書所存內容較少，無法確認是否為至正二十四年（1364）整點站赤文卷之一，現按文書所存內容擬題。

錄文標點：

（前缺）

1. ☐☐☐☐□移関請☐☐☐☐☐
2. ☐☐☐☐府事依上親降□☐☐
3. ☐☐☐☐從實計點元□開☐☐
4. ☐☐☐☐□有无短少明白☐☐
5. ☐☐☐☐日保結俻細開坐☐☐

（後缺）

第六冊

卷六　契約、卷宗與書信卷

（一）票據

1. 元至正十三年（1353）廣積倉給付太不花納稅糧票據

題解：

本件《中國藏黑水城漢文文獻》中原始編號為 F193：W13，出版編號為M1·0945，收於第六冊《票據》第1215頁，擬題為《票據》，並記其尺寸為38.8cm×27.8cm。本件還收錄於《黑城出土文書（漢文文書卷）》第184—185頁《票據類》，其所記文書編號與《中國藏黑水城漢文文獻》原始編號同，並列出文書諸要素為：竹紙，為兩件文書粘貼在一起，木版印刷，墨書填寫地名、人名、數量；第一件，整，尺寸為27.2cm×26.2cm，年款後有朱批（李逸友此處所言誤，應為墨批）一"官"字並畏兀兒體蒙古文一行；第二件，殘，蓋朱印三方，尺寸為17.3cm×16.0cm。該書第76頁還指出本件文書前一件是總管府名義發給農戶的稅糧通知書，後一件是廣積倉收到稅糧後的倉票。潘潔則指出此件稅票文書性質為刻本，與其他刻本文書共同說明當時刻本稅票規範，數量上占主流；文書所顯示的交糧時間與正史一致；稅票反映亦集乃路是一個多民族的雜居地；等等。文書為兩紙粘接，兩紙各為一完整文書，第一紙較大，現存文字13行，其中第6—8行及第11—13行為墨書填寫，其餘均為印刷文字；第二紙較小，現存文字7行，鈐朱印三枚，也為印刷和墨筆填寫文書混合。參考文獻：1. 潘潔《元代亦集乃路賦稅考——黑水城出土稅票考釋》，《中國經濟史研究》2011年第1期；2. 吳超《亦集乃路稅務管理初探》，《陰山學刊》2008年第5期。

錄文標點：

1. 皇帝聖旨裏，亦集乃路摠管府欽奉

2. 聖旨節該：蒙古漢兒并人匠不以是何諸色人等，富豪勢要之家，但種□①

3. 　　者依例徵②納稅糧，欽此。本路照依上年計撑③到 官④ 該稅石，湏要欽依□⑤

4. 　　宣限送納升⑥足，不致違限。如違，依例斷罪。今將本戶稅糧開列于後：

5. 　　　　　初限十月終　　中限十一月終⑦　　末限十二月終

6. 　　沙立渠怯薛丹一戶太不花，地⑧叁頃柒拾畝，糧壹拾壹石壹斗：

7. 　　　　　　　　　小麦柒石肆斗，

8. 　　　　　　　　　大麦叁石柒斗。

9. 　　　　　　　右⑨　本人准此。

10. 　　　至正十三年　　月　　日給

11. 　　（蒙古文官吏名）⑩　　　（簽押）

12. 　官　　　　　　　　　　　　　　　　（簽押）

13. （畏兀兒體蒙古文）

———————————————————————————

14. 廣積倉今收到太不花

15. 至正十三年糧壹拾壹石壹斗：

16. 　　小麦柒石肆斗：⑪

17. 　　大麦叁石柒斗。

18. 右給付本人，准此。

19. 至正十三年　月 攢 典 ⑫

———————

① 此處文字殘缺，《黑城出土文書》錄文推補為"田"。
② "徵"，《黑城出土文書》錄文作"繳"，現據圖版改。
③ "撑"，《黑城出土文書》錄文未釋讀，現據圖版補。
④ " 官 "，《黑城出土文書》錄文漏錄，現據圖版補。
⑤ 此處所缺文字《黑城出土文書》錄文未標注，現據圖版補。
⑥ "升"，《黑城出土文書》錄文作"開"，現據圖版改。
⑦ "中限十一月終"，《黑城出土文書》錄文漏錄，現據圖版補。
⑧ "地"，《黑城出土文書》錄文漏錄，現據圖版補。
⑨ "右"，《黑城出土文書》錄文漏錄，現據圖版補。
⑩ 此處蒙古文《黑城出土文書》錄文作"官"，現據圖版改。
⑪ 第14—16行上下鈐朱印兩枚。
⑫ " 攢 典 "，《黑城出土文書》錄文未釋讀，現據圖版補。另，錄文中的楷體字為手書填寫，其餘文字為木版印刷。

20.　　　廣積倉付□□□□□①
　　　　　（後缺）

2. 元廣積倉票據殘尾

題解：

本件《中國藏黑水城漢文文獻》中原始編號為 F146：W9，出版編號為M1·0946，收於第六冊《票據》第1216頁，擬題為《廣積倉收據》，並記其尺寸為16.7cm×14cm。本件還收錄於《黑城出土文書（漢文文書卷）》第184頁《票據類》，其所記文書編號與《中國藏黑水城漢文文獻》原始編號同，並列出文書諸要素為：竹紙，屑，木版印刷，墨書填寫月日期，尺寸為17.7cm×11.0cm。該書第76頁還指出本件文書是廣積倉填發的倉票。文書前缺後完，現存文字4行，其中日期及官吏姓名均為墨書填寫，其餘均為印刷文字。參考文獻：潘潔《元代亦集乃路賦稅考——黑水城出土稅票考釋》，《中國經濟史研究》2011年第1期。

錄文標點：

　　　　　（前缺）
1. □□十年十一月廿七日□□□□□
2. 　　廣積倉付使□□□□□
3. 　　廣積倉大使錢□□□□□
4. 　　廣積倉監支納丹□□□□□②

3. 元鈔劵殘片

題解：

本件《中國藏黑水城漢文文獻》中原始編號為 F192：W2，出版編號為M1·0947，收於第六冊《票據》第1216頁，擬題為《票據》，並記其尺寸為11.2cm×5.4cm。本件還收錄於《黑城出土文書（漢文文書卷）》第183頁《票據類》，其所記文書編號與《中國藏黑水城漢文文獻》原始編號同，並列出文書諸要素為：

---

① 第19—20行鈐朱印一枚。
② 第1—2行、第4行各鈐朱印一枚。另，錄文中的楷體字為手書填寫，其餘文字為木版印刷。

竹紙，屑，木版印刷，雙欄線，尺寸為5.1cm×11.2cm。該書第74頁還指出本件文書僅存右上角，殘存文字5行，為："都提舉""鈔中間""不堪短""無詞合""至"等字，"至"字之下已缺，無從揣測其為"元""冶"或"正"字；其性質為都提舉萬億寶源庫發行的票券，類似鹽券的形式，實際上是一種可以流通的代用貨幣，曾被稱為代鈔券或代鈔錢，應為鈔本。張玉珍則間接推斷本件文書印造年代應為至大元年或二年。參考文獻：1. 張玉珍《從黑城出土文書看元代貨幣制度》，碩士學位論文，河北大學，2006年；2. 龐文秀《黑城出土元代有價證券例證》，《內蒙古金融研究》2003年第S4期。

錄文標點：

1. 都提舉☐☐☐☐☐☐☐☐
2. 鈔中間☐☐☐☐☐☐☐☐
3. 不堪短☐☐☐☐☐☐☐☐
4. 無詞合☐☐☐☐☐☐☐☐
5. ☐☐☐☐☐☐☐☐☐☐①
6. 至②☐☐☐☐☐☐☐

（後缺）

4. 元元統三年（1335）廣積倉給徐大納麥白帖

題解：

本件《中國藏黑水城漢文文獻》中原始編號為F135：W72，出版編號為M1·0948，收於第六冊《票據》第1217頁，擬題為《廣積倉收到大不花下徐大納大小麥憑據》，並記其尺寸為18.3cm×22.7cm。本件還收錄於《黑城出土文書（漢文文書卷）》第184頁《票據類》，其所記文書編號與《中國藏黑水城漢文文獻》原始編號同，並列出文書諸要素為：竹紙，整，行書，尺寸為22.2cm×18.1cm。該書第76頁還指出本件文書是廣積倉簽發的倉票，左上角寫有"白帖"，只加蓋有副使和監支的印押，不是正式倉票。文書前後均完，現存文字7行。劉廣瑞指出本件文書與M1·0949〔F135：W71〕號文書都是關於元代亦集乃路廣積倉稅糧

---

① 此行文字《黑城出土文書》錄文未標注，現據圖版補。
② 《黑城出土文書》錄文於"至"字後推補一"冶"，但據張玉珍推斷，其應為"大"字。

憑據，文書中都書寫有"白帖"二字，為研究元代稅糧徵收程式提供了實物價值。參考文獻：1. 劉廣瑞《黑水城所出元代"白帖"文書初釋》，《內蒙古農業大學學報》（社會科學版）2012 年第 2 期；2. 潘潔《元代亦集乃路賦稅考——黑水城出土稅票考釋》，《中國經濟史研究》2011 年第 1 期。

錄文標點：

1. 廣積倉
2. 今収到大不花下徐大納
3. 　　小麦壹石肆斗，　大麦柒斗。
4. 　　　元統三年十月卅日給
5. 　　　　　　付使楊猪兒（簽押）
6. 白帖　　　大使
7. 　　　　　　監支納八察（簽押）

5. 元元統三年（1335）廣積倉給徐五納麥白帖

題解：

本件《中國藏黑水城漢文文獻》中原始編號為 F135：W71，出版編號為M1·0949，收於第六冊《票據》第 1218 頁，擬題為《廣積倉收到大不花下徐五納大小麥憑據》，並記其尺寸為 17.9cm×22.5cm。本件還收錄於《黑城出土文書（漢文文書卷）》第 183 頁《票據類》，其所記文書編號與《中國藏黑水城漢文文獻》原始編號同，並列出文書諸要素為：竹紙，整，行書，尺寸為 22.0cm×18.1cm。該書第 76 頁還指出本件文書是廣積倉簽發的倉票，左上角寫有"白帖"，只加蓋有副使和監支的印押，不是正式倉票。文書前後均完，現存文字 7 行。劉廣瑞指出本件文書與M1·0948［F135：W72］號文書都是關於元代亦集乃路廣積倉稅糧憑據，文書中都書寫有"白帖"二字，為研究元代稅糧徵收程式提供了實物價值。參考文獻：1. 劉廣瑞《黑水城所出元代"白帖"文書初釋》，《內蒙古農業大學學報》（社會科學版）2012 年第 2 期；2. 潘潔《元代亦集乃路賦稅考——黑水城出土稅票考釋》，《中國經濟史研究》2011 年第 1 期。

錄文標點：

1. 廣積倉

2. 今収到大不花下徐五①納
3.　小麦壹石六斗，　大麦玖斗。
4.　　　元統三年十月卅日給
5.　　　　　　　付使楊猪兒（簽押）
6. 白帖　　　　大使
7.　　　　　　　監支納八叉②（簽押）

6. 元至正十一年（1351）廣積倉給付台不花納稅糧票據

題解：

本件《中國藏黑水城漢文文獻》中原始編號為 F270：W6，出版編號為 M1·0950，收於第六冊《票據》第 1219 頁，擬題為《廣積倉收到沙立渠台不花稅糧票據》，並記其尺寸為 26.8cm×17.3cm。本件還收錄於《黑城出土文書（漢文文書卷）》第 184 頁《票據類》，其所記文書編號與《中國藏黑水城漢文文獻》原始編號同，並列出文書諸要素為：竹紙，整，木版印刷，墨書填寫地名、人名、數量，紅色書寫"銷訖"兩字，蓋紅印三方（應為四方），印文不清，尺寸為 17.0cm×26.5cm。該書第 76 頁還指出本件文書是廣積倉填發的倉票。文書前後均完，現存文字 10 行。參考文獻：潘潔《元代亦集乃路賦稅考——黑水城出土稅票考釋》，《中國經濟史研究》2011 年第 1 期。

錄文標點：

1. 廣積倉今収到沙立渠一户台不花
2. 至正十一年稅糧壹拾壹石壹斗：
3.　　小麦柒石肆斗③
4.　　大麦叁石柒斗
5. 右給付本人，准此。
6. 至正十一年　月攢④典
7.　廣積倉付使　任　　　（簽押）

---

① "五"劉廣瑞文作"大"，現據圖版改。
② "叉"劉廣瑞文作"乂"，現據圖版改。
③ 文書第 1—3 行鈐朱印兩枚。
④ "攢"，《黑城出土文書》錄文作"積"，現據圖版改。

8.　廣積倉大使　慶喜　　（簽押）①
9.　廣積倉監支納　　　銷訖
10.　倉

7. 元至正十年（1350）廣積倉給付額某納稅糧票據

題解：

本件《中國藏黑水城漢文文獻》中原始編號為 F105：W5，出版編號為 M1·0951，收於第六冊《票據》第 1220 頁，擬題為《廣積倉票據》，並記其尺寸為 28.9cm×26.4cm。本件還收錄於《黑城出土文書（漢文文書卷）》第 184 頁《票據類》，其所記文書編號與《中國藏黑水城漢文文獻》原始編號同，並列出文書諸要素為：竹紙，殘，木版印刷，花欄，墨書填寫地名、數量、月日期，加蓋紅印三方（應為四方），左上角加蓋"包抄"墨色印戳，尺寸為 26.0cm×29.5cm，版心為 21.0cm×27.3cm。文書前後均完，現存文字 9 行，應為廣積倉所發倉票。參考文獻：潘潔《元代亦集乃路賦稅考——黑水城出土稅票考釋》，《中國經濟史研究》2011 年第 1 期。

錄文標點：

1.　廣積倉今収到額□▭
2.　至正十年稅糧地柒□▭壹升叁合
3.　伍勺肆抄，除免外實⊠壹□□②升玖合肆勺柒抄捌作：
4.　　　小麦玖升玖合陸勺伍抄貳作，
5.　　　大麦肆升玖合捌勺弍抄陸作。
6.　　　右給付本人，准此。
7.　　　　至正十年十二月廿一□③攢④典陳（簽押）
8.　倉⑤抄　　廣積倉付使　孟（簽押）

---

① 文書第 7—8 行鈐朱印兩枚。另，錄文中的楷體字為手書填寫，其餘文字為木版印刷。
② 據下文數字關係可知，此處所缺文字應為"拾肆"。
③ 據文意可知，此處所缺文字應為"日"。
④ "攢"，《黑城出土文書》錄文作"積"，現據圖版改。
⑤ "倉"，《黑城出土文書》錄文作"包"。

9. 　　　　　廣積倉大使　　　　（簽押）①
10. 　　　　　廣積倉監支納　　　　②

8. 元廣積倉收吾即阿剌稅糧憑據

題解：

本件《中國藏黑水城漢文文獻》中原始編號為 F166：W9，出版編號為 M1·0952，收於第六冊《票據》第 1221 頁，擬題為《廣積倉收到本渠馬軍吾即阿剌小麥憑據》，並記其尺寸為 7.1cm×14.3cm。本件還收錄於《黑城出土文書（漢文文書卷）》第 185 頁《票據類》，其所記文書編號與《中國藏黑水城漢文文獻》原始編號同，並列出文書諸要素為：竹紙，整，行書，尺寸為 14.2cm×6.7cm。該書第 76 頁還指出本件文書并不是給納糧户的正式發票。文書前後均完，現存文字 5 行。參考文獻：潘潔《元代亦集乃路賦稅考——黑水城出土稅票考釋》，《中國經濟史研究》2011 年第 1 期。

錄文標點：

1. 廣積倉今収到本渠馬軍
2. 一户吾即阿剌小麦柒斗、大麦壹
3. 斗外，黄米捌升叁角，折大麦式
4. 斗，依数③収足，憑此照用。
5. 　　　不

9. 元亦集乃路廣積倉給付耳宜法師納稅糧票據

題解：

本件《中國藏黑水城漢文文獻》中原始編號為 F97：W3，出版編號為 M1·0953，收於第六冊《票據》第 1222 頁，擬題為《廣積倉票據》，並記其尺寸為 27.6cm×15.8cm。本件還收錄於《黑城出土文書（漢文文書卷）》第 184 頁《票據類》，其所記文書編號與《中國藏黑水城漢文文獻》原始編號同，並列出文書

---

① 此行文字《黑城出土文書》錄文漏錄，現據圖版補。
② 文書第 4—6 行鈐朱印一枚，第 7—8 行鈐朱印二枚，第 9—10 行鈐朱印一枚。另，錄文中的楷體字為手書填寫，其餘文字為木版印刷。
③ "數"，《黑城出土文書》錄文未釋讀，現據圖版補。

諸要素為：竹紙，殘，木版印刷，墨書填寫人名、數量、月期，尺寸為15.0cm×27.0cm。該書第76頁還指出本件文書是廣積倉填發的倉票。文書前後均完，現存文字10行。參考文獻：潘潔《元代亦集乃路賦稅考——黑水城出土稅票考釋》，《中國經濟史研究》2011年第1期。

錄文標點：

1. □□①乃路廣積倉今収到
2. 　　至□□□□□稅粮
3. 　□□耳宜法師和
4. 　□大麦于后②
5. 　□壹伯石稅③□□
6. 　□耳宜法師□
7. 　□十一月日攢④典
8. 　　　□□⑤倉付使蔡（簽押）
9. 　　　□□⑥倉大使衛（簽押）
10. 　　　□□□⑦支納石（簽押）⑧

10. 元廣積倉給付某人納稅糧票據殘片

題解：

本件《中國藏黑水城漢文文獻》中原始編號為F64：W5，出版編號為M1·0954，收於第六冊《票據》第1223頁，擬題為《廣積倉票據》，並記其尺寸為22cm×18cm。《黑城出土文書（漢文文書卷）》一書未收。文書共兩件殘片，殘片一無文字殘留，殘片二前缺後完，現存文字4行，殘留朱印三枚。從內容來看，

---

① 據文意推斷，此處所缺文字應為"亦集"。
② "于后"，《黑城出土文書》錄文未釋讀，現據圖版補。
③ "稅"，《黑城出土文書》錄文未釋讀，現據圖版補。
④ "攢"，《黑城出土文書》錄文作"積"，現據圖版改。
⑤ 據文意推斷，此處所缺兩字應為"廣積"。
⑥ 據文意推斷，此處所缺兩字應為"廣積"。
⑦ 據文意推斷，此處所缺兩字應為"廣積倉監"。
⑧ 錄文中的楷體字為手書填寫，其餘文字为木版印刷。

其應為廣積倉所發倉票殘片。參考文獻：潘潔《元代亦集乃路賦稅考——黑水城出土稅票考釋》，《中國經濟史研究》2011年第1期。

錄文標點：

（一）

（無文字殘留）

（二）

　　　　　（前缺）

1. ☐☐☐☐攢典☐（簽押）
2. 　☐☐☐①付使 蔡（簽押）
3. 　廣積倉大使　孫（簽押）
4. 　廣積倉監支納王（簽押）②
5. 　倉（蒙古文）
6. （蒙古文）

11. 元契本殘片

題解：

本件《中國藏黑水城漢文文獻》中原始編號為F245∶W12，出版編號為M1·0955，收於第六冊《票據》第1224頁，擬題為《契本》，並記其尺寸為8.6cm×12.2cm。《黑城出土文書（漢文文書卷）》一書未收。文書為木版印刷殘片，前後均缺，現存文字3行，從內容來看，應為契本殘件，其完整內容可參見《中國藏黑水城漢文文獻》第六冊《票據》第1226頁M1·0959［F1∶W94正］號文書。參考文獻：孟繁清《元代的契本》，《元史論叢》（第十輯），中國廣播電視出版社2005年版。

錄文標點：

　　　　（前缺）

1. ☐☐☐該：匿稅者，其☐☐☐☐☐☐

---

① 據其他廣積倉票據可知，此處所缺文字應為"廣積倉"。
② 文書第1—2行殘留朱印二枚，第3—4行鈐朱印一枚。另，錄文中的楷體字為手書填寫，其餘文字為木版印刷。

2. ☐物內一半付告人充☐
3. ☐回回☐并使官☐
　　（後缺）

12. 契本殘片

題解：

本件《中國藏黑水城漢文文獻》中原始編號為F13：W85，出版編號為M1·0956，收於第六冊《票據》第1224頁，擬題為《契本殘件》，並記其尺寸為8.2cm×12.8cm。《黑城出土文書（漢文文書卷）》一書未收。文書為木版印刷殘屑，無文字殘留，僅存一邊框。其應為契本殘片，完整內容可參見《中國藏黑水城漢文文獻》第六冊《票據》第1226頁M1·0959［F1：W94正］號文書。參考文獻：孟繁清《元代的契本》，《元史論叢》（第十輯），中國廣播電視出版社2005年版。

錄文標點：

（略）

13. 元兩淮運司廣盈庫鹽引殘尾

題解：

本件《中國藏黑水城漢文文獻》中原始編號為F126：W4，出版編號為M1·0957，收於第六冊《票據》第1224頁，擬題為《廣盈庫票據》，並記其尺寸為6.9cm×20.1cm。本件還收錄於《黑城出土文書（漢文文書卷）》第183頁《票據類》，其所記文書編號與《中國藏黑水城漢文文獻》原始編號同，並列出文書諸要素為：麻紙，殘，木版印刷，加蓋紅官印，印文不清，尺寸為20.0cm×6.1cm。該書第72頁還指出本件文書是鹽運司發出的正式鹽引的殘頁，是販賣食鹽的憑證，也是可流通的有價證券。文書前缺後完，現存文字3行。李春園則指出本件文書應是一件與元代兩淮鹽運司廣盈庫有關的票據殘件，但不是鹽引。參考文獻：1. 龐文秀《黑城出土元代有價證券例證》，《內蒙古金融研究》2003年第S4期；2. 李逸友《元代草原絲綢之路上的紙幣——內蒙古額濟納旗黑城出土的元鈔及票券》，《內蒙古金融研究》2003年第S2期；3. 張国旺《元代榷鹽與社會》，天津古籍出版社 2009 年版；4. 李春圓《元代鹽引制度及其歷史意義》，《史學月刊》2014 年第 10 期。

錄文標點：

（前缺）

1. 省□承①兩淮運司廣盈庫副郭
2. 敕 使 ②兩淮運司廣盈庫大使
3. 將仕郎兩淮運司廣盈庫提領王③

14. 元至正卅年（1370）司吏郭某收糜子收據

題解：

本件《中國藏黑水城漢文文獻》中原始編號為 F209：W29，出版編號為 M1·0958，收於第六冊《票據》第 1224 頁，擬題為《糧斛糜子收據》，並記其尺寸為 15cm×26.3cm。本件還收錄於《黑城出土文書（漢文文書卷）》第 185 頁《票據類》，其所記文書編號與《中國藏黑水城漢文文獻》原始編號同，並列出文書諸要素為：竹紙，殘，行書，蓋有黑色印戳，文不清，尺寸為 26.0cm×15.0cm。該書第 80 頁還指出，文書中云亦集乃路達魯花赤"勸訖糧斛糜子壹石，照准作俸糧中官，□子六斗捌升已結"，說明這批糧食是達魯花赤禿綿帖木兒自行"勸訖"得來，不是徵收的稅糧，由管糧吏目寫張白帖作為憑據，將其中糜子六斗八升已作為俸糧報銷。這是北元初期的至正三十年十一月，在糧食欠缺的情況下，達魯花赤也只得憑藉自己權勢去"勸"解糧食以糊口了。文書前後均完，現存文字 6 行。參考文獻：1. 吳超《〈黑水城出土文書〉所見亦集乃路達魯花赤》，《陰山學刊》2011 年第 2 期；2. 潘潔《元代亦集乃路賦稅考——黑水城出土稅票考釋》，《中國經濟史研究》2011 年第 1 期。

錄文標點：

1. 今收到本路達魯花赤禿綿帖木兒勸訖

---

① "承"，《黑城出土文書》、李春圓文未釋讀，現據圖版補。
② " 使 "，李春圓文作兩缺字符，誤。
③ 第 1 行殘存朱印一枚，第 2—3 行鈐朱印一枚。

2. 粮斛床子壹石整，照准作俸錢①中官用②，□③

3. 子六斗捌升已結，憑此照用。

4. 　　　至正卅年十一月廿二日

5. 　　　　　司吏郭（簽押）④

6. 　　　　（墨戳）

15. 元契本

題解：

本件《中國藏黑水城漢文文獻》中原始編號為F1：W94正，出版編號為M1·0959，收於第六冊《票據》第1226頁，擬題為《契本》，並記其尺寸為38.2cm×29.6cm。本件還收錄於《黑城出土文書（漢文文書卷）》第185頁《票據類》，其所記文書編號與《中國藏黑水城漢文文獻》原始編號同，並列出文書諸要素為：竹紙，缺，木版印刷，未填寫收稅人名數量，尺寸為28.8cm×38.5cm。該書第75頁還指出本件文書是一張未曾用過的完好契本，為我們提供了第一次認識契本的機會。文書為正背雙面書寫，此為正面內容，前完後缺，現存文字15行。參考文獻：孟繁清《元代的契本》，《元史論叢》（第十輯），中國廣播電視出版社2005年版。

錄文標點：

1. 皇帝聖旨裏，中書戶部

2. 　　　欽奉：

3. 聖旨條畫內一款該：匿稅者，其匿稅之物一半

4. 　　　没官。於没官物內，一半付告人充賞。犯

5. 　　　人，仍笞⑤五十。其回回通事，并⑥使官銀

6. 　　　買賣人等，入門不吊引者⑦，同匿稅法⑧。

---

① "錢"，《黑城出土文書》錄文作"糧"，現據圖版改。

② "用"，《黑城出土文書》錄文漏錄，現據圖版補。

③ 據文意推斷，此字似為"床"。

④ 第4—5行鈐朱印一枚。

⑤ "笞"，《黑城出土文書》錄文作"荅"，現據圖版改。

⑥ "并"，《黑城出土文書》錄文作"非"，現據圖版改。

⑦ "者"，《黑城出土文書》錄文作"等"，現據圖版改。

⑧ "法"，《黑城出土文書》錄文漏錄，現據圖版補。

7.　　　　欽奉，如此省部除外，今印造到隨路

8.　　　　契本，發下各路行用抽①課等事。

9.　　　　　　　　用價

10.　　　　　　　到

11.　　　　憑牙保文索驗 價 位 ②

12.　條赴務投稅附曆③訖。今後但立諸④□

13.　　　　如無省部契本者，便同偷稅

14.　　　　據此合行出給者。

15.　年⑤　　　　　⑥

　　　　（後缺）

16. 元世明訴狀為景朵歹嚇要馳隻事殘片

題解：

本件《中國藏黑水城漢文文獻》中原始編號為 F1：W94 背，出版編號為M1·0960，收於第六冊《票據》第 1227 頁，擬題為《景朵歹嚇要駝雙案卷》，並記其尺寸為 38.2cm×29.6cm。本件還收錄於《黑城出土文書（漢文文書卷）》第 151 頁《律令與詞訟類·財物案》，其所記文書編號與《中國藏黑水城漢文文獻》原始編號同，並列出文書諸要素為：竹紙，殘，書寫於一張契本背面，行草書，尺寸為 28.8cm×38.5cm。文書正背雙面書寫，此為背面內容，前後均缺，現存文字 7 行。從內容來看，其應為世明上亦集乃路總管府訴狀。

錄文標點：

　　　　（前缺）

1. 此吉明

---

① "抽"，《黑城出土文書》錄文未釋讀，現據圖版補。
② " 價 位 "，《黑城出土文書》錄文漏錄，現據圖版補。
③ "曆"，《黑城出土文書》錄文作"用"，現據圖版改。
④ "立諸"，《黑城出土文書》錄文未釋讀，現據圖版補。
⑤ 《黑城出土文書》於"年"字後推補"□給"兩字，現據圖版改。
⑥ 第 15 行殘留朱印痕跡。

2. 兒字収附一昂，於内吉①▢▢▢▢▢▢▢▢▢▢▢▢▢▢▢

3. 訖，手字分付景朵歹収接去訖，吉明欲②要前来赴官伸③訴，為是

4. 患害病證直至到今④，若不狀⑤告，其⑥景朵歹等二次妄行执謀

5. 嚇要馳隻等物，實是▢㳄生受。今不免具狀赴

6. 亦集乃路總管府，　　　　伏乞

7. 從狀施行，如虛，甘罪不詞。伏取，

　　　　（後缺）

17. 元契本殘片

題解：

本件《中國藏黑水城漢文文獻》中原始編號為 F13：W86A，出版編號為 M1·0961，收於第六冊《票據》第1228頁，擬題為《契本》，並記其尺寸為11.8cm×14.5cm。《黑城出土文書（漢文文書卷）》一書未收。文書為木版印刷，前完後缺，現存文字3行，從內容來看，應為契本殘片，其完整內容可參見《中國藏黑水城漢文文獻》第六冊《票據》第1226頁M1·0959［F1：W94正］號文書。參考文獻：孟繁清《元代的契本》，《元史論叢》（第十輯），中國廣播電視出版社2005年版。

錄文標點：

1. ▢▢▢▢▢▢▢▢户部

2. 　　　　　▢▢

3. ▢▢▢▢▢▢▢匿稅者，其匿稅之物一▢▢▢▢▢▢▢▢

　　　　（後缺）

---

① "吉"，《黑城出土文書》錄文未釋讀，現據圖版補。
② "欲"，《黑城出土文書》錄文作"為"，現據圖版改。
③ "伸"，《黑城出土文書》錄文作"評"，現據圖版改。
④ "到今"原作"今到"，旁加倒乙符號，現徑改。
⑤ "狀"，《黑城出土文書》錄文作"准"，現據圖版改。
⑥ "其"，《黑城出土文書》錄文作"某"，現據圖版改。

18. 元契本殘片

題解：

本件《中國藏黑水城漢文文獻》中原始編號為 F150: W1，出版編號為 M1·0962，收於第六冊《票據》第 1228 頁，擬題為《契本》，並記其尺寸為 9.1cm×17.9cm。《黑城出土文書（漢文文書卷）》一書未收。文書為木版印刷，前後均缺，現存文字 5 行，從內容來看，應為契本殘片，其完整內容可參見《中國藏黑水城漢文文獻》第六冊《票據》第 1226 頁 M1·0959［F1: W94 正］號文書。參考文獻：孟繁清《元代的契本》，《元史論叢》（第十輯），中國廣播電視出版社 2005 年版。

錄文標點：

（前缺）

1. □仍各笞五十，其回□□□□□
2. □□人等入門不吊引者□□□□
3. □□□此，省部除外，今印造到□□
4. □□□下各路行用抽稅等事。
5. 　　　　用價

（後缺）

19. 元契本殘片

題解：

本件《中國藏黑水城漢文文獻》中原始編號為 F245: W13，出版編號為 M1·0963，收於第六冊《票據》第 1229 頁，擬題為《契本》，並記其尺寸為 14.6cm×13.8cm。《黑城出土文書（漢文文書卷）》一書未收。文書為木版印刷，前後均缺，現存文字 6 行，從內容來看，應為契本殘片，其完整內容可參見《中國藏黑水城漢文文獻》第六冊《票據》第 1226 頁 M1·0959［F1: W94 正］號文書。參考文獻：孟繁清《元代的契本》，《元史論叢》（第十輯），中國廣播電視出版社 2005 年版。

錄文標點：

（前缺）

1.　　　　　憑牙保文☐☐☐☐

2.　☐☐務投稅附曆訖，今後但立諸☐

3.　　☐無省部契本☐，☐☐☐☐

4.　　☐☐合行出給者。

5.　☐☐☐☐☐☐日給

6.　☐☐☐☐☐☐☐☐☐☐①

　　（後缺）

20. 元契本殘片

題解：

本件《中國藏黑水城漢文文獻》中原始編號為 F140：W2，出版編號為 M1·0964，收於第六冊《票據》第 1230 頁，擬題為《契本》，並記其尺寸為 15.5cm×20.4cm。《黑城出土文書（漢文文書卷）》一書未收。文書為木版印刷，前完後缺，現存文字 4 行，從內容來看，應為契本殘片，其完整內容可參見《中國藏黑水城漢文文獻》第六冊《票據》第 1226 頁 M1·0959 ［F1：W94 正］號文書。參考文獻：孟繁清《元代的契本》，《元史論叢》（第十輯），中國廣播電視出版社 2005 年版。

錄文標點：

1. 皇帝聖旨裏，中書☐☐

2.　　欽奉

3. 聖旨條畫內一款該：匿☐☐☐☐☐

4.　　沒官，於沒官物內☐☐☐☐☐

　　（後缺）

21. 元契本殘片

題解：

本件《中國藏黑水城漢文文獻》中原始編號為 F13：W125，出版編號為 M1·

---

① 文書第 5—6 行鈐朱印一枚。

0965，收於第六冊《票據》第1231頁，擬題為《契本》，並記其尺寸為19.5cm×18.3cm。《黑城出土文書（漢文文書卷）》一書未收。文書為木版印刷，前後均缺，現存文字10行，從內容來看，應為契本殘片，其完整內容可參見《中國藏黑水城漢文文獻》第六冊《票據》第1226頁M1・0959［F1：W94正］號文書。參考文獻：孟繁清《元代的契本》，《元史論叢》（第十輯），中國廣播電視出版社2005年版。

錄文標點：

（前缺）
1. 人仍答□
2. 買賣人等□
3. 欽奉如此省□
4. 契本，發□
5.   □□
6.   □
7.   憑□
8. 條赴務投稅附□
9. 如無省□
10. 據此合□
（後缺）

22. 元至治元年（1321）兩淮都轉運鹽運司廣盈庫檢鈔人王士鈞保結文書為檢問董興買引錢事

題解：

本件《中國藏黑水城漢文文獻》中原始編號為F123：W1，出版編號為M1・0966，收於第六冊《票據》第1232頁，擬題為《契本》，並記其尺寸為15.5cm×19.9cm。本件還收錄於《黑城出土文書（漢文文書卷）》第183頁《票據類》，其所記文書編號為F126：W2，與《中國藏黑水城漢文文獻》原始編號異（《黑城出土文書（漢文文書卷）》一書第183頁所錄F123：W1與此內容不同，其圖版《中國藏黑水城漢文文獻》中未收），並列出文書諸要素為：竹紙，殘，木版印刷，並墨書填寫人名、鈔別、數量、日期，中央加蓋紅色官印，印文不清，左上角加蓋紅色騎縫章，並加蓋檢鈔人王士鈞墨色印押，尺寸為 19.3m×14.1cm，花欄，版心為 18.0cm×13.3cm。文書前後均完，現存文字 6 行。參考文獻：1. 龐文秀《黑城出土元代有價證券例證》，《內蒙古金融研究》2003 年第 S4 期；2. 李逸友《元代草原絲綢之路上的紙幣——內蒙古額濟納旗黑城出土的元鈔及票券》，《內蒙古金融研究》2003 年第 S2 期；3. 張国旺《元代榷鹽與社會》，天津古籍出版社 2009 年版。

錄文標點：

1. 兩淮都轉運盐運司廣盈庫
2. 　　　今收董　興買引錢
3. 　　　中統鈔伍拾定，如是檢①問
4. 　　　過，中間但有昏偽、短少、不堪等鈔，
5. 王士鈞 情願當罪賠償無詞。②
6. 　　　至治元年四月　日檢鈔人 王士鈞

23. 元契本殘片

題解：

本件《中國藏黑水城漢文文獻》中原始編號為 F245：W14，出版編號為 M1·0967，收於第六冊《票據》第 1233 頁，擬題為《契本》，並記其尺寸為 21cm×17.7cm。《黑城出土文書（漢文文書卷）》一書未收。文書為木版印刷，前完後缺，現存文字 10 行，從內容來看，應為契本殘片，其完整內容可參見《中國藏黑水城漢文文獻》第六冊《票據》第 1226 頁 M1·0959［F1：W94 正］號文書。參考文獻：孟繁清《元代的契本》，《元史論叢》（第十輯），中國廣播電視出版社 2005 年版。

錄文標點：

1. 皇▢▢▢▢▢▢▢
2. 　　　▢▢

---

① "檢"，《黑城出土文書》錄文作"拿"，現據圖版改。
② 第 3—5 行斜向鈐朱印一枚。

3. 聖旨□□□□□□□□□□

4. □□□□□□□□□

5. 人仍□□□□□□□□

6. 買賣□□□□□□□□

7. 欽奉如此□□□□□□

8. □本發□□□□□□□

9. 　　　　□□

10.　　到

（後缺）

附

1. 元鈔券

題解：

本件文書收於《黑城出土文書（漢文文書卷）》第183頁《票據類》，其所記文書編號為F123:W1，並列出文書諸要素為：麻紙，殘，木版淡墨印刷，粗欄，加蓋紅色官印，印文不清，尺寸為19.7cm×15.7cm。該書第73頁還指出，本件文書應為鈔本。《中國藏黑水城漢文文獻》一書未收錄圖版（《中國藏黑水城漢文文獻》第1232頁所收M1·［F123:W1］號文書圖版與此不同，其內容與《黑城出土文書（漢文文書卷）》第183頁所收F126:W2號文書相同）。張玉珍指出本件文書應印刷於泰定元年，而非泰定二年，且鈔本的發行反應了元代中晚期財政收支的嚴重失衡。文書前後均完，現存文字7行。參考文獻：1. 張玉珍《從黑城出土文書看元代貨幣制度》，碩士學位論文，河北大學，2006年；2. 龐文秀《黑城出土元代有價證券例證》，《內蒙古金融研究》2003年第S4期；3. 李逸友《元代草原絲綢之路上的紙幣——內蒙古額濟納旗黑城出土的元鈔及票券》，《內蒙古金融研究》2003年第S2期。

錄文標點：

1. 都提舉萬億寶源庫今收到

2. 　　　　至元鈔壹拾定，中間無

3. 偽爛短少不堪以敷用，如是檢過

4. 但有☐☐☐☐☐☐司庫願

5. 陪償當罪無詞。

6. 　　泰定二年　月　日（印章）

7. 提調官　　　　　（簽押）

2. 元鈔券殘片

題解：

本件文書收於《黑城出土文書（漢文文書卷）》第 183 頁《票據類》，其所記文書編號為 F1：W38，並列出文書諸要素為：竹紙，殘，木版印刷，雙線欄，加蓋紅色官印，印文不清，並鈐有印押三個，尺寸為 19.0cm×15.2cm。該書第 73 頁還指出，本件文書應為鈔本，其為棉紙印刷，上下略有短缺，券面當中也略有破損。券面刻印文字，印刷時用墨濃淡不均，中央部位不易看清楚，寶鈔種類部分正好有破洞，券面文字全部為印刷。《中國藏黑水城漢文文獻》一書未收錄圖版。張玉珍指出本件文書印刷年代應為延祐七年十一月，且鈔本的發行反映了元代中晚期財政收支的嚴重失衡。文書前後均完，現存文字 9 行。參考文獻：1. 張玉珍《從黑城出土文書看元代貨幣制度》，碩士學位論文，河北大學，2006 年；2. 龐文秀《黑城出土元代有價證券例證》，《內蒙古金融研究》2003 年第 S4 期；3. 李逸友《元代草原絲綢之路上的紙幣——內蒙古額濟納旗黑城出土的元鈔及票券》，《內蒙古金融研究》2003 年第 S2 期。

錄文標點：

1. 都提舉萬億寶源庫今收到☐☐☐☐☐☐

2. 中間並無偽爛、短少，支發之日或有不堪

3. 短少者，該檢鈔司庫依數賠償，當罪無詞。

4. 實收至元鈔壹拾定。

5. 　　延祐☐年　月　日檢鈔司庫（簽押）

6. 　　　　　　　　☐☐司庫（簽押）

7. 　　　　　　　　檢鈔司庫（簽押）

8. 　官

9.　　　　　提調官

（二）契约

1. 元皇慶元年（1312）正月任黑子借麥契

題解：

本件《中國藏黑水城漢文文獻》中原始編號為 F95：W1，出版編號為M1·0968，收於第六冊《契約》第1237頁，擬題為《皇慶元年正月任黑子借麥契》，並記其尺寸為 30.8cm×20.6cm。本件還收錄於《黑城出土文書（漢文文書卷）》第187頁《契約類》，其所記文書編號與《中國藏黑水城漢文文獻》原始編號同，並列出文書諸要素為：竹紙，缺，行草書，尺寸為 20.0cm×30.4cm。文書前後均完，現存文字13行。參考文獻：1. 楊選第《元代亦集乃路的民間借貸契約》，《内蒙古師範大學學報》（哲學社會科學版）1996年第3期；2. 楊淑紅《元代的保人擔保——以黑水城所出民間借貸契約文書為中心》，《寧夏社會科學》2013年第1期。

錄文標點：

1. □①文字人任黑子，今为大麦使用，别

2. □②得③处，遂④問到別尚拜邊处借訖，収⑤

3. □⑥ 麦 ⑦斗内四石，限⑧每月每石上行息，

4. 一斗利⑨，按月计筭交还数□，不令

5. 拖欠。如本人見在不辦，閃趖⑩失

6. 走，一面同取代保人替还无詞，

---

① 此字殘，《黑城出土文書》錄文推補為"立"，無誤。
② 此字殘，《黑城出土文書》錄文推補為"無"，無誤。
③ "得"，《黑城出土文書》錄文作"借"，現據圖版改。
④ "遂"，《黑城出土文書》錄文作"今"，現據圖版改。
⑤ "収"，《黑城出土文書》錄文作"得"，現據圖版改。
⑥ 據文意推斷，此處所缺文字應為"到"。
⑦ "麦"，《黑城出土文書》錄文作"大"，現據圖版改。
⑧ "限"，《黑城出土文書》錄文漏錄，現據圖版補。
⑨ "利"，《黑城出土文書》錄文漏錄，現據圖版補。
⑩ "趖"，《黑城出土文書》錄文作"趂"，現據圖版改。

7. 立此文字，為憑照用。
8. 　皇慶元年正月初一日立文字人任黑子（簽押）
9. 　　　　　　　同取人敢的（簽押）
10. 　　　　　　　代保人安通（簽押）
11. 　　　　　　　知見人豬得①（簽押）
12. 　　　　　　　知見人景直你②（簽押）
13. 　　　　　大吉利③（結止符）

2. 元泰定三年（1326）安某契約殘尾

題解：

本件《中國藏黑水城漢文文獻》中原始編號為Y1：W88，出版編號為M1·0969，收於第六冊《契約》第1238頁，擬題為《泰定三年契約》，並記其尺寸為15.7cm×24.9cm。《黑城出土文書（漢文文書卷）》一書未收。文書前缺後完，現存文字6行。參考文獻：楊淑紅《元代的保人擔保——以黑水城所出民間借貸契約文書為中心》，《寧夏社會科學》2013年第1期。

錄文標點：

　　　　　（前缺）
1. 　　　　□□拖欠□□
2. 　　　　无詞。恐人无□
3. 　　　　（結止符）
4. 　泰定三年正月拾四日辛□立文字人安□（簽押）
5. 　　　　代保人滿
6. 　　　　知見人□

---

① "得"，《黑城出土文書》錄文作"乃"，現據圖版改。
② "你"，《黑城出土文書》錄文未釋讀，現據圖版補。
③ "大吉利"，《黑城出土文書》錄文作"立用行"，現據圖版改。

3. 元元統三年（1335）劉惟卿借錢契

題解：

本件《中國藏黑水城漢文文獻》中原始編號為 F20：W45，出版編號為 M1·0970，收於第六冊《契約》第 1239 頁，擬題為《元統三年借錢契》，並記其尺寸為 22.3cm×28.7cm。本件文書共兩件殘片，還收錄於《黑城出土文書（漢文文書卷）》第 187 頁《契約類》，其將二殘片拼合為一釋錄，所記文書編號與《中國藏黑水城漢文文獻》原始編號同，並列出文書諸要素為：竹紙，殘，行草書，尺寸為 29.0cm×22.0cm。從內容來看，該書拼合無誤，拼合後前完後缺，現存文字 8 行。參考文獻：1. 楊選第《元代亦集乃路的民間借貸契約》，《內蒙古師範大學學報》（哲學社會科學版）1996 年第 3 期；2. 葉新民《亦集乃路元代契約文書研究》，《蒙古史研究》（第五輯），內蒙古大學出版社 1997 年版；3. 楊淑紅《元代民間契約關係研究》，博士學位論文，河北師範大學，2012 年；4. 杜建錄《中國藏黑水城出土漢文借錢契研究》，《西夏學》（第十輯），上海古籍出版社 2013 年版。

錄文標點：

1. 立文字人亦集乃☐☐住人劉惟[①]卿，今☐
2. 到拜顏帖木兒☐☐等[②]元統三年正月至十二☐
3. 終一周歲，照[③]☐☐并[④]☐☐☐歷[⑤]单狀文憑，一[⑥]面書☐
4. 不到中[⑦]☐☐☐议[⑧]定☐立文[⑨]錢中統☐

---

① "惟"，《黑城出土文書》錄文未釋讀，現據圖版補。
② "等"，《黑城出土文書》、杜建錄錄文未釋讀，現據圖版補。
③ "照"，杜建錄文未釋讀。
④ "歲，照☐并"等字為右行補入，且"照☐并"，《黑城出土文書》錄文未釋讀，現據圖版改。
⑤ 《黑城出土文書》錄文於"歷"字前推補一"赤"字。
⑥ "一"，《黑城出土文書》錄文漏錄，現據圖版補。
⑦ "中"字《黑城出土文書》錄文漏錄，現據圖版補。
⑧ "议"字原衍一字，後塗抹，現徑改。
⑨ "☐立文"書寫原誤，塗抹後於右行改寫，且改寫文字應為三字，《黑城出土文書》、杜建錄文釋讀為"立文"，現據圖版改。

5. 　　拾定☐文憑錢數不詞①，係刘惟②☐☐

6. 當③情愿④甘⑤罰☐还一倍⑥☐☐　☐拜顔帖木兒⑦等使☐☐

7. 　詞⑧，恐後☐☐☐为用。

　　　　（後缺）

4. 元至元四年（1336）韓二借錢契

題解：

本件《中國藏黑水城漢文文獻》中原始編號為 F74：W3，出版編號為 M1·0971，收於第六冊《契約》第 1240 頁，擬題為《至元四年十月二十日韓二借錢契》，並記其尺寸為 30.2cm×27cm。本件還收錄於《黑城出土文書（漢文文書卷）》第 188 頁《契約類》，其所記文書編號與《中國藏黑水城漢文文獻》原始編號同，並列出文書諸要素為：竹紙，整，草行書，尺寸為 26.9cm×30.5cm。文書前完後缺，現存文字 9 行。參考文獻：1. 楊選第《元代亦集乃路的民間借貸契約》，《内蒙古師範大學學報》（哲學社會科學版）1996 年第 3 期；2. 葉新民《亦集乃路元代契約文書研究》，《蒙古史研究》（第五輯），内蒙古大學出版社 1997 年版；3. 楊淑紅《元代民間契約關係研究》，河北師範大學，博士學位論文，2012 年；4. 楊淑紅《元代的保人擔保——以黑水城所出民間借貸契約文書為中心》，《寧夏社會科學》2013 年第 1 期；5. 杜建錄《中國藏黑水城出土漢文借錢契研究》，《西夏學》（第十輯），上海古籍出版社 2013 年版。

錄文標點：

1. 立欠錢文字人，亦集乃路耳卜渠住人

---

① "詞"，杜建錄文作"得"，誤。
② "惟"，《黑城出土文書》錄文作"帷"，現據圖版改。
③ "當"，《黑城出土文書》錄文未釋讀，杜建錄文漏錄，現據圖版補。
④ "情願"為右行補入，現徑改。
⑤ "甘"，《黑城出土文書》錄文未釋讀，現據圖版補。
⑥ "☐还一倍"原作"抄"，塗抹後於右行改寫，《黑城出土文書》、杜建錄文將右行改寫文字"情願""☐还一倍"單獨錄作一行，現據圖版改。
⑦ "兒"，《黑城出土文書》錄文作"立"，現據圖版改。
⑧ "詞"，《黑城出土文書》錄文作"用"，現據圖版改。

2. 韓二，今為要錢使用，別无得处，今欠到

3. 石巡檢①中統宝钞貳拾柒两伍錢。其

4. 錢本人自限正月終交还，如至日不見

5. 交还，係同取代保人一面替还，无詞。恐失，

6. 故立②故立文字人③为用。（結止符）

7.　　至元四年十月廿日立文字人韓二（簽押）

8.　　　　　　同取代保人張二（簽押）

9.　　　　　　知見人葛④二（簽押）

　　（後缺）

5. 元至元四年（1338）陳山和借錢契

題解：

本件《中國藏黑水城漢文文獻》中原始編號為 F62：W28，出版編號為M1·0972，收於第六冊《契約》第1241頁，擬題為《至元四年十月二十九日陳山和借錢契》，並記其尺寸30.2cm×28.7cm。本件還收錄於《黑城出土文書（漢文文書卷）》第187頁《契約類》，其所記文書編號與《中國藏黑水城漢文文獻》原始編號同，並列出文書諸要素為：竹紙，殘，行草書，背面墨寫"細辛"二字，尺寸為28.4cm×30.0cm。文書正背雙面書寫，正面現存文字13行，為至元四年（1338）陳山和借錢契；背面圖版《中國藏黑水城漢文文獻》未收，《黑城出土文書（漢文文書卷）》一書釋錄，從正面所透墨跡看，背面現存文字1行，斜向寫於正面第5—6行位置。參考文獻：1. 楊選第《元代亦集乃路的民間借貸契約》，《內蒙古師範大學學報》（哲學社會科學版）1996年第3期；2. 葉新民《亦集乃路元代契約文書研究》，《蒙古史研究》（第五輯），內蒙古大學出版社1997年版；3. 楊淑紅《元代民間契約關係研究》，博士學位論文，河北師範大學，2012年；4. 楊淑紅《元代的保人擔保——以黑水城所出民間借貸契約文書為中心》，《寧夏社會科學》2013年第1期；5. 杜建錄《中國藏黑水城出土漢文借錢契研究》，

---

① "檢"，《黑城出土文書》錄文作"使"，現據圖版改。
② 據文意推斷，"故立"兩字應為衍文。
③ 據文意推斷，此"人"字應為衍文，《黑城出土文書》錄文未錄。
④ "葛"，《黑城出土文書》錄文作"小烏"，現據圖版改。

《西夏學》（第十輯），上海古籍出版社 2013 年版。

錄文標點：

正：

（前缺）

1. ☐☐☐不令拖欠，或錢主用錢，
2. 至日即便將本利帰还，或本人走在
3. 东西，虽在无錢帰还，係同取代保人
4. 一面替还无詞。恐人失信，故立此借
5. 錢文字為憑照用。（結止符）
6. 　　至元四年十月廿九日立借錢人陳山和（簽押）
7. 　　　　同取錢人　陳本☐（簽押）
8. 　　　　☐取錢人　陳拜住（簽押）
9. 　　　　同取代保人翟敬甫（簽押）
10. 　　　　代保人　　董德先（簽押）
11. 　　　　知見人　　程二（簽押）
12. 　　　　知見人　　翟典①（簽押）②
13. 大吉利（結止符）

背面：

1. 細辛③

6. 元至順四年（1331）五月契約殘尾

題解：

本件《中國藏黑水城漢文文獻》中原始編號為 F116: W17，出版編號為 M1·0973，收於第六冊《契約》第 1242 頁，擬題為《至順四年五月初七日契約》，並記其尺寸為 16.8cm×27.6cm。《黑城出土文書（漢文文書卷）》一書未收。文書前缺後完，現存文字 7 行。

---

① 《黑城出土文書》錄文於"典"字前衍錄一"德"，現據圖版改。
② 此行文字補寫於第 7—9 行天頭處，斜向書寫。
③ 此行文字為背面書寫，斜向寫於正面第 5—6 行。

錄文標點：

（前缺）

1. 无信□▭
2. 文字為用。（結止符）
3. 　　至順四年五月初七日立▭
4. 　　　　　　同取▭
5. 　　　　　□□▭（簽押）
6. 　　　　知見人李大（簽押）
7. **後吉利**

7. 元至正元年（1341）小張雇身契

題解：

本件《中國藏黑水城漢文文獻》中原始編號為 F38：W1，出版編號為 M1·0974，收藏於第六冊《契約》第 1243 頁，擬題為《至正元年八月初四日小張雇身契》，並記其尺寸為 30.9cm×25cm。本件還收錄於《黑城出土文書（漢文文書卷）》第 188 頁《契約類》，其所記文書編號與《中國藏黑水城漢文文獻》原始編號同，並列出文書諸要素為：竹紙，殘，行草書，尺寸為 22.0cm×29.6cm。文書前完後缺，現存文字 11 行。

錄文標點：

1. 立雇身文字人小①張，今為身閑，別無營
2. 生，自願雇与古二処作雜色酒店内
3. 使喚，每月言定工錢中統钞貳拾兩，按
4. 月計筭。如人夫②行时病，迯亡走失，一切違
5. 碍，並不干雇主之事，同雇人一面承當③。
6. 一寫已後，各無番悔，如有先悔者罰钞
7. 壹拾兩与不悔之人受用。恐後無憑，

---

① "小"字字體較小，應為後寫補入，現徑改。
② "夫"，《黑城出土文書》錄文作"天"，現據圖版改。
③ "當"，《黑城出土文書》錄文作"管"，現據圖版改。

8. 故立此雇人文字为照用。（結止符）
9.　至正元年八月初四日立雇身人小張（簽押）
10.　　　　　　　　同雇人太黑内
11.　　　　　　　　　▭▭▭（簽押）
　　（後缺）

8. 元至正十四年（1354）賣驢契

題解：

本件《中國藏黑水城漢文文獻》中原始編號為 F19：W64，出版編號為 M1·0975，收於第六冊《契約》第 1244 頁，擬題為《至正十四年六月十五日賣驢契》，並記其尺寸為 14cm×23.3cm。《黑城出土文書（漢文文書卷）》一書未收。文書前後均缺，現存文字 5 行。

錄文標點：

　　　　（前缺）
1.　　　▭▭▭如▭▭▭▭▭
2.　　　▭之人充用。（結止符）
3.　　至正十四年六月十五日正賣驢人溫▭▭
4.　　　　　　同賣驢人男▭▭▭▭
5.　　　　　　官牙人
　　（後缺）

9. 元至正六年（1346）陳山和借錢契

題解：

本件《中國藏黑水城漢文文獻》中原始編號為 F62：W27，出版編號為 M1·0976，收於第六冊《契約》第 1245 頁，擬題為《至正六年十一月初六日陳山和借錢契》，並記其尺寸為 26.2cm×28.1cm。本件還收錄於《黑城出土文書（漢文文書卷）》第 188 頁《契約類》，其所記文書編號與《中國藏黑水城漢文文獻》原始編號同，並列出文書諸要素為：竹紙，殘，行草書，尺寸為 27.7cm×26.2cm。文書前後均缺，現存文字 8 行。參考文獻：1. 楊選第《元代亦集乃路的民間借貸契約》,《內蒙古師範大學學報》(哲學社會科學版) 1996 年第 3 期；2. 葉新民《亦集乃路元代契約文書研究》,《蒙古史研究》(第五輯), 內蒙古大學出版社 1997 年版；3. 楊淑紅《元代民間契約關係研究》, 博士學位論文, 河北師範大學, 2012 年；4. 楊淑紅《元代的保人擔保——以黑水城所出民間借貸契約文書為中心》,《寧夏社會科學》2013 年第 1 期；5. 杜建錄《中國藏黑水城出土漢文借錢契研究》,《西夏學》(第十輯), 上海古籍出版社 2013 年版。

錄文標點:

（前缺）

1. 笋，或錢主要錢，至日即便將本利歸還，
2. 或本人走在东西，虽在无錢帰還，係同
3. 取代保人一面將本利帰還，无詞。恐人
4. 失信，故立此文字為憑照用。（結止符）
5. 　　至正六年十一月初六日立借錢人陳山和（簽押）
6. 　　　　　　同取錢人陳德□（簽押）
7. 　　　　　　同取代保人陳拜住（簽押）
8. 　　　　　　知見人楊三哥

（後缺）

10. 元至正六年（1346）契約殘片

題解:

本件《中國藏黑水城漢文文獻》中原始編號為 Y1：W44，出版編號為 M1·0977，收於第六冊《契約》第 1246 頁，擬題為《至正六年閏十月初九日契約》，並記其尺寸為 5.8cm×19.4cm。《黑城出土文書（漢文文書卷）》一書未收。文書前後均缺，現存文字 2 行。

錄文標點:

（前缺）

1. 此文字为照用。（結止符）
2. 　　至正六年閏十月初九日□□□□
3. 　　　　□□□□□□

（後缺）

11. 元至正十一年（1351）阿的火者借二麥契

題解：

本件《中國藏黑水城漢文文獻》中原始編號為 F255：W35，出版編號為M1·0978，收於第六冊《契約》第 1247 頁，擬題為《至正十一年五月阿的火者借麥契》，並記其尺寸為30.7cm×23cm。本件還收錄於《黑城出土文書（漢文文書卷）》第 186 頁《契約類》，其所記文書編號與《中國藏黑水城漢文文獻》原始編號同，並列出文書諸要素為：麻紙，殘，草書，尺寸為 22.5cm×30.5cm。文書前後均完，現存文字 13 行。許偉偉指出本件文書是元代一件穀物借貸文書，阿的火者等是因為缺少種子，借小麥大麥，借麥的時間是在五月初五。參考文獻：1. 許偉偉《黑城夏元時期契約文書的若干問題——以穀物借貸文書為中心》，《寧夏社會科學》2009 年第 3 期；2. 楊選第《元代亦集乃路的民間借貸契約》，《內蒙古師範大學學報》（哲學社會科學版）1996 年第 3 期；3. 楊淑紅《元代的保人擔保——以黑水城所出民間借貸契約文書為中心》，《寧夏社會科學》2013 年第 1 期。

錄文標點：

1. 立借式麥文字人軍户□□□□□□□
2. 為短少種子，別無得①處，遂問②□□□□
3. 人柴③祥住借到小麥大麥□□□□欠其④□□
4. 限⑤□□□交還，如□□□□□
5. 来，初□⑥□□□□□□□□□西身□⑦
6. □□□□□保人□□⑧本⑨息一面替还□□⑩

---

① "得"，《黑城出土文書》錄文作"借"，現據圖版改。
② "遂問"，《黑城出土文書》錄文未釋讀，現據圖版補。
③ "柴"，《黑城出土文書》錄文缺兩字，現據圖版改。
④ "欠其"，《黑城出土文書》錄文作"次其"，且錄為上一行，現據圖版改。
⑤ "限"，《黑城出土文書》錄文作作"伊"，現據圖版改。
⑥ "初□"，《黑城出土文書》錄文作"清"，現據圖版改。
⑦ "西身□"，《黑城出土文書》錄文作"西自□"，且錄為上一行，現據圖版改。
⑧ "保人□□"，《黑城出土文書》錄文作"保人替還"，且錄為下一行，現據圖版改。
⑨ "本"，《黑城出土文書》錄文未釋讀，現據圖版補。
⑩ 此處所缺兩字《黑城出土文書》錄文推補為"不詞"，且"息一面替还□□"《黑城出土文書》錄文錄為上一行，現據圖版改。

7. ＿＿＿＿＿＿＿＿故立文字为用。（結止符）
8. 　至正十一年五月初五日立文字人阿的火者（簽押）
9. 　　　　　　同立文字人哈升日（簽押）
10. 　　　　　　同立文字人阿厘（簽押）
11. 　　　　　　知見人霍洛□
12. 　　　　　　知見人張①二
13. 　　　　　立字代書人王一（簽押）

12. 元至正十一年（1351）雇身契

題解：

本件《中國藏黑水城漢文文獻》中原始編號為 F209：W58，出版編號為M1·0979，收於第六冊《契約》第1248頁，擬題為《至正十一年九月雇身契》，並記其尺寸為 53.8cm×18.3cm。本件還收錄於《黑城出土文書（漢文文書卷）》第189頁《契約類》，其所記文書編號與《中國藏黑水城漢文文獻》原始編號同，並列出文書諸要素為：竹紙，殘，草書，尺寸為 17.0cm×52.5cm。文書為正背雙面書寫，正面現存文字 14 行，為至正十一年（1351）雇身契；背面圖版《中國藏黑水城漢文文獻》未收，《黑城出土文書（漢文文書卷）》一書釋錄。從正面所透墨跡看，背面現存文字 1 行，斜向書寫於正面 1—8 行位置。

錄文標點：

正：

1. 立雇身文字人立朶＿＿＿＿
2. 鈔用，今②為身閑③，別無營④＿＿
3. 人阿兀丁家內⑤做雜用＿＿＿
4. 每月工錢中統鈔＿＿＿＿
5. 不令拖欠。如有雇身＿＿＿

---

① "張"，《黑城出土文書》錄文未釋讀，現據圖版補。
② "今"，《黑城出土文書》錄文漏錄，現據圖版補。
③ "閑"，《黑城出土文書》錄文未釋讀，現據圖版補。
④ "營"，《黑城出土文書》錄文未釋讀，現據圖版補。
⑤ "內"，《黑城出土文書》錄文漏錄，現據圖版補。

6. 時病①，乃連死傷，一☐
7. 當罪，亦②不干雇主之事☐
8. 本人一面承當。一寫③☐
9. 悔者罰抄一面無詞④☐
10. 用。（結止符）
11. 　　至正十一年九月初☐
12. 　　　同雇身☐
13. 　　　　知見☐
14. 　　　　知見☐
背：
1. 中統钞当月支工錢肆☐⑤

13. 元至正十四年（1354）卯歹関支口糧文書

題解：

本件《中國藏黑水城漢文文獻》中原始編號為 F62：W26，出版編號為M1·0980，收藏於第六冊《契約》第1249頁，擬題為《至正十四年七月買糧契》，並記其尺寸為20.8cm×28.8cm。本件還收錄於《黑城出土文書（漢文文書卷）》第189頁《契約類》，其所記文書編號與《中國藏黑水城漢文文獻》原始編號同，缺錄文書諸要素。文書前後均完，現存文字6行。

錄文標點：

1. 頭目⑥卯歹⑦等今扵⑧

---

① "時病"，《黑城出土文書》錄文作"獨身"，現據圖版改。
② "亦"，《黑城出土文書》錄文作"并"，現據圖版改。
③ "一寫"，《黑城出土文書》錄文作"雇主"，現據圖版改。
④ "悔者罰抄一面無詞"，《黑城出土文書》錄文作"使人等不干雇主之事"，現據圖版改。
⑤ 此行文字為背面書寫，於正面第1—8行之間斜向書寫。
⑥ "頭目"，《黑城出土文書》錄文作"□同"，現據圖版改。
⑦ "歹"，《黑城出土文書》錄文作"女"，現據圖版改。
⑧ "扵"，《黑城出土文書》錄文作"到"，現據圖版改。

946　中國藏黑水城漢文文獻的整理與研究

2. 廣積倉関支①到至正②十四年□③季口粮
3. 　　□拾貳石柒斗貳升，所関④是实，
4. 日後憑取管为用。（結止符）
5. 　　至正十四年七月関⑤粮人卯歺⑥（簽押）
6. 　　　　　　同関⑦人朶央八

14. 元至正二十年（1360）馬某賃房契

題解：

本件《中國藏黑水城漢文文獻》中原始編號為 F270：W10，出版編號為 M1・0981，收於第六冊《契約》第 1250 頁，擬題為《至正二十四年四月初一日賃房契》，並記其尺寸為 21.1cm×19.2cm。本件還收錄於《黑城出土文書（漢文文書卷）》第 188 頁《契約類》，其所記文書編號與《中國藏黑水城漢文文獻》原始編號同，並列出文書諸要素為：竹紙，缺，行草書，尺寸為 19.0cm×21.0cm。文書前完後缺，現存文字 9 行。參考文獻：杜建錄、鄧文韜《黑水城出土兩件租賃文書考釋》，《宋史研究論叢》（第十五輯），河北大學出版社 2014 年版。

錄文標點：

1. 立賃房文字人亦集乃路⑧住人馬□
2. 无房具⑨住，今賃到本城東関外王□
3. 土房一間，門窓具，言⑩儀⑪定每月□
4. 房錢小麦伍升，案支取，不令拖欠。

---

① "関支"，《黑城出土文書》錄文作"買"，現據圖版改。
② "至正"，《黑城出土文書》錄文作"□出"，現據圖版改。
③ 據下文"七月"可知，此處所缺文字應為"夏"。
④ "関"，《黑城出土文書》錄文作"買"，現據圖版改。
⑤ "関"，《黑城出土文書》錄文作"買"，現據圖版改。
⑥ "歺"，《黑城出土文書》錄文作"女"，現據圖版改。
⑦ "関"，《黑城出土文書》錄文作"買"，現據圖版改。
⑧ "路"，《黑城出土文書》錄文漏錄，現據圖版補。
⑨ 據文意推斷，"具"應為"居"。
⑩ "言"，《黑城出土文書》及杜建錄、鄧文韜文作"全"，現據圖版改。
⑪ 據文意推斷，"儀"應為"議"，《黑城出土文書》錄文作"議"。

5. 如住房人自不小心走失火燭，並不①
6. 房主之事，係住房人一面修補，无詞。
7. 恐後无憑，故立此賃房文
8. 字為照用。（結止符）
9. 　　至正廿年四月初一日立賃房②文字人 馬☐☐（簽押）

15. 元至正二十五年（1365）巴都麻改嫁合同婚書

題解：

本件《中國藏黑水城漢文文獻》中原始編號為F13：W130，出版編號為M1·0982，收於第六冊《契約》第1251頁，擬題為《至正二十五年十一月初七日大吉合同婚書》，並記其尺寸為49.7cm×25.8cm。本件還收錄於《黑城出土文書（漢文文書卷）》第186頁《契約類》，其所記文書編號與《中國藏黑水城漢文文獻》原始編號同，並列出文書諸要素為：麻紙，缺，行草書，尺寸為25.5cm×49.8cm。文書前後均完，現存文字24行。李逸友指出本件文書格式與《事林廣記》所載婚書格式不同，實質上其應是巴都麻的賣身文契。葉新民對黑城出土的合同婚書、借貸、雇傭、契約、合同夥計等契約文書結合文獻典籍進行了較為全面的分析，認為巴都麻的合同婚書的書寫樣式符合元代法令的明文規定，但聘財的數量則是根據蒙古人的習俗和當地實際情況而定，不受中書省所頒佈的民間婚嫁聘財數額的限制。劉永剛則將本文書重新定名為《至正廿五（1365）年巴都麻改嫁合同婚書》，並對其文書格式、人物關係和反映的元代改嫁習俗進行了探討。馬立群通過對本件文書及黑城出土其他婚姻類文書的解讀，對元代亦集乃路地區婚姻聘禮的形式、聘財的高低與婦女改嫁及經濟因素對婦女改嫁的影響等問題進行了探討。參考文獻：1. 李逸友《黑城出土的元代合同婚書》，《文物天地》1992年第2期；2. 秦新林《元代社會生活史》，河南大學出版社1997年版；3. 葉新民《亦集乃路元代契約文書研究》，《蒙古史研究》（第五輯），內蒙古大學出版社1997年版；4. 王曉清《元代社會婚姻形態》，武漢出版社2005年版；5. 尚彥斌《元代婚姻家庭禮俗與禮法文化》，收於郝時遠、羅賢佑主編《蒙元史

---

① 據文意"不"字後應缺一"干"字，杜建錄、鄧文韜文徑補。
② "房"，《黑城出土文書》錄文漏錄，現據圖版補。

暨民族史論集——紀念翁獨健先生誕辰一百周年》，社會科學文獻出版社 2006 年版；6. 胡興東《元代民事法律制度研究》，中國社會科學出版社 2007 年版；7. 劉永剛《對黑水城出土的一件婚姻文書的考釋》，《寧夏社會科學》2008 年第 4 期；8. 馬立群《黑水城出土婚姻類文書探析》，《圖書館理論與實踐》2012 年第 11 期；9. 杜建錄、鄧文韜《黑水城出土合同婚書整理研究》，《西夏研究》2015 年第 1 期；10. 楊雪《宋元婚書問題研究》，碩士學位論文，河北經貿大學，2015 年。

錄文標點：

1. 立合同大吉婚書文字人，領①北傀列地面，係
2. 太子位下所管軍戶脫歡等，今為差発重
3. 仲②，軍情未定，上馬不止，盤纏厥少，无可
4. 打兑出③期。今有④弟⑤脫火赤，軍上因病身故，抛
5. 下伊妻巴都麻，自為只身，難以獨居住
6. 坐，日每无甚養済。今憑媒證人帖哥⑥作
7. 媒，說合与亦集乃路屯田張千戶所管納粮
8. 軍户吳子忠家內，存日從良户下當差吳
9. 哈厘抛下長男一名，喚哈立巴台，說合作為
10. 證⑦妻，對衆親眷，言定財錢市斗內白⑧米壹石、
11. 小麦壹石、大麦壹石，羊、酒、筵席盡行下⑨足。
12. 脫歡一面収受了當，擇定良辰吉日，迎取⑩到家。
13. 誠⑪親之後，並不欠少分文不尽財錢。如有脫歡

---

① 據文意推斷，"領"應為"嶺"。
② 據文意推斷，"仲"應為"征"。杜建錄、鄧文韜文認為"重仲"應為"種種"。
③ "出"，《黑城出土文書》《黑城出土的元代合同婚書》、葉新民、王曉清、尚彥斌、馬立群等文作"照"，杜建錄、鄧文韜文作"書"，劉永剛文作"出"，據圖版應為"出"。
④ "有"，尚彥斌文作"又"，誤。
⑤ "弟"字字體較小，應為後寫補入，現徑改，《黑城出土的元代合同婚書》、秦新林、王曉清、尚彥斌、劉永剛等文漏錄，現據圖版補。
⑥ "哥"，《黑城出土的元代合同婚書》、王曉清、尚彥斌等文作"奇"，誤。
⑦ 據文意推斷，"證"應為"正"。
⑧ "白"，尚彥斌文作"百"，誤。
⑨ "下"，胡興東文作"不"，誤。
⑩ 據文意推斷，"取"應為"娶"。
⑪ 據文意推斷，"誠"應為"成"，尚彥斌、胡興東等文徑改作"成"。

14. 將弟妻巴都麻改嫁中，內別有不盡言詞、

15. 前夫未曾身故、慢妹①改嫁，一圴為②碍，並不干

16. 吳子忠之事，係脱歡等一面證 會无③ 詞。

17. 如哈立巴台將伊妻不作妻室台夆，罰小麦

18. 壹石。如巴都麻不受使用，非理作事，正主婚

19. 人罰白米壹石，充官用度。恐後憑④，故立大吉

20. 合同婚書文字為用。（結止符）

21. 　　至正廿五年十一月初七日⑤正主婚人　脱歡（簽押）

22. 　　　　付主婚人　　巴都麻（簽押）

23. 後⑥吉大利　　　　同主⑦主婚人　塔叉兒（簽押）
　　　　　　　　　　同主婚人　帖木兒（簽押）

24. 　　知見人李住哥

16. 元至正二十五年（1365）張寶奴借小麥契

題解：

本件《中國藏黑水城漢文文獻》中原始編號為F249：W18，出版編號為M1·0983，收於第六冊《契約》第1252頁，擬題為《至正二十五年東關住人張寶奴借小麥契》，並記其尺寸為24.3cm×19.8cm。本件還收錄於《黑城出土文書（漢文文書卷）》第186頁《契約類》，其所記文書編號為F209：W18，與《中國藏黑水城漢文文獻》原始編號異，並列出文書諸要素為：竹紙，殘，行草書，尺寸為19.5cm×24.0cm。文書前後均完，現存文字9行。參考文獻：1. 楊選第《元代亦集乃路的民間借貸契約》，《內蒙古師範大學學報》（哲學社會科學版）1996年第3期；2. 楊淑紅《元代的保人擔保——以黑水城所出民間借貸契約文書為中心》，《寧夏社會科學》2013年第1期。

---

① 據文意推斷，"慢妹"應為"瞞昧"。
② 據文意推斷，"為"應為"違"。
③ " 會无 "，《黑城出土文書》錄文作"人无頭"，杜建錄、鄧文韜文作"會頭"，現據圖版改。
④ 據文意推斷，"憑"字前應缺一"無"字。
⑤ "日"，胡興東文脱。
⑥ "後"，《黑城出土文書》錄文作"取"，現據圖版改。
⑦ "主"，杜建錄、鄧文韜文脱，現據圖版補。

錄文標點：

1. 今借小麦。亦集乃東關住人

2. 张宝奴，今為短①少口粮，别无

3. 得②处，今扵趙譯使処借到行③利

4. 市斗小麦伍斗，每月伍升，

5. 逐月④支取。本人要物之日即

6. 便帰还。如物人东西，代同人替还，

7. 恐後凭此为用。（結止符）

8. 　　至正廿五年　月　日借麦人张宝奴（簽押）

9. 　　　　　　　　　□□人李□兒（簽押）

10. 後 吉 □

17. 元至正二十七年（1367）卜羅傍才賣馬契

題解：

本件《中國藏黑水城漢文文獻》中原始編號為F20∶W15，出版編號為M1·0984，收於第六冊《契約》第1253頁，擬題為《至正二十七年賣馬契》，並記其尺寸為41.6cm×19.9cm。本件還收錄於《黑城出土文書（漢文文書卷）》第188頁《契約類》，其所記文書編號與《中國藏黑水城漢文文獻》原始編號同，並列出文書諸要素為：竹紙，殘，木版印刷，墨書填寫住址、人名、牲畜、糧食名數，尺寸為20.0cm×42.0cm。文書前後均全，現存文字12行。

錄文標點：

1. □馬立契人甘州没哥⑤禿住 人

2. 卜羅傍才今将自己家生帖青騾一⑥□四歲义□　⑦

---

① "短"，《黑城出土文書》錄文作"缺"，現據圖版改。
② "得"，《黑城出土文書》錄文作"借"，現據圖版改。
③ "行"字書寫原誤，塗抹後於右行改寫，現徑改。
④ "月"，《黑城出土文書》錄文作"用"，現據圖版改。
⑤ "哥"，《黑城出土文書》錄文作"齊"，現據圖版改。
⑥ "一"，《黑城出土文書》錄文漏錄，現據圖版補。
⑦ "四歲义□"為左行補入，現徑改。"义"，《黑城出土文書》錄文未釋讀，現據圖版補。

3. 正當三成，憑官牙人□□□□
4. □斗小麦壹石伍斗，情愿立□
5. □甘州住人速立牙文□□□
6. 當日并馬兩相交付，□□□
7. □买主自見人馬□□□□
8. □同賣人等①一面承當□□
9. □□□恐後无憑，立此賣契□
10. □正廿七年　月日立契人卜羅□□
11. 　　　　同立賣契人官音奴□
12. 　　　　官牙人 撒立（簽押）②
　　　　　　　　　李才□

18. 元蒙古元帥府春季口糧文書殘尾

題解：

本件《中國藏黑水城漢文文獻》中原始編號為 Y1：W201 正，出版編號為 M1·0985，收於第六冊《契約》第 1254 頁，擬題為《蒙古元帥府春季口糧文卷》，並記其尺寸為 20.7cm×38cm。本件還收錄於《黑城出土文書（漢文文書卷）》第 138 頁《軍用錢糧類·軍用錢糧》，其所記文書編號為 Y1：W201，並列出文書諸要素為：竹紙，殘，行書，尺寸為 37.8cm×20.4cm，經裁剪在背面書寫契約。文書為正背雙面書寫，此為正面內容，前缺後完，現存文字 5 行。

錄文標點：

　　　　（前缺）
1. 蒙古元帥府春季口粮　　管　軍　官（蒙古文官吏名）（簽押）
2. 　　　　　　　　　　管軍元帥（蒙古文官吏名）（簽押）
3. 　　　　　　　　　　管軍元帥塔剌赤
4. 　　　　　　　　　　（簽押）（簽押）

---

① "等"，《黑城出土文書》錄文漏錄，現據圖版補。
② "立"，《黑城出土文書》錄文作"文"，現據圖版改。另，錄文中的楷體字為手書填寫，其餘文字為木版印刷。

5.　　　　　初九日①　　　　　　　　　　　　　（簽押）

19. 北元宣光元年（1371）也先帖木兒鋪馬收付契

題解：

本件《中國藏黑水城漢文文獻》中原始編號為 Y1：W201 背，出版編號為 M1·0986，收於第六冊《契約》第 1255 頁，擬題為《宣光元年十一月十二日收付契》，並記其尺寸為 38cm×27cm。本件還收錄於《黑城出土文書（漢文文書卷）》第 189 頁《契約類》，其所記文書編號為 Y1：W201，並列出文書諸要素為：竹紙，原為軍人錢糧類文書，經裁剪在背面書寫此契約，契約有缺損，行草書，尺寸為 37.8cm×20.4cm。文書為正背雙面書寫，此為背面內容，前後均完，現存文字 15 行。許偉偉指出通過對本文書中鋪馬制度、鋪馬出借行為的分析，以及馬主管員身份的界定，可以從另一角度了解元代末期至北元初期甘肅行省的站赤消乏狀況以及相關社會面貌。參考文獻：許偉偉《黑城所收付契文書 Y1：W201 考釋》，《西夏學》（第六輯），上海古籍出版社 2010 年版。

錄文標點：

1. 立出収付文字人甘肅在城住人
2. 也先帖木兒，今收到至正卅年六月廿
3. 六日有亦集乃寄居住人金舍
4. 元揭取鋪馬四歲紫全馬壹疋，
5. 已於宣光元年十一月十二日有也先
6. 帖②木兒収到金舍元揭馬疋，一並
7. □□□當，並不欠③少，已後但有親
8. 戚衆口爭言，並不干元揭鋪馬
9. 金舍之事，馬主也先帖木兒一面
10. 承當无詞。恐後无憑，故立出収付

---

① "初九日"上鈐朱印一枚。
② "帖"，《黑城出土文書》錄文未釋讀，現據圖版補。
③ "欠"，《黑城出土文書》錄文作"見"，現據圖版改。

11. 文字為照用。（結止符）

12. 宣光元年十一月十二日出奴付人也先帖木兒（簽押）①

13. 　　　　　同立奴付人甥甥小云失海米（簽押）

14. 　　　　　知見人山荅失里三宝（簽押）

15. 　　　　　代書人尚理（簽押）

20. 元雇身契殘片

題解：

本件《中國藏黑水城漢文文獻》中原始編號為 F504：W1，出版編號為 M1・0987，收於第六冊《契約》第 1256 頁，擬題為《雇身契》，並記其尺寸為 10.7cm×17.5cm。《黑城出土文書（漢文文書卷）》一書未收。文書前完後缺，現存文字 5 行。參考文獻：楊淑紅《從人口買賣看元朝政府與民間社會的博弈》，《河北師範大學學報》（哲學社會科學版）2011 年第 2 期。

錄文標點：

1. □□字人綿合哥②，今為要雇人③身使

2. 　　　□，今將自己弟名喚妳馬歹④

3. 　　　□住人荅古禿処永遠為

4. 　　　身，兩家言定雇錢中統⑤

5. 　　　□□□□

　　　（後缺）

21. 元至正九年（1349）狼玉崙普借小麥契殘片（二）

題解：

本件《中國藏黑水城漢文文獻》中原始編號為 AE198　ZHi37，出版編號為 M3・

---

① 《黑城出土文書》錄文將此行文字分錄為兩行，現據圖版改。
② "哥"楊淑紅文作"等"，現據圖版改。
③ "人"楊淑紅文漏錄，現據圖版補。
④ "歹"楊淑紅文作"文"，現據圖版改。
⑤ "統"楊淑紅文未釋讀，現據圖版補。

0006，收於第六冊《契約》第 1257 頁，擬題為《借貸契》，並記其尺寸為 14.3cm×17.2cm。本件文書還收於陳炳應《黑城新出土的一批元代文書》一文（《考古與文物》1983 年第 1 期），其指出本件文書出土於 T3，所記文書編號為 79:22，並列出文書諸要素為：行草墨書，屬借據。陳文載有本件文書錄文，無圖版。文書前後均缺，現存文字 6 行。按，本號文書與《中國藏黑水城漢文文獻》第 1273 頁 M3・0007 ［AE193　ZHi32］號文書字跡、紙張相同，內容相關，應為同件文書。文書擬題依綴合後所定。參考文獻：楊淑紅《元代的保人擔保——以黑水城所出民間借貸契約文書為中心》，《寧夏社會科學》2013 年第 1 期。

錄文標點：

　　　　（前缺）

1. 今覩① □□□□ 錢主借 到 行 ②利錢小麦

2. 叁碩，糜子壹碩使□市官斗內，其③

3. 小麦并糜子限至到七月中交還數④

4. □。如至⑤日不還，同取代⑥保人一面⑦替

5. 還。无憑，故立此文字為用。（結止符）

6. 至 正⑧九年三月十四日正⑨借小麦人 玉 倫 □□

　　　　（後缺）

22. 北元至正三十年（1370）買賣契約殘尾

題解：

本件《中國藏黑水城漢文文獻》中原始編號為 F36：W2，出版編號為 M1・

---

① "今覩"，《黑城新出土的一批元代文書》錄文作"索糧"，現據圖版改。
② "錢主借 到 行"，《黑城新出土的一批元代文書》錄文作" □□ 得"，現據圖版改。
③ 此行文字《黑城新出土的一批元代文書》錄文作"□□□子重硬□□市□計內共"，現據圖版改。
④ 此行文字《黑城新出土的一批元代文書》錄文作"小麦糜子□豆到七月中交還□"，現據圖版改。
⑤ "至"，《黑城新出土的一批元代文書》錄文作"到"，現據圖版改。
⑥ "代"，《黑城新出土的一批元代文書》錄文作"人"，現據圖版改。
⑦ "面"，《黑城新出土的一批元代文書》錄文未釋讀，現據圖版補。
⑧ " 至 正"，《黑城新出土的一批元代文書》錄文未釋讀，現據圖版補。
⑨ "十四日正"，《黑城新出土的一批元代文書》錄文作"六日證"，現據圖版改。

0988，收於第六冊《契約》第 1258 頁，擬題為《買賣契約》，並記其尺寸為 38cm×19.8cm。《黑城出土文書（漢文文書卷）》一書未收。文書前缺後完，現存文字 3 行。

錄文標點：

（前缺）

1. 至正卅年三初①☐☐☐☐☐帖木兒（簽押）
2. ☐②見人拜☐（簽押）
3. 官牙人☐☐兒

23. 元戴四哥等租田契

題解：

本件《中國藏黑水城漢文文獻》中原始編號為 F13∶W106，出版編號為 M1·0989，收於第六冊《契約》第 1259 頁，擬題為《戴四哥等租田契》，並記其尺寸為 15.7cm×31.5cm。本件還收錄於《黑城出土文書（漢文文書卷）》第 186 頁《契約類》，其所記文書編號與《中國藏黑水城漢文文獻》原始編號同，並列出文書諸要素為：麻紙，殘，行楷書，尺寸為 31.5cm×15.5cm。文書前完後缺，現存文字 6 行。楊淑紅認為本件文書為一件合夥租佃契約，其格式與中原相似。杜建錄、鄧文韜則指出元代租佃契相對於西夏租賃契較少，應該和元代這一地區流行農奴制生產關係，在一定程度上限制了封建租佃制的發展有密切關係。參考文獻：1. 楊淑紅《元代民間契約關係研究》，博士學位論文，河北師範大學，2012 年；2. 杜建錄、鄧文韜《黑水城出土兩件租賃文書考釋》，《宋史研究論叢》（第十五輯），河北大學出版社 2014 年版。

錄文標點：

1. ☐☐☐☐☐渠住人戴四哥、張七③、馬和等☐☐☐
2. ☐☐☐☐☐謀到唐來渠西兀日金牌④官人閑荒草☐☐☐

---

① 據文意推斷，"初"字前應脫一"月"字。
② 據文意推斷，此處所缺文字應為"和"。
③ "七"，《黑城出土文書》錄文作"公"，現據圖版改。
④ "牌"，《黑城出土文書》錄文作"師"，楊淑紅文未錄存疑，杜建錄、鄧文韜文作"輝"，現據圖版改。

3. □①，東至唐来为界，南至民户地为界，西至草地为界②，

4. 北至本地为界，四至分明。租課天雨汗③種壹年，承納䃺

5. □□□叁碩，平旧方四④大斗刮量，不致短少。今恐

6. □□□□□□□□□

　　　　（後缺）

24. 元何教化賣馬契

題解：

本件《中國藏黑水城漢文文獻》中原始編號為 F209: W27，出版編號為 M1・0990，收於第六冊《契約》第 1260 頁，擬題為《何教化賣馬契》，並記其尺寸為 17.7cm×27.8cm。本件還收錄於《黑城出土文書（漢文文書卷）》第 189 頁《契約類》，其所記文書編號與《中國藏黑水城漢文文獻》原始編號同，並列出文書諸要素為：竹紙，殘，草行書，尺寸為 27.1cm×17.5cm。文書前完後缺，現存文字 7 行。

錄文標點：

1. 立賣馬文契人何教化，見在亦集乃路正街住坐，今為

2. 湏⑤錢使用，別无得处。今□元⑥買到這烈特扇馬

3. 壹疋，年當十歲，叁家⑦面議，依時價錢中統宝抄

4. 柒拾伍貫，□□□□□□与同街住人李拜延帖⑧木

5. 為主。其馬好歹，買主□□□□馬来处不明，賣主一

6. 面承當，並不干買主之事。一賣已後，兩无番悔，如

7. □□□□□□□□□□□□□□□□□□□□

　　　　（後缺）

---

① 此缺文杜建錄、鄧文韜文未標注，現據圖版補。
② "界"，《黑城出土文書》錄文錄作下一行，現據圖版改。
③ 據文意推斷，"汗"應為"旱"。
④ "四"，《黑城出土文書》錄文漏錄，現據圖版補。
⑤ "湏"，《黑城出土文書》錄文作"端"，現據圖版改。
⑥ "元"，《黑城出土文書》錄文作"主"，現據圖版改。
⑦ "叁家"，《黑城出土文書》錄文作"當衆"，現據圖版改。
⑧ "帖"，《黑城出土文書》錄文作"數"，現據圖版改。

25. 元至治二年（1322）攬腳契殘尾

題解：

本件《中國藏黑水城漢文文獻》中原始編號為 F144：W23，出版編號為 M1·0991，收於第六冊《契約》第 1261 頁，擬題為《攬腳契》，並記其尺寸為 22.3cm×29.8cm。本件還收錄於《黑城出土文書（漢文文書卷）》第 188 頁《契約類》，其所記文書編號與《中國藏黑水城漢文文獻》原始編號同，並列出文書諸要素為：竹紙，殘，行草書，尺寸為 29.0cm×21.0cm。文書前缺後完，現存文字 6 行。

錄文標點：

（前缺）

1. 宝鈔伍拾兩，兄仁无恐①信，故☐☐☐☐☐☐☐
2. 用。（結止符）至治二年九月初六日立☐☐☐☐
3. ☐☐☐☐☐☐
4. 　　　　同攬腳文字人撒的
5. 　　　　　　　　蜜②失
6. 　　　　知見人吳和尚（簽押）

26. 元合火契殘片

題解：

本件《中國藏黑水城漢文文獻》中原始編號為 F96：W3，出版編號為 M1·0992，收於第六冊《契約》第 1262 頁，擬題為《合同火契》，並記其尺寸為 13.4cm×26.2cm。本件還收錄於《黑城出土文書（漢文文書卷）》第 189 頁《契約類》，其所記文書編號與《中國藏黑水城漢文文獻》原始編號同，並列出文書諸要素為：竹紙，殘，行書，尺寸為 26.0cm×13.0cm。文書前完後缺，現存文字 5 行。參考文獻：1. 葉新民《亦集乃路元代契約文書研究》，《蒙古史研究》（第五輯），內蒙古大學出版社 1997 年版；2. 劉秋根《中國古代合夥制初探》，

---

① 據文意托段，"无恐"應作"恐无"。
② "蜜"，《黑城出土文書》錄文作"密"，現據圖版改。

人民出版社 2007 年版；3. 杜建錄、鄧文韜《黑水城出土合夥契約再考釋》，《西夏研究》2013 年第 4 期。

錄文標點：

1. 立合同火①計□合②文字人亦集乃在城③住人
2. ☐為本錢三十貳定壹拾伍兩
3. ☐本④城住人阿立⑤
4. ☐支糯米酒
5. ☐□⑥

（後缺）

27. 元元統二年（1334）也火合只乞你借物斛契殘尾

題解：

本件《中國藏黑水城漢文文獻》中原始編號為 F246：W1，出版編號為 M1·0993，收於第六冊《契約》第 1263 頁，擬題為《也火合只乞你借物斛契》，並記其尺寸為 19.6cm×19.9cm。本件還收錄於《黑城出土文書（漢文文書卷）》第 187 頁《契約類》，其所記文書編號與《中國藏黑水城漢文文獻》原始編號同，並列出文書諸要素為：竹紙，殘，楷書，尺寸為 19.0cm×19.0cm。文書前缺後完，現存文字 7 行。參考文獻：1. 楊選第《元代亦集乃路的民間借貸契約》，《內蒙古師範大學學報》（哲學社會科學版）1996 年第 3 期；2. 楊淑紅《元代的保人擔保——以黑水城所出民間借貸契約文書為中心》，《寧夏社會科學》2013 年第 1 期。

錄文標點：

（前缺）

1. ☐一面替還无詞。恐人失信，故立文字為

---

① 據文意推斷，"火"應通"伙"。
② 此處應缺兩字，《黑城出土文書》錄文僅標注一字，現據圖版改。
③ "在城"，《黑城出土文書》錄文未釋讀，現據圖版補。
④ "本"，《黑城出土文書》錄文未釋讀，杜建錄、鄧文韜文作"在"，現據圖版補。
⑤ "立"，《黑城出土文書》錄文作"文"，現據圖版改。
⑥ 此行文字《黑城出土文書》及杜建錄、鄧文韜文未標注，現據圖版補。

2. □①（結止符）
3. 　□②統二年二月初四日立借物斛人也火合只乞你（簽押）
4. 　　　　　　　　同取人男耳立吉（簽押）
5. 　　　　　　　　同取代保人也火合只玉你（簽押）
6. 　　　　　　　　知見人袁万家奴（簽押）
7. 　　　　　　　　知見人張竜保（簽押）

28. 元借錢契殘片

題解：

本件《中國藏黑水城漢文文獻》中原始編號為Y1：W54，出版編號為M1·0994，收於第六册《契約》第1264頁，擬題為《借錢契殘件》，並記其尺寸為18.6cm×27.1cm。《黑城出土文書（漢文文書卷）》一書未收。文書共四件殘片，殘片一、四各存文字2行，殘片二、三各存文字1行。參考文獻：杜建錄《中國藏黑水城出土漢文借錢契研究》，《西夏學》（第十輯），上海古籍出版社2013年版。

錄文標點：

（一）

　　　　　（前缺）

1. 立借錢文字人張□□
2. 　　　　　　□□□
　　　　　（後缺）

（二）

　　　　　（前缺）

1. ＿＿＿还粮 壹 市行息，已為憑
　　　　　（後缺）

（三）

　　　　　（前缺）

---

① 《黑城出土文書》錄文將此處缺文推補為"用"，且其後之簽押未標注，現據圖版改。
② 此處缺文《黑城出土文書》錄文推補為"元"，無誤。

1. ☐□任文秀（簽押）
   （後缺）

（四）
   （前缺）
1. ☐人☐
2. ☐人范文德（簽押）
   （後缺）

29. 元典錢契殘片

題解：

本件《中國藏黑水城漢文文獻》中原始編號為F144:W17，出版編號為M1·0995，收於第六冊《契約》第1265頁，擬題為《典錢契》，並記其尺寸為7.7cm×26.2cm。《黑城出土文書（漢文文書卷）》一書未收。文書前完後缺，現存文字2行。參考文獻：杜建錄《中國藏黑水城出土漢文借錢契研究》，《西夏學》（第十輯），上海古籍出版社2013年版。

錄文標點：

1. 立典錢文字人奉元□☐
2. 并妻舍南坐。今為自己將元取店下貨錢中☐
   （後缺）

30. 元汝竹□典地契殘片

題解：

本件《中國藏黑水城漢文文獻》中原始編號為F193:W10，出版編號為M1·0996，收於第六冊《契約》第1266頁，擬題為《典地契》，並記其尺寸為6.2cm×16.3cm。《黑城出土文書（漢文文書卷）》一書未收。文書前後均缺，現存文字4行。

錄文標點：

   （前缺）
1. ☐

2. _____□月　日立典地人汝竹□（簽押）
3. 　　　　　□典地人弟□中（簽押）
4. 　　　　　___人_____

（後缺）

31. 元合火契殘片（一）

題解：

本件《中國藏黑水城漢文文獻》中原始編號為 F2：W14a，出版編號為 M1·0997，收於第六冊《契約》第 1266 頁，擬題為《合火契》，並記其尺寸為 8.9cm×14.7cm。《黑城出土文書（漢文文書卷）》一書未收。文書前完後缺，現存文字 2 行。按，本號文書與《中國藏黑水城漢文文獻》第 1267 頁 M1·0998［F2：W14d］、第 1268 頁 M1·0999［F2：W14c］、M1·1000［F2：W14b］、第 1269 頁 M1·1002［F2：W14e］四件殘片字跡相同，內容相關，應為同一件文書。文書擬題依綴合後所定。參考文獻：1. 葉新民《亦集乃路元代契約文書研究》，《蒙古史研究》（第五輯），內蒙古大學出版社 1997 年版；2. 劉秋根《中國古代合夥制初探》，人民出版社 2007 年版；3. 杜建錄、鄧文韜《黑水城出土合夥契約再考釋》，《西夏研究》2013 年第 4 期。

錄文標點：

1. 立合火①文字人亦集乃_____
2. _____乃 住 人李大使_____

（後缺）

32. 元合火契殘片（二）

題解：

本件《中國藏黑水城漢文文獻》中原始編號為 F2：W14d，出版編號為 M1·0998，收於第六冊《契約》第 1267 頁，擬題為《文書殘件》，並記其尺寸為 14.3cm×22.5cm。《黑城出土文書（漢文文書卷）》一書未收。文書前完後缺，

---

① 據文意推斷，"火" 應通 "伙"。

現存文字3行。按，本號文書與《中國藏黑水城漢文文獻》第 1266 頁 M1·0997〔F2: W14a〕、第 1268 頁 M1·0999〔F2: W14c〕、M1·1000〔F2: W14b〕、第 1269 頁 M1·1002〔F2: W14e〕四件殘片字跡相同，內容相關，應為同一件文書。文書擬題依綴合後所定。參考文獻：1. 葉新民《亦集乃路元代契約文書研究》，《蒙古史研究》（第五輯），內蒙古大學出版社 1997 年版；2. 劉秋根《中國古代合夥制初探》，人民出版社 2007 年版；3. 杜建錄、鄧文韜《黑水城出土合夥契約再考釋》，《西夏研究》2013 年第 4 期。

錄文標點：

（前缺）

1. 立 合 同

（中缺 2 行）

2.　　篦床壹付，計五扇；　　□

3.　　黑磁桄壹拾捌个①；　　花單

（後缺）

33. 元合火契殘片（三）

題解：

本件《中國藏黑水城漢文文獻》中原始編號為 F2: W14c，出版編號為 M1·0999，收於第六冊《契約》第 1268 頁，擬題為《文書殘件》，並記其尺寸為 5cm×5.3cm。《黑城出土文書（漢文文書卷）》一書未收。文書前後均缺，現存文字 2 行。按，本號文書與《中國藏黑水城漢文文獻》第 1266 頁 M1·0997〔F2: W14a〕、第 1267 頁 M1·0998〔F2: W14d〕、第 1268 頁 M1·1000〔F2: W14b〕、第 1269 頁 M1·1002〔F2: W14e〕四件殘片字跡相同，內容相關，應為同一件文書。文書擬題依綴合後所定。參考文獻：劉秋根《中國古代合夥制初探》，人民出版社 2007 年版。

錄文標點：

（前缺）

---

① "个"，杜建錄、鄧文韜文未釋讀，現據圖版補。

1. 悔者罰☐☐☐☐☐☐☐

2. 信，故立文☐☐☐☐☐☐

　　（後缺）

34. 元合火契殘片（四）

題解：

本件《中國藏黑水城漢文文獻》中原始編號為 F2：W14b，出版編號為M1·1000，收於第六冊《契約》第 1268 頁，擬題為《文書殘件》，並記其尺寸為 14.6cm×19.1cm。《黑城出土文書（漢文文書卷）》一書未收。文書前後均缺，現存文字5行。按，本號文書與《中國藏黑水城漢文文獻》第 1266 頁M1·0997 ［F2：W14a］、第 1267 頁M1·0998 ［F2：W14d］、第 1268 頁M1·0999 ［F2：W14c］、第 1269 頁M1·1002 ［F2：W14e］ 四件殘片字跡相同，內容相關，應為同一件文書。文書擬題依綴合後所定。參考文獻：1. 葉新民《亦集乃路元代契約文書研究》，《蒙古史研究》（第五輯），內蒙古大學出版社1997年版；2. 劉秋根《中國古代合夥制初探》，人民出版社2007年版；3. 杜建錄、鄧文韜《黑水城出土合夥契約再考釋》，《西夏研究》2013年第4期。

錄文標點：

　　　　（前缺）

1. ☐☐☐☐☐☐☐如有什☐☐☐☐

2. 有☐☐☐☐☐☐本錢大通☐☐☐☐

3. 半，李大使、曹大壹分半，合火☐☐

4. 內伴當，慢昧①欺隱，偷盜分☐☐☐

5. 李大使収管，見在☐☐☐☐

　　　　（後缺）

35. 元契約殘片

題解：

本件《中國藏黑水城漢文文獻》中原始編號為 F180：W5，出版編號為M1·

---

① 據文意推斷，"慢昧" 應為 "瞞昧"。

1001，收於第六冊《契約》第1269頁，擬題為《契約殘件》，並記其尺寸為11.1cm×16.6cm。《黑城出土文書（漢文文書卷）》一書未收。文書前後均缺，現存文字4行。

錄文標點：

（前缺）

1. ☐☐☐☐ 驢 文字人弟☐☐撒立如（簽押）
2. ☐☐☐ 人張宏道（簽押）
3. ☐① 見人焦父☐☐☐
4. ☐② 見人任☐☐☐

（後缺）

36. 元合火契殘片（五）

題解：

本件《中國藏黑水城漢文文獻》中原始編號為F2：W14e，出版編號為M1·1002，收於第六冊《契約》第1269頁，擬題為《文書殘件》，並記其尺寸為7.3cm×14.7cm。《黑城出土文書（漢文文書卷）》一書未收。文書前後均缺，現存文字2行。按，本號文書與《中國藏黑水城漢文文獻》第六冊《契約》第1266頁M1·0997［F2：W14a］、第1267頁M1·0998［F2：W14d］、第1268頁M1·0999［F2：W14c］、M1·1000［F2：W14b］四件殘片字跡相同，內容相關，應為同一件文書。文書擬題依綴合後所定。參考文獻：劉秋根《中國古代合夥制初探》，人民出版社2007年版。

錄文標點：

（前缺）

1. ☐☐☐ 个 ☐☐☐
2. 小楱三个 ☐☐☐

（後缺）

---

① 據其他契約文書可知，此處所缺文字應為"知"。
② 據其他契約文書可知，此處所缺文字應為"知"。

37. 元楊行者借小麥契

題解：

本件《中國藏黑水城漢文文獻》中原始編號為 F125：W40，出版編號為M1·1003，收於第六冊《契約》第1270頁，擬題為《沙立渠住人楊行者借小麥契》，並記其尺寸為12.1cm×28.7cm。本件還收錄於《黑城出土文書（漢文文書卷）》第187頁《契約類》，其所記文書編號與《中國藏黑水城漢文文獻》原始編號同，並列出文書諸要素為：竹紙，殘，行草書，尺寸為29.0cm×11.0cm。文書前完後缺，現存文字5行。按，此文書中之楊行者還見於《中國藏黑水城漢文文獻》第1275頁M1·1009［84H·F144：W20/2053］號文書殘片三。參考文獻：1. 楊選第《元代亦集乃路的民間借貸契約》，《內蒙古師範大學學報》（哲學社會科學版）1996年第3期；2. 楊淑紅《元代的保人擔保——以黑水城所出民間借貸契約文書為中心》，《寧夏社會科學》2013年第1期。

錄文標點：

1. 立借小麥文字人沙立渠住人楊行者，今為要小麥

2. 使用，別無得①處，遂②問到在城住人馬大使處借到

3. 壹③市官斗小麥兩石壹斗，本人限至七月終

4. 交還。如有借麥人走在東西，係同取代保人 替

5. ＿＿＿恐後④失信，故立此文＿＿＿＿＿＿

　　（後缺）

38. 元李朳歹借小麥契殘尾

題解：

本件《中國藏黑水城漢文文獻》中原始編號為 F224：W28，出版編號為M1·

---

① "得"，《黑城出土文書》錄文作"借"，現據圖版改。
② "遂"，《黑城出土文書》錄文作"見"，現據圖版改。
③ "壹"，《黑城出土文書》錄文未釋錄，現據圖版補。
④ "後"，《黑城出土文書》錄文漏錄，現據圖版補。

1004，收於第六冊《契約》第1270頁，擬題為《李杓歹借小麥契》，並記其尺寸為10.9cm×13.3cm。本件還收錄於《黑城出土文書（漢文文書卷）》第186頁《契約類》，其所記文書編號與《中國藏黑水城漢文文獻》原始編號同，並列出文書諸要素為：麻紙，殘，行書，尺寸為12.5cm×10.1cm。文書前缺後完，現存文字5行。參考文獻：楊淑紅《元代的保人擔保——以黑水城所出民間借貸契約文書為中心》，《寧夏社會科學》2013年第1期。

錄文標點：

（前缺）

1. ☐☐☐☐☐☐☐☐☐☐無詞。恐後無信，☐
2. ☐☐☐☐正月 日正借小麦人李杓歹☐
3. ☐☐☐☐☐☐正借小麦人鄒即那孩☐
4. ☐☐☐☐☐☐同取代保人梁耳黑☐☐☐①
5. ☐②見人卜☐☐☐

39. 元帖立都木立借小麥契

題解：

本件《中國藏黑水城漢文文獻》中原始編號為F125：W37，出版編號為M1·1005，收於第六冊《契約》第1271頁，擬題為《額迷渠住人帖立都木立借小麥契》，並記其尺寸為7.4cm×28.5cm。本件還收錄於《黑城出土文書（漢文文書卷）》第187頁《契約類》，其所記文書編號與《中國藏黑水城漢文文獻》原始編號同，並列出文書諸要素為：竹紙，殘，草行書，尺寸為28.5cm×7.3cm。文書前完後缺，現存文字4行。參考文獻：1. 楊選第《元代亦集乃路的民間借貸契約》，《內蒙古師範大學學報》（哲學社會科學版）1996年第3期；2. 楊淑紅《元代的保人擔保——以黑水城所出民間借貸契約文書為中心》，《寧夏社會科學》2013年第1期。

錄文標點：

1. 立借小麦文字人額迷渠住人帖立都木立，今為闕

---

① 據其他契約文書可知，文書第2—4行行末所缺應為"簽押"。
② 據其他契約文書可知，此處所缺文字應為"知"，《黑城出土文書》錄文即作"知"。

2. 少口粮，别无得①，今扵②在城住人馬大使処借到

3. 小麦捌斗入手③食用，其麦自限至八月終一併

4. 交⬚⬚⬚⬚⬚⬚⬚⬚⬚⬚⬚⬚⬚⬚⬚⬚，係同取

    （後缺）

40. 元至正十一年（1351）契約殘尾

題解：

本件《中國藏黑水城漢文文獻》中原始編號為 F146：W26，出版編號為M1·1006，收於第六冊《契約》第1272頁，擬題為《至正十一年十一月廿一日借貸契》，並記其尺寸為 10cm×22.7cm。《黑城出土文書（漢文文書卷）》一書未收。文書前後均缺，現存文字4行。參考文獻：楊淑紅《元代的保人擔保——以黑水城所出民間借貸契約文書為中心》，《寧夏社會科學》2013年第1期。

錄文標點：

    （前缺）

1. 日不見交还，同取代保人一面⬚⬚⬚⬚

2. 詞。恐人无信，故文④字為用。（結止符）

3.   至正十一年十一月廿一日立文字⬚⬚⬚⬚

4.   知見人常和順（簽押）   代保人⬚⬚⬚⬚

    （後缺）

41. 元至正九年（1349）狼玉倫普借小麥契殘片（一）

題解：

本件《中國藏黑水城漢文文獻》中原始編號為 AE193   ZHi32，出版編號為 M3·0007，收於第六冊《契約》第1273頁，擬題為《借小麥契》，並記其尺寸為 8.1cm×17.1cm。本件文書還收於陳炳應《黑城新出土的一批元代文書》一文

---

① 據其他契約文書可知，"得"字後應脫一"処"字。
② "扵"，《黑城出土文書》錄文作"到"，現據圖版改。
③ "入手"，《黑城出土文書》錄文作"拿"，現據圖版改。
④ 據其他契約文書可知，"文"字前應缺一"立"字。

（《考古與文物》1983年第1期），其指出本件文書出土於T3，所記文書編號為79:17，並列出文書諸要素為：楷體墨書，屬借據。陳文載有本件文書錄文，無圖版。文書前完後缺，現存文字3行。按，本號文書與《中國藏黑水城漢文文獻》第1257頁M3·0006［AE198 ZHi37］號文書字跡、紙張相同，內容相關，應為同件文書。文書擬題依綴合後所定。參考文獻：楊淑紅《元代的保人擔保——以黑水城所出民間借貸契約文書為中心》，《寧夏社會科學》2013年第1期。

錄文標點：

1. 立借小麥文字人亦集乃路沙立①渠
2. □人狼②玉倫普，自為闕③少口糧，別
3. ＿＿＿□保人□□＿＿＿
　　　　（後缺）

42. 元元統年間借麥契殘片

題解：

本件《中國藏黑水城漢文文獻》中原始編號為F125:W56，出版編號為M1·1007，收於第六冊《契約》第1273頁，擬題為《借麥契》，並記其尺寸為7cm×11.6cm。《黑城出土文書（漢文文書卷）》一書未收。文書前後均缺，現存文字3行。參考文獻：楊淑紅《元代的保人擔保——以黑水城所出民間借貸契約文書為中心》，《寧夏社會科學》2013年第1期。

錄文標點：

　　　　（前缺）
1. 帰还，係同取代保人一面＿＿
2. 信，故立此借麦＿＿＿＿
3. 　　元統　年＿＿＿＿
　　　　（後缺）

---

① "立"，《黑城新出土的一批元代文書》錄文作"尓"，現據圖版改。
② "□人狼"，《黑城新出土的一批元代文書》錄文作"浪"，現據圖版改。
③ "闕"，《黑城新出土的一批元代文書》錄文未釋讀，現據圖版補。

43. 元借小麥契殘片

題解：

本件《中國藏黑水城漢文文獻》中原始編號為84H·F114：W15/2048，出版編號為M1·1008，收於第六冊《契約》第1274頁，擬題為《借小麥契等殘件》，並記其尺寸為19cm×24.1cm。《黑城出土文書（漢文文書卷）》一書未收。文書共四件殘片，殘片一、三、四各存文字2行，殘片二現存文字1行，但殘片一、二、四文字均被塗抹，僅殘片三兩行文字存留。

錄文標點：

（一）

（原存文字2行，後塗抹）

（二）

（原存文字1行，後塗抹）

（三）

　　　　　（前缺）

1. 嵬立束借小麦本□□□□□
2. 阿立兀即借小□□□□□□

　　　　　（後缺）

（四）

（原存文字2行，後塗抹）

44. 元借小麥契殘片

題解：

本件《中國藏黑水城漢文文獻》中原始編號為84H·F144：W20/2053，出版編號為M1·1009，收於第六冊《契約》第1275頁，擬題為《借小麥契殘件》，並記其尺寸為16.4cm×29.4cm。《黑城出土文書（漢文文書卷）》一書未收。文書共四件殘片，殘片一、二、四各存文字2行，殘片三現存文字1行。按，本件文書殘片三之"楊行者"一名還見於《中國藏黑水城漢文文獻》第1270頁M1·1003［F125：W40］號文書。

970　中國藏黑水城漢文文獻的整理與研究

錄文標點：

（一）

　　　　（前缺）
1. 克十立□□□□
2. 重喜本利□□□□
　　　　（後缺）

（二）

　　　　（前缺）
1. 張官宝借小麦本□□□□
2. □□□□□□□
　　　　（後缺）

（三）

　　　　（前缺）
1. 楊行者□□□□
　　　　（後缺）

（四）

　　　　（前缺）
1. □□□□□□本利一十石
2. □□□□□□□
　　　　（後缺）

45. 元俺某借麥契殘片

題解：

　　本件《中國藏黑水城漢文文獻》中原始編號為 Y1：W87，出版編號為M1·1010，收於第六冊《契約》第 1276 頁，擬題為《借麥契》，並記其尺寸為 13.6cm×16.3cm。本件還收錄於《黑城出土文書（漢文文書卷）》第 187 頁《契約類》，其所記文書編號與《中國藏黑水城漢文文獻》原始編號同，並列出文書諸要素為：竹紙，殘，行書，尺寸為 16.0cm×13.5cm。文書前完後缺，現存文字 7 行。參考文獻：1. 楊選第《元代亦集乃路的民間借貸契約》，《內蒙古師範大學學報》（哲學社會科學版）1996 年第 3 期；2. 楊淑紅《元代的保人擔保——以黑水城所出民間借貸契約文書為中心》，《寧夏社會科學》2013 年第 1 期。

錄文標點：

1. □□①麦文字□□渠住人俺
2. □，今為闕少□②粮，別得③處，遂④
3. 問到本州處□⑤□三面上借到
4. 小麦伍石，限至八月中⑥交
5. 還。如至日不見交還，每月
6. 每石行息壹斗，按月
7. 計筭，□□⑦拖欠。如有□
   （後缺）

46. 元楊文或借麥契殘片

題解：

本件《中國藏黑水城漢文文獻》中原始編號為 F2：W57，出版編號為 M1·1011，收於第六冊《契約》第 1277 頁，擬題為《楊文或借麥契》，並記其尺寸為 14.9cm×19.8cm。本件還收錄於《黑城出土文書（漢文文書卷）》第 187 頁《契約類》，其所記文書編號與《中國藏黑水城漢文文獻》原始編號同，並列出文書諸要素為：竹紙，殘，草行書，尺寸為 19.5cm×14.2cm。文書前完後缺，現存文字 6 行。參考文獻：1. 楊選第《元代亦集乃路的民間借貸契約》，《內蒙古師範大學學報》（哲學社會科學版）1996 年第 3 期；2. 楊淑紅《元代的保人擔保——以黑水城所出民間借貸契約文書為中心》，《寧夏社會科學》2013 年第 1 期。

---

① 據其他契約文書可知，此處所缺文字應為"立借"。
② 據其他契約文書可知，此處所缺文字應為"口"。
③ 據其他契約文書可知，"得"字前應脫一"無"字，《黑城出土文書》錄文加補"無"字，現據圖版改。
④ "遂"，《黑城出土文書》錄文作"找"，現據圖版改。
⑤ 此字殘，《黑城出土文書》錄文作"人"，現存疑。
⑥ 據其他契約文書推斷，"中"應為"終"，《黑城出土文書》錄文作"里"，現據圖版改。
⑦ 據其他契約文書推斷，此處所缺文字應為"不得"。

錄文標點：

1. 立借小麦文☐☐☐☐☐☐☐☐☐☐

2. 楊文彧，今为要麦使用，別無得处，

3. 今於本①府住人☐☐☐☐面上借到

4. 市斗小麦壹石。其麦每月每斗

5. 照行利息壹升。如借麦人東西迷

6. 閃，代保人一面替还無词。恐人失信

　　　　（後缺）

47. 元馬令只契約殘片

題解：

本件《中國藏黑水城漢文文獻》中原始編號為 F19：W34，出版編號為M1·1012，收於第六冊《契約》第 1278 頁，擬題為《契約殘件》，並記其尺寸為 4cm×14.8cm。《黑城出土文書（漢文文書卷）》一書未收。文書前後均缺，現存文字 2 行。

錄文標點：

　　　　（前缺）

1. ☐☐☐☐☐月十三日立☐☐人馬令只　☐☐☐

2. 　　　　　　　　知見人李☐☐　　☐☐☐②

　　　　（後缺）

48. 元借小麥契殘片

題解：

本件《中國藏黑水城漢文文獻》中原始編號為 F1：W49，出版編號為M1·1013，收於第六冊《契約》第 1278 頁，擬題為《借小麥契》，並記其尺寸為 9.5cm×28.9cm。《黑城出土文書（漢文文書卷）》一書未收。文書共兩件殘片，可拼合，拼合後前完後缺，現存文字 3 行。

---

① "本"，《黑城出土文書》錄文作"在"，現據圖版改。
② 據其他契約文書可知，此兩行文字行末所缺應為"簽押"。

錄文標點：

1. 立借小麦字①人亦集乃路 在 □□□□

2. 今为要錢使用，别□□②处，今将元賣③

3. 副使楊文彬□ 吏 伍 拾

（後缺）

49. 元借小麥契殘片

題解：

本件《中國藏黑水城漢文文獻》中原始編號為84H·F209：W41/2339，出版編號為M1·1014，收於第六冊《契約》第1279頁，擬題為《借麥契》，並記其尺寸為11.1cm×12.7cm。《黑城出土文書（漢文文書卷）》一書未收。文書前後均缺，現存文字5行。

錄文標點：

（前缺）

1. ____ □渠社長 处 借 ____

2. ____ 壹 市内斗小麦 陸 ____

3. ____ 限至七月終交 還 □ ____

4. ____ □不見以今已□ ____

5. ____ 右用一 妻 男 □ ____

（後缺）

50. 元契約殘尾

題解：

本件《中國藏黑水城漢文文獻》中原始編號為Y1：W92A，出版編號為M1·1015，收於第六冊《契約》第1279頁，擬題為《契約殘件》，並記其尺寸為

---

① 據其他契約文書可知，"字"字前應缺一"文"字。
② 據其他契約文書可知，此處所缺兩字應為"無得"。
③ 文書第2行"处，今將元賣"為殘片二內容，其餘均為殘片一內容。

5.5cm×23cm。《黑城出土文書（漢文文書卷）》一書未收。文書前後均缺，現存文字 2 行。

錄文標點：

（前缺）

1. 　　　　同取代保韋忻都□▢
2. 利　　　　代保人買①□▢

（後缺）

51. 元借紅花契殘片

題解：

本件《中國藏黑水城漢文文獻》中原始編號為 84H・F20：W53/0702，出版編號為M1・1016，收於第六冊《契約》第 1280 頁，擬題為《契約》，並記其尺寸為 12.3cm×24.3cm。《黑城出土文書（漢文文書卷）》一書未收。文書前後均缺，現存文字 5 行。參考文獻：楊淑紅《元代的保人擔保——以黑水城所出民間借貸契約文書為中心》，《寧夏社會科學》2013 年第 1 期。

錄文標點：

（前缺）

1. 要□使用，別無得処▢
2. 紅花陸斤，其花本人自限至七月一併▢
3. 如至日不見帰還，係同取代保人▢
4. ▢詞。恐人失信，故立此借紅花 文 ▢
5. ▢（結止符）

（後缺）

52. 元借糜子契殘片

題解：

本件《中國藏黑水城漢文文獻》中原始編號為 F178：W2，出版編號為M1・

---

① "買"字前原衍一字，後塗抹，現徑改。

1017，收於第六冊《契約》第 1281 頁，擬題為《契約殘件》，並記其尺寸為 12.1cm×15.5cm。《黑城出土文書（漢文文書卷）》一書未收。文書前完後缺，現存文字 5 行。

　　錄文標點：

　　1. 立借糜子文字人沙刺│渠│
　　2. 今為闕少口粮，別無得│　│
　　3. 人　　　処借□│　　│
　　4. │　　│刮量本人│自│
　　5. │　│交还，每月│　　│
　　　　　（後缺）

53. 元規劃本息錢文書殘片

　　題解：

　　本件《中國藏黑水城漢文文獻》中原始編號為 84H·文官府: W21/2918，出版編號為M1·1018，收於第六冊《契約》第 1281 頁，擬題為《契約殘件》，並記其尺寸為 8.3cm×21.1cm。《黑城出土文書（漢文文書卷）》一書未收。文書共兩件殘片，殘片一前後均缺，現存文字 3 行，殘片二無文字殘留。從內容來看，其應非契約，而應為官府規劃本息文書殘件。

　　錄文標點：

　　（一）
　　　　　（前缺）
　　1. │　　│拾柒│　　　│
　　2. 元本錢貳拾│　　　│
　　3. 規劃息錢元本│　　│
　　　　　（後缺）
　　（二）
　　（無文字殘留）

54. 元乞荅哈質當契殘尾

題解：

本件《中國藏黑水城漢文文獻》中原始編號為 F213：W1，出版編號為 M1·1019，收於第六冊《契約》第 1282 頁，擬題為《契約殘件》，並記其尺寸為 21.1cm×28.3cm。《黑城出土文書（漢文文書卷）》一書未收。文書前缺後完，現存文字 6 行。

錄文標點：

（前缺）

1. ☐☐☐☐☐質當人乞荅哈（簽押）
2. 　　　　同質當人也列堅（簽押）
3. 　　　　同質當人阿速（簽押）
4. 　　　　伏①質當錢人提乞列
5. 　　　　知見人
6. 　　　　知見人刘令只（簽押）

55. 元借糜子契殘片

題解：

本件《中國藏黑水城漢文文獻》中原始編號為 84H·F20：W21/0670，出版編號為 M1·1020，收於第六冊《契約》第 1283 頁，擬題為《契約殘件》，並記其尺寸為 5.6cm×13.2cm。《黑城出土文書（漢文文書卷）》一書未收。文書前後均缺，現存文字 2 行。

錄文標點：

（前缺）

1. 北養哥住借到 㡿☐☐☐
2. 人自限日十月初八日歸☐☐☐

（後缺）

---

① "伏"疑應為"付"。

56. 元借糧契殘片

題解：

本件《中國藏黑水城漢文文獻》中原始編號為 F2：W12，出版編號為M1·1021，收於第六冊《契約》第 1283 頁，擬題為《契約殘件》，並記其尺寸為 7cm×14cm。《黑城出土文書（漢文文書卷）》一書未收。文書前後均缺，現存文字 3 行。從內容來看，其似為借糧契約殘片。

錄文標點：

（前缺）
1. ☐☐☐息壹斗☐☐☐☐☐☐
2. ☐☐☐☐☐人東西趂閃，☐☐以
3. ☐☐☐無詞，故立此文为用。（結止符）

（後缺）

57. 元契約殘尾

題解：

本件《中國藏黑水城漢文文獻》中原始編號為 F254：W1，出版編號為M1·1022，收於第六冊《契約》第 1284 頁，擬題為《契約殘件》，並記其尺寸為 15.4cm×12.1cm。《黑城出土文書（漢文文書卷）》一書未收。文書前後均缺，現存文字 7 行。

錄文標點：

（前缺）
1. ☐☐☐☐☐東西，係同取代☐☐☐☐
2. ☐☐☐☐☐無詞。只此文字為☐☐
3. ☐☐☐☐月廿二日立借☐人☐☐
4. 　　　同取代保人☐☐☐☐
5. 　　　知見人☐☐☐☐
6. 　　　知見人☐☐☐☐

7.　　　　　知見□□□□□□□□

　　　　（後缺）

58. 元貸錢契殘片

題解：

本件《中國藏黑水城漢文文獻》中原始編號為 F21：W7，出版編號為 M1·1023，收於第六冊《契約》第 1285 頁，擬題為《契約殘件》，並記其尺寸為 20.5cm×21.3cm。《黑城出土文書（漢文文書卷）》一書未收。文書共三件殘片，殘片一現存文字 4 行，殘片二現存文字 2 行，殘片三現存文字 1 行。其中殘片一、二可拼合。

錄文標點：

（一、二）

　　　　（前缺）

1. 房□貸錢□□□□□□□□□□□□□□□□□

2. 一寫已定，各无憍悔。如□先悔者，罰□□□□□拾

3. 兩，為不悔之人用度。恐後无憑，□文字為照①

4. 用。（結止符）

　　　　（後缺）

（三）

　　　　（前缺）

1.　　　　知見人□□□□□

59. 元借錢契殘片

題解：

本件《中國藏黑水城漢文文獻》中原始編號為 F80：W5，出版編號為 M1·1024，收於第六冊《契約》第 1286 頁，共四件殘片，分為兩組，擬題為《契約

---

① 第 2—3 行"□□□悔者，罰□□□□拾""後无憑，□文字為照"為殘片二內容，其餘文字為殘片一內容。

殘件》，並記其尺寸分別為 12.3cm×19.9cm、10.7cm×11.4cm。《黑城出土文書（漢文文書卷）》一書未收。文書殘片一現存文字 2 行，殘片二現存文字 1 行，殘片三僅存簽押，殘片四現存文字 3 行。

錄文標點：

（一）

　　　　　　（前缺）

1. ☐元壹定☐☐☐☐

2. ☐☐☐錢 人連☐

　　　　　　（後缺）

（二）

　　　　　　（前缺）

1. ☐☐☐拖欠☐☐☐

　　　　　　（後缺）

（三）

　　　　　　（前缺）

1. ☐☐☐（簽押）

（四）

1. 立借錢☐①字人亦 集☐☐

2. 使用，別无得処☐☐☐

3. 脱宝☐☐☐☐☐☐

　　　　　　（後缺）

60. 元借紙契殘片

題解：

本件《中國藏黑水城漢文文獻》中原始編號為 F111∶W35，出版編號為 M1·1025，收於第六冊《契約》第 1287 頁，擬題為《契約殘件》，並記其尺寸為 8.3cm×12.1cm。《黑城出土文書（漢文文書卷）》一書未收。文書前完後缺，現

---

① 據其他契約文書可知，此處所缺文字應為"文"。

存文字 2 行。

　　錄文標點：

　　　1. 立文字人徐▢
　　　2. 到小吊一塊▢
　　　　　（後缺）

61. 元契約殘片

題解：

本件《中國藏黑水城漢文文獻》中原始編號為 83H·F1：W25/0025，出版編號為 M1·1026，收於第六冊《契約》第 1287 頁，擬題為《契約殘件》，並記其尺寸為 11.1cm×10.7cm。《黑城出土文書（漢文文書卷）》一書未收。文書前後均缺，原文字 4 行，其中前 2 行塗抹，現存文字 2 行。

　　錄文標點：

　　　　　（前缺）
　　　1. ▢人舍各立借▢①
　　　2. ▢別無得処，遂▢
　　　　　（後缺）

62. 元契約殘片

題解：

本件《中國藏黑水城漢文文獻》中原始編號為 84H·F80：W5/1034，出版編號為 M1·1027，收於第六冊《契約》第 1288 頁，擬題為《契約殘件》，並記其尺寸為 6.7cm×11cm。《黑城出土文書（漢文文書卷）》一書未收。文書前後均缺，現存文字 1 行。

　　錄文標點：

　　　　　（前缺）
　　　1. 一面替还无詞。▢
　　　　　（後缺）

---

① 此行文字前原有 2 行文字，後塗抹，現徑改。

63. 元文書殘片

題解：

本件《中國藏黑水城漢文文獻》中原始編號為84H・F80：W7/1036，出版編號為M1・1028，收於第六冊《契約》第1288頁，擬題為《契約殘件》，並記其尺寸為5.2cm×4.4cm。《黑城出土文書（漢文文書卷）》一書未收。文書前後均缺，現存文字3行。

錄文標點：

（前缺）

1. ☐☐☐☐☐
2. ☐☐☐三年☐
3. ☐☐☐☐☐☐

（後缺）

64. 元責領狀殘片

題解：

本件《中國藏黑水城漢文文獻》中原始編號為83H・F1：W50/0050，出版編號為M1・1029，收於第六冊《契約》第1289頁，擬題為《文書殘件》，並記其尺寸為18.9cm×23.2cm。《黑城出土文書（漢文文書卷）》一書未收。文書為正背雙面書寫，正面內容現存文字5行，從內容來看，其應為責領狀殘片；背面圖版《中國藏黑水城漢文文獻》未收，從正面所透墨跡看，背面現存至少6行文字。

錄文標點：

正：

（前缺）

1. ☐☐☐☐☐☐☐☐☐☐
2. ☐☐☐☐☐☐處，不致違☐
3. ☐☐☐☐☐當下不☐☐
4. 台旨。

5. ▢▢▢月十一日取責領人持▢▢▢▢

背：

（略）

65. 元大德二年（1298）徐令支契約殘片

題解：

本件《中國藏黑水城漢文文獻》中原始編號為84H·F111：W38/1116，出版編號為M1·1030，收於第六冊《契約》第1290頁，擬題為《大德二年六月二十四日契約》，並記其尺寸為4.6cm×19.9cm。《黑城出土文書（漢文文書卷）》一書未收。文書前後均缺，現存文字2行。

錄文標點：

（前缺）

1. 无信，立此為用。（結止符）
2. 　　大德二年六月二十四日文字人徐令支（簽押）

66. 元李閏通與趙譯史合火契

題解：

本件《中國藏黑水城漢文文獻》中原始編號為F209：W59，出版編號為M1·1031，收於第六冊《契約》第1291頁，擬題為《李閏通與趙譯史合火契》，並記其尺寸為37.4cm×32cm。本件還收錄於《黑城出土文書（漢文文書卷）》第189頁《契約類》，其所記文書編號與《中國藏黑水城漢文文獻》原始編號同，並列出文書諸要素為：麻紙，殘，行草書，尺寸為27.7cm×30.0cm。文書前後均完，現存文字18行。參考文獻：1. 葉新民《亦集乃路元代契約文書研究》，《蒙古史研究》（第五輯），內蒙古大學出版社1997年版；2. 劉秋根《中國古代合夥制初探》，人民出版社2007年版；3. 杜建錄、鄧文韜《黑水城出土合夥契約再考釋》，《西夏研究》2013年第4期。

錄文標點：

1. 立合同火計①文字人李闰通☐☐☐☐
2. 住人趙譯史，二人火計作開米☐☐☐
3. 定，趙譯史出办本②家☐☐③☐
4. 酒噐什物、床塌棹椅，全☐☐☐☐
5. 每斤④市斗内價錢小麦☐☐☐☐
6. 通取俗到本錢市斗内⑤☐☐☐☐
7. 二人限日⑥各俗己本，収買酒米并⑦☐
8. 疋外，有人工各另出力，都⑧料☐☐
9. 到息錢，各除⑨元本，二人均☐☐
10. 却⑩有倒折，两家停攤☐☐☐
11. 各無番悔。如有先悔者，甘☐☐
12. 詞，故立此文字為照用。（結止符）
13. 　　　至正廿一年八月十日⑪立☐
14. 　　　　　同立☐
15. 　　　　　知見☐
16. ☐⑫　　　知見人小党☐
17. 　　　　　知見人沈⑬重禄（簽押）

---

① 據文意推斷，"火計"應通"伙計"。下同，不再另作說明。
② "办本"，《黑城出土文書》錄文作"錢在"；"本"，杜建錄、鄧文韜文作"在"，現據圖版改。
③ 此兩字殘，《黑城出土文書》錄文推補為"住坐"，現存疑。
④ "每斤"，《黑城出土文書》及杜建錄、鄧文韜文作"安停"，現據圖版改。
⑤ 此字殘，《黑城出土文書》錄文作"壹"，但據圖版殘存筆畫，應為"内"。杜建錄、鄧文韜文未釋讀。
⑥ "限日"，《黑城出土文書》錄文作"跟同"，杜建錄、鄧文韜文作"眼同"，現據圖版改。
⑦ "并"，杜建錄、鄧文韜文未釋讀，現據圖版補。
⑧ "都"，《黑城出土文書》錄文未釋讀，現據圖版補。
⑨ "各除"，《黑城出土文書》錄文作"如係"，杜建錄、鄧文韜文作"各係"，現據圖版改。
⑩ "却"，杜建錄、鄧文韜文作"如"，現據圖版改。
⑪ "十日"，《黑城出土文書》錄文作"正"，現據圖版改。
⑫ 此字字體粗大，墨色濃，《黑城出土文書》及杜建錄、鄧文韜文未標注，現據圖版補。
⑬ "沈"，杜建錄、鄧文韜文作"沉"，現據圖版改。

18. 後吉利

67. 元契約殘片

題解：

本件《中國藏黑水城漢文文獻》中原始編號為 Y1：W11B，出版編號為M1·1032，收於第六冊《契約》第1292頁，擬題為《契約殘件》，並記其尺寸為 7cm×13.8cm。《黑城出土文書（漢文文書卷）》一書未收。文書共兩件殘片，各存文字1行。

錄文標點：

（一）

　　　　（前缺）

1. ☐☐☐☐善☐

　　　　（後缺）

（二）

　　　　（前缺）

1. 　　代保人☐

　　　　（後缺）

附

1. 元拜都罕典人契殘片

題解：

本件收於《黑城出土文書（漢文文書卷）》第189頁《契約類》，所記文書編號為 F277：W55，並列出文書諸要素為：棉紙，殘，原為印本畏兀兒體蒙古文佛經，在經文夾行空白處書寫此契約，草行書，背面書寫文字見"農牧類"，尺寸為 33.8cm×21.5cm。《中國藏黑水城漢文文獻》一書未收錄圖版。從內容來看，其應為拜都罕典物契殘片。

錄文標點：

　　　　（前缺）

1. 喚，不限每月□典錢白上等燒銀式拾
2. 兩，將銀兩抽贖。如無銀兩抽贖，依旧使
3. 喚。如有人天得重病、車碾馬踏、落水
4. 身死，一面人主承當，強□打□脚等与典主
5. 無詞，故立典契文字為憑照用。
6. 　　至正卅年六月日立典人文契人拜都罕
7. 　　　　　　　同典人弟□□□
8. 　　　　　　　官牙人

（三）卷宗

1. 元錢糧房司吏呈文為開坐見行文卷事目事（稿）

題解：

本件《中國藏黑水城漢文文獻》中原始編號為 Y1：W22，出版編號為 M1·1033，收於第六冊《卷宗》第 1295 頁，擬題為《納冬妃子分例等文卷》，並記其尺寸為 32.6cm×26.7cm。本件還收錄於《黑城出土文書（漢文文書卷）》第 85 頁《卷宗類》，其所記文書編號與《中國藏黑水城漢文文獻》原始編號同，並列出文書諸要素為：竹紙，缺，行楷書，尺寸為 26.1cm×32.8cm。文書前完後缺，現存文字 20 行。按，從內容來看，其應為亦集乃路總管府錢糧房的呈文，但其格式並不統一，符號、用語也不規範，且有加寫痕跡，故其應為一件尚未進入正式公文運行之中的草稿。另，文書內容為錢糧房司吏向某個上級部門呈送本部門"見行文卷""伏乞照驗施行"，而元代對各個官署衙門檔案文卷負有檢查、驗核之責的機關在中央則是御史台，在地方則主要是肅政廉訪司，故其呈送對象應為肅政廉訪司。亦集乃路總管府在監察區上屬於河西隴北道肅政廉訪司，則本文呈送對象可確定為河西隴北道肅政廉訪司，據此可定名為"元錢糧房司吏呈文為開坐見行文卷事目事（稿）"。陳瑞青則指出文書中的"朶立只罕"即為安定王朶立只巴。參考文獻：1. 孫繼民《黑水城元代 Y1：W22 文書的性質和定名》，《吳天墀教授百年誕辰紀念文集》，四川人民出版社 2013 年版；2. 陳瑞青《黑水城元代文獻中的"安定王"及其部隊》，《南京師大學報》（社會科學版）2012 年第 5 期；3. 張笑峰《黑水城文書中的寧肅王》，《圖書館理論與實踐》2014 年第 7 期。

錄文標點：

1. 錢糧房司吏
2. 謹呈：今將本房見行文卷開坐前去，合行具呈，伏乞
3. 照驗施行，須至呈者：
4. 　一總計文卷：
5. 　　　一件
6. 亦令只失加普大王位下漸丁軍糧；
7. 　分例：
8. 納冬妃子分例：
9. 　　一件米面　　　一件羊酒；
10. □□□①失妃子分例：
11. 　　一件米面　　　一件羊酒；
12. 卜魯罕妃子分例：
13. 　　一件米面　　　一件羊酒；
14. 倒剌的斤妃子分例：
15. 　　一件米面　　　一件羊酒。
16. 　軍人支糧：
17. 　　一件征西元帥府軍人口糧，一件北庭元帥府軍人口糧，
18. 　　一件蒙古元帥府軍人口糧，一件朵立只罕翼軍人口糧，
19. 　　一件忽剌木翼軍人口糧，一件看倉庫人口糧。
    （中缺1行）
20. 　　　　　　　　　　　　□□儒學教授俸秩
    （後缺）

2. 元至元六年（1340）朵立只罕翼軍人口糧卷目

題解：

本件《中國藏黑水城漢文文獻》中原始編號為84H·大院內a6：W6/2795，

---

① 據圖版此處應缺三字，據Y1：W8號文書推斷，所缺文字應為"忙剌迷"。《黑城出土文書》錄文僅標注兩字，現據圖版改。

出版編號為M1·1034，收於第六冊《卷宗》第1296頁，擬題為《至元六年軍人口糧文卷》，並記其尺寸為14.6cm×22cm。本件還收錄於《黑城出土文書（漢文文書卷）》第86頁《卷宗類》，其所記文書編號為Y1：W6，與《中國藏黑水城漢文文獻》原始編號異，並列出文書諸要素為：草紙，缺，楷書，尺寸為21.5cm×14.5cm。文書共兩件殘片，各存文字1行，且內容相同。

錄文標點：

（一）

1. 朶①立只罕翼軍人口粮　至元六年

（二）

1. 朶立只罕翼軍人口粮　至元六年

3. 元合合朮帶書等卷目殘片

題解：

本件《中國藏黑水城漢文文獻》中原始編號為F111：W63，出版編號為M1·1035，收於第六冊《卷宗》第1297頁，擬題為《大德元年下半年錢糧等文卷》，並記其尺寸為32.3cm×22.3cm。本件還收錄於《黑城出土文書（漢文文書卷）》第85頁《卷宗類》，其所記文書編號與《中國藏黑水城漢文文獻》原始編號同，並列出文書諸要素為：麻紙，殘，行草書，尺寸為22.0cm×31.0cm。文書前後均缺，現存文字8行。

錄文標點：

　　　　　（前缺）

1. ▢趙大使▢來已蒙②不顏▢▢▢▢

2. 　　一件合合③朮等④帶⑤書

---

① "朶"，《黑城出土文書》錄文未釋讀，現據圖版補。
② "▢來已蒙"，《黑城出土文書》錄文作"各各己無"，現據圖版改。
③ 第二個"合"為省文符號，現徑改。
④ "等"字為右行補入，現徑改。
⑤ "帶"，《黑城出土文書》錄文作"紙"，現據圖版改。

3.　　　一件兀山禿站户
4.　　　一件朶立赤帶①書
5.　　　一件大德元年下半年錢粮
6.　　　_____錢粮
7.　　　_____□半年錢粮
8.　　　_____帶書
　　　（後缺）

4. 元大德二年（1298）八月為提調祗應錢糧事卷目

題解：

本件《中國藏黑水城漢文文獻》中原始編號為 F111：W68，出版編號為M1·1036，收於第六冊《卷宗》第1298頁，擬題為《大德二年八月為提調祗應錢糧事文卷》，並記其尺寸為 8.8cm×23.7cm。本件還收錄於《黑城出土文書（漢文文書卷）》第85頁《卷宗類》，其所記文書編號與《中國藏黑水城漢文文獻》原始編號同，並列出文書諸要素為：竹紙，整，楷書，尺寸為 23.7cm×8.1cm。文書前後均完，現存文字4行，前2行與後2行文字相同。

錄文標點：

1.　　　大德二年八月
2.　為提調祗應錢粮事
3.　　　大德二年八月
4.　為提調祗應錢粮事

5. 元至正二年（1342）忙剌迷失妃子分例米麵卷目

題解：

本件《中國藏黑水城漢文文獻》中原始編號為 Y1：W8，出版編號為M1·1037，收於第六冊《卷宗》第1299頁，擬題為《至正二年忙剌迷失妃子分例米麵文卷》，並記其尺寸為 12cm×26.1cm。本件還收錄於《黑城出土文書（漢文文

---

①　"帶"，《黑城出土文書》錄文作"紙"，現據圖版改。

書卷）》第 86 頁《卷宗類》，其所記文書編號與《中國藏黑水城漢文文獻》原始編號同，並列出文書諸要素為：竹紙，整，楷書，尺寸為 26.0cm×12.0cm。文書前後均完，現存文字 2 行，內容基本相同。

錄文標點：

1. 忙剌迷失妃子分例米面^{至正二年}

2. 忙剌迷失妃子分例米面^{至正二年分□}①

6. 元至正八年（1348）九月吏宋誠卷目

題解：

本件《中國藏黑水城漢文文獻》中原始編號為 84H·F116∶W122/1294，出版編號為 M1·1038，收於第六冊《卷宗》第 1300 頁，擬題為《至正八年九月文卷》，並記其尺寸為 16.2cm×27.3cm。《黑城出土文書（漢文文書卷）》一書未收。文書共兩件殘片，各存文字 1 行，且文字相同。

錄文標點：

（一）

1. 至 正 八年九月　吏宋　誠（簽押）

（二）

1. 至 正 八年九月　吏宋　誠（簽押）

7. 元兩屯河渠司損訖二麥卷目表殘片

題解：

本件《中國藏黑水城漢文文獻》中原始編號為 Y1∶W31A，出版編號為 M1·1039，收於第六冊《卷宗》第 1301 頁，擬題為《兩屯河渠司文卷》，並記其尺寸為 12.3cm×20.5cm。本件還收錄於《黑城出土文書（漢文文書卷）》第 87 頁《卷宗類》，其所記文書編號為 Y1∶W33，與《中國藏黑水城漢文文獻》原始編號異，並列出文書諸要素為：麻紙，殘，行草書，尺寸為 19.2cm×12.0cm。文書

---

① 據文意推斷，此處所缺文字應為"例"。

為表格殘片，其內容為兩屯河渠司損訖二麥卷目。

錄文標點：

	由頭	惣計	兩屯河渠司	各渠長百戶六百戶	一戶	損訖①惣分②數	小麥大麥	
前缺	平行	惣計	兩屯河渠司	張百戶六百戶趙傑③于么百倒④剌沙	各渠	一戶	損訖分⑤數	小麥	（後缺）

8. 元肅沙亦集乃文卷

題解：

本件《中國藏黑水城漢文文獻》中原始編號為 Y1：W31B，出版編號為 M1·1040，收於第六冊《卷宗》第 1302 頁，擬題為《肅沙亦集乃文卷》，並記其尺寸為 7.5cm×34.6cm。《黑城出土文書（漢文文書卷）》第 86 頁《卷宗類》，其所記文書編號為 Y1：W31，並列出文書諸要素為：竹紙，整，行書，尺寸為 34.5cm×7.3cm。文書前後均完，現存文字 1 行。

錄文標點：

1. 肅沙亦集乃文卷

9. 元馬匹草糧等卷目殘片

題解：

本件《中國藏黑水城漢文文獻》中原始編號為 Y1：W96，出版編號為 M1·1041，收於第六冊《卷宗》第 1302 頁，擬題為《怯薛丹飲食等文卷》，並記其尺寸為 13.1cm×10.4cm。本件還收錄於《黑城出土文書（漢文文書卷）》第 85 頁《卷宗類》，其所記文書編號與《中國藏黑水城漢文文獻》原始編號同，並列出文

---

① "訖"，《黑城出土文書》錄文作"毀"，現就圖版改。
② "分"，《黑城出土文書》錄文作"計"，現據圖版改。
③ "傑"，《黑城出土文書》錄文作"術一"，現據圖版改。
④ "倒"，《黑城出土文書》錄文作"剛"，現據圖版改。
⑤ "分"，《黑城出土文書》錄文作"計"，現據圖版改。

書諸要素為：麻紙，殘，楷書，尺寸為9.6cm×13.0cm。文書前後均缺，現存文字5行。

錄文標點：

(前缺)

1. 一件從仕官①照會；
2. 一件怯薛丹飲食；
3. 　馬疋、草粮：
4. 一件投達②分省咨文
5. 一件鋪馬車輛□③

(後缺)

10. 元打夾甜瓜等卷目殘片

題解：

本件《中國藏黑水城漢文文獻》中原始編號為84H·F19：W38/0575，出版編號為M1·1042，收於第六冊《卷宗》第1303頁，擬題為《交甜瓜等文卷》，並記其尺寸為8.4cm×12.6cm。《黑城出土文書（漢文文書卷）》一書未收。文書前後均缺，現存文字2行。

錄文標點：

(前缺)

1. 一件□□打夾④甜瓜
2. 　　　□馳馬

(後缺)

11. 元勅牒等卷目殘片

題解：

本件《中國藏黑水城漢文文獻》中原始編號為84H·F117：W8/1800，出版

---

① "官"，《黑城出土文書》錄文作"宮"，現據圖版改。
② "投達"原作"達投"，旁加倒乙符號，《黑城出土文書》錄文作"達投"，現據圖版改。
③ 此處缺文《黑城出土文書》錄文未標注，現據圖版補。
④ 據《中國藏黑水城漢文文獻》原擬題可知，編者將"交"釋讀為"夾"，現據圖版改。

編號為M1·1043，收於第六冊《卷宗》第1303頁，擬題為《卷宗》，並記其尺寸為8.7cm×8.8cm。《黑城出土文書（漢文文書卷）》一書未收。文書前後均缺，現存文字4行。

錄文標點：

（前缺）

1. 勑□▭
2. 勑牒□▭
3. ▭
4. □▭

（後缺）

12. 元官吏腳色等卷目殘片

題解：

本件《中國藏黑水城漢文文獻》中原始編號為84H·Y1采：W28/2698，出版編號為M1·1044，收於第六冊《卷宗》第1303頁，擬題為《卷宗》，並記其尺寸為8.2cm×9.5cm。《黑城出土文書（漢文文書卷）》一書未收。文書前後均缺，現存文字3行。

錄文標點：

（前缺）

1. 本火□扵▭
2. □件
3. 一件官吏腳色▭

（後缺）

13. 元選取掾吏卷目

題解：

本件《中國藏黑水城漢文文獻》中原始編號為84H·大院內a6：W47/2836，出版編號為M1·1045，收於第六冊《卷宗》第1304頁，擬題為《選取掾吏文卷》，並記其尺寸為9.6cm×20.9cm。《黑城出土文書（漢文文書卷）》一書未收。文書前後均完,現存文字 2 行,且內容相同。

  錄文標點:

  1. 選取掾史

  2. 選取掾史

14. 元軍人卷目殘片

題解:

  本件《中國藏黑水城漢文文獻》中原始編號為 F116:W429,出版編號為 M1·1046,收於第六冊《卷宗》第 1305 頁,擬題為《軍人口糧文卷》,並記其尺寸為 10.4cm×11.5cm。本件還收錄於《黑城出土文書(漢文文書卷)》第 86 頁《卷宗類》,其所記文書編號與《中國藏黑水城漢文文獻》原始編號同,並列出文書諸要素為:竹紙,殘,楷書,尺寸為 9.8cm×11.3cm。文書前後均完,現存文字 2 行。

  錄文標點:

  1. ☐☐數軍人☐☐

  2. ☐☐數軍人口☐☐

15. 元本路打夾甜瓜等卷目殘片

題解:

  本件《中國藏黑水城漢文文獻》中原始編號為 F19:W26a、b,出版編號為 M1·1047,收於第六冊《卷宗》第 1306 頁,共兩件殘片,殘片一擬題為《本路打交甜瓜文卷》,並記其尺寸為 11.4cm×5.9cm;殘片二擬題為《罪囚燈油軍人口糧等文卷》,並記其尺寸為 12.9cm×5.1cm。本件還收錄於《黑城出土文書(漢文文書卷)》第 85 頁《卷宗類》,其所記文書編號為 F111:W26,與《中國藏黑水城漢文文獻》原始編號異,並列出文書諸要素為:麻紙,殘,行楷書,尺寸分別為 5.5cm×11.7cm、4.5cm×13.0cm。文書殘片一現存文字 2 行,殘片二現存文字 7 行。

  錄文標點:

  (一)

（前缺）

1. ☐刷文卷

　　（中缺4行）

2. 　一件本路打夾①甜瓜

　　（後缺）

（二）

　　（前缺）

1. ☐☐罪囚灯油

2. ☐☐捉望軍人馬料

　　（中缺4行）

3. ☐☐人口粮

4. ☐☐口粮

5. ☐☐軍人口粮

6. ☐☐☐史俸錢

7. ☐☐典俸錢

　　（後缺）

16. 元買回回青卷目

題解：

本件《中國藏黑水城漢文文獻》中原始編號為84H·F111:W33/1111，出版編號為M1·1048，收於第六冊《卷宗》第1307頁，擬題為《卷宗》，並記其尺寸為6.8cm×8.6cm。本件還收錄於《黑城出土文書（漢文文書卷）》第86頁《卷宗類》，其所記文書編號為F111:W33，並列出文書諸要素為：草紙，殘，楷行書，尺寸為8.4cm×6.4cm。文書前後均完，現存文字2行，且內容相同。

錄文標點：

1. ☐☐買囬囬②青☐☐

---

① "夾"，《黑城出土文書》錄文作"交"，現據圖版改。
② 第二個"囬"字為省文符號，現徑改。

2. ☐☐☐買囧囧①青☐☐☐☐

17. 元剌迷失文書殘片

題解：

本件《中國藏黑水城漢文文獻》中原始編號為84H·Y1采：W63/2733，出版編號為M1·1049，收於第六冊《卷宗》第1307頁，擬題為《卷宗》，並記其尺寸為22.6cm×10.3cm。本件還收錄於《黑城出土文書（漢文文書卷）》第86頁《卷宗類》，其所記文書編號為Y1：W63，與《中國藏黑水城漢文文獻》原始編號異，並列出文書諸要素為：竹紙，殘，楷書，尺寸為10.0cm×22.5cm。文書前後均完，現存文字1行。

錄文標點：

1. ☐☐☐剌②迷失

18. 元截日見在錢糧卷目

題解：

本件《中國藏黑水城漢文文獻》中原始編號為83H·F7：W4/0250，出版編號為M1·1050，收於第六冊《卷宗》第1308頁，擬題為《截日見在錢糧文卷》，並記其尺寸為11cm×14.1cm。本件還收錄於《黑城出土文書（漢文文書卷）》第86頁《卷宗類》，其所記文書編號為F7：W4，並列出文書諸要素為：竹紙，殘，行楷書，尺寸為13.7cm×10.5cm。文書現存文字2行，內容基本相同。

錄文標點：

1. ☐☐☐截日見在錢粮
2. ☐☐☐截日見在☐☐

---

① 第二個"囧"字為省文符號，現徑改。
② "剌"，《黑城出土文書》錄文作"別"，現據圖版改。

19. 元毆打案卷目

題解：

本件《中國藏黑水城漢文文獻》中原始編號為84HF79A，出版編號為M1·1051，收於第六冊《卷宗》第1308頁，擬題為《卷宗》，並記其尺寸為7.6cm×12.8cm。本件還收錄於《黑城出土文書（漢文文書卷）》第86頁《卷宗類》，其所記文書編號為F116:W101，與《中國藏黑水城漢文文獻》原始編號異，並列出文書諸要素為：草紙，殘，楷書，尺寸為12.2cm×6.5cm。文書前後均完，現存文字2行，且內容相同。

錄文標點：

1. ☐等告毆打☐
2. ☐等告毆☐

20. 元地土文卷卷目

題解：

本件《中國藏黑水城漢文文獻》中原始編號為84H·大院內a6:W88/2877，出版編號為M1·1052，收於第六冊《卷宗》第1309頁，擬題為《地土文卷》，並記其尺寸為8.7cm×15.3cm。本件還收錄於《黑城出土文書（漢文文書卷）》第86頁《卷宗類》，其所記文書編號為Y1:W88，與《中國藏黑水城漢文文獻》原始編號異，並列出文書諸要素為：竹紙，殘，楷書，尺寸為15.0cm×8.4cm。文書前後均完，現存文字2行，且內容相同。

錄文標點：

1. ☐地土卷
2. ☐□地土卷

21. 元季報錢等卷目

題解：

本件《中國藏黑水城漢文文獻》中原始編號為84H·大院內a6:W87/2876，出版編號為M1·1053，收於第六冊《卷宗》第1309頁，擬題為《季報錢文卷》，並記其尺寸為 8.6cm×16cm。本件還收錄於《黑城出土文書（漢文文書卷）》第 86 頁《卷宗類》，其所記文書編號為 Y1：W187，與《中國藏黑水城漢文文獻》原始編號異，並列出文書諸要素為：竹紙，殘，楷書，尺寸為 15.0cm×8.0cm。文書前後均缺，現存文字 3 行。

錄文標點：

（前缺）

1. 季報錢☐☐☐☐☐☐
2. 季报錢☐☐☐☐☐☐
3. 户 房

（後缺）

22. 元黑麻爭妻案卷目

題解：

本件《中國藏黑水城漢文文獻》中原始編號為 84H·F117：W19/1811，出版編號為 M1·1054，收於第六冊《卷宗》第 1310 頁，擬題為《黑麻爭妻》，並記其尺寸為 8.6cm×19.7cm。本件還收錄於《黑城出土文書（漢文文書卷）》第 86 頁《卷宗類》，其所記文書編號為 F117：W19，並列出文書諸要素為：草紙，殘，行楷書，尺寸為 19.7cm×7.9cm。文書前後均完，現存文字 2 行，且內容相同。

錄文標點：

1. ☐☐☐☐☐☐☐黑麻爭妻
2. ☐☐☐☐☐☐☐黑麻爭妻

23. 元科舉卷目

題解：

本件《中國藏黑水城漢文文獻》中原始編號為 84H·大院内 a6：W57/2846，出版編號為 M1·1055，收於第六冊《卷宗》第 1310 頁，擬題為《科舉文卷》，並記其尺寸為 11.3cm×12.1cm。本件還收錄於《黑城出土文書（漢文文書卷）》第 87 頁《卷宗類》，其所記文書編號為 Y1：W58，與《中國藏黑水城漢文文獻》原始編號異，並列出文書諸要素為：竹紙，殘，行楷書，尺寸為 11.1cm×

8.3cm。文書共兩件殘片,各存文字 1 行,且內容相同。

錄文標點:

(一)

1. ☐科夅☐

(二)

1. ☐科夅☐

24. 元考較事卷目

題解:

本件《中國藏黑水城漢文文獻》中原始編號為 84H・F116: W88/1260,出版編號為 M1・1056,收於第六冊《卷宗》第 1311 頁,擬題為《考較文卷》,並記其尺寸為 9.6cm×9.7cm。本件還收錄於《黑城出土文書(漢文文書卷)》第 86 頁《卷宗類》,其所記文書編號為 F116: W88,並列出文書諸要素為:草紙,殘,楷書,尺寸為 8.6cm×9.3cm。文書前後均完,現存文字 2 行,且內容相同。

錄文標點:

1. ☐考較☐
2. ☐考較☐

25. 元水崩地卷目

題解:

本件《中國藏黑水城漢文文獻》中原始編號為 84H・Y1 采: W7/2677,出版編號為 M1・1057,收於第六冊《卷宗》第 1311 頁,擬題為《水崩地文卷》,並記其尺寸為 10.1cm×11.1cm。本件還收錄於《黑城出土文書(漢文文書卷)》第 86 頁《卷宗類》,其所記文書編號為 Y1: W7,並列出文書諸要素為:草紙,殘,楷書,尺寸為 11.0cm×10.1cm。文書前後均完,現存文字 2 行。

錄文標點:

1. ☐水崩地
2. ☐水崩地

26. 元分例米麵文書殘片

題解：

本件《中國藏黑水城漢文文獻》中原始編號為84H·F116：W9/1180，出版編號為M1·1058，收於第六冊《卷宗》第1312頁，擬題為《分例米麵文卷》，並記其尺寸為6.3cm×10.3cm。本件還收錄於《黑城出土文書（漢文文書卷）》第86頁《卷宗類》，其所記文書編號為F116：W9，並列出文書諸要素為：竹紙，殘，楷書，尺寸為10.0cm×6.1cm。文書前後均缺，現存文字1行。

錄文標點：

（前缺）
1. ☐例米面
（後缺）

27. 元秋季祗應事卷目

題解：

本件《中國藏黑水城漢文文獻》中原始編號為84H·F117：W2/1794，出版編號為M1·1059，收於第六冊《卷宗》第1312頁，擬題為《秋季祗應事文卷》，並記其尺寸為7.4cm×23.3cm。本件還收錄於《黑城出土文書（漢文文書卷）》第86頁《卷宗類》，其所記文書編號為F117：W2，並列出文書諸要素為：竹紙，殘，楷書，尺寸為23.0cm×6.4cm。文書前後均完，現存文字2行，且內容相同。

錄文標點：

1. 房①秋季祗應事

　　　　月一日②

2. 房③秋季祗應事④

---

① 《黑城出土文書》錄文於"房"字前衍錄兩缺字符號，現就圖版改。
② 此處文字《黑城出土文書》錄文未標注，現據圖版補。
③ 《黑城出土文書》錄文於"房"字前衍錄兩缺字符號，現就圖版改。
④ "事"字右旁有兩小字，不清，《黑城出土文書》錄文未標注。

28. 元案件卷目表殘片

題解：

本件《中國藏黑水城漢文文獻》中原始編號為 F125：W44，出版編號為M1·1060，收於第六冊《卷宗》第 1313 頁，擬題為《案件卷宗》，並記其尺寸為 7.2cm×27.2cm。本件還收錄於《黑城出土文書（漢文文書卷）》第 87 頁《卷宗類》，其所記文書編號與《中國藏黑水城漢文文獻》原始編號同，並列出文書諸要素為：竹紙，殘，行草書，尺寸為 27.2cm×6.8cm。文書為表格殘片，其內容為案件卷目。

錄文標點：

（前缺）

由頭	一揔計	一元発事由 一取到犯人招詞	一狀	盤行② 強盜
		強盜一起 刦盜①一起	一名	刦盜□

（後缺）

29. 元忽都帖木兒拐馳卷目

題解：

本件《中國藏黑水城漢文文獻》中原始編號為 84H·F123：W3/1821，出版編號為M1·1061，收於第六冊《卷宗》第 1314 頁，擬題為《忽都帖木兒拐馳文卷》，並記其尺寸為 10.4cm×22.1cm。本件還收錄於《黑城出土文書（漢文文書卷）》第 86 頁《卷宗類》，其所記文書編號為 F123：W3，並列出文書諸要素為：竹紙，缺，楷書，尺寸為 22.0cm×10.0cm。文書前後均完，現存文字 2 行，且內容相同。

---

① "刦盜"通"竊盜"。下同，不再另作說明。
② "行"，《黑城出土文書》錄文作"污"，現據圖版改。

錄文標點：

1. 忽都怗木兒拐馳
2. 忽都怗木兒拐馳

30. 元押字文狀文書

題解：

本件《中國藏黑水城漢文文獻》中原始編號為 F111：W37，出版編號為 M1·1062，收於第六冊《卷宗》第 1314 頁，擬題為《押字文狀》，並記其尺寸為 8.6cm×20cm。本件還收錄於《黑城出土文書（漢文文書卷）》第 86 頁《卷宗類》，其所記文書編號與《中國藏黑水城漢文文獻》原始編號同，並列出文書諸要素為：草紙，缺，行楷書，尺寸為 20.0cm×7.2cm。文書前後均缺，現存文字 1 行。

錄文標點：

（前缺）

1. 付　劄付交付照^{押字文狀}文①

（後缺）

31. 元遷調司吏卷目

題解：

本件《中國藏黑水城漢文文獻》中原始編號為 Y1：W44，出版編號為 M1·1063，收於第六冊《卷宗》第 1315 頁，擬題為《遷調司吏文卷》，並記其尺寸為 9.9cm×21.7cm。本件文書共兩件殘片，還收錄於《黑城出土文書（漢文文書卷）》第 86 頁《卷宗類》，其將二殘片拼合為一釋錄，所記文書編號與《中國藏黑水城漢文文獻》原始編號同，並列出文書諸要素為：竹紙，殘，楷書，尺寸為 20.7cm×9.7cm。從內容來看，《黑城出土文書（漢文文書卷）》一書拼合無誤，今從，拼合後現存文字 2 行，且內容相同。

錄文標點：

1. 迁調司吏

---

① "文"，《黑城出土文書》錄文作"交"，現據圖版改。

2. 迁調司吏①

32. 元取會回回等户卷目
題解：
本件《中國藏黑水城漢文文獻》中原始編號為84H·Y1采：W46/2716，出版編號為M1·1064，收於第六册《卷宗》第1316頁，擬題為《取會回回等户文卷》，並記其尺寸為9.3cm×28.3cm。本件還收錄於《黑城出土文書（漢文文書卷）》第86頁《卷宗類》，其所記文書編號為Y1：W46，與《中國藏黑水城漢文文獻》原始編號異，並列出文書諸要素為：竹紙，整，楷行書，尺寸為27.5cm×8.8cm。文書前後均完，現存文字2行，且内容相同。

錄文標點：
1. 取會囬囬②等户
2. 取會囬囬③等户

33. 元各渠户二麥卷目表殘片（一）
題解：
本件《中國藏黑水城漢文文獻》中原始編號為Y1：W34aA，出版編號為M1·1065，收於第六册《卷宗》第1317頁，擬題為《站赤卷宗》，並記其尺寸為17.2cm×26cm。本件還收錄於《黑城出土文書（漢文文書卷）》第87頁《卷宗類》，其所記文書編號為Y1：W35（1），與《中國藏黑水城漢文文獻》原始編號異，並列出文書諸要素為：宣紙，殘，草書，尺寸為26.3cm×16.9cm。該書將本號文書與《中國藏黑水城漢文文獻》第1318頁M1·1066 [Y1：W34bA] 號文書統一編號為Y1：W35，作為一件文書釋錄。按，兩號文書字跡一致，内容相關，編號相連，應為同一件文書。文書為表格殘片，其綴合後内容應為各渠户二麥卷目。文書擬題依綴合後所定。

---

① 第1行"迁調"兩字為殘片一内容，其餘文字為殘片二内容。
② 第二個"囬"字為省文符號，現徑改。
③ 第二個"囬"字為省文符號，現徑改。

錄文標點：

（前缺）

| 由頭 | 摠計 | 社長① | 一戶 | 小麥 |

（後缺）

34. 元各渠戶二麥卷目表殘片（二）

題解：

本件《中國藏黑水城漢文文獻》中原始編號為 Y1：W34bA，出版編號為M1·1066，收於第六冊《卷宗》第 1318 頁，擬題為《文書殘件》，並記其尺寸為17.7cm×25.3cm。本件還收錄於《黑城出土文書（漢文文書卷）》第 87 頁《卷宗類》，其所記文書編號為 Y1：W35（2），與《中國藏黑水城漢文文獻》原始編號異，並列出文書諸要素為：宣紙，殘，草書，尺寸為 24.3cm×17.5cm。該書將本號文書與《中國藏黑水城漢文文獻》第 1317 頁M1·1065［Y1：W34aA］號文書統一編號為 Y1：W35，作為一件文書釋錄。按，兩號文書字跡一致，內容相關，編號相連，應為同一件文書。文書為表格殘片，其綴合後內容應為各渠戶二麥卷目。文書擬題依綴合後所定。

錄文標點：

（前缺）

| 大麥 |

（後缺）

35. 元妃子分例米麵等卷目殘片

題解：

本件《中國藏黑水城漢文文獻》中原始編號為 84H·大院內 a6：W82/2871，出版編號為M1·1067，收於第六冊《卷宗》第 1319 頁，擬題為《分例文卷》，並記其尺寸為6cm×4.8cm。《黑城出土文書（漢文文書卷）》一書未收。文書前後均缺，現存文字 4 行。

---

① "社長"，《黑城出土文書》錄文作"站官"，現據圖版改。

錄文標點：

　　　　（前缺）
1.　　　　一件
2. ☐子分例米面☐
3.　　　　一件
4.　　　　一件☐
　　　　（後缺）

36. 元寧肅王分例米麵等卷目殘片

題解：

本件《中國藏黑水城漢文文獻》中原始編號為84H·大院內a6：W17/2806，出版編號為M1·1068，收於第六冊《卷宗》第1319頁，擬題為《分例文卷》，並記其尺寸為10.2cm×12.3cm。《黑城出土文書（漢文文書卷)》一書未收。文書前後均缺，現存文字4行。

錄文標點：

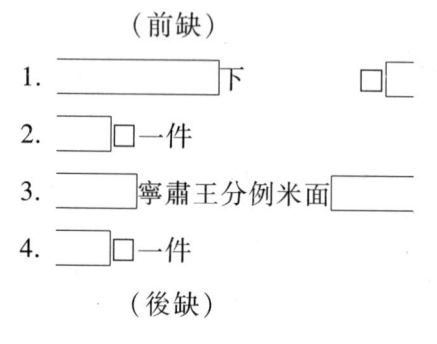

　　　　（前缺）
1. ☐　　　下　　☐
2. ☐☐一件
3. ☐寧肅王分例米面☐
4. ☐☐一件
　　　　（後缺）

37. 元卷目殘片

題解：

本件《中國藏黑水城漢文文獻》中原始編號為84H·大院內a6：W79/2868，出版編號為M1·1069，收於第六冊《卷宗》第1319頁，擬題為《卷宗殘件》，並記其尺寸為9.2cm×16cm。《黑城出土文書（漢文文書卷)》一書未收。文書前後均缺，現存文字1行。

錄文標點：

　　　　（前缺）

1. 一件建□▢

　　　　（後缺）

38. 元河西隴北道肅政廉訪司墨戳

題解：

本件《中國藏黑水城漢文文獻》中原始編號為 F245：W25，出版編號為M1・1070，收於第六冊《卷宗》第1320頁，擬題為《河西隴北道》，並記其尺寸為 14.6cm×21.9cm。《黑城出土文書（漢文文書卷）》一書未收。文書為墨戳二枚，內容相同。從其現存內容推斷，應為河西隴北道肅政廉訪司墨戳。

錄文標點：

1. ▢河西隴北道▢
2. ▢河西隴北道▢

39. 元習字

題解：

本件《中國藏黑水城漢文文獻》中原始編號為 HF117 正，出版編號為M1・1071，收於第六冊《卷宗》第1321頁，擬題為《文書殘件》，並記其尺寸為 8.5cm×21.3cm。《黑城出土文書（漢文文書卷）》一書未收。文書為正背雙面書寫，此為正面內容，前後均缺，現存文字5行。從其內容來看，應為習字。

錄文標點：

　　　　（前缺）

1. ▢阿干普，年四十▢
2. ▢□承務郎亦集乃路總管府▢
3. ▢承務郎亦集乃路揔管府□□▢
4. ▢河西隴①北道肅政

---

① "隴"同"隴"。下同，不再另作說明。

5. ☐☐☐☐河西隴北道肅政廉訪司☐☐☐☐
　　　　　（後缺）

40. 元案件卷目表殘片

題解：

本件《中國藏黑水城漢文文獻》中原始編號為 HF117 背，出版編號為 M1·1072，收於第六冊《卷宗》第 1322 頁，擬題為《文書殘件》，並記其尺寸為 8.6cm×21.4cm。《黑城出土文書（漢文文書卷）》一書未收。文書為正背雙面書寫，此為背面內容，據現存文字推斷，應為案件卷目表殘片。

錄文標點：

（前缺）

| ☐ | ☐☐ | 旧管
☐取
開除
見禁 | ①
刅盜
雜犯
欠戶 | ②
除犯
☐錢
除犯 | ③
④
一犯 | ⑤
⑥
招
☐☐ | ☐☐
本房
孕
☐☐ |

（後缺）

（四）書信

1. 元至正九年（1349）劉敬臣書信為木植交割事

題解：

本件《中國藏黑水城漢文文獻》中原始編號為 F112：W1，出版編號為 M1·

---

① 此處原有"切盜"兩字，後塗抹，現徑改。
② 此處原有"切盜"兩字，後塗抹，現徑改。
③ 此處原有兩字，後塗抹，現徑改。
④ 此處原有兩字，後塗抹，現徑改。
⑤ 此處原有兩字，後塗抹，現徑改。
⑥ 此處原有兩字，後塗抹，現徑改。

1073，收於第六冊《書信》第 1325 頁，擬題為《至正九年五月書信》，並記其尺寸為 29.7cm×24.8cm。本件還收錄於《黑城出土文書（漢文文書卷）》第 193 頁《書信類》，其所記文書編號與《中國藏黑水城漢文文獻》原始編號同，並列出文書諸要素為：竹紙，缺，行草書，尺寸為 24.2cm×29.6cm。文書前後均完，現存文字 11 行。從內容來看，其應為劉敬臣為木植交割一事寫給何有等人書信。

錄文標點：

1.   刘敬臣傳示
2. 何有、沙班、李豬狗等三人，你每自□▢▢▢
3. □□①安樂否？別無他事，前者我▢▢▢
4. 残，將馬疋縻糸②言定三月內，水到□▢
5. 木植到亦集乃竜王堂內交割，如▢▢
6. 了③當。今有放木頭人每来說称▢▢
7. 木植橡檀板木不来，我每如今与良▢
8. □身前来不善，敬臣見今使李□④▢
9. □□□會，你每將木植休交□▢▢
10. 千万將木植来者，不来時□▢▢
11.   至正九年五月初▢▢

2. 元譚子昭上敬叔書啓為與外郎物件事

題解：

本件《中國藏黑水城漢文文獻》中原始編號為 F269：W101，出版編號為 M1·1074，收於第六冊《書信》第 1326 頁，擬題為《書信》，並記其尺寸為 24.5cm×24cm。本件還收錄於《黑城出土文書（漢文文書卷）》第 193 頁《書信類》，其所記文書編號與《中國藏黑水城漢文文獻》原始編號同，並列出文書諸要素為：竹紙，缺，行草書，尺寸為 29.0cm×32.0cm。文書為正背雙面書寫，

---

① 據圖版可知，此處應缺兩字，《黑城出土文書》僅標注缺一字，現據圖版補。
② "糸"，《黑城出土文書》錄文作"系"，現據圖版改。
③ "了"，《黑城出土文書》錄文作"万"，現據圖版改。
④ 此字殘，《黑城出土文書》錄文作"豬"，現存疑。

正面前完後缺，現存文字10行，《黑城出土文書（漢文文書卷）》第43頁指出其為譚子昭寫的書信，因其家屬犯案，須用財物疏通主管外郎和吏房主案貼書等；背面圖版《中國藏黑水城漢文文獻》未收，《黑城出土文書（漢文文書卷）》也未釋讀，從正面所透墨跡看，背面現存十几行文字。

錄文標點：

正：

1. 　　　譚子昭啓上
2. 敬叔文侍伏自啓別，無時敢忘。今因人至，恭審
3. 敬叔貴躰安康，忻慰忻慰①。你前者貞
4. 節②牒呈已成卷了，擬分司躰覆，次押文
5. 書。一日則說小人親眷讒將文書提押了，小人
6. 借使③過鈔壹拾伍兩。又小人毀与外郎每者些④勿⑤
7. 件來 正該管外郎三人，一人外郎嗦野馬皮⑥讒兒⑦一付，又兩个外郎嗦帖哥繫腰兩付，解錐兩付。又有吏房主案貼書馬七嗦解錐一个，更帶鈔兩定，請
8. 外郎每交你只者。小人數次帶備細書來，並无迴書，你不帶來呵⑧，也帶將書來者⑨，交外郎每好生怪我。你者⑩一封到，你齐慢帶迴來者，帶來不帶來，也帶
9. 將書來⑪。小人將者文卷對外郎每說只者毀壞了者，你是一等不幹事喬人玉來⑫帶來
　　　遠托
10. 粗安□□＿＿＿＿＿＿＿＿＿＿＿＿＿＿＿＿＿＿＿＿＿⑬

背：

（略）

---

① 第二個"忻慰"為省文符號，現徑改。
② "節"，《黑城出土文書》錄文作"郎"，現據圖版改。
③ "使"字字體較小，應為後寫補入，現徑改。
④ "些"，《黑城出土文書》錄文作"皆"，現據圖版改。
⑤ 據文意推斷，"勿"似為"物"。
⑥ "皮"，《黑城出土文書》錄文作"官"，現據圖版改。
⑦ "兒"，《黑城出土文書》錄文作"充"，現據圖版改。
⑧ "呵"，《黑城出土文書》錄文作"可"，現據圖版改。
⑨ "來者"，《黑城出土文書》錄文作"來帶"，現據圖版改。
⑩ "你者"，《黑城出土文書》錄文作"你帶"，現據圖版改。
⑪ "來"，《黑城出土文書》錄文作"至"，現據圖版改。
⑫ "來"，《黑城出土文書》錄文未釋讀，現據圖版補。
⑬ 《中國藏黑水城漢文文獻》圖版顯示缺少一列，《黑城出土文書》錄缺兩字，糾正。

3. 元三月十五日秀哥母報平安書

題解：

本件《中國藏黑水城漢文文獻》中原始編號為 F13：W122，出版編號為 M1·1075，收於第六冊《書信》第 1327 頁，擬題為《三月十五日報平安書》，並記其尺寸為 25.8cm×17cm。本件還收錄於《黑城出土文書（漢文文書卷）》第 192 頁《書信類》，其所記文書編號與《中國藏黑水城漢文文獻》原始編號同，並列出文書諸要素為：竹紙，殘，行書，尺寸為 17.0cm×25.2cm。文書前後均完，現存文字 14 行。從內容來看，其應為秀哥母記示秀哥平安書。

錄文標點：

1. 　母親記示秀哥□□上
2. □講主，自從拜別之後，□有忘□，
3. 正想中間有人来，知得近躰
4. 安樂，俺大小歡喜①無尽。別□□□有，
5. 我這立②好生□③受，你有人手④時与
6. 我稍帶些小⑤盤纏的你⑥識者。
7. 如今官人要□□必氣官人
8. 取来⑦，中間□□等⑧些⑨个氣。另
9. 者来有你的三妹夫亡過了也，木
10. 人養我，如今你的妹子養我者。
11. 住立你想娘呵，木人侍養，作収

---

① "歡喜"兩字為右行補入，現徑改。
② 據文意推斷，"立"應為"里"。
③ 此字《黑城出土文書》錄文漏錄，現據圖版補。
④ "手"，《黑城出土文書》錄文作"來"，現據圖版改。
⑤ "些小"，《黑城出土文書》錄文作"來"，現據圖版改。
⑥ "你"，《黑城出土文書》錄文作"作"，現據圖版改。
⑦ "来"，《黑城出土文書》錄文未釋讀，現據圖版補。
⑧ "等"，《黑城出土文書》錄文未釋讀，現據圖版補。
⑨ "些"，《黑城出土文書》錄文作"貨"，現據圖版改。

12. 実者，回来的你知者。只此千万千万①
13. 係②心，立時麼不會，休交官人怪。
14. 　　三月十五日平安書

4. 元福壽與姑家書

題解：

本件《中國藏黑水城漢文文獻》中原始編號為 F197：W27，出版編號為M1·1076，收於第六冊《書信》第1328頁，擬題為《愚妹福壽家書》，並記其尺寸為18.8cm×18.9cm。本件還收錄於《黑城出土文書（漢文文書卷）》第191頁《書信類》，其所記文書編號與《中國藏黑水城漢文文獻》原始編號同，並列出文書諸要素為：麻紙，殘，行書，尺寸為18.8cm×18.8cm。文書前缺後完，現存文字13行。

錄文標點：

（前缺）

1. 達否，即目_____
2. 欵要帶些土物，力分不加。我③要前来一遭，好生大□□□□無親戚
3. 処居止，只怕趙典□到六月裏徃那裏来也。阿姑衆□眷想咱
4. 孩兒呵，有人来時，他根底執伙者，我呵交④那迴恣我来探爺娘每一遭。
5. 如今粮食飢闕，两个孩兒不敢養凡人家。到田禾熟時，那裏有記
6. 示，交誰两个思根咱上来呵，俗細迴帶一信来者⑤。我這裏親戚
7. 都無了，刘家阿旧⑥一枝都莫⑦了，有□姨娘娘⑧在張沙剌城外有裏他
8. 剃了頭了⑨出家了，望阿姑呵，尋些衣服香錢。他的奴婢死的每死

---

① 第二個"千万"為省文符號，現徑改。
② "係"，《黑城出土文書》錄文作"你"，現據圖版改。
③ "我"字為右行補入，現徑改。
④ "交"字為右行補入，現徑改。
⑤ 《黑城出土文書》錄文於"者"字前衍錄一"信"字，現據圖版改。
⑥ 據文意推斷，"旧"似為"舅"。
⑦ 據文意推斷，"莫"似為"沒"。
⑧ "娘娘"，《黑城出土文書》錄文作"孃已"，現據圖版改。
⑨ "了"，《黑城出土文書》錄文漏錄，現據圖版補。

9.　　　了，有的每都桃①走了。□□煩惱受苦②，怎生想念　　　稍空

10.　　　書一昂，如書到日③，便是　　　中不及④細寫⑤　　　

11. 心及　　面會

12. 珠重　尊宣　初五日愚 姪 ⑥福壽頓首再拜

13.　　　亦集乃路東街　　　

5. 元玉在中與德中書信為遠行借糜子事

題解：

本件《中國藏黑水城漢文文獻》中原始編號為 F115：W11，出版編號為 M1·1077，收於第六冊《書信》第 1327 頁，擬題為《書信》，並記其尺寸為 17.6cm × 27.7cm。本件還收錄於《黑城出土文書（漢文文書卷）》第 191 頁《書信類》，其所記文書編號為 F155：W11，與《中國藏黑水城漢文文獻》原始編號異，並列出文書諸要素為：草紙，殘，原為訴狀見"詞訟類"，經裁剪在背面寫此書信，尺寸為 27.0cm × 17.6cm。文書為正背雙面書寫，此為背面內容，前完後缺，現存文字 8 行。正面圖版《中國藏黑水城漢文文獻》未收，其錄文見第四冊《盜賊案》附。

錄文標點：

1.　　　玉在 中 ⑦記上

2. 卿兄德中□⑧拜几□⑨，別⑩無拜謁⑪，如今在下

---

① 據文意推斷，"桃"應為"逃"。
② "受苦"，《黑城出土文書》錄文漏錄，現據圖版補。
③ "日"字為後寫補入，《黑城出土文書》錄文漏錄，現據圖版補。
④ "不及"，《黑城出土文書》錄文作"故"，現據圖版改。
⑤ "寫"，《黑城出土文書》錄文作"有"，現據圖版改。
⑥ " 姪 "，《黑城出土文書》錄文作"姊"，現據文意推補。
⑦ " 中 "，《黑城出土文書》錄文作"書"，現據圖版改。
⑧ 據圖版此處應缺一字，《黑城出土文書》錄文未標注，現據圖版補。
⑨ "几□"，《黑城出土文書》錄文作"見"，現據圖版改。
⑩ "別"字前原衍一"無"字，後塗抹，現徑改。《黑城出土文書》錄文照錄。
⑪ "無拜謁"，《黑城出土文書》錄文未釋讀，現據圖版改。

3. 雜支①已支尽絕，欲有遠行，所有在下：卧皮

4. 一張，鎖一把，小瓶一个，落後床子一斗，令②去人

5. 四十九賽来③甚幸④，異日過路拜辝，勿阻

6. 為荷呵⑤。如□⑥的艱難，在下☐☐☐☐

7. 千万千万千万⑦，一言出語，亦是□☐☐☐

8. 万望仁兄借床子三斗⑧，有⑨粮□数⑩☐☐☐

　　（後缺）

6. 元含文書信殘片

題解：

本件《中國藏黑水城漢文文獻》中原始編號為 F2：W18，出版編號為M1·1078，收於第六冊《書信》第 1330 頁，擬題為《亦集乃太黑堂寄》，並記其尺寸為20cm×10.9cm。本件文書共兩件殘片，還收錄於《黑城出土文書（漢文文書卷）》第 191 頁《書信類》，其所記文書編號與《中國藏黑水城漢文文獻》原始編號同，並列出文書諸要素為：竹紙，殘屑，行書，尺寸分別為 11.7cm×12.0cm、10.0cm×4.7cm 毫米。文書殘片一現存文字 5 行，殘片二現存文字 2 行。

錄文標點：

（一）

1. 男含文拜上

2. 仲良拜上楊惠連☐☐☐☐☐

3. 木你說的，言我不敢☐☐☐☐

---

① "支"字為右行補入，現徑改。

② "令"，《黑城出土文書》錄文作"會"，現據圖版改。

③ "来"為右行補入，現徑改。

④ "甚幸"，《黑城出土文書》錄文作"幸甚"，現據圖版改。

⑤ "呵"，《黑城出土文書》錄文漏錄，現據圖版補。

⑥ "如□"，《黑城出土文書》錄文作"好好"，現據圖版改。

⑦ 第二、三個"千万"為省文符號，現徑改。

⑧ "斗"，《黑城出土文書》錄文作"升"，現據圖版改。

⑨ "有"字前原衍兩字，後塗抹，《黑城出土文書》錄文作"去人"，現徑改。

⑩ "粮□数"，《黑城出土文書》錄文未釋讀，現據圖版補。

4. 有你前季我每□
5. 你說得那書不□□
6. □相信□

(後缺)

(二)

(前缺)

1. 甘肅□①
2. □②集乃太黑堂寄

7. 元書信為收買藥材事殘片

題解：

本件《中國藏黑水城漢文文獻》中原始編號為Y1：W117，出版編號為M1·1079，收於第六冊《書信》第1330頁，擬題為《書信》，並記其尺寸為22.6cm×28.5cm。本件還收錄於《黑城出土文書（漢文文書卷）》第192頁《書信類》，其所記文書編號與《中國藏黑水城漢文文獻》原始編號同，並列出文書諸要素為：竹紙，殘，行草書，尺寸為27.2cm×22.0cm。文書前完後缺，現存文字9行。參考文獻：1. 劉海波、劉玉書《〈黑城出土文書〉醫藥初探》，《第二屆中國少數民族科技史國際學術談論會論文集》，社會科學文獻出版社1996年版；2. 劉海波《〈黑城出土文書〉醫藥殘文考略》，《中華醫史雜誌》1998年第2期；3. 內蒙古醫學史料編寫組《從出土醫書殘頁窺元代哈拉浩特醫學之一斑》，《內蒙古中醫藥》1993年第3期。

錄文標點：

1. □弟③
2. 有人寒山照寫④□□□立清⑤見兒⑥丸內⑦藥耳：

---

① 此行文字《黑城出土文書》錄文未釋讀，現據圖版補。
② 據文意推斷，此處所缺文字應為"亦"。
③ "弟"，《黑城出土文書》錄文作"与"，現據圖版改。
④ "照寫"，《黑城出土文書》錄文作"□與"，現據圖版改。
⑤ "立清"，《黑城出土文書》錄文未釋讀，現據圖版補。
⑥ "兒"，《黑城出土文書》錄文未釋讀，現據圖版改。
⑦ "內"，《黑城出土文書》錄文作"帰"，現據圖版改。

1014　中國藏黑水城漢文文獻的整理與研究

3. 　　人參①、京三棱、香□②、景③□、廣茂

4. 　　等各三錢④，對本收買。有不全的，請⑤王福礼外郎

5. 　　两个⑥相知任大醫或黃講師処培全，將

6. 　　炮制引子抄寫前来，休的有悟⑦，紧等。

7. 　　只此　　又買□⑧

8. 　　寒山人參二⑨錢，真者　　棗兒

9. 　　□□

　　　　（後缺）

8. 元鄧謙等與監办郎中書信為求照拂壽童事

題解：

本件《中國藏黑水城漢文文獻》中原始編號為Y1：W18，出版編號為M1·1080，收於第六冊《書信》第1332頁，擬題為《書信》，並記其尺寸為24.7cm×19.9cm。本件還收錄於《黑城出土文書（漢文文書卷）》第192頁《書信類》，其所記文書編號與《中國藏黑水城漢文文獻》原始編號同，並列出文書諸要素為：麻紙，殘，楷行書，尺寸為19.0cm×24.0cm。文書前後均缺，現存文字14行。

錄文標點：

　　　　（前缺）

1. 　　　　石院⑩元

2. 　　　　鄧謙

3. 　　　　何伯通

---

① "人參"前有墨筆勾畫痕跡。
② "香□"前有墨筆勾畫痕跡。
③ "景"，《黑城出土文書》錄文作"果"，現據圖版改。
④ "各三錢"為右行補入，現徑改。
⑤ "請"，《黑城出土文書》錄文作"諸"，現據圖版改。
⑥ "个"，《黑城出土文書》錄文作"不"，現據圖版改。
⑦ 據文意推斷，"悟"應為"誤"。
⑧ "買□"，《黑城出土文書》錄文作"開"，現據圖版改。
⑨ "二"，《黑城出土文書》錄文作"三"，現據圖版改。
⑩ "院"，《黑城出土文書》錄文作"淺"，現據圖版改。

4.　　　　不肖　景文德　頓首奉聞▢▢▢▢
5.　　　　　　　安道貞
6. 監办郎中侍右　　　　奉別未久▢▢
7. 德拳拳①人来從審
8. 奎候清吉為慰。　　區區②輩　苟安▢
9. 念兹有識人壽童等，乃本省典吏石▢
10. 醴前去
11. 貴處易貨，端望
12. 郎中不弃故交之情，凣百
13. 照③拂，異日
14. ▢▢▢▢▢□报拜
　　　　（後缺）

9. 元講主二姐等書信

題解：

本件《中國藏黑水城漢文文獻》中原始編號為 F249：W19，出版編號為M1·1081，收於第六冊《書信》第1333頁，擬題為《書信》，並記其尺寸為28.4cm×19.3cm。本件還收錄於《黑城出土文書（漢文文書卷）》第192頁《書信類》，其所記文書編號與《中國藏黑水城漢文文獻》原始編號同，並列出文書諸要素為：麻紙，殘，行書，尺寸為19.5cm×28.0cm。文書前完後缺，現存文字17行。

錄文標點：

1. ▢▢▢▢□講主二姐等頓首拜上
2. ▢▢▢□伯④、陳五大嫂、五嫂、吳家姐夫、
3. ▢家⑤姐夫、蘇和尚、大姐、二姐、三姐、大哥、大嫂、

---

① 第二個"拳"為省文符號，現徑改。
② 第二個"區"為省文符號，現徑改。
③ "照"，《黑城出土文書》錄文未釋讀，現據圖版補。
④ "伯"，《黑城出土文書》錄文未釋讀，現據圖版補。
⑤ "家"，《黑城出土文書》錄文未釋讀，現據圖版補。

4. □①哥、二嫂、楊家楊三嫂，大小家眷身

5. □安樂，　　自従难②別之後，今姪四个

6. 　　　□想望，不能見面。前者九

7. 　　　□上師根隨徒弟普福法

8. 師处，帶了酒棗兒二升，未知你每

9. □不得，我每不知會③。我每累次帶让

10. □六七分④，至今不見囘帶一信来。

11. 乔墨好生貴，上並無一信来，我每

12. 日每好生望⑤想你每。我每不曾動了，

13. 你每□□為何不帶書信来？你每

14. 要往亦集乃来何⑥，与吳上師□□

15. □□□家小⑦一同上来，再不　　

16. □典処齐⑧，忙囘帶書信来　　

17. 　　　□約⑨署帶与大　　

　　　（後缺）

10. 元毛文殊奴平安書殘片（一）

題解：

本件《中國藏黑水城漢文文獻》中原始編號為F41：W5A，出版編號為M1・1082，收於第六冊《書信》第1334頁，擬題為《書信》，並記其尺寸為16.8cm×27.4cm。本件還收錄於《黑城出土文書（漢文文書卷）》第191頁《書信類》，其所記文書編號為F41：W5（2），並列出文書諸要素為：草紙，殘屑，行草書，

---

① 據文意推斷，此處所缺文字似為"二"。
② "难"通"離"，《黑城出土文書》錄文作"難"，現據圖版改。
③ "會"，《黑城出土文書》錄文作"食"，現據圖版改。
④ "分"，《黑城出土文書》錄文作"了"，現據圖版改。
⑤ "望"，《黑城出土文書》錄文漏錄，現據圖版補。
⑥ 據文意推斷，"何"似為"呵"，《黑城出土文書》錄文作"呵"。
⑦ "小"，《黑城出土文書》錄文作"子"，現據圖版改。
⑧ "典処齐"，《黑城出土文書》錄文作"具以于"，現據圖版改。
⑨ "約"，《黑城出土文書》錄文作"的"，現據圖版改。

尺寸為26.0cm×16.0cm。該書將本號文書與《中國藏黑水城漢文文獻》第1334頁M11083［F41:W5B］號文書統一編號為F41:W5，作為一件文書釋錄。按，兩號文書字跡、紙張相同，編號相連，應為同件文書。文書前後均缺，現存文字8行。文書擬題依綴合後所定。

錄文標點：

（前缺）

1. 好□□□
2. 者捎書交端巴来。如今時光不寧，休交
3. 来者。有哈只同家眷去了，早晚管顧。再
4. 有分省典吏張紀宗、苔失帖木宣使
5. 二人家中請□遞①管雇②。我早晚囬来也，
6. 我的冬衣休交帶③了。花花奴取麦子時，
7. 是必休要等我来时，与他④那里別休収買
8. 物貨存下照□□食只□，千万千万□□

（後缺）

11. 元毛文殊奴平安書殘片（二）

題解：

本件《中國藏黑水城漢文文獻》中原始編號為F41:W5B，出版編號為M1·1083，收於第六冊《書信》第1334頁，擬題為《毛文殊奴平安書》，並記其尺寸為7.3cm×17.1cm。本件還收錄於《黑城出土文書（漢文文書卷）》第191頁《書信類》，其所記文書編號為F41:W5（1），並列出文書諸要素為：草紙，殘屑，行草書，尺寸為14.0cm×6.5cm。該書將本號文書與《中國藏黑水城漢文文獻》第1334頁M11082［F41:W5A］號文書統一編號為F41:W5，作為一件文書釋錄。按，兩號文書字跡、紙張相同，編號相連，應為同件文書。文書前缺後完，現存文字3行。文書擬題依綴合後所定。

---

① "遞"，《黑城出土文書》錄文作"照"，現據圖版改。
② 據文意推斷，"雇"應為"顧"。
③ "帶"，《黑城出土文書》錄文作"來"，現據圖版改。
④ "与他"，《黑城出土文書》錄文作"當地"，現據圖版改。

1018　中國藏黑水城漢文文獻的整理與研究

錄文標點：

　　　　（前缺）

1. ▨王①禄弟端巴□②折③

2. ▨□亦集乃□④▨

3. 毛文殊奴平安書拜 上

12. 元與薛君書信殘片

題解：

本件《中國藏黑水城漢文文獻》中原始編號為Y1：W41，出版編號為M1·1084，收於第六冊《書信》第1335頁，擬題為《書信》，並記其尺寸為24.7cm×28.8cm。本件還收錄於《黑城出土文書（漢文文書卷）》第193頁《書信類》，其所記文書編號為Y1：W36，與《中國藏黑水城漢文文獻》原始編號異，並列出文書諸要素為：麻紙，殘，草書，尺寸為28.3cm×25.0cm。文書前缺後完，現存文字8行。

錄文標點：

　　　　（前缺）

1. □处存鈔一定，薛君拜□▨

2. 交楊⑤典取索⑥分付，未知取索⑦□□

3. 姚進所說要將發，我便來對 證 。工⑧

4. 典有言語，若王仲德又說者，□⑨

5. 陶宣使說我姐姐⑩事非，万望當空⑪

---

① "王"，《黑城出土文書》錄文作"五"，現據圖版改。
② 此字殘，《黑城出土文書》錄文作"滋"，現存疑。
③ "折"，《黑城出土文書》錄文作"拆"，現據圖版改。
④ 此字殘，《黑城出土文書》錄文作"路"，但從殘存筆劃看不似，現存疑。
⑤ "楊"，《黑城出土文書》錄文作"於"，現據圖版改。
⑥ "取索"，《黑城出土文書》錄文作"如常"，現據圖版改。
⑦ "取索"，《黑城出土文書》錄文作"如常"，現據圖版改。
⑧ "工"，《黑城出土文書》錄文作"王"，現據圖版改。
⑨ 此處似為一省文符號，《黑城出土文書》錄文作"又有"，現存疑。
⑩ 第二個"姐"字為省文符號，現徑改。
⑪ "万望當空"，《黑城出土文書》錄文作"一日可等是"，現據圖版改。

6. 憑記事證，對典日致謝，乞
7. 照亮。
8. 　　十一月廿四日再拜

13. 元也失帖木兒與經歷相公等書信為羊酒事殘片

題解：

本件《中國藏黑水城漢文文獻》中原始編號為 F224：W9，出版編號為M1·1085，收於第六冊《書信》第1336頁，擬題為《書信》，並記其尺寸為13.2cm×23cm。本件文書共兩件殘片，還收錄於《黑城出土文書（漢文文書卷）》第193頁《書信類》，其所記文書編號與《中國藏黑水城漢文文獻》原始編號同，並列出文書諸要素為：麻紙，殘屑，行書，尺寸分別為 8.7cm×8.9cm、11.6cm×12.2cm。該書第44頁還指出，本件文書為也失帖木給經歷、知事的書信，寫的有關羊酒等事，是為官員辦理私事。至於宴請官吏吃喝一通，無非是為詞訟、經營之類事理，欲求官吏關照方便，這是自古以來社會上一大通弊。文書殘片一現存文字4行，殘片二現存文字7行。

錄文標點：

（一）

1. 　　　小人也失怗木☐
2. 經歷相公　知事相公☐
3. 近有人至，恭審得
4. ☐　　☐不足道☐　　
　　　（後缺）

（二）
　　　　（前缺）
1. ☐　　十四☐ 并① 酒与本路達② ☐

---

① "并"通"瓶"，《黑城出土文書》錄文作"升"，現據圖版改。
② "達"，《黑城出土文書》錄文未釋讀，現據圖版補。

2. ▢余剩鈔①兩買羊二口②▢

3. ▢者小人口　　三位口▢

4. ▢今　差来使臣木八剌口▢

5. ▢　　　　　相公口▢

6. ▢親眷怎生　　口統馬青▢

7. ▢添言嗦取捉口　　差口▢

（後缺）

14. 元书信残片

題解：

本件《中國藏黑水城漢文文獻》中原始編號為 F247：W3，出版編號為M1·1086，收於第六册《書信》第1336頁，擬題為《書信》，並記其尺寸為 6.1cm×15.9cm。本件還收錄於《黑城出土文書（漢文文書卷）》第 192 頁，其所記文書編號與《中國藏黑水城漢文文獻》原始編號同，並列出文書諸要素為：竹紙，屑，楷行書，尺寸為15.4cm×6.0cm。文書前後均缺，現存文字4行。

錄文標點：

（前缺）

1. 政聲昭著　起居清▢

2. 吉無事兹因端便輒③有干

3. 浼④有弟在彼，役過公田一十七口▢

4. 役　　口口達望

（後缺）

---

① "鈔"，《黑城出土文書》錄文作 "我"，現據圖版改。
② "口"，《黑城出土文書》錄文作 "只"，現據圖版改。
③ "輒"，《黑城出土文書》錄文漏錄，現據圖版補。
④ "浼"，《黑城出土文書》錄文作 "晚"，現據圖版改。

整理編　第六冊　1021

15. 元書信殘片

題解：

本件《中國藏黑水城漢文文獻》中原始編號為 AE191　ZHi30 正，出版編號為 M3·0008，收於第六冊《書信》第 1337 頁，擬題為《書信》，並記其尺寸為 17.4cm×19.6cm。本件文書還收於陳炳應《黑城新出土的一批元代文書》一文（《考古與文物》1983 年第 1 期）其指出本件文書出土於 T3，所記文書編號為 79：20，並列出文書諸要素為：楷體墨書，兩面都有文字，屬書信。陳文載有本件文書錄文，無圖版。文書為正背雙面書寫，此為正面內容，現存文字 8 行。

錄文標點：

（前缺）

1. ▭▭▭▭□候①

2. □□处还，另行帶信，有▭▭▭▭②

3. 有四哥□③身発痛，未知有無轉听④▭▭

4. 你小姨□□馬普娘子改嫁他人，我每⑤▭▭

5. 生受 難 以過遭⑥，有你旧旧⑦亲戚上⑧有你▭

6. 其余身死亡絕， 你 修□ 取 ⑨□□者⑩。

7. 此旧　　　正□　　珍重不佫　　□⑪

---

① 此行文字《黑城新出土的一批元代文書》錄文未釋讀，現據圖版補。
② 此處所缺文字《黑城新出土的一批元代文書》錄文作"你靈州親戚身故絕亡"，但圖版未見。
③ 此字《黑城新出土的一批元代文書》錄文作"心"，從圖版看，不似，現存疑。
④ "听"，《黑城新出土的一批元代文書》錄文未釋讀，現據圖版補。
⑤ "每"，《黑城新出土的一批元代文書》錄文未釋讀，現據圖版補。
⑥ "受 難 以過遭"，《黑城新出土的一批元代文書》錄文作"□□死以遍遭"，現據圖版改。
⑦ "有你旧旧"，《黑城新出土的一批元代文書》錄文作"□□旧"，現據圖版改。另，第二個"旧"為省文符號，現徑改。另，據文意推斷，"旧旧"應為"舅舅"。
⑧ "上"，《黑城新出土的一批元代文書》錄文未釋讀，現據圖版補。
⑨ " 取 "，《黑城新出土的一批元代文書》錄文未釋讀，現據圖版補。
⑩ "者"，《黑城新出土的一批元代文書》錄文未釋讀，現據圖版補。
⑪ 此行文字《黑城新出土的一批元代文書》錄文未釋讀，現據圖版補。

8.　　　　　　（蒙古文）　　頓☐☐☐☐
　　　　　（後缺）

16. 元至元年間文書殘片

題解：

本件《中國藏黑水城漢文文獻》中原始編號為 AE191　ZHi30 背，出版編號為 M3・0009，收於第六冊《書信》第 1338 頁，擬題為《至元年間文書》，並記其尺寸為 17.4cm×19.6cm。本件文書還收於陳炳應《黑城新出土的一批元代文書》一文（《考古與文物》1983 年第 1 期），其指出本件文書出土於 T3，所記文書編號為 79：20，並列出文書諸要素為：楷體墨書，兩面都有文字。陳文載有本件文書錄文，無圖版。文書為正背雙面書寫，此為背面內容，圖版顯示現存文字 2 行，但陳文錄文為 3 行。現先照圖版釋錄，並將陳文附錄於後。

錄文標點：

1. 至元三年支持☐☐☐
2. 至元四年錢☐☐☐☐

附：陳炳應《黑城新出土的一批元代文書》錄文：

　　　　　（前缺）

1. 至元三年支持雜色錢
2. 至元四年錢壹仟☐☐☐
3. 叁拾捌還①叁☐☐☐☐
　　　　　（後缺）

17. 元皇慶二年（1313）書信殘片

題解：

本件《中國藏黑水城漢文文獻》中原始編號為 83H・F4：W8／0140，出版編號為M1・1087，收於第六冊《書信》第 1339 頁，擬題為《書信》，並記其尺寸為 13.4cm×26cm。本件還收錄於《黑城出土文書（漢文文書卷）》第 191 頁《書

---

①　從文意來看，"還"字應誤。

信類》，其所記文書編號為 F4：W8，並列出文書諸要素為：草紙，殘，行草書，尺寸為 26.0cm×13.5cm。文書前缺後完，現存文字 6 行。

錄文標點：

（前缺）

1. 呵，我每買有好□☐
2. 就書傳士　　廢家你心□☐
3. 要趙二哥与你帶鈔，不肯帶有，隨後与你 帶
4. 来。
5. 　　　　皇慶二年正月十六日書雇下的竟不
6. 来了也，我每也不去，有你每知道者。

18. 元書信殘片

題解：

本件《中國藏黑水城漢文文獻》中原始編號為 F146：W24，出版編號為 M1·1088，收於第六冊《書信》第 1340 頁，擬題為《書信》，並記其尺寸為 11.2cm×27.3cm。本件還收錄於《黑城出土文書（漢文文書卷）》第 193 頁《書信類》，其所記文書編號與《中國藏黑水城漢文文獻》原始編號同，並列出文書諸要素為：竹紙，殘，行書，尺寸為 27.0cm×10.5cm。文書前後均缺，現存文字 5 行。

錄文標點：

（前缺）

1. 衆兄雅候清吉①，在下所慰所慰②，在下遠托
2. 雲癀，碌碌③如昔，不足
3. 高明道念。別無所囑，有在下愚姪在此，望
4. 衆兄不弃故旧，將④□□ 見 囯用政卿二位前者不

---

① "吉"，《黑城出土文書》錄文作"足"，現據圖版改。
② 第二個"欣慰"為省文符號，現徑改。另，"欣慰欣慰"，《黑城出土文書》錄文作"所慰慰"，現據圖版改。
③ 第二個"碌"為省文符號，現徑改。
④ "將"，《黑城出土文書》錄文未釋讀，現據圖版補。

19. 元書信殘片

題解：

本件《中國藏黑水城漢文文獻》中原始編號為 F125：W32，出版編號為M1·1089，收於第六冊《書信》第 1341 頁，擬題為《書信》，並記其尺寸為 21cm × 14.1cm。本件還收錄於《黑城出土文書（漢文文書卷）》第 193 頁《書信類》，其所記文書編號為 F125：W16，與《中國藏黑水城漢文文獻》原始編號異，並列出文書諸要素為：竹紙，殘，行草書，尺寸為 14.3cm × 20.6cm。文書前後均缺，現存文字 11 行。

錄文標點：

（前缺）

1. ☐☐　☐☐　☐☐ ①
2. 　廿②二日起程前徃亦集乃路
3. 　如書到日，你徃亦集乃来者
4. 　月十八日蒙☐☐☐
5. 　☐足，☐③將鋪馬二疋
6. 　相別☐④，你叔父張惠安一
7. 　徃亦集乃路赴任去訖，覷得
8. 　當年七月初六日祇受
9. 　　☐段子八十疋
10. 　　七一十頂駞
11. 　　☐☐補☐

（後缺）

---

① 此行文字《黑城出土文書》錄文未標注，現據圖版補。
② "廿"，《黑城出土文書》錄文作"初"，現據圖版改。
③ 此字殘，《黑城出土文書》錄文作"屆時"，現存疑。
④ 此處缺文《黑城出土文書》錄文未標注，現據圖版補。

20. 元書信殘片

題解：

本件《中國藏黑水城漢文文獻》中原始編號為 F249：W21，出版編號為M1·1090，收於第六冊《書信》第1339頁，擬題為《書信》，並記其尺寸為11.8cm×27.3cm。本件還收錄於《黑城出土文書（漢文文書卷）》第192《書信類》，其所記文書編號與《中國藏黑水城漢文文獻》原始編號同，並列出文書諸要素為：竹紙，殘，行草書，尺寸為 27.2cm×12.7cm。文書前後均缺，現存文字4行。

錄文標點：

（前缺）
1. ☐☐除①了，如今怎生了也？到如今
2. 不至。一个記事来那裏改除了
3. 呵，帶一封信者，我緊等的来取②
4. 的照驗③勾當。有魏總管家駁八☐☐
（後缺）

21. 元與達魯花赤書信殘片

題解：

本件《中國藏黑水城漢文文獻》中原始編號為 F105：W3，出版編號為M1·1091，收於第六冊《書信》第1343頁，擬題為《書信》，並記其尺寸為8.5cm×21.5cm。本件還收錄於《黑城出土文書（漢文文書卷）》第191頁《書信類》，其所記文書編號與《中國藏黑水城漢文文獻》原始編號同，並列出文書諸要素為：草紙，殘，行草書，尺寸為 21.2cm×7.8cm。文書前後均缺，現存文字4行。

錄文標點：

（前缺）

---

① "除"，《黑城出土文書》錄文作"係"，現據圖版改。
② "来取"，《黑城出土文書》錄文作"書"，現據圖版改。
③ "驗"，《黑城出土文書》錄文作"候"，現據圖版改。

1. 達魯花赤相①公座：拜別之後，不曾有忘②。喜
2. 躬安樂。娘子并我弟兄，且的如常
3. ☐☐知的父親路逢，本住州③判
4. ☐☐☐☐☐☐☐☐☐☐☐④

   （後缺）

22. 元與母書殘片

題解：

本件《中國藏黑水城漢文文獻》中原始編號為 F268：W3，出版編號為 M1·1092，收於第六冊《書信》第 1344 頁，擬題為《書信》，並記其尺寸為 31.6cm × 26.4cm。《黑城出土文書（漢文文書卷）》一書未收。文書共兩件殘片，殘片一現存文字 1 行，殘片二現存文字 8 行。

錄文標點：

（一）

1. ☐☐⑤乃路母親謝☐☐☐

   （後缺）

（二）

   （前缺）

1. ☐☐☐☐☐☐☐☐喜得安樂，好
2. ☐☐☐☐☐☐☐遠念。前者
3. ☐☐☐王三嫂帶將来的☐☐☐
4. 母親年已老了，休与人☐☐☐
5. 盤纏迴家去，四☐☐☐
6. 將些个来，忙中不☐☐☐
7. 善保。

---

① "相"，《黑城出土文書》錄文未釋讀，現據圖版補。
② "忘"，《黑城出土文書》錄文作"㤀"，現據圖版改。
③ "州"，《黑城出土文書》錄文作"刑"，現據圖版改。
④ 此行文字《黑城出土文書》錄文未標注，現據圖版補。
⑤ 據文意推斷，此處所缺文字應為"亦集"。

8. □顔

（後缺）

23. 元文書殘片

題解：

本件《中國藏黑水城漢文文獻》中原始編號為84H·F144：W21/2054，出版編號為M1·1093，收於第六冊《書信》第1345頁，擬題為《書信殘件》，並記其尺寸為17.5cm×24cm。《黑城出土文書（漢文文書卷）》一書未收。文書共三件殘片，殘片一、二各存文字2行，殘片三現存文字3行。

錄文標點：

（一）

（前缺）

1. ☐啓
2. ☐一念間有張志

（後缺）

（二）

（前缺）

1. 至
2. 亦集乃路吳☐

（後缺）

（三）

（前缺）

1. ☐乃路収受償
2. ☐到，有小人元収
3. ☐□小人家訖

（後缺）

24. 元書信殘片

題解：

本件《中國藏黑水城漢文文獻》中原始編號為F111：W14，出版編號為M1·

1094，收於第六冊《書信》第1346頁，擬題為《書信》，並記其尺寸為9.5cm×25.8cm。《黑城出土文書（漢文文書卷）》一書未收。文書前完後缺，現存文字4行。

錄文標點：

1. ☐☐☐☐☐☐☐☐☐☐☐拜

2. ☐☐☐☐☐☐☐☐☐別離半載，喜得安樂。

3. 好麻我每家中孩兒大小依如常，不湏遠

4. ☐☐☐☐☐☐☐☐☐我每得☐了也，有帶

　　　　（後缺）

25. 元書信殘片

題解：

本件《中國藏黑水城漢文文獻》中原始編號為F14∶W18，出版編號為M1·1095，收於第六冊《書信》第1347頁，擬題為《書信》，並記其尺寸為31cm×14cm。《黑城出土文書（漢文文書卷）》一書未收。文書前後均缺，現存文字13行。

錄文標點：

　　　　（前缺）

1. 言談☐☐☐☐☐☐☐

2. 你每家☐☐☐☐☐☐

3. 来☐☐☐☐☐☐☐

4. 都是☐☐☐押☐☐☐

5. 假印有你阿嫂☐☐☐

6. 攔处了☐☐☐☐☐

7. 与他，將来☐☐☐☐

8. 你阿嫂奴☐☐☐☐

9. 者，你要囬来時☐☐☐

10. 我說与你好生☐☐☐

11. 家都☐☐☐☐☐☐

12.随後☐☐☐☐☐☐☐☐☐

13.　　☐☐☐☐☐☐☐☐☐

　　　（後缺）

26. 元與叔書信殘片

題解：

本件《中國藏黑水城漢文文獻》中原始編號為 F6：W176，出版編號為M1·1096，收於第六冊《書信》第 1348 頁，擬題為《書信殘件》，並記其尺寸為 15.4cm×9.8cm。《黑城出土文書（漢文文書卷）》一書未收。文書前後均缺，現存文字 6 行。

錄文標點：

　　　　（前缺）

1. 小叔趙那孩伏☐☐☐

2. 事我每家☐☐☐

3. 小叔身躰☐☐☐

4. 眷顧小姪☐☐☐

5. 小叔☐卑発☐☐☐

6. 貢☐☐物乾☐☐☐

　　　（後缺）

27. 元書信殘片

題解：

本件《中國藏黑水城漢文文獻》中原始編號為 F2：W29，出版編號為M1·1097，收於第六冊《書信》第 1348 頁，擬題為《書信殘件》，並記其尺寸為 7.8cm×14.6cm。《黑城出土文書（漢文文書卷）》一書未收。文書前缺後完，現存文字 2 行。

錄文標點：

　　　　（前缺）

1. □子敬
2. 唐舜卿

28. 元徐敏與姨夫書信為糧斛事殘片

題解：

本件《中國藏黑水城漢文文獻》中原始編號為 F117：W23，出版編號為M1·1098，收於第六冊《書信》第1349頁，擬題為《書信殘件》，並記其尺寸為 16.7cm×28.3cm。《黑城出土文書（漢文文書卷）》一書未收。文書共三件殘片，殘片一現存文字2行，殘片二、三各存文字3行。

錄文標點：

（一）

1. 　　　　　小人徐敏頓[首][拜]
2. 姨夫姨□□□□□□□□□
　　　　　（後缺）

（二）
　　　　　（前缺）
1. □□[閑]□□□□□□□□
2. 俺每的知事你饒我□□□□
3. [係]是司□□□□□□□□
　　　　　（後缺）

（三）
　　　　　（前缺）
1. □□来的粮斛是□□□□□
2. □内①斗　納或因②其催□□
3. □官了呵，[交]赴□□□□□
　　　　　（後缺）

---

① "内"字為右行補入，現徑改。
② "因"字前原衍一"有"字，後塗抹，現徑改。

29. 元與胡大嫂書信殘片

題解：

本件《中國藏黑水城漢文文獻》中原始編號為 F130：W4A，出版編號為M1·1099，收於第六冊《書信》第 1350 頁，擬題為《書信殘件》，並記其尺寸為 7.9cm×9.6cm。《黑城出土文書（漢文文書卷）》一書未收。文書前後均缺，現存文字 3 行。

錄文標點：

（前缺）

1. 借□□□□□□□□□
2. 胡大嫂等你每識者□
3. 見，善保平安。

（後缺）

30. 元書信殘片

題解：

本件《中國藏黑水城漢文文獻》中原始編號為 F144：W22，出版編號為M1·1100，收於第六冊《書信》第 1350 頁，擬題為《書信殘件》，並記其尺寸為 5.8cm×11.6cm。《黑城出土文書（漢文文書卷）》一書未收。文書前後均缺，現存文字 3 行。

錄文標點：

（前缺）

1. ____□德周，自別之後，喜淂____
2. ____遠念。今有仁兄乳□□____
3. ____□□交□□____

（後缺）

31. 元王某書信殘片

題解：

本件《中國藏黑水城漢文文獻》中原始編號為 84H·F224：W36，出版編號為M1·1101，收於第六冊《書信》第1350頁，擬題為《書信殘件》，並記其尺寸為8.5cm×10.8cm。《黑城出土文書（漢文文書卷）》一書未收。文書前缺後完，現存文字2行。

錄文標點：

（前缺）

1. ▭兄

（中缺）

2. ▭□弟王謹頓首再拜

32. 元書信殘片

題解：

本件《中國藏黑水城漢文文獻》中原始編號為84H·Y1 采：W94/2764，出版編號為M1·1102，收於第六冊《書信》第1351頁，擬題為《書信殘件》，並記其尺寸為15.7cm×33.7cm。《黑城出土文書（漢文文書卷）》一書未收。文書共兩件殘片，殘片一現存文字5行，殘片二現存文字10行。

錄文標點：

（一）

（前缺）

1. □都見□▭交□□軀□▭
2. 光□□□▭□者，父親逼抑山▭
3. 替來者，若他急不替來□□▭
4. □內甘州糧食價高，及糧食□▭
5. ▭□▭

（後缺）

（二）

（前缺）

1. □▭
2. 夅問到□▭

3. 並无了也☐
4. 盤缠粮食☐☐
5. 靠呃比及 喬 ☐☐
6. 歲，嚴☐八張不見又☐
7. ☐家呵， 姪 子 ☐姑☐
8. 富 足 ☐

（後缺）

33. 元書信殘片

題解：

本件《中國藏黑水城漢文文獻》中原始編號為 Y1：W14B，出版編號為M1·1103，收於第六冊《書信》第 1352 頁，擬題為《書信》，並記其尺寸為 9.4cm × 15.8cm。《黑城出土文書（漢文文書卷）》一書未收。文書前後均缺，現存文字 4 行。

錄文標點：

（前缺）

1. 如今別處城裏☐
2. 九日十一日般移了也，要与你☐
3. 修房盤缠赶不上，不曾☐
4. ☐☐裏俺布達魯☐

（後缺）

34. 元文書殘片

題解：

本件《中國藏黑水城漢文文獻》中原始編號為 84H·Y5：W7/2970，出版編號為M1·1104，收於第六冊《書信》第 1353 頁，擬題為《書信殘件》，並記其尺寸為 11.2cm × 34.6cm。《黑城出土文書（漢文文書卷）》一書未收。文書共四件殘片，各存文字 2 行。

1034　中國藏黑水城漢文文獻的整理與研究

錄文標點：

（一）

　　　　　（前缺）

1. ▢▢▢▢▢▢▢▢▢▢□□□▢▢▢▢▢

2. 活，拜也倫向阿金忽禿言說：我□姓名下，我与他□▢

　　　　　（後缺）

（二）

　　　　　（前缺）

1. ▢▢▢□▢▢▢

2. ▢▢□商量□□▢

　　　　　（後缺）

（三）

　　　　　（前缺）

1. ▢□▢▢

2. 与鈔壹□▢

　　　　　（後缺）

（四）

　　　　　（前缺）

1. ▢▢□□□▢▢

2. ▢□拜也倫□▢

　　　　　（後缺）

35. 元赤目立义書信殘片

題解：

本件《中國藏黑水城漢文文獻》中原始編號為 Y1：W13，出版編號為M1·1105，收於第六冊《書信》第 1354 頁，擬題為《書信殘件》，並記其尺寸為 4.3cm×11.7cm。《黑城出土文書（漢文文書卷）》一書未收。文書前完後缺，現存文字 1 行。

錄文標點：

1. 赤目立乂上傳拜☐☐☐☐☐

　　（後缺）

36. 元書信殘片

題解：

本件《中國藏黑水城漢文文獻》中原始編號為84H・F134：W1/1949，出版編號為M1・1106，收於第六冊《書信》第1354頁，擬題為《書信殘件》，並記其尺寸為9.8cm×6.8cm。《黑城出土文書（漢文文書卷）》一書未收。文書前完後缺，現存文字5行。

錄文標點：

　　（前缺）

1. ☐☐☐解由☐☐☐☐☐
2. ☐☐☐☐當犬馬拜☐☐☐
3. ☐☐☐中張都事親自☐☐
4. ☐☐☐貴兄不阻☐☐☐
5. ☐☐☐☐☐☐祝你☐☐

　　（後缺）

37. 元書信殘片

題解：

本件《中國藏黑水城漢文文獻》中原始編號為F224：W24，出版編號為M1・1107，收於第六冊《書信》第1354頁，擬題為《書信殘件》，並記其尺寸為5.5cm×9.7cm。《黑城出土文書（漢文文書卷）》一書未收。文書前後均缺，現存文字2行。

錄文標點：

　　（前缺）

1. ☐☐☐☐☐☐☐嗦有您

2. ▭▭▭▭▭
　　　　（後缺）

38. 元書信殘片

題解：

本件《中國藏黑水城漢文文獻》中原始編號為 Y1：W25B，出版編號為M1·1108，收於第六冊《書信》第 1355 頁，擬題為《書信殘件》，並記其尺寸為 12.9cm×14.7cm。《黑城出土文書（漢文文書卷）》一書未收。文書共兩件殘片，殘片一現存文字 2 行，殘片二現存文字 4 行。

錄文標點：

（一）

　　　　（前缺）

1. ▭
2. 孫知事別無▭▭▭
　　　　（後缺）

（二）

　　　　（前缺）

1. 的人 何 ▭▭
2. 事那裏的文▭
3. 將天娥来▭
4. ▭▭
　　　　（後缺）

39. 元官音奴書信殘片

題解：

本件《中國藏黑水城漢文文獻》中原始編號為 Y1：W92B，出版編號為M1·1109，收於第六冊《書信》第 1356 頁，擬題為《官音奴拜書》，並記其尺寸為 7.3cm×21.3cm。《黑城出土文書（漢文文書卷）》一書未收。文書前完後缺，現存文字 2 行。

錄文標點：

1. 　　　　官音奴拜上
2. 冝夫別无成事，我与
　　　（後缺）

40. 元書信殘片

題解：

本件《中國藏黑水城漢文文獻》中原始編號為 Y1：W100A，出版編號為 M1·1110，收於第六冊《書信》第 1356 頁，擬題為《書信殘件》，並記其尺寸為 5.8cm×25.1cm。《黑城出土文書（漢文文書卷）》一書未收。文書共兩件殘片，殘片一現存文字 2 行，殘片二現存文字 1 行。

錄文標點：

（一）
　　　（前缺）
1. ＿＿□□＿＿＿＿＿＿
2. ＿＿□你在与我帶將囬書＿＿①
　　　（後缺）
（二）
　　　（前缺）
1. ＿＿＿□年小②人到□＿
　　　（後缺）

41. 元舉薦書信殘片

題解：

本件《中國藏黑水城漢文文獻》中原始編號為 F9：W30B，出版編號為 M1·1111，收於第六冊《書信》第 1357 頁，擬題為《舉薦信》，並記其尺寸為 25.3cm×13.3cm。本件還收錄於《黑城出土文書（漢文文書卷）》第 194 頁《書

---

① 此行後有一墨筆畫綫。
② "小"字為右行補入，現徑改。

信類》，其所記文書編號為 F9：W30，並列出文書諸要素為：夾麻紙，原為佛經，經剪裁在背面寫些書信稿，有塗改處，正面用紅色和黑墨亂寫畫，不成文句。書信行草書，缺損，尺寸為 13.3cm×24.8cm。該書此處敘錄有誤，其紅色和黑墨亂寫畫內容與書信稿應為同面，而非兩面，其先寫紅色字，後寫書信，書信與紅色字字頭相反。正面佛經圖版《中國藏黑水城漢文文獻》未收。書信現存文字 14 行。參考文獻：吳超《黑水城出土文書所見人事變化初探》，《吉林師範大學學報》（人文社會科學版）2011 年第 3 期。

錄文標點：

背書信：

（前缺）

1. 一貟普伯忽歹①，年卅四歲，畏兀
2. 　　氏，高昌王位下怯薛丹身世，
3. 　　除前歷仕外，始由至正廿九年七
4. 　　月內，蒙②大尉③丞相買住夆④
5. 　　充亦集乃路司獄，移咨
6. 　　中書省定奪⑤，□定於⑥至當年十一月
7. 　　□□日⑦到任勾當，歷過十四⑧月。至宣
8. 　　光元年正⑨月內，又⑩蒙
9. 　歧⑪王大尉丞相朶只巴夆充□_____

---

① "歹"，《黑城出土文書》錄文漏錄，現據圖版補。
② "蒙"，《黑城出土文書》錄文作"據"，現據圖版改。
③ "大尉"通"太尉"，下同，不再另作說明。
④ "夆"通"舉"，下同，不再另作說明。
⑤ "定奪"為右行補入，現逕改。
⑥ "□定於"原作"先會照"，後塗抹并於右行改寫為一字，再將改寫字塗抹，於文書左行改寫，現逕改。《黑城出土文書》錄文釋讀為"定於先會照"。
⑦ "□□日"為左行補入，《黑城出土文書》錄文漏錄，現據圖版補。
⑧ "十四"原作"五"，塗抹後於右行改寫，現逕改。
⑨ "正"，《黑城出土文書》錄文作"六"，現據圖版改。
⑩ "又"字為右行補入，現逕改。
⑪ "歧"，《黑城出土文書》錄文作"政"，現據圖版改。

10. 　　知事，先行照會①，到任②勾當。仰望

11. 　　大人主盟提攜，於

12. □義③王下分中書省斷事☐☐☐☐

13. 　　知事或四部相☐☐☐

14. 　　至死不敢忘也。☐☐☐

　　　　（後缺）

背朱字：

1. 百家　　　　（簽押）

2. 　百　　　　　（簽押）

3. 　百家真

4. 　　家④

正：

（略）

42. 元書信殘片

題解：

本件《中國藏黑水城漢文文獻》中原始編號為84H·F20：W23/0672，出版編號為M1·1112，收於第六冊《書信》第1358頁，擬題為《文書殘件》，並記其尺寸為11.3cm×17.2cm。《黑城出土文書（漢文文書卷）》一書未收。文書前後均缺，現存文字3行。

錄文標點：

　　　　（前缺）

1. 在咱每執把封 記 ，恐怕別

2. □咱每身上都不得便於

3. ☐☐☐☐☐☐☐☐□赴肅

　　　　（後缺）

---

① "照會"，《黑城出土文書》錄文作"具呈"，現據圖版改。
② "先行照會，到任"為右行補入，現徑改。
③ "義"，《黑城出土文書》錄文未釋讀，現據圖版補。
④ 正面所書文字中，除簽押符號外，其餘文字均為朱書。

43. 元楊文中與高文秀書信為帶紅花事

題解：

本件《中國藏黑水城漢文文獻》中原始編號為 F1：W64，出版編號為M1·1113，收於第六冊《書信》第1359頁，擬題為《楊文中致仁兄高文秀書》，並記其尺寸為15.9cm×27cm。本件還收錄於《黑城出土文書（漢文文書卷）》第193頁《書信類》，其所記文書編號與《中國藏黑水城漢文文獻》原始編號同，並列出文書諸要素為：麻紙，缺，行草書，尺寸為 26.5cm×15.5cm。文書前完後缺，現存文字6行。

錄文標點：

1. 　　　　　小人楊文中拜上
2. 仁兄高文秀等，你每身躰安樂好磨①？小人且得如常，
3. 　　不遂到念，別無甚事。前者到那立②事多多③
4. 　　養气数，則別无所宝，少少④的費⑤典窮心，畧
5. 　　帶薄⑥礼扵陸君⑦処帶了紅花二斤与
6. 　　老兄 永 ⑧者。更无多事，如此千万千万⑨
　　　　　（後缺）

---

① 據文意推斷，"磨"似為"麽"。
② "立"，《黑城出土文書》錄文作"應"，現據圖版改。另，據文意推斷，"立"應為"裏"。
③ 第二個"多"為省文符號，現徑改。
④ 第二個"少"為省文符號，現徑改。
⑤ "費"，《黑城出土文書》錄文作"當"，現據圖版改。
⑥ "帶薄"，《黑城出土文書》錄文作"布片"，現據圖版改。
⑦ "扵陸君"，《黑城出土文書》錄文作"小陸子"，現據圖版改。
⑧ 據文意推斷，" 永 "應為"用"，《黑城出土文書》錄文作"用"。
⑨ 第二個"千万"為省文符號，現徑改。

第七冊

卷七　禮儀、儒學與文史卷

（一）禮儀文書

1. 元祭祀日、節日給假文書

題解：

本件《中國藏黑水城漢文文獻》中原始編號為Y1：W105，出版編號為M1·1114，收於第七冊《禮儀文書》第1377頁，擬題為《節日給假與祭祀宣聖三皇等》，並記其尺寸為35cm×24.3cm。本件還收錄於《黑城出土文書（漢文文書卷）》第94頁《禮儀類·禮儀》，其所記文書編號與《中國藏黑水城漢文文獻》原始編號同，並列出文書諸要素為：麻紙，缺，行楷書，尺寸為34.5cm×50.9cm，另用淡墨行草書旁注。文書前後完缺，現存文字16行，經二次書寫，第一次為書寫正文，第二次用小字書寫旁注，墨跡較淡，且文書中另有朱筆勾畫痕跡。從內容來看，其應為元祭祀及節日給官員假文書。參考文獻：1. 蔡偉政《黑水城所出元代禮儀祭祀文書初探》，碩士學位論文，河北師範大學，2011年；2. 孔德翊、屈耀琦《元代亦集乃路祭祀初探》，《西夏研究》2011年第1期；3. 屈耀琦《元代亦集乃路的國家祭祀——以黑城出土文書為中心》，碩士學位論文，寧夏大學，2011年；4. 馬曉林《元代國家祭祀研究》，博士學位論文，南開大學，2012年。

錄文標點：

1. 元命庚申
2. 　　　　正月初一日　三月初一日① 　五　月　初　一　□②

---

① 此行文字中"正月""三月"前均有朱筆勾畫痕跡。
② 此處缺文《黑城出土文書》錄文未標注，現補，據文意推斷，其應為"日"。

二①十三日第四报

3.　七月七月初三日　九月初四日　十一月初六日
4.　天壽節四月十七日　現今②各項　　十八日③
5.　宣聖祭祀　　　　第一日④
6.　　二月⑤初八日　八月初一日　到即
　　　　　　　　　　　　　　　一項⑥来
7.　三皇祭祀　　　初九日　　　　十八日
8.　　三月⑦初三日　　　　九月初九日
9.　　三月初七日⑧
10.　雷雨師三月廿五日申　　九月
11.　巴思麻帝師祭祀　　　廿一日⑨
　　　　　坐前察入價目合行具呈
12.　天壽冬⑩　四月十五日　十一月廿二日⑪
13.　天壽、冬至各給假二日，正旦給假三日，
14.　　元⑫元正、寒食各給假三日。⑬
　　　　元新収、已支、實有、見在粮斛數目□⑭
15.　　立春、重五、立秋、重九各假一日，公务急
16.　　　　　　　速，不在此限。

（後缺）

---

① "二"，《黑城出土文書》錄文漏錄，現據圖版改。
② "今"，《黑城出土文書》錄文作"金"，現據圖版改。
③ "十八日"，《黑城出土文書》錄文漏錄，現據圖版補。
④ "日"，《黑城出土文書》錄文作"白"，且"第一日"三字《黑城出土文書》錄文錄為單獨一行，現據圖版改。
⑤ "二月"前朱筆勾畫。
⑥ "項"，《黑城出土文書》錄文作"致"，現據圖版改。
⑦ "三月"前朱筆勾畫。
⑧ 此行文字《黑城出土文書》錄文作小字旁注，現據圖版改。
⑨ "廿一日"，《黑城出土文書》錄文漏錄，現據圖版補。
⑩ "天壽冬"，《黑城出土文書》錄文單獨錄為一行，且錄於其下日期之後，現據圖版改。
⑪ 此行兩日期《黑城出土文書》錄文錄作小字旁注，現據圖版改。
⑫ "元"，《黑城出土文書》錄文漏錄，現據圖版補。
⑬ 此行文字右側有朱筆點畫痕跡。
⑭ 此字《黑城出土文書》錄文未標注，現據圖版補。另，此行文字與左右行距較窄，應為後寫補入。

2. 元天壽聖節拜賀儀殘片

題解：

本件《中國藏黑水城漢文文獻》中原始編號為 F62：W11，出版編號為M1·1115，收於第七冊《禮儀文書》第1378頁，擬題為《朝拜禮儀》，並記其尺寸為 17.1cm×24.1cm。本件還收錄於《黑城出土文書（漢文文書卷）》第95頁《禮儀類·禮儀》，其所記文書編號與《中國藏黑水城漢文文獻》原始編號同，並列出文書諸要素為：竹紙，殘，行草書，尺寸為23.0cm×16.5cm。文書前後均缺，現存文字4行。蔡偉政指出本件文書因有"僧人"出現，不符合元代祭祀人員的規定，應是一件元代亦集乃路朝賀天壽聖節的文書，文書的價值在於展示了元代地方上朝賀天壽聖節禮儀上的一些細節，故可定名為"元代亦集乃路天壽聖節拜賀禮單"。按，本件文書從內容來看，確為拜賀儀式，但擬名"禮單"易生歧義，故擬現名。參考文獻：1. 蔡偉政《黑水城所出元代禮儀祭祀文書初探》，碩士學位論文，河北師範大學，2011年；2. 孔德翊、屈耀琦《元代亦集乃路祭祀初探》，《西夏研究》2011年第1期；3. 屈耀琦《元代亦集乃路的國家祭祀——以黑城出土文書為中心》，碩士學位論文，寧夏大學，2011年。

錄文標點：

（前缺）

1. ☐ 百① 笏 鞠躬 ☐☐
2. ☐ 山呼 山呼 再三 呼☐
3. ☐☐② 已跪 出笏 就拜 興 拜
4. 平身 僧人 ☐☐☐☐☐☐☐☐

（後缺）

3. 元三皇祭祀禮儀殘片

題解：

本件《中國藏黑水城漢文文獻》中原始編號為 F1：W43，出版編號為M1·

---

① "百"，《黑城出土文書》錄文未釋讀，現據圖版補。
② 此兩字殘，《黑城出土文書》錄文作"下跪"，但圖版中第二字殘存左半"月"字旁，故應非"跪"，現存疑。

1116，收於第七冊《禮儀文書》第1379頁，擬題為《貢獻三皇禮儀》，並記其尺寸為12.8cm×5.7cm。本件還收錄於《黑城出土文書（漢文文書卷）》第94頁《禮儀類·禮儀》，其所記文書編號與《中國藏黑水城漢文文獻》原始編號同，並列出文書諸要素為：竹紙，殘，行楷書，尺寸為12.6cm×5.3cm。文書前後均完，現存文字9行。蔡偉政指出元代規定郡縣祭祀三皇"如宣聖釋奠禮"，從本文書可以對照出郡縣祭祀三皇時的儀式與祭祀宣聖儀式的差別，故可定名為"元代亦集乃路三皇祭禮禮單"。按，本件文書從內容來看，確為拜賀儀式，但擬名"禮單"易生歧義，故擬現名。參考文獻：1. 蔡偉政《黑水城所出元代禮儀祭祀文書初探》，碩士學位論文，河北師範大學，2011年；2. 孔德翊、屈耀琦《元代亦集乃路祭祀初探》，《西夏研究》2011年第1期；3. 屈耀琦《元代亦集乃路的國家祭祀——以黑城出土文書為中心》，碩士學位論文，寧夏大學，2011年。

錄文標點：

1. 請初獻官①☐
2. 舉掃②、進笏、盥 手③ ☐④
3. 三皇帝神位前⑤☐
4. 伏儀⑥皇帝神☐
5. 神農皇帝神☐
6. 軒轅黃帝神☐
7. 　羊食⑦一體，豕☐
8. 　牢蔽⑧帛獻供 養⑨☐
9. 　復位

---

① "官"字後原衍一"從"字，後塗抹，《黑城出土文書》錄文照錄，現徑改。
② "掃"，《黑城出土文書》錄文作"幕"，現據圖版改。
③ "盥"，《黑城出土文書》錄文作"與"；" 手 "《黑城出土文書》錄文未釋讀，現據圖版改。
④ 據此行文字與左、右行行距推斷，其應為後寫補入。
⑤ 此行文字用墨筆圈畫。
⑥ "儀"通"羲"，《黑城出土文書》錄文作"羲"。
⑦ "食"字原誤寫為"豕"，塗抹後於右行改寫，現徑改。
⑧ "蔽"字為右行補入，現徑改。
⑨ " 養 "，《黑城出土文書》錄文作"等"，現據圖版改。

4. 元春秋釋奠禮儀殘片

題解：

本件《中國藏黑水城漢文文獻》中原始編號為 F2：W31b，出版編號為 M1·1117，收於第七冊《禮儀文書》第 1380 頁，擬題為《跪拜禮》，並記其尺寸為 17.1cm×26.5cm。本件文書共兩件殘片，還收錄於《黑城出土文書（漢文文書卷）》第 94 頁《禮儀類·禮儀》，其所記文書編號為 F2：W31，並列出文書諸要素為：草紙，殘，行書，尺寸分別為 11.0cm×9.5cm、11.0cm×6.5cm。文書殘片一現存文字 4 行，殘片二現存文字 7 行。蔡偉政指出，通過對照文書與史籍所載祭祀儀式，可以判定本件文書應為春秋釋奠儀，故可定名為"元代亦集乃路春秋釋奠禮單"。按，本件文書從內容來看，確為拜賀儀式，但擬名"禮單"易生歧義，故擬現名。參考文獻：1. 蔡偉政《黑水城所出元代禮儀祭祀文書初探》，碩士學位論文，河北師範大學，2011 年；2. 孔德翊、屈耀琦《元代亦集乃路祭祀初探》，《西夏研究》2011 年第 1 期；3. 屈耀琦《元代亦集乃路的國家祭祀——以黑城出土文書為中心》，碩士學位論文，寧夏大學，2011 年；4. 張紅英《黑水城文書所見元代基層孔子祭祀》，《圖書館理論與實踐》2014 年第 7 期。

錄文標點：

（一）

（前缺）

1. 總讚礼生于大①歡
2. 排②班　班齊　啟③户
3. 鞠躬④ 拜⑤　興　拜
4. □ 興 拜　□□

（後缺）

---

① "于大"，《黑城出土文書》錄文作"干天"，現據圖版改。
② "排"字原作"牌"，塗抹後於右行改寫，現徑改。
③ "啟"字原作"盥"，塗抹後於右行改寫，現徑改。
④ "鞠"字為右行補入，且"躬"字後原衍一"恭"，後塗抹，現徑改。
⑤ 《黑城出土文書》錄文中無"恭"字，今據圖版徑補。

（二）

（前缺）

1. 平身　□□□□□□
2. 六輔①衆官行礼
3. 衆官皆就②跪③拜□
4. 拜興　平身　復位
5. 鞠躬④　拜　興　拜
6. 興　平身　闔户⑤東
7. 西隨序⑥班　园拜⑦

（後缺）

5. 元大臣賀皇太后孫壽旦賀箋殘片

題解：

本件《中國藏黑水城漢文文獻》中原始編號為F2∶W59，出版編號為M1·1118，收於第七册《禮儀文書》第1381頁，擬題為《文書殘件》，並記其尺寸為19.4cm×19.5cm。本件還收錄於《黑城出土文書（漢文文書卷）》第95頁《禮儀類·禮儀》，其所記文書編號與《中國藏黑水城漢文文獻》原始編號同，並列出文書諸要素為：竹紙，殘，行楷書，尺寸為17.0cm×16.5cm。文書前後均缺，現存文字11行。李逸友認為本件文書應是一件"賀詞"。按，據文書中"賀箋""視膳""問安""壽旦"等文，可推斷本件文書應為元大臣向皇太后之孫壽旦表達祝賀的賀箋。

---

① "六輔"為右行補入，"輔"，《黑城出土文書》、張紅英文未釋讀，且其將"六輔"單獨錄為一行，現據圖版補。
② "就"字前原衍一"去"，後塗抹，《黑城出土文書》、張紅英文照錄，現徑改。
③ "跪"字為右行補入，現徑改。
④ "鞠"原作"再"，塗抹後於右行改寫，且"躬"字後原衍一"恭"，後塗抹，《黑城出土文書》錄文均照錄，現徑改。
⑤ "闔户"兩字為右行補入，現徑改。
⑥ "序"字為右行補入，且此處原補寫兩字，後將第一字塗抹，現徑改。
⑦ "园拜"，《黑城出土文書》錄文未釋讀，現據圖版補。

錄文標點：

（前缺）

1. ☐☐☐☐☐☐☐☐子賀箋
2. ☐☐☐☐☐☐☐□頒豫①交之文，時☐☐☐
3. ☐☐☐☐☐☐☐☐☐深②繫人心中賀　欽惟③
4. ☐☐☐☐☐④
5. ☐☐☐☐☐☐□⑤是奉
6. □子之聖辭
7. □太后之神孫　鶴禁惟清，委撫軍□☐☐☐
8. 龍樓白⑥曉，勤視膳以問安　臣某等表⑦☐
9. 壽旦，仰望蓬萊之闕，敬□☐☐
10. 大名之三善，攄誠百⑧辟☐☐☐
11. 臣某☐☐☐☐☐☐☐☐

（後缺）

6. 元文書殘片

題解：

本件《中國藏黑水城漢文文獻》中原始編號為 84H・F51：W16/0841，出版編號為 M1・1119，收於第七冊《禮儀文書》第 1382 頁，擬題為《文書殘件》，並記其尺寸為 6.6cm×27.3cm。《黑城出土文書（漢文文書卷）》一書未收錄。文書共三件殘片，殘片一現存文字 2 行，殘片二現存文字 3 行，殘片三現存文字 1 行。

---

① "豫"，《黑城出土文書》錄文作"予"，現據圖版改。
② "深"，《黑城出土文書》錄文未釋讀，現據圖版補。
③ "欽惟"，《黑城出土文書》錄文作"□欽□恨"，現據圖版改。
④ 據文書行距推斷，此處應缺一行文字，《黑城出土文書》錄文未標注，現補。
⑤ 此字殘，《黑城出土文書》錄文作"又"，現存疑。
⑥ "白"，《黑城出土文書》錄文作"自"，現據圖版改。
⑦ "表"，《黑城出土文書》錄文未釋讀，現據圖版補。
⑧ 《黑城出土文書》於"百"字前衍錄一"為"字，現據圖版改。

錄文標點：

（一）

（前缺）

1. 　殿□□□□□□
2. 太廟□□□□□□

（後缺）

（二）

（前缺）

1. □□□□□□□□
2. □□□□□□大政事
3. □□□□□□子順□

（後缺）

（三）

（前缺）

1. □□□□□无色□□

（後缺）

7. 元文書殘片

題解：

本件《中國藏黑水城漢文文獻》中原始編號為84H·Y1采：W116/2786，出版編號為M1·1120，收於第七冊《禮儀文書》第1382頁，擬題為《文書殘件》，並記其尺寸為8.7cm×29.1cm。《黑城出土文書（漢文文書卷）》一書未收。文書共兩件殘片，其字跡不一，應非同件文書。其中殘片一現存文字3行，從內容來看，應為禮儀文書殘片；殘片二現存文字3行，從內容來看，似為書信殘片。

錄文標點：

（一）

（前缺）

1. ☐命婦服①☐
2. ☐朝服大②☐
3. ☐舒③賦事☐
   （後缺）

（二）
   （前缺）
1. ☐☐无一个阿
2. ☐怕的一个四歲
3. ☐不留心者
   （後缺）

（二）祭祀費用文書

1. 元延祐四年（1317）添支祭祀錢文卷（之一）

題解：

本件《中國藏黑水城漢文文獻》中原始編號為F116：W361，出版編號為M1·1121，收於第七冊《祭祀費用文書》第1385頁，擬題為《延祐四年九月沈天祿請支祭祀錢》，並記其尺寸為23.6cm×23.4cm。本件還收錄於《黑城出土文書（漢文文書卷）》第97頁《禮儀類·祭祀費用》，其所記文書編號為F116：W354（2），與《中國藏黑水城漢文文獻》原始編號異，並列出文書諸要素為：竹紙，殘，草行書，尺寸為22.2cm×24.0cm。該書將本號文書與《中國藏黑水城漢文文獻》第1406頁M1·1131［F116：W354］號文書殘片二統一編號為F116：W354，作為一件文書釋錄。按，兩號文書字跡一致，內容相關，應為同件文書。文書為元延祐四年（1317）添支祭祀錢文卷殘片，前後均缺，現存文字5行。從綴合後內容來看，其應為錢糧房呈亦集乃路總管府文。參考文獻：1. 蔡偉政《黑水城所出元代禮儀祭祀文書初探》，碩士學位論文，河北師範大學，2011

---

① "服"字前原衍"成祭"二字，後塗抹，現徑改。
② "大"字前原衍兩字，後塗抹，現徑改。
③ "舒"字為右行補入，現徑改。

年；2. 孔德翊、屈耀琦《元代亦集乃路祭祀初探》，《西夏研究》2011 年第 1 期；3. 屈耀琦《元代亦集乃路的國家祭祀——以黑城出土文書為中心》，碩士學位論文，寧夏大學，2011 年。

錄文標點：

（前缺）

1. □謹具
2. □①
3. 　　　　延祐四年九月　　吏沈_{天祿}呈
4. 呈祭祀錢　　　　　（簽押）
5. 　　　　　　　　　（簽押）

（後缺）

2. 元延祐四年（1317）添支祭祀錢文卷（之一）

題解：

本件《中國藏黑水城漢文文獻》中原始編號為 F116：W35，出版編號為M1·1122，收於第七冊《祭祀費用文書》第 1386—1389 頁，擬題為《請支祭祀費用》，並記其尺寸為 96.3cm×24cm。本件文書共四件殘片，還收錄於《黑城出土文書（漢文文書卷）》第 95、97 頁《禮儀類·祭祀費用》，該書將本文書前三件殘片與《中國藏黑水城漢文文獻》第 1392 頁M1·1125［F116：W91］號文書殘片一第一紙統一編號為 F116：W35，作為一件文書釋錄，並列出文書諸要素為：宣紙，殘，楷書，尺寸分別為 15.2cm × 10.0cm、22.3cm × 24.5cm、22.3cm × 24.0cm；將殘片四編號為 F116：W190（3），與《中國藏黑水城漢文文獻》第 1390 頁M1·1123［F116：W35a］殘片一第二紙及殘片二、第 1391 頁M1·1124［F116：W361a］第一紙統一編號為 F116：W190，作為一件文書釋錄，並列出文書諸要素為：竹紙，殘，行草書，尺寸為 23.0cm × 31.2cm。文書為元延祐四年（1317）添支祭祀錢文卷之一，其中殘片一現存文字 2 行；殘片二現存文字 11 行；殘片三現存文字 11 行；殘片四為二紙粘接，第一紙現存文字 5 行，第二紙現

---

① 據元代文書格式可知，此處應缺一字，所缺文字應為"呈"，《黑城出土文書》錄文未標注，現據圖版補。

存文字 9 行，兩紙粘接處鈐騎縫章。按，本件文書殘片四與其他三件殘片字跡不同，其與M1·1123［F116: W35a］、M1·1124［F116: W361a］第一紙字跡相同，內容相關，《黑城出土文書（漢文文書卷）》綴合釋錄有理。從綴合之後內容來看，殘片一、二、三及M1·1125［F116: W91］號文書殘片一第一紙應為甘肅行省劄付亦集乃路總管府；殘片四與M1·1123［F116: W35a］殘片一第二紙及殘片二、M1·1124［F116: W361a］第一紙應為吏禮房移付錢糧房文書。參考文獻：1. 蔡偉政《黑水城所出元代禮儀祭祀文書初探》，碩士學位論文，河北師範大學，2011年；2.［日］池內功《異民族支配與國家祭祀——談元代郡縣祭祀》，郝時遠、羅賢佑主編《蒙元史暨民族史研究論集：紀念翁獨健先生誕辰一百周年》，社會科學文獻出版社2009年版；3.［日］池內功《元朝郡縣祭祀における官費支出について——黑城出土祭祀費用文書の檢討》，《四國學院大學論集》1994年第85號；4. 屈耀琦《元代亦集乃路的國家祭祀——以黑城出土文書為中心》，碩士學位論文，寧夏大學，2011年。

錄文標點：

（一）

　　　　　（前缺）

1. ☐申：本路摠管李太①中閌，照得☐
2. ☐祭祀，其祭祀之☐官為支給☐②

　　　　　（後缺）

（二）

　　　　　（前缺）

1. ☐☐☐☐☐☐③
2. ☐從实应付，不惟官民兩便，崇重祀典之美意④☐
3. ☐詳，准此。送據禮部呈，議得江西省咨江州路☐
4. ☐

---

① "太"，《黑城出土文書》錄文作"大"，現據圖版改。
② 此殘片《黑城出土文書》編號為 F116: W35（1）。
③ 此行文字《黑城出土文書》錄文未標注，現據圖版補。
④ "意"，《黑城出土文書》錄文未釋讀，現據圖版補。

5. ▢鈔數，照依各處時直①，對物兩平，從實▢

6. ▢▢參詳，每歲致②祭。

7. ▢

8. ▢數，置備犧物、幣帛、香菓，較之徃③▢

9. ▢咨各省，照會本部，依上施行。今將每④▢

10. ▢部擬都省除⑤外，咨請照驗，依上施行。准此▢

11. ▢付者。⑥

　　（後缺）

（三）

　　（前缺）

1. ▢式拾伍兩，通作壹定。

2. ▢元降錢⑦數，今擬添支⑧

3. ▢祭，每祭各

4. ▢鈔弍拾伍兩，

5. ▢弍拾伍兩，通作壹定。

6. ▢各

7. ▢統鈔弍拾兩，

8. ▢弍拾兩，通作肆拾兩。

9. ▢

10. ▢中統鈔壹拾伍兩，

---

① "直"通"值"。
② "歲致"，《黑城出土文書》漏錄，現據圖版補。
③ "徃"逸友《黑城出土文書（漢文文書卷）》錄文未釋讀，現據圖版補。
④ "每"，《黑城出土文書》錄文作"有"，現據《元典章・禮部卷三・添祭祀錢》改。
⑤ "除"字有塗改痕跡。
⑥ 此殘片《黑城出土文書》編號為 F116: W35（2）。
⑦ "錢"，《黑城出土文書》錄文作"鈔"，現據圖版改。
⑧ 文書第 1—2 行鈐朱印一枚。

11. ☐添☐支鈔壹拾伍兩，通作叁拾兩。①

   （後缺）

（四）

   （前缺）

1. _____☐☐_____

2. _____☐元主实☐___

3. _____合用儀物___

4. ☐☐今增貴，収買不敷，擬合約量添☐___

5. ☐呈，移咨各省，照會本部依上施行。今將___

  ———————（騎縫章）———————

6. ☐外②，今次添給抄數開呈照詳。得此，依☐☐

7. ___除外，咨請照驗，依上施行。奉___

8. ☐覆奉

9. ☐③府官台旨，仰移付錢粮房，更照无差。

10. ☐☐放支施行。奉此，合行開坐移付者：

11.   抱計中統抄式定：

12.   三皇并宣聖、春秋二祭，每祭

13.   元降中統抄壹定，

14.   今次添鈔壹定，通作式定。④

   （後缺）

3. 元延祐四年（1317）添支祭祀錢文卷（之一）

題解：

本件《中國藏黑水城漢文文獻》中原始編號為 F116：W35a，出版編號為 M1·1123，收於第七冊《祭祀費用文書》第 1390 頁，擬題為《請支祭祀費用》，

---

① 此殘片《黑城出土文書》編號為 F116：W35（3）。
② "外"，《黑城出土文書》未釋讀，現據圖版補。
③ 據文意推斷，此處所缺文字應為"抱"。
④ 此殘片《黑城出土文書》編號為 F116：W190（3）。

並記其尺寸為35cm×19.6cm。本件文書共兩件殘片，其中殘片一為兩紙粘接，還收錄於《黑城出土文書（漢文文書卷）》第96頁《禮儀類・祭祀費用》，該書將本號文書殘片一第一紙與《中國藏黑水城漢文文獻》第1392頁M1・1125〔F116：W91〕號文書統一編號為F116：W91，作為一件文書釋錄，並列出文書諸要素為：竹紙，殘，行草書，尺寸分別為11.2cm×8.2cm；將殘片一第二紙、殘片二與《中國藏黑水城漢文文獻》第1386頁M1・1122〔F116：W35〕號文書殘片四、第1391頁M1・1124〔F116：W361a〕號文書第一紙統一編號為F116：W190，作為一件文書釋錄，並列出文書諸要素為：竹紙，殘，行草書，尺寸分別為12.6cm×8.7cm、22.7cm×26.2cm。文書為元延祐四年（1317）添支祭祀錢文卷之一，殘片一為兩紙粘接，第一紙僅存日期，第二紙現存文字2行；殘片二現存文字13行。從文書字跡及內容來看，《黑城出土文書（漢文文書卷）》綴合無誤。其綴合後，殘片一第一紙與M1・1125〔F116：W91〕應為吏禮房呈亦集乃路總管府文；殘片一第二紙、殘片二與M1・1122〔F116：W35〕號文書殘片四、第1391頁M1・1124〔F116：W361a〕第一紙應為吏禮房移付錢糧房文書。參考文獻：1.蔡偉政《黑水城所出元代禮儀祭祀文書初探》，碩士學位論文，河北師範大學，2011年；2.〔日〕池內功《異民族支配與國家祭祀——談元代郡縣祭祀》，郝時遠、羅賢佑主編《蒙元史暨民族史研究論集：紀念翁獨健先生誕辰一百周年》，社會科學文獻出版社2009年版；3.〔日〕池內功《元朝郡縣祭祀における官費支出について——黑城出土祭祀費用文書の檢討》，《四國學院大學論集》1994年第85號；4.屈耀琦《元代亦集乃路的國家祭祀——以黑城出土文書為中心》，碩士學位論文，寧夏大學，2011年。

錄文標點：

（一）

　　　　　　（前缺）

1.　　　　廿一日①
　　―――――――――――――

2.　　□四年三月初三□②例祭□□

―――――――――

① "廿一日"上鈐印章一枚，且此行文字《黑城出土文書》編號為F116：W91（5）。
② 此處缺文《黑城出土文書》錄文推補為"日"，應無誤。

3. ☐☐未曾☐☐☐☐☐①

　　　　（前缺）

（二）

　　　　（前缺）

1. □□降②抄式拾伍兩，切③緣前項抄数，物價倍增上漲。

2. □祀合用儀物，旣係一躰官破，豈有等差。若持

3. □抄数，委是不敷，有司官吏非肯補助，必□

4. □□於民，事發到官，枉遭刑憲。官有畏罪者，

5. ☐☐☐☐户処權借所買猪羊，应付祭畢，却

6. ☐☐主，实為不恭。百姓不和，神必不享，以致□

7. ☐愆④期，或霖不止，祷祈弗应，水旱荐至，

8. ☐☐⑤生端。由於此，若將每歲春秋祭祀儀物不

9. ☐☐各処時直⑥價⑦錢估躰，別无□☐☐☐

10. ☐☐两平，從实应付，不惟官民兩便，崇重□□⑧

11. □美⑨意，得此看詳。如准所申，事干通例☐☐☐

12. □。准此，送拠礼部呈：議得江西省咨江州路☐☐

13. ☐☐太⑩中言大德九☐☐☐☐☐☐☐⑪

　　　　（後缺）

---

① 此殘片《黑城出土文書》編號為 F116∶W190（1）。
② "降"，《黑城出土文書》錄文作"添"，現據圖版改。另據 M1·1122 ［F116∶W35］號文書相關內容可知，其前所缺文字應為"元"。
③ "切"，《黑城出土文書》錄文作"却"，現據圖版改。
④ "愆"，《黑城出土文書》錄文作"衍"，現據圖版改。
⑤ 此字殘，《黑城出土文書》錄文作"罪"，現存疑。
⑥ "直"通"值"，《黑城出土文書》錄文作"值"。
⑦ "價"，《黑城出土文書》錄文漏錄，現據圖版補。
⑧ 據 M1·1122 ［F116∶W35］號文書可知，此處所缺文字應為"祀典"。
⑨ "美"，《黑城出土文書》錄文作"天"，現據圖版改。另，其前所缺文字據 M1·1122 ［F116∶W35］號文書可知應為"之"。
⑩ "太"，《黑城出土文書》錄文作"大"，現據圖版改。
⑪ 此殘片《黑城出土文書》編號為 F116∶W190（2）。

4. 元延祐四年（1317）添支祭祀錢文卷（之一）

題解：

本件《中國藏黑水城漢文文獻》中原始編號為 F116：W361a，出版編號為 M1·1124，收於第七冊《祭祀費用文書》第 1391 頁，擬題為《支祭祀費用》，並記其尺寸為 34.3cm×16.2cm。本件文書為二紙粘接，第一紙為一文書殘尾，第二紙為吏禮房呈文殘件，其還收錄於《黑城出土文書（漢文文書卷）》第 97 頁《禮儀類·祭祀費用》，該書將本號文書第一紙與《中國藏黑水城漢文文獻》第 1386 頁 M1·1122［F116：W35］號文書殘片四、第 1390 頁 M1·1123［F116：W35a］號文書殘片一第二紙及殘片二統一編號為 F116：W190，作為一件文書釋錄，並列出文書諸要素為：竹紙，殘，行草書，尺寸為 22.2cm×35.0cm；將本號文書第二紙與《中國藏黑水城漢文文獻》第 1406 頁 M1·1131 號文書殘片一統一編號為 F116：W361，作為一件文書釋錄，並列出文書諸要素為：竹紙，殘，行書，尺寸為 9.5cm×11.3cm。文書為元延祐四年（1317）添支祭祀錢文卷之一，其中第一紙為殘尾，現存文字 7 行；第二紙現存文字 5 行。從文書字跡及內容來看，《黑城出土文書（漢文文書卷）》綴合無誤，其綴合後，第一紙與 M1·1122［F116：W35］號文書殘片四、第 1390 頁 M1·1123［F116：W35a］號文書殘片一第二紙及殘片二應為吏禮房移付錢糧房文書；第二紙與 M1·1131 號文書殘片一應為吏禮房呈文殘片。參考文獻：1. 蔡偉政《黑水城所出元代禮儀祭祀文書初探》，碩士學位論文，河北師範大學，2011 年；2.［日］池內功《異民族支配與國家祭祀——談元代郡縣祭祀》，郝時遠、羅賢佑主編《蒙元史暨民族史研究論集：紀念翁獨健先生誕辰一百周年》，社會科學文獻出版社 2009 年版；3.［日］池內功《元朝郡縣祭祀における官費支出について——黑城出土祭祀費用文書の檢討》，《四國學院大學論集》1994 年第 85 號；4. 屈耀琦《元代亦集乃路的國家祭祀——以黑城出土文書為中心》，碩士學位論文，寧夏大學，2011 年。

錄文標點：

（前缺）

1. □□□_____
2. □□具

3. □①

4. 　　延祐四年七月　　吏沈天禄呈

5. 　　　　　　（簽押）

6. 　　　　　　　　　（簽押）

7. 　　　　□□日②

――――――――――――――――――――

8. 　吏礼房

9. □③：照得延祐四年九月初九日例祭

10. 合用祭祀錢未曾支付。為此，覆奉

11. 府官台旨，移付錢粮房，更照無差，

12. 依例放支者。□□□　　　　　④

　　　（後缺）

5. 元延祐四年（1317）添支祭祀錢文卷（之一）

題解：

本件《中國藏黑水城漢文文獻》中原始編號為F116：W91，出版編號為M1·1125，收於第七冊《祭祀費用文書》第1392—1396頁，擬題為《支祭祀費用》，並記其尺寸為95cm×24cm。本件文書共四件殘片，還收錄於《黑城出土文書（漢文文書卷）》中第96頁《禮儀類·祭祀費用》，該書將本號文書殘片一第一紙與《中國藏黑水城漢文文獻》第1386頁M1·1122［F116：W35］號文書殘片一至三統一編號為F116：W35，作為一件文書釋錄，並列出文書諸要素為：宣紙，殘，楷書，尺寸為22.3cm×15.4cm；將文書殘片一第二紙及殘片二、三、四與《中國藏黑水城漢文文獻》第1390頁M1·1123［F116：W35a］號文書殘片一第

---

① 據元代文書格式可知，此處應缺一字，其所缺文字應為"呈"，《黑城出土文書》錄文未標注，現據圖版補。
② "□□日"上鈐印章一枚，《黑城出土文書》錄文漏錄"□□日"，現據圖版補。另，文書第1—6行《黑城出土文書》編號為F116：W190（4）。
③ 此處缺文《黑城出土文書》錄文未標注，現據圖版補。據文意推斷，其應為"呈"。
④ 此行文字《黑城出土文書》錄文未釋讀，現據圖版補。另，文書第7—11行《黑城出土文書》編號為F116：W361（1）。

一紙統一編號為 F116：W91，作為一件文書釋錄，並列出文書諸要素為：竹紙，殘，行書，尺寸分別為：22.3cm × 11.5cm、22.8cm × 26.7cm、23.0cm × 25.2cm、12.5cm×15.6cm。文書為元延祐四年（1317）添支祭祀錢文卷之一，其中殘片一為二紙粘接，第一紙僅殘存日期，第二紙現存文字 4 行；殘片二為二紙粘接，第一紙現存文字 4 行，第二紙現存文字 7 行，兩紙粘接處鈐騎縫章一枚；殘片三現存文字 10 行；殘片四現存文字 3 行。從文書字跡及內容來看，《黑城出土文書（漢文文書卷）》綴合無誤，其綴合後，殘片一第一紙與M1·1122［F116:W35］號文書殘片一至三應為甘肅行省劄付亦集乃路總管府；殘片一第二紙及殘片二、三、四與M1·1123［F116:W35a］號文書殘片一第一紙應為吏禮房呈亦集乃路總管府文。參考文獻：1. 蔡偉政《黑水城所出元代禮儀祭祀文書初探》，碩士學位論文，河北師範大學，2011 年；2.［日］池內功《異民族支配與國家祭祀——談元代郡縣祭祀》，郝時遠、羅賢佑主編《蒙元史暨民族史研究論集：紀念翁獨健先生誕辰一百周年》，社會科學文獻出版社 2009 年版；3.［日］池內功《元朝郡縣祭祀における官費支出について——黑城出土祭祀費用文書の檢討》，《四國學院大學論集》1994 年第 85 號；4. 屈耀琦《元代亦集乃路的國家祭祀——以黑城出土文書為中心》，碩士學位論文，寧夏大學，2011 年；5. 張紅英《黑水城文書所見元代基層孔子祭祀》，《圖書館理論與實踐》2014 年第 7 期。

錄文標點：

（一）

　　　　（前缺）

1.　　　　十八日①

_____

2. □□□

3. 　　延祐四年二月初十②日丁未例祭

4. 　　聖文宣王并社稷、風雨、雷師合用祭祀錢　　

---

① "十八日"上鈐印章一枚。另，此行文字《黑城出土文書》編號為 F116: W35（4）。

② "十"，《黑城出土文書》錄文作"一"，現據圖版改。

5. ☐□□① 照 得 延祐四年正月十八日，承 奉②

　　　（後缺）

（二）

　　　（前缺）

1. ☐此 看詳，如准 所 ☐

2. ☐送據礼部呈：議得 江 西 省咨江州路揔 府 ☐

3. ☐李 太③中言大德九年官定祭祀

4. ☐雨師鈔數不敷，若將每祭□□□

———————（騎縫章）———————

5. ☐張鈔數照依各處時直④，對物兩平，從實應付。

6. ☐此，照到大德九年元擬每祭鈔數，以此參詳，每 歲 致 祭⑤

7. ☐⑥

8. ☐雷師，已准諸⑦路、散府、上中下州官 給 ☐

9. ☐數，置⑧俻犧物、幣帛、香菓，較之徃日，即 今 ☐

10. ☐収買不敷，擬合約量添給。如蒙准呈，移 咨 ☐

11. ☐□照會本⑨部，依上施行。☐⑩

　　　（後缺）

（三）

　　　（前缺）

---

① 此字殘，《黑城出土文書》錄文作"元"，現存疑。
② 文書第2—5行《黑城出土文書》編號為F116: W91（1）。
③ "太"，《黑城出土文書》錄文作"大"，現據圖版改。
④ "直"通"值"。
⑤ "歲 致 祭"，《黑城出土文書》錄文錄作下一行，現據圖版改。
⑥ 據文書行距推斷，此處應缺一行文字，《黑城出土文書》錄文未標注，現據圖版補。
⑦ "諸"，《黑城出土文書》錄文作"該"，現據圖版改。
⑧ "置"，《黑城出土文書》錄文作"直"，現據圖版改。
⑨ "本"，《黑城出土文書》錄文作"在"，現據圖版改。
⑩ 此殘片《黑城出土文書》編號為F116: W91（2）。

1. □①例放支施行。奉此，合行□□□□
2. 　一總計祭祀錢中統鈔肆定壹拾兩：
3. 　　　宣聖春秋二祭，每祭各
4. 　　　　　　元降中統鈔壹定，
5. 　　　　　　今次添鈔壹定，通作貳定；
6. 　　　社稷春秋二祭，每祭各
7. 　　　　　　元降中統鈔叁拾兩，
8. 　　　　　　今次添鈔叁拾兩，通作壹
9. 　　　　　　　定壹拾兩；
10. 　　　風雨雷師，每祭各②
　　　　（後缺）

（四）
　　　（前缺）
1. □□房
2. □□□年二月　　吏□□
3. 　　　（簽押）③
　　　（後缺）

6. 元延祐四年（1317）添支祭祀錢文卷（之一）

題解：

　　本件《中國藏黑水城漢文文獻》原始編號為 F116：W31，出版編號為M1·1126，收於第七冊《祭祀費用文書》第 1397—1401 頁，擬題為《支祭祀費用》，並記其尺寸為75.3cm×24cm。本件文書共四件殘片，其中殘片一、二、三還收錄於《黑城出土文書（漢文文書卷）》第 95 頁《禮儀類·祭祀費用》，所記文書編號與《中國藏黑水城漢文文獻》原始編號同，並列出文書諸要素為：竹紙，殘，行書，尺寸分別為 23.2cm×26.0cm、13.5cm×13.2cm、13.2cm×13.0cm。

---

① 此處缺文《黑城出土文書》錄文未標注，現據圖版補。據文意推斷，此所缺文字應為"依"。
② 此殘片《黑城出土文書》編號為 F116：W91（3）。
③ 此殘片《黑城出土文書》編號為 F116：W91（4）。

文書為元延祐四年（1317）添支祭祀錢文卷之一，其中殘片一為二紙粘接，第一紙現存文字 11 行，第二紙現存文字 2 行；殘片二現存文字 7 行；殘片三現存文字 1 行；殘片四僅存簽押一處。按，從內容來看，《黑城出土文書（漢文文書卷）》綴合有誤，其中殘片一、二應為一件文書，據殘片一第 13 行"府官台旨"一語並結合其他相關文書推斷，其應為某房（吏禮房或是錢糧房）呈文；殘片三從現存內容推斷，其應為亦集乃路總管府文書擡頭，故其應非同件文書。參考文獻：1. 蔡偉政《黑水城所出元代禮儀祭祀文書初探》，碩士學位論文，河北師範大學，2011 年；2.［日］池內功《異民族支配與國家祭祀——談元代郡縣祭祀》，郝時遠、羅賢佑主編《蒙元史暨民族史研究論集：紀念翁獨健先生誕辰一百周年》，社會科學文獻出版社 2009 年版；3.［日］池內功《元朝郡縣祭祀における官費支出について——黑城出土祭祀費用文書の檢討》，《四國學院大學論集》1994 年第 85 號；4. 屈耀琦《元代亦集乃路的國家祭祀——以黑城出土文書為中心》，碩士學位論文，寧夏大學，2011 年。

錄文標點：

（一）

（前缺）

1. □社稷、風伯雨師鈔数不敷。若將每祭合用儀 物
2. 不限鈔数，照依各處時直①，對物兩平，從實応□②。
3. 為此，照到大德九年元擬每祭鈔数，以此參詳，
4. 每歲致祭
5. ____③
6. □④稷、風雷雨師，已准諸路、散府、上中下州⑤官□
7. □物錢数，置俻犧物、幣帛、香菓， 較 之_____
8. □今增貴，収買不敷，擬合約⑥量添給。如□_____

---

① "直"通"值"，《黑城出土文書》錄文作"值"。
② 據 M1·1125 [F116:W91] 號文書相關內容推斷，此處所缺文字應為"付"。
③ 據文書行距推斷，此處應缺一行文字，《黑城出土文書》錄文未標注，現據圖版補。
④ 據文意推斷此處所缺文字應為"社"。
⑤ "州"，《黑城出土文書》錄文作"等"，現據圖版改。
⑥ "約"，《黑城出土文書》錄文作"將"，現據圖版改。

1064　中國藏黑水城漢文文獻的整理與研究

9.　☐省，照會①本部，依上施行。☐
10.　☐今次添給鈔兩開呈照詳。得☐
11.都省除外，咨請照驗，依上②施行。准此
　　————————（騎縫章）————————
12.☐仰照驗，依上施行。奉此，今奉前☐
13.☐府官台旨，仰將祭☐☐錢扣筭☐③
　　　　（後缺）

（二）
　　　　（前缺）
1.　☐鈔壹定；社稷中統鈔叁定☐
2.　☐弍拾伍兩。切緣④前項鈔數☐
3.　☐儀⑤物，既⑥係一體官破，豈⑦☐
4.　☐不敷，有司官吏非肯☐
5.　☐枉遭刑憲，官有畏☐
6.　☐買⑧豬羊應付，祭畢☐
7.　☐姓不和，神必不享⑨，以致雨☐⑩
　　　　（後缺）

（三）
1.　☐裏，亦集乃路總管☐⑪
　　　　（後缺）

---

① "會"，《黑城出土文書》錄文作 "勘"，現據圖版改。
② "上"，《黑城出土文書》錄文作 "照"，現據圖版改。
③ 此殘片《黑城出土文書》編號為 F116:W31（2）。
④ "緣"，《黑城出土文書》錄文作 "將"，現據圖版改。
⑤ "儀"，《黑城出土文書》錄文作 "犧"，現據M1·1123［F116:W35a］號文書相關內容改。
⑥ "既"，《黑城出土文書》錄文作 "統"，現據圖版改。
⑦ "豈"，《黑城出土文書》錄文未釋讀，現據圖版補。
⑧ "買"，《黑城出土文書》錄文作 "殺"，現據圖版改。
⑨ "和，神必不享"，《黑城出土文書》錄文作 "擬神秘文字"，現據圖版改。
⑩ 此殘片《黑城出土文書》編號為 F116:W31（3）。
⑪ 此殘片《黑城出土文書》編號為 F116:W31（1）。

(四)

　　　　　（前缺）
1.　　　　　（簽押）①

7. 元亦集乃路總管府下支持庫文為支中統鈔事（一）

題解：

本件《中國藏黑水城漢文文獻》中原始編號為 F116：W192a，出版編號為 M1·1127，收於第七冊《祭祀費用文書》第 1402 頁，擬題為《支祭祀費用》，並記其尺寸為 16.2cm×23cm。本件還收錄於《黑城出土文書（漢文文書卷）》第 97 頁《禮儀類·祭祀費用》，其所記文書編號為 F116：W192（1），並列出文書諸要素為：宣紙，殘屑，行書，尺寸為 22.8cm×15.2cm。該書將本號文書與《中國藏黑水城漢文文獻》第 1403 頁 M1·1128［F116：W192b］號文書統一編號為 F116：W192，作為一件文書釋錄。按，兩號文書字跡一致，編號相連，應為同件文書。文書前後均缺，現存文字 5 行。從內容來看，其應為亦集乃路總管府下支持庫文。文書擬題依綴合後所定。參考文獻：1. 蔡偉政《黑水城所出元代禮儀祭祀文書初探》，碩士學位論文，河北師範大學，2011 年；2. ［日］池内功《異民族支配與國家祭祀——談元代郡縣祭祀》，郝時遠、羅賢佑主編《蒙元史暨民族史研究論集：紀念翁獨健先生誕辰一百周年》，社會科學文獻出版社 2009 年版；3. ［日］池内功《元朝郡縣祭祀における官費支出について——黑城出土祭祀費用文書の檢討》，《四國學院大學論集》1994 年第 85 號；4. 屈耀琦《元代亦集乃路的國家祭祀——以黑城出土文書為中心》，碩士學位論文，寧夏大學，2011 年。

錄文標點：

　　　　　（前缺）
1. □□□□②裏，亦集乃路摠管＿＿＿＿＿＿
2. ＿＿＿＿＿用洪字二十九號＿＿＿＿＿③
3. 　　前去，合下仰照驗，比對元發＿＿＿＿④

---

① 此殘片《黑城出土文書》未釋讀。
② 據元代文書格式可知，此處所缺文字應為"皇帝聖旨"。
③ 據同類文書可知，此處所缺文字應為"半印勘合書填"。
④ 據同類文書可知，此處所缺文字應為"号簿墨跡字樣"。

4.　　　　相同，更照無差，依數責領☐①
5.　　　　　　實支中統鈔貳定
　　　　（後缺）

8. 元亦集乃路總管府下支持庫文為支中統鈔事（一）

題解：

本件《中國藏黑水城漢文文獻》中原始編號為 F116：W192b，出版編號為 M1·1128，收於第七冊《祭祀費用文書》第 1403 頁，擬題為《支祭祀費用》，並記其尺寸為 8.9cm×15.6cm。本件還收錄於《黑城出土文書（漢文文書卷）》第 97 頁《禮儀類·祭祀費用》，其所記文書編號為 F116：W192（2），並列出文書諸要素為：宣紙，殘屑，行書，尺寸為 15.5cm×8.5cm。該書將本號文書與《中國藏黑水城漢文文獻》第 1402 頁 M1·1127〔F116：W192a〕號文書統一編號為 F116：W192，作為一件文書釋錄。按，兩號文書字跡一致，編號相連，應為同件文書。文書前後均缺，現存文字 2 行。從綴合後內容來看，其應為亦集乃路總管府下支持庫文。文書擬題依綴合後所定。參考文獻：1. 蔡偉政《黑水城所出元代禮儀祭祀文書初探》，碩士學位論文，河北師範大學，2011 年；2.〔日〕池內功《異民族支配與國家祭祀——談元代郡縣祭祀》，郝時遠、羅賢佑主編《蒙元史暨民族史研究論集：紀念翁獨健先生誕辰一百周年》，社會科學文獻出版社 2009 年版；3.〔日〕池內功《元朝郡縣祭祀における官費支出について——黑城出土祭祀費用文書の檢討》，《四國學院大學論集》1994 年第 85 號；4. 屈耀琦《元代亦集乃路的國家祭祀——以黑城出土文書為中心》，碩士學位論文，寧夏大學，2011 年。

錄文標點：

　　　　（前缺）
1.　　　　知　☐②
2.　　　　經　歷
　　　　（後缺）

---

① 據同類文書可知，此處所缺文字應為"放支施行"。
② 據元代戟官設置可知，此處所缺文字應為"事"。

9. 元亦集乃路總管府下支持庫文為支中統鈔事

題解：

本件《中國藏黑水城漢文文獻》中原始編號為 F116：W193，出版編號為 M1・1129，收於第七冊《祭祀費用文書》第 1404 頁，擬題為《支祭祀費用》，並記其尺寸為 26.5cm×23.9cm。本件還收錄於《黑城出土文書（漢文文書卷）》第 97 頁《禮儀類・祭祀費用》，其所記文書編號與《中國藏黑水城漢文文獻》原始編號同，並列出文書諸要素為：宣紙，殘，行草書，尺寸為 22.8cm×25.8cm。文書為二紙粘接，第一紙無文字殘留，第二紙現存文字 8 行。從內容來看，其應為亦集乃路總管府下支持庫文。參考文獻：1. 蔡偉政《黑水城所出元代禮儀祭祀文書初探》，碩士學位論文，河北師範大學，2011 年；2. ［日］池內功《異民族支配與國家祭祀——談元代郡縣祭祀》，郝時遠、羅賢佑主編《蒙元史暨民族史研究論集：紀念翁獨健先生誕辰一百周年》，社會科學文獻出版社 2009 年版；3. ［日］池內功《元朝郡縣祭祀における官費支出について——黑城出土祭祀費用文書の檢討》，《四國學院大學論集》1994 年第 85 號；4. 屈耀琦《元代亦集乃路的國家祭祀——以黑城出土文書為中心》，碩士學位論文，寧夏大學，2011 年。

錄文標點：

（前缺）

———————————

1. □①帝聖旨裏，亦集乃路揔管 府
2. □②呈云云③：總府今用宙字五
3. □号半印勘合書填前去，合
4. 下 仰照驗，比對元發号簿墨
5. □□④樣相同，更照無差，依□

---

① 據元代文書格式可知，此處所缺文字應為"皇"。
② 據元代文書格式可知，此處所缺文字應為"案"。
③ 第二個"云"字為省文符號，現徑改。另，"云云"，《黑城出土文書》錄文作"奉"，現據圖版改。
④ 據同類文書可知，此處所缺文字應為"蹟字"。

6.　　□①支施行。
7.　　　　開
8.　　　實支中統鈔式定。
　　　　（後缺）

10. 元至元五年（1339）錢糧房呈文為釋奠支破物價事

題解：

本件《中國藏黑水城漢文文獻》中原始編號為 F1：W59，出版編號為 M1·1130，收於第七冊《祭祀費用文書》第 1405 頁，擬題為《支祭祀宣聖並社稷之神費用》，並記其尺寸為 15.9cm×29.6cm。本件還收錄於《黑城出土文書（漢文文書卷）》第 97 頁《禮儀類·祭祀費用》，其所記文書編號與《中國藏黑水城漢文文獻》原始編號同，未列文書諸要素。文書前完後缺，現存文字 5 行，有塗改痕跡。從內容來看，其應為錢糧房呈文殘片。參考文獻：1. 蔡偉政《黑水城所出元代禮儀祭祀文書初探》，碩士學位論文，河北師範大學，2011 年；2.［日］池內功《異民族支配與國家祭祀——談元代郡縣祭祀》，郝時遠、羅賢佑主編《蒙元史暨民族史研究論集：紀念翁獨健先生誕辰一百周年》，社會科學文獻出版社 2009 年版；3.［日］池內功《元朝郡縣祭祀における官費支出について——黑城出土祭祀費用文書の檢討》，《四國學院大學論集》1994 年第 85 號；4. 屈耀琦《元代亦集乃路的國家祭祀——以黑城出土文書為中心》，碩士學位論文，寧夏大學，2011 年。

錄文標點：

1.　　　錢粮房
2.　　　呈：照得至元五年八月初二日，仰合祭祀
3. 宣聖并②社稷之神，仰給釋奠支破物價，除已押正，折
4.　　　□道，請支中統鈔二定③叁拾兩內④社稷之神三十兩⑤，檢會到續集

---

① 據同類文書可知，此處所缺文字應為"放"。
② "宣聖并"三字為右行補入，現徑改。
③ "二定"兩字為右行補入，現徑改。
④ "內"字為右行補入，現徑改。
⑤ "社稷之神三十兩"等字為左行補入，現徑改。

5.　　☐☐二定①☐☐☐☐☐☐☐☐☐☐☐☐☐☐☐☐礼部呈祭☐
　　　（後缺）

11. 元延祐四年（1317）添支祭祀錢文卷（之一）

題解：

本件《中國藏黑水城漢文文獻》中原始編號為F116：W354，出版編號為M1·1131，收於第七冊《祭祀費用文書》第1406頁，擬題為《支祭祀費用》，並記其尺寸為34.7cm×20.6cm。本件文書共兩件殘片，還收錄於《黑城出土文書（漢文文書卷）》第97頁《禮儀類·祭祀費用》，該書將本號文書殘片一與《中國藏黑水城漢文文獻》第1391頁M1·1124［F116：W361a］號文書第二紙統一編號為F116：W361，作為一件文書釋錄，並列出文書諸要素為：竹紙，殘，行書，尺寸為9.5cm×11.3cm；將文書殘片二與《中國藏黑水城漢文文獻》第1385頁M1·1121［F116：W361］號文書統一編號為F116：W354，作為一件文書釋錄，並列出文書諸要素為：竹紙，殘，草行書，尺寸為22.7cm×27.0cm。文書元延祐四年（1317）添支祭祀錢文卷之一，其中殘片一現存文字1行；殘片二為二紙粘接，第一紙無文字殘留，第二紙現存文字5行。從文書字跡及內容來看，《黑城出土文書（漢文文書卷）》綴合無誤。其綴合後，殘片一M1·1124［F11 6：W361a］號文書第二紙為吏禮房呈文；殘片二與M1·1121［F116：W361］則為錢糧房呈文。參考文獻：1. 蔡偉政《黑水城所出元代禮儀祭祀文書初探》，碩士學位論文，河北師範大學，2011年；2.［日］池內功《異民族支配與國家祭祀——談元代郡縣祭祀》，郝時遠、羅賢佑主編《蒙元史暨民族史研究論集：紀念翁獨健先生誕辰一百週年》，社會科學文獻出版社2009年版；3.［日］池內功《元朝郡縣祭祀における官費支出について——黑城出土祭祀費用文書の檢討》，《四國學院大學論集》1994年第85號；4. 屈耀琦《元代亦集乃路的國家祭祀——以黑城出土文書為中心》，碩士學位論文，寧夏大學，2011年。

---

① "☐☐二定"為右行補入，現逕改。

錄文標點：

（一）

（前缺）

1. ▢四年九月　吏▢①

（後缺）

（二）

（前缺）

1. ▢②粮房
2. ▢延祐四年九月初九日例祭▢
3. ▢牲③酒礼物錢中統▢
4. ▢未曾放支，为此本房覆蒙▢
5. ▢府官台旨，仰將合▢④　　▢⑤

（後缺）

12. 元錢糧房呈亦集乃路總管府文為添支祭祀錢事

題解：

本件《中國藏黑水城漢文文獻》中原始編號為 F116：W191a，出版編號為 M1・1132，收於第七冊《祭祀費用文書》第 1407 頁，擬題為《呈請添支祭祀錢》，並記其尺寸為 24.2cm×23cm。本件還收錄於《黑城出土文書（漢文文書卷）》第 97 頁《禮儀類・祭祀費用》，其所記文書編號為 F116：W191（1），並列出文書諸要素為：竹紙．殘，行書，尺寸為 27.3cm×23.7cm。該書將本號文書與《中國藏黑水城漢文文獻》第三冊《桑哥失里大王分例羊酒文書》第 604 頁 M1・0484 號文書統一編號為 F116：W191，作為一件文書事理。按，兩件殘片字跡不

---

① 此殘片《黑城出土文書》編號為 F116：W361（2）。
② 據元代地方行政設置可知，此處所缺文字應為"錢"。
③ 此字據圖版疑為"醒"。
④ 此字殘，《黑城出土文書》錄文作"准"，現存疑。
⑤ 此殘片《黑城出土文書》編號為 F116：W354（1）。

同，文體亦不同，本件文書為添支祭祀錢文書，其中有"合行具呈者"等字，為上行文；而M1·0484號文書中有"右下支持庫"一語，證明其為下行文，故兩件殘片應非同一件文書。文書前完後缺，現存文字4行。從內容來看，其應為錢糧房呈亦集乃路總管府文。參考文獻：1. 蔡偉政《黑水城所出元代禮儀祭祀文書初探》，碩士學位論文，河北師範大學，2011年；2. ［日］池內功《異民族支配與國家祭祀——談元代郡縣祭祀》，郝時遠、羅賢佑主編《蒙元史暨民族史研究論集：紀念翁獨健先生誕辰一百周年》，社會科學文獻出版社2009年版；3. ［日］池內功《元朝郡縣祭祀における官費支出について——黑城出土祭祀費用文書の檢討》，《四國學院大學論集》1994年第85號；4. 屈耀琦《元代亦集乃路的國家祭祀——以黑城出土文書為中心》，碩士學位論文，寧夏大學，2011年。

錄文標點：

1. □糧①房

2. □：蒙奉

3. □□②等処行中書省剳付該：為添支祭祀錢

4. ＿＿此，本房合行具呈者：

   （後缺）

（三）府學文書

1. 北元宣光元年（1371）河西隴北道肅政廉訪亦集乃分司牒亦集乃路總管府為易和敬權亦集乃路儒學教授事

題解：

本件《中國藏黑水城漢文文獻》中原始編號為F9：W101，出版編號為M1·1133，收於第七冊《府學文書》第1411頁，擬題為《宣光元年更換亦集乃路儒學教授》，並記其尺寸為34.4cm×31.7cm。本件還收錄於《黑城出土文書（漢文文書卷）》第196頁《儒學與文書類·府學》，其所記文書編號與《中國藏黑水城

---

① "糧"，《黑城出土文書》錄文未釋讀，現據圖版補。另，據元代地方行政設置可知，其前所缺文字應為"錢"。
② 據元代地方行政設置推斷，此處所缺文字應為"甘肅"。

漢文文獻》原始編號同，並列出文書諸要素為：桑皮紙，微缺，草行書，末尾結銜為宋體大字．蓋朱紅官印三方，印文不清，尺寸為 56.0cm×61.5cm。文書前後均完，現存文字 14 行。潘潔認為本文書為一正式公文，其反映出當時推薦任官是正規途徑，並且已經發展為一種選官的方式。郭兆斌則認為本文書反映了在北元初期河西隴北道肅政廉訪司仍在按部就班地執行監察和薦舉的工作，但其工作的制度和程式相比較元代前期而言，已經較為簡化。參考文獻：1. 潘潔、陳朝輝《黑水城出土元代亦集乃路選官文書》，《寧夏社會科學》2009 年第 3 期；2. 郭兆斌《元代肅政廉訪司研究——以黑水城文獻為中心》，碩士學位論文，河北師範大學，2012 年；3. 李逸友《元代文書檔案制度舉隅——記內蒙古額濟納旗黑城出土元代文書》，《檔案學研究》1991 年第 4 期；4. 吳超《黑水城出土文書所見人事變化初探》，《吉林師範大學學報》（人文社會科學版）2011 年第 3 期。

錄文標點：

1. 皇帝聖旨裏，河西隴北道肅政廉訪亦集乃分司付使哈剌哈①孫朝夕常謂：
2. 崇儒重道，固②古昔之良規；舉善薦实③，尤當今之急務。照得亦集乃路學嚳已
3. 摧毀，教養無法，并所委任非人，以致④孝校廢弛。今体察得權教授邢守善本⑤
4. 非教養之才，冒膺师儒之职，耽悞後進、玷污儒風，擬將本人截日革去。若
5. 不作急選，委才德兼备、學問擅長之人俾充教授，有妨後進。切見前教
6. 授易和敬，其人行止端方、操履篤实，如將斯人承權於儒孝教授，所掌管
7. 一应事务，誠為相應。累戡⑥，合行故牒，可⑦

---

① "哈"，《黑城出土文書》錄文漏錄，現據圖版補。
② "固"，《黑城出土文書》錄文作"因"，現據圖版改。
③ "实"，《黑城出土文書》錄文作"良"，現據圖版改。
④ "致"，《黑城出土文書》錄文作"至"，現據圖版改。
⑤ "本"，《黑城出土文書》錄文作"并"，現據圖版改。
⑥ "累戡"兩字有塗改痕跡。
⑦ 《黑城出土文書》錄文於"可"字後衍錄一"以"，現據圖版改。

8.　　　照驗告行①路任摠管施行，須至牒者
9.　　　牒　　件，今　　牒②
10.　　亦集乃路摠管府
11.　　　照　　驗，　故　　牒。③

12.　　　　　　宣光元年十月　日牒書吏李遵承行
13.　　　醫學教授權□□
14.　朝列大夫河西隴北道肅政廉訪亦集乃分司付使哈剌哈孫（簽押）

2. 元至正十五年（1355）儒學教授李時敏呈亦集乃路總管府文為到任勾當事

題解：

本件《中國藏黑水城漢文文獻》中原始編號為F77：W1，出版編號為M1·1134，收於第七冊《府學文書》第1412頁，擬題為《至正十五年李時敏代史允充任亦集乃路儒學教授》，並記其尺寸為19cm×34cm。本件還收錄於《黑城出土文書（漢文文書卷）》第195頁《儒學與文書類·府學》，其所記文書編號與《中國藏黑水城漢文文獻》原始編號同，並列出文書諸要素為：竹紙，缺，楷書，尺寸為33.9cm×18.9cm。文書前完後缺，現存文字6行。吳超認為本件文書是政府發給任職官員的出任官職的憑證或者付身，而劉廣瑞則指出本件文書應為元代解由文書。從內容來看，其應為李時敏呈亦集乃路總管府文。李逸友則認為其應為曹狀。參考文獻：1. 潘潔、陳朝輝《黑水城出土元代亦集乃路選官文書》，《寧夏社會科學》2009年第3期；2. 吳超《黑水城出土文書所見人事變化初探》，《吉林師範大學學報》（人文社會科學版）2011年第3期；3. 劉廣瑞《黑水城所出元代解由文书初探》，《承德民族師專學報》2012年第2期；4. 李逸友《元代文書檔案制度舉隅——記內蒙古額濟納旗黑城出土元代文書》，《檔案學研究》1991年第4期。

---

① "行"，《黑城出土文書》錄文作"該"，現據圖版改。
② 文書第8—9行鈐朱印一枚。
③ 文書第10—11行鈐朱印一枚。

錄文標點：

1. 　　　儒學教授李時敏：
2. 　　　謹呈：至正十五年二月內祇受
3. 勅牒，除充亦集乃路儒學教授，代史允滿闕。時敏於至正十五年十二月初七日到任
4. 　　　勾當，合行具呈
5. 　　　亦集乃路總管府，伏乞
6. 　　　照驗施行，須至呈者
　　　　（後缺）

3. 元胡文整呈亦集乃路總管府文為收學課錢事（一）

題解：

本件《中國藏黑水城漢文文獻》原始編號為 F234：W10，出版編號為M1·1135，收於第七冊《府學文書》第1413頁，擬題為《亦集乃路儒學教授勸學事蹟》，並記其尺寸為25.3cm×28.7cm。本件還收錄於《黑城出土文書（漢文文書卷）》第195頁《儒學與文書類·府學》，其所記文書編號與《中國藏黑水城漢文文獻》原始編號同，並列出文書諸要素為：竹紙，殘，楷行書，背面墨書"瞻仰"二字，尺寸為26.3cm×24.0cm。文書為正背雙面書寫，正面前完後缺，現存文字9行，經塗改，為胡文整呈文；背面圖版《中國藏黑水城漢文文獻》未收，現參照《黑城出土文書（漢文文書卷）》及正面所透字跡釋錄。按，本號文書與《中國藏黑水城漢文文獻》第1419頁M1·1142號文書字跡、紙張、行距相同，內容相關，且均為正背雙面書寫，為同件文書。從綴合後內容來看，其正面應為胡文整呈亦集乃路總管府文；背面則似為習抄。另外，《中國藏黑水城漢文文獻》將M1·1142號左半部作為一件單獨文書，編號為M1·1671，收入第九冊《圖畫、印章及其他文書卷》第1948頁，其收錄有誤。文書擬題依綴合後所定。孫廣文、蘭天祥根據本文書正面內容，對元末亦集乃路地區儒學教育的生源、學風、收費等問題進行了探討。參考文獻：孫廣文、蘭天祥《元代亦集乃路儒學教育初探》，《寧夏社會科學》2009年第5期。

錄文標點：

正：

1. 亦集乃路①儒孛教授所學□胡文整

2. 謹呈：自到任以來，為本路急闕儒學教授，學校墮廢□

3. 總府勸諭儒户人民良家子弟學習詩書，去後至四月

4. 楊只立古前来向文整訴說：楊②只立③古有孛生一名汝勇布，交□府④學讀書

5. 見將来為文整不肯収接，却將錢一十两分付本孛⑤生負許仲明収接，隨有耳卜渠

6. □，如今這張太平奴有孩兒一个，名昌娥兒，入孛讀書，後頭⑥選日將来

7. 從囬說：你每孛生不来，没躰例要你鈔两，當

8. □不見生負前来習孛詩書，⑦ 社長王朶只巴并楊只立古、胡不魯罕、張太平

9. 說囑，實是不便。今將各人元与孛課錢□

　　（後缺）

背：

1. 　　　　瞻
2. 　　　　仰
3. 　　　瞻
4. 　　　仰
5. 　　　瞻
6. _____
7. □瞻仰瞻仰□

---

① "路"字為右行補入，現徑改。
② "楊"，《黑城出土文書》錄文未釋讀，現據圖版補。
③ "立"字為右行補入，現徑改。
④ "府"，《黑城出土文書》錄文漏錄，現據圖版補。
⑤ "本孛"為右行補入，現徑改。
⑥ "頭"，《黑城出土文書》錄文漏錄，現據圖版補。
⑦ "□不見生負前来習孛詩書"等字為右行補入，現徑改。

4. 元府學生員已到未到花名簿

題解：

本件《中國藏黑水城漢文文獻》中原始編號為 F117：W12，出版編號為 M1·1136，收於第七冊《府學文書》第 1414 頁，擬題為《府學生員名單》，並記其尺寸為 16cm×23.5cm。本件還收錄於《黑城出土文書（漢文文書卷）》第 195 頁《儒學與文書類·府學》，其所記文書編號與《中國藏黑水城漢文文獻》原始編號同，並列出文書諸要素為：竹紙，殘，行書，尺寸為 22.8cm×14.5cm。文書前完後缺，現存文字 7 行。從內容來看，其應為生員花名冊。

錄文標點：

　　　　　（前缺）

1. 　　生員已到、未到花名□□①_____

2. 　王彥文　趙□德　陳文義　段仲仁
3. 　安世昌　雲天德　沈文郁　劉克誠
4. 　張伯元　陳守仁　山蘭栢②　高天羙
5. 　梁伯定　閆思中　陳思義　文書奴
6. 　王仲祥　陳天祐　徐敏道　黑水理③
7. 　□□迷嵬 陳 □□　_____④

　　　　　（後缺）

5. 元亦集乃路總管府呈劄殘片

題解：

本件《中國藏黑水城漢文文獻》中原始編號為 F197：W14A，出版編號為 M1·1137，收於第七冊《府學文書》第 1415 頁，擬題為《亦集乃路總管府呈

---

① 此兩字殘，《黑城出土文書》錄文作"坐開"，但後一字似為"後"，現存疑。
② "栢"，《黑城出土文書》錄文作"伯"，現據圖版改。
③ "理"，《黑城出土文書》錄文未釋讀，現據圖版補。
④ 此行文字《黑城出土文書》錄文未釋讀，現據圖版補。

剳》，並記其尺寸為15cm×21cm。本件還收錄於《黑城出土文書（漢文文書卷）》第196頁《儒學與文書類‧府學》，其所記文書編號為F197：W14，並列出文書諸要素為：麻紙，殘，草行書，尺寸為21.0cm×14.0cm。文書前完後缺，現存文字4行。

錄文標點：

1. ☐☐☐☐集乃路總管府呈剳云云①：
2. ☐☐☐☐☐☐☐☐☐□教授史允所呈，承揔②府
3. ☐☐☐☐☐☐☐☐☐□并以儒人朱完者馬
4. ☐☐☐☐☐☐☐☐☐☐☐☐宝奴各各正☐☐☐

   （後缺）

6. 元儒學教授所關文為交割收管文卷等物事

題解：

本件《中國藏黑水城漢文文獻》原始編號為F39：W1–2，出版編號為M1‧1138，收於第七冊《府學文書》第1416頁，擬題為《杜延壽充儒户卷宗等》，並記其尺寸為16.7cm×25cm。本件共兩件殘片，還收錄於《黑城出土文書（漢文文書卷）》第195頁《儒學與文書類‧府學》，其將兩件殘片拼合為一釋錄（其拼合錯位一行），所記文書編號為F39：W1（2），並列出文書諸要素為：麻紙，殘，行書，尺寸為21.3cm×13.5cm。另，該書所收F39：W1共兩件殘片，本件拼合後為其殘片兩內容，其中殘片一圖版《中國藏黑水城漢文文獻》未收，其圖版見於《黑城出土文書（漢文文書卷）》所收圖版捌（2），今據其釋錄，附收於後。文書殘片一現存文字7行，殘片二現存文字6行，可拼合，拼合後現存文字8行。從《黑城出土文書（漢文文書卷）》所收F39：W1號文書內容來看，其似為儒學教授所關文殘片。

錄文標點：

（一）

   （前缺）

---

① 第二個"云"為省文符號，且"云云"，《黑城出土文書》錄文作"奉"，現據圖版改。
② "揔"，《黑城出土文書》錄文作"佃"，現據圖版改。

1078　中國藏黑水城漢文文獻的整理與研究

1. 贍孝承板指揮壹道
2. 杜延壽充儒户卷壹☐
3. 金祐甫充儒户卷壹☐
4. 楊仲明充儒户卷☐
5. 徐玉立沙充儒户☐
6. 諸雜①文卷壹拾②☐
7. ☐右☐

　　　　（後缺）

（二）

　　　　（前缺）

1. 　　　　　　（簽押）③
2. ☐☐☐☐☐☐宗
3. ☐☐☐☐宗
4. ☐☐☐☐壹宗
5. ☐☐☐☐卷壹宗
6. ☐☐☐☐☐☐☐並無

　　　　（後缺）

拼合：

　　　　（前缺）

1. 　　　　　　（簽押）④
2. 贍孝承板指揮壹道
3. 杜延壽充儒户卷壹宗
4. 金祐甫充儒户卷壹宗
5. 楊仲明充儒户卷壹宗
6. 徐玉立沙充儒户卷壹宗

---

① 《黑城出土文書》錄文於"雜"字後衍錄一"支"字，現據圖版改。
② "拾"，《黑城出土文書》錄文作"宗"，現據圖版改。
③ 此"簽押"，《黑城出土文書》錄文未標注，現據圖版補。
④ 此"簽押"，《黑城出土文書》錄文未標注，現據圖版補。

7. 諸雜①文卷壹拾② ☐ 並無

8. 右

　　　　（後缺）③

附：李逸友《黑城出土文書（漢文文書卷）》第 195 頁 F39：W1（1）號文書，圖版見《黑城出土文書（漢文文書卷）》圖版捌（2）。文書前後均缺，現存文字 14 行。

錄文標點：

　　　　（前缺）

1. ☐☐☐☐亦集乃☐④儒孝教授李⑤所闕為本
2. ☐☐☐☐文卷等物事理，隨此發去，仰將文
3. ☐☐☐☐從實交割収管施行。須至
4. ☐☐☐☐將文卷等物各各⑥開寫于☐⑦。
5. 　　至闕者：
6. 　　萬歲牌壹面　　大小奠牌壹拾伍面
7. 　　香桌兒陸箇　　大小破損香炉伍箇
8. 　　高桌兒叁箇　　長床肆箇
9. 　　破单肆片　　破鐵小鍋壹口
10. 文廟壹所，門窗俱全；明經堂、小齋堂，門窗☐
11. 　　諸孝官⑧照會壹宗　　即的站孝田卷壹宗
12. 　　早忽魯孝田卷壹宗　　天牢地基卷壹宗
13. 　　于德充儒户卷壹宗　　蘇迴☐充儒户壹宗

---

① 《黑城出土文書》錄文於"雜"字後衍錄一"支"字，現據圖版改。
② "拾"，《黑城出土文書》錄文作"宗"，現據圖版改。
③ 《黑城出土文書》與《中國藏黑水城漢文文獻》一書對本文書二件殘片拼合均有誤，兩書均將殘片二之 2—5 行接於殘片一之 3—6 行，將殘片二之第 6 行單獨列為一行，但據文書裂痕拼合，殘片二之 2—6 行應接於殘片一之 2—6 行，現改。
④ 據文意推斷，此處所缺文字應為"路"。
⑤ "李"字為右行補入，現徑改。
⑥ 第二個"各"為省文符號，現徑改。
⑦ 據文意推斷，此處所缺文字應為"後"。
⑧ "官"，《黑城出土文書》錄文作"宮"，現據圖版改。

14.　　楊天福充儒户卷壹宗　　▭▭▭▭▭▭▭▭
　　　（後缺）

7. 元教授文書殘片

題解：

本件《中國藏黑水城漢文文獻》中原始編號為F249：W20，出版編號為M1·1139，收於第七冊《府學文書》第1417頁，擬題為《府學文書》，並記其尺寸為8.3cm×17.8cm。《黑城出土文書（漢文文書卷）》一書未收。文書前後均缺，現存文字3行。

錄文標點：

　　　（前缺）
1.　▭▭▭轉教授不是人教的孝生
2.　▭▭▭鄭不中来到家裏▭不之
3.　▭▭到如今記不▭▭▭▭▭▭
　　　（後缺）

8. 元府學生員已到未到花名簿殘片

題解：

本件《中國藏黑水城漢文文獻》中原始編號為83H·F2：W13/0080，出版編號為M1·1140，收於第七冊《府學文書》第1417頁，擬題為《直生張伯元等人名》，並記其尺寸為8.3cm×17.8cm。《黑城出土文書（漢文文書卷）》一書未收。文書前後均缺，現存文字2行。從內容來看，其與《中國藏黑水城漢文文獻》第1414頁M1·1136〔F117：W12〕號文書相似，應為生員花名冊。

錄文標點：

　　　（前缺）
1.　直生張伯元
2.　▭▭▭▭▭▭▭▭府學生員已到、未▭▭▭
　　　（後缺）

9. 元甘州路文書殘片

題解：

本件《中國藏黑水城漢文文獻》中原始編號為83H·F2: W52/0119，出版編號為M1·1141，收於第七冊《府學文書》第1418頁，擬題為《府學文書》，並記其尺寸為21.3cm×11.4cm。《黑城出土文書（漢文文書卷）》一書未收。文書前後均缺，現存文字7行。

錄文標點：

（前缺）

1. ☐☐☐☐甘州路☐☐☐☐
2. ☐☐☐☐諸廩膳①生☐☐
3. ☐☐☐☐內蒙儒經☐☐
4. ☐☐☐☐題考試功☐☐
5. ☐☐☐☐☐☐
6. ☐☐☐☐☐
7. ☐☐☐☐省剳付准☐☐☐

（後缺）

10. 元胡文整呈亦集乃路總管府文為收學課錢事（二）

題解：

本件《中國藏黑水城漢文文獻》中無原始編號，出版編號為M1·1142〔正〕，收於第七冊《府學文書》第1419頁，擬題為《府學文書》，並記其尺寸為19.8cm×33.3cm。《黑城出土文書（漢文文書卷）》未收。文書共兩件殘片，殘片一無文字殘留，殘片二為正背雙面書寫，此為正面內容，前後均缺，現存文字7行。按，本號與《中國藏黑水城漢文文獻》第1413頁M1·1135〔F234: W10〕號文書字跡、紙張、行距相同，內容相關，且均為正背雙面書寫，應為同件文書。另外，《中國藏黑水城漢文文獻》將本號殘片二左半部作為一件單獨文書，編號為M1·

---

① "廩膳"兩字有塗改痕跡。

1671，收入第九冊《圖畫、印章及其他文書卷》第1948頁，其收錄有誤。從綴合後內容來看，其正面應為胡文整呈亦集乃路總管府文。文書擬題依綴合後所定。參考文獻：孫廣文、蘭天祥《元代亦集乃路儒學教育初探》，《寧夏社會科學》2009年第5期。

錄文標點：

（一）

（無文字殘留）

（二）

    （前缺）

1. 向文整⬜⬜⬜⬜⬜⬜⬜⬜如今先与你孛課錢⬜⬜

2. 兩，文整亦思⬜⬜⬜⬜⬜⬜⬜平⬜等將⬜⬜兩分付⬜⬜⬜仲明

3. 收接⬜散⬜⬜⬜①文整思忖得⬜⬜交与文整孛課錢中統⬜⬜十兩却將生負不行

4. 赴府訖⬜⬜⬜⬜⬜⬜⬜此出首前去，合行具呈

5. 亦集乃路總管府，伏乞

6. 詳察施行。湏至呈者

7. 右謹具

    （後缺）

11. 元習抄殘片

題解：

本件《中國藏黑水城漢文文獻》中無原始編號，出版編號為M1·1143[背]，收於第七冊《府學文書》第1420頁，擬題為《文書》，並記其尺寸為21.4cm×33.3cm。《黑城出土文書（漢文文書卷）》一書未收。文書為正背雙面書寫，此為背面內容，共兩件殘片，殘片一現存文字5行，有多處墨筆勾畫痕跡；

---

① 文書"⬜散⬜⬜⬜"等字為右行補入，現徑改。

殘片二現存文字 2 行。按，本號文書與《中國藏黑水城漢文文獻》第 1413 頁 M1・1135［F234: W10］號文書字跡、紙張、行距相同，内容相關，且均為正背雙面書寫，應為同件文書。從綴合後内容來看，其背面應為習抄殘片。文書擬題依綴合後所定。

錄文標點：

（一）

（前缺）

1. ☐☐☐☐日月照臨，有生皆報，□正□□
2. □拱無為，致治一□①，同□愛□②，
3. □咸□☐☐☐☐□，阻趨□③闕，
4. ☐☐☐☐□，稱觴□昏
5. ☐☐☐☐□壽④。

（後缺）

（二）

（前缺）

1. ☐☐☐□王行
2. ☐☐☐□□行

（後缺）

（四）習抄

1. 元習抄《論語・子罕第九》殘片

題解：

本件《中國藏黑水城漢文文獻》中原始編號為 84H・F175: W1/2177，出版編號為M1・1144，收於第七冊《習抄》第 1423 頁，擬題為《習抄〈論語〉》，並

---

① 此字前有墨筆勾畫痕跡。
② 此字前有墨筆勾畫痕跡。
③ 此字前有墨筆勾畫痕跡。
④ 此字前有墨筆勾畫痕跡。

記其尺寸為 26.2cm×16.9cm。本件還收錄於《黑城出土文書（漢文文書卷）》第 199 頁《儒學與文史類·啓蒙習字》，其所記文書編號為 F175：W1，並列出文書諸要素為：竹紙，抄習《論語》缺頁，尺寸為 16.9cm×25.8cm。該書第 54 頁還指出本文書內容出自《論語》之"子罕第九"，並將其所缺文字補齊。文書現存一頁兩面，每面文字 7 行，滿行 10 字，行中有朱筆點勘痕跡，第 7 行、第 13 行上方分別有朱書寫有"廿三""廿四"。

錄文標點：

（前缺）

1. 久矣哉。□□行詐也，無臣
2. 而為有□，吾誰欺？欺天□？
3. 且予與其□於臣之手 也 ，
4. 無寧死於□□子之手 乎 ？
5. 且予縱不得大葬，予死於
6. 道路乎？子貢曰：有美玉於
7. 斯韞匵而藏諸求善賈而
　　廿三①

————————

8. 沽。諸子曰：沽之哉，沽之哉，
9. 我待賈者也。子欲居九夷，
10. 或曰陋如之何？子曰：君子
11. 居之何陋之有。子曰：吾自
12. 衛反魯，然後樂正雅頌，各
13. 得其所。子曰：出則事公卿，
　　廿四②
14. 入則事父兄，□事不敢不

（後缺）

————————

① "廿三"為朱書。
② "廿四"為朱書。

2. 元習抄《論語·八佾第三》殘片

題解：

本件《中國藏黑水城漢文文獻》中原始編號為 84H·F224：W18/2440，出版編號為 M1·1145，收於第七冊《習抄》第 1424 頁，擬題為《習抄〈論語〉》，並記其尺寸為 12.9cm×18.6cm。本件還收錄於《黑城出土文書（漢文文書卷）》第 198 頁《儒學與文史類·啓蒙習字》，其所記文書編號為 F224：W18，並列出文書諸要素為：竹紙，抄習《論語》殘頁，尺寸為 18.1cm×12.7cm。該書第 53 頁還指出本文書內容出自《論語》之"八佾第三"，末尾加寫頁碼"三十七"，並將其所缺文字補齊。文書現存 1 面，5 行，滿行 8 字，有塗抹痕跡，行中有朱筆點勘痕跡。

錄文標點：

（前缺）

1. 邦君為兩君之好有
2. 反坫，管①氏亦有反坫，
3. 管②氏而知禮，孰不知
4. 禮。子謂魯大 師 樂曰：樂③其
5. 可知也④? 始作翕如也，從⑤
6. 　　三十七

（後缺）

3. 元習抄《論語·為政第二》殘片

題解：

本件《中國藏黑水城漢文文獻》中原始編號為 F204：W5，出版編號為 M1·1146，收於第七冊《習抄》第 1425 頁，擬題為《習抄〈論語〉》，並記其

---

① "管"字書寫不規範，於右旁朱筆改寫一"管"字。
② "管"字右旁朱筆書寫"九三"。
③ "曰：樂"二字為右行補入，現徑改。
④ "也"字為右行補入，現徑改。
⑤ 原"從"字書寫有誤，於右旁用朱筆改正。

尺寸為 14.8cm×27.8cm。本件還收錄於《黑城出土文書（漢文文書卷）》第 198 頁《儒學與文史類·啟蒙習字》，其所記文書編號與《中國藏黑水城漢文文獻》原始編號同，並列出文書諸要素為：竹紙，抄習《論語》殘頁，尺寸為 27.5cm×13.3cm。該書第 52 頁還指出本文書內容出自《論語》之"學而第一"至"為政第二"，並將其所缺文字補齊。文書現存文字一面，5 行，滿行 11—12 字，行中有朱筆點勘痕跡，末尾加寫頁碼，頁碼殘，且末尾一行天頭處有朱筆簽押一處。

錄文標點：

（前缺）

1. 之不已知，患不知人也。
2. 　　為政第二
3. 子曰：為政以德，譬如北辰居
4. 其所而眾星共之。子曰：詩三百，
5. 一言以蔽之曰思無邪。子曰：道①
6. 　　　　　□

（後缺）

4. 元習抄《論語·先進第十一》殘片

題解：

本件《中國藏黑水城漢文文獻》中原始編號為 83H·F2：W61/0128，出版編號為M1·1147，收於第七冊《習抄》第 1426 頁，擬題為《習抄〈論語〉》，並記其尺寸為 7.6cm×20.6cm。本件還收錄於《黑城出土文書（漢文文書卷）》第 199 頁《儒學與文史類·啟蒙習字》，其所記文書編號為 F2：W61，並列出文書主要素為：竹紙，抄習《論語》殘頁，尺寸為 20.5cm×7.5cm。該書第 54 頁還指出本文書內容出自《論語》之"先進第十一"，並將其所缺文字補齊。文書現存文字 4 行，滿行 14 字，行中有朱筆點勘痕跡，第 3 行天頭處朱書"廿七"兩字。

---

① 此行文字天頭處有朱書簽押一處。

錄文標點：

（前缺）

1. 夫子喟然歎曰：吾與點也。三子□□，
2. 曾皙後。曾①皙曰：夫三②子者之□□□？
3. 廿七③子曰：亦各言其志也④已矣。曰⑤：夫□□
4. 哂由也⑥？曰⑦：為國以禮，其言不讓，□□

（後缺）

5. 元習抄《論語·泰伯第八》殘片

題解：

本件《中國藏黑水城漢文文獻》中原始編號為 F2：W62，出版編號為 M1·1148，收於第七冊《習抄》第 1427 頁，擬題為《習抄〈論語〉》，並記其尺寸為 16.4cm×20cm。本件還收錄於《黑城出土文書（漢文文書卷）》第 199 頁《儒學與文史類·啓蒙習字》，其所記文書編號與《中國藏黑水城漢文文獻》原始編號同，並列出文書諸要素為：竹紙，抄習《論語》殘頁，尺寸為 19.7cm×16.5cm。該書第 53 頁還指出本文書內容出自《論語》之"泰伯第八"，並將其所缺文字補齊。文書為正背雙面書寫，此為正面內容，現存文字 7 行，滿行 11 字，行中有朱筆點勘痕跡；背面圖版《中國藏黑水城漢文文獻》未收，從正面所透字跡看，背面現存文字 3 行，字跡粗大，墨色濃。

錄文標點：

正：

（前缺）

1. 也已。子曰：三年學不至於穀，
2. 不易得也。子曰：篤信好學，

---

① 此字旁有朱筆點勘痕跡。
② 此字旁有朱筆點勘痕跡。
③ "廿七"為朱書。
④ "也"，《黑城出土文書》錄文漏錄，現據圖版補。
⑤ 此字旁有朱筆點勘痕跡。
⑥ 此字旁有朱筆點勘痕跡。
⑦ "曰"，《黑城出土文書》錄文漏錄，現據圖版補。

3. 守死善道。危邦不入，亂邦
4. □□。天下有道則見，無道
5. _____貧且賤焉，恥
6. _____貴焉，恥也。子
7. _____①其政。子曰

（後缺）

背：

1. _____月奴有此
2. _____□日□行②
3. _____□到□

（前缺）

6. 元習抄《論語·泰伯第八》殘片

題解：

本件《中國藏黑水城漢文文獻》中原始編號為84H·Y1采：W98/2768，出版編號為M1·1149，收於第七冊《習抄》第1428頁，擬題為《習抄〈論語〉》，並記其尺寸為14.4cm×19cm。本件還收錄於《黑城出土文書（漢文文書卷）》第199頁《儒學與文史類·啟蒙習字》，其所記文書編號為Y1:W98，並列出文書諸要素為：竹紙，抄習《論語》殘頁，尺寸為18.3cm×14.0cm。該書第53頁還指出本文書內容出自《論語》之"述而第七"至"泰伯第八"，並將其所缺文字補齊。文書現存文字4行，滿行10字。

錄文標點：

（前缺）

1. 而□。
2. 　　泰伯第八

---

① 此行文字《黑城出土文書》錄文未標注，現據圖版補。據《論語》可知，此處所缺文字應為"曰：不在其位，不謀"。
② 此兩行文字為背面書寫，位於正面第4—7行。

3. 子曰：泰伯其可謂至德也
4. 已矣。三以天下讓民

7. 元習抄《論語·雍也第六》殘片

題解：

本件《中國藏黑水城漢文文獻》中原始編號為84H·Y1采：W95/2765，出版編號為M1·1150，收於第七冊《習抄》第1429頁，擬題為《習抄〈論語〉》，並記其尺寸為11cm×26cm。本件還收錄於《黑城出土文書（漢文文書卷）》第198頁《儒學與文史類·啓蒙習字》，其所記文書編號為Y1：W95，並列出文書諸要素為：麻紙，抄習《論語》殘頁，尺寸為25.4cm×10.4cm。該書第53頁還指出本文書內容出自《論語》之"雍也第六"，並將其所缺文字補齊。文書現存文字4行，滿行12字，且用墨筆勾畫行格。

錄文標點：

（前缺）

1. 知者樂水，仁者樂山。知者動，仁
──────────────
2. 者靜；知者樂，仁者壽。子曰：齊
──────────────
3. 一變至於魯，魯一變至於道。
──────────────
4. 子曰：觚不觚，

（後缺）

8. 元習抄《論語·子罕第九》殘片

題解：

本件《中國藏黑水城漢文文獻》中原始編號為83H·F9：W32/0286，出版編號為M1·1151，收於第七冊《習抄》第1430頁，擬題為《習抄〈論語〉》，並記其尺寸為9.5cm×11cm。本件還收錄於《黑城出土文書（漢文文書卷）》第199頁《儒學與文史類·啓蒙習字》，其所記文書編號為F9：W32，並列出文書諸要素為：竹紙，抄習《論語》殘屑，尺寸為11.0cm×9.3cm。該書第54頁還指出本文書內容出自《論語》之"子罕第九",並將其所缺文字補齊。文書現存文字4行,有塗改及朱筆勾畫痕跡。

錄文標點:

    (前缺)

1. ☐多也。牢☐
2. ☐鄙夫問於我①,空空如☐
3. ☐圖,吾已矣夫②!子☐③
4. ☐必趨顏④淵喟☐

    (後缺)

9. 元習抄《論語‧子路第十三》殘片

題解:

本件《中國藏黑水城漢文文獻》中原始編號為84H‧F117:W19/1809,出版編號為M1‧1152,收於第七冊《習抄》第1430頁,擬題為《習抄〈論語〉》,並記其尺寸為15cm×7.8cm。本件還收錄於《黑城出土文書(漢文文書卷)》第199頁《儒學與文史類‧啓蒙習字》,其所記文書編號為F117:W17,與《中國藏黑水城漢文文獻》原始編號異,並列出文書諸要素為:竹紙,抄習《論語》殘屑,尺寸為4.7cm×12.7cm。該書第54頁還指出本文書內容出自《論語》之"子路第十三",並將其所缺文字補齊。文書現存文字5行,滿行應為9字,末行左側有朱筆書"廿☐"痕跡。

錄文標點:

    (前缺)

1. 善而莫☐
2. 一言而☐
3. 政。子曰:☐

---

① "我"字為右行補入,現徑改。
② "夫",《黑城出土文書》錄文漏錄,現據圖版補。
③ 文書第2—3行有朱筆點勘痕跡。
④ "顏"字為右行補入,現徑改。

4. 子夏▯▯▯▯▯▯▯▯

5. 曰：▯▯▯▯▯▯▯
　　廿▯▯▯▯▯▯▯▯▯①

　　　（後缺）

10. 元習抄《論語・顏淵第十二》殘片

題解：

本件《中國藏黑水城漢文文獻》中原始編號為83H・F1：W46/0046，出版編號為M1・1153，收於第七冊《習抄》第1431頁，擬題為《習抄〈論語〉》，並記其尺寸為21.7cm×19.2cm。本件還收錄於《黑城出土文書（漢文文書卷）》第199頁《儒學與文史類・啓蒙習字》，其所記文書編號為F1：W46，並列出文書諸要素為：竹紙，抄習《論語》殘屑，尺寸為18.8cm×20.0cm。該書第54頁還指出本文書內容出自《論語》之"顏淵第十二"，並將其所缺文字補齊。文書現存文字4行，滿行7字，行中有墨筆句讀。

錄文標點：

　　　（前缺）

1. 也②子貢問□□

2. 曰：忠告而善道之，

3. 不可則止，無自辱

4. 焉孔③子曰

　　　（後缺）

11. 元習抄《孟子・萬章章句下》殘片（一）

題解：

本件《中國藏黑水城漢文文獻》中原始編號為84H・F239：W2/2495，出版編號為M1・1154，收於第七冊《習抄》第1432頁，擬題為《習抄〈孟子〉》，並

---

① 此處為朱書。
② 《黑城出土文書》第54頁指出"也"應為"矣"。
③ 《黑城出土文書》第54頁指出"孔"應為"曾"。

記其尺寸為 11cm×21.6cm。本件還收錄於《黑城出土文書（漢文文書卷）》第 200 頁《儒學與文史類·啟蒙習字》，其所記文書編號為 F239：W2，並列出文書諸要素為：麻紙，抄習《孟子》殘頁，尺寸為 21.2cm×10.7cm。該書第 55 頁還指出黑水城所出《孟子》習字紙，為同一人手抄，均被剪裁做鞋樣，其中本文書內容出自《孟子》之"萬章章句下"。文書現存文字 4 行，滿行 11 字，行中有朱筆點勘痕跡。按，本文書與《中國藏黑水城漢文文獻》1433 頁 M1·1155［F62：W3］、第 1434 頁 M1·1157［84H·F62：W2/0870］、第 1435 頁 M1·1158［84H·F62：W4/0872］、M1·1159［84H·F62：W3/0871］、第 1477 頁 M1·1220［84H·Y1 采：W82/2752］殘片一等號文書均為一人所書，故其應為同一《孟子》習抄本殘片，但本件文書並未被裁為鞋樣。

錄文標點：

（前缺）

1. 理者，智之事也；終條理者，聖
2. 之事也。智譬則巧也，聖譬則
3. 力也。由射於百步之外也，其至
   □□①
4. 爾力也，其中非爾力也。北宮錡
5. 問曰：周室班爵禄也②如之何？③
   廿日④

（後缺）

12. 元習抄《孟子·梁惠王章句》殘片（二）

題解：

本件《中國藏黑水城漢文文獻》中原始編號為 F62：W3，出版編號為 M1·1155，收於第七冊《習抄》第 1433 頁，擬題為《習抄〈孟子〉》，並記其尺寸為 13.8cm×21.5cm。本件文書共兩件殘片，還收錄於《黑城出土文書（漢文文書

---

① 此兩字為朱書，文字不清。
② "也"，《黑城出土文書》錄文漏錄，現據圖版補。
③ 此行文字左側朱筆書寫"句"字。
④ "廿日"為朱書。

卷）》第 199、200 頁《儒學與文史類·啓蒙習字》，其所記文書編號分別為F62：W5、F62：W2，與《中國藏黑水城漢文文獻》原始編號異，並列出文書諸要素為：竹紙，抄習《孟子》殘屑，尺寸分別為 9.8cm×12.9cm、8.7cm×12.5cm。該書第 55 頁還指出黑水城所出《孟子》習字紙，為同一人手抄，均被剪裁做鞋樣，其中本文書内容分别出自《孟子》之"梁惠王章句下""梁惠王章句上"，並將其所缺文字補齊。文書殘片一現存文字 5 行，殘片二現存文字 6 行，滿行應為 12 字，行中有朱筆點勘痕跡。按，本文書與《中國藏黑水城漢文文獻》第 1432 頁M1·1154［84H·F239：W2/2495］、第 1434 頁 M1·1157［84H·F62：W2/0870］、第 1435 頁 M1·1158［84H·F62：W4/0872］、M1·1159［84H·F62：W3/0871］、第 1477 頁M1·1220［84H·Y1 采：W82/2752］殘片一等號文書均為一人所書，故其應為同一《孟子》抄本殘片。

錄文標點：

（一）

　　　　（前缺）

1. □獵於此，百□□□□□
2. 見羽旄之美□□□□□
3. 而相告曰：吾□□□□□
4. 何以能田獵□□□□□
5. 樂 也。今王與□□□□□

　　　　（後缺）①

（二）

　　　　（前缺）

1. □，樂歲終身□□□□□
2. 亡。此惟救死②□□□□
3. 禮義哉？王欲□□□□□
4. 矣。五畝之宅□□□□□

---

① 此殘片《黑城出土文書》編號為 F62：W5。
② "救死"原作"死救"，旁加倒乙符號，現徑改。

5. 可以衣帛□；□□□□□□
6. □時，□□□□□□□①
   （後缺）

13. 元習抄《千字文》殘片

題解：

本件《中國藏黑水城漢文文獻》中原始編號為Y1：W93，出版編號為M1·1156，收於第七冊《習抄》第1434頁，擬題為《習抄〈千字文〉》，並記其尺寸為12cm×5cm。本件還收錄於《黑城出土文書（漢文文書卷）》第200頁《儒學與文史類·啓蒙習字》，其所記文書編號與《中國藏黑水城漢文文獻》原始編號同，並列出文書諸要素為：竹紙，抄習《千字文》殘屑，尺寸為4.5cm×12.0cm。該書第56頁還將其所缺文字補齊。文書現存文字4行，滿行4字，且其中第3、4行之間朱書"三月十□□"等字。

錄文標點：

1. 天□□□
2. 字□□□
3. 日□□□
  三月十□□②
4. 辰□□□
   （後缺）

14. 元習抄《孟子·梁惠王章句下》殘片（三）

題解：

本件《中國藏黑水城漢文文獻》中原始編號為84H·F62：W2/0870，出版編號為M1·1157，收於第七冊《習抄》第1434頁，擬題為《習抄〈孟子〉》，並記其尺寸為12.8cm×8.5cm。本件還收錄於《黑城出土文書（漢文文書卷）》第200頁

---

① 此行文字《黑城出土文書》錄文未釋讀，現據圖版補。另，此殘片《黑城出土文書（漢文文書卷）》編號為F62：W2。

② "三月十□□"為朱書，《黑城出土文書》錄文未標注，現據圖版補。

《儒學與文史類・啓蒙習字》，其所記文書編號為F62: W6，與《中國藏黑水城漢文文獻》原始編號異，並列出文書諸要素為：竹紙，抄習《孟子》殘屑，尺寸為8.7cm×13.0cm。該書第55頁還指出黑水城所出《孟子》習字紙，為同一人手抄，均被剪裁做鞋樣，其中本文書內容出自《孟子》之"梁惠王章句下"，並將其所缺文字補齊。文書現存文字5行，滿行應12行，行中有朱筆點勘痕跡。按，本文書與《中國藏黑水城漢文文獻》第1432頁M1・1154［84H・F23 9: W2/2495］、第1433頁M1・1155［F62: W3］、第1435頁M1・1158［84H・F6 2: W4/0872］、M1・1159［84H・F62: W3/0871］、第1477頁M1・1220［84H・Y1采: W82/2752］殘片一等號文書均為一人所書，故其應為同一《孟子》抄本殘片。

錄文標點：

（前缺）

1. □宣王問曰：文□
2. □有諸？孟子對□
3. □是其大乎？曰□
4. □：寡人之囿方□
5. □□□也？□

（後缺）

15. 元習抄《孟子・梁惠王章句下》殘片（四）

題解：

本件《中國藏黑水城漢文文獻》中原始編號為84H・F62: W4/0872，出版編號為M1・1158，收於第七冊《習抄》第1435頁，擬題為《習抄〈孟子〉》，並記其尺寸為27cm×9cm。本件還收錄於《黑城出土文書（漢文文書卷）》第200頁《儒學與文史類・啓蒙習字》，其所記文書編號為F62: W4，並列出文書諸要素為：竹紙，抄習《孟子》殘屑，尺寸為9.7cm×27.3cm。該書第55頁還指出黑水城所出《孟子》習字紙，為同一人手抄，均被剪裁做鞋樣，其中本文書內容出自《孟子》之"梁惠王章句下"，並將其所缺文字補齊。文書現存一頁兩面，兩面文字不相連，中間應缺一頁，現右頁存文字5行，左頁存文字6行，滿行應為12字，行中有朱筆點勘痕跡。按，本文書與《中國藏黑水城漢文文獻》第1432頁

M1·1154［84H·F239：W2/2495］、第 1433 頁 M1·1155［F62：W3］、第 1434 頁 M1·1157［84H·F62：W2/0870］、第 1435 頁 M1·1159［84H·F62：W3/0871］、第 1477 頁 M1·1220［84H·Y1 采：W82/2752］殘片一等號文書均為一人所書，故其應為同一《孟子》抄本殘片。

錄文標點：

（前缺）

1. □以好樂，暴①未②□
2. □何如？孟子對□
3. □齊③國其庶幾□
4. □：王嘗語莊子□
5. □□色，曰：寡人□

────────────

6. □□□此，百姓聞□
7. □□□音④，舉疾首□
8. □□□之好鼓樂，夫⑤□
9. □□□也？父子不相□
10. □□□□王田獵於⑥□
11. □□□□音，見羽□

（後缺）

16. 元習抄《孟子·梁惠王章句上》殘片（五）

題解：

本件《中國藏黑水城漢文文獻》中原始編號為 84H·F62：W3/0871，出版編

---

① "暴"字為右行補入，現徑改。
② 《黑城出土文書》錄文於"未"字後衍錄一"有"字，現據圖版改。
③ 《黑城出土文書》錄文於"齊"字前衍錄一"則"字，現據圖版改。
④ 《黑城出土文書》錄文於"音"字前衍錄一"之"字，現據圖版改。
⑤ "夫"，《黑城出土文書》錄文未釋讀，現據圖版補。
⑥ "於"，《黑城出土文書》錄文未釋讀，現據圖版補。

整理編 第七冊 1097

號為M1·1159，收於第七冊《習抄》第1435頁，擬題為《習抄〈孟子〉》，並記其尺寸為15.9cm×8.6cm。本件還收錄於《黑城出土文書（漢文文書卷）》第199頁《儒學與文史類·啓蒙習字》，其所記文書編號為F62：W3，並列出文書諸要素為：竹紙，抄習《孟子》殘屑，尺寸為9.1cm×12.4cm（李逸友錄文各行均衍錄數字）。該書第55頁還指出黑水城所出《孟子》習字紙，為同一人手抄，均被剪裁做鞋樣，其中本文書內容出自《孟子》之"梁惠王章句上"，並將其所缺文字補齊。文書為正背雙面書寫，此為正面內容，現存文字6行，滿行應為12字，行中有朱筆點勘痕跡；背面圖版《中國藏黑水城漢文文獻》未收，《黑城出土文書（漢文文書卷）》也未釋讀，從正面所透字痕看，背面現存文字4行，與正面第1—4行重疊，僅可釋讀"王""圓"兩字。按，本文書正面與《中國藏黑水城漢文文獻》第1432頁M1·1154［84H·F239：W2/2495］、第1433頁M1·1155［F62：W3］、第1434頁M1·1157［84H·F62：W2/0870］、第1435頁M1·1158［84H·F62：W4/0872］、第1477頁M1·1220［84H·Y1采：W82/2752］殘片一等號文書均為一人所書，故其應為同一《孟子》抄本殘片。

錄文標點：

正：

　　　　（前缺）

1. □之田，勿奪□□□□□①

2. □無饑矣；謹□□□□②

3. □悌之義，頒□□□③

4. □矣。老者衣□□□④

5. □□寒，然而不□□⑤

6. 　　梁惠王□□□

　　　　（後缺）

背：

---

① 《黑城出土文書》於此行衍錄"其時八口之家可"，現據圖版改。
② 《黑城出土文書》於此行衍錄"庠序之教申以"，現據圖版改。
③ 《黑城出土文書》於此行衍錄"白者不負戴於道"，現據圖版改。
④ 《黑城出土文書》於此行衍錄"帛食肉黎民不饑"，現據圖版改。
⑤ 《黑城出土文書》於此行衍錄"王者未之有也"，現據圖版改。

　　　　（前缺）
1. ☐☐☐☐☐
2. ☐王☐☐☐
3. ☐☐☐☐☐
4. ☐圓☐☐☐
　　　　（後缺）

17. 元習抄《大學》殘片

題解：

本件《中國藏黑水城漢文文獻》中原始編號為84H·F204：W6/2290，出版編號為M1·1160，收於第七冊《習抄》第1436頁，擬題為《習抄〈大學〉》，並記其尺寸為28.8cm×19.4cm。本件還收錄於《黑城出土文書（漢文文書卷）》第198頁《儒學與文史類·啓蒙習字》，其所記文書編號為F204：W6，並列出文書諸要素為：麻紙，抄習《大學》邊損缺，尺寸為19.0cm×28.0cm。文書內容出自《大學》第十一章，現存一面兩頁，每頁文字6行，滿行10字，有朱筆點勘痕跡，第5、6行之間朱書"溫"字，第11、12行之間朱書"三"字。

錄文標點：

　　　　（前缺）

1. 容之，以能保我子孫黎民，
2. 尚亦有利哉。人之有技，媢
3. 疾以惡之，人之彥聖而違
4. 之。俾不通，□不能容，以不
5. 能保□□□黎民，亦曰殆

溫①

6. 哉。唯仁人放流之，迸諸四

―――――――――――――

① "溫"字為朱書。

7. 夷，不與□①中國，此謂唯仁

8. 人，為□□□，能惡人。見賢

9. 而不能舉，舉而不能先，命

10. 也；見不善而□能退，退而

11. 不能遠，過②也。好人之所惡，
三③

12. 惡人之所好，是謂拂人之

　　　　（後缺）

18. 元習抄《大學》殘片

題解：

本件《中國藏黑水城漢文文獻》中原始編號為F204：W4，出版編號為M1·1161，收於第七冊《習抄》第1437頁，擬題為《習抄〈大學〉》，並記其尺寸為13cm×19.3cm。本件還收錄於《黑城出土文書（漢文文書卷）》第198頁《儒學與文史類·啓蒙習字》，其所記文書編號與《中國藏黑水城漢文文獻》原始編號同，並列出文書諸要素為：竹紙，抄習《大學》殘頁，尺寸為19.2cm×12.9cm。該書第52頁還指出本文書內容出自《大學》"傳之"第二章至第三章，並將所缺文字補齊。文書現存文字5行，行中有朱筆點勘痕跡。

錄文標點：

　　　　（前缺）

1. 湯之盤銘曰：苟日新，日日新，又日新。

2. □誥曰：作新民。詩曰：周雖舊邦，其命

3. □新。是故君子無□不用其極。

4. 　　右傳之二章□新民

　　丘④

---

① 此處缺文《黑城出土文書》漏錄，現據圖版補。據《大學》相關內容可知，此處所缺應為"同"。
② "過"，《黑城出土文書》錄文作"遠"，現據圖版改。
③ "三"字為朱書。
④ "丘"字為朱書。

5. 詩云：邦畿千里，惟民所止。詩云

　　　（後缺）

19. 元習抄《論語·雍也第六》殘片

題解：

本件《中國藏黑水城漢文文獻》中原始編號為84H·Y1采：W102/2772，出版編號為M1·1162，收於第七冊《習抄》第1438頁，擬題為《習抄〈論語〉》，並記其尺寸為5.7cm×27cm。本件還收錄於《黑城出土文書（漢文文書卷）》第198頁《儒學與文史類·啟蒙習字》，其所記文書編號為Y1：W102，並列出文書諸要素為：棉紙，抄習《論語》殘屑，尺寸為26.5cm×4.1cm。該書第53頁還指出本文書內容出自《論語》之"雍也第六"。文書現存文字2行，行中有朱筆點勘痕跡。

錄文標點：

　　　（前缺）

1.　　哀公問：弟子孰為好學？孔子對曰：
2.　□□①有顏回者，好學不遷

　　　（後缺）

20. 元習抄《直說大學要略》殘片

題解：

本件《中國藏黑水城漢文文獻》中原始編號為84H·F146：W8/2064，出版編號為M1·1163，收於第七冊《習抄》第1438頁，擬題為《習抄〈大學〉》，並記其尺寸為14cm×9.6cm。本件還收錄於《黑城出土文書（漢文文書卷）》第198頁《儒學與文史類·啟蒙習字》，其所記文書編號為F146：W8，並列出文書諸要素為：竹紙，抄習《大學》殘屑，尺寸為9.3cm×13.3cm。文書現存一面兩頁，每頁現存文字3行，滿行10—11字，行中有朱筆點勘痕跡。《黑城出土文書（漢文文書卷）》一書僅收錄右頁，左頁文字未釋錄。其中右頁文字出自《大學》

---

① 此兩字殘，為朱書。

"傳之"第三章，左頁文字出自許衡《直說大學要略》。據此推斷，本件文書應為習抄《直說大學要略》殘片。

錄文標點：

（前缺）

1. ☐所止，可以
2. ☐詩云：穆穆
3. ☐敬止，為人君

4. ☐說大學要略①
5. ☐說大學要略
6. ☐☐☐的言語②

（後缺）

21. 元習抄《孝經·廣要道章第十二》殘片（甲種本一）

題解：

本件《中國藏黑水城漢文文獻》中原始編號為84H·F204:W3/2287，出版編號為M1·1164，收於第七冊《習抄》第1439頁，擬題為《習抄〈孝經〉》，並記其尺寸為23cm×4.8cm。本件還收錄於《黑城出土文書（漢文文書卷）》第197頁《儒學與文史類·啓蒙習字》，其所記文書編號為F234:W3，與《中國藏黑水城漢文文獻》原始編號異，並列出文書諸要素為：竹紙，抄習《孝經》殘屑，尺寸為4.0cm×23.2cm。該書第49頁還指出黑水城所出《孝經》的習字紙較多，從紙質和字跡看，有些係一人所抄習，而又出於不同地點，其中可以辨識出抄習者為四人，分別用竹紙和麻紙，其中本文書內容出自《孝經》之"廣要道章第十二"至"廣至德章第十三"。文書現存文字9行，滿行10—11字，行中有朱筆點勘痕跡。按，從字跡判斷，本件文書與同頁M1·1165［84H·F234:W2/2286］號文書應為同一人所書，現定其為甲種本。

---

① 此行文字墨跡較淡，字跡潦草，應為二次書寫。
② 文書第4—6行《黑城出土文書》漏錄，現據圖版補。

1102 中國藏黑水城漢文文獻的整理與研究

錄文標點：

（前缺）

1. 其☐①
2. 悅☐
3. 而☐
4. 而寡☐
十三②
5. ☐廣☐
6. 子曰☐
7. 家至☐
8. 所以☐
9. 教以☐③

（後缺）

22. 元習抄《孝經·廣要道章第十二》殘片（甲種本二）

題解：

本件《中國藏黑水城漢文文獻》中原始編號為84H·F234：W2/2286，出版編號為M1·1165，收於第七冊《習抄》第1439頁，擬題為《習抄〈孝經〉》，並記其尺寸為11.2cm×10cm。本件還收錄於《黑城出土文書（漢文文書卷）》第197頁《儒學與文史類·啟蒙習字》，其所記文書編號為F204：W2，與《中國藏黑水城漢文文獻》原始編號異，並列出文書諸要素為：麻紙，抄習《孝經》殘屑，尺寸為8.5cm×11.0cm。該書第49頁還指出黑水城所出《孝經》的習字紙較多，從紙質和字跡看，有些係一人所抄習，而又出於不同地點，其中可以辨識出抄習者為四人，分別用竹紙和麻紙，其中本文書內容出自《孝經》之"廣要道章第十二"。文書現存文字5行，滿行10—11字。按，從字跡判斷，本件文書與

---

① 此行文字《黑城出土文書》錄文未釋讀，現據圖版補。
② 文書"十三"為朱書，《黑城出土文書》錄文作"也"，現據圖版改。
③ 此行文字《黑城出土文書》錄文未釋讀，現據圖版補。

同頁M1·1164［84H·F204：W3/2287］號文書應為同一人所書，現定其為甲種本。

錄文標點：

（前缺）

1. ☐☐礼。禮者，敬☐☐
2. ☐☐父，則子悅；☐
3. ☐☐敬其君，則☐☐
4. ☐☐千萬人☐☐☐
5. ☐☐☐☐☐①

（後缺）

23. 元習抄《孝經·聖治章第九》殘片（乙種本一）

題解：

本件《中國藏黑水城漢文文獻》中原始編號為 F234：W18，出版編號為M1·1166，收於第七册《習抄》第1440頁，擬題為《習抄〈孝經〉》，並記其尺寸為30cm×19.8cm。本件文書共兩件殘片，還收錄於《黑城出土文書（漢文文書卷）》第197頁《儒學與文史類·啓蒙習字》，其所記文書編號為 F234：W8，與《中國藏黑水城漢文文獻》原始編號異，並列出文書諸要素為：麻紙，抄習《孝經》殘屑，尺寸分別為10.5cm×9.7cm、19.5cm×9.5cm。該書第49頁還指出黑水城所出《孝經》的習字紙較多，從紙質和字跡看，有些係一人所抄習，而又出於不同地點，其中可以辨識出抄習者為四人，分別用竹紙和麻紙，其中本文書內容出自《孝經》之"聖治章第九"。文書殘片一現存文字4行，行中有朱書點勘痕跡；殘片二現存文字6行，滿行11—12字。按，從字跡判斷，本文書與《中國藏黑水城漢文文獻》第1441頁M1·1167［F234：W5］、第1442頁M1·1168［F234：W7］、第1443頁M1·1169［84H·F247：W4/2533］、第1444頁M1·1170［F501：W7a］、第1445頁M1·1171［F245：W11］、第1446頁M1·1172［84H·F234：W4/2487］、第1447頁M1·1173［84H·F234：W6/2489］等號文

---

① 此行文字《黑城出土文書》錄文未標注，現據圖版補。

書應為同一人書寫，現定其為乙種本。

錄文標點：

（一）

（前缺）

1. 於孝乎？☐

2. 人之行，莫大於☐

十一日①

3. 嚴父；嚴父莫☐

4. ☐人也。昔☐

（後缺）

（二）

（前缺）

1. ☐養父母

2. ☐敬，因親

3. 以☐☐。聖人之教不肅而成，

4. 其政不嚴而治。其所因者，本

5. 也。父子之道；☐☐也，君臣☐

6. 義也。父☐

（後缺）

24. 元習抄《孝經·紀孝行章第十》殘片（乙種本二）

題解：

本件《中國藏黑水城漢文文獻》中原始編號為F234：W5，出版編號為M1·1167，收於第七冊《習抄》第1441頁，擬題為《習抄〈孝經〉》，並記其尺寸為11.6cm×20cm。本件還收錄於《黑城出土文書（漢文文書卷）》第197頁《儒學與文史類·啟蒙習字》，其所記文書編號與《中國藏黑水城漢文文獻》原始編號同，並列出文書諸要素為：麻紙，抄習《孝經》殘屑，尺寸為19.5cm×10.9cm。

---

① "十一日"為朱書。

該書第49頁還指出黑水城所出《孝經》的習字紙較多,從紙質和字跡看,有些係一人所抄習,而又出於不同地點,其中可以辨識出抄習者為四人,分別用竹紙和麻紙,其中本文書内容出自《孝經》之"紀孝行章第十"。文書現存文字5行,滿行10—11字,行中有朱書點勘痕跡。按,從字跡判斷,本文書與《中國藏黑水城漢文文獻》第1440頁M1·1166［F234:W18］、第1442頁M1·1168［F234:W7］、第1443頁M1·1169［84H·F247:W4/2533］、第1444頁M1·1170［F501:W7a］、第1445頁M1·1171［F245:W11］、第1446頁M1·1172［84H·F234:W4/2487］、第1447頁M1·1173［84H·F234:W6/2489］等號文書應為同一人書寫,現定其為乙種本。

錄文標點:

　　　　（前缺）

1.　　□□□□第十

2. 子曰:君子之事 親 也,居則致

3. 其敬,養則致其楽,病則致

十三日①

4. 其憂,喪則致□□,祭則致其

5. 嚴。五者□□,□□能事親。

　　　　（後缺）

25. 元習抄《孝經·聖治章第九》殘片（乙種本三）

題解:

本件《中國藏黑水城漢文文獻》中原始編號為F234:W7,出版編號為M1·1168,收於第七冊《習抄》第1442頁,擬題為《習抄〈孝經〉》,並記其尺寸為11.5cm×20cm。本件還收錄於《黑城出土文書（漢文文書卷）》第196頁《儒學與文史類·啓蒙習字》,其所記文書編號與《中國藏黑水城漢文文獻》原始編號同,並列出文書諸要素為:麻紙,抄習《孝經》殘屑,尺寸為19.5cm×11.0cm。該書第49頁還指出黑水城所出《孝經》的習字紙較多,從紙質和字跡看,有些係一人所抄習,而又出於不同地點,其中可以辨識出抄習者為四人,分別用竹紙

---

① "十三日"為朱書。

和麻紙，其中本文書內容出自《孝經》之"孝治章第八"至"聖治章第九"。文書現存文字5行。按，從字跡判斷，本文書與《中國藏黑水城漢文文獻》第1440頁M1·1166［F234：W18］、第1441頁M1·1167［F234：W5］、第1443頁M1·1169［84H·F247：W4/2533］、第1444頁M1·1170［F501：W7a］、第1445頁M1·1171［F245：W11］、第1446頁M1·1172［84H·F234：W4/2487］、第1447頁M1·1173［84H·F234：W6/2489］等號文書應為同一人書寫，現定其為乙種本。

錄文標點：

（前缺）

1. □故明王▭
2. 詩云：有竟▭國順之
3. 　　聖治章第九
4. ▭：敢問聖人之德無以加
5. ▭：天地之性，人為貴

（後缺）

26. 元習抄《孝經·孝治章第八》殘片（乙種本四）

題解：

本件《中國藏黑水城漢文文獻》中原始編號為84H·F247：W4/2533，出版編號為M1·1169，收於第七冊《習抄》第1443頁，擬題為《習抄〈孝經〉》，並記其尺寸為23.4cm×16cm。本件文書共兩件殘片，還收錄於《黑城出土文書（漢文文書卷）》第196頁《儒學與文史類·啓蒙習字》，其所記文書編號為F247：W4，（其殘片排列順序與《中國藏黑水城漢文文獻》相反，據內容推斷，《中國藏黑水城漢文文獻》一書排列有誤）並列出文書諸要素為：竹紙，抄習《孝經》殘屑，尺寸分別為16.0cm×7.8cm、11.0cm×10.5cm。該書第49頁還指出黑水城所出《孝經》的習字紙較多，從紙質和字跡看，有些係一人所抄習，而又出於不同地點，其中可以辨識出抄習者為四人，分別用竹紙和麻紙，其中本文書內容出自《孝經》之"孝治章第八"。文書殘片一現存文字5行，殘片二現存文字3行，滿行11字，行中有朱筆點勘痕跡。按，從字跡判斷，本文書與《中國藏黑水城漢文文獻》第 1440 頁 M1·1166［F234：W18］、第 1441 頁 M1·1167［F234：W5］、第 1442 頁 M1·1168［F234：W7］、第 1444 頁 M1·1170［F501：W7a］、第 1445 頁 M1·1171［F245：W11］、第 1446 頁 M1·1172［84H·F234：W4/2487］、第 1447 頁 M1·1173［84H·F234：W6/2489］等號文書應為同一人書寫，現定其為乙種本。

錄文標點：

（一）

　　　　（前缺）

1. □□其先君；□□□□□

2. 臣妾，而況於妻□□□□

3. 之懽心，以事□□□□

4. □親安之，祭則□□□□
□□日①

5. □□平，災害不生，□□

　　　　（後缺）

（二）

　　　　（前缺）

1. 子曰：昔者□□□□□

2. 下也，不敢□□国之臣，□□
□一日②

3. □公侯伯子男乎？□□□□

　　　　（後缺）

27. 元習抄《孝經·聖治章第九》等殘片（乙種本五）

題解：

本件《中國藏黑水城漢文文獻》中原始編號為 F501：W7a，出版編號為 M1·

---

① 文書"□□日"為朱書。
② 文書"□一日"為朱書。

1108　中國藏黑水城漢文文獻的整理與研究

1170，收於第七冊《習抄》第1444頁，擬題為《習抄〈孝經〉》，並記其尺寸為11.8cm×19.7cm。本件文書共兩件殘片，還收錄於《黑城出土文書（漢文文書卷）》第197、196頁《儒學與文史類·啓蒙習字》，其所記文書殘片一編號為F210：W7（但在第50頁李逸友所記本殘片編號為F201：W7，不知何者是？），與《中國藏黑水城漢文文獻》原始編號異，並列出文書諸要素為：麻紙，抄習《孝經》殘屑，尺寸為7.3cm×7.8cm；所記殘片二文書編號為F201：W76，與《中國藏黑水城漢文文獻》原始編號異，並列出文書諸要素為：竹紙，抄習《孝經》殘屑，尺寸為8.5cm×10.0cm。該書第49頁還指出黑水城所出《孝經》的習字紙較多，從紙質和字跡看，有些係一人所抄習，而又出於不同地點，其中可以辨識出抄習者為四人，分別用竹紙和麻紙，其中本文書殘片一內容出自《孝經》之"聖治章第九"，殘片二出自"三才章第七"。按，兩件殘片字跡一致，應為同一人所書。文書殘片一現存文字3行，滿行11—12字；殘片現存文字4行，滿行10—11字。按，從字跡判斷，本文書與《中國藏黑水城漢文文獻》第1440頁M1·1166［F234：W18］、第1441頁M1·1167［F234：W5］、第1442頁M1·1168［F234：W7］、第1443頁M1·1169［84H·F247：W4/2533］、第1445頁M1·1171［F245：W11］、第1446頁M1·1172［84H·F234：W4/2487］、第1447頁M1·1173［84H·F234：W6/2489］等號文書應為同一人書寫，現定其為乙種本。

錄文標點：

（一）

　　　　（前缺）

1. 則而象▢▢▢▢
2. 行其政▢▢▢▢
3. 不忒。①

　　　　（後缺）

（二）

　　　　（前缺）

1. ▢▢先之以敬▢▢▢▢

---

① 此殘片《黑城出土文書》第197頁編號為F210：W7，第50頁編號為F201：W7。

2. ☐☐導之以☐☐

3. ☐好惡，而民☐☐

4. ☐師尹，民具☐①

　　　（後缺）

28. 元習抄《孝經·廣至德章第十三》等殘片（乙種本六）

題解：

本件《中國藏黑水城漢文文獻》中原始編號為F245：W11，出版編號為M1·1171，收於第七冊《習抄》第1445頁，擬題為《習抄〈孝經〉》，並記其尺寸為28.4cm×20.5cm。本件還收錄於《黑城出土文書（漢文文書卷）》第197頁《儒學與文史類·啟蒙習字》，其所記文書編號為F234：W13，與《中國藏黑水城漢文文獻》原始編號異，並列出文書諸要素為：麻紙，抄習《孝經》殘頁，尺寸為19.5cm×26.0cm。文書共四件殘片，《黑城出土文書（漢文文書卷）》將其拼合為一釋錄，並於該書第49頁指出黑水城所出《孝經》的習字紙較多，從紙質和字跡看，有些係一人所抄習，而又出於不同地點，其中可以辨識出抄習者為四人，分別用竹紙和麻紙，其中本文書內容出自《孝經》之"廣至德章第十三"至"諫諍章第十五"。從內容來看，其拼合無誤，今從。文書殘片一現存文字3行，殘片二現存文字4行，殘片三現存文字6行，殘片四現存文字3行，滿行11—12字。按，從字跡判斷，本文書與《中國藏黑水城漢文文獻》第1440頁M1·1166［F234：W18］、第1441頁M1·1167［F234：W5］、第1442頁M1·1168［F234：W7］、第1443頁M1·1169［84H·F247：W4/2533］、第1444頁M1·1170［F501：W7a］、第1446頁M1·1172［84H·F234：W4/2487］、第1447頁M1·1173［84H·F234：W6/2489］等號文書應為同一人書寫，現定其為乙種本。

錄文標點：

　　　（前缺）

1. 為人君者☐☐

2. 民之父母。非☐孰能順

---

① 此殘片《黑城出土文書》編號為F201：W76。

3. 民如此其□□□□

4. □□廣揚□四

5. □□：君子之事□孝，故忠可

6. 移於君；事兄□，□順可移於

7. 長；居家□移於官。是①

8. □□□□□□立於後

9. □□。

10. □□□十五

11. □□□□愛恭敬，安②

　　（後缺）

29. 元習抄《孝經·廣要道章第十二》等殘片（乙種本七）

題解：

本件《中國藏黑水城漢文文獻》中原始編號為84H·F234：W4/2487，出版編號為M1·1172，收於第七冊《習抄》第1446頁，擬題為《習抄〈孝經〉》，並記其尺寸為17.7cm×20.1cm。本件還收錄於《黑城出土文書（漢文文書卷）》第197頁《儒學與文史類·啓蒙習字》，其所記文書編號為F234：W4，並列出文書諸要素為：麻紙，抄習《孝經》殘頁，尺寸為19.5cm×16.6cm。文書共兩件殘片，《黑城出土文書（漢文文書卷）》將其拼合為一釋錄，並於該書第49頁指出黑水城所出《孝經》的習字紙較多，從紙質和字跡看，有些係一人所抄習，而又出於不同地點，其中可以辨識出抄習者為四人，分別用竹紙和麻紙，其中本文書內容出自《孝經》之"廣要道章第十二"至"廣至德章第十三"。從內容來看，其拼合無誤，今從。文書殘片一現存文字5行，殘片二現存文字3行，滿行11—12字，行中有朱筆點勘痕跡。按，從字跡判斷，本文書與《中國藏黑水城漢文文獻》第1440頁M1·1166［F234：W18］、第1441頁M1·1167［F234：W5］、第

---

① 《黑城出土文書》錄文於"是"字後衍錄一"以"字，現據圖版改。
② 文書第1—3行中缺符號前為殘片一內容，第4—7行中缺符號前為殘片二內容，第2—7行中缺符號後為殘片三內容，第8—11行為殘片四內容。

1442 頁 M1·1168［F234∶W7］、第 1443 頁 M1·1169［84H·F247∶W4/2533］、第 1444 頁 M1·1170［F501∶W7a］、第 1445 頁 M1·1171［F245∶W11］、第 1447 頁 M1·1173［84H·F234∶W6/2489］等號文書應為同一人書寫，現定其為乙種本。

錄文標點：

（前缺）

1. 則臣 悅 ； □□□ 万人悌①。 所

2. 敬者寡，而 悅 □衆，此之謂 要

3. 道也。

4. 　　廣至 □□ 三

5. 子曰：君 □□ 也，非家

6. 至而日見 □□□□

□□日②

7. 敬天下之為 □□□□□□ ③

（後缺）

30. 元習抄《孝經·五刑章第十一》等殘片（乙種本八）

題解：

本件《中國藏黑水城漢文文獻》中原始編號為 84H·F234∶W6/2489，出版編號為 M1·1173，收於第七冊《習抄》第 1447 頁，擬題為《習抄〈孝經〉》，並記其尺寸為 19.5cm×20.1cm。本件還收錄於《黑城出土文書（漢文文書卷）》第 197 頁《儒學與文史類·啓蒙習字》，其所記文書編號為 F234∶W6，並列出文書諸要素為：麻紙，抄習《孝經》殘頁，尺寸為 19.5cm×19.5cm。該書第 49 頁還指出黑水城所出《孝經》的習字紙較多，從紙質和字跡看，有些係一人所抄習，而又出於不同地點，其中可以辨識出抄習者為四人，分別用竹紙和麻紙，其中本

---

① "悌"據《孝經》應為"悅"，《黑城出土文書》錄文作"悅"。
② 文書"□□日"為朱書。
③ 文書第 1—4 行及第 5 行中缺符號後之文字為殘片一內容，第 5 行中缺符號前及第 6、7 行文字為殘片二內容。

文書內容出自《孝經》之"五刑章第十一"至"廣要道章第十二"。文書現存文字 8 行，滿行 10 字，行中有朱筆點勘痕跡。按，從字跡判斷，本文書與《中國藏黑水城漢文文獻》第七冊《習抄》第 1440 頁 M1·1166 ［F234:W18］、第 1441 頁 M1·1167 ［F234:W5］、第 1442 頁 M1·1168 ［F234:W7］、第 1443 頁 M1·1169 ［84H·F247:W4/2533］、第 1444 頁 M1·1170 ［F501:W7a］、第 1445 頁 M1·1171 ［F245:W11］、第 1446 頁 M1·1172 ［84H·F234:W4/2487］等號文書應為同一人書寫，現定其為乙種本。

錄文標點：

（前缺）

1. 聖人者 無☐
2. 此大乱之 道 ☐。
3. ☐廣要☐
4. 子曰：教☐ 善 於孝
5. 教民礼順，☐☐ 於 悌；移風
6. 易俗，莫善於樂；安上治民，
7. 莫善於礼。☐☐，敬而已矣。

廿☐日①

8. 故敬☐ 敬其君②

（後缺）

31. 元習抄《孝經·聖治章第九》殘片（丙種本）

題解：

本件《中國藏黑水城漢文文獻》中原始編號為 83H·F9:W31/0285，出版編號為 M1·1174，收於第七冊《習抄》第 1448 頁，擬題為《習抄〈孝經〉》，並記其尺寸為 8.3cm×19.4cm。本件還收錄於《黑城出土文書（漢文文書卷）》第 196 頁《儒學與文史類·啓蒙習字》，其所記文書編號為 F9:W35，與《中國藏黑

---

① 文書"廿☐日"為朱書。
② "君"據《孝經》相關內容可知應為"兄"。另，文書第 6—8 行中朱書"初八日"。

水城漢文文獻》原始編號異，並列出文書諸要素為：竹紙，抄習《孝經》殘頁，尺寸為 18.3cm×7.8cm。該書第 49 頁還指出黑水城所出《孝經》的習字紙較多，從紙質和字跡看，有些係一人所抄習，而又出於不同地點，其中可以辨識出抄習者為四人，分別用竹紙和麻紙，其中本文書內容出自《孝經》之"聖治章第九"。文書現存文字 5 行，滿行 15—16 字，現定其為丙種本。

錄文標點：

　　　　（前缺）

1. 臨之，厚莫重焉。故不愛其親而愛 他□□①，
2. 謂之悖德；不敬其親而敬他人者，謂之□②
3. 礼。以順則逆，民无則焉。不在於善，而皆 在
4. 於凶德③。雖得之，君子不貴也。君子則不 然，
5. □④思可道，行思可樂，德義可尊，作事 可

　　　　（後缺）

32. 元習抄《朱公文小學》殘片

題解：

本件《中國藏黑水城漢文文獻》中原始編號為 F19：W15，出版編號為 M1·1175，收於第七冊《習抄》第 1448 頁，擬題為《習抄〈朱文公小學〉》，並記其尺寸為 10cm×14cm。本件還收錄於《黑城出土文書（漢文文書卷）》第 196 頁《儒學與文史類·啟蒙習字》，其所記文書編號與《中國藏黑水城漢文文獻》原始編號同，並列出文書諸要素為：麻紙，邊沿缺損，楷書，尺寸為 14.0cm×10.0cm。文書僅存文字 1 行。

錄文標點：

1. 朱文公小學

　　　（後缺）

---

① 據《黑城出土文書》第 50 頁所補文字，此處所缺應為"人者"。
② 據《黑城出土文書》第 50 頁所補文字，此處所缺應為"悖"。
③ "凶德"原作"德凶"，旁加倒乙符號，現徑改。
④ 據《黑城出土文書》第 50 頁所補文字，此處所缺應為"言"。

33. 元習抄《孝經·卿大夫章第四》殘片（丁種本一）

題解：

本件《中國藏黑水城漢文文獻》中原始編號為84HF504正，出版編號為M1·1176，收於第七冊《習抄》第1449頁，擬題為《習抄〈孝經〉》，並記其尺寸為26.7cm×11.6cm。《黑城出土文書（漢文文書卷）》一書未收。文書共兩件殘片，字跡不同，非同一件文書殘片，均為正背雙面書寫，此為正面內容。其中殘片一現存文字2行，從內容來看應為一文書殘片；殘片二現存文字6行，滿行5字，其中有朱筆點勘痕跡，其內容出自《孝經》之"卿大夫章第四"，與其背面所書及《中國藏黑水城漢文文獻》第1479頁M1·1222〔84H·F249：W5/2538〕號文書字跡一致，內容相關，應為同一人書寫，現定其為丁種本。

錄文標點：

（一）

　　　　　（前缺）

1. ▢大为從▢▢
2. ▢▢▢▢▢

　　　　　（後缺）

（二）

　　　　　（前缺）

1. 之法言▢
2. 道，非先▢
3. 德行不▢

廿一①

4. 是故，非▢
5. 言，非道▢
6. 口無擇▢

　　　　　（後缺）

————

① "廿一"為朱書。

34. 元習抄《孝經·卿大夫章第四》殘片（丁種本二）

題解：

本件《中國藏黑水城漢文文獻》中原始編號為84HF504背，出版編號為M1·1177，收於第七冊《習抄》第1449頁，擬題為《習抄〈孝經〉》，並記其尺寸為26.3cm×11.4cm。《黑城出土文書（漢文文書卷）》一書未收。文書共兩件殘片，字跡不同，非同一件文書殘片，均為正背雙面書寫，此為背面內容。其中殘片一現存文字3行，滿行6—7字，其中有朱筆點勘痕跡，其內容出自《孝經》之"卿大夫章第四"，與其正面所書及《中國藏黑水城漢文文獻》第1479頁M1·1222［84H·F249:W5/2538］號文書字跡一致，內容相關，應為同一人書寫，現定其為丁種本；殘片二現存文字1行，從內容推斷應為一文書殘片。

錄文標點：

（一）

（前缺）

1. 卿大夫☐☐☐☐☐
2. 非先王①之法☐☐☐
3. 敢服，非☐☐☐☐
   廿②

（後缺）

（二）

（前缺）

1. ☐☐☐東夫，年卅三歲☐☐☐

（後缺）

35. 漢夏文習字殘片

題解：

本件《中國藏黑水城漢文文獻》中原始編號為84H·F125:W57/1907，出版

---

① "王"字為右行補入，現徑改。
② "廿"為朱書。

編號為M1·1178,收於第七冊《習抄》第1450頁,擬題為《夏漢文習字》,並記其尺寸為26cm×21cm。《黑城出土文書(漢文文書卷)》一書未收。文書現存文字3行,存漢文3字,西夏文2字。

錄文標點:

(前缺)

1. 和(西夏文1字)照
2. （西夏文1字）
3. 之

(後缺)

36. 習字殘片

題解:

本件《中國藏黑水城漢文文獻》中原始編號為84H·F135:W14/1966,出版編號為M1·1179,收於第七冊《習抄》第1451頁,擬題為《習字》,並記其尺寸為14cm×25cm。《黑城出土文書(漢文文書卷)》一書未收。文書現存3字,楷書,墨色濃勻。

錄文標點:

(前缺)

1. ▭□般看▭

(後缺)

37. 習字殘片

題解:

本件《中國藏黑水城漢文文獻》中原始編號為84H·F80:W3/1032,出版編號為M1·1180,收於第七冊《習抄》第1452頁,擬題為《習字》,並記其尺寸為5.7cm×4.7cm。《黑城出土文書(漢文文書卷)》一書未收。文書現存文字3行,前後均缺。

錄文標點:

(前缺)

1. 刑□□□
2. 五□□
3. □□□
　　（後缺）

38. 習字殘片

題解：

本件《中國藏黑水城漢文文獻》中原始編號為84H·F57：W8/0851，出版編號為M1·1181，收於第七冊《習抄》第1452頁，擬題為《習字》，並記其尺寸為6.3cm×11.4cm。《黑城出土文書（漢文文書卷）》一書未收。文書現存文字1行4字。

錄文標點：

　　（前缺）
1. □鹵莽一鰍□□
　　（後缺）

39. 習字殘片

題解：

本件《中國藏黑水城漢文文獻》中原始編號為84H·F1：W3/0003，出版編號為M1·1182，收於第七冊《習抄》第1452頁，擬題為《習字》，並記其尺寸為3cm×7cm。《黑城出土文書（漢文文書卷）》一書未收。文書現存文字1行3字。

錄文標點：

　　（前缺）
1. □□吾□□□
　　（後缺）

40. 習字殘片

題解：

本件《中國藏黑水城漢文文獻》中原始編號為84H·Y1采：W81/2751，出版編號為M1·1183，收於第七冊《習抄》第1453頁，擬題為《習字》，並記其尺寸為18.2cm×27.2cm。《黑城出土文書（漢文文書卷）》一書未收。文書通篇習寫"結"字。

錄文標點：

1. □結結結結結結

2. 結結結結結結

3. 結結結結結結結

4. 結結結結結

5. 結結結結結結

41. 習字殘片

題解：

本件《中國藏黑水城漢文文獻》中原始編號為84H·F160：W3/2125，出版編號為M1·1184，收於第七冊《習抄》第1454頁，擬題為《習字》，並記其尺寸為17.3cm×17.3cm。《黑城出土文書（漢文文書卷）》一書未收。文書現存1行2字，字體粗大，墨色濃勻。

錄文標點：

（前缺）

1. □擔水□

（後缺）

42. 漢夏文習字殘片

題解：

本件《中國藏黑水城漢文文獻》中原始編號為84H·F192：W4/2224，出版編號為M1·1185，收於第七冊《習抄》第1455頁，擬題為《習字》，並記其尺寸為10.8cm×16.8cm。《黑城出土文書（漢文文書卷）》一書未收。文書現存文字4行，其中第2行為2個西夏文字。

錄文標點：

（前缺）

1. ▢▢ 有 ▢▢▢
2. （2 西夏文字）
3. ▢▢ 原 ▢ ▢▢
4. ▢▢▢ ▢ ▢ ▢▢
　　　（後缺）

43. 習字殘片

題解：

本件《中國藏黑水城漢文文獻》中原始編號為F124∶W21，出版編號為M1·1186，收於第七冊《習抄》第1455頁，擬題為《習字》，並記其尺寸為5.6cm×12.4cm。《黑城出土文書（漢文文書卷）》一書未收。文書共三件殘片，每殘片各存一字。

錄文標點：

（一）
　　　（前缺）
1. ▢▢ 人 ▢▢▢
　　　（後缺）

（二）
　　　（前缺）
1. ▢▢ 筆 ▢▢
　　　（後缺）

（三）
　　　（前缺）
1. ▢▢ 日 ▢▢▢
　　　（後缺）

44. 習字殘片

題解：

本件《中國藏黑水城漢文文獻》中原始編號為84H·F21∶W17/0734，出版編號為M1·1187，收於第七冊《習抄》第1455頁，擬題為《習字》，並記其尺寸為4.4cm×

9.7cm。《黑城出土文書（漢文文書卷）》一書未收。文書現存文字2行。

錄文標點：

（前缺）

1. □▢▢▢▢▢
2. 步雲□▢▢▢▢

（後缺）

45. 習字殘片

題解：

本件《中國藏黑水城漢文文獻》中原始編號為84H·F117：W9/1801，出版編號為M1·1188，收於第七冊《習抄》第1456頁，擬題為《習字》，並記其尺寸為17.9cm×15.1cm。《黑城出土文書（漢文文書卷）》一書未收。文書現存文字3行，成經緯狀書寫龍、蛇等字。

錄文標點：

□　龍

龍　蛇

□　龍

46. 習字殘片

題解：

本件《中國藏黑水城漢文文獻》中原始編號為84H·Y1采：W90/2760，出版編號為M1·1189，收於第七冊《習抄》第1457頁，擬題為《習字》，並記其尺寸為14.6cm×14.1cm。《黑城出土文書（漢文文書卷）》一書未收。文書現存文字2行，每行1字，第2行文字用墨筆塗抹。

錄文標點：

1. 規
2. 雲①

---

① 此字被墨筆塗抹。

47. 習字殘片

題解：

本件《中國藏黑水城漢文文獻》中原始編號為84H·F2：W30/0097，出版編號為M1·1190，收於第七冊《習抄》第1457頁，擬題為《習字》，並記其尺寸為11.8cm×11.2cm。《黑城出土文書（漢文文書卷）》一書未收。文書現存1字。

錄文標點：

（前缺）

1. ☐五

（後缺）

48. 習字殘片

題解：

本件《中國藏黑水城漢文文獻》中原始編號為84H·Y1采：W84/2754，出版編號為M1·1191，收於第七冊《習抄》第1457頁，擬題為《習字》，並記其尺寸為11.4cm×33.1cm。《黑城出土文書（漢文文書卷）》一書未收。文書共兩件殘片，各存文字3行。

錄文標點：

（一）

（前缺）

1. ☐ 些 些 ☐
2. ☐ □ 些 ☐
3. ☐ 銷 銷 銷

（後缺）

（二）

（前缺）

1. ☐ □祭祭 祭
2. ☐ 祭 祭

1122　中國藏黑水城漢文文獻的整理與研究

3. ☐☐☐☐ 祭 祭

　　　（後缺）

49. 習字殘片

題解：

本件《中國藏黑水城漢文文獻》中原始編號為84H・Y1采：W80/2750，出版編號為M1・1192，收於第七冊《習抄》第1458頁，擬題為《習字》，並記其尺寸為28.5cm×21.4cm。《黑城出土文書（漢文文書卷）》一書未收。文書共三件殘片，殘片一現有文字4行；殘片二現有文字2行；殘片三現有文字1行。

錄文標點：

（一）

　　　　　（前缺）

1. ☐☐☐☐

2. 白☐☐☐

3. 白望☐☐

4. 白望☐☐

　　　　（後缺）

（二）

　　　　　（前缺）

1. ☐☐八杆☐☐☐

2. ☐☐望☐☐☐

　　　　（後缺）

（三）

　　　　　（前缺）

1. ☐☐☐☐

　　　　（後缺）

50. 習字殘片

題解：

本件《中國藏黑水城漢文文獻》中原始編號為84H・文官府：W25/2922，出版編號為M1・1193，收於第七冊《習抄》第1459頁，擬題為《習字》，並記其尺寸為4.2cm×33cm。《黑城出土文書（漢文文書卷）》一書未收。文書現存文字2行。

錄文標點：

（前缺）

1. 斬平愁愁愁愁愁愁秀裕遲雪軒
2. 　　□　　窟　　□

（後缺）

51. 習字殘片

題解：

本件《中國藏黑水城漢文文獻》中原始編號為84H・大院內a6：W69/2858，出版編號為M1・1194，收於第七冊《習抄》第1459頁，擬題為《習字》，並記其尺寸為11cm×19.5cm。《黑城出土文書（漢文文書卷）》一書。文書僅書寫四個"屈"字，字體極小。

錄文標點：

1. 屈　屈
2. 　　屈
3. 　　屈

52. 習字殘片

題解：

本件《中國藏黑水城漢文文獻》中原始編號為84H・F249：W40/2573，出版編號為M1・1195，收於第七冊《習抄》第1460頁，擬題為《習字》，並記其尺寸為13cm×19cm。《黑城出土文書（漢文文書卷）》一書未收。文書僅存1字。

錄文標點：

（前缺）

1. ☐十☐

（後缺）

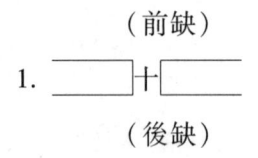

53. 習字殘片

題解：

本件《中國藏黑水城漢文文獻》中原始編號為84H·Y1采：W104/2774，出版編號為M1·1196，收於第七冊《習抄》第1460頁，擬題為《習字》，並記其尺寸為6.7cm×26.9cm。《黑城出土文書（漢文文書卷）》一書未收。文書現存文字2行。

錄文標點：

（前缺）

1. ☐☐☐
2. 子

（後缺）

54. 元習字殘片

題解：

本件《中國藏黑水城漢文文獻》中原始編號為84H·F245：W26/2523，出版編號為M1·1197，收於第七冊《習抄》第1461頁，擬題為《習字》，並記其尺寸為28.5cm×21.4cm。《黑城出土文書（漢文文書卷）》一書未收。文書現存濃墨大字6字，書寫工整，在其他空白位置，雜畫有各種簽押符號及甘泉二字。

錄文標點：

（前缺）

1. ☐雉①甘泉
2. 　　甘泉

---

① "雉"通"離"。

3. ▯沙州芯
（後缺）

55. 習字殘片

題解：

本件《中國藏黑水城漢文文獻》中原始編號為84H·F145: W32/2088，出版編號為M1·1198，收於第七冊《習抄》第1462頁，擬題為《習字》，並記其尺寸為34cm×21cm。《黑城出土文書（漢文文書卷）》一書未收。文書楷、行書均有。

錄文標點：

1. 　華　華　華
2. 年華　華　華　勤　勤
3. 变　勤　勤　勤　勤
4. 飛凰成願勤成
5. 　　疎　通　徃　滯

56. 習字殘片

題解：

本件《中國藏黑水城漢文文獻》中原始編號為84H·F126: W12/1935，出版編號為M1·1199，收於第七冊《習抄》第1463頁，擬題為《習字》，並記其尺寸為9cm×27.2cm。《黑城出土文書（漢文文書卷）》一書未收。

錄文標點：

　　　　（前缺）
1. 　萬▯▯▯▯▯▯▯▯▯
2. 萬　　萬合▯▯▯▯荅（簽押）
　　　　　　合內▯▯照（簽押）
3. ▯▯▯▯▯▯▯▯▯招保（簽押）
　　　（後缺）

57. 元習字殘片

題解：

本件《中國藏黑水城漢文文獻》中原始編號為84H·F111: W7/1799，出版編號為M1·1200，收於第七冊《習抄》第1463頁，擬題為《習字》，並記其尺寸為12.7cm×16.4cm。《黑城出土文書（漢文文書卷）》一書未收。文書共兩件殘片。

錄文標點：

（一）

（前缺）

1. ☐☐
2. ☐☐　☐

（後缺）

（二）

（前缺）

1. ☐☐文文吏
2. 司吏
3. 司☐
4. （簽押）
5. ☐

（後缺）

58. 元習字殘片

題解：

本件《中國藏黑水城漢文文獻》中原始編號為84H·F125：W60/1910，出版編號為M1·1201，收於第七冊《習抄》第1463頁，擬題為《習字》，並記其尺寸為10cm×12cm。《黑城出土文書（漢文文書卷）》一書未收。文書字跡潦草、混亂。

錄文標點：

（前缺）

1. ☐☐實有☐☐
2. ☐☐摁摁☐☐
3. ☐年☐☐旨有☐☐

4. □□亦集乃路揔管 府 □
5. □ 聖 聖 哥 哥 □
6. □亦集乃路揔管府□□

（後缺）

59. 習字殘片

題解：

本件《中國藏黑水城漢文文獻》中原始編號為84H·F125：W38/1888，出版編號為M1·1202，收於第七冊《習抄》第1464頁，擬題為《習字》，並記其尺寸為20cm×11cm。《黑城出土文書（漢文文書卷）》一書未收。文書字跡潦草、混亂。

錄文標點：

1.   窐 六 □
2. 夏月多煮熟
3.   □
4. □ 亦集 人
5. 畫如經 □□ 懷
6. □窐 玊 窐①
7. 夜 長 几 来 官
8. 地阔 □共□
9. 天高雨不 来②
10. 何 的 公 事 羊
11. 回首 祿 請

60. 習字殘片

題解：

本件《中國藏黑水城漢文文獻》中原始編號為84H·F125：W19/1869，出版

---

① 此行文字斜向書寫。
② 文書第7—9行上斜向書寫大字"窐"。

編號為M1·1203，收於第七冊《習抄》第1465頁，擬題為《習字》，並記其尺寸為9cm×27.2cm。《黑城出土文書（漢文文書卷）》一書未收。文書共四件殘片，其中有墨筆勾畫字格。

錄文標點：

（一）

   （前缺）

1. □▭▭▭▭
2. 折①▭▭▭▭

   （後缺）

（二）

   （前缺）

1. ▭▭▭□②

   （後缺）

（三）

   （前缺）

1. ▭□▭

   （後缺）

（四）

   （前缺）

1. ▭▭折折▭▭
2. ▭□折□▭▭③

   （後缺）

61. 元習字殘片

題解：

本件《中國藏黑水城漢文文獻》中原始編號為84H·F124∶W13/1839，出版

---

① "折"字為朱書。
② 此字僅存右半"欠"。
③ 此殘片有墨筆所畫字格。

編號為M1・1204，收於第七冊《習抄》第1466頁，擬題為《習字》，並記其尺寸為13.5cm×22.7cm。《黑城出土文書（漢文文書卷）》一書未收。文書先用小字書寫，後在小字上用濃墨大字書寫，又將濃墨大字塗抹，故大部分文字不易釋讀。

錄文標點：

（前缺）

1. ☐☐☐☐☐☐☐立將☐
2. ☐☐☐任答☐合大四☐又
3. 　　　大三
4. 　　　荅
5. ☐　　　☐人
6. 　　　　右☐☐人
7. 　合耳① 事司
8. 　　男子

（後缺）

62. 習字殘片

題解：

本件《中國藏黑水城漢文文獻》中原始編號為84H・F79：W32/0967，出版編號為M1・1205，收於第七冊《習抄》第1467頁，擬題為《習字》，並記其尺寸為16cm×26cm。《黑城出土文書（漢文文書卷）》一書未收。文書現存文字5行。

錄文標點：

（前缺）

1. ☐青怙怙☐☐☐☐
2. 芦葫那那那那怙☐
3. 何合☐丹㕷仁通青☐
4. ☐那斗☐

---

① "合耳"兩字字頭向下。

5. ☐那芦那斗
　　　（後缺）

63. 習字殘片

題解：

本件《中國藏黑水城漢文文獻》中原始編號為84H·F111：W22/1100，出版編號為M1·1206，收於第七冊《習抄》第1468頁，擬題為《習字》，並記其尺寸為15.7cm×26.3cm。《黑城出土文書（漢文文書卷）》一書未收。文書現存文字3行，習寫"興"字。

錄文標點：

　　（前缺）
1. 興 興 興興興
2. 興興 興 興興興
3. 興 興興興興 興
　　（後缺）

64. 習字殘片

題解：

本件《中國藏黑水城漢文文獻》中原始編號為84H·F2：W50/0117，出版編號為M1·1207，收於第七冊《習抄》第1469頁，擬題為《習字》，並記其尺寸為14.8cm×14cm。《黑城出土文書（漢文文書卷）》一書未收。從內容來看，習寫內容似為《論語》。

錄文標點：

　　（前缺）
1. 子曰：仁不是
2. 　見曰曰
3. 子曰：仁之道①☐

---

① "道"字有塗改痕跡。

4. 子曰：仁之題見一月（簽押）
5. **天平**
6. **月月**
   （後缺）

65. 習字殘片

題解：

本件《中國藏黑水城漢文文獻》中原始編號為83H·F6: W82/0242，出版編號為M1·1208，收於第七冊《習抄》第1470頁，擬題為《習字》，並記其尺寸為3.76cm×4.3cm。《黑城出土文書（漢文文書卷）》一書未收。文書僅存一字殘筆畫。

錄文標點：

（前缺）
1. □‾‾‾‾
（後缺）

66. 習字殘片

題解：

本件《中國藏黑水城漢文文獻》中原始編號為84H·F7: W3/0249，出版編號為M1·1209，收於第七冊《習抄》第1470頁，擬題為《習字》，並記其尺寸為7.76cm×12cm。《黑城出土文書（漢文文書卷）》一書未收。文書現存文字3行，習寫"上""正"字。

錄文標點：

1. 上上上上
2. 上上上上
3. 正上上上上

67. 習字殘片

題解：

本件《中國藏黑水城漢文文獻》中原始編號為84H·F2: W43/0110，出版編號爲 M1·1210，收於第七册《習抄》第 1471 頁，擬題爲《習字》，並記其尺寸爲 12.5cm×18.7cm。《黑城出土文書（漢文文書卷）》一書未收。文書爲朱筆書寫，現存文字 4 行，字體大小不一。

錄文標點：

（前缺）

1. □□▮▮▮▮▮▮
2. **犬花**□**大**□▮▮▮▮
3. 閲花開文道
4. 　　□□

（後缺）

68. 習字殘片

題解：

本件《中國藏黑水城漢文文獻》中原始編號爲 83H·F2:W38/0105，出版編號爲M1·1211，收於第七册《習抄》第 1472 頁，擬題爲《習字》，並記其尺寸爲 9.7cm×26.9cm。《黑城出土文書（漢文文書卷）》一書未收。文書現存文字 1 行，有塗改痕跡，内容與同頁M1·1212〔83H·F2:W42/0109〕號文書相同，且字跡亦同，應爲同一人所書。

錄文標點：

（前缺）

1. 一年好景①是②是春光

69. 習字殘片

題解：

本件《中國藏黑水城漢文文獻》中原始編號爲 83H·F2:W42/0109，出版編號爲M1·1212，收於第七册《習抄》第 1472 頁，擬題爲《習字》，並記其尺寸爲 4.6cm×17.4cm。《黑城出土文書（漢文文書卷）》一書未收。文書現存文字 1

---

① "景"字原作"新"，塗抹後於右行改寫，現逕改。
② 據文意推斷，此"是"字爲衍文。

行，有塗改痕跡，內容與同頁M1·1211［83H·F2：W38/0105］號文書相同，且字跡亦同，應為同一人所書。

錄文標點：

（前缺）

1. 一年好景是①春光

70. 元習字殘片

題解：

本件《中國藏黑水城漢文文獻》中原始編號為W63/0063（其原始編號應誤），出版編號為M1·1213，收於第七冊《習抄》第1473頁，擬題為《習字》，並記其尺寸為13.4cm×3.2cm。《黑城出土文書（漢文文書卷）》一書未收。文書經多次書寫，墨跡凌亂。

錄文標點：

（前缺）

1. 　　　　□子□子曰羣
2. 　　元統三年十四是故書
3. 　　　帝見天帝帝記倫朝書記所
4. 　　　　　　道月風　羣
5. （簽押）（簽押）且真直具
6. 　　　　具子述月兒兒盈迴舟的楊
7. 元統三年九九月月卅日府學□□
8. 　　　蓋見且朝為府封□□迴
9. 元統三年九月卅乃日府學生□
10. 同知戀知帖木兒九日初□日
11. 　　　夫夫夫子□□□

（後缺）

---

① "是"字經塗抹。

71. 元習抄《論語·子路第十三》殘片

題解：

本件《中國藏黑水城漢文文獻》中原始編號為83H·F2：W32/0099，出版編號為M1·1214，收於第七冊《習抄》第1474頁，擬題為《習字》，並記其尺寸為14.4cm×9.4cm。《黑城出土文書（漢文文書卷）》一書未收。文書現存文字7行，其上濃墨大字書"論"，文書內容出自《論語》之"子路第十三"，其中第3、5行字體較小，應為二次書寫。

錄文標點：

（前缺）

1. 曰：言不可▢
2. 也。人之▢
3. 之▢ ①
4. 臣不易▢
5. 也不之▢ ②
6. 也，不③幾乎▢
7. 乎▢？曰：一言▢ ④

（後缺）

附：文書剔除衍文，並將所缺文字補齊應為：

（前缺）

1. 曰：言不可 以若是其幾
2. 也。人之 言曰：為君難，為
3. 臣不易。如知為君之難
4. 也，不幾乎 一言而興邦

---

① 此行文字與左右行距較窄，應為後寫且其內容為衍文。
② 此行文字與左右行距較窄，應為後寫且其內容為衍文。
③ "不"字左側書有一"之"字。
④ 文書中於行中墨筆濃墨書寫大字"論"。

5. 乎？曰：一言 而喪邦，有諸 ？

　　（後缺）

72. 習字殘片

題解：

本件《中國藏黑水城漢文文獻》中原始編號為83H·F2: W23/0090，出版編號為M1·1215，收於第七冊《習抄》第1474頁，擬題為《習字》，並記其尺寸為13cm×4cm。《黑城出土文書（漢文文書卷）》一書未收。文書現存文字3行，習寫"庚"字。

錄文標點：

　　　　（前缺）

1. _____ 庚

2. _____ 庚

3. _____ 庚

　　　　（後缺）

73. 習字殘片

題解：

本件《中國藏黑水城漢文文獻》中原始編號為83H·F2: W15/0082，出版編號為M1·1216，收於第七冊《習抄》第1474頁，擬題為《習字》，並記其尺寸為5.5cm×10.6cm。《黑城出土文書（漢文文書卷）》一書未收。文書現存文字2行。

錄文標點：

　　　　（前缺）

1. _____ 小 學 中

2. _____ 中 庸
　　　　　　　庸 庸

　　　　（後缺）

74. 習字殘片

題解：

本件《中國藏黑水城漢文文獻》中原始編號為83H·F2：W19/0086，出版編號為M1·1217，收於第七冊《習抄》第1474頁，擬題為《習字》，並記其尺寸為8.5cm×5cm。《黑城出土文書（漢文文書卷）》一書未收。文書現存文字3行。

錄文標點：

　　　　　（前缺）
1. 論□
2. 論
3. 論
　　　　　（後缺）

75. 元習抄《朱子童蒙須知》殘片（一）

題解：

本件《中國藏黑水城漢文文獻》中原始編號為84H·Y1采：W101/2771＋Y1：W68b＋Y1：W101d，出版編號為M1·1218，收於第七冊《習抄》第1475頁，擬題為《習字》，並記其尺寸為13cm×23cm。《黑城出土文書（漢文文書卷）》一書未收。文書共三件殘片，殘片一現存文字5行，殘片二現存文字4行，殘片三現存文字5行，滿行8—9字，行中有朱筆點勘痕跡。三件殘片可拼合，從拼合後內容來看，圖版排列順序有誤，殘片一應位於殘片二、三之間，其內容出自《朱子童蒙須知》。按，本號文書與《中國藏黑水城漢文文獻》第1476頁M1·1219［Y1：W101c＋Y1：W101b］號文書殘片二字跡相同，內容相關，應為同一件文書。

錄文標點：

　　　　　（前缺）
1. □逐目
2. □須知
3. □事親

4. 理盡性□□□□
5. 賢典□□□□
6. 次□□□□
7. 云□□□□
8. 大□□□□
9. 端□□□□

（中缺）

10. □□□□或帶
11. □□□□此三
12. □□□□慢
13. □□□□不
14. □□□□矣①

（後缺）

76. 元習抄《千字文》《朱子童蒙須知》等殘片

題解：

本件《中國藏黑水城漢文文獻》中原始編號為 Y1：W101c＋Y1：W101b，出版編號為 M1·1219，收於第七冊《習抄》第 1476 頁，擬題為《習字》》，並記其尺寸為 13cm×25.5cm。《黑城出土文書（漢文文書卷）》一書未收。文書共三件殘片，從內容來看，非同件文書，其中殘片一現存文字 5 行，內容出自《千字文》；殘片二現存文字 5 行，行中有朱筆點勘痕跡，內容出自《朱子童蒙須知》，與《中國藏黑水城漢文文獻》第 1475 頁 M1·1218 [84H·Y1 采：W101/2771＋Y1：W68b＋Y1：W101d] 號文書字跡相同，內容相關，應為同件文書；殘片三現存文字 1 行 2 字，且第二字僅存殘筆畫，其殘存文字較少，不明其出處。

錄文標點：

（一）《千字文》殘片：

---

① 文書第 1—4 行為殘片二內容，第 5—9 行為殘片一內容，第 10—14 行為殘片三內容。

（前缺）
1. □□己□
2. 罔欲難□
3. 詩讚□
4. 克念□
5. 形端表□
（後缺）

（二）《朱子童蒙須知》殘片：
（前缺）
1. □
2. 衿領□
3. 可令□
4. 管勿□
5. 顧勿令□
（後缺）

（三）
（前缺）
1. □諫□□
（後缺）

77. 元習抄《孟子·公孫丑章句上》等殘片（六）

題解：

本件文書中《中國藏黑水城漢文文獻》中原始編號為84H·Y1采：W82/2752，出版編號為M1·1220，收於第七冊《習抄》第1477頁，擬題為《習字》，並記其尺寸為12.3cm×31.1cm。《黑城出土文書（漢文文書卷）》一書未收。文書共兩件殘片，兩者字跡非一，應非同件文書。其中殘片一現存文字6行，內容出自《孟子》之"公孫丑章句上"，但其所抄文字應不全，且其字跡與《中國藏黑水城漢文文獻》第1432頁M1·1154［84H·F239：W2/

2495］、第 1433 頁 M1・1155［F62：W3］、第 1434 頁 M1・1157［84H・F62：W2/0870］、第 1435 頁 M1・1158［84H・F62：W4/0872］、M1・1159［84H・F62：W3/0871］等號文書字跡相同，應為同一人所習抄；殘片二現存文字三行，朱筆、墨筆間寫，出處不明。

錄文標點：

（一）

　　　　　　　（前缺）

1. ＿＿＿＿惻隱＿＿＿＿
2. ＿＿＿交於由是＿＿＿
3. ＿＿＿也非人＿＿＿
4. ＿＿＿端也羞惡＿＿
5. ＿＿＿辭讓之心＿＿
6. ＿＿＿心智之＿＿＿

　　　　　　　（後缺）

（二）

　　　　　　　（前缺）

1. □□＿＿＿＿＿＿
2. 　幸短俞斯矣① 　古②□怒不貳＿
3. □　□□□＿＿＿＿

　　　　　　　（前缺）

附：殘片一相關內容為：

所以謂人皆有不忍人之心者，今人乍見孺子將入於井，皆有怵惕惻隱之心。非所以內交於孺子之父母也，非所以要譽於鄉党朋友也，非惡其聲而然也。

由是觀之，無惻隱之心，非人也；無羞惡之心，非人也；無辭讓之心，非人也；無是非之心，非人也。惻隱之心，仁之端也；羞惡之心，義之端也；辭讓之心，禮之端也；是非之心，智之端也。人之有是四端也，猶其有四體也。有是四

---

① "俞斯矣"，為朱筆書寫。
② "古"，為朱筆書寫。

端而自謂不能者，自賊者也；謂其君不能者，賊其君者也。

78. 元習抄《論語・八佾第三》等殘片

題解：

本件《中國藏黑水城漢文文獻》中原始編號為84H・Y1采：W68/2738，出版編號為M1・1221，收於第七冊《習抄》第1478頁，擬題為《習字》，並記其尺寸為12.7cm×26.6cm。本件文書共三件殘片，還收錄於《黑城出土文書（漢文文書卷）》第198、199頁《儒學與文史類・啓蒙習字》，其所記殘片一、三文書編號為Y1：W68，又重復釋錄殘片三，並記其編號為Y1：W69；記殘片二文書編號為Y1：W72，與《中國藏黑水城漢文文獻》原始編號異，並列出文書諸要素為：竹紙，抄習《論語》殘屑，尺寸分別為8.7cm×11.2cm、9.2cm×5.1cm、2.1cm×12.7cm（又於Y1：W69號題解載殘片三尺寸為4.7cm×14.6cm）。該書第53頁還指出本文書殘片一內容出自《論語》之"八佾第三"，殘片二內容出自《論語》之"季氏第十六"，殘片三內容出自《論語》之"八佾第三"至"里仁第四"。文書殘片一現存文字5行，殘片二現存文字2行，殘片三現存文字5行。

錄文標點：

（一）

（前缺）

1. □使☐☐☐☐☐
2. 子對☐☐☐☐☐
3. 臣事☐☐☐☐
4. 樂而不淫，哀☐☐☐
5. 　問社於宰☐☐☐①

（後缺）

（二）

（前缺）

1. 困而不學民☐☐☐☐

---

① 此行文字上方有"公"字，左側有"不"字，另，此殘片《黑城出土文書》編號為Y1：W68（1）。

2. □思明聽□▢①
　　　（後缺）
（三）
　　　（前缺）
1. ▢居□▢
2. ▢臨□▢
3. ▢之□？
4. ▢第│四│
5. ▢為▢②
　　　（後缺）

79. 元習抄《孝經·卿大夫章第四》殘片（丁種本三）

題解：

本件《中國藏黑水城漢文文獻》中原始編號為84H·F249：W5/2538，出版編號為M1·1222，收於第七冊《習抄》第1479頁，擬題為《抄習〈孝經〉殘件》，並記其尺寸為24.2cm×7.1cm。本件還收錄於《黑城出土文書（漢文文書卷）》第196頁《儒學與文史類·啓蒙習字》，其所記文書編號為F249：W5，並列出文書諸要素為：竹紙，抄習《孝經》殘屑，尺寸為6.7cm×31.7cm。本件文書共兩件殘片，《黑城出土文書（漢文文書卷）》將其拼合為一釋錄，並於該書第49頁指出黑水城所出《孝經》的習字紙較多，從紙質和字跡看，有些係一人所抄習，而又出於不同地點，其中可以辨識出抄習者為四人，分別用竹紙和麻紙，其中本文書內容出自《孝經》之"卿大夫章第四"。從內容來看，其拼合無誤，今從。文書殘片一現存文字6行，殘片二現存文字4行，滿行4—5字。從字跡判斷，本文書與《中國藏黑水城漢文文獻》第1449頁M1·1176［84HF504正］殘片二、第1450頁M1·1177［84HF504背］殘片一號文書應為同一人書寫，現定其為丁種本。

---

① 此殘片《黑城出土文書》編號為Y1：W72。
② 此殘片《黑城出土文書》重復釋錄，所記編號有二，為Y1：W68（2），Y1：W69。

1142　中國藏黑水城漢文文獻的整理與研究

錄文標點：

（前缺）

1. □□□敢□
2. □□□法□
3. □□□不行
4. □□□言
5. □□□行
6. □□□下無
7. □□□滿天
8. □①
9. □章□五②
10. □□□□□③

（後缺）

80. 習字殘片

題解：

本件《中國藏黑水城漢文文獻》中原始編號為"大院內北牆下 A 正"，出版編號為M1·1223，收於第七冊《習抄》第1480頁，擬題為《習字》，並記其尺寸為22.2cm×24.6cm。《黑城出土文書（漢文文書卷）》一書未收。文書為正背雙面書寫，此為正面內容，墨跡凌亂，塗抹痕跡嚴重。

錄文標點：

1. 之　　之
2. 之日　立
3. 之之之　之　之

---

① 據《孝經》內容可知，此處缺錄部分文字"無怨惡。三者備矣，然後能守其宗廟，蓋卿大夫之孝也。詩云：夙夜匪懈，以事一人。"
② "五"，《黑城出土文書》作"四"，據文意推斷，似為"五"。
③ 文書第1—4行為殘片二內容，第5—10行為殘片一內容。

81. 習字殘片

題解：

本件《中國藏黑水城漢文文獻》中原始編號為"大院內北牆下 A 背"，出版編號為M1·1224，收於第七冊《習抄》第 1481 頁，擬題為《習字》，並記其尺寸為 22.4cm×24.7cm。《黑城出土文書（漢文文書卷）》一書未收。文書正背雙面書寫，此為背面內容，墨跡凌亂。

錄文標點：

1. 論　　□□
2. 之

82. 元習抄《論語·顏淵第十二》殘片

題解：

本件《中國藏黑水城漢文文獻》中原始編號為84H·F224：W37/2459，出版編號為M1·1225，收於第七冊《習抄》第 1482 頁，擬題為《習字》，並記其尺寸為 6.7cm×7.6cm。《黑城出土文書（漢文文書卷）》一書未收。文書現存文字 3 行，內容出自《論語》之"顏淵第十二"。

錄文標點：

（前缺）
1. ☐　舉皋陶☐
2. ☐　於眾舉☐
3. ☐☐友☐☐
（後缺）

（五）詩文

1. 元歌謠殘片

題解：

本件《中國藏黑水城漢文文獻》中原始編號為 F2：W58，出版編號為M1·1226，收於第七冊《詩文》第 1485 頁，擬題為《歌謠》，並記其尺寸為 13cm×

5cm。本件還收錄於《黑城出土文書（漢文文書卷）》第201頁《儒學與文史類·詩文抄本》，其所記文書編號與《中國藏黑水城漢文文獻》原始編號同，並列出文書諸要素為：麻紙，殘，行草書，尺寸為16.3cm×22cm。文書現存文字13行，前後均缺。

錄文標點：

（前缺）

1. ☐来呵，愁斷人腸，怎不交人不思
2. 量。眠兒裏不見①你呵，心兒好想牙。閑
3. ☐象牙床，☐☐②人怎當。二更裏不③
4. ☐呵④，吹威了灯☐，窓勻月兒明，来時節
5. ☐☐時，休交人等牙，拈⑤香喚不噟⑥，故⑦☐
6. ☐☐个人⑧。三更裏不来呵，泪點兒☐
7. ☐☐☐欲怨他誰，我花朵般身期⑨
8. ☐☐罵你⑩喚☐賊，訴
9. ☐更裏不来呵
10. ☐乆上花稍，紗窓⑪
11. ☐汗⑫牙，檀香拈斷
12. ☐更裏来
13. ☐不秋

（後缺）

---

① "見"，《黑城出土文書》錄文作"無"，現據圖版改。
② 據圖版此處應缺兩字，《黑城出土文書》僅標注一字，現據圖版補。
③ "不"，《黑城出土文書》錄文作"下"，現據圖版改。
④ "呵"，《黑城出土文書》錄文漏錄，現據圖版補。
⑤ "拈"，《黑城出土文書》錄文未釋讀，現據圖版補。
⑥ "噟"通"應"，《黑城出土文書》錄文作"應"。
⑦ "故"，《黑城出土文書》錄文未釋讀，現據圖版補。
⑧ "个人"，《黑城出土文書》錄文作"下"，現據圖版改。
⑨ 此行文字《黑城出土文書》錄文漏錄，現就圖版補。另，據文意推斷"期"似為"躰"。
⑩ "你"，《黑城出土文書》錄文作"作"，現據圖版改。
⑪ "花稍，紗窓"，《黑城出土文書》錄文作"非稍絲忽"，現據圖版改。
⑫ "汗"，《黑城出土文書》錄文未釋讀，現據圖版補。

2. 元曲牌殘片

題解：

本件《中國藏黑水城漢文文獻》中原始編號為 Y1：W42，出版編號為M1·1227，收於第七冊《詩文》第1486頁，擬題為《歌謠》，並記其尺寸為17.6cm×22.2cm。本件還收錄於《黑城出土文書（漢文文書卷）》第201頁《儒學與文史類·詩文抄本》，其所記文書編號與《中國藏黑水城漢文文獻》原始編號同，並列出文書諸要素為：麻紙，殘，行草書，尺寸為22cm×18cm。文書現存文字6行，行中有句讀，且有塗改痕跡。

錄文標點：

（前缺）

1. ▭▭▭▭▭□頌▭▭▭
2. ▭▭▭▭▭▭將万□裙①帶○人須②鳳③釵□□□□
3. ▭▭▭▭▭▭▭▭▭▭你丁家姆④殺 短⑤/求 命/才
4. ▭▭▭明燈月▭▭▭青○雲庶⑥月○風吹滅⑦燈○把小兒
5. □□来求才短命○又○花煙子○相見时○相見
6. ▭▭▭▭▭▭□下死○那事促緊推辞○ 抄 主 唐/我裙⑧帶□

（後缺）

3. 元歌謠殘片

題解：

本件《中國藏黑水城漢文文獻》中原始編號為 Y1：W40B，出版編號為M1·

---

① "□裙"，《黑城出土文書》錄文作"兒"，現據圖版改。
② "人湏"為右行補入，現逕改。
③ "鳳"，《黑城出土文書》錄文作"風"，現據圖版改。
④ "家姆"，《黑城出土文書》錄文作"母"，現據圖版改。
⑤ "短"，《黑城出土文書》錄文作"於"，現據圖版改。
⑥ 據文意推斷，"庶"應為"遮"，《黑城出土文書》錄文作"遮"。
⑦ "滅"字為右行補入，現逕改。
⑧ "裙"，《黑城出土文書》錄文未釋讀，現據圖版補。

1228，收於第七冊《詩文》第1487頁，擬題為《歌謠》，並記其尺寸為21.7cm×21.5cm。本件還收錄於《黑城出土文書（漢文文書卷）》第201頁《儒學與文史類·詩文抄本》，其所記文書編號為Y1：W40，並列出文書諸要素為：麻紙，殘，草行書，尺寸為20.5cm×21.0cm。文書前後均缺，現存文字6行。

　　錄文標點：

　　　　　　（前缺）

1. □思^{与来}_{不曾}　納弓^{我跟}_前　也撒^{不曾}□

2. 盔灘^冷　五关呀^无　五要呀^{与①者}□

3. □^{兀子}　必赤馬一^{我交你}　怯列都②呀□

4. □呀[說]話　燕歹^{這里}　添歹^{那里}　結列的歹③□

5. 　　　　　我的孫兒

6. 　　兀闊八　呆呆可溫　□

　　　　（後缺）

4. 元寫本《勸學文》殘片

題解：

本件《中國藏黑水城漢文文獻》中原始編號為Y5：W10，出版編號為M1·1229，收於第七冊《詩文》第1488頁，擬題為《勸學文》，並記其尺寸為16cm×18.8cm。本件還收錄於《黑城出土文書（漢文文書卷）》第200頁《儒學與文史類·詩文抄本》，其所記文書編號與《中國藏黑水城漢文文獻》原始編號同，並列出文書諸要素為：竹紙，殘，行書；尺寸為17.5cm×16.0cm。文書前完後缺，現存文字7行。

　　錄文標點：

1. 　　　勸孝文

2. □有先生教國孝，□□又□侶④抽肐，

3. □兒年小没穿的。又捱頭□没人処，

---

① "与"，《黑城出土文書》未釋讀，現據圖版改。

② "都"，《黑城出土文書》錄文作"知"，現據圖版改。

③ "歹"字為右行補入，現徑改。《黑城出土文書》錄文漏錄。

④ "侶"，《黑城出土文書》釋作"似"，現據圖版改。

4. 今春且[待]①来歲過。桑條大了尉不屈，

5. 兒孫大了教不成。當年[不]貴四十两，

6. 幾曾餓死讀書人。至聖文宣王有語，

7. 君子憂道不憂貧。國家掛榜招□□，

（前缺）

5. 元寫本《千家詩·春夜》等詩抄殘片

題解：

本件《中國藏黑水城漢文文獻》中原始編號為 Y1：W27a、Y1：W27b、Y1：W27c、Y1：W26B、Y1：W27d，出版編號為 M1·1230—M1·1234，收於第七冊《詩文》第 1489—1493 頁，擬題分別為《千家詩·春夜》《千家詩·夜直》《千家詩·春晴》《千家詩·立春偶成》《千家詩·上元侍宴》，並記其尺寸為 8cm×20cm、11.3cm×23.4cm、9.8cm×23cm、17.8cm×24.5cm、10.8cm×24.6cm。本件還收錄於《黑城出土文書（漢文文書卷）》第 200 頁《儒學與文史類·詩文抄本》，其所記文書編號為 Y1：W26，與《中國藏黑水城漢文文獻》原始編號異，並列出文書諸要素為：麻紙，《千家詩》抄本，原為冊頁線裝；現破散殘缺，楷書，尺寸分別為 19.8cm×6.2cm、22.5cm×10.4cm、22.5cm×9.6cm、24.3cm×17.0cm、21.4cm×11cm。該書第 58 頁還指出本件文書應為《千家詩》的開頭部分，但其中與王相注釋本相異之處較多，如蘇軾《春宵》，本文書作蘇東坡《春夜》等等。《千家詩》經多次增刪，才形成王相注釋本，本文書反映了從劉克莊到王相的過渡階段的部分面貌。文書共五件殘片，均為正背雙面書寫，此為正面內容，其中殘片一、二、三、五各存文字 4 行，殘片四現存文字 6 行。殘片三、一可綴合，殘片四、五可綴合，綴合後之排序應為三、一、二、四、五。背面圖版《中國藏黑水城漢文文獻》未收，《黑城出土文書（漢文文書卷）》也未釋讀。張蓓蓓指出這些《千家詩》殘頁反映了《千家詩》從劉克莊本過渡到王相注釋本的部分面貌，印證了《千家詩》在宋元時期經歷了不斷增補的過程。參考文獻：張蓓蓓《黑水城抄本〈千家詩〉殘頁考》，《敦煌學輯刊》2013 年第 2 期。

---

① "[待]"，《黑城出土文書》錄文未釋讀，現據圖版補。

1148　中國藏黑水城漢文文獻的整理與研究

錄文標點：

正：

（一）

　　　　　　　（前缺）

1. ☐☐☐☐☐☐☐，一瓶春水☐☐☐。

2. 　　春夜　　蘇東坡

3. 春宵一刻直①千金，花②有清香☐☐☐。

4. 歌管樓臺聲細☐，秋千院落☐☐☐。③

　　　　　　　（後缺）

（二）

　　　　　　　（前缺）

1. 　　夜直　　☐☐☐

2. 金炉香燼漏聲殘，翦翦④輕⑤風陣陣⑥寒。

3. ☐色腦⑦人眠不得，月移土⑧影上闌☐。

4. 　　春陰　　☐橘雷⑨

　　　　　　　（後缺）

（三）

　　　　　　　（前缺）

1. 最是一年春好處，絕勝煙柳滿皇☐。

2. 　　春晴　　又☐☐筑⑩

---

① "直"通"值"，《黑城出土文書》錄文作"值"。
② "花"字，圖版中似為"滿"。
③ 此殘片《中國藏黑水城漢文文獻》編號為M1·1230［Y1：W27a］，《黑城出土文書》編號為Y1：W26（1）。
④ "翦"應為"剪"，《黑城出土文書》錄文作"剪"。
⑤ "輕"應為"清"。
⑥ 第二個"翦"及第二個"陣"均為省文符號，現徑改。
⑦ "腦"應為"惱"，《黑城出土文書》錄文作"惱"。
⑧ "土"，當為"花"，《黑城出土文書》徑錄作"花"。
⑨ 此殘片《中國藏黑水城漢文文獻》編號為M1·1231［Y1：W27b］，《黑城出土文書》編號為Y1：W26（2）。
⑩ "又☐☐筑"，《黑城出土文書》錄文作"☐航"，現據圖版改。張蓓蓓文疑為"陳築"。

3. □然飛過誰家燕，_____

4. □□日長無个事，_____①

　　　（後缺）

（四）

　　　（前缺）

1. 傅②山熏盡鷓鴣班，羅帶同心不忍看。

2. 莫近闌千③聽花雨，楼高無處著④春□。

3. 　□春偶成　　張栻

4. 律回歲晚冰霜少，□到人間草木□。

5. 便覺眼前生意滿，東風吹水綠□□。

6. 　　元日　　王介甫⑤

　　　（後缺）

（五）

　　　（前缺）

1. 爆竹聲中一歲除，春風送暖入□□。

2. □門萬户瞳瞳⑥日，總把新桃換舊□。

3. 　　上元侍宴　　蘇東坡⑦

4. □月踈星繞建章，仙風吹下御爐□。⑧

　　　（後缺）

背：

---

① 此殘片《中國藏黑水城漢文文獻》編號爲M1·1232［Y1:W27c］,《黑城出土文書》編號爲Y1:W26（3）。

② "傅"，據何應龍《春寒》詩該字當作"博"。

③ "千"應爲"干"，《黑城出土文書》錄文作"干"。

④ "著"應爲"看"，《黑城出土文書》錄文作"看"。

⑤ 此殘片《中國藏黑水城漢文文獻》編號爲M1·1233［Y1:W26B］,《黑城出土文書》編號爲Y1:W26（4）。

⑥ 第二個"瞳"字爲省文符號，現徑改。

⑦ "蘇東坡"，《黑城出土文書》錄文未釋讀，現據圖版補。

⑧ 此殘片《中國藏黑水城漢文文獻》編號爲M1·1234［Y1:W27d］,《黑城出土文書》編號爲Y1:W26（5）。

（略）

附：正面文書綴合並將所缺文字補齊應為：

（前缺）

初春小雨　　韓愈

天街小雨潤如酥，草色遙看近却無。

1. 最是一年春好處，絕勝煙柳滿皇都。
2. 　　　春晴　　又□□筑①
3. 瞥然飞过谁家燕，驀地香来甚处花？
4. 深院日长無个事，一瓶春水自煎茶。

―――――――――――――

5. 　　　春夜　　蘇東坡
6. 春宵一刻直千金，花有清香月有陰。
7. 歌管樓台聲細細，秋遷院落夜沉沉。

―――――――――――――

8. 　　　夜直　　王安石
9. 金炉香爐漏聲殘，剪剪輕風陣陣寒。
10. 春色惱人眠不得，月移花影上欄杆。
11. 　　　春陰　　□橘雷

（中缺）

―――――――――――――

　　　春寒　　何應龍
12. 博山熏爐鷗鶘班，羅帶同心不忍看。
13. 莫近闌干聽花雨，楼高無處著春寒。
14. 　　　立春偶成　　張栻
15. 律回歲晚冰霜少，春到人間草木知。

―――――――――――――

① "又□□筑"，《黑城出土文書》錄文作"□航"，現據圖版改。

16. 便覺眼前生意滿，東風吹水綠 參差 。

17. 　　　元日　　　王介甫
　——————————————————

18. 爆竹聲中一歲除，春風送暖入 屠蘇 。

19. 千 門萬戶瞳瞳日，總把新桃換舊 符 。

20. 　　　上元侍宴　　　蘇東坡

21. 淡 月疎星繞建章，仙風吹下御爐 香 。

　　 侍臣鵠立通明殿，一朵紅云捧玉皇 。

　　　（後缺）

6. 元《涿鹿》詩抄

題解：

本件《中國藏黑水城漢文文獻》中原始編號為 Y1：W71，出版編號為M1·1235，收於第七冊《詩文》第1494頁，擬題為《〈涿鹿〉詩抄》，並記其尺寸為27cm×12cm。《黑城出土文書（漢文文書卷）》一書未收。文書現存文字3行。

錄文標點：

1. 　　　涿鹿

2. 涿鹿茫茫①白草 地

3. 軒轅黄帝

7. 元習抄《十憶詩·憶飲》殘片

題解：

本件《中國藏黑水城漢文文獻》中原始編號為 F146：W31，出版編號為M1·1236，收於第七冊《詩文》第1495頁，擬題為《詩文殘件》，並記其尺寸為26.4cm×23m。本件還收錄於《黑城出土文書（漢文文書卷）》第201頁《儒學與文史類·詩文抄本》，其所記文書編號與《中國藏黑水城漢文文獻》原始編號

---

① 第二個"茫"為省文符號，現徑改。

同,並列出文書諸要素為:竹紙,殘,行草書,尺寸為22cm×26.5cm。文書現存文字3行,第3行左側存一字符,似為"迎",查《宋詩紀事》可知,文書內容出自《十憶詩·憶飲》,但兩者各別文字有出入。

錄文標點:

(前缺)

1. 綠蟻頻 斟① 不壓多,□□□②
2. 襯金③荷。從教弄酒□□□④,
3. □□⑤風流上眼波。

(後缺)

8. 元習抄詩文殘片

題解:

本件《中國藏黑水城漢文文獻》中原始編號為84H·F116:W523/1697,出版編號為M1·1237,收於第七冊《詩文》第1496頁,擬題為《詩文殘件》,並記其尺寸為51cm×22cm。《黑城出土文書(漢文文書卷)》一書未收。文書現存文字2行。

錄文標點:

1. ＿＿＿勤,省力甚優游。
2. ＿＿＿計,差徭並不憂。

9. 元碑文殘片

題解:

本件《中國藏黑水城漢文文獻》中原始編號為84H·F146:W29/2085,出版編號為M1·1238,收於第七冊《詩文》第1497頁,擬題為《碑文》,並記其尺寸為

---

① "斟",《黑城出土文書》錄文作"甚",現據圖版改。且"斟不"《宋詩紀事》作"催未"。
② 此處所缺文字據《宋詩紀事》應為"帕羅香軟"。
③ "金",《黑城出土文書》錄文作"室",現據圖版改。
④ 此處所缺文字據《宋詩紀事》應為"春衫洮"。
⑤ 此處所缺文字據《宋詩紀事》應為"別有"。

25cm×16cm。《黑城出土文書（漢文文書卷）》一書未收。文書現存文字 3 行。

錄文標點：

（前缺）
1. ☐☐☐☐☐□廉訪☐☐☐☐
2. ☐☐☐☐☐墓碑☐☐☐☐
3. ☐☐☐☐☐□安上譔☐☐☐
（後缺）

（六）書籍印本

1. 元刻本《文獻通考》殘卷

題解：

本件《中國藏黑水城漢文文獻》中無原始編號，出版編號為 M2·0001—M2·0034、M3·0010［AE224ZHi63/1］、M2·0035—M2·0038、M3·0011［AE224ZHi63/2］、M2·0039—M2·0056，收於第七冊《書籍印本》第 1501—1558 頁，擬題為《〈文獻通考〉四十六卷（1）—四十七卷（10）、四十七卷（12）—四十九卷（11）》。《黑城出土文書（漢文文書卷）》一書未收。潘傑指出黑水城出土《文獻通考》為雕版刻印，紙制，斷代在元朝，基本尺寸為長 47 厘米，寬 32 厘米，文書現存 4 卷 58 面，其中：卷 46 共 14 面，卷 47 共 17 面（原本當為 18 面，佚失第 11 面），卷 48 共 16 面，卷 49 共 11 面。從保存情況上來看，除卷 46 的 1 面至 5 面和卷 49 的最後 1 面即第 11 面殘損外，其餘均基本完整。文書每半葉 13 行，滿行 26 字，其中有小字雙行，左右雙欄，上下單欄，細黑口，雙魚尾，上魚尾下方記書名、卷第、頁次，版心上方記字數，下方記刻工姓名，所載刻工有宜、兆、馬、用、中、彳、汪、今、文甫、子、良、吳、君仲等。潘潔還指出黑水城出土的 4 卷《文獻通考》為元朝泰定元年（1324）西湖書院刻本，其中卷 46 把刻印 "之" 字手書改寫為 "知"，糾正了泰定元年初刻本中的錯誤。其中 M2·0001 號文書背面書寫文字，從正面所透字痕看，現存文字 5 行，其圖版《中國藏黑水城漢文文獻》未收。本件文書中 "匡" "桓" "恒" 等字有缺筆。參考文獻：潘潔《黑水城出土〈文獻通考〉版本考》，《圖書館理論與實踐》2009 年第 7 期。

錄文標點：

（前缺）

1. ＿＿＿＿＿＿＿＿＿①
2. ＿＿＿＿＿＿＿＿＿②
3. ＿＿＿＿＿＿＿＿＿③術有序，國有學。術當為遂＿＿＿＿＿④而已者，歸教
4. ＿＿＿＿＿＿＿＿＿五百家為黨，⑤比年入學每年來入也，□□⑥遂遠郊外。
5. ＿＿＿＿＿＿＿＿＿⑦歲則考學者大比乃考焉。⑧一年視離經辨志，二年□⑨
6. ＿＿＿＿＿＿＿＿＿⑩年視論學取友，謂之小成。九年知⑪類
7. ＿＿＿＿＿＿＿＿＿□□⑫斷句絕也。辨志，謂別其心意所趣向□□類，知事义之比。強立，臨事不惑也。
8. ＿＿＿＿＿＿＿＿＿⑬雅》曰：'門側之堂謂之塾。'《尚書大傳》曰：
9. ＿＿＿＿＿＿＿＿＿⑭坐於左塾。'班固《食貨志》曰：'里胥平旦
10. ＿＿＿＿＿＿＿＿＿□見⑮文。蓋古者，合二十五家而為之門

---

① 據中華書局1986年本《文獻通考》，此處所缺文字應為"卷四十六學校考七"。
② 據中華書局1986年本《文獻通考》，此處所缺文字應為"郡國鄉黨之學"。
③ 據中華書局1986年本《文獻通考》，此處所缺文字應為"《學記》：古之教者，家有塾，黨有序"。
④ 據中華書局1986年本《文獻通考》，此處雙行小字補齊應為"術當為遂。古者仕焉而已者，歸教於閭里"。
⑤ 據中華書局1986年本《文獻通考》，此處雙行小字補齊應為"朝夕坐於門。門側之堂謂之塾。五百家為黨，萬二千五百家為遂。黨屬於鄉，遂遠郊外"。
⑥ 據中華書局1986年本《文獻通考》，此處所缺文字應為"中年"。
⑦ 據中華書局1986年本《文獻通考》，此處所缺文字應為"考校。中，猶問也。鄉遂大夫間之德行道藝。《周禮》：三歲"。
⑧ 據中華書局1986年本《文獻通考》，此處雙行小字補齊應為"歲則考學者大比乃考焉"。
⑨ 據中華書局1986年本《文獻通考》，此處所缺文字應為"視"。
⑩ 據中華書局1986年本《文獻通開》，此處所缺文字應為"敬業樂群，五年視博習親師，七"。
⑪ "知"字原刻為"之"，後手寫改為"知"，現徑改。
⑫ 據中華書局1986年本《文獻通考》，此處所缺文字應為"通達，強立而不反，謂之大成。離經也知"。
⑬ 據中華書局1986年本《文獻通考》，此處所缺文字應為"《禮書》曰："《說文》：'間，里門也。'《爾"。
⑭ 據中華書局1986年本《文獻通考》，此處所缺文字應為"'上老平明坐於右塾，庶老'"。
⑮ 據中華書局1986年本《文獻通考》，此處所缺文字應為"'坐於右塾，鄰長坐於左塾。'詳下"。

11. ＿＿＿＿＿＿＿＿＿＿＿＿＿①坐里胥、鄰長於此，所以教
　　　　　　　　　　□　　一】　　　　　　冝
12. ＿＿＿＿＿＿＿＿＿＿②前，次路在右塾之前。'先路，象路也；
13. ＿＿＿＿＿＿＿＿＿＿③路，而象路在左塾，次路在右塾，則左
14. ＿＿＿＿＿＿＿＿＿＿④而里胥在右塾，鄰長在左塾，則右
15. ＿＿＿＿＿＿＿＿＿＿⑤外，則左東而右西；自外視內，則左西
16. ＿＿＿＿＿＿＿＿＿＿⑥而右，客入門而左。'此左西而右東
17. ＿＿＿＿＿＿＿＿＿⑦事自闑西。'此左東而右西也。然則《書》言
18. ＿＿＿＿＿＿＿＿＿⑧塾也，自內外言之異耳。漢之時，閭里亦有
19. ＿＿＿＿＿＿＿＿＿⑨《孟子》曰：'庠者養也，序者射也。'鄉□□⑩
20. ＿＿＿＿＿＿＿＿＿⑪尊於賓席之東。盖鄉飲在□，□□⑫
21. ＿＿＿＿＿＿＿＿⑬；鄉射在序，而序無房室，故尊□□□□⑭
22. ＿＿＿＿□□⑮曰：今則鉤楹內，堂則由 檻 外。＿＿＿⑯
　　　　　　□□為序
23. ＿＿＿＿＿＿＿＿＿＿＿＿＿＿＿＿＿＿＿＿＿＿＿＿＿＿＿

―――――――――――
① 據中華書局1986年本《文獻通考》，此處所缺文字應為"塾，坐上老、庶老於此，所以教之學也"。
② 據中華書局1986年本《文獻通考》，此處所缺文字應為"之耕也。《書》云：'先路在左塾之'"。
③ 據中華書局1986年本《文獻通考》，此處所缺文字應為"次路，木路也。象路貴於木"。
④ 據中華書局1986年本《文獻通考》，此處所缺文字應為"塾者西塾也；里胥尊於鄰長"。
⑤ 據中華書局1986年本《文獻通考》，此處所缺文字應為"塾者西塾也。何則？自內視"。
⑥ 據中華書局1986年本《文獻通考》，此處所缺文字應為"而右東也。《曲禮》曰：'主人入門'"。
⑦ 據中華書局1986年本《文獻通考》，此處所缺文字應為"也。又曰：'公事自闑東，私'"。
⑧ 據中華書局1986年本《文獻通考》，此處所缺文字應為"左塾，史言右塾，皆西"。
⑨ 據中華書局1986年本《文獻通考》，此處所缺文字應為"有門，史稱石慶入里門是也。"。
⑩ 據中華書局1986年本《文獻通考》，此處所缺文字應為"飲酒"。
⑪ 據中華書局1986年本《文獻通考》，此處所缺文字應為"尊兩壺於房戶之間，鄉射"。
⑫ 據中華書局1986年本《文獻通考》，此處所缺文字應為"庠，而庠"。
⑬ 據中華書局1986年本《文獻通考》，此處所缺文字應為"有房室，故尊於房戶之間"。
⑭ 據中華書局1986年本《文獻通考》，此處所缺文字應為"於賓序之"。
⑮ 據中華書局1986年本《文獻通考》，此處所缺文字應為"東而已。《鄉射禮》：'豫 鄭氏，'"。
　　　　　　　　　　　　　　　　　　　　　　　　　　　　　　　　　　　　文豫
⑯ 據中華書局1986年本《文獻通考》，此處所缺文字應為"'堂序 ,' '序則'"。
　　　　　　　　　　　　　　　　　　　　　　　　　也

24. _____①
（以上為 M2·0001 號文書，尺寸為 35cm×15cm）
25. _____②
26. ____·____③民_____④
27. _____⑤祭祀州社，則屬其民而 讀法 □□□□⑥
28. _____⑦州黨學。
29. _____⑧讀邦法以糾戒之。春、秋□□□□⑨
30. _____⑩民而飲酒于序，以正齒位。
31. _____⑪，老其鄉里。大夫為父師，士為少師 所謂里庶
32. _____⑫已畢 祈樂當為新穀，餘子皆入學。年十五始入
33. _____⑬始入大學，見大節，踐大義焉。餘子，猶眾子。古
34. _____⑭，始出學，傅農事 立春學止。上老平明坐於右
35. _____⑮師師，餘子畢出，然後皆歸。夕亦如之，餘子皆

---

① 據中華書局 1986 年本《文獻通考》，此處所缺兩行文字應為 "'物當棟，堂則物當楣'。是於其有室，則所揖、所履之位淺而前，於/其無室，則所揖、所履之位深而後。《爾雅》曰：'東西牆謂之序。'序之"。
② 據中華書局 1986 年本《文獻通考》，此處所缺文字應為 "名蓋本於此"。
③ 據中華書局 1986 年本《文獻通考》，此處所缺文字應為 "州長，正月之吉，各率其州之"。
④ 據中華書局 1986 年本《文獻通考》，此處所缺文字應為 "而讀法，以考其德行道藝而勸之，以"。
⑤ 據中華書局 1986 年本《文獻通考》，此處所缺文字應為 "糾其過惡而戒之。若以歲時"。
⑥ 據中華書局 1986 年本《文獻通考》，此處所缺文字應為 "亦如之。春"。
⑦ 據中華書局 1986 年本《文獻通考》，此處所缺文字應為 "秋以禮會民，而射於州序序之"。
⑧ 據中華書局 1986 年本《文獻通考》，此處所缺文字應為 "黨正，四時之孟月吉日，則屬民而"。
⑨ 據中華書局 1986 年本《文獻通考》，此處所缺文字應為 "祭禜亦如"。
⑩ 據中華書局 1986 年本《文獻通考》，此處所缺兩行文字應為 "國索鬼神而祭祀，則以禮屬"。
⑪ 據中華書局 1986 年本《文獻通考》，此處所缺文字應為 "《尚書大傳》：'大夫七十而致仕'"。
⑫ 據中華書局 1986 年本《文獻通考》，此處所缺文字應為 "老也。糗粗已藏，祈樂已入，歲事"。
⑬ 據中華書局 1986 年本《文獻通考》，此處所缺文字應為 "小學，見小節，踐小義焉。年十八"。
⑭ 據中華書局 1986 年本《文獻通考》，此處所缺文字應為 "者適子恒代父而仕。距冬至四十五日"。
⑮ 據中華書局 1986 年本《文獻通考》，此處所缺文字應為 "塾，庶老坐於左塾上老，父庶老，少"。

36. ＿＿＿＿＿＿＿＿＿＿①行，朋友不相踰，輕任并，重任分，頒白者不
37. ＿＿＿＿＿＿＿＿＿＿②
　　　＿＿＿＿＿＿　　二】　　　　兆
38. ＿＿＿＿＿＿＿＿＿＿③學。小學在公宮南之左，太學在郊《尚書》
39. ＿＿＿＿＿＿＿＿＿＿④郊；七十里之三里之郊。"天子曰辟廱，諸侯曰泮宮。"
40. ＿＿＿＿＿＿＿＿＿＿⑤之學，小學在內，大學在外，故《王制》言
　　'小學
41. ＿＿＿＿＿＿＿＿＿＿⑥郊.'以其選士由內以升於外，然後達於
42. ＿＿＿＿＿＿＿＿＿＿⑦外，大學居內，故《文王世子》言'凡語于
43. ＿＿＿＿＿＿＿＿＿＿⑧於上尊.'以其選士由外以升於內，然後達
44. ＿＿＿＿＿＿⑨."
45. ＿＿＿＿＿＿＿＿＿⑩"思樂泮水，薄采其芹。魯侯戾□，□⑪
46. ＿＿＿＿＿＿＿＿⑫無大，從公于邁。"　八章，□□□⑬。
47. ＿＿＿＿＿＿＿＿＿⑭記》曰："古之為泮宮者，其條理□□□□⑮

---

① 據中華書局 1986 年本《文獻通考》，此處所缺文字應為 "人。父之齒隨行，兄之齒雁"。
② 據中華書局 1986 年本《文獻通考》，此處所缺文字應為 "提攜。出入皆如之"。
③ 據中華書局 1986 年本《文獻通考》，此處所缺文字應為 "《王制》：諸侯'天子命之教，然後為'"。
④ 據中華書局 1986 年本《文獻通考》，此處所缺文字應為 "《王制》：諸侯傳》曰：'百里之國，二十里之國，九里之郊；五十里之國'"。
⑤ 據中華書局 1986 年本《文獻通考》，此處所缺文字應為 "長樂陳氏曰：'夫諸侯'"。
⑥ 據中華書局 1986 年本《文獻通考》，此處所缺文字應為 "在公宮南之左，大學在"。
⑦ 據中華書局 1986 年本《文獻通考》，此處所缺文字應為 "京故也。天子之學，小學居"。
⑧ 據中華書局 1986 年本《文獻通考》，此處所缺文字應為 "郊，然後於成均，取爵"。
⑨ 據中華書局 1986 年本《文獻通考》，此處所缺文字應為 "於朝故也"。
⑩ 據中華書局 1986 年本《文獻通考》，此處所缺文字應為 "《魯頌·泮水》：'頌僖公能修泮宮也'"。
⑪ 據中華書局 1986 年本《文獻通考》，此處所缺文字應為 "止，言"。
⑫ 據中華書局 1986 年本《文獻通考》，此處所缺文字應為 "觀其旂。其旂茷茷，鸞聲噦噦。無小"。
⑬ 據中華書局 1986 年本《文獻通考》，此處所缺文字應為 "章八句"。
⑭ 據中華書局 1986 年本《文獻通考》，此處所缺文字應為 "江陵項氏《枝江縣新學》"。
⑮ 據中華書局 1986 年本《文獻通考》，此處所缺文字應為 "不見於經"。

1158　中國藏黑水城漢文文獻的整理與研究

48. _____①而推之，其首三章則 言 其 □□□□②

49. _____③始盡得_____④

50. _____⑤心，廣_____⑥

（以上為M2·0002號文書，尺寸為36cm×17cm）

51. _____⑦自修_____⑧

52. _____⑨馬器械_____⑩

53. _____⑪之化其德，自多士之化 其 德 □□□⑫

54. _____⑬之功也。

55. _____⑭；序，夏后氏之序也；瞽宗，殷學□；□□□⑮

56. _____⑯

57. _____⑰家為鄰，五鄰為里，四里為族，五族為（為）黨，五

58. _____⑱千五百户也。鄰長位下士，自此以上，稍

59. _____⑲有序而鄉有庠。序以明教，庠以行禮

---

① 據中華書局1986年本《文獻通考》，此處所缺文字應為"而有詩在焉。予嘗反覆"。
② 據中華書局1986年本《文獻通考》，此處所缺文字應為"君相之相与"。
③ 據中華書局1986年本《文獻通考》，此處所缺文字應為"樂此而已，自四章以下"。
④ 據中華書局1986年本《文獻通考》，此處所缺文字應為"其學法，自敬其德而至於明其"。
⑤ 據中華書局1986年本《文獻通考》，此處所缺文字應為"德，明其德而至於廣其"。
⑥ 據中華書局1986年本《文獻通考》，此處所缺文字應為"其心而至於固其道終焉。此則學"。
⑦ 據中華書局1986年本《文獻通考》，此處所缺文字應為"之本也。自威儀、孝弟之"。
⑧ 據中華書局1986年本《文獻通考》，此處所缺文字應為"而達於師旅、獄訟之講習，自師旅"。
⑨ 據中華書局1986年本《文獻通考》，此處所缺文字應為"獄訟之講習而極於車"。
⑩ 據中華書局1986年本《文獻通考》，此處所缺文字應為"之精能，此則學之事也。自烈"。
⑪ 據中華書局1986年本《文獻通考》，此處所缺文字應為"祖之鑒其誠而至於多士"。
⑫ 據中華書局1986年本《文獻通考》，此處所缺文字應為"而至於遠"。
⑬ 據中華書局1986年本《文獻通考》，此處所缺文字應為"夷之服其道，此則學"。
⑭ 據中華書局1986年本《文獻通考》，此處所缺文字應為"《明堂位》：'米廩，有虞氏之庠也'"。
⑮ 據中華書局1986年本《文獻通考》，此處所缺文字應為"也；宮，周學"。
⑯ 據中華書局1986年本《文獻通考》，此處所缺文字應為"也。言魯得立四代之學，注見《大學考》"。
⑰ 據中華書局1986年本《文獻通考》，此處所缺文字應為"班固《漢書·食貨志》曰：'五"。
⑱ 據中華書局1986年本《文獻通考》，此處所缺文字應為"登一級，至鄉而為卿也。於里"。
⑲ 據中華書局1986年本《文獻通考》，此處所缺文字應為"而視化焉。春令民畢出在"。

60. ＿＿＿＿＿＿①樴，冬則畢入於邑。其《詩》曰：四之日舉趾，

61. ＿＿＿＿＿＿②曰：十月蟋蟀入我床下。嗟我婦子，聿為改

62. ＿＿＿＿＿＿③陽，備寇賊，習禮文也。春將出民，里胥平旦

63. ＿＿＿＿④於左塾。里胥，如今里吏。門側之堂曰塾。畢出，然後歸，夕亦如之。＿

【文獻通考卷四十六　　　三】　　　　□

64. ＿＿＿＿⑤□□□⑥重相分，班白不提挈。冬，民既入，婦人同巷

相從⑦

65. ＿＿＿＿＿＿⑧五日 一月之中，又得夜半為十五日，凡四十五日也。必相從者，所

66. ＿＿＿＿＿＿⑨合習俗也。男女有不得其所者，因相與歌

67. ＿＿＿＿＿＿⑩是月，餘子亦在于序室。餘子，庶子也，八歲入未任役者。

68. ＿＿＿＿⑪之事 蘇林曰："五方異書，如今秘書學外國書也。" 臣瓚曰："辨五方之名及書藝也。"

69. ＿＿＿＿＿＿⑫五入大學，學先聖禮樂，而知朝廷君臣之

70. ＿＿＿＿＿＿⑬于庠序；庠序之異者，移國學于少學。諸侯

71. ＿＿＿＿＿＿⑭于大學，命曰造士。行同能偶，則□□⑮

---

① 據中華書局 1986 年本《文獻通考》，此處所缺文字應為 "黨為州，五州為鄉。鄉，萬二"。
② 據中華書局 1986 年本《文獻通考》，此處所缺文字應為 "同我婦子，饁彼南畝。又"。
③ 據中華書局 1986 年本《文獻通考》，此處所缺文字應為 "歲，入此室處。所以順陰"。
④ 據中華書局 1986 年本《文獻通考》，此處所缺文字應為 "坐於右塾，鄰長坐"。
⑤ 據中華書局 1986 年本《文獻通考》，此處所缺文字應為 "入者必持"。
⑥ 據中華書局 1986 年本《文獻通考》，此處所缺文字應為 "輕"。
⑦ 文書版心及第 64 行之 "文獻通" "薪樵" 等字為一小殘片，《中國藏黑水城漢文文獻》編者將其錯誤補入 M2·0005 號文書第 114—115 行，現改正。
⑧ 據中華書局 1986 年本《文獻通考》，此處所缺文字應為 "夜績，女工一月得四十"。
⑨ 據中華書局 1986 年本《文獻通考》，此處所缺文字應為 "以省費燎火，同巧拙而"。
⑩ 據中華書局 1986 年本《文獻通考》，此處所缺文字應為 "詠，各言其傷怨刺之詩也"。
⑪ 據中華書局 1986 年本《文獻通考》，此處所缺文字應為 "小學，學六甲、五方、書計"。
⑫ 據中華書局 1986 年本《文獻通考》，此處所缺文字應為 "始知室家長幼之節。十"。
⑬ 據中華書局 1986 年本《文獻通考》，此處所缺文字應為 "禮。其有秀異者，移鄉學"。
⑭ 據中華書局 1986 年本《文獻通考》，此處所缺文字應為 "歲貢少學之異者於天子，學"。
⑮ 據中華書局 1986 年本《文獻通考》，此處所缺文字應為 "別之"。

72. ＿＿＿＿＿①之月，群居者將散，行人振木鐸以□□□②，

73. ＿＿＿＿＿③音律以聞于天子。故曰王者不窺□□□④

74. ＿＿＿＿＿⑤，富而教之之大略也。"

75. ＿＿＿＿＿⑥見蜀地＿＿＿＿＿＿＿⑦

76. ＿＿＿＿＿⑧張叔＿＿＿＿＿＿＿⑨

（以上為 M2·0003 號文書，尺寸為 38cm × 19cm）

77. ＿＿＿＿＿⑩用度，＿＿＿＿＿＿＿⑪

78. ＿＿＿＿＿⑫皆成就還＿＿＿＿＿⑬

79. ＿＿＿＿＿⑭起學官於成都市中 學官，學之，□□□⑮
官舍也。

80. ＿＿＿＿＿⑯繇，高者以補郡縣吏，次為孝弟⑰力□。□□⑱

81. ＿＿＿＿＿⑲便坐，別坐，可以 每出行縣，益從學□□□⑳
視事，非正廷也。

82. ＿＿＿＿＿㉑出入閨閤。縣邑吏民，見而榮之，數年爭

---

① 據中華書局1986年本《文獻通考》，此處所缺文字應為"以射，然後爵命焉。孟春"。
② 據中華書局1986年本《文獻通考》，此處所缺文字應為"徇於路"。
③ 據中華書局1986年本《文獻通考》，此處所缺文字應為"以采詩，獻之太師，比其"。
④ 據中華書局1986年本《文獻通考》，此處所缺文字應為"牖戶而"。
⑤ 據中華書局1986年本《文獻通考》，此處所缺文字應為"知天下。此先王制土處民"。
⑥ 據中華書局1986年本《文獻通考》，此處所缺文字應為"漢文翁為蜀郡守，仁愛好教化"。
⑦ 據中華書局1986年本《文獻通考》，此處所缺文字應為"僻陋有蠻夷風，文翁欲誘進"。
⑧ 據中華書局1986年本《文獻通考》，此處所缺文字應為"之，乃選郡縣小吏開敏有材者"。
⑨ 據中華書局1986年本《文獻通考》，此處所缺文字應為"等十餘人，親自飭厲，遣詣京師"。
⑩ 據中華書局1986年本《文獻通考》，此處所缺文字應為"受業博士，或學律令。減省少府"。
⑪ 據中華書局1986年本《文獻通考》，此處所缺文字應為"買刀布蜀物，齎計吏以遺博士"。
⑫ 據中華書局1986年本《文獻通考》，此處所缺文字應為"少府，郡掌財物之府，數歲，郡生"。
以此而供太守者。
⑬ 據中華書局1986年本《文獻通考》，此處所缺文字應為"歸，文翁以為右戕，用次察舉"。
⑭ 據中華書局1986年本《文獻通考》，此處所缺文字應為"官有至郡守、刺史者。又修"。
⑮ 據中華書局1986年本《文獻通考》，此處所缺文字應為"招下縣"。
⑯ 據中華書局1986年本《文獻通考》，此處所缺文字應為"子弟以為學官弟子，為除更"。
⑰ "孝弟"通"孝悌"，下同，不再另作說明。
⑱ 據中華書局1986年本《文獻通考》，此處所缺文字應為"田。常選"。
⑲ 據中華書局1986年本《文獻通考》，此處所缺文字應為"學官僮子，使在便坐受事"。
⑳ 據中華書局1986年本《文獻通考》，此處所缺文字應為"官諸生"。
㉑ 據中華書局1986年本《文獻通考》，此處所缺文字應為"明經飭行者與俱，使傳教令"。

83. ＿＿＿＿＿＿＿＿＿①錢以求之。繇是大化，蜀地學於京師者，比

84. ＿＿＿＿＿＿＿＿②郡國皆立學校官，自文翁為之始云。 師古

85. ＿＿＿＿③

86. ＿＿＿＿＿④ 博士 、學官置弟子員，前此所謂博士者，雖有

87. ＿＿＿＿＿⑤ 自 授其徒，其徒自願受業，朝廷未嘗有舉用

88. ＿＿＿，⑥ 郡 國 亦囗⑦ 薦 送之例。而蜀地僻陋，非齊魯諸儒風聲教

89. ＿＿＿⑧ 文 翁遣其民就學，必以物遺博士，而使教之。及

　　　　　＿＿【囗囗通考＿＿＿＿　　四】

90. ＿＿＿⑨校，則令郡國縣官謹察可者，與計偕，詣太常受

91. ＿＿＿⑩郡縣皆有以應詔，而博士弟子始為國家選舉

92. ＿＿＿＿⑪也。⑫

93. ＿＿＿＿＿＿⑬石卒史。

94. ＿＿＿＿＿＿⑭國曰學，邑、侯國曰校，校、學置經師一人；鄉

95. ＿＿＿＿＿⑮師一人。

96. ＿＿＿＿＿＿⑯學官見諸生，試其誦論，問以得失。

---

① 據中華書局1986年本《文獻通考》，此處所缺文字應為"欲為學官弟子，富人至出"。
② 據中華書局1986年本《文獻通考》，此處所缺文字應為"比齊魯焉。至武帝時，乃令天下"。
③ 據中華書局1986年本《文獻通考》，此處所缺文字應為"曰：文翁學堂在 今益州城內"。
④ 據中華書局1986年本《文獻通考》，此處所缺文字應為"按：武帝時始為"。
⑤ 據中華書局1986年本《文獻通考》，此處所缺文字應為"弟子，要皆京師"。
⑥ 據中華書局1986年本《文獻通考》，此處所缺文字應為"之法"。
⑦ 據中華書局1986年本《文獻通考》，此處所缺文字應為"無"。
⑧ 據中華書局1986年本《文獻通考》，此處所缺文字應為"化之"。
⑨ 據中華書局1986年本《文獻通考》，此處所缺文字應為"武帝"。
⑩ 據中華書局1986年本《文獻通考》，此處所缺文字應為"業如"。
⑪ 據中華書局1986年本《文獻通考》，此處所缺文字應為"之公法"。
⑫ 文書第88—92行及版心之"郡國亦""所被故""文獻""既興學""弟子則""也"等字為一單獨小殘片，《中國藏黑水城漢文文獻》編者將其錯誤補入M2·0005號文書第114—118行，現改正。
⑬ 據中華書局1986年本《文獻通考》，此處所缺文字應為"元帝時，郡國置《五經》百"。
⑭ 據中華書局1986年本《文獻通考》，此處所缺文字應為"平帝元始三年，立學官，郡"。
⑮ 據中華書局1986年本《文獻通考》，此處所缺文字應為"曰庠，聚曰序，序、庠置《孝經》"。
⑯ 據中華書局1986年本《文獻通考》，此處所缺文字應為"何武為刺史，行部必先即"。

1162　中國藏黑水城漢文文獻的整理與研究

97. ＿＿＿＿＿①：
98. ＿＿＿＿②　疑　韓延壽　王章　□③
99. ＿＿＿＿④豐　鄭崇　張禹
100. ＿＿＿＿⑤陽太守。忠以丹陽越俗，不好學，□□□□⑥
101. ＿＿＿＿⑦明經。郡中向慕之。
102. ＿＿＿＿⑧官弟子＿＿＿＿＿＿＿＿⑨

（以上為 M2·0004 號文書，尺寸為 39cm×19cm）

103. ＿＿＿＿⑩。
104. ＿＿＿＿⑪校。
105. ＿＿＿＿⑫學校，教生徒，聘能為《左氏春秋》者，□□□□⑬。
106. ＿＿＿＿⑭車修庠序之儀。
107. ＿＿＿＿⑮校官，自掾吏子孫皆令習業受業，復其□⑯
108. ＿＿＿＿⑰進之。郡遂有儒雅之士。
109. ＿＿＿＿⑱儒雅，修明庠序。每春、秋饗射⑲，輒修升降揖

---

① 據中華書局1986年本《文獻通考》，此處所缺文字應為"西漢以郡文學入官"。
② 據中華書局1986年本《文獻通考》，此處所缺文字應為"梅福　雋不"。
③ 據中華書局1986年本《文獻通考》，此處所缺文字應為"蓋"。
④ 據中華書局1986年本《文獻通考》，此處所缺文字應為"寬饒　諸葛"。
⑤ 據中華書局1986年本《文獻通考》，此處所缺文字應為"世祖建武六年，李忠為丹"。
⑥ 據中華書局1986年本《文獻通考》，此處所缺文字應為"乃為起學"。
⑦ 據中華書局1986年本《文獻通考》，此處所缺文字應為"校，習禮容，春、秋鄉飲，選用"。
⑧ 據中華書局1986年本《文獻通考》，此處所缺文字應為"明帝永平十年，幸南陽，召校"。
⑨ 據中華書局1986年本《文獻通考》，此處所缺文字應為"作雅樂，奏《鹿鳴》，帝自御塤篪和之"。
⑩ 據中華書局1986年本《文獻通考》，此處所缺文字應為"以娛嘉賓"。
⑪ 據中華書局1986年本《文獻通考》，此處所缺文字應為"宋均調辰陽長，為立"。
⑫ 據中華書局1986年本《文獻通考》，此處所缺文字應為"寇恂為汝南太守，修"。
⑬ 據中華書局1986年本《文獻通考》，此處所缺文字應為"親受舉焉"。
⑭ 據中華書局1986年本《文獻通考》，此處所缺文字應為"衛颯為桂陽太守，下"。
⑮ 據中華書局1986年本《文獻通考》，此處所缺文字應為"任延為武威太守，造立"。
⑯ 據中華書局1986年本《文獻通考》，此處所缺文字應為"徭"。
⑰ 據中華書局1986年本《文獻通考》，此處所缺文字應為"役。章句既通，悉顯拔榮"。
⑱ 據中華書局1986年本《文獻通考》，此處所缺文字應為"秦彭為泰山太守，崇好"。
⑲ "射"中華書局1986年本《文獻通考》作"祀"。

110. ＿＿＿①。

111. ＿＿＿＿＿②學久廢，德乃修起橫③舍，備俎豆、黻冕，行禮

112. ＿＿＿＿＿④會諸儒。百姓觀者，莫不勸服。

113. ＿＿＿＿＿⑤曰：□⑥海之內，學校如林，庠序盈門，獻酬交錯，俎豆莘

114. ＿＿＿＿＿⑦歌，蹈德詠仁。

115. ＿＿＿＿＿⑧相，趙王商嘗欲避疾，便時稍住學官，學官，學舍也。丕止不聽。

　　　　＿【文獻通考 卷 四 十 六　　　五】　　　馬

116. ＿＿＿⑨五帝之 道，脩 先王禮樂教化之處，王欲廢塞以廣游讌，

117. ＿＿＿⑩。"詔從丕言。

118. ＿＿＿⑪高柔上疏曰：漢末陵遲，禮樂崩壞，太祖初興，愍

119. ＿＿＿⑫並使州縣立教學之官。高祖即位，遂闡其業，

120. ＿＿＿⑬是天下之士，復聞庠序之教，親俎豆之禮焉。

121. ＿＿＿⑭內史，大修庠序，廣招學徒，移告屬縣，具為條

122. ＿＿＿⑮。溥乃作誥以獎諭之，曰：文學諸生，皆冠帶之

123. ＿＿＿⑯修典訓，此大成之業，立德之基也。夫聖人

---

① 據中華書局1986年本《文獻通考》，此處所缺文字應為"遜之儀"。
② 據中華書局1986年本《文獻通考》，此處所缺文字應為"鮑德為南陽太守，時郡"。
③ "橫"據中華書局1986年本《文獻通考》應為"黌"。
④ 據中華書局1986年本《文獻通考》，此處所缺文字應為"奏樂。又尊饗國老，宴"。
⑤ 據中華書局1986年本《文獻通考》，此處所缺文字應為"班固《東都賦》"。
⑥ 據中華書局1986年本《文獻通考》，此處所缺文字應為"四"。
⑦ 據中華書局1986年本《文獻通考》，此處所缺文字應為"莘，下舞上"。
⑧ 據中華書局1986年本《文獻通考》，此處所缺文字應為"魯丕為趙"。
⑨ 據中華書局1986年本《文獻通考》，此處所缺文字應為"曰：'學官'"。
⑩ 據中華書局1986年本《文獻通考》，此處所缺文字應為"事不可聽"。
⑪ 據中華書局1986年本《文獻通考》，此處所缺文字應為"魏明帝時，延壽亭侯"。
⑫ 據中華書局1986年本《文獻通考》，此處所缺文字應為"其如此，在於撥亂之際"。
⑬ 據中華書局1986年本《文獻通考》，此處所缺文字應為"興復辟雍，州立課試，於"。
⑭ 據中華書局1986年本《文獻通考》，此處所缺文字應為"晉虞溥，太康時為鄱陽"。
⑮ 據中華書局1986年本《文獻通考》，此處所缺文字應為"制。於是至者七百餘人"。
⑯ 據中華書局1986年本《文獻通考》，此處所缺文字應為"流，年盛志美，始涉學庭，講"。

124. _____①者不好也。及至朞②月，所觀彌博，所習彌多，日

125. _____③後心開意朗，敬業樂群，忽然不覺大化之□④

126. _____⑤之染人，甚於丹青。丹青吾見其久而渝矣，□⑥

127. _____⑦染，先脩其質，後事其色，脩色積而□□□⑧

128. _____⑨。君子内正其心，外脩其行，□□□□，□⑩

（以上爲 M2·0005 號文書，尺寸爲 38cm×30cm⑪）

129. _____⑫，然後爲德。夫學者不患才不□⑬，而患 _____⑭：

130. _____⑮乘；希⑯顔之徒，亦顔之倫。又曰：鍥而舍之，
    朽□□□⑰；

131. _____⑱。斯非其效乎！時祭酒求更起屋行禮，溥曰："君子

132. _____⑲射於矍相之圃，而行禮於大樹之下。況今學

133. _____⑳！"

---

① 據中華書局 1986 年本《文獻通考》，此處所缺文字應爲"之道，淡而寡味，故始學者"。
② "朞"通"期"，下同，不再另作說明。
③ 據中華書局 1986 年本《文獻通考》，此處所缺文字應爲"聞所不聞，見所不見，然"。
④ 據中華書局 1986 年本《文獻通考》，此處所缺文字應爲"陶"。
⑤ 據中華書局 1986 年本《文獻通考》，此處所缺文字應爲"己，至道之入神也。故學"。
⑥ 據中華書局 1986 年本《文獻通考》，此處所缺文字應爲"未"。
⑦ 據中華書局 1986 年本《文獻通考》，此處所缺文字應爲"見久學而渝也。夫工人之"。
⑧ 據中華書局 1986 年本《文獻通考》，此處所缺文字應爲"染工畢"。
⑨ 據中華書局 1986 年本《文獻通考》，此處所缺文字應爲"矣。學亦有質，孝弟忠信也"。
⑩ 據中華書局 1986 年本《文獻通考》，此處所缺文字應爲"行有餘力，則"。
⑪ 此文書第 110—125 行天頭處錯補四件小殘片，按其殘片内容殘片一應補於 M2·0007 號文書第 164—167 行；殘片二應補入 M2·0003 號文書版心及第 64 行；殘片三應補入 M2·0004 號文書第 88—92 行及版心；殘片四應補入 M2·0007 號文書第 174—180 行。本錄文在此不錄，直接將各殘片補入其正確位置，並出校注說明。
⑫ 據中華書局 1986 年本《文獻通考》，此處所缺文字應爲"以學文，文質彬彬"。
⑬ 據中華書局 1986 年本《文獻通考》，此處所缺文字應爲"及"。
⑭ 據中華書局 1986 年本《文獻通考》，此處所缺文字應爲"志不立，故曰"。
⑮ 據中華書局 1986 年本《文獻通考》，此處所缺文字應爲"希驥之馬，亦驥之"。
⑯ 文書第 129 行之"然後"與第 130 行之"乘希"爲一小殘片，圖版錯將其拼合於第 153—154 行天頭處，現徑改。
⑰ 據中華書局 1986 年本《文獻通考》，此處所缺文字應爲"木不知"。
⑱ 據中華書局 1986 年本《文獻通考》，此處所缺文字應爲"鍥而不捨，金石可虧"。
⑲ 據中華書局 1986 年本《文獻通考》，此處所缺文字應爲"行禮，無常處也，故孔子"。
⑳ 據中華書局 1986 年本《文獻通考》，此處所缺文字應爲"庭庠序，高堂顯敞乎"。

134. ☐①事跡之見於前史者。溥之言有味可書,《郡志》②

135. ☐③。

136. ☐④庾亮在武昌開置學官,起立講舍,亮家子弟

137. ☐⑤入學。四府博學識義,通涉文學經綸者,建儒

138. ☐⑥其供給。皆妙選邦彥,必有其宜者以充此舉。

139. ☐⑦郡☐⑧束脩復學校。若非束脩之流,禮教所不及,而欲

140. ☐⑨者,不得為生。明為條制,令法清而人貴。

141. 梁武帝選學生,遣就會稽雲門山,受業於廬江何胤。分遣博士、祭酒

☐☐七十九　【文獻通考卷四十六　　六】　　馬

142. ☐⑩州郡立學。

143. ☐⑪獻文帝天安初,立鄉學,郡置博士二人,助教二人,學生六十人。

144. ☐☐☐⑫人,助教四人,學生百人;次郡立博士二人,助教

145. ☐⑬博士一人,助教二人,學生六十人;下郡立博

146. ☐⑭,學生四十人。郡縣學始乎此矣。

147. ☐⑮立學,置博士、助教授經,學生俱被差逼充員,士流及

---

① 據中華書局1986年本《文獻通考》,此處所缺文字應為"右係鄱陽郡學"。
② 文書第132—134行有一小碎片,文字不清,現缺。
③ 據中華書局1986年本《文獻通考》,此處所缺文字應為"殊欠登載"。
④ 據中華書局1986年本《文獻通考》,此處所缺文字應為"穆帝永和中,征西將軍"。
⑤ 據中華書局1986年本《文獻通考》,此處所缺文字應為"及參佐大將子弟,悉令"。
⑥ 據中華書局1986年本《文獻通考》,此處所缺文字應為"林祭酒,使班同三署,厚"。
⑦ 據中華書局1986年本《文獻通考》,此處所缺文字應為"近臨川、臨賀二"。
⑧ 據中華書局1986年本《文獻通考》,此處所缺文字應為"並"。
⑨ 據中華書局1986年本《文獻通考》,此處所缺文字應為"階緣免役"。
⑩ 據中華書局1986年本《文獻通考》,此處所缺文字應為"到"。
⑪ 據中華書局1986年本《文獻通考》,此處所缺文字應為"後魏"。
⑫ 據中華書局1986年本《文獻通考》,此處所缺文字應為"後令大郡立博士二"。
⑬ 據中華書局1986年本《文獻通考》,此處所缺文字應為"四人,學生八十人;中郡"。
⑭ 據中華書局1986年本《文獻通考》,此處所缺文字應為"士一人,助教一人"。
⑮ 據中華書局1986年本《文獻通考》,此處所缺文字應為"北齊制:諸郡並"。

148. _____①貟既非所好,墳籍固不關懷,又多被州郡官

149. _____②檢察,皆由上非所好之所致也。諸郡俱得察

150. _____③游學之徒通經者,推擇充舉。射策十條,通八以

151. _____④異者亦蒙抽擢。

152. _____⑤縣學。詳見《太學門》。

153. _____⑥十人,大都督、中都督府、上州各六十人,下都督府

154. _____⑦十人,京縣五十人,上縣四十人,□□□□□⑧

(以上為M2·0006號文書,尺寸為43cm×26cm)

155. _____⑨。州縣學生,州縣□□□⑩,長史□□□□□⑪

156. _____⑫者,送之尚書省。詳見《太學門》。

157. _____⑬鄉並令置學,有明一經以上者,有司試冊加

158. □⑭。

159. _____⑮勑:諸州縣學生年二十五以下、八品九品子,若

160. _____⑯,通一經已上及未通經,精神聰悟,有文詞史

---

① 據中華書局1986年本《文獻通考》,此處所缺文字應為"豪富之家皆不從調。備"。
② 據中華書局1986年本《文獻通考》,此處所缺文字應為"人驅使。縱有游惰,亦不"。
③ 據中華書局1986年本《文獻通考》,此處所缺文字應為"孝廉,其博士、助教及"。
④ 據中華書局1986年本《文獻通考》,此處所缺文字應為"上,聽九品出身。其尤"。
⑤ 據中華書局1986年本《文獻通考》,此處所缺文字應為"隋仁壽元年,詔廢州"。
⑥ 據中華書局1986年本《文獻通考》,此處所缺文字應為"唐制:京都學生八"。
⑦ 據中華書局1986年本《文獻通考》,此處所缺文字應為"中州各五十人,下州四"。
⑧ 據中華書局1986年本《文獻通考》,此處所缺文字應為"中縣、中下縣"。
⑨ 據中華書局1986年本《文獻通考》,此處所缺文字應為"各三十五人,下縣二十人"。
⑩ 據中華書局1986年本《文獻通考》,此處所缺文字應為"長官補"。
⑪ 據中華書局1986年本《文獻通考》,此處所缺文字應為"主焉。每歲仲"。
⑫ 據中華書局1986年本《文獻通考》,此處所缺文字應為"冬,州縣館監舉其成"。
⑬ 據中華書局1986年本《文獻通考》,此處所缺文字應為"武德七年,詔諸州縣及"。
⑭ 據中華書局1986年本《文獻通考》,此處所缺文字應為"階"。
⑮ 據中華書局1986年本《文獻通考》,此處所缺文字應為"玄宗開元二十一年"。
⑯ 據中華書局1986年本《文獻通考》,此處所缺文字應為"庶人並年二十一已下"。

161. ☐①，舉送所司簡試，聽入四門學，充俊士。即諸州人省試
162. ☐②者聽。國子監所管學生，尚書省補；州縣學生，州縣長
163. ☐③。諸州縣學生習正業之外，仍兼習吉凶禮，公所④有
164. 禮☐⑤不得輒使。諸百姓任立私學，其欲寄州縣受
165. 業☐☐⑥聽。
166. 二十六年正月十九日敕：古者鄉有序，黨有塾，將以弘長儒教，誘進
167. 學徒。化人成俗，率由於是。其天下州縣，每鄉之內，里別各置一學，仍⑦

　　　　　　☐六十一【文獻通考卷四十六　　七】　　馬
　　　　　　十四

168. 擇師資，令其教授。
169. 正⑧元三年正月，右補闕宇文炫上言，請京畿諸縣鄉村廢寺，並為縣
170. 學☐⑨二十餘件。疏奏不報。
171. 後☐⑩判國子祭酒崔協奏：請頒下諸道州府，各置
172. ☐⑪諳、文行可舉者，錄其事實申監司，方與觧⑫送。但一
173. ☐⑬得影庇門戶。

---

① 據中華書局1986年本《文獻通考》，此處所缺文字應為"學者，每年銓量"。
② 據中華書局1986年本《文獻通考》，此處所缺文字應為"不第，情願入學"。
③ 據中華書局1986年本《文獻通考》，此處所缺文字應為"官補縣學生取州縣學生取郭下人充"。
④ "所"中華書局1986年本《文獻通考》作"私"。
⑤ 據中華書局1986年本《文獻通考》，此處所缺文字應為"事處，令示儀式，餘皆"。
⑥ 據中華書局1986年本《文獻通考》，此處所缺文字應為"者亦"。
⑦ 文書第164—167行之"禮""業""二十""學"等字為一單獨小殘片，《中國藏黑水城漢文文獻》編者將其錯誤補入M2·0005號文書第110—113行，現改正。
⑧ "正"應為"貞"，避宋仁宗趙禎諱而改。
⑨ 據中華書局1986年本《文獻通考》，此處所缺文字應為"並上制書事"。
⑩ 據中華書局1986年本《文獻通考》，此處所缺文字應為"唐天成三年，宰臣兼"。
⑪ 據中華書局1986年本《文獻通考》，此處所缺文字應為"官學。如有鄉黨備"。
⑫ "觧"通"解"，下同，不再另作說明。
⑬ 據中華書局1986年本《文獻通考》，此處所缺文字應為"身就業，不"。

174. ☐①皇帝太平興國二年，知江州周述言，廬山白鹿洞學徒常數②

175. 千百人，乞賜《九經》肄習。詔國子監給本，仍傳送之。先時南唐升元

176. 中，白鹿洞建學館，以本道為洞主，掌其教授。

177. 又賜石鼓書院敕額。　書院唐元和間衡州李寬所建，國初賜額。

178. 真宗太③中祥符二年應天府民曹誠，即楚丘戚同文舊居，造舍百五

179. 十間，聚書數千卷，博延生徒，講習甚盛。府奏其事，詔賜額曰應天府

180. ☐☐④，命奉禮郎戚舜賓主之，仍令本府幕職官提舉，以誠　　⑤。⑥

（以上為M2·0007號文書，尺寸為43cm×30cm）

181. ＿＿＿⑦潭州嶽麓書院額。始，開寶中郡守朱洞，首度基創☐，☐☐☐⑧

182. 方學者。李允則來為州，請於朝，乞以書藏。方是時，山長周式以行義

183. 著。八年，召見便殿，☐⑨國子學主簿，使歸教授。詔賜書院名，增賜中秘

184. 書。

185. 　右宋興之初，天下四書院建置之本末如此。此外則又有西

---

① 據中華書局1986年本《文獻通考》，此處所缺文字應為"宋太宗"。
② 文書第173行—174行之"得影""帝太"為一單獨小殘片，《中國藏黑水城漢文文獻》編者將其誤補入M2·0008號文書第190—191行，現改正。
③ "太"據中華書局1986年本《文獻通考》應為"大"。
④ 據中華書局1986年本《文獻通考》，此處所缺文字應為"書院"。
⑤ 據中華書局1986年本《文獻通考》，此處所缺文字應為"為府助教"。
⑥ 文書第174行—180行之"皇""千百人乞賜《九經》肄""中，白鹿洞建學館，以本""又賜石鼓書院敕額""真宗太中祥符二年""十間，聚書數千卷""命奉禮郎戚舜"等內容為一單獨殘片，《中國藏黑水城漢文文獻》編者將其錯誤補入M2·0005號文書119—125行，現改正。
⑦ 據中華書局1986年本《文獻通考》，此處所缺文字應為"八年，賜"。
⑧ 據中華書局1986年本《文獻通考》，此處所缺文字應為"宇，以待四"。
⑨ 據中華書局1986年本《文獻通考》，此處所缺文字應為"拜"。

186. 京嵩陽書院，賜額於至道二年；江寧府茅山書院，賜田於天
187. 聖二年。嵩陽、茅山后來無聞，獨四書院之名著。是時，未有州
188. 縣之學，先有鄉黨之學。盖州縣之學，有司奉詔旨所建也，故
189. □□□①輟，不免具文；鄉黨之學，賢士大夫留意斯文者所建
190. □，□②規後隨，皆務興起。後來所至，書院尤多，而其田土之
191. 錫③，□□④之規，往往過於州縣學，盖皆欲昉⑤四書院云。⑥
192. 仁宗即位之初，賜兖州學田。已而，又命藩輔皆得立學。其後諸旁郡
193. 多願立學者，詔悉可之，稍增賜之田如兖州。由是學校之設遍天下。

□七十六
□二十二　　【文獻通考卷四十六　八】　　　　马

194. 皇祐四年，詔自今湏藩鎮乃得立學，他州勿聽。
195. 慶曆四年，參知政事范仲淹等建議精貢舉，請興學校，本行實。乃詔
196. 州縣□□，□□⑦使者選属部為教授，不足則取於鄉里宿學之有道
197. 業□。□□□□⑧三百日，乃聽預秋賦，舊甞充者，百日而止。見《舉士門》。
198. 安定先生胡瑗自慶曆中教學於蘇、湖間二十餘年，束脩弟子前
199. 後以數千計。是時方尚辭賦，獨湖學以經義及時務。學中故有經
200. □⑨齋、治事齋。經義齋者，擇疏通有器局者居之；治事齋者，人各治
201. 一事，又兼一事，如邊防、水利之類。故天下謂湖學多秀彦，其出而

---

① 據中華書局1986年本《文獻通考》，此處所缺文字應為"或作或"。
② 據中華書局1986年本《文獻通考》，此處所缺文字應為"也，故"。
③ "錫"字為一單獨小殘片，《中國藏黑水城漢文文獻》將其補於第206行，誤，現改正。
④ 據中華書局1986年本《文獻通考》，此處所缺文字應為"教養"。
⑤ "昉"通"仿"。
⑥ 文書第190—191行錯補一小殘片，其應位於M2·0007號文書第173—174行。
⑦ 據中華書局1986年本《文獻通考》，此處所缺文字應為"立學，本道"。
⑧ 據中華書局1986年本《文獻通考》，此處所缺文字應為"者。士湏在學"。
⑨ 據中華書局1986年本《文獻通考》，此處所缺文字應為"義"。

202. 筮仕，往往取高第。及為政，多適於世用。若老於吏事者，由講習有

203. 素也。歐陽公詩曰："吳興先生富道德，詵詵子弟皆賢才。"王荊公詩

204. 曰："先收先生作梁柱，次以收拾桷與榱。"慶曆四年，詔州□□□①，

205. 於是建太學於京師，而有司請下湖州，取先生之法以為□□□②

206. □③著為令。

（以上為 M2·0008 號文書，尺寸為 45cm×31cm）

207. □□，□④曰：頃者嘗詔方夏增置學官，而吏貪崇儒之虛名，務□□□⑤，

208. 使四方游士競起而趨之，輕去鄉閭，浸不可止。今後有學州先，毋得

209. 輒容非本土人居止聽習。若吏以繕修為名而斂會民財者，按舉之。

210. 神宗熙寧四年⑥，詔置京東、西，河東、北，陝西五路學，以陸佃等為諸州

211. 學官。仍令中書采訪逐路有經術行誼者各三五人，雖未仕亦給簿

212. 尉俸，使權教授。他路州、軍，命近日選薦京朝官有學行可為人師者，

213. 堂除逐路官，令兼所任州教授。州給田十頃為學糧，仍置小學教授。

214. □⑦年秋，詔諸州學官先赴學士院，試大義五道，取優通者選差。

215. 元豐元年，□□⑧路州府學官共五十三員：

216. 京東路□□⑨曹鄆青密州、應天府各一員，京西路西京國子監、許

---

① 據中華書局 1986 年本《文獻通考》，此處所缺文字應為"縣皆立學"。
② 據中華書局 1986 年本《文獻通考》，此處所缺文字應為"太學，至"。
③ 據中華書局 1986 年本《文獻通考》，此處所缺文字應為"令"。
④ 據中華書局 1986 年本《文獻通考》，此處所缺文字應為"五年，詔"。
⑤ 據中華書局 1986 年本《文獻通考》，此處所缺文字應為"增室屋"。
⑥ "年"字缺中間一豎。
⑦ 據中華書局 1986 年本《文獻通考》，此處所缺文字應為"八"。
⑧ 據中華書局 1986 年本《文獻通考》，此處所缺文字應為"詔諸"。
⑨ 據中華書局 1986 年本《文獻通考》，此處所缺文字應為"兗、徐"。

217. 陳襄鄧州各一員，河北路北京國子監、定相滄衛棣瀛州、眞定府
218. 各一員，陝府西路陝華耀邠泰燕①州、永興軍、鳳翔河中府各一員，
219. 河東路路晉代州、太原府各一員，淮南路揚州、亳州各一員，兩浙

六□十二　　【文獻通考卷四十六　　九】　　□

220. 路杭、越、蘇三州各一員，江南東路饒州、江寧府各一員，江南西路
221. 洪州、吉州各一員，荊湖南路潭州一員，荊湖北路江陵府一員，福
222. ＿＿＿＿②一員，成都府路眉州、成都府各一員，梓州路梓州、普州
223. ＿＿＿＿＿③路利州一員，夔州路夔州一員，廣南東路廣州一員，
224. 廣南西路桂州一員。
225. 按：是時大興學校，而天下之有教授者只五十三員，蓋重師
226. 儒之官，不肯輕授濫設故也。觀其所用者，既是有出身人，然
227. 又必試中而後授，則與入館閣翰苑者同科，其遴選至矣。哲
228. 宗元祐初，齊、盧、宿、常、虔、潁、同、懷、澶、河陽等州始相継置教授，
229. 三舍法行而員額愈多。至大觀時，吉州、建州皆以養士數多，
230. 置教授三員。宣和時，罷州縣學三舍法，始令諸州教授若係
231. 未行三舍已前置者依舊，餘並減罷；如贍學田產、房廊等係
232. 行三舍後添給者，亦復拘收云。

（以上為 M2·0009 號文書，尺寸為 45cm×31cm）

233. 哲宗元祐元年，詔近臣擇經明行修，堪內外學官者，人舉□□，□④罷
234. 試補法。
235. 二年，中丞胡宗愈言：學者初登科，遂顓師席，非是。詔內外學官經任，
236. 年至三十，方得在選。

---

① "泰燕"據中華書局1986年本《文獻通考》應為"秦熙"。
② 據中華書局1986年本《文獻通考》，此處所缺文字應為"建路建州"。
③ 據中華書局1986年本《文獻通考》，此處所缺文字應為"各一員，利州"。
④ 據中華書局1986年本《文獻通考》，此處所缺文字應為"二員，遂"。

237. 三年，又詔：宮學教授闕，選諸嘗被舉可為學官，及中十科中可為師
238. 表，或可備講讀者，仍官已升朝、年及四十乃得為之。　四年，以舉薦
239. 頗衆，詔湏命舉乃得奏上。
240. 紹聖元年，三省立格：侍從、臺諫、國子長貳，歲舉堪任諸州學官一員，
241. 湏嘗中進士或制科，年及三十者。若制科及進士第在上五人，禮部
242. 奏名在□□□①，府、監、廣文館第一人，或從太學上舍得第，即皆不試
243. 而用，餘並召附吏部春秋試。凡試，兩經、大義各一道，以通經、善作文
244. 為合格。已經舉試，中書籍其姓名，俟有闕則選授焉。於是內外見學
245. 官，非制科、進士出身及由上舍生入官者並罷。時學官已立試法，潭
　　　　　　　　九　【文獻通考卷四十六　十】　□
246. 廣已下十一州教授，本付吏部擬注者，令三省選差。
247. 監察御史黃慶基奏：先朝以經術設為三舍，以考察其行藝，始自
248. 太學，著為定令，而未及頒於四方。請州學皆立學，期以一年，考察
249. 無玷，乃□②應舉。方之前日結保投牒，以較一日之長者，有間矣。
250. 元符二年初，令諸州推行三舍法。應嘗置教授州考選、升補，悉如太
251. 學。州許上舍一人、內舍二人，歲貢入之京師。其上舍即附太學補外
252. 舍，試中補內舍生，通三試不升舍者，遣還其州。其內舍免試，至則補
253. 為外舍生。諸路選監司一員提舉學校，守貳董幹其事。遇試補上舍
254. 生，選有出身官一人同教授考選，仍彌封、謄錄。
255. 徽宗崇寧元年，宰相蔡京建請：天下皆置學，郡少或應書人少，即合

---

① 據中華書局1986年本《文獻通考》，此處所缺文字應為"上三人"。
② 據中華書局1986年本《文獻通考》，此處所缺文字應為"許"。

256. 二三州共置一學，學悉置教授二員。縣亦置學，州、縣皆置小學。推三
257. 舍法徧行天下。自縣選考升諸州，為州學生，每三年貢入太學，為太
258. 學生。至則附上舍試，別立號。考取分三等：試入上等補上舍□，
    □①中

（以上為 M2·0010 號文書，尺寸為 45.5cm×34cm）

259. 等補下等上舍生，入下等補內舍，餘為外舍。諸州、軍解額，各
    □□②分
260. 之一充貢士，開封府量留五十五額，解士人之不入學者，餘盡均給
261. 諸州以為貢額。任外官者子弟、親戚許入學，若於法應避所任親者，
262. 聽隨便學於他州，即不得升補與貢。在學及一年，給牒至太學，用國
263. 子生額解試。若所貢士至太學試中上等或預升舍人多，其本貫監
264. 司、太守推賞有差。州給常平或係省田宅充養士費，縣得用地利所
265. 出及非係省錢。州學取掌學諭、學長，許差特奏名人充。毋得以非經
266. 史子書教授。詔令講議司立法頒降。
267. 二年，先是，諸州縣學補弟子無定員，有司病費廣難贍，詔諸州用前
268. 一舉試者為則，嘗踰二百人許置百員數，減乎此則以三分之二為
269. 額，上舍、內舍立額亦如之。縣學則裁其見籍，率三而汰一。提學司通
270. 一路才許，均給學費，仍行部摘試文檢括當否。生員嘗試公私試，雖
271. 不中，亦復其身勿事。臣僚言：神宗尚經術，將以明道德，一風俗，元祐

【文獻通考卷四十六　　十一】

272. 姦朋暨其殘黨之在元符者，立異說壞之，今餘習未殄。乞立法禁天
273. 下刊寫，庶其可息。詔付國子監，其有上書及三舍生言涉誣訕并異
274. 論者，悉遣歸其鄉自訟齋拘之。
275. 三年，令州縣學用三舍法陞太學，罷科舉。見《舉士門》。

---

① 據中華書局 1986 年本《文獻通考》，此處所缺文字應為"生，入"。
② 據中華書局 1986 年本《文獻通考》，此處所缺文字應為"以三"。

276. 舊法，隸學三年，經兩試不預升貢，即除其籍，法涉大①嚴。自今三年內

277. 三經公試不與選，兩經補內舍、貢上舍不及格，且曾犯三等以上罰，

278. 若外舍即除籍歸縣，內舍降舍，已降而私試不入等，若曾犯罰亦除

279. 籍，再赴歲升試。每上舍生升舍已，其秋即貢入辟廱，長吏集闔郡官、

280. 提學司官，即本所燕設，以禮津遣，限歲終悉集闕下。自川、廣、福建入

281. 貢者，給借貣券，過二千里給大將券，續其路食，皆以學錢給之。選士

282. 入貢，其自今年始。如有孝弟婣②睦任恤忠和，若行能尤異，為鄉里所

283. 推，縣上之州，免試入學。教授、知通詢審無謬，即保任入貢，仍具實以

284. 聞，不實者坐罪有差。

（以上為 M2·0011 號文書，尺寸為 46cm×31.5cm）

285. 八行者，孝弟睦婣任恤忠和。凡有八行實狀，鄉上之縣，縣延入學，

286. 審考無偽，即以上州。州第其等，孝悌忠和為上，睦婣為中，任恤為

287. 下。苟備八行，不俟中③歲即奏貢入太學，免試補為上舍。司成以下

288. 審考不誣，即釋褐，命之官，仍優加升擢；不能全備者，為州學上等

289. 上舍，餘有差。八刑則反八行而麗於罪，名以其罪名之。縣上其名

290. 於州，州籍於學，毋得補弟子員。

291. 詔崇寧五年貢士至辟廱不如令者，凡三十有八人，皆遣歸，而提

292. 學官皆罰金。建州浦城縣丞徐秉哲以其縣學生隸籍者至千餘

293. 人，為一路最，特遷一官。

294. 詔縣學生三不赴歲升試者，除其籍。諸路賓興會試辟廱，獨常州

295. 中選者多，知州、教授特遷一官。

296. 詔諸州學生員及五百人以上，許置教授二員；不及八十人，罷置

297. 教授官，以在州有科名官兼莅學事。

---

① "大"通"太"。
② "婣"通"姻"，下同，不再另作說明。
③ "中"據中華書局 1986 年本《文獻通考》應為"終"。

五〇六十一　　【文獻通考卷四十六　　十二】

298. 吳氏《能改齋漫錄》曰：政和四年，臣僚上言："欲望應見任教授不
299. 得為人撰書啓、簡牘、樂語之類，庶幾日力有餘，辦舉職事，以副
300. 陛下責任師儒之意。"奉聖旨依。嘗聞陳瑩中初任潁昌教授官，
301. 時韓持國為守，開宴用樂語，左右以舊例必教授為之，公因命
302. 陳，陳曰："朝廷師儒之官，不當撰俳優之文。"持國遂薦諸朝，不以
303. 為忤。
304. 四年，鮑耀卿言："今州縣學考試，未校文字精弱，先問時忌有無，苟語
305. 涉時忌，雖甚工不敢取。時忌如曰'休兵以息民，節用以豐財'，'罷不急
306. 之役，清入仕之流'，諸如此語，熙、豐、紹聖間試者共用不忌，今悉紕之，
307. 宜禁止。"詔可。
308. 三年，臣僚言："比者試文，有以聖經之言輒為時忌而避之者，如曰'大
309. 哉堯之為君'，以為哉與災同；'制治于未亂'，'安不忘危'，'吉凶悔吝生乎
310. 動'，則以為危、亂、凶、悔皆當避。不諱之朝，豈宜有此！"詔禁之。

（以上為 M2·0012 號文書，尺寸為 46cm×31.5cm）

311. 按：熙寧之立學校，養生徒，上自天庠，下至郡縣，其大意不過
312. 欲使之習誦新經，附和新法耳。紹聖、崇觀而後，群憸用事，醜
313. 正益甚，遂立元祐學術之禁，又令郡縣置自訟齋以拘誹謗
314. 時政之人。士子志於進取，故過有拘忌，蓋言'休兵節用'，則恐
315. 類元祐之學，言災、凶、危、亂，則恐涉誹謗之語，所謂轉喉觸諱
316. 者也，則惟有迎逢諂佞而已。
317. 七年，給事中毛友言："比守郡，見訴役者，言：富家子弟初不知書，第捐

318. 數百緡錢求人試補入學,遂免身役。比其歲升不中,更數年而始除
319. 籍,則其倖免已多矣。請初試捕①入縣學人,並簾試,以別偽冒。"
    從之。
320. 宣和三年,罷天下州縣學三舍法,惟太學用之。
321. 臣僚言:"元豐六年,學官召試六十人,而所取纔四人,皆一時知名之
322. 士,故學者厭服。近觀大觀、政和所試,率三人取一,既非遴選,故
    投牒
323. 自請試者逾多,其選益輕。欲自今試者十人始取一人,以重其選。"從

【文獻通考卷四十六　十三】　　周

324. 之。
325. 又詔:比取諸州教授,並令三省選差。合天下三百餘州,州嘗有兩教
326. 授者,則為員闕且五百矣。大臣五七人,豈能盡察才否,不過破格律,
327. 應親故請求而已。比又嘗命八行之教授諸州者,止許大藩員外置
328. 之,不以苴茷。夫八行老成,有行實,又經廷試登科,顧不得實與諸生
329. 講學。前詔皆未詳審,其罷勿行。
330. 高宗建炎初,復教官試。紹興中,議者謂欲為人師而自納所業于有
331. 司,以幸中度,乃詔罷其試,而教授自朝廷選差。已而復之。凡有出身
332. 許應,先具經義、詩,試各三首,赴禮部,乃下省闈,分兩場試之,而
    取其
333. 文理優長者,不限其數。初任為諸州教官,繇是為兩學之選。十五年,
334. 國子監丞文浩言:"師儒之官,與諸生難疑荅問,於群經宜無所不通。
335. 請自今並於六經中,臨期取二經,各出兩題,無拘義式,以貫穿該贍
336. 為合格。"詔行焉。其後四川制置司遇類省試年,亦放禮部附試,自嘉

（以上為M2·0013號文書,尺寸為47cm×31cm）

337. 泰元年始。
338. 紹興三年,詔:建炎二年內復置教授處共四十三州,至建炎二年並
339. 罷,任滿更不差人。今將二年復置教授窠闕並行存留。
340. 又詔:淮西路州縣教授並行減罷,令逐州有出身官兼。

---

① "捕"據中華書局1986年本《文獻通考》應為"補"。

341. 十八年，江西轉運賈直清奏："請立縣學，於縣官內選有出身人兼領
342. 教導。尋下國子監參酌措置。欲比附舊法，縣學委知、通於令佐內選
343. 有出身官一員，兼領教導職事。及諸州軍如未差教授處，即令本路
344. 提舉司於本州有出身官選差一員兼領。若州縣官俱無出身，只令
345. 本學長、諭專主教導，却令知州、縣令覺察點檢。"從之。
346. 二十一年，大理寺主簿丁仲京奏："贍學田土多為勢家侵佃，望令提
347. 舉學士官覺察。"上謂大臣曰："既不度僧，常住多有絕產，其併撥以贍
348. 學。"既而戶部請令提舉司置籍拘管，其無敕額庵院一體行。
349. 朱子《崇安縣學田記》曰：予惟三代盛時，自家以達于天子、諸侯之

　　　　　　　　五百六十四　【文獻通考卷四十六　十四】　周

350. 國，莫不有學；而自天子之元子以至於士庶人之子，莫不入焉，則
351. 其士之廩於學官者宜數十倍於今日。而考之禮典，未有言其費
352. 出之所自者，豈當時為士者之家各已受田，而其入學也有時，故
353. 得以自食其食，而不仰給於縣官也歟？至漢元成間，乃謂"孔子布
354. 衣，養徒三千"，而增學官弟子，至不復限以員數。其後遂以用度不
355. 足，無以給之而至於罷。夫謂三千人者，聚食於孔子之家，則已妄
356. 矣！然養士之需，至於以天下之力奉之而不足，則亦豈可不謂難
357. 哉。蓋自周衰，田不井授，人無常產，而為士者尤厄於貧，反不得與
358. 為農工商者齒。上之人乃欲聚而教之，則彼又安能終歲裹飯而
359. 學於我？是以其費雖多，而或取之經常之外，勢固有不得已也。

360. 文獻通考卷之四十六終

（以上為M2·0014號文書，尺寸為46cm×32cm）

361. 文獻通考卷之四十七
362. 　　　　鄱　陽　馬　端　臨　貴　與　著
363. 　　職官考
364. 　　　官制總序
365. 伏犧氏以龍紀，故為龍師名官。師，長也。龍化其官長，故為龍師。春官為青龍，夏官為赤龍，秋官為白龍，冬

366. 官為黑龍，中官為黃龍。張晏曰："庖犧氏將興，神龍負圖而至，因以名師與官也。"

367. 共工氏以水紀，故為水師水名。共工氏，以諸侯霸有九州者。以受水瑞，故水名官。

368. 神農氏以火紀，故為火師火名。火德也，故為炎帝。春官為大火，夏官為鶉火，秋官為西火，冬官為北火，中

369. 官為中火官也。神農有火星之瑞，因以名為師與官也。①

370. 黃帝雲師雲名。黃帝受命有雲瑞，故以雲紀事。春官為青雲，夏官為赤雲，秋官為白雲，冬官為黑雲，中官為黃雲也。黃帝

371. 有景雲之應，因以名師與官也。

372. 少昊摯之立也，鳳鳥適至，故鳥紀，為鳥師而鳥名。鳳鳥氏曆正也，鳳鳥

373. 知天時，故以為曆正之官。玄鳥氏司分也，玄鳥，燕也。以春分來，秋分去。伯趙氏司至也，伯趙，伯勞也。以

二百卅四　　　　【文獻通考卷四十七　一】　　　　申
小五百七十五

374. 夏至鳴，冬至止。青鳥氏司啓也，青鳥，鶬鴂也。以立春鳴，立秋去。鴂音晏。② 丹鳥氏司閉也；丹鳥，鷩雉也。以

375. 立秋來，立冬去，入大水為蜃。以上四鳥，皆曆正之屬官。③ 祝鳩氏司徒也，祝鳩，鵻也鳩。鷦鳩孝，故為司徒，主教民。④ 雎⑤

376. 鳩氏司馬也，雎鳩，王鴡也。摯而有別，故為司馬，主法制。鳲鳩氏司空也，鳲鳩，鵠鶋也。鳲鳩平均，故為司空，平

377. 水土。鳲音屍，鵠⑥音秩，鶋音菊。爽鳩氏司寇也，爽鳩，鷹也。摯，故為司寇，主賊盜。鶻鳩氏司事也，鶻鳩，鶻鵃

378. 也。春來冬去，故為司事。鶻音骨，鳩音陟交反。似山鵲而小，至春多聲。⑦ 五鳩，鳩民者也。鳩，聚也。治民尚聚，故以鳩為名。五

379. 雉為五工正，五雉，雉有五種：西方曰鷷⑧雉，東方曰鶅雉，南方曰翟雉，北方曰鵗雉，伊洛之南曰翬雉。利器用，正

380. 度量，夷民者也。夷，平也。九扈為九農正，扈，止也，止人使不淫放也。扈有九種：春扈鳻鶞，夏扈竊玄⑨，

---

① 據中華書局1986年本《文獻通考》"中火官"之"官"應為衍文。
② "去"據中華書局1986年本《文獻通考》應為"止"。
③ "唇"據中華書局1986年本《文獻通考》應為"蜃"。
④ "鷦也鳩"據中華書局1986年本《文獻通考》應為"鷦鳩也"。
⑤ "雎"通"鴡"，下同，不再另作說明。
⑥ "秩"據中華書局1986年本《文獻通考》應為"秸"。
⑦ "鳩"據中華書局1986年本《文獻通考》應為"鵃"；"鵲"據中華書局1986年本《文獻通考》應為"鵲"。
⑧ "鷷"通"鷷"。
⑨ "亥"據中華書局1986年本《文獻通考》應為"玄"。

秋扈

381. 切藍，冬扈切黄，棘扈切丹，行扈唶曹①，宵扈嘖嘖，桑扈切脂，老扈鷃鷃。以九扈為九農之號，各隨其宜，以教民事者也。鷃音勑倫反，

382. 唶子夜反 嘖壯革反。

383. 自顓帝②以來，不能紀遠，乃紀於近，為民師而命以民事。德不能致遠瑞，始以民事

384. 命官。此郯子對魯昭公之辭。仲尼問③之，曰："吾聞之，天子失官，學在四夷。"乃見於郯子而學之。又有五行之官，是謂

385. 五官。社稷五祀，是尊是奉。五官之君長能修其業者，死配食於五行之神，為王者所尊奉。春官木正

386. 曰勾④芒，正，官長也。兩⑤木生勾曲而有芒角，其祀重也。夏官火正曰祝融，祝融，明貌也，其祀黎也。秋官

（以上為 M2·0015 號文書，尺寸為 47cm×32cm）

387. 金正曰蓐收，秋物摧蓐而可收也，其祀該也。冬官水正曰玄冥，水，陰而幽冥，其祀脩及熙焉。中官

388. 土正曰后土。土為群物主，故稱后也，其祀勾龍焉。在家則祀中霤，在野則在社⑥。

389. 唐堯之代，命羲、和欽若昊天，曆象日月星辰，敬授人時。重、黎之後羲氏、和氏，世掌

390. 天地四時之官，故堯命之，使敬順昊天。昊天，言元氣廣大。星，四方中星。辰，日月所會。曆象其分節，敬記天時，以授人也。此舉其用⑦，下別序

391. 之。分命羲仲宅嵎夷，曰暘谷，宅，居也。東表之地稱嵎夷。暘，明也。日出於谷而天下明，故稱暘谷。暘谷，嵎夷，一

392. 也。羲仲，居治東方之官，寅賓出日，平秩東作；寅，敬。賓，導。秩，序也。歲起於東而始就耕，謂之東作。東方之官，敬導出

393. 日，平均次序東作之事，以務農也。申命羲和⑧宅南交，申，重也。南交言夏與春交，舉一隅以明之。此居治南方之官。

394. 平秩南訛，敬致；訛，化也。掌夏之官，平序南方化育之事，敬行其教，以致其功。四時同之，亦舉一隅。分命和仲

395. 宅西，曰昧谷，昧，冥也。日入於谷而天下冥，故曰昧谷。昧谷曰西，則嵎夷東可知。此居治西方之官，掌秋天之政。寅餞

---

① "曹"據中華書局 1986 年本《文獻通考》應為"唶"。
② "帝"據中華書局 1986 年本《文獻通考》應為"頊"。
③ "問"據中華書局 1986 年本《文獻通考》應為"聞"。
④ "勾"通"句"，下同不再另作說明。
⑤ "兩"據中華書局 1986 年本《文獻通考》應為"取"。
⑥ "在社"據中華書局 1986 年本《文獻通考》應為"祀社"。
⑦ "用"據中華書局 1986 年本《文獻通考》應為"目"。
⑧ "和"據中華書局 1986 年本《文獻通考》應為"叔"。

396. 納日，平秩西成； 餞，送也。日出言導，日入言送，因事之宜。申命和叔宅
　　　　　　　　　　　秋，西方萬物成，平序其政，助成物也。

397. 朔方，曰幽都，平在朔易。 北稱朔，亦稱方。言一方則三方見矣。北稱幽，則
　　　　　　　　　　　　　　　南稱明，從可知也。都，謂所聚也。易，謂歲改

398. 易於北方。平均在察其政，以順天常。上摠
　　　言義、和敬順昊天，此分別仲、叔各有所掌。允釐百工，庶績咸熙。 允，信。
　　　　　　　　　　　　　　　　　　　　　　　　　　　　　　　　　釐，治。

399. 工，官。績，功。咸，皆。熙，廣也。言定四時成歲，曆以
　　　告時授事，則能治百官，衆功皆廣，歎其美①。 內 有 百 揆、四

　　　　　　　　　　四岳，
　　　岳，　　　　　分主四方

　　　　□百卅四
　　　　小六百十三　【文獻通考卷四十七　　二】

400. 諸侯者也。《周禮正義》曰："四岳，四時之官，主四岳之事。"始羲、和之時，主
　　　四岳者謂之四治②。至其死，分岳事，置八伯，皆王官。其八伯，唯驩兜、共

401. 功、放齊、鯀四人而已，餘四人無文可知，故《書傳》云："惟元祀巡狩，四岳
　　　八伯。"堯始以羲、和為六卿，春夏秋冬者并掌方岳之事，是為四岳，出

402. 則為伯。其後稍死，分置八伯。以九州而言，八伯者，據畿外八州也，畿
　　　內不置伯，以鄉遂之吏主之。四岳之外，更有百揆之官者。但堯初天

403. 官為稷，至堯試舜天官之任，謂之
　　　百揆。舜又命禹為百揆，皆天官也。外有州牧、侯伯、外置州牧十二
　　　　　　　　　　　　　　　　　　　　　　　　　及五國之長。

404. 按：陶唐氏以前之官所治者，天事也；虞、夏以後之官所治者，

405. 民事也。太古法制簡略，不可得而詳知。然以《經》《傳》所載
　　　攷之，

406. 則自伏犧以至帝堯，其所命之官，大率為治曆明時而已。蓋

407. 太古洪荒，步占之法未立，天道幽遠，非有神聖之德者不足

408. 以知之。而位天地，育萬物，定四時，成歲功，乃君相職業一大

409. 事。《月令》"其帝太皥，其神勾芒。"鄭氏注以為此蒼精之君，
　　　木官

410. 之臣，自古以來著德立功是也。蓋此數聖人者，生則知四時

411. 之事，殁則為四時之神。然太皥、炎帝、少皥、顓頊所曆者四世，

412. 而勾芒、祝融、蓐收、玄冥、后土，則顓帝③之時始有此五人者並

（以上為 M2·0016 號文書，尺寸為 43cm×29cm）

413. 世而生，能任此五官之事。至帝堯時，則占中星之法，置閏餘

---

① "美"據中華書局 1986 年本《文獻通考》應為"善"。
② "四治"據中華書局 1986 年本《文獻通考》應為"四伯"。
③ "帝"據中華書局 1986 年本《文獻通考》應為"頊"。

414. 之法，漸已著明，然其命官，猶以羲、和為第一義。白①是四子之
415. 後，世守其法，居其官。至舜攝政之時，雖以"在璿璣玉衡，齊②七
416. 政"為首事，然分命九官，則皆以治民，而未嘗及天事。蓋累聖
417. 相承，其法至堯而備，世官自足以掌之，不必別求賢哲之輔，
418. 以專其任也。三代官制，至周而尤詳。然觀成王所以命官，若
419. 二③公、三孤，則僅有燮理陰陽、寅亮天地二語為天事，而冢宰
420. 以下俱民事也。然尚承襲上古之官名。而所謂六官，則天官
421. 掌治，地官掌教，春官掌禮，夏官掌兵，秋官掌刑，冬官掌土，略
422. 不及天地四時之事。至於馮相氏、保章氏、挈壺氏，則不過三
423. 百六十屬吏之一。蓋至是，而治天事之官事采易而秩采卑
424. 矣。
425. 虞舜有天下，以伯禹作司空，使宅百揆；_{禹代鯀為崇伯，入為天子司空，治洪水有成功，言可用之。}

中□九十七　　【文獻通考卷四十七　　三】
小□十五

426. 棄后④稷，播百穀；契作司徒，敷五教；_{布五常之教。}皋陶作士，正五刑；_{士，理獄官。}垂
427. 作共工，利器用；_{垂，臣名。共謂供其百工戩事。}伯益作虞，育草木鳥獸；_{虞，掌山澤之官。}伯夷
428. 秩宗，典三禮；_{秩，序。宗，尊也。三禮，天地、人之禮。伯夷，臣名，姜姓。}夔典樂，教胄子；_{胄，長也，謂元子以下至卿大夫子弟，}以歌詩蹈舞⑤之，教_{長國子中和祗庸孝友。}
429. 和人神；_{勉之。}命夔，使龍作納言，出納帝命。_{納言，喉舌}
430. 之官。聽下言納於上，受_{上言宣於下，必以信。}蓋亦為六宮⑥，以主天地四時也。_{崔靈恩曰：自顓頊以來，命}

---

① "白" 據中華書局1986年本《文獻通考》應為"自"。
② 據中華書局1986年本《文獻通考》"齊"字前脫一"以"字。
③ "二" 據中華書局1986年本《文獻通考》應為"三"。
④ 據中華書局1986年本《文獻通考》"后"字前脫一"作"字。
⑤ 據中華書局1986年本《文獻通考》"舞"之前脫一"之"字。
⑥ "宮" 據中華書局1986年本《文獻通考》應為"官"。

431. 南正重司天，火①正黎司地，故重、黎之後，世掌天地官，號曰羲、和。唐堯受之，乃置天地四時之官，命羲、和之後，使復舊職，而掌天地之事。又
432. 分命羲仲、羲叔、和仲、和叔，使主四時，為六卿之任。及其末年，舜攝百揆，改地官為司徒，秋官為士，冬官為司空，春官為秩宗。故《尚書》曰："乃
433. 命羲、和，欽若昊天"，分命和仲、和叔等，使主四時之事。又云"百姓不親，五品不遜"，契為司徒，敬敷五教，地官之事也；皋繇作士，五刑有服，秋
434. 官之任也；禹作司空，以平水土，冬官之職也；伯夷為秩宗，典朕三礼，此春官之所司也。又《周禮正義》曰："稷為天官，羲、和為夏官，共為六官。"
435. 夏后氏之制，亦置六卿。《甘誓》曰："乃召六卿"是也。其官名次，猶承虞制。《禮記》曰："夏後氏官百。""天子
436. 有三公、九卿、二十七大夫、八十一元士。"
437. 殷制，天子建天官，先六大②，曰大宰、大宗、大史、大祝、大士、大卜，典司六
438. 典。典，法也。此盖殷時制也。用③制，大宰為天官；大宗曰宗伯，宗伯為春官，大史以下属焉；大士以神仕者。天子之五官，曰

（以上為 M2·0017 號文書，尺寸為 46.5cm×31.5cm）

439. 司徒、司馬、司空、司士、司寇，典司五衆。衆，謂群臣也。此亦殷時制也。周制，司士属司馬。大宰、司徒、宗伯、
440. 司馬、司寇、司空為六官。天子之六府，曰司土、司木、司水、司草、司器、司貨，典司六
441. 職。府，主藏六物之稅者④。此亦殷時制也。周制皆属司徒。司士，土均也；司木，山虞也；司水，川衡也；司草，稻人也；司器，角人也；司貨，卝人也。
442. 卝音華猛反。天子之六工，曰土工、金工、石工、木工、獸工、草工，典制六材。此亦
443. 殷時制也。周制皆属司空。土工，陶旟⑤也；金工，築、冶、鳬、栗、鍛、桃也；石工，玉人、磬人⑥；木工，輪、輿、弓、廬、匠、車、梓也；獸工，函、鮑、韗、韋、裘也；唯草工耾

---

① "火"據中華書局1986年本《文獻通考》應為"北"。
② "大"通"太"，下同，不再另作說明。
③ "用"據中華書局1986年本《文獻通考》應為"周"。
④ "者"中華書局1986年本《文獻通考》中無。
⑤ "陶旟"據中華書局1986年本《文獻通考》應為"陶旊"。
⑥ 據中華書局1986年本《文獻通考》"磬人"後應缺一"也"字。

444. 工，蓋謂作隹葦之器。韗音吁，音吁援反。旅音方袙反。①致②貢曰享，貢，功也。享，獻也。致其歲終之功於王，謂之獻也。大宰歲終

445. 則令百官府各正其治，受其會，聽其致事，而詔王廢置也。五官之長曰伯。謂為三公也。《周禮》"九命作伯"。千里之

446. 內為王畿，千里之外設方伯。五國以為屬，屬有長；十國以為連，連有

447. 帥；三十國以為卒，卒有正；二百一十國以為州，州有伯。屬、連、卒、州，尤③聚也。伯、帥、正，

448. 亦長也。凡長，皆因賢侯為之。殷之州長曰伯，虞、夏及周皆曰牧。八州八伯，五十六正，百六十八帥，三

449. 百三十六長。八伯各以其屬，屬於天子之老二人，分天下以為左右，

450. 曰二伯。老，謂上公。

451. 周成王既黜殷命，參攷殷官，制為周禮，以作天地四時之名，謂之六

中六十
小四百廿六 【文獻通考卷四十七 四】

452. 卿。改大宰為天官冢宰，大宗為春官宗伯，司徒為地官，司馬為夏官，司寇為秋官，司空為冬官。立天官冢宰掌邦

453. 治，地官司徒掌邦教，春官宗伯掌邦禮，夏官司馬掌邦政，秋官司寇

454. 掌邦刑，冬官司空掌邦事。六官之戢皆揔屬於冢宰。故《論語》曰："君薨，百官揔己以聽於冢宰。"《爾雅》曰："冢，大也。"冢

455. 宰則大宰，於百官無所不主。各有徒屬，周於百事④。歲終，天子齋戒受諫，諫當有所⑤改為。六

456. 卿以百官之成質於天子，質尤⑥平也。平其計也。百官齋戒受質，受平報也。然後休老

457. 勞農，享食之也。成歲事，斷計要也。制國用。自周衰，官失而百戢亂，戰國並争，各

458. 有變易。

459. 秦兼天下，建皇帝之號，立百官之戢，不師古。始罷侯置守，太尉主五

---

① 據中華書局1986年本《文獻通考》"音吁"為衍文，"旅"應為"旂"。
② 據中華書局1986年本《文獻通考》"致"字前脫"五官"二字。
③ "尤"據中華書局1986年本《文獻通考》應為"猶"。
④ 據中華書局1986年本《文獻通考》"事"字後脫注文"崔靈恩曰：'王者之興，須變人情，必有改官之禮，周禮所以興也。'"
⑤ "有所"中華書局1986年本《文獻通考》作"所有"。
⑥ "尤"據中華書局1986年本《文獻通考》應為"猶"。

460. 兵，丞相揔百揆。又置御史大夫，以二①於相。

461. 漢初，因循而不革，隨時宜也。其後頗有所改。^{孟康注《漢書》曰："大司馬、左右前後將軍、侍中、常}

462. 侍、散騎、諸吏為中朝，丞相以下②至六百石為外朝。"

463. 王莽篡立，慕從古官而吏民弗安，亦多虐政，遂以亂亡。^{當更始之時，官爵皆群小}

464. 賈豎。語曰："竈下養，中郎將。爛羊胃，騎都尉。爛羊頭，関內侯。"

（以上為 M2·0018 號文書，尺寸為 43cm×32cm）

465. 光武中興，務從節約，并官省戠，費減億計。^{後漢建武六年詔曰："百姓遭難，戶口耗少，而官吏尚}

466. 繁。"於是司隸、州牧條奏，并省四百餘縣，吏戠減損，十置其一。^{廢丞相與御史大夫，而以三司綜理}

467. 衆務。洎于叔事，世③歸臺閣，論道之官備員而已。

468. 魏與吳、蜀，多依漢制。

469. 晉氏継及，大抵畧同。^{《山公啓事》曰："晉制，諸坐公事者，皆三年乃得叙}

470. 用，其中多有好人，今逍遙無事。臣以為略依左遷法，隨資財減之，亦足懲戒，而官不失其中。"詔善之。又傅玄奏曰："諸官有病，滿百日不差，宜令去戠，優其禮秩。既差而復用。"④泰元

471. 六年改制減費，損吏士戠員凡七百人。^{時議省州郡縣半吏，以赴農功。荀勖議以為："省吏不如省}

472. 官，省官不如省事，省事不如清心。昔蕭、曹相漢，載其清靜，此清心也。漢文垂拱，幾致刑措，此省事也。光武并合吏員，縣官國邑才置十一，

473. 此省官也。魏太和中，遣王人四出，減天下吏員；正始中，亦并合郡縣，此省吏也。今必欲求之於本，則宜以省事為先。設官分戠，委事責成。

474. 量能受任，思不出位。若欲省官，切謂九寺可并於尚書，蘭臺宜省付三府。"至東晉，桓溫又表曰："愚謂門下三省、秘書、著作，通可減半。古以⑤

475. 九卿宗⑥事，不專尚書。今事歸內臺，則九卿為虛設，宜省并。若郊廟、籍田之屬，則臨時權兼，事訖省矣。"^{爰及宋、齊，亦無}

476. 改作。^{宋時制新長吏以父母疾去官，禁錮三年。山陰令沈叔在父疾去戠，御史中丞鄭⑦之上議曰："所以為其制者，茍官不久，則奔}

---

① "二"據中華書局1986年本《文獻通考》應為"貳"。
② "以下"中華書局1986年本《文獻通考》作"以平"。
③ "事，世"據中華書局1986年本《文獻通考》應為"世，事"。
④ 據中華書局1986年本《文獻通考》"財"應為"裁"，"中"應為"用"；"差"通"瘥"。
⑤ 據中華書局1986年本《文獻通考》"受"應為"授"，"切"應為"竊"。
⑥ "宗"據中華書局1986年本《文獻通考》應為"綜"。
⑦ 據中華書局1986年本《文獻通考》"鄭"字後應脫一"鮮"字。

477. 競互生，故杜其欲速之情，以申考績之實耳。今父母之疾，而加以罪名，損義疾理，莫此為大。"詔從之。於是貟①二品以上父祖及為祖父母

二百九十六小六百六十　【文獻通考卷四十七　五】　汪

478. 後者，墳墓崩毀及疾病，放屬輒去，並不禁錮。官司有三臺、五省之號，三臺，蓋兩漢舊名。五省，謂尚書、中書、門下、

479. 秘書、渠②郡、縣有三歲為滿之期。宋州郡縣善③戢，書省也。以三周為小滿。

480. 梁武受終，多遵齊舊。然而定諸卿之位，分配四時，說在《列卿》中。置戎秩之

481. 官，百有餘號。武帝時，置百二十五號將軍，為二十四斑④。

482. 陳遵梁制，不失舊物。陳依梁制，年未滿三十者不得入仕。唯經學生策試得弟，出祖⑤迎主簿、西曹左奏及經為挽郎

483. 得仕。必有奇才、異行、殊勳，別降恩旨敘用者，不在常例。其官唯論清濁，從濁得微清，即勝於遷。

484. 後魏昭武⑥之即王位，初置官司，分掌眾職。以燕風⑦為右長中，許議為郎中令。然而其

485. 制草創，名稱乎踈⑧。皇始元年，道武平并州，始建臺省，置百官，封公侯、

486. 將軍、刺史、太守、尚書郎等官，悉用文人。天興中，大史言天文錯亂，當

487. 改王易政，故官號數革。初，道武制官，皆擬遠古雲、鳥之義，諸曹走使胃之"鳧鴨"，取飛之迅疾也。以信察候官禁，謂⑨

488. 之"白鷺"，取其延頸遠視。他皆類此。至孝文大和中，王肅來奔，為制官品，百司位號，皆

489. 准南朝，改次職令，以為永制。凡守令以六年為滿，後經六年乃叙。又作考格，以之黜陟。

490. 又宣武帝行考陟之法，任事上中者，三年升一階散官；上第者，四載

（以上為M2・0019號文書，尺寸為47cm×32cm）

---

① "貟"據中華書局1986年本《文獻通考》應為"自"。
② "渠"據中華書局1986年本《文獻通考》應為"集"。
③ "善"據中華書局1986年本《文獻通考》應為"居"。
④ "斑"據中華書局1986年本《文獻通考》應為"班"。
⑤ "弟，出祖"據中華書局1986年本《文獻通考》應為"第，諸州"。
⑥ "武"據中華書局1986年本《文獻通考》應為"成"。
⑦ 據中華書局1986年本《文獻通考》"風"應為"鳳"，"中"應為"史"。
⑧ "乎踈"同"乖疎"。
⑨ 據中華書局1986年本《文獻通考》"胃"應為"謂"，"信"應為"伺"，"官禁"應為"宮禁"。

491. 登一級。孝明以後，授受多濫。自明帝孝昌以後，天下多難，刺史、太中皆為當部，雖無兵事，並立佐僚，所在頗①

492. 為煩擾。及東魏靜帝時，齊神武作相，高隆之表請自非實在邊要、見有兵馬者，悉皆斷之。又時諸朝貴多假常侍，以取貂蟬之飾。隆之自

493. 表解侍中，并陳諸假侍服者，請亦罷之。又自軍國多事，冒竊官者不可勝數，隆之奏請撿括，得五萬餘人，而群小喧囂，隆之懼而止。

494. 北齊創業，亦遵後魏，臺、省位號，多類江東。以門下省掌獻納諫正，中書省管司王言，秘書省典

495. 司經籍，集書省掌從容諷議，中常侍省掌出入門閤，御史臺察糾彈劾。後主臨御，爵祿犬馬。御馬及犬乃有儀同、

496. 郡公之號，籍以廝屬，食物十餘種。其宮婢、閹人、商人、胡人、雜戶、歌舞人、見鬼人濫富貴者萬數。至末年，大宰②、三師、大司馬、大將軍、三公等

497. 官，並增員而授之，或二或三，不可稱數。

498. 後周之初據關中，猶依魏制。及平江陵之後，別立憲章，酌《周禮》之文，

499. 建六官之戟，其他官亦兼用秦、漢。他官謂將軍、都督、刺史、太守之類。

500. 隋文帝踐極，百度伊始，復廢周官，還依漢、魏。其於庶僚，頗有損益，凡

501. 官以四考而代。又制：凡官以理去職，聽並執笏。至煬帝，初存稽古，多復舊章。百官不得計考

502. 增級，如有德行功能灼然顯著者，擢。③大業三年，始行新令，有三臺、五省、五監、十二衛、十

503. 六府。殿內、尚書、門下、內史、秘書，五省也。三臺也。謁者、司隸、御史，少府、長秋、國子、將作、都水，五監也；左右翊、左右驍、左右武、左右屯、左

三百七
小六百七十八　【文獻通考卷四十七　六】　汪

504. 右禦、左右候，十二衛也；左右備身、左右監門等，凡十六府也。或是舊名，或是新置。諸省及左右衛、武候、領軍、監門府為內官，自餘為外官。

505. 于時天下繁富，四方無虞，衣冠文物為盛矣。既而漸為不道，百度方

506. 亂，號令日改，官名月易，圖籍散逸，不能詳備。

507. 唐职貟多因隋制，雖小有變革，而大較不異。高祖制：文官遭父母喪者，聽去職。貞觀

---

① 據中華書局1986年本《文獻通考》"中"應為"守"，"當部"後脫"都督"兩字。
② "大宰"通"太宰"。
③ 據中華書局1986年本《文獻通考》"擢"字後脫一"之"字。

508. 六年，大省內官，凡文武定員六百四十有二而已。顯慶元年初制：拜
509. 三師、三公、親王、尚書令、雍州牧、開府儀同三司、驃騎大將軍、左右僕射，並臨軒冊授。大
子三少、傅、中書令、諸曹尚書、諸衞大將軍、特進、鎮軍輔國大將軍、光①
510. 祿大夫、太子詹事、太常卿、都督及上州刺史在京者，朝堂受冊。
又制：文武官五品以上者及②病不因罪解者，並聽同致仕例。
511. 龍朔二年，又改京司及百官之名。改尚書省為中臺，門下省為東臺，中書省為西臺，其餘官司悉改之。
512. 咸亨元年復舊。至于武太后，再易庶官，或從宜創號，改尚書省為文昌臺，門下省為
513. 鸞臺，中書省為鳳閣，御史臺為肅政臺，及諸寺衞等名。又置控鶴府官員。
514. 或參用古典。改六
515. 尚書為天地四時之官。天授二年，凡舉人，無賢不肖，咸加擢拜，大置試官以處
516. 之。試官蓋起於此也。試者，未為正命。凡正官，皆稱行、守。其階高而官卑者稱行，階卑而官高者稱守，官階同者並無

（以上為 M2·0020 號文書，尺寸為 47cm×32cm）

517. 行、守字。太后務收物情，其年二月，十道使舉人，并州石其縣令王山耀等六十一人，並授拾遺、補闕；懷州錄事參軍崔獻可等一十四人，③
518. 並授侍御史；并州錄事參軍徐所④等二十四人，並授著作郎；魏州內黃縣尉崔宣道等二十二人，並授衞佐、校書、御史等。故當時諺曰："補
519. 闕連車載，拾遺平斗量，把推侍御史，椀脫校書郎。"試官自此始也。于時擢人非次，刑網方密，雖驟歷
520. 榮貴，而敗輪繼軌。神功元年制曰：自今本色出身，解天文者進轉官不得過太史令，音樂者不得過大樂⑤、鼓吹署令，醫
521. 術者不得過尚藥奉御，陰陽卜筮者不得過太子⑥令，解造食者不得過司膳寺諸署令。又制：其有從勳官、品子、流外、國官、參佐、視品等出
522. 身者，自今不得任京清顯要等官。若累階應至三品者，不湏⑦進階，每一階酬勳兩轉。如先有上柱國者，聽迴授朞以上親。必有異行奇材
523. 別立殊效者，不拘此例。神龍初，官復舊號。凡武太后所改之官。二年三月，又置員外官二

---

① 據中華書局 1986 年本《文獻通考》"大子"通"太子"，下同，不再另作說明，"傅"應為"侍中"，"諸御"應為"諸衞"。
② "者及"據中華書局 1986 年本《文獻通考》應為"老及"。
③ 據中華書局 1986 年本《文獻通考》"石其"應為"石艾"，"一十四"應為"二十四"。
④ "徐所"據中華書局 1986 年本《文獻通考》應為"徐昕"。
⑤ "大樂"通"太樂"。
⑥ "太子"據中華書局 1986 年本《文獻通考》應為"太卜"。
⑦ "不湏"據中華書局 1986 年本《文獻通考》應為"不得"。

524. 千餘人，國初舊有員外官，至此大增，加兼超於是遂有員外、員外官，授諸閹官為員外官者，亦千餘人。①其初但

525. 云員外。至永徽六年，以蔣孝璋為尚藥奉御，員外特置，仍同正員。自員外官復有同正員者。其加同正員者，唯不給職田耳，其禄俸賜與

526. 正官同。單言員外者，則禄俸減正官之半。檢校、試、攝、判、知之官。攝者，言勅攝，非州府板②署之命。檢校者，云檢校某官。

527. 判官者，云判某官事。知者，云知某官事。皆是詔除，而非正命。逮乎景龍，官紀大紊，復有"斜封無坐

528. 處"之誦興焉。景龍中，有太平、安樂、長寧、宜城等諸公主，及上官氏與其母沛國夫人鄭氏、上官柴氏、賀婁氏、女巫隴西夫人

529. 趙氏，皆樹用親識，亦多猥濫。或出身皂隸，或由於屠販，多因賂貨，累居榮秩，或能別於側門降墨勅斜封封以授焉，故時人號為"斜封官"。③

二百四　　　【文獻通考卷四十七　七】　　　今
小九百十六

530. 時既政出多門，遷除甚衆，自宰相至于內外員官④及左右臺御史，多者則數踰十倍，皆無聽事可以處之，故時人謂之"三無坐處"，謂宰相、

531. 御史及員外官也。先天以來，始懲其弊。玄宗御極，宰相姚元崇、宋璟兼吏部尚書，大革姦濫，十去其九。時有殿中

532. 侍御史崔蒞、太子中允薛昭諷帝曰："先朝所授斜封官，恩命已布，而姚元崇、宋璟等阻⑤先帝之明，歸怨陛下，道路謗讟，天下稱冤。奈何與

533. 萬人為仇敵，恐有非常之變。"上以為然，乃下詔曰："諸緣斜封別勅授官，先令停任，官並量材敍用。"監察御史柳澤又上疏極言不可："昔斜⑥

534. 封官得免罪戾，已沐恩私。同月之內頻煩降旨，前勅令至冬處分，後勅又令替人却停，將何以止姦邪？將何以懲風俗？"至開元

535. 二十五年，刊定職次，著為格令。此格皆武德、貞觀之舊制，永徽初已詳定之，至開元二十五年再刪定焉。

536. 至二十八年，又省文武六品以下官三百餘員及諸流外、番官等。蓋尚書省以統會衆務，舉持繩目；

537. 門下省以侍從獻替，規駁非宜；中書省以獻納制冊，敷揚宣勞；秘書

538. 省以監錄圖書；殿中省以供脩膳服；內侍省以承旨奉引；尚書、門下、中書、秘書、

539. 殿中、內侍，凡六省。御史臺以肅清僚庶；九寺、太常、光禄、衛尉、宗正、大僕、大理、鴻臚、司農、大府，為九寺。五

---

① 據中華書局 1986 年本《文獻通考》，此處脫"中書令李嶠，初自地官尚書貶通州刺史，至是召拜吏部侍郎。嶠志欲曲行私惠，求名曰衆，冀得重居相位，乃奏請大置員外官，多引用勢家親識。至是，嶠又自覺銓衡失序，官員倍多，府庫由是減耗"等文。
② "板"據中華書局 1986 年本《文獻通考》應為"版"。
③ 據中華書局 1986 年本《文獻通考》"或能"應為"咸能"，"封封"第二個"封"為衍文。
④ 據中華書局 1986 年本《文獻通考》"員官"應為"員外官"，"聽事"應為"廳事"。
⑤ "阻"據中華書局 1986 年本《文獻通考》應為"洎"。
⑥ "昔"據中華書局 1986 年本《文獻通考》應為"其"。

540. 監,少府、將作、國子、軍器、都水,為五監。軍 以分理群司;六軍、左右羽林、左右龍武、左右神武,為大①軍。十六衛,

541. 左右御②、左右驍衛、左右武、左右威、左右領軍、左右金吾、左右監門、左右千牛,為十六。以嚴其禁禦;一詹事府、二

542. 春坊、有左、右春坊,又有內坊,閤③內諸事。三寺、家令寺、率更寺、太僕寺。十率,左右御、左右司常、左右清道、左右監門、左④

(以上為 M2·0021 號文書,尺寸為 47cm×32cm)

543. 右內侍,只⑤俾乂儲官⑥。牧守、督護,分臨畿服 京府置牧,餘府、州置都督、都護、太守。設官以

544. 經之,置使以緯之。按察、採訪等使以理州縣。節度、團練等使以督府軍事。租庸、轉運、鹽鐵、青苗、營田等使以毓財貨。其

545. 餘細務因事置使者,不可悉數。其轉運以下諸使,無過⑦所治,廢置不常,故不克列於篇 自六品以下,率由選曹,

546. 居官者以五歲為限。於是百司具舉,庶績咸理,亦一代之制焉。一歲為一

547. 考,四考有替則為滿。若無替,則五考而罷。六品以下,吏部注擬,謂之旨授。五品以上,則皆敕除。自至德之後,天下多難,甄才錄効,制敕特

548. 拜,於吏部⑧,於是兼試、員外郎倍多正員。至廣德以來,乃立制限,州縣、員外、兼試等官,各有定額,並云額內溢於限者,不得視秩。其有身帶

549. 京官冗秩資名清美兼州縣秩者,云占闕焉,即如正員之例。官以三考而代,無替,四考而罷,由是官有常序焉。唐自太宗時

550. 已有員外置,其後又有特置同正員。至於檢校、兼、守、判、知之類,皆非

551. 本制。又有置使之名,或因事而置,事已則罷,或遂置而不廢,其名類

552. 繁多,莫能徧舉。肅、代以後,盜起兵興,府庫無蓄積,朝廷專以官爵賞

553. 功。諸將出征,皆給空名告身,自開府、特進、列卿、大將軍,下至中郎將,

---

① "大"據中華書局1986年本《文獻通考》應為"六"。
② 據中華書局1986年本《文獻通考》"御"應為"衛","六"字後應一"衛"字。
③ 據中華書局1986年本《文獻通考》"閤"字前脫一"掌"字。
④ 據中華書局1986年本《文獻通考》"御"應為"衛","常"應為"禦"。
⑤ "只"據中華書局1986年本《文獻通考》應為"凡"。
⑥ "官"據中華書局1986年本《文獻通考》應為"宮"。
⑦ 據中華書局1986年本《文獻通考》"過"應為"適","克"應為"別"。
⑧ 據中華書局1986年本《文獻通考》"於吏部"前應脫一"繁"字。

554. 聽臨事注名。其後，又聽以信牒受①人官爵，有至異姓王者。諸軍但以
555. 戰任相統攝，不復計官資高下。及清渠之敗，復以官爵收散卒。由是

　　　　　四百三十五　　　【文獻通考卷四十七　八】　　　今
　　　　　小四百九十五

556. 官爵輕而貨重，大將軍告身一通，纔易一醉。凡應募入軍者，一切衣
557. 金紫，至有朝士僮僕衣金紫，稱大官而執賤役者。名器之濫，至是而
558. 極。張巡在雍丘，才領一縣千兵，而大將六人，官皆開府、特進。德宗避
　　　難於奉天，渾瑊之童奴曰黃岑，力戰，即封渤海郡王。至於僖、昭之
559. 世，遂有捉船郭使君、看馬李僕射之號。德宗幸梁州，在道，民有獻瓜
　　　蓏者，上欲試以散官，陸贄言："軍興以來，財賦不足以供賜，而戰官之
560. 賞興焉。方今之病，在於爵輕。設法貴之，猶恐不重，若又自棄，何以勸
　　　人？夫誘人之方，惟名與利。名近虛而於教為重，利近實而於德為輕。
561. 專實利而不濟之以虛，則耗匱而物力不給；專虛名而不副之以實，
　　　則誕慢而人情不趨。夫突銛鋒排患難者，則以是賞之。竭筋力展勤
562. 効者，又以是酬之。若獻瓜蓏者受試官，則彼人將曰："吾以忘軀命
　　　獲官，而彼以獻瓜蓏得官，是乃國家以吾之軀命同之瓜蓏矣。"'
563. 宋朝設官之制，名號品秩一切襲用唐舊。然三師、三公不常置，宰相
564. 不專用三省長官。中書、門下並列於外，又別置中書於禁中，是謂政
565. 事堂，與樞密院對掌大政。天下財賦，內庭諸中外筦庫，悉隸三司。中
566. 書省但掌冊文、覆奏、考帳。門下省主乘輿八寶，朝會位版，流外
　　　較考，
567. 諸司附奏挾名而己。臺、省、寺、監，官無定員，無專職，悉皆出入分
　　　莅庶
568. 務。故三省、六曹、二十四司，互以它②官典領，雖有正官，非別勑不
　　　治本

（以上為 M2·0022 號文書，尺寸為 47cm×32cm）

569. 司事，事之所寄，十亡二三。故中書令、侍中、尚書令不與朝政，侍
　　　郎、給
570. 事不領省職，左右諫議無言責，而起居郎、起居舍人不執記事之筆。
571. 中書常闕舍人，門下罕除常侍。補闕、拾遺改為司諫、正言，而非特旨
572. 供職亦不任諫諍。至於僕射、尚書、丞郎、郎中、員外，居其官不知

---

① "受"據中華書局 1986 年本《文獻通考》應為"授"。
② "它"據中華書局 1986 年本《文獻通考》應為"他"。

573. 其职者，十常七八。秘书、殿中二省，名存实废，惟内侍所掌犹髣髴故事。九

574. 寺、五监，尤为空官。六统军、十六卫，每遇大礼朝会，但遣官摄事，以备

575. 仪范。天圣中，始以环卫官补宗室子。东宫官不常置，公主无邑司。节

576. 度使不食本镇租赋。藩府除授虽带都督之名，而实不行都督之事。

577. 京府以及四方大镇，皆有牧尹，而类非亲王不除。诸路无观察、采访，

578. 而观察、防御、团练、刺史，特以为右列叙迁之宠，虽有正任、遥领，大率

579. 不亲本州之务。诸司使、副，有东班、西班，又有横班。横班之有职事者，

580. 独阁门、客省、四方馆署有典掌，其他悉无所领。此其大槩也。至於官

581. 人受授①之别，则有官、有职、有差遣。官以寓禄秩、叙位着，职以待文学

【六百七十三　文献通考卷四十七　九】　马

582. 之选，而差遣以治内外之事。其次又有阶、有勋、有爵。故士人以登台

583. 阁、陛禁从为显宦，而不以官之迟速为荣滞；以差遣要剧为贵途，而

584. 不以阶、勋、爵邑有无为轻重。时人为之语曰："宁登瀛，不为卿；宁抱槧，

585. 不为监。"虚名之不足砥砺天下也如此。

586. 自真宗、仁宗以来，议者多以正名为请。咸平中，杨亿首言："文昌会府，

587. 有名无实，宜复其旧。"既而言者相继，乞复二十四司之制。至和中，吴

588. 育亦言："尚书省天下之大有司，而废为闲所，当渐复之。"然朝论异同，

589. 未遑釐正。　　神宗即位，慨然欲更其制。熙宁末，始命馆阁校《唐六

---

① "受授"据中华书局1986年本《文献通考》应为"授受"。

590. 元豐三年，以摹本賜群臣，乃置局中書，命翰林學士張璪①等詳定。八
591. 月，下詔肇新官制，凡省、臺、寺、監領空名者，一切罷去，而易之以階。九
592. 月，詳定所上《言寄禄②》。會明堂禮成，近臣遷秩即用新制，而省、臺、寺、監
593. 之官，各還所職矣。五年，省、臺、寺、監法成。六年，尚書新省成，帝親臨幸，
594. 召六曹長貳以下，詢之職事，因戒敕焉。初，新階尚少，而轉行者易以

（以上為 M2·0023 號文書，尺寸為 47cm×32.5cm）

595. 混雜。及元祐初，於朝議大夫六階以上始分左、右。既又以流品無別，
596. 乃詔寄禄官悉分左、右，詞人為左，餘人為右。紹聖中罷之。崇寧初，以
597. 議者有請，自承直至將仕郎，凡換選人七階。大觀初，又增宣奉、至奉
598. 直大夫四階。政和末，自從政至迪功郎，又改選人三階，於是文階始
599. 備。而武階亦詔易以新名，正使為大夫，副使為郎，而橫班十二階使、
600. 副亦然。故有郎官大夫之首者，繼又以新名未具，增置宣正、履正大
601. 夫、郎，凡十階，通為橫班，而文武官制益加詳矣。大抵自元祐以後，漸
602. 更元豐之制：二府不分班奏事；樞密加置簽書；徽省則既罷復建；户
603. 部則不令③右曹，專典常平而總④於其長；起居郎、舍人則通記起居而
604. 不分言動；館職則增置校勘黄本。凡此皆與元豐稍異也。其後蔡京
605. 當國，率意自用，然動以繼志為言。首更開府守臣為尹、牧，由是府分
606. 六曹，縣分六案。又內侍省職，悉倣樞廷之號。已而修六尚局，建三衙
607. 郎，又更兩省之長為左輔、右弼，易端揆之稱為太宰、少宰。是時貟既

五百六十七　　【文獻通考卷四十七　十】　　馬
小九十三

---

① "璪" 據中華書局 1986 年本《文獻通考》應為 "璪"。
② "言寄禄" 據中華書局 1986 年本《文獻通考》應為 "寄禄格"。
③ "令" 據中華書局 1986 年本《文獻通考》應為 "領"。
④ "總" 通 "總"。下同，不再另作說明。

608. 濫冗，名且紊雜，故官有視秩，甚者走馬承受升擁使華，黃冠道流亦
609. 預朝品。元豐之制，至此大壞。及宣和末，王黼用事，方且追咎元祐紛
610. 更，乃請設局，以修官制格目為名，書未成而邊事起矣。
611. 　　　　官數
612. 唐六十員，虞六十員。《尚書》云："建官惟百。"鄭玄云："虞官六十，唐官未聞。"堯、舜同道，或皆六十，并屬官而言，則皆有百。"
613. 夏百二十員。《尚書》云："夏、商官倍。"則當二百。鄭玄曰百二十。
614. 殷二百四十員。《明堂位》：二百。鄭玄曰一百①四十。
615. 周六萬三千六百七十五員。內二萬六千六百四十三人，外諸侯國官六萬一千三十二人，按《禮記·王制》計之。商制同。
616. 右杜氏《通典》所載唐、虞、夏、商②之官員數，往往以傳聞異辭，故
617. 於注兩存之。至周之官數，則以為出於《禮記·王制》。今攷之，其
618. 所謂外諸侯官六萬一千三十二人者，以《王制》云："殷時，天下
619. 諸侯國千七百七十三，內大國二百四十九，次國五百一，小
620. 國一千二十三。大國、次國則皆三卿、五下大夫、二十七上士。

（以上為 M2·0024 號文書，尺寸為 47cm×31.5cm）

（中缺一面二頁）

621. 州長：每州一，凡三十州，計三十人；　遂大夫：每遂一人，六遂計六人。右地官，共四十一人。
622. 遂人二；　小宗伯二；　大司樂二；　內史一；右春官，共五人。
623. 小司馬二；戎右二；　大馭二；　戎僕二；
624. 　校人二；　職方氏四。右夏官，共十四人。　小司寇二；　大行人一。右秋官，共四人。

---

① "一百"據中華書局 1986 年本《文獻通考》應為"二百"。
② "商"通"商"，下同，不再另作說明。

625. 　　　　　右中大夫共六十八人。
626. 下大夫：
627. 　宰夫四；　太府二；　司會四；　內宰二。右天官，共十二人。
628. 　鄉師四；　黨正：每黨一人，凡一百五十黨，計一百五十人；
629. 　保氏一；　司示①二；　司門二；　遂師二；
630. 　縣正：每縣一人，凡三十縣，計三十人；廩人二。右地官，共一百九十五人。肆師四；
631. 　世婦：每宮四人，六宮當二十四人；　　冢人二；　墓大夫二；
632. 　樂師四；　太師二；　大卜二；　太祝二；
633. 　大史二；　內史二；　巾車二。右春官，共四十八人。軍司馬四；

　　　　　　三百四十八
　　　　　小　百廿三　　【文獻通考卷四十七　十二】

634. 　射人二；　司士氏②；　諸子二；　虎賁氏二；
635. 　太僕二；　司甲二；　司弓矢二；齊右二；
636. 　齊僕二；　戎方氏八。右夏官，共三十人。士師四；　小行人四。右秋官，共八人。
637. 　右下大夫共二百九十三人。
638. 上士：
639. 　宰夫八；　宮正八；　膳夫二；　醫師二；
640. 　太府四；　玉府二；　司會八；　司書二；
641. 　職內二；　職歲四；　職幣二；　內宰四；
642. 　內小臣奄上士四。鄭注："奄稱士者，異其賢。"愚按：此必奄官之受爵命，如後來內侍省官之類；如酒人等，只稱
643. 　奄幾人，則泛泛趨走之奄，與府史等也。右天官，共計四十六人；鄉師八；族師：每族一，凡
644. 　七百五十族，計七百五十人；載師二；　縣師二；
645. 　師氏二；　司市四；　泉府四；　司門四；
646. 　司關二；　掌節二；　遂師八；　鄙師：每鄙一人，

（以上為 M2·0025 號文書，尺寸為 47cm×31cm）

---

① "示"據中華書局 1986 年本《文獻通考》應為"市"。
② "氏"據中華書局 1986 年本《文獻通考》應為"二"。

647. 凡一百五十鄙，計一百五十人；　土均二；　稻人二；

648. 廩人四；　舍人二。右地官，共九百四十八人。　肆師八；　天府一；

649. 戠衣二；　樂師八；　小師四；　卜師四；

650. 大祝四；　喪祝二；　大史四；　內史四；

651. 外史四；　巾車二；　都宗人二；　家宗人二。右春官，共五十三人。

652. 輿司馬八；　司勳二；　掌固二；　候人六；

653. 射人四；　司右二；　小臣四；　繕人二；

654. 戎右二；　道右二；　道僕十二；　田僕十二；

655. 校人四；　土方氏五。右夏官，共六十七人。　鄉士八；　戠金二；

656. 司儀八；　掌客二。右秋官，共二十人。

657. 　　　右上士共一千一百三十三人。

658. 中士：

659. 宰夫十六；　宮正四；　宮伯二；　膳夫四；

三百卅九　【文獻通考卷四十七　十三】　　子
小四十二

660. 庖人四；　內饔四；　外饔四；　獸人四；

661. 㺉人二；　食醫二；　疾醫八；　酒正四；

662. 宮人四；　玉府四；　內府二；　外府二；

663. 司會十六；　司書四；　戠內四；　戠歲八；

664. 戠幣四；　司裘二；　內宰八；　典婦功二。右天官，共一百十八人。

665. 鄉師十六；　閭胥：每閭一，凡三千閭，計三千人；　封人四；

666. 鼓人六；　牛人二；　載師四；　閭師二；

667. 縣師四；　遺人二；　均人二；　保氏二；

668. 司諫二；　司救二；　司市八；　質人二；

669. 廛人二；　泉府八；　司門八；　司關四；

670. 掌節四；　遂師十六；　鄼長：每鄼一人，凡七百五十鄼，

671. 計七百五十人；　旅師四；　委人二；　土均四；

672. 稻人四；　土訓二；　誦訓二；　迹人四；

（以上為 M2・0026 號文書，尺寸為 47cm×31.5cm）

673. 卝人二；　囿人四；　廩人八；　舍人四；
674. 倉人四；　司祿四。右地官，共三千八百九十八人。　肆師十六；
675. 天府二；　典瑞二；　典命二；　司服二；
676. 典祀二；　世婦：每宮八人，六宮四十八人；　冢人四；
677. 墓大夫八；　戠衰四；　大胥四；　典同二；
678. 磬師四；　鍾師四；　笙師二；　鎛師二；
679. 籥師四；　籥章二；　卜人八；　龜人二；
680. 簭人二；　占夢二；　眡祲二；　小祝八；
681. 喪祝四；　司巫二；　巫師二；　小史八；
682. 馮相氏二；　保章氏二；　內史八；　外史八；
683. 御史八；　巾車八；　典路二；　車僕二；
684. 司常二；　都宗人四；　家宗人四。右春官，共二百四人。　行司馬十六；
685. 馬質二；　司險二；　掌疆八；　司士六；

三百卅九　　　【文獻通考卷四十七　　十四】
小四十

686. 諸子四；　虎賁氏十二；旅賁氏二；祭僕六；
687. 司甲八；　司兵四；　司弓矢八；　槁人四；
688. 馭夫二十；　戠方氏十六；懷方氏八；合方氏八；
689. 訓方氏四；　形方氏四；　山師二；　川師二；
690. 邍師四；　匡①人四；　撢人四。右夏官，共一百五十八人。　鄉士十六；
691. 遂士十二；　縣士三十二；方士十六；　訝士八；
692. 朝士六；　司民六；　司刑二；　司圜六；
693. 司隸二；　布憲二；　司儀十六；　環人四；
694. 掌訝八；　掌交八；　掌察四方八；都則一；
695. 都士二；　家士二。右秋官，共一百五十七人。
696. 　　右中士共四千五百三十六人。
697. 下士：

---

① "匡"同"匡"，避宋太祖趙匡胤名諱缺筆。下同，不再另作說明。

698. 太宰：旅三十二； 宮正八； 宮伯四； 膳夫八；

（以上為 M2・0027 號文書，尺寸為 46cm×31cm）

699. 庖人八； 內饔八； 外饔八； 亨人四；

700. 甸師二； 獸人八； 獻人四； 鱉人四；

701. 腊人四； 醫師四； 瘍醫八； 獸醫四；

702. 酒正八； 凌人二； 宮人八； 掌舍四；

703. 幕人一； 掌次四； 太府八； 司裘四；

704. 掌皮四； 典婦功四； 典絲二； 典枲二；

705. 染人二； 追師二； 屨人二； 夏采四。右天官，一百七十九人。

706. 司徒：旅三十二； 比長：每比一人，凡一萬五千比，計一萬五千人；

707. 封人八； 舞師二； 牧人六； 牛人四；

708. 充人二； 遺人四； 均人四； 調人二；

709. 媒氏二； 司市十六； 質人四； 廛人四；

710. 泉府十六； 司門十六，又每門二人，王城十二門，計二十四人；

711. 遂師：旅三十二； 里宰：每里一人，凡三千里，計三千人；

三百六十七　　【文獻通考卷四十七　　十五】　　□
小廿三

712. 旅師八； 稍人四； 委人四； 土均八；

713. 草人四； 稻人八； 土訓四； 誦訓四；

714. 迹人八； 卝人四； 角人二； 羽人二；

715. 掌葛二； 掌染草二； 掌炭二； 掌荼二；

716. 掌蜃二； 囿人八； 廩人十六； 倉人八；

717. 司祿八； 司稼八；右地官，共一萬八千二百九十六人。 宗伯：旅三十二；

718. 鬱人二； 鬯人二； 雞人一； 司尊彝二；

719. 司几筵二； 典祀四； 戎喪八； 樂師十六；

720. 小胥八； 磬師八； 鍾師八； 笙師四；

721. 鎛師四； 韎師二； 旄人四； 籥章四；

722. 鞮鞻氏四； 典庸器四； 司干二； 卜人十六；

723. 華氏①二； 占人八； 小祝十六； 喪祝八
724. 甸祝二； 詛祝二； 小史十六； 馮相氏四；
（以上為 M2·0028 號文書，尺寸為 47cm×32cm）
725. 保章氏四； 內史十六； 御史十六； 巾車十六；
726. 典路四； 車僕四； 司常四。右春官，共二百七十三②人。司馬：旅三十二；
727. 司勳四； 量人二； 小子二； 羊人二；
728. 司爟二； 掌固八； 司險四； 候人十二；
729. 環人六； 挈壺氏六； 射人八； 服石氏一；
730. 射鳥氏一； 羅氏一； 掌畜二； 司士十二；
731. 司右四； 旅賁氏十六； 節服氏八； 御僕十二；
732. 隸僕二； 弁師二； 司戈盾二； 繕人四；
733. 馭夫十四； 校人十六； 趣馬一； 巫馬二；
734. 牧師四； 庾人二； 土方氏十； 山師四；
735. 川師四； 邍師八。右夏官，共二百四十六人。司寇：旅三十二； 司刺二；
736. 司約二； 司盟二； 戎金四； 司厲二；
737. 犬人二； 司圜十二； 掌囚十二； 掌戮二；

三▽五十五【文獻通考卷四十七　十六】
小一▽一十

738. 司隸十二； 布憲四； 禁殺戮二； 禁暴氏二；
739. 野廬氏六； 蜡氏四； 雍氏二； 萍氏二；
740. 司寤氏二； 司烜氏六； 條狼氏六； 脩閭氏二；
741. 冥氏二； 庶氏一； 穴氏一； 翨氏二；
742. 柞氏八； 薙氏二； 硩蔟氏一； 剪氏一；
743. 赤友氏一； 蟈氏一； 壺涿氏一； 庭氏一；
744. 銜枚氏二； 伊耆氏一； 行夫三十二； 掌客四；
745. 掌貨賄十六； 都則二； 都士四； 家士四。右秋官，二百一十三人。
746. 　　　右下士共一萬九千二百令九人。

---

① 據中華書局1986年本《文獻通考》"氏"字前脫"萬"字。
② "三"據中華書局1986年本《文獻通考》應為"五"。

747. 有命官，難考員數：

748. 山虞，每大山中士二人，下士八人；中山下士六人，小山下士二人。

749. 族、黨、州、縣、鄉、酇、鄙、遂，皆有定數，可以推官數之多少，如云每遂中大夫一人，則六遂可知為六人，族師每族上士一人，則

750. 七百五十族可知為七百五十人之類。若山澤之名數，則注家不言其有幾，所以難考官數。林衡①，每大林麓

（以上為 M2·0029 號文書，尺寸為 46cm×31cm）

751. 下士十二人，中林麓如中山之虞，小林麓如小山之虞。

752. 川衡，每大川下士十二人，中川下士四人，小川下士二人。

753. 澤虞，每大澤大藪中士四人，下士八人；中澤、中藪如中川，小澤、小

754. 藪如小川。 場人，每場下士二人。 司關，每關下士二人。 內

755. 宗，凡內女之有爵者。 外宗，凡外女之有爵者。 都司馬，每都

756. 上士二人，中士四人，下士八人。 象胥，每翟上士一人，中士二

757. 人，下士八人。

758. 朝大夫，每國上士二人，下士四人。

759. 無命官：

760. 酒人奄。鄭注謂宦人，賈注謂不稱士則稱奄。亦府史之屬。 漿人奄 籩人奄 醢人奄

761. 醯人奄 鹽人奄 幂人奄 閽人 寺人 內豎

762. 九嬪 女御 女祝 女史 內司服奄 縫人奄

763. 胥師 賈師 司虣 司稽 肆長 鄰長

【文獻通考卷四十七 十七】

764. 舂人奄 饎人奄 槀人奄 守祧奄 瞽矇奄 眡瞭

765. 凡以神仕者 方相氏 囿師 罪隸 蠻隸

766. 閩隸 夷隸 貉隸。

767. 漢自丞相至佐史，凡十三萬二百八十五員。哀帝時數，兼諸府州郡胥吏。

768. 後漢七千五百六十七員。

769. 晉六千八百三十六員。

770. 宋六千一百七十二員。

---

① "衡"同"衡"，下同，不再另作說明。

771. 齊二千一百三員。

772. 後魏七千七百六十四員。

773. 北齊二千三百二十二員。並內官。

774. 後周二千九百八十九員。並內官。

775. 隋一萬二千五百七十六員。內官二千五百八十一，外郡縣官九千五百①九十五。

776. 唐一萬八千八百五員。內官二千二百②二十，外郡縣官一萬六千一百八十五。

（以上為 M2·0030 號文書，尺寸為 46cm×32cm）

777. 宋內外官員數：

778. 元豐間，南豐曾鞏議經費，言景德官一萬餘員，皇祐二萬餘員，治

779. 平并幕職州縣官三千三百餘員，摠二萬四千員。

780. 《朝野雜記》："祖宗時，內外文武官通一萬三千餘員。天聖中，兩制、兩

781. 省不及三十員，京朝官不及二千員，三班使臣不及四千員。慶曆

782. 中，兩制、兩省至五十員，京朝官二千七百餘員，流外銓選人僅萬

783. 計。乾道中，京朝官已三、四千員，選人亦七、八千員。紹熙二年，京朝

784. 官四千一百五十九員，合四選，凡三萬二③千一十六④。慶元二年，京

785. 朝官如紹興之數，選人增至一萬三千六百八十員，大使臣六千

786. 五百二十五員，小使臣一萬八千七十員，通四選、凡四萬二千有

787. 奇。蓋五年之間所增，僅九千餘員，可謂官冗矣。嘉泰元年春，左選

788. 京官以上三千一百三十三員，選人萬五千二百四員，大使臣以

789. 上六千八百五十四員，校尉以上萬二千六百十六員，通四選，共

【文獻通考卷四十七　　十八】

790. 三萬七千八百餘員。是五年間所損，僅二千餘員，未知何故。"

791. 文獻通考卷之四十七終

---

① "九千五百"據中華書局 1986 年本《文獻通考》應為"九千九百"。
② "二千二百"據中華書局 1986 年本《文獻通考》應為"二千六百"。
③ "二"據中華書局 1986 年本《文獻通考》應為"三"。
④ 據中華書局 1986 年本《文獻通考》"六"字後脫一"員"字。

（以上為 M2·0031 號文書，尺寸為 47cm×32cm）

792. 文獻通考卷之四十八

793. 鄱陽　馬端臨　貴與　著

794. 戬官考

795. 三公總序

796. 《記》曰："虞、夏、商有師、保，有疑、丞，設四輔及三公，《尚書大傳》曰："古者天子必有四鄰，前曰疑，後曰

797. 丞，左曰輔，右曰弼。天子有問無以對，責之疑；有志而不志，責之丞；可正而不正，責之輔；可揚而不揚，責之弼。其爵視卿，其禄視次國之君。"

798. 不必備，惟其人。語使能也。"故天子無爵，三公無官，參戬天子，何官之

799. 稱？天文三台，以三公法焉。三公台，一作能。星命①伊尹曰："三公調陰陽，九卿通寒

800. 暑，大夫知人事，列士去其私。"

801. 周成王作《周官》，曰："立太師、太傅、太保，兹惟三公，論道經邦，爕理陰陽；

802. 師，天子所師法；傅，傅相天子；保，保安天子于德義者。少師、少傅、少保，此惟三公之任，佐王論道，以經緯國事，和理陰陽。

803. 曰三孤，此三官名曰三孤。孤，特也，言卑於公，尊於卿，特置此三人。貳公弘化，寅亮天地，弼予一人。

804. 副式三公，弘大道化，敬信天地之教，以輔我一人之治。則三太，周之三公也，故不以一戬為官

【文獻通考卷四十八　一】　文甫
二百五十六
五百九十六

805. 名。公，八命也。九命則分陝為二伯。又以三少為孤卿，與六卿為九焉。六卿：冢宰、司徒、宗伯、司馬、司寇、

806. 司空也。《周禮正義》曰："按《婚義》云三公、九卿者，六卿并三孤而言九。其三公又下兼六卿，故《傳》云司徒公、司馬公、司空公，公各兼二卿。按《顧

807. 命》，太保領冢宰，畢公領司馬，毛公領司空，別有芮伯為司徒，彤伯為宗伯，衛侯為司寇，則周時三公各兼一卿之戬，與古異矣。"又《周禮》王

808. 畿有六卿，每二卿則公一人，蓋一公領二卿也。

---

① "命"據中華書局1986年本《文獻通考》應為"名"。

809. 舜之於堯，伊尹於湯，周公、召公於周，是其任也。賈誼曰："天子不喻於前聖之德，不知君民
810. 之道，不見禮義之正，《詩》、《書》無宗，學業不法，太師之責也，古者齊太公戕之；天子不惠於庶民，不禮於大臣，不中於折獄，無經於百官，不哀
811. 於喪，不敬於祭，不誠不信，太傅之責也，古者周公戕之；天子處位不端，受業不敬，言語不敘，音聲不中，進退升降不以禮，俯仰周旋無以
812. 節，此太保之責也，古者燕召公戕之。天子燕業反其學，左右之習詭其師，益諸侯，過大臣，不知文雅之辭，此少師之責也；天子居處出入
813. 不以禮，衣服冠帶不以制，御器倒側不以度，采服從好不以章，忿悅不以義，與奪不以節，此少傅之責也；天子居燕私，安而易，樂而耽，飲
814. 食不時，醉飽不節，寢起早晏無常，玩好器弄無制，此少保之責也。"
815. 故《周禮》建外朝之法：左九棘，孤、卿、大夫位焉，群士在其後；右九棘，公、
816. 侯、伯、子、男位焉，群吏在其後，面三槐，三公位焉，州長衆庶在其後。樹棘
817. 以為位者，取其赤心而外制①，象以赤心三刺也。槐，懷也，言懷來人於此，欲與之謀也。群吏，謂府史也。州長，鄉、遂之官。三公壹命

（以上為 M2·0032 號文書，尺寸為 47cm × 31.5cm）

818. 袞，若有加賜也，不過九命。三公八命矣，復加一命，則服袞龍，與王者之後同，多於此賜也，非命服也。虞、夏之制，
819. 天子有日月星辰。《周禮》曰："諸公之服，自袞冕而下，如王之服。"《春秋》九命作伯，尊公曰宰，言於海內
820. 無不宰統焉。或說司馬主天，司徒主人，司空主土，是為三公。《韓詩外傳》曰："故
821. 陰陽不和、日時不節、星辰失度、災變非常，則責之司馬；君臣不正、人道不和、國多盜賊、民怨其上，則責之司徒；山陵崩弛、川谷不通、五穀
822. 不植、草木不茂，則責之司空。"
823. 漢初唯有太傅、太尉，後加置太師、太保、太②司徒、太③司空。哀帝時，議以漢舊無司徒，

---

① "外制"據中華書局 1986 年本《文獻通考》應為 "外刺"。
② "太"據中華書局 1986 年本《文獻通考》應為 "大"。
③ "太"據中華書局 1986 年本《文獻通考》應為 "大"。

824. 故定三公之號曰大司馬、大司徒、大司空。《史記》曰："公孫弘以《春秋》，白衣為天子三公。漢初因秦置丞相，而弘為之。則丞相為三公矣。"

825. 王莽居攝，置四輔官。初，王莽為左輔，甄豐為右弼，甄邯為右丞。後又制以太師、太傅、國師、國將為四輔，位上公；大司

826. 馬、大司徒、大司空為三公。

827. 後漢唯有太傅一人，謂之上公。及有太尉、司徒、司空，光武初詔司徒、司空二府去"大"，

828. 無稱爵，而無師、保。董卓盜為大①師，非漢本制。太尉公主天，部太常、衛尉、光祿勳。司徒公主人，部太

829. 僕、鴻臚、廷尉。司空公主地，部宗正、少府、司農、而分部九卿。漢制，三公號稱萬石，其俸月各三百五十斛。《風

830. 俗通》云："三公盖多以九卿為之。若天地災變，則皆冊免，自太尉徐歲其食萬石也。"

中三百九十七　【文獻通考卷四十八　二】　文甫
小四百五十四

831. 防始焉。後漢本制，日食、星流及大雨雹等災變者，惟免太尉。自徐防為太尉，凡天地災變，三公皆免。至魏黃初二年，始罷此制。

832. 漢制，三公不與盜賊，若領兵入見，皆交戟义②頸而前。使虎賁執刃挾之也。魏武為司

833. 空，破張繡，入覲天子，亦行此制，朝臣見三公皆拜，天子御座即起，在汗流洽背，自此不復朝覲也。

834. 輿為下。凡拜公，天子臨軒，六百石以上悉會，直事卿贊拜，御史授印

835. 綬，公三讓，然後受。至安帝時，三府任薄，選舉、誅賞，一由尚書；其災眚

836. 變咎，則責免公台。靈帝臨朝，始遣使者就長安拜張溫為太尉。三公

837. 在外，自溫始也。至獻帝建安十三年，乃罷三公官。

838. 魏初復置，與後漢同。有太傅、太尉、然皆無事，不與朝政。高柔上疏云："今公輔之臣，

839. 民所具瞻。而置之三事，不使知政，非朝廷崇用大臣之義、大臣獻可替否之謂也。"初封司空崔林為安陽亭

840. 侯，三公封列侯，自林始也。林字德儒。裴松之曰："漢封丞相已為侯，荀悅所譏。魏封三公，其失同也。"

841. 黃初二年，又分三公戶邑，封子弟各一人為列侯。末年，增置太保。

---

① "大"通"太"。
② "义"據中華書局 1986 年本《文獻通考》應為"叉"。

842. 晉武帝即位之初，以安平王孚為太宰，鄭冲為太傅，王祥為太保，義

843. 陽王子初為太尉，何曾為司徒，荀顗為司空，石苞為大司馬，陳騫為

（以上為 M2·0033 號文書，尺寸為 46.5cm×31cm）

844. 大將軍，凡八公，同時並置，惟無丞相焉，時所謂"八公同辰，攀雲附翼"

845. 者也。遂以太傅、太保為上公，論道經邦，燮理陰陽。無其人則闕，蓋居

846. 者甚寡。諸公，品第一，食俸日五斛。太康二年，又給絹，春百疋，秋二百疋，綿二百斤。元康元年，給菜田十頃，田騶十人。立夏以後不

847. 及田者，食俸一年。又給虎賁二十人，特班劍。給朝車駕安車黑耳。其太尉、司徒、司空，自漢歷魏，皆為

848. 三公。及晉迄于江左，相承不改。上公、三公之制不改。前代三公冊拜，皆設小會，

849. 所以崇宰輔之制也。自魏末廢而不行。至晉拜石鑒字林伯為左光祿

850. 大夫，開府，領司徒，始有詔令會，遂以為常。十六國姚泓借號，受經於博士淳于歧。歧病，泓親省

851. 疾，拜于床下。自是公侯見師傅皆拜。

852. 宋皆有八公之官，而不言為八公也。《宋志》曰："三公黃閣，前史無有義。按《禮記》：'士韠與天子同，公侯、大

853. 夫則異。'鄭玄注云：'士賤，與公同①，不嫌也。'夫朱門洞啓，當陽之正色也。三公之與天子禮秩相亞，故黃其閣，以示謙，不敢斥天子。宜是漢舊

854. 制。"畢音②。

855. 齊時三公，唯有太傅。

856. 梁有丞相、太宰、太傅、太保、大司馬、大將軍、太尉、司徒、司空、開府儀同

□□百十三小　　【文獻通考卷四十八　三】　　張
一百四十二

857. 三司等官；諸公及從公開府者，亦置官屬。

858. 陳以丞相、太宰、太傅、太保、大司馬、大將軍並為贈官。三公之制，開黃

859. 閣，廳事置鴟尾。

---

① "與公同"據中華書局1986年本《文獻通考》應為"與君同"。
② "畢音"據中華書局1986年本《文獻通考》應為"韠音畢"。

860. 後魏以大①師、太傅、太保謂之三師，上公也；大司馬、大將軍謂之二大，

861. 大②尉、司徒、司空謂之三公。

862. 北齊皆有三師、二大、三公之官，並置府。其府三門，當中門黃閣，設內

863. 屏。三師、二大置佐吏，則同太尉府。

864. 後周置六卿之外，又改三師官，謂之三公，兼置三孤，以貳之。少師、少傅、少保。

865. 而以司徒為地官，大司馬為夏官，司空為冬官，如姬周之制，無復太

866. 尉、三師之號。宣帝又置四輔官，以大冢宰越王盛為大前疑，蜀國公尉遲迥為大右弼，申國公李穆為大

867. 左輔，隋國公楊堅為大後丞。

868. 隋置三師，不主事，不置府僚，但與天子坐而論道。置太尉、司徒、司空，

869. 以為三公，參議國之大事，依北齊置府僚，無其人則闕。祭祀則太尉

（以上為 M2·0034 號文書，尺寸為 47cm×31.5cm）

870. 亞獻，司徒奉俎，司空行掃除。其位多曠，攝行事。尋省府僚佐，置公則

871. 坐於尚書都省。朝之眾務，摠歸於臺閣矣。煬帝即位，廢三師官。

872. 唐復置三師，以師範一人，儀形③四海；置三公，以經邦論道，燮理陰陽，

873. 祭祀則與隋制同。並無其人則闕。天寶以前，凡三師官，雖有其位，而無其人。

874. 太師、太傅、太保各一人，是為三師；太尉、司徒、司空，是為三公。親王拜

875. 者，不親事祭祀，闕則攝。不置官屬。

876. 五代時，多以畀藩鎮及贈官：

---

① "大"通"太"。
② "大"通"太"。
③ "形"據中華書局 1986 年本《文獻通考》應為"刑"。

877. 羅紹威^太師　　韓建^司徒　　馬希範　　張全義

878. 安元信^並太師　馮行襲^太傅

879. 宋承唐制，以太師、太傅、太保為三師，太尉、司徒、司空為三公，為宰相、

880. 親王、使相加官。其特拜者，不預政事，赴上於尚書省。^凡除授，則自司徒遷太保，自太

881. 傅遷太尉。檢校亦如之。太尉舊在三師下，由唐以來，至宋朝加重，加以太尉居

882. 太傅之上。若宰臣官至僕射致仕者，以在位久近，或已任司空、司徒，

　　　　四百七十四
　　　　小一百七十一　　【文獻通考卷四十八　　四】

883. 則拜太尉、太傅等官。若太師則為異數，自趙普以開國元勳，文彥博

884. 以累朝耆德，方特拜焉。雖太傅王旦、司徒呂夷簡各任宰相二十年，

885. 止以太尉致仕。　　熙寧二年，富弼除守司空、兼侍中、平章事，辭司空、

886. 侍中，從之。　三年、曾公亮除守司空、檢校太師、兼侍中，以兩朝定策

887. 之功辭相位也。　　六年，文彥博除守司徒、兼侍中。　九年，彥博除守

888. 太保、兼侍中，辭太保，從之。　　元豐三年，曹佾為檢校太師、守司徒、兼

889. 中書令。九月，詔檢校官除三公、三師外，並罷。^宋朝檢校官一十九：三公三師三①，左僕射至水

890. 部員外郎，共十三。官制行，^僕射以下為職事官，故罷。又以文彥博落兼侍中，除守太尉；富弼

891. 守司徒，皆錄定策之功也。　　六年，彥博守太師致仕。　　八年，王安石

892. 守司空，曹佾守太保。　　元祐元年，文彥博落致仕，太師、平章軍國重

893. 事；呂公著守司空、同平章軍國重事。^舊制，將相皆以階官守三師或三公。元豐改官制，文彥博常以②

894. 河東節度使守太師，王安石以觀文殿大學士守司空。元祐初，彥博罷節度使，入為平章軍國重事，即去守字。及公著為司空，學士院草

---

① "師三"據中華書局1986年本《文獻通考》應為"師六"。
② "常"據中華書局1986年本《文獻通考》應為"嘗"。

895. 制，誤存守字，是日三省被旨貼磨①改正。崇寧三年，蔡京授司空，行尚書左僕射。

（以上為 AE224ZHi63/1 號文書，尺寸為 47cm×31.5cm）

896. 大觀元年，京為太尉；二年，為太師。　政和二年，京落致仕，依前太師，

897. 三日一至都堂治事。九月，詔以太師、太傅、太保，古三公之官，今為三

898. 師，古無此稱，合依三代為三公，為真相之任。司徒、司空，周六卿之官；

899. 太尉，秦主兵之任，皆非三公，並宜罷之。仍考周制，立三孤少師、少傅、

900. 少保，亦稱三少，為次相之任。至是，京始以三公任真相。　三公自祖

901. 宗以來，罕嘗官備②，獨宣和末，三公至十八人，三少不計也。太師三人：

902. 蔡京、童貫、鄭紳；太傅四人：王黼、燕王俁、越王偲、鄆王楷；太保十一人：

903. 蔡攸、肅王樞至儀王㮙。渡江後，以用兵故，秦檜為太師，張俊、韓世忠

904. 為太傅，劉光世為太保。　乾道初，楊沂中、吳璘並為太傅。　紹興初，

905. 史浩為太師，嗣秀王為太保，蓋自紹興後，三公未嘗備官。

906. 　按：三公、三師官之濫授，莫甚於宣和以來，所授者皆非其人，

907. 　固不待言，而名體尤有未正者。蓋鄆王、肅王輩為之，是以子

908. 　為師傅也；童貫為之，是以廝役為師傅也。《朝野雜記》載："嘉定

　　　　六百五十　　【文獻通考卷四十八　　五】　　　　良

909. 　初，皇子竑，討論贈典，吏部引元豐故事，欲贈太師、尚書令，而

---

① "磨" 據中華書局 1986 年本《文獻通考》應為 "麻"。
② "官備"，當作 "備官"。

910.　　　倪正父引王禹玉等議，以為皇子以師傅名官，於義未安。然
911.　　　不知宣和時，皇子已有生為師傅者矣。"
912. 舊檢校官十有九，元豐官制，惟存三師，後更定官稱，三孤亦置檢校，
913. 以待節度使之久次者。加至檢校少師者，文臣則遷開府儀同三司，
914. 武臣則遷太尉，此除授之序也。　中興以後，惟劉光世嘗除檢校至
915. 三公。後或纔為檢校三孤，不必序進，徑拜使相。若太尉，亦有自節度
916. 使超進，則又不必為檢校官者，皆殊恩也。按，朱熹曰："漢初，未見孔壁
917. 古文《尚書》中《周官》一篇說太師、傅、保為三公，但見伏生口授《牧誓》、《立
918. 政》中所說司徒、司馬、司空，遂以為三公而置之。豈知諸侯只三卿，故
919. 止有司徒、司馬、司空。惟天子方有三公、三孤、六卿。《立政》所紀，周是時
920. 方為諸侯，國①制度。《周官》所紀，在成王時，所以不同。公、孤以師道輔君，
921. 是為加官。周公以太師兼冢宰，召公以太宰②兼宗伯，是以加官兼相
（以上為 M2·0035 號文書，尺寸為 46.5cm×31.5cm）
922. 職也。後世官職益紊，遂以公、孤官如加官、貼職之類，不復有師保之
923. 任、論道經邦之責矣。舊惟文臣有勳德者除，後世或以諸王子，或以
924. 武臣。既曰：'天子之子與武臣，豈可任師保之責耶？' 訛謬相承，不復釐
925. 正。且祖宗法，除公、孤必建節，加檢校太子少保、少師之類，然後除開
926. 府儀同三司，然後除公、孤。南渡，如張、韓、劉、岳諸武臣猶如此。今建節
927. 後，或徑除開府至三公、三孤矣。"
928.　　　太師

---

① 據中華書局1986年本《文獻通考》"國"字前脫"乃侯"兩字。
② "宰"據中華書局1986年本《文獻通考》應為"保"。

929. 太師，古官。殷紂時，箕子為之。

930. 周武王時太公，成王時周公，並為太師。周公薨，畢公代之。

931. 秦及漢初並無，至平帝元始元年初置，以孔光居焉。金印紫綬，位在

932. 太傅上，太保次太傅。孔光為太師，王莽為太傅。光常稱疾，不敢與①。太后詔："令太師無朝，賜靈壽杖。黃門令為太師省

933. 中坐置几。太師入省中坐用杖，賜食十七物。"十七物者，公具十七種物也。靈壽，木名。漢東京又廢。獻帝初，董卓

934. 為太師，卓誅又廢。

四百五十一　　【文獻通考卷四十八　六】　　良
百六十四

935. 魏世不置。

936. 晉初置三公，上以景帝諱"師"，故置太宰以代太師之名，《晉書》曰："惠帝太安元年，以

937. 齊王冏為太師。"當秩增三司。是撰述者之誤也。　蜀李雄僭號，時范長生自西山乘素輿詣成都，雄拜長生為天地太師，封西山促②。

938. 後魏、北齊、後周、隋、唐皆有之。天寶以前，唯以其官贈仲尼及長孫楨、武羲、竇毅、韋玄貞、張說、裴光廷而已。羲③音憂

939. 縛反。

940. 五代以畀藩鎮及贈官見《三公總序》。

941. 宋制，見《總序》。自祖宗時，太師未嘗並除。紹聖初，始有文彥博、吳榮、王

942. 顥；宣和中，蔡京、童貫、鄭伸④；靖康初，燕王俁、越王偲；紹興初，秦檜、張俊；

943. 紹熙末，史浩、嗣秀、王伯圭。建隆至紹熙，宰臣生拜太師者五，趙普、

944. 文彥博、蔡京、秦檜、史浩。惟蔡、秦二人以相臣特拜，其陀⑤皆還政加恩

---

① 據中華書局1986年本《文獻通考》"與"字後脫"莽並"兩字。
② "促"據中華書局1986年本《文獻通考》應為"侯"。
③ 據中華書局1986年本《文獻通考》"羲"字前脫"士"字。
④ "伸"據中華書局1986年本《文獻通考》應為"紳"。
⑤ "陀"據中華書局1986年本《文獻通考》應為"他"。

1210 中國藏黑水城漢文文獻的整理與研究

945. 云。親王生拜大①師者五人，楚王元佐、燕王元儼、吳王顥、燕王俁、越王

946. 偲，皆以父兄行而得之。紹熙中，嗣秀王伯圭以宗室特拜太師，蓋王

947. 於光宗為親伯父，用優禮也。

（以上為M2·0036號文書，尺寸為47cm×31.5cm）

948. 　　太傅

949. 太傅，古官。傅，傅之德義也。周成王時，畢公為太傅。

950. 漢高后元年，初置太傅，金印紫綬。初用王陵，後省。　八年復置，後省。

951. 哀帝元壽二年，復置，位在三公上。平帝以孔光為之。

952. 後漢有太傅上公一人，掌以善道，無常戢。　光武以卓茂為之，薨，省。

953. 明帝又以鄧禹為之。鄧禹字仲華，以元功拜太傅，進見東向。又張禹字伯達，遷太傅，舍於宮，太官進食，五日一歸府；

954. 朝見特贊，與三公絕席。章帝以趙憙三世在位，為國元老，乃以為太傅。和帝即位幼弱，以鄧彪有高名，海內歸仁，徵②為太傅，百官揔已以

955. 聽之，恩寵之異，莫與為比。其後，每帝初即位，輒置太傅，錄尚書事，薨，則省。胡廣注曰："猶古

956. 冢宰揔已之義。"桓③帝踐祚，已加元服，不復置傅，但令太尉胡廣、司徒趙戒

957. 領尚書事。至靈帝，復以陳蕃為太傅，與廣參錄尚書事。晉④、宋，金章紫

958. 綬，進賢三梁冠，介幘，絳朝服，佩山玄玉。

959. 梁、後魏、北齊、後周及唐皆有。

960. 宋制見《總序》。

中三百六十二　　【文獻通考卷四十八　七】　　子
小一百七十八

961. 　　太保

---
① "大"通"太"。
② "徵"通"徵"。下同，不再另作說明。
③ "桓"為"桓"，避宋欽宗趙桓名諱缺筆，下同，不再另作說明。
④ 據中華書局1986年本《文獻通考》，"晉"字前脫"魏初置太傅，以鍾繇為之"。

962. 太保，古官。殷太甲時，伊尹為太保。

963. 周成王時，召公為太保。

964. 漢平帝元始元年，始用王莽為之。　　光武中興，省。

965. 魏初不置，末年始置太保，以鄭冲為之，冲字文和，位在三司上。

966. 晉武初踐祚，以王祥為太保，進爵為公，加置七官之職。太保，所以訓

967. 護人主，導以德義者也。汝南王亮為太宰、錄尚書事，與太保衛瓘對掌朝政。又衛瓘為太保，以公就第，置長史、司

968. 馬、從事、中郎掾屬也。章綬、佩服、冠秩與太傅同。

969. 梁、後魏、北齊、後周、隋及唐皆有之。天寶已前，唯以其官贈竇季謀一人而已。

970. 宋制見《總序》。

971. 　　　　太宰

972. 太宰，於殷為六太，於周為六卿，亦曰冢宰。

973. 周武王時，周公始居之，掌建邦之治。

（以上為M2·0037號文書，尺寸為47cm×31.5cm）

974. 秦、漢、魏並不置。平帝加王莽號曰宰衡。（衡應為衡）

975. 晋初依《周禮》，備置三公。三公之職，太師居首，以景帝名師，故置太宰

976. 以代之，而以安平獻王孚居焉，增掾屬十人。盖為太師之互名，非周

977. 冢宰之任也。何曾為太宰，朝會乘輿入朝，劒履上殿，如蕭何、田千秋、鍾繇故事。又安帝以太宰琅琊王德文，不宜嬰①拂事務，

978. 以紆論道之重，可袞冕之服、綠𧂐綬、羽葆②。𧂐音戾。𧂐，綠也，以綠為質。𧂐，草名也，出琅琊平昌縣，似艾，可染綬，因以為綬名。

979. 宋大明中，用江夏王義恭為之，冠綬服秩悉與太傅同。至齊以為贈。

980. 梁初有之，至陳又以為贈，有事則權兼之。

981. 後魏初無，至孝莊時，以太尉上黨王天穆為之，增置佐吏。

982. 北齊無聞。

983. 後周文帝又依《周禮》建六官，遂置天官大冢宰卿是③掌邦治，以建邦

---

① "嬰"據中華書局1986年本《文獻通考》應為"攖"。
② 據中華書局1986年本《文獻通考》"葆"字後脫"鼓吹"兩字。
③ "是"據中華書局1986年本《文獻通考》應為"一人"。

984. 之六典，佐皇帝，治邦國。自隋而無。
985. 宋崇寧時，蔡京得政，乃言："僕臣之賤，非宰相所宜稱。"於是改左僕射
986. 為太宰，右僕射為少宰。靖康末，詔宰臣依舊為左、右僕射。

　　　　　　中三百九十五
　　　　　　小三百廿七　　　　　【文獻通考卷四十八　　　八】

987.　　　太尉
988. 太尉，秦官。《月令》曰："孟夏，太尉贊傑儁。"自上安下曰尉，故武官咸以為號。
989. 漢因之，應劭《漢官》謂太尉為周官，非也。鄭元注《月令》亦曰秦官。金印紫綬，掌武事。　漢文三年，
990. 省。　景帝三年復置，其尊與丞相等。丞相衛綰病免，上議置丞相、太尉。藉福說田蚡曰："上以將軍為
991. 丞相，必讓竇嬰。嬰為相，將軍必為太尉。太尉、相尊等耳，又有讓賢名。"蚡從之，皆如其謀。蚡音扶初反。五年，又省。　元
992. 狩四年，更名大司馬。大司馬說在本篇。
993. 後漢建武二十七年，復舊名為太尉公。每帝初即位，多與太傅同錄
994. 尚書事，府門無闕。論者云王莽以大司馬篡盜神器，故貶其闕。掌四方兵事功課，歲盡則
995. 奏其殿最而行賞罰；凡郊祀之事掌亞獻，大喪則告諡南郊；凡國有
996. 大造大疑，則與司徒、司空通而論之；國有過事，與二公通諫諍之。
997. 靈帝末，以劉虞為大司馬，而太尉如故。自此，則大司馬與太尉始並
998. 置矣。劉寵字祖榮，遷太尉，以日食免。又第五倫為會稽太守，署鄭弘為都郵，舉孝廉。及弘為太尉，而倫為司空，位在下。每朝見，弘曲
999. 躬自卑，帝知其故，遂置雲母屏風，分隔其間，由此以為故事。又陳蕃拜太尉，臨朝歎曰："黃憲若在，不敢先佩印綬。"後坐辟召非其人，策罷。

（以上為M2·0038號文書，尺寸為47.5cm×31.5cm）

1000. 魏亦有之。王祥字休徵，為太尉。司馬文王進爵為王，祥與司徒何曾、司空荀顗並詣王顗①曰："相王尊重，今可相率而拜。"祥曰："相
1001. 國勢位，誠為尊貴，然要是魏之宰相。吾等魏之三公。公、王相去一階而王②，班列大同。安有天子三公可輒拜人者耶？損魏朝之美，虧晉王
1002. 之德，君子愛人以禮，吾不為也。"及入，何曾、荀顗遂拜，祥獨長揖。文王謂祥曰："今日然後知君見顧之重也。"
1003. 晉太尉，進賢三梁冠，介幘，絳朝服，金章紫綬，佩山玄玉；若郊廟，

---

① "王顗"據中華書局1986年本《文獻通考》應為"王祥"。
② "而王"據中華書局1986年本《文獻通考》應為"而已"。

冕服、

1004. 七旒、玄衣、纁裳、七章。

1005. 宋制，武冠，山玄玉。

1006. 齊制，九旒。

1007. 後魏初，與大將軍不並置。正光之後，亦皆置焉。歷代唯後周無，其餘

1008. 皆有，悉為三公。

1009. 宋循歷代之制，以太尉與司徒、司空並為三公。政和時罷之，復周制，

1010. 以太師、大①傅、太保為三公，少師、少傅、少保為三孤。以太尉本秦主兵

1011. 官，定為武階之首，正一品，在節度使之上。建炎三年，劉光世始以檢

1012. 校太保除。自後，或以檢校三少，或以節度使不帶檢校，皆徑進太尉，

□□□五七　【文獻通考卷四十八　九】
小一百三六

1013. 則進使相，是為除授之序，依兩府恩數。

1014. 石林葉氏曰："漢高祖元年，以蕭何為丞相，周苛為御史大夫。五

1015. 年而後，始命盧綰為太尉。綰王燕後，以命周勃。尋省。蓋是時高

1016. 祖方自征伐，武事不以屬人，亦不必設官也。文帝元年，周勃遷

1017. 右丞相，以薄昭為車騎將軍，宋昌為衛將軍，而不置太尉。蓋自

1018. 代來，未敢以兵權委漢廷舊臣，故以其腹心分領之耳。自是虛

1019. 太尉者二十六年。七國反，景帝以周亞夫擊之，始復以亞夫為

1020. 太尉，兵罷亦省。又十三年，而武帝以命田蚡，一年復省。又二十

1021. 一年，乃以大將軍衛青、驃騎將軍霍去病為大司馬，各冠其將

1022. 軍，即太尉也。蓋方有四夷之功故爾。自去病、青死又十九年，而

1023. 霍光以奉車都尉為大司馬、大將軍。以此考之，太尉官自高祖

1024. 以來，有事則置，無事則省，不以為常也。蓋漢雖設太尉摠兵，而

1025. 左右前後及因事置名以為將軍者不一，豈固不欲以兵權屬

（以上為AE224ZHi63/2號文書，尺寸為46.5cm×32cm）

---

① "大"通"太"。

1026. 一官耶？觀高祖命盧綰，武帝命衛、霍，非親即舊，其意可知矣。"

1027. 司徒

1028. 司徒，古官。少皞祝鳩氏為司徒。司，主也。徒，眾也。

1029. 堯時，舜為司徒。

1030. 舜攝帝位，命禼為司徒。

1031. 禼玄孫之子曰微，亦為夏司徒。

1032. 周時，司徒為地官，掌邦教。《毛詩·緇衣篇》美鄭武公也。父子為①周司徒，善於其職。

1033. 秦置丞相，省司徒。

1034. 漢初因之。哀帝元壽二年，罷丞相，置大司徒。

1035. 後漢大司徒主徒眾，教以禮義。凡國有大疑大事，與太尉同。蔡質《漢儀》曰："司

1036. 徒府與蒼龍闕對，厭於尊者，不敢號府。"應劭曰："此不然。丞相舊位在長安時，有四出②門，隨時聽事。明帝東京本欲依，迫於太尉、司空，但為

1037. 東西門耳。每國有大議，天子車駕親幸其殿。"

1038. 建武二十七年，去"大"，為司徒公。鄧禹為大司徒，封侯，年二十四。靈帝賣官，廷尉崔烈入錢五百萬，以買司

二百八二
小三百四五　【文獻通考卷四十八　十】

1039. 徒，其拜日，天子亦臨軒，時人謂烈為"銅臭"。建安末為相國。

1040. 魏黃初元年，改為司徒。華歆字子魚，為司徒，家無右③之儲。檜詔曰："司徒，國之儁老。今大官重膳，而司徒蔬食，甚無

1041. 謂也。"特賜歆及妻、男等衣服。

1042. 晉司徒與丞相通職，更置迭廢，未嘗並立。永嘉元年，始兩置焉。王衍為司

1043. 徒，東海王越為丞相，始兩置也。陳壽為司徒，仰理萬機，俯澄邦教。又王戎字濬仲，為司徒，高選長史、西曹掾，委任責成，常得無為。又蔡謨

1044. 字道明，遷司徒，謨固讓曰："若我作司徒，將為後世哂，義不收拜。"詔數十下，謨表章十餘上，陳以疾篤。帝臨軒，自旦至申，而徵不至。公卿以

---

① 據中華書局1986年本《文獻通考》"為"字前脫"相繼"兩字，"善"字前脫"能"字。
② 據中華書局1986年本《文獻通考》"四出"前脫"府"字，"木欲依"應為"本欲依之"。
③ "右"據中華書局1986年本《文獻通考》應為"石"。

1045. 蔡公傲無人臣之禮，奏送謨廷尉。謨率子弟詣闕稽顙，詔免為庶人。謨每歎曰："若使劉王喬得南渡，司徒之美選也。"王喬名疇，少有重名。

1046. 宋制：司徒金章紫綬，進賢三梁冠，佩山玄玉。掌治民事；郊祀則省牲、

1047. 視滌濯，大傱安梓宮；凡四方功課，歲盡則奏其殿最而行賞罰。亦與

1048. 丞相並置。

1049. 齊司徒之府，領天下州郡名數、戶口簿籍。

1050. 至後周，以司徒為地官，謂之大司徒卿，掌邦教，職如《周禮》。

1051. 隋及唐復為三公。

（以上為 M2·0039 號文書，尺寸為 47cm×32cm）

1052. 宋仍唐制，政和二年罷。詳見《總敘》。

1053. 　　　司空

1054. 司空，古官。孔安國曰："司空，主穿土以居人。空，穴也。古者穿土為穴，以居人。"

1055. 少皞鴟鳩氏為司空。

1056. 舜攝帝位，以禹為司空。《周禮正義》曰："禹自司空摠百揆，乃分司空之職為共工。《虞書》曰'垂作共工，益作朕虞'是也。"

1057. 髙玄孫之子曰冥，亦為夏司空。

1058. 殷湯以咎單為司空。

1059. 周禮司空為冬官，掌邦事。凡營城起邑、復溝洫、脩墳防之事，則議其

1060. 利，建其功；四方水土功課，歲課歲盡則奏其殿最而行賞罰；凡國有

1061. 大造大疑，諫諍，與太尉同。

1062. 秦無司空，置御史大夫。

1063. 漢初因之。至成帝綏和元年，始更名御史大夫曰大司空，初改為司空，議者又

1064. 以縣、道官有獄司空，故復加為大司空，亦所以別小大之文也。金印紫綬，祿比丞相。建平二年，復

【文獻通考卷四十八　　十一】　吳

1065. 為御史大夫。元壽二年，復為大司空。何武字君卿，為司空。事後母不篤，詔冊免之。又彭宣字子

1066. 佩，為大司空。而王莽為大司馬，專權。宣上書曰："三公鼎足承君，一足不任，則覆亂矣。臣老病，願上印綬。"

1067. 後漢初為大司空，建武二十七年去"大"為司空公。第五倫字伯魚，為司空，空公不撓，言①
1068. 議果決，以貞自稱。又張敏字伯達，為司空，行大射禮陪位頓仆，冊免。又陳寵為司空。府故事，督屬籍，不通賓客，以防交關。寵去籍通客，以
1069. 明無所不受，論者大之。《荀氏家傳》曰："荀爽字慈明，董卓秉政，徵之，起岩穴，九十五日而為司空，時號為白衣登三公。"
1070. 獻帝建安十三年，又罷司空，置御史大夫。郗②慮免，不復補。荀綽《百官志》曰："獻帝
1071. 置御史大夫，戢如司空，不領侍御史。"
1072. 魏初又置司空，冠綬及郊廟之服與太尉同。鄭袤字林叔，為司空。天子臨軒，遣就第拜授。袤
1073. 謂使曰："魏以徐景山為司空，徐公曰：'三公上應天心，苟非其人，實傷和氣。'固辭，見許。袤，莫候反。
1074. 宋制：進賢三梁冠，佩山玄玉。掌治水土；祠祀，掌掃除樂器；大喪，掌將
1075. 校復土。歷代皆有之。至後周，為冬官，謂之大司空卿。掌邦事，以五材九範之徒，佐皇
1076. 帝，富邦國。大祭祀行洒掃，廟社四望則奉豕牲。
1077. 隋及唐，復為三公。天寶十三載，冊拜楊國忠為司空，其日雨土。

（以上為 M2·0040 號文書，尺寸為 47cm×31.5cm）

1078. 宋仍唐制，政和二年罷。
1079. 　　　大司馬
1080. 大司馬，古官也，掌武事。司，主也。馬，武也。
1081. 少皥有鴡鳩氏為司馬。鴡音雎。
1082. 堯時棄為后稷，兼掌司馬。
1083. 《周官》司馬為夏官，掌邦政。
1084. 項羽以曹咎、周殷並為大司馬。楚大司馬景舍帥軍伐蔡，蔡侯奉社稷而歸之。楚發其賞，舍辭曰："發誠布

---

① "奉，空"據中華書局 1986 年本《文獻通考》應為 "空，奉"。
② 據中華書局 1986 年本《文獻通考》"郗"字前脫 "御史大夫" 四字。

1085. 令而敵退，是王威也；相攻而敵退，是將威也；戰而敵退，是衆威也。臣不宜以衆威受賞。"又司馬穰苴本姓田，齊威王以古《司馬法》而附穰

1086. 苴，因號為司馬穰苴。

1087. 漢初不置。武帝元狩四年初，罷太尉，置大司馬，以冠將軍之號。冠者，加於

1088. 其上為一官也。霍光以大司馬、大將軍輔政。武帝又令大將軍、驃騎將軍皆有大司馬之號。宣帝地節三年，置

1089. 大司馬，不冠將軍，亦無印綬、官屬。霍禹為大司馬，冠小冠，無印綬。成帝綏和元年

1090. 初，賜大司馬金印紫綬，置官屬，祿比丞相，去將軍。哀帝建平二年，

三百四十七
小二百四十二　　【文獻通考卷四十八　十二】　　吳

1091. 復去大司馬印綬、官屬，冠軍①如故。元壽二年，復賜大司馬印綬，置官

1092. 屬，去將②，位在司徒上。漢律，丞相、大司馬、大將軍俸錢月六萬。始置時，議者以漢有軍候

1093. 千人司馬官，故加"大"。王莽居攝，以漢乃無小司徒，而定司馬、司空之

1094. 號並加"大"。

1095. 後漢光武建武二十七年，省大司馬，以太尉代之，故常與太尉迭置，

1096. 不並列。吳漢為大司馬，封舞陽侯。至靈帝末，始置焉。

1097. 魏文帝黃初二年，復置大司馬，以曹仁居之，而太尉如故。則太尉、大

1098. 司馬、大將軍各自為官，位在三司③上。吳有左、右大司馬。

1099. 晉定令，亦在三司④上。《晉諸公贊》曰："義陽王為太尉、大司馬，時父子為大宰。父子居上公，中代以來未之有也。"又汝南

1100. 王亮為大司馬，正旦大會，乘車入殿。又陳騫為大司馬，賜袞冕之服。武冠，絳朝服，金章紫綬，佩山玄王⑤，

---

① 據中華書局1986年本《文獻通考》"軍"字前脫"將"字。
② 據中華書局1986年本《文獻通考》"將"字後脫"軍"字。
③ "司"據中華書局1986年本《文獻通考》應為"馬"。
④ "司"據中華書局1986年本《文獻通考》應為"馬"。
⑤ "王"據中華書局1986年本《文獻通考》應為"玉"。

1101. 與大將軍同。

1102. 宋時，唯元嘉中用彭城王義康為之，冠、玉與晉同。

1103. 至齊以為贈。

（以上為 M2·0041 號文書，尺寸為 47cm×31.5cm）

1104. 梁時置官屬。

1105. 陳以為贈。

1106. 後魏、北齊與大將軍為二大，位居三師之下、三公之上。

1107. 後周為夏官，謂之大司馬卿。掌邦政，以建邦國之九法，佐皇帝，平邦國。大祭祀掌其宿衛，廟社則奉羊牲。

1108. 自隋而無。

1109. 　　　　三孤

1110. 周成王立少師、少傅、少保，曰三孤，貳公弘化，寅亮天地，弼于①一人。注："孤，

1111. 特也。言其卑於公，尊於卿。"《周禮》："孤卿特揖，其位東西②，乘夏篆，謂五采畫轂，服希冕，執皮帛。"又公之孤四命。注："九命上公，得置孤一人。"春秋

1112. 時，隨、楚皆有少師。

1113. 秦、漢而下省。

1114. 後周置三孤，以貳三公。

1115. 宋沿③唐制，置三師，以太尉、司徒、司空為三公。至　徽宗政和二年，詔：

1116. "司徒、司空，周六卿之官，非三公之任，乃今之六曹尚書是也。太尉秦

三百五十四
小二百二十七　　【文獻通考卷四十八　十三】

1117. 官，居主兵之任，亦非三公。太尉、司徒、司空並罷。依周制，立三孤之官，

1118. 乃次輔之任，或稱三少，為次相之任。"餘見《三公總序》。

1119. 　　　總序三公三師以下官屬

---

① "于"中華書局 1986 年本《文獻通考》作"予"。
② "西"，當作"面"。
③ "沿"同"沿"。下同，不再另作說明。

1120. 三師、太師、太傅、太保，一太，殷建官有六太，其一曰太宰。自周以後，亦常有之。餘五太則無。三公、太尉、歷代多有之。

1121. 司空，歷代有之。二大、大司馬、大將軍，歷代亦有之。諸位從公。諸將軍及光祿大夫開府者，歷代亦時有之。官屬

1122. 等。歷代有置有省，亦多同說，所以不更各具本府，但依時代都言之。其大將軍，自具本篇。（說應為說）

1123. 漢有三師，而不見官屬。以丞相為公，置司直、長史。後改丞相為司徒，

1124. 則曰司徒司直、長史。具《宰相篇》。其太尉，後改為大司馬。綏和初，始置長史

1125. 一人，掾屬二十四人，御屬一人，令史二十四人。改御史大夫為大司

1126. 空，置長史加中丞。具《御史大夫篇》。

1127. 後漢初，唯置太傅，有長史一人，掾屬十人，御屬一人。不知何曹。後置太師，

1128. 董卓常①居之，蓋自為也，而不見官屬。

1129. 太尉屬官有長史一人，署諸曹事；盧植《禮注》曰："如周小宰。"掾吏屬二十四人，分主

（以上為 M2·0042 號文書，尺寸為 46cm×32cm）

1130. 二千石長史遷除、民户、祠祀、農桑、奏議、辭訟、郵驛、轉運、盗賊、罪法、兵、貨幣、鹽鐵、倉穀等事。黃閣主簿，省錄衆事，掌閣下威

1131. 儀。記室令史，掌上章表報。後漢末，陳琳、阮瑀皆為曹公記室，軍國書檄皆所作。御屬，掌為公卿閣下威儀。

1132. 司徒屬官有長史一人，掾屬三十一人，令史及御屬三十六人。正曰掾，副曰

1133. 史。陳寵辟司徒鮑昱府。是時三府掾屬專尚交遊，以不肯親事為高。寵獨勤心物務；轉為辭曹，專掌天下獄訟。時司徒辭訟，久者數十

1134. 年，事類溷錯，易為輕重。寵為昱撰《辭訟比》七卷，决事科條，皆以事相從。昱奏上之，其後公府奉以為法。

1135. 司空屬官：長史一人，掾屬二十九人，令史及御屬三十二人。正曰掾，副曰屬。

1136. 《漢舊注》云：公府掾比古元士三命者也。或曰，漢初掾史辟，皆上言之，故有秩，皆比命士。其所不言，則為百石屬。其後皆自辟除，故通為百

1137. 石云。其大司馬，從事中郎、正行參軍。大司馬亦有正行參軍也。晋有太

① "常"據中華書局 1986 年本《文獻通考》應為"嘗"。

1138. 宰、太傅、太保。唯楊駿為太傅,增祭酒為四人,掾屬二十人,兵曹為左

1139. 右也。^{楊駿輔政,引潘岳為太傅主簿。}

1140. 太宰、太保官屬不見。太尉、司徒、司空,並有長史、司馬。太尉雖不加兵

1141. 者,吏屬皆絳服。泰初三年,又置太尉軍參軍六人,騎司馬五人,官

1142. 騎十人。而司徒加置左長史,長差次九品,銓衡人倫,冠綬與丞相長

【文獻通考卷四十八 十四】 ^{四百五十三 小三百七十}

1143. 史同。主簿、左右東西曹掾各一人。若有所循行者,增置掾屬十人。^{武帝}

1144. 時,司徒奏州郡農桑未有賞罰之制,宜遣掾屬循行。詔遂使司徒督察州郡播殖。若有所循者,增掾屬十人。又溫嶠請司徒置田曹掾,州

1145. 一人,^{勸課農桑。}初,王渾^{字元冲}遷司徒,仍加兵。渾以司徒文官,主吏不持兵,及

1146. 吏屬絳衣,自以非是舊典,皆令皁服,論者羡其謙而識禮。司空府加

1147. 置導橋掾一人,餘畧同。

1148. 後漢咸寧初,詔以前太尉府為大司馬府,增置祭酒二人,帳下司馬、

1149. 官騎、大車、鼓吹。左右光祿、光祿三大夫開府者,皆為位從公,品秩、俸

1150. 賜、儀制與諸公同。加兵者,增置司馬一人,從事中郎二人,^{劉琨為司空,以盧諶}

1151. ^{為從事中郎}主簿、記室督①各一人,舍人四人,兵、鎧、士曹、營軍、刺姦、帳下都

1152. 督、外都督、令史各一人。^{主簿以下,令史以上,皆絳服。}司馬給吏卒如長史,從事中

1153. 郎給侍二人,主簿、記室都督各給侍一人。其餘臨時增崇者,則褒加,

---

① 據中華書局 1986 年本《文獻通考》"督"字前脫一"都"字。

1154. 各因其時為節文，不為定制。其祭酒掾属，白盖小車七①，軺車施耳後戶、皁輔犢車各一乘。自祭酒以下，令史

1155. 以上，皆皁零辟朝服。其為持節都督者，增參軍為六人，其餘如常加兵公制。孫楚

（以上為 M2·0043 號文書，尺寸為 47cm×32cm）

1156. 字子荆，為佐著作郎，參石苞驃騎軍事。楚既負其才氣，頗侮易苞。初至，揖曰："天子命我參卿軍事。"初，參軍不敬府主。楚既輕苞，遂制施敬，

1157. 自楚始也。

1158. 宋有太傅、太保、太宰、太尉、司徒、司空、大司馬，諸府皆有長史一人，將

1159. 軍一人。又各置司馬一人，而太傅不置。長史、掾属，亦與後漢略同。自

1160. 江左以來，諸公置長吏②、倉曹属、東③西閤祭酒各一人，主簿、舍人二人，

1161. 御属二人，令史無定員。領兵者置司馬一人，從事中郎二人，參軍無

1162. 定員。加崇者，置左右長史、司馬、從事中郎四人，掾属四人，則倉曹增

1163. 置属，戶曹置掾。加崇，極於此也。其司徒府若無公，唯省舍人；其府常

1164. 置，其佐僚異於餘府，有左右長史、東西曹掾属，餘則同矣。餘府有公

1165. 即置，無則省。

1166. 齊有太宰、大司馬，並為贈官，無寮④属。太尉、司徒、司空是為三公，特進

1167. 位從公，諸開府儀同三司位從公，開府儀同如公。凡公督府，置佐：長

1168. 史、司馬一⑤人，諮議參軍二人。諸曹有錄事、功曹、記室、戶曹、倉

---

① 據中華書局 1986 年本《文獻通考》"七"字後脫一"乘"字，"輔"應為"輪"。
② "吏"，當作"史"。
③ 據中華書局 1986 年本《文獻通考》"東"字前脫"戶曹屬"三字。
④ "寮"通"僚"。
⑤ 據中華書局 1986 年本《文獻通考》"一"字前脫"各"字。

曹、中直

　　　　五百十五　　　　【文獻通考卷四十八　十五】　　　□□
　　　　小二百廿五

1169. 兵、外兵、騎兵、長流、賊曹、城局、法曹、田曹、水曹、鎧曹、集曹、右戶，十八曹。

1170. 局曹以上署正參軍，法曹以下署行參軍，各一人。其行參軍無署者，

1171. 為兼①負。其公府佐吏，則從事中郎二人，倉曹掾、戶曹屬、東西閤祭酒

1172. 各一人，主簿、舍人、御屬二人。加崇者，則左右長史四②、中郎、掾屬並增

1173. 數。其未及開府，則置亦有佐吏，其數有減。小府無長流，置禁防參軍。

1174. 初，晉令公府長史著朝服，自宋大明以來著朱衣。齊王儉為司徒左長史，請依《晉令》復

1175. 舊制，不著朱衣，時議不許。又曰：王秀之常云："位至司徒左長史，可以知止足矣。"又陸慧曉為司徒右長史，謝朓為左長史，府公竟陵王子良

1176. 謂王融曰："我府二上佐，前代誰可比？"融曰："兩賢同侍，未有前例。"

1177. 梁武受命之初，官班多同宋、齊之舊。有丞相、太宰、太傅、太保、大司馬、

1178. 太尉、司徒、司空、開府儀同三司等官。諸公及位從公開府者置官屬，

1179. 有長史、司馬、諮議參軍、掾屬、從事中郎、記室建安王為雍州③，表求管記，乃以江革為征北記室參

1180. 軍。革弟觀又為參軍　記④室。任昉曰："文房之任，摠卿兄弟。"故歷代皆為文士之華選云。主簿、列曹參軍、行參軍、

1181. 舍人等官。其司徒則有左、右二長史，褚球字仲寶，為司徒左長史，加貂。台佐加貂，自球始也。又

（以上為 M2·0044 號文書，尺寸為 47cm×31.5cm）

1182. 增置左西掾一人，自餘僚佐同於二府。有公則置，無則省。而司徒無

1183. 公，唯省舍人，餘官常置。開府儀同三司，位次三公，左右光祿大

---

① 據中華書局 1986 年本《文獻通考》"兼"字前脫"長"字。
② 據中華書局 1986 年本《文獻通考》"四"字後脫"人"字。
③ 據中華書局 1986 年本《文獻通考》"雍州"後脫"刺史"兩字。
④ 據中華書局 1986 年本《文獻通考》"記"字前脫"兼"字。

夫優

1184. 者則加之，曰①三公，置官属。

1185. 陳三師、二大，並為贈官，而無僚属。其三公有府長史、司馬、諮議參軍、

1186. 從事中郎、掾曹属、主簿、祭酒、録事、記室、正參軍、板正參軍。

1187. 後魏三師無官属。後又置太宰，以元天穆為之，增置佐吏。三公及二

1188. 大並有長史、司馬、諮議參軍、從事中郎、掾属、主簿、録事參軍、功曹、記

1189. 室、户曹、中兵等參軍。諸曹行參軍，祭酒，參軍事，長兼行參軍、督護。

1190. 其太尉、司徒與二大属官階同，唯司空府官每降一階。

1191. 北齊三師、二大、三公，各置長史、司馬、諮議參軍、從事中郎、掾属、主簿、

1192. 録事、功曹、記室、户曹、倉曹、中兵、騎兵、長流、城局、刑獄等參軍事，東西

1193. 閤祭酒及參軍事，法、墨、田、水、鎧、集、士等曹行參軍、督護等員。司徒則加左、右

1194. 長史②。長史主吏、司馬主將、舍人主閤內事皆自秦官也。從事中郎、從事中郎，漢末官也。陳湯為大

【文獻通考卷四十八　　十六】
四百廿二
小百四十二

1195. 將軍王鳳從事中郎。在主簿上，所掌、秩與長史同。掾属、主諸曹事。主簿、所主與舍人同，祭酒所主亦同。令史、主諸曹文

1196. 書。此皆自漢官也。陳湯為大將軍王鳳從事中郎是也。御属、參軍自後漢也。孫堅參驃騎軍事是

1197. 也。參軍所主與掾属同。其儀同三司如開府者，亦置長史以下官属，而減記室、

1198. 倉、城属、田、水、鎧、士等七曹各一人。其品亦下三公府一階。其三師、二大佐吏，則同太尉府也。

1199. 後周以太師、太傅、太保為三公，而不見僚属。

---

① "曰"據中華書局1986年本《文獻通考》應為"同"。
② "吏"，當作"史"。

1200. 隋三師亦不見官屬，而三公依北齊置府僚。後省府及僚佐。置公則

1201. 坐於尚書都省，朝之衆務揔歸於臺閣。

1202. 唐三師、三公，並無官屬。　宋亦如之。

1203. 文獻通考卷之四十八終

（以上為 M2·0045 號文書，尺寸為 46.5cm×31.5cm）

1204. 文獻通考卷四十九

1205. 　　　　鄱　陽　馬　端　臨　貴　與　著

1206. 　　職官考

1207. 　　　宰相

1208. 黃帝得六相而天地治，神明至。黃帝得蚩尤而明天道，得太常而察地理，得倉龍而辨東方，得祝融而卞①

1209. 南方，得封②后而卞西方，得后土而卞北方，謂之六相。虞舜臣尭，為尭時臣。舉八愷，倉舒、隤敳、檮戭、大臨、尨③降、庭堅、仲容、

1210. 叔達為八愷，即垂、益、禹、皋陶之倫也。庭堅則皋陶字。隤，六回切。敳，干來切。使主后土，后土，地官也。以揆百事，莫

1211. 不時叙，地平天成；揆，度。平也。成，舉八元，伯奮、仲堪、伯虞、仲熊、叔獻、季仲、豹、季狸為八元。使布五

1212. 教于四方，内平外成，内外，諸夏。夷狄。謂之十六相。亦曰十六族。及殷成湯居亳，初

1213. 置二相，以伊尹、仲虺為之。伊尹號為"阿衡"。仲虺臣名，為湯左相。武丁得傅說，爰立作相，

1214. 王置諸其左右。武丁，殷之高宗也，得賢相傅說於，是禮命立以為佐相，使在左右也。④

1215. 周時，召公為保，周公為師，相成王，為左右，亦其任也。

1216. 秦悼武王二年，始置丞相官，以樗里疾、甘茂為左、右丞相。茂為左，疾為右。莊

---

① 據中華書局 1986 年本《文獻通考》"倉"應為"蒼"，"卞"應為"辨"。下同，不再另作說明。
② "封"據中華書局 1986 年本《文獻通考》應為"風"。
③ "尨"，亦作"厖"。
④ 據中華書局 1986 年本《文獻通考》"得"字前脫"使百官以所夢之形象經營，求之於野外"，"於"字後脫"傅岩之溪"。

□百五十八　【文獻通考卷四十九　一】
四百六

1217. 襄王又以呂不韋為丞相。及始皇立，尊不韋為相國，則相國、丞相皆

1218. 秦官。又《漢官儀》云："皆六國時官。"金印紫綬，掌丞天子，助理萬機。秦初有左、右，荀曰："秦本

1219. 次國，命卿二人，是以置左、右丞相，無三公官①。"至二世，復有中丞相。二世已誅李斯，乃以趙高為中丞相，事無大小

1220. 皆決之。

1221. 漢高帝即位，一丞相，綠綬。高帝元年拜曹參為假左丞相，即漢初丞相當有左、右，今言一丞相，或《漢書》之誤。

1222. 以蕭何為之。及誅韓信，乃拜何為相國。何薨，以曹參為之。孝惠、高后

1223. 置左、右丞相。文帝二年，復置一丞相，月俸錢六萬。初，陳平為左丞相。及誅諸

1224. 呂，文帝初立，平乃謝病以讓周勃，乃以勃為右丞相，位第一；平為左丞相，位第二。帝因②問勃："天下一歲決獄幾何？"勃謝不知。問："天下錢穀

1225. 一歲出入幾何？"勃又不能對，汗出洽背。及問平，平曰："有主者。宰相

1226. 者，上佐天子理陰陽，順四時，下遂萬物之宜，外鎮四夷諸侯，內親附百姓，使卿大夫各任其職。"上善之。勃謝病，請免相，平專為一丞相。成帝綏和元年，御史大夫何武建言：

1227. "古者民謹事約，國之輔佐，必得賢聖。然猶則天三光，備三公官，三光，日、月、

1228. 星。各有分職。今末俗之弊，政事煩多，宰相之才不能及古，而今丞相

1229. 獨兼三公之事，所以大化久未洽也。宜建三公官，足③卿大夫之位，分
（以上為 M2·0046 號文書，尺寸為 46cm×31cm）

1230. 職分政，以考功效。"於是上拜曲陽侯王根為大司馬，而何武自御史

1231. 大夫改為大司空，皆金印紫綬，比丞相，則三公俱為宰相。漢御史大夫，副丞相

1232. 事，若今之同平章事及參知機務之類，所以《漢書》云："薛、貢、韋、匡迭為宰相。"薛宣、韋賢、匡衡則是丞相，而貢禹但為御史大夫。又蕭望之謂

---

① 據中華書局 1986 年本《文獻通考》"官"字後脫"也"字。
② 據中華書局 1986 年本《文獻通考》"因"字後脫"朝"。
③ "足"據中華書局 1986 年本《文獻通考》應為"定"。

1233. 朱雲曰："吾備位將相。"蕭嘗任御史大夫至為將軍。①

1234. 孝哀帝復罷大司空。大司空朱博奏曰："帝王之道，不必相襲。高祖置御史大夫次丞相，典正法度，以敕相參。歷載二

1235. 百，天下安寧。今更大司空，與丞相同位。故事，選郡國守相高第為中二千石，為御史大夫，任職者為丞相，位次有序，所以重聖德，重國相

1236. 也。今中二千石未更御史而為丞相，非所以重國政也。今願罷大司空，以御史大夫為百寮長。哀帝從之。元壽二年，更名

1237. 丞相為大司徒。初，漢制常以列侯為相，唯公孫弘布衣，數年登相位，

1238. 武帝乃封為平津侯，其後為故事。至丞相而封，自弘始也。到光武絕不復侯，或

1239. 自以際會援立見封。《漢儀注》曰："御史大夫為丞相，更春乃封，故且賜爵關內侯。"李竒曰："以冬月非封候，故且先賜爵關內侯。"白事

1240. 教令，稱曰君侯。亦謂丞相為上相，陸賈謂陳平曰："足下位為上相"是也。《春秋》之義，尊上公謂之

1241. 宰，言海內無不統焉。故丞相進，天子御座為起，在輿為下。皇帝見丞相起，謁者

1242. 贊稱曰："皇帝為丞相起。"起立乃坐，贊稱曰："敬謝行禮。"皇帝在道，丞相某迎，謁者稱曰："皇帝為丞相下輿。"下立乃升車也。丞相有

　　　大三百六
　　　小六百五十三　【文獻通考卷四十九　二】　今

1243. 病，皇帝法駕親至問疾，從西門入。丞相有疾，御史大夫三朝問起居，百寮亦然。後漢三公疾，令中黃門

1244. 問疾。魏、晉即黃門郎，尤重者或侍中。及瘳視事，尚書令若光祿大夫賜以養牛、上尊酒。

1245. 如淳曰："律，稻米一斗得酒一斗，為上尊。"丙吉為丞相，尚寬大，好禮儀。掾吏有罪不稱職，與長休告，無按驗。客或曰："君侯為漢相，奸吏成

1246. 其私，然無所懲艾乎？"吉曰："夫以三公之府，有按吏之名，吾切②陋焉。"因為故事，公府不按吏，自吉始。韋賢為丞相，年七十餘，乞罷歸私第。丞

1247. 相致仕，自賢始也。有天地大變、天下大過，則以病聞。有天地大變、天下大過，皇帝使侍中持節，乘四白馬，賜上尊酒十斛、牛一頭，策告殃

1248. 咎。使者居半道，丞相追上病。使者還，來白事，尚書以丞相不起病聞。若丞相不勝任，使者策書，駕駱馬，即時布衣步出府，免為庶人。若丞

1249. 相有他過，使者奉策書，駕雕③駹馬，即時步出府，乘棧車牝馬歸田里思過。駹京媚切。凡丞相府，門無闌，不設鈴

---

① "蕭嘗任御史大夫至為將軍"中華書局 1986 年本《文獻通考》作"蓋蕭望之嘗任御史大夫及前將軍之職也"。
② "切"據中華書局 1986 年本《文獻通考》應為"竊"。
③ "雕"據中華書局 1986 年本《文獻通考》應為"駈"。

1250. 鼓，言其大開無節限①。

1251. 後漢廢丞相及御史大夫，而以三公綜理衆務，則三公復為宰相矣。

1252. 前代丞相有倉頭字宜祿。至漢代，有所關白，則叩閤呼宜祿，遂以為常。闒②，魚列切。至于中年以後，事歸臺閣，

1253. 則尚書官為機衡之任。至獻帝建安十三年，復置丞相，而以曹公居

1254. 之。又有相國。

1255. 魏黃初元年，改為司徒，吳有左右丞相，而文帝復置中書監、令，並掌機密，自

（以上為 M2·0047 號文書，尺寸為 47cm×31.5cm）

1256. 是中書多為樞機之任。說在《中書令篇》其後定制，置大丞相，第一品。後又有

1257. 相國，齊王以司馬師為之，晉景帝高貴鄉公以司馬昭為之。晉文帝。

1258. 晉惠帝永寧元年，罷丞相，復置司徒。　永昌元年，罷司徒并丞相，則

1259. 與司徒不並置矣。丞相與司徒，廢置非一。其後或有相國，或有丞相，省置無恒③，

1260. 而中書監、令常管機要，多為宰相之任。自魏、晉以來，相國、丞相多非

1261. 尋常人臣之職。晉趙王倫、梁王肜、成都王穎、南陽王保並為之。元帝渡江，以王敦為丞相，轉

1262. 司徒，荀組為太尉，以司徒官屬并丞相為留府，敦不受。成帝以王導

1263. 為丞相，罷司徒府以④為丞相府。導薨，罷丞相，復為司徒府。相國、丞相皆袞冕，綠

1264. 綟綬。綟音吏。

1265. 宋孝武帝，初唯以南郡王義宣為丞相，而司徒府始⑤如故。亦有相國。

1266. 丞相，金章紫綬，進賢三梁冠，絳朝服，佩山玄玉，相國則綠綟⑥

---

① 據中華書局 1986 年本《文獻通考》應為"限"字後脫"也"字。
② "闒，魚列切"中華書局 1986 年本《文獻通考》作"閤，古沓切"。
③ "恒"為"恆"，避宋真宗趙恆名諱缺筆。
④ "以"中華書局 1986 年本《文獻通考》無。
⑤ 據中華書局 1986 年本《文獻通考》"始"為衍文。
⑥ "綟"中華書局 1986 年本《文獻通考》作"元"。

綏也。

1267. 齊丞相不用人，以為贈官。

1268. 梁罷相國，置丞相；罷丞相，置司徒。

中三百四十五
小五百六十四 【文獻通考卷四十九 三】 君仲

1269. 陳又置相國，位列丞相上，并丞相並為贈官。按：自魏、晉以來，宰相但

1270. 以他官參掌機密，或委知政事者則是矣，無有常官。其相國、丞相，或

1271. 為贈官，或則不置，自為尊崇之位，多非人臣之職。其眞為宰相者，不

1272. 必居此官。魏文帝以劉放、孫資為中書監、令，並掌機密，晉武帝詔以荀勖為中書監、侍中，叶贊朝政。張華為中書令，侍中劉卞

1273. 謂華曰："公居阿衡之地。"東晉庾亮、庾冰相次為中書監。先是王導輔政，以寬和得衆，庾亮以法裁飭，頗失人心。至冰①，經綸時務，升擢後進，

1274. 朝野注心，咸曰賢相。殷浩為揚州刺史，參綜朝權。王敦為大將軍，侍中，上表曰："臣備位宰輔。"謝安為中書監，錄尚書省事。宋文帝初，徐羨

1275. 之為司空，錄尚書事。後以江湛、王僧綽俱為侍中，任以機密。後又以殷景仁為侍中、左衛將軍，與侍中右衛將軍王華、侍中左衛將軍王

1276. 曇首、侍中劉湛四人俱居門下，皆以風力局幹，冠冕一時，同時之美，近代莫及。初，王弘為江州刺史，加侍中，後徵輔政，以為侍中、司徒，錄

1277. 尚書事。而弘弟曇首為文帝所任，與華相持。華常謂己力用不盡，每歎息云："宰相頓有數人，天下何由得理？"湛母憂去職，後徵為太子詹

1278. 事，加給事中，與殷景仁並被任遇。湛常云："今代宰相何難，此正可當我南陽郡漢代功曹耳。"沈演之為侍中、衛將軍，文帝謂之曰："侍中領

1279. 衛，俱為優重，此蓋宰相便坐，卿其勉之。"齊王儉為侍中、尚書令，常謂人曰："江左風流宰相，惟有謝安。"蓋自況也。明帝顧命江祐兄弟及始

1280. 安王遙光、尚書令徐孝嗣、領軍蕭坦之，更日貼勅，時呼為"六貴"，皆宰相也。梁何敬容初為吏部尚書、侍中，時徐勉為僕射參掌機事，以疾

1281. 陳解，因舉敬容自代，故敬容遷為僕射，掌選事，侍中如故。此並為宰相。後敬容屢轉他官，而參掌如故。又王訓為侍中，武帝問敬容曰："褚

（以上為 M2·0048 號文書，尺寸為 47cm×32cm）

1282. 彥回年幾為宰相？"對曰："少過三十。"帝曰："今之王訓，無謝彥回。"彥回宋明帝時為侍中。又周舍本後，朱異為散騎常侍，代掌機密。北齊韓軌

1283. 為中書令，尋授司空，自以勳歷登台鉉。按：此則或掌機密，或錄尚書，或綜機權，或管朝政，或單侍中，或給事中，或受顧命，皆為宰相也。然

---

① "水" 據中華書局 1986 年本《文獻通考》應為 "冰"。

1284. 侍中戢任機密之司，不必它名，亦多為宰相。其侍中兼外官，若宋王弘；侍中兼內官，若沈演之，其例不少，則非宰相，蓋在當時委任而已。

1285. 自晉、宋以來，宰相皆文武自逸，何敬容獨勤庶務，為代所嗤鄙。姚察曰："魏正始及晉之中朝，俗尚於玄虛，貴為放誕。尚書丞郎以上，簿領

1286. 文案，不復經懷，皆成於令、史。逮乎江左，此道弥扇。唯卞壼以臺閣之務，頗欲綜理，阮孚謂之曰：'卿常無閒暇，不乃勞乎？'宋代王敬弘身居

1287. 端右，未嘗省牒，風流相尚，其流遂遠。覩白署空，是稱清貴；恪勤匪懈，終滯鄙俗。是使朝經廢於上，眾職隳於下，小人道長，抑此之由①。嗚呼！

1288. 傷風敗俗，而使何國禮② 之識理見譏薄俗者哉！"

1289. 後魏舊制，有大將軍，不置太尉；有丞相，不置司徒。自正光以後，俱始

1290. 置之。神瑞元年，置八大人官，揔理萬機，時號"八公"。然而尤重門下官，多以侍中輔政，則侍

1291. 中為③樞密之任矣。說在《侍中篇》。

1292. 北齊乾明中，置丞相；河清中中分為左、右，各置府僚。然而時為宰相秉

1293. 朝政者，亦多為侍中。趙彥琛、元文遙、和士開同為宰相，皆兼侍中。

1294. 後周大冢宰亦其任也，其後亦置左、右丞相。大象二年，以楊堅為大

【文獻通考卷四十九　四】

中三百七十六
小四百廿一　　　　　　　　　　　　　　　　　君仲

1295. 丞相，遂罷左、右丞相官。

1296. 隋有內史、納言，即中書令、侍中也。是為宰相，亦有他官參與焉。柳述為兵部尚書，參掌機

1297. 事。又楊素為右僕射，與高熲專掌朝政。

1298. 按：自後漢時，雖置三公，而事歸臺閣，尚書始為機衡之任。然

1299. 當時尚書，不過預聞國政，未嘗盡奪三公之權也。至魏、晉以

1300. 來，中書、尚書之官始真為宰相，而三公遂為具員。其故何也？

1301. 蓋漢之典事尚書、中書者，號為天子之私人；及叔季之世，則

1302. 姦雄之謀篡奪者，亦以其私人居是官。而所謂三公者，古有

1303. 其官，雖鼎命將遷之時，大權一出於私門，然三公未容遽廢

---

① 據中華書局1986年本《文獻通考》"由"字後脫"也"字。
② "國禮"據中華書局1986年本《文獻通考》應為"敬容"。
③ 據中華書局1986年本《文獻通考》"為"字前脫"又"字。

1304. 也，故必擇其老病不任事，依違不侵權者居之。東漢之末，曹
1305. 公為丞相，而三公則楊彪、趙溫，尚書令、中書監則二荀、華歆、
1306. 劉放、孫資之徒也。魏之末，司馬師、昭為丞相，而三公則王祥、
1307. 鄭沖，尚書令、中書監則賈充、荀勖、鍾會之徒也。蓋是時，凡任

（以上為 M2·0049 號文書，尺寸為 47cm×31.5cm）

1308. 中書者，皆運籌帷幄、佐命移祚之人；凡任三公者，皆備員高
1309. 位，畏權遠勢之人。而三公之失權任，中書之秉機要，自此判
1310. 矣。至丞相一官，西漢廢於哀帝之時。東漢本不置丞相，建安
1311. 特置之，以處曹操。魏本不置丞相，正始特置之，以處司馬師、
1312. 昭。及晉則不置，正符①堅所謂"朕以龍驤建業"之說也。然東晉
1313. 以至宋、齊、梁、陳、隋皆有之。夫中書監既為宰相之任，則升其
1314. 品秩可也；丞相既不為宰相之任，而嘗為擅代之階，則廢其
1315. 名字②也。今觀魏以後之官品，中書監僅為三品，而黃鉞大將
1316. 軍、大丞相、諸大將軍則為一品、二品。然此數官者，未嘗以授
1317. 人，特宋、齊、梁、陳、隋將受禪則居之，此外則王敦、桓溫、侯景亦
1318. 嘗為之。夫高官極品不以處輔佐之臣，而又存其名字，使亂
1319. 臣賊子遞相承襲，以為竊取大物之漸，非所以昭德塞違，明
1320. 示百官也。

【文獻通考卷四十九　五】　　　君仲

1321. 唐世宰相名尤不正。初，唐因隋制，以三省之長中書令、侍中、尚書令
1322. 共議國政，此宰相職也。其後，以太宗嘗為尚書令，臣下避不敢居其
1323. 職，由是僕射為尚書省長官，與侍中、中書令號為宰相。其品位既崇，
1324. 不欲輕以授人，故常以他官居宰相職，而假以他名。自太宗時，杜淹
1325. 以吏部尚書參議朝政，魏徵以秘書監參預朝政。其後或曰參議得
1326. 失、參知政事之類，皆③名非一，皆宰相職也。貞觀八年，僕射李靖

---

① "符"，當作"苻"。
② 此處通行本有"可"字，圖版無。
③ "皆"據中華書局 1986 年本《文獻通考》應為"其"。

1327. 辭位，詔疾小瘳，三兩日一至中書門下，平章事。而平章事之名，蓋始

1328. 起於此。其後，李勣以太子詹事同中書門下三品，謂同侍中、中書令

1329. 也。而同三品之名，蓋起於此。然二名不專用，而他官居者，猶假佗①

1330. 名如故。自高宗已後，為宰相者必加同中書門下三品，雖品高者亦

1331. 然，惟三公、三師、中書令則否。其後改易官名，而張文瓘以東臺侍郎

1332. 同東西臺三品。同三品入銜，自文瓘始。永淳元年，以黃門侍郎郭待

1333. 舉、兵部侍郎岑長倩等同中書門下平章事。平章事入銜，自待舉等

（以上為 M2·0050 號文書，尺寸為 46.5cm × 31.5cm）

1334. 始。自是以後，終唐之世不能改。初，三省長官議事于門下省之政事

1335. 堂。其後，裴炎自侍中遷中書令，乃徙政事堂於中書省。開元中，張說

1336. 為相，又改政事堂號"中書門下"。列五房于其後：一曰吏房，二曰樞②機房，

1337. 三曰兵房，四曰戶房，五曰刑禮房，分曹以主衆務焉。宰相事無不統，

1338. 故不以一職名官。自開元以後，常以領他職，實欲重其事，而反輕宰

1339. 相之體。故時方用兵，則為節度使；時崇儒學，則為大學士；時急財用，

1340. 則為鹽鐵轉運使，又其甚，則為延資庫使。至於國史、太清宮之類，其

1341. 名頗多，皆不足取法③。

1342. 自先天之前，其員頗多，景龍中至十餘人。開元以來，常以二人為限，

1343. 或多則三人。武太后聖曆三年四月勅："同中書門下三品平章事賜會，並同中書門下三品例。"開元十年十一月勅："自今以

---

① "佗"據中華書局1986年本《文獻通考》應為"他"。
② "極"據中華書局1986年本《文獻通考》應為"樞"。
③ "法"中華書局1986年本《文獻通考》無。且中華書局1986年本《文獻通考》"取"字後有雙行小字："侍中、中書令是真宰相，其餘但加同中書門下三品及平章事、知政事、參知機務等名者皆是"。

1344. 後，中書門下宜共食實封三百户。"二十二年十一月制："宰相兼官者，並兩給俸禄年①。"天寶十五千②之後，天下多

1345. 難，勳賢並建，故備位者衆。然其秉鈞持衡亦一二人而已。舊例，起居舍人及起

1346. 居郎唯得對仗承旨，仗下之後謀議不得聞。武太后時，文昌右丞姚璹以為帝王謨訓不可無紀，若不宣自宰相，史官無從而知。表請仗

小二百卅三　　【文獻通考卷四十九　六】　　君仲

1347. 下所言軍國政要，則宰相一人撰錄，每月封送史館，謂之"時政記"，自璹始也。

1348. 德宗時，常衮為相，奏貶中書舍人崔祐甫為潮州刺史。上以為太

1349. 重，貶祐甫河南少尹。初，肅宗之世，天下務殷，宰相常有數人更直

1350. 決事，或休沐各歸私弟③，詔直事者代署其名而奏之，自是踵為故

1351. 事。時郭子儀、朱泚雖以軍功為宰相，皆不預朝政，衮獨居政事堂，

1352. 代二人署名奏。祐甫既貶，二人表言其非罪，上問："卿向言可貶，今

1353. 云非罪，何也？"二人對："初不知。"上初即位，以衮為欺罔，大駭，乃貶衮

1354. 為潮州刺史，以祐甫為門下侍郎、同平章事。

1355. 宋承唐制，以同平章事為宰相之職，無常員；有二人，則分日知印。以

1356. 丞郎以上至三師為之。其上相為昭文館大學士、監修國史，其次為

1357. 集賢殿大學士。或置三相，則昭文、集賢兩學士并監修國史並除焉。

1358. 國初，范質昭文學士，王溥監修國史，魏仁浦集賢學士，此三相例也。唐以來，三大館皆宰臣④兼之。宋仍唐制，參知政事掌

1359. 副宰相，毗大政，參庶務。其除授不宣制，不押班，不知印，不預奏事，不

（以上為 M2·0051 號文書，尺寸為 46cm×31cm）

---

① 據中華書局 1986 年本《文獻通考》應為"俸禄年"中"年"為衍文。
② "千"據中華書局 1986 年本《文獻通考》應為"載"。
③ "弟"，此處當作"第"。
④ "宰臣"中華書局 1986 年本《文獻通考》作"宰相"。

1360. 升政事堂，殿庭別設磚位於宰相①，及勅尾署御②降宰相一等。乾德二年，以趙

1361. 普為相，上欲為普置副而難其名稱，問陶穀下丞相一等何官，穀引唐參知政事為對。時薛居正為樞密直學士，呂餘慶為兵部侍郎，乃

1362. 命二人以本官兼，不宣制押班，蓋未欲遽令與普齊也。史臣曰："按唐參預朝政、參知政事等職，皆宰相任也。高宗嘗欲用郭待舉參知正③

1363. 事，復以其資淺，止令同承受平章事，則平章亞於參政矣。穀言失之。"至道元年，詔宰相與參政輪班知

1364. 印，同升政事堂。二年，詔復如舊制。參政押勅齊銜、行並馬，自寇準始，至今不易。親王、樞密

1365. 使、留守、節度使兼中書令、侍中、同平章事者，謂之使相。不預政事，不

1366. 書勅，惟宣勅除授者，勅尾存其御④而已。乾德二年，范質等三相皆罷，以趙普同平章事，李崇矩為

1367. 樞密使。命下，無宰相書勅，使問翰林陶穀。穀謂："自昔輔相未嘗虛位，唯唐大和中甘露事數日無宰相，時左僕射令狐楚等奉行制書。今

1368. 尚書亦南省長官，可以書勅。"竇儀曰："穀所陳，非承平令典。今皇弟開封尹、同平章事，即宰相之任也，可書勅。"上從之。神宗新官

1369. 制，於三省置侍中、中書尚書二令，而不除人；而以尚書令之貳左、右

1370. 僕射為宰相。左僕射兼門下侍郎，以行侍中之職；右僕射兼中書侍

1371. 郎，以行中書令之職。復別置中書門下侍郎、尚書左右丞，以代參知

1372. 政事。中書揆而議之，門下審而覆之，尚書承而行之。獨中書取旨，而

中五百二十六　【文獻通考卷四十九　七】　君仲
小二百一十二

1373. 門下、尚書之官為首相者，不復與朝廷議論。時王珪、蔡確俱為宰相，確奏："三省長官位高，恐

1374. 不須設。"遂以兩僕射行三省事，而確為次相專政，珪不復預。元祐初，司馬光乃請令三省合班奏

1375. 事，分省治事。自紹興以後皆因之。時議者謂："門下相凡事既同進呈，

---

① 據中華書局1986年本《文獻通考》"相"字後脫"後"字。
② "御"中華書局1986年本《文獻通考》作"銜"。
③ "正"據中華書局1986年本《文獻通考》應為"政"。
④ "御"中華書局1986年本《文獻通考》作"銜"。

1376. 則不應自駁已行之命,是省審之戩可廢也。"政和中,改左、右僕射為
1377. 太宰、少宰,仍兼兩省侍郎。靖康中,復為左、右僕射①。 建炎三年,呂頤
1378. 浩請參酌三省之制,舊尚書左僕射,今欲尚書左僕射、同中書門下
1379. 平章事;舊尚書右僕射,今欲尚書右僕射、同中書門下平章事;門下、
1380. 中書二侍郎,並改為參知政事;廢尚書左、右丞。從之。 乾②道八年,詔
1381. 尚書左、右僕射可依漢制,改作左、右丞相。詳定勑令所言:"近承詔旨,
1382. 改左、右僕射為左、右丞相,令刪去侍中、中書尚書令,以左、右丞相充。
1383. 緣舊左、右僕射非三省長官,故為從一品。今左、右丞相係充侍中、中
1384. 書尚書令之位,即合為正一品。"從之。丞相官以太中大夫以上充。參
1385. 政以中大夫以上充,常除二員或一員。嘉泰三年,始除三員。故事,丞

(以上為 M2·0052 號文書,尺寸為 46.5cm×30cm)

1386. 相謁告,參預不得進擬。惟丞相未除,則參預輪日當筆,多不踰年,少
1387. 纔旬月。獨淳熙初,葉衡罷相,龔茂良行相事近三年,亦創見也。
1388. 按:以三省為宰相之司存,以三省長官為宰相之戩任,其說
1389. 肇於魏、晉以來,而其制定於唐。然中書、尚書之名,始於漢。《通
1390. 典》言漢武帝遊宴後庭,始令宦者典事尚書,謂之中書謁者,
1391. 則中書、尚書只是一所。然攷《霍光傳》,光薨,霍山以奉車都尉
1392. 領尚書事。故事,諸上書者皆為二封,署其一曰副,領尚書者
1393. 先發之,所言不善,屏去不奏。魏相請去副封,以防壅蔽。而光
1394. 夫人顯及禹、山、雲等言上書者益黠,盡奏封事,輒下中書令

---

① 中華書局 1986 年本《文獻通考》中"射"字後多一"焉"字。
② 中華書局 1986 年本《文獻通考》中"乾"字後多一"至"字。

1395. 出取之，不關尚書。則其時中書、尚書似已分而為二。蓋尚書
1396. 在漢時乃御前管文書之所，故漢人上書言"昧死上言尚書"。
1397. 如丞相、大將軍已下連名奏太后廢昌邑王，亦是尚書令讀
1398. 奏。武帝雖令宦者典其事，然其末年，以霍光出入禁闥，謹慎

五百九十八
小卅五　　　【文獻通考卷四十九　八】　　君仲

1399. 可屬大事，輔少主，則以光領之。光薨，而山繼領其事，蓋既以
1400. 大臣之秉政者領之，則其事始在外庭矣。然則所謂上書者
1401. 為二封，意正本則徹中書而人主閱之，副封則徹尚書而大
1402. 將軍閱之。自此始判而為二，而有內外之分。此顯、禹所以有"
1403. 中書令出取之，不關尚書"之說歟。霍氏既敗，張安世復以大
1404. 司馬、車騎將軍領尚書事。史言："安世既典樞機，謹慎周密，每
1405. 定大政，已決，輒移病出，聞有詔令，乃驚，使史①之丞相府
問焉。"
1406. 蓋霍光領尚書之時，丞相乃蔡義、楊敞也；張安世領尚書時，
1407. 丞相乃魏相、丙吉也。是時，尚書雖在外庭，以腹心重臣領之，
1408. 然於宰相並無干預。此安世所以密議大政，及出詔令而佯
1409. 為不知，遣使問之丞相府。則丞相府，乃宣行尚書所議之政
1410. 令耳，而尚書非丞相之司存也。漢丞相府有東曹、西曹，為處
掾屬、議政令之地，於尚書並
1411. 無干預　至魏明帝，常卒至尚書門，陳矯為尚書令，跪問欲何之，

（以上為 M2·0053 號文書，尺寸為 47cm×30cm）

1412. 帝曰："欲案行文書。"然則魏時尚書猶去禁中不遠。及唐初，始
1413. 定制以三省為宰相之司存，以三省長官為宰相之職任。然
1414. 省分為三，各有所掌，而其官亦復不一。相職既尊，無所不統，
1415. 則不容拘以一職，於是始有同中書門下三品、同平章事、參
1416. 知機務、參預政事之名焉。諸名之中，所謂同平章事者，唐初
1417. 雖以稱宰相，乃以處資淺之人，在參知政事之下。見前參中
政注。
1418. 世以後則獨為真宰相之官，至宋元豐以前皆然。然宰相者，

---

① "史"中華書局1986年本《文獻通考》作"使"。

1236　中國藏黑水城漢文文獻的整理與研究

1419. 總百官，弼天子，既不當儕之他官，而其上則不當復有貴官
1420. 矣。自唐開元以來，郭元振①、李光弼相繼以平章事為節度使，
1421. 謂之使相。而宰相之職儕於他官，自此始。自宋元祐以後，文
1422. 潞公、呂申公相繼以平章軍國重事序宰臣上。而宰相之上
1423. 復有貴官，自此始。然郭、李以勳臣名將為之，宜也。自此例一
1424. 開，於是田承嗣、李希烈之徒，俱以節鎮帶同平章事者非一

中□十九　　【文獻通考卷四十九　　九】　　文甫
小十七

1425. 人；極而至於王建、馬殷、錢鏐之輩遂起盜地者皆欲效之。蓋
1426. 鄙他官而不為，而必欲儕於宰相，以自附於郭、李。則唐中葉
1427. 以後，所謂平章者如此。文、呂以碩德老臣為之，宜也。自此例
1428. 一開，於是蔡京、王黼相繼以太師總知三省事，三日一朝，赴
1429. 都堂治事；以至於韓侂胄、賈似道，擅權專政之久者，皆欲效
1430. 之。蓋卑宰相而不屑為，而必求加於相，以自附於文、呂。則宋
1431. 中葉以後，所謂平章者如此。蓋平章之始立名也，本非甚尊
1432. 之官，及其久也，則強藩之竊地者為之，權臣之擅政者為之。
1433. 蓋雖官極尊，而居之者多非其人矣。
1434. 　　　　宰相屬官
1435. 丞相司直。漢武帝二②年置，掌佐丞相，舉不法，位在司隸校尉上。翟方
1436. 進為司直，旬歲間免兩司隸。旬歲由③言滿歲，若十日之一周，後漢罷丞相，光武以武
1437. 帝故事，置司徒司直居司徒府，助司徒督錄諸用④郡所舉上奏，司直
（以上為 M2·0054 號文書，尺寸為 47cm×31cm）
1438. 考察能否，以徵虛實。建武十一年省。獻帝建安八年，復置司直，不屬
1439. 司徒，掌督中都官，不領諸州。九年，詔司直皆比司隸校尉，坐同席在

---

① "郭元振"中華書局 1986 年本《文獻通考》作"郭子儀"。
② "二"據中華書局 1986 年本《文獻通考》應為"五"。
③ "由"據中華書局 1986 年本《文獻通考》應為"猶"。
④ "用"據中華書局 1986 年本《文獻通考》應為"州"。

1440. 上，假傳置也。伏湛字惠公。光武以湛才任宰相，拜為司直，行大司徒事。後無。石勒置都部從事，各部一州，秩二千石，准

1441. 丞相司直。

1442. 丞相長史。漢文帝二年置，一丞相有兩長史。《漢百官表》云："丞相有兩長史"，而《張湯傳》云："殺臣

1443. 者，二長史也。"顏師古云：蓋諸史之長也，戢無不監。田仁為宰相長史，"兼有守者，非正員故耳。" 上書言天下太守，

1444. 皆下吏誅死。武帝悅，拜仁介幘，進賢有①梁冠，朱衣，銅印黃綬。劉屈氂為丞相司直，威振天下。

1445. 為左丞相，分丞相長史為兩府，以待天下遠方之選。待得賢人，當拜為右丞相。後

1446. 漢建武中省司直，有長史一人。魏武為丞相以來②，置左、右長史而

1447. 已③。丞相諸曹吏：掾屬三十，御屬一。魏④武為丞相，置徵事二人。建安十五年，初

1448. 置徵事二人，以邴原、王烈選補之。舊有東、西曹，自魏武大軍還鄴，乃省西曹。時毛玠為東曹

1449. 掾，與崔琰並典選舉。請謁⑤不行，時人憚之。及議併省，咸欲省東曹，皆曰："舊西曹為上，東次之，宜省東曹也。"魏武知其情，令曰："日出於東，月

1450. 盛於西。凡人言方，亦復先東。"遂省西曹。及咸熙中，司馬昭為相國，相國府置中衛、驍騎

□五百
小二百廿八　　【文獻通考卷四十九　　十】

1451. 二將軍，左、右長史，司馬，從事中郎，主簿，舍人，參軍，東西曹及戶、賊、金、

1452. 騎兵、車、鎧、水、集、法、奏、倉、士、馬、媒等曹掾屬，凡四十二人。晉元帝以鎮

1453. 東大將軍為丞相，丞相府置從事中郎，分掌諸曹；有錄事中郎、度支

1454. 中郎、三兵中郎；其參軍則有諮議參軍二人，主諷議事。江左初置軍

1455. 諮祭酒，有錄事、記室、東曹、西曹等十三曹，其後又置七曹。宋武帝為

---

① "有"據中華書局1986年本《文獻通考》應為"一"。
② "魏武為丞相以來"中華書局1986年本《文獻通考》作"武為丞相"。
③ "而已"中華書局1986年本《文獻通考》中無。
④ 據中華書局1986年本《文獻通考》"魏"字前脫"獻帝建安中"。
⑤ 據中華書局1986年本《文獻通考》"請謁"前脫"玠"。

1456. 相，合中兵、直兵，置一參軍曹，則猶二也。其小府不置長流參軍者，置禁防參軍。蜀丞相諸葛亮有

1457. 行參軍。晉大傅司馬越府又有行參軍、兼行參軍。後漸加長兼字。除拜則為參軍事，府板則為行參軍。晉宋以來，參軍各有除板①，行參軍

1458. 下則長兼行參軍。又有參軍督護、東曹督護，二督護江左置。

1459. 隋尚書都司。隋置左、右司郎中各一人，掌都省之戢。唐武德省，貞觀復

1460. 置，掌副左、右丞所管諸司事。二十四②曹呼左、右司為都公。龍朔改為左、右承務，咸

1461. 亨中復為左、右司郎中，武后又增員外郎一人。宋熙寧時，詔中書

1462. 五房各置檢正二員，在堂後官之上；都檢正一員，在五房提點之上，

1463. 皆士人為之③。元豐五年官制行④，罷檢正戢務，分歸中書舍人、給事

（以上為 M2·0055 號文書，尺寸為 46cm×29cm）

1464. 中。左右司郎官、未改官制前，左右司郎中為階官，無戢掌。郎中各一人，員外郎各一人，凡

1465. 四員，掌舉諸司之綱紀，號為都司，亦曰左、右曹。元豐六年，諸司置御

1466. 史房，主行彈劾，御史按察失戢。建炎三年，以軍興多事，復置檢正二

1467. 員，二員禮、刑、兵；二員戶、刑。位序在左、右司上，四年罷。隆興元年，詔尚書省吏房

1468. 丘⑤，三省、樞密院機速房，尚書省刑、戶、工房，三省、樞密院看詳賞功房，

1469. 尚書省禮房，令左、右司分房書擬；其中書門下諸房，令檢正書擬。

1470. 又詔左、右司郎中各差一員，減罷二員。左司書擬吏、戶、禮、機速房，右

---

① "板"通"版"。
② "二十四"據中華書局1986年本《文獻通考》應為"二十三"。
③ 中華書局1986年本《文獻通考》中"在堂後官之上"及在"五房提點之上，皆士人為之"等字皆為雙行小字。
④ "官制行"中華書局1986年本《文獻通考》中無。
⑤ "吏房丘"據中華書局1986年本《文獻通考》應為"吏兵房"。

1471. 司書兵、刑、上①、賞功房文字。後以右司掌刑房事任為劇，乃置二員。餘見
1472. 《尚書左右司郎中門》。

1473. 文獻通考卷四十九
　　　　【文獻通考卷四十九　　十一】
　　　　　（後缺）

M2·0001號文書背面：
1. ＿＿＿＿＿大夫□大夫□士□
2. ＿＿＿＿＿□□□大□□二□
3. ＿＿＿＿＿＿＿＿＿＿＿
4. ＿＿＿＿＿＿＿＿＿＿＿
5. ＿＿＿＿＿＿＿＿＿＿＿
　　　　（後缺）

2. 元刻本注疏朱熹《小學》殘片

題解：

本件《中國藏黑水城漢文文獻》中原始編號為F89：W2，出版編號為M1·1239，收於第七冊《書籍印本》第1559頁，擬題為《印本殘件》，並記其尺寸為7cm×7cm。《黑城出土文書（漢文文書卷）》一書未收。文書現存7行，其中有雙行小注。陳瑞青指出，本件文書中大字部分應為刻本朱熹《小學》殘片，其內容出自《小學·嘉言第五》。其雙行小注為何人所作，待考。劉波先生則指出本件文書疑為《標題注疏小學集成》十卷元刻本殘片。參考文獻：1. 陳瑞青《〈中國藏黑水城漢文文獻〉印本古籍殘片題名辨正》，《薪火相傳——史金波先生70

---

① "上"據中華書局1986年本《文獻通考》應為"工"。

壽辰西夏學國際學術研討會論文集》，中國社會科學出版社 2012 年版；2. 劉波《黑水城漢文刻本文獻定名商補》，《文獻》2013 年第 2 期。

錄文標點：

（前缺）

1. ☐生名
　　☐世稱
2. ☐兒先要安詳恭☐
3. ☐莊而不懈執
　　志一而不雜。今☐
4. ☐後世教法不明
　　☐惰驕則安於☐
5. ☐而無檢束提
　　以懷其美質。到☐
6. ☐恭☐麤惡凶狠非
　　☐☐學積習以至☐
7. ☐已有☐

（後缺）

附：朱熹《小學·嘉言第五》相關內容：

橫渠張先生曰，教小兒，先要安詳恭敬。今世學不講，男女從幼便驕惰壞了，到長益凶狠。只為未嘗為子弟之事，則於其親已有物我不肯屈下。

3. 元刻本《資治通鑒》殘片

題解：

本件《中國藏黑水城漢文文獻》中原始編號為 F14：W9A，出版編號為M1·1240，收於第七冊《書籍印本》第 1559 頁，擬題為《印本殘件》，並記其尺寸為 3.5cm×15.6cm。《黑城出土文書（漢文文書卷）》一書未收。文書共兩件殘片，殘片一現存文字 2 行，殘片二現存文字 3 行。陳瑞青指出，本件文書應為刻本《資治通鑒》殘片，其內容出自《資治通鑒》卷二八《漢紀》二十孝元皇帝上初元元年七月條。參考文獻：1. 陳瑞青《〈中國藏黑水城漢文文獻〉印本古籍殘片題名辨正》，《薪火相傳——史金波先生 70 壽辰西夏學國際學術研討會論文集》，中國社會科學出版社 2012 年版；2. 劉波《黑水城漢文刻本文獻定名商補》，《文獻》2013 年第 2 期。

錄文標點：

（一）

（前缺）

1. ☐☐手曰：曩☐☐☐
2. ☐☐上晝食，上☐☐

（後缺）

（二）

（前缺）

1. ☐☐☐☐☐祀其冢，終
2. ☐☐
3. ☐☐也！夫恭、顯之譖
4. ☐☐☐☐☐☐☐

（後缺）

附：文書所缺文字補齊應為：

（前缺）

1. 飲鴆自殺。天子聞之驚，拊手曰："曩固疑其不就牢獄，果
2. 然殺吾賢傅！"是時，太官方上晝食，上乃却食，為之涕泣，哀動左右。於是召顯等責問以議不詳，皆免冠謝，良久
3. 然後已。上追念望之不忘，每歲時遣使者祠祭其①冢，終
4. 帝之世。
5. 臣光曰：甚矣！孝元之為君，易欺而難寤也！夫恭、顯之譖
6. 訴望之，其邪說詭計，誠有所不能辨也。至於始疑望之

（後缺）

---

① "其"通行本《資治通鑒》作"望之"。

4. 元刻本殘片

題解：

本件《中國藏黑水城漢文文獻》中原始編號為 F79：W18，出版編號為 M1·1241，收於第七冊《書籍印本》第 1559 頁，擬題為《印本殘件》，並記其尺寸為 7cm×10cm。《黑城出土文書（漢文文書卷）》一書未收。文書現存兩件殘片，殘片一現存文字 8 行，殘片二現存文字 1 行，其出處待考。

錄文標點：

（一）

（前缺）

1. 離□□
2. 復□
3. 夜文
4. □□
5. 到十六歲
6. 德却延命
7. 九十歲
8. □□千

（後缺）

（二）

（前缺）

1. ＿＿＿□暑＿＿

（後缺）

5. 元刻本《元一統志》殘片

題解：

本件《中國藏黑水城漢文文獻》中原始編號為 F19：W22，出版編號為 M1·1242，收於第七冊《書籍印本》第 1559 頁，擬題為《印本殘件》，並記其尺寸為

7cm×20cm。《黑城出土文書（漢文文書卷）》一書未收。文書現存文字 4 行。秦樺林指出本文書內容應出自《元一統志·太原路》。參考文獻：秦樺林《黑水城出土〈元一統志〉刻本殘葉考》，《中國地方志》2014 年第 10 期。

錄文標點：

（前缺）

1. 工 賈 務 實 勤 業，太
2. 人物輩出，代不乏人，皆
3. 云。
4. 左有恒 山

（後缺）

附：文書所缺文字補齊應為：

1. 工賈務實勤業，太 原所上《圖經》云 。
2. 人物輩出，代不乏人，皆 有文武全才 ，《圖經》
3. 云。
4. 左有恒 山之險 ， 右有大河之固 ，《魏志》云 。

6. 元刻本《孟子集注》殘片（一）

題解：

本件《中國藏黑水城漢文文獻》中原始編號為 F19：W30，出版編號為 M1·1243，收於第七冊《書籍印本》第 1560 頁，擬題為《印本殘件》，並記其尺寸為 3.6cm×10cm。《黑城出土文書（漢文文書卷）》一書未收。文書現存內容大字 1 行，其後有雙行小注。陳瑞青指出本件文書應為朱熹《孟子集注》殘片，內容出自《孟子集注》卷六滕文公章句下凡十章。按，本號文書與《中國藏黑水城漢文文獻》第 1564 頁 M1·1255［F19：W14］號文書形制、字體相同，出土地一致，似為同件刻本殘片。參考文獻：1. 陳瑞青《〈中國藏黑水城漢文文獻〉印本古籍殘片題名辨正》，《薪火相傳——史金波先生 70 壽辰西夏學國際學術研討會論文集》，中國社會科學出版社 2012 年版；2. 劉波《黑水城漢文刻本文獻定名商補》，《文獻》2013 年第 2 期。

錄文標點：

（前缺）

1. ☐而哇之。蓋音閣①；辟音避，頻与顰同，顣与

（後缺）

附：《孟子集注》相關內容為：

其兄自外至，曰："是鶃鶃之肉也。"出而哇之。蓋音閣，辟音避，頻与顰同，顣与蹙同，子六反。

7. 元刻本《柳河東集》殘片

題解：

本件《中國藏黑水城漢文文獻》中原始編號為 F20：W7B，出版編號為M1·1244，收於第七冊《書籍印本》第1560頁，擬題為《印本殘件》，並記其尺寸為4.5cm×10cm。《黑城出土文書（漢文文書卷）》一書未收。文書現存文字4行。陳瑞青指出本件文書應為柳宗元《柳河東集》殘片，其內容出自《柳河東集》卷十四《愚溪對》。參考文獻：1. 陳瑞青《〈中國藏黑水城漢文文獻〉印本古籍殘片題名辨正》，《薪火相傳——史金波先生70壽辰西夏學國際學術研討會論文集》，中國社會科學出版社2012年版；2. 劉波《黑水城漢文刻本文獻定名商補》，《文獻》2013年第2期。

錄文標點：

（前缺）

1. ☐渭，以自彰穢跡，故其☐

2. ☐漆，不知其所出，故其名曰黑☐

3. ☐也，彼得之而不辭，窮萬世而☐

4. ☐羡，為子所喜，而☐

（後缺）

附：文書所缺文字補齊應為：

（前缺）

---

① "閣"據《孟子集注》應為"閣"。

1. 覯，乃合清渭，以自彰穢跡，故其名曰濁涇。雍之西有水，
2. 幽險若漆，不知其所出，故其名曰黑水。夫惡、弱六極也，
3. 濁、黑賤名也，彼得之而不辭，窮萬世而不變者，有其實
4. 也。今予甚清與美，為子所喜，而又功可以及圃畦，力可
　　　（後缺）

8. 元刻本殘片

題解：

本件《中國藏黑水城漢文文獻》中原始編號為 F20：W1，出版編號為M1·1245，收於第七冊《書籍印本》第1560頁，擬題為《印本殘件》，並記其尺寸為2.5cm×13cm。《黑城出土文書（漢文文書卷）》一書未收。文書共兩件殘片，殘片一現存文字2行，殘片二現存文字1行，其出處待考。

錄文標點：

（一）
　　　（前缺）
1. ▢▢▢▢▢
2. ▢□窟□▢
　　　（後缺）

（二）
　　　（前缺）
1. ▢▢▢▢▢
　　　（後缺）

9. 元刻本殘片

題解：

本件《中國藏黑水城漢文文獻》中原始編號為 F20：W9，出版編號為M1·1246，收於第七冊《書籍印本》第1560頁，擬題為《印本殘件》，並記其尺寸為10cm×8cm。《黑城出土文書（漢文文書卷）》一書未收。文書現存文字8行，其

出處待考。

錄文標點：

（前缺）

1. □□□□□□□□
2. 垂□□□□□□□
3. 蚰吊□□□□□□
4. 時時①似□□□□□
5. 杵細元花酒□□□
6. 鳶吊之病在於□□
7. □似□□□□□□
8. □□□□酒□

（後缺）

10. 元刻本《新編待問集四書疑節》殘片（一）

題解：

本件《中國藏黑水城漢文文獻》中原始編號為 F90：W1，出版編號為M1・1247，收於第七冊《書籍印本》第1561頁，擬題為《〈新編待問〉殘頁》，並記其尺寸為14cm×7.8cm。本件還收錄於《黑城出土文書（漢文文書卷）》第202頁《儒學與文史類・書籍印本》，其所記文書編號與《中國藏黑水城漢文文獻》原始編號同，並列出文書諸要素為：《新編待問》殘頁，竹紙，邊粗欄，內細欄，行寬8毫米，正文楷體，徑6毫米；卷末刻書名卷次，占兩行，楷體，徑12毫米。本件文書為左面上半部，尺寸7.1cm×14cm，殘存文字14行，邊沿上塗畫有字跡。該書還指出，本號文書與《中國藏黑水城漢文文獻》第1570頁M1・1263［F90：W2］、1571頁M1・1264［F90：W3］、1572頁M1・1265［F43：W1］號文書為同一刻本之殘片。虞萬里指出黑水城《新編待問》五片殘頁，即收入《四庫全書》之元袁俊翁《四書疑節》一書之部分內容，其書之全名當是《新編待問集四書疑節》。黑城出土之殘頁，則為元至治原刊。其中F90：W3 兩件殘片可拼合成

---

① 第二個"時"為省文符號，現徑改。

一半頁，並與 F90：W2 殘頁復原後連成一整頁，為前後正反之兩面。F90：W1 復原後，即為 W3、W2 所拼合整頁之前半頁。以上內容在卷五。F43：W1 另為一半頁，內容在卷七。另，虞萬里還指出本件文書及 F90：W2 號文書第 1—7 行不見於現存抄本及四庫本，很可能係"傳之九章釋齊家治國而章內所言似有及於修身平天下之事何邪"一問之答語。倘此推測不誤，則知四庫本、抄本漏脫"傳之九章釋齊家治國而章內所言似有及於修身平天下之事何邪"一問之全部答語，以及"所藏乎身不恕何不言忠"之題目和自"忠者恕之體"至"蓋子貢□"之答語三百五十字。參考文獻：虞萬里《黑城文書〈新編待問〉殘葉考釋與復原》，臺灣《漢學研究》2003 年第 2 期。

錄文標點：

（前缺）

1. □
2. 之所藏
3. 好而民不從
4. 前引後而言之
5. 於平天下語意
6. 觀之哉。
7. 　所藏乎身
8. 忠者，恕之体；恕
9. 身不恕何欤？ 吁
10. 上說。然天下之
11. 忠而出忠，因恕
12. 忠忠可知已。夫
13. 語觀之有諸已
14. 也味，其辭旨蓋

（後缺）

1248　中國藏黑水城漢文文獻的整理與研究

11. 元刻本《稽古錄》殘片

題解：

本件《中國藏黑水城漢文文獻》中原始編號為 F96：W4，出版編號為 M1·1248，收於第七冊《書籍印本》第 1561 頁，擬題為《印本殘件》，並記其尺寸為 1.8cm×6.5cm。《黑城出土文書（漢文文書卷）》一書未收。文書現存兩件殘片，各存文字 2 行。陳瑞青指出本件文書應為司馬光《稽古錄》殘片，殘片一出自《稽古錄》卷十三魏文帝黃初元年，殘片二出自《稽古錄》卷五"夏后氏下"。參考文獻：1. 陳瑞青《〈中國藏黑水城漢文文獻〉印本古籍殘片題名辨正》，《薪火相傳——史金波先生 70 壽辰西夏學國際學術研討會論文集》，中國社會科學出版社 2012 年版；2. 劉波《黑水城漢文刻本文獻定名商補》，《文獻》2013 年第 2 期。

錄文標點：

（一）

　　　　　　　（前缺）

1. ☐☐☐之待☐☐☐☐
2. ☐☐☐☐更始入雒☐☐

　　　　　　　（後缺）

（二）

　　　　　　　（前缺）

1. ☐☐☐禪☐☐
2. ☐☐☐☐位三☐☐☐

　　　　　　　（後缺）

附：《稽古錄》相關內容為：

（一）

臣光曰：新室之末，民心思漢，如渴之望飲，饑之待餔也。是以，諸劉奮臂一呼，而遠近響應，曾未期年，元惡授首。更始入雒之初，天下已服矣。

（二）

舜受禪，使禹宅百揆。舜老以位傳禹曰：朕居帝位三十有三載，耄期倦於勤，汝惟不怠，總朕師。

12. 元刻本《孝經直解》殘片（一）

題解：

本件《中國藏黑水城漢文文獻》中原始編號為 F19：W31，出版編號為 M1·1249，收於第七冊《書籍印本》第 1561 頁，擬題為《印本殘件》，並記其尺寸為 3.6cm×5cm。《黑城出土文書（漢文文書卷）》一書未收。文書現存文字 3 行，有雙行小注。按，本號文書與《中國藏黑水城漢文文獻》第 1566 頁 M1·1259 [F197：W2B] 號文書形制、字體相同，內容相關，應為同一刻本殘片。劉波認為本件文書為《孝經》注本，其注文多用白話，口語成分較重，可能為鄉塾教本之屬。但通過查證可知，本件文書內容出自元貫云石所著《孝經直解》廣至德章第十三。參考文獻：劉波《黑水城漢文刻本文獻定名商補》，《文獻》2013 年第 2 期。

錄文標點：

（前缺）

1. ＿＿ 在上人便 ＿＿
   君的道理 □ ＿＿

2. ＿＿ 好的君 ＿＿
   母 呵是百 ＿＿

3. ＿＿ □□□ ＿＿

（後缺）

附：文書所缺文字補齊應為：

（前缺）

1. 教他事奉在上人，《詩云》把毛 愷悌君子，
   便是敬君的道理。   詩說：

2. 民之父母 好的君子人，教人有禮
            呵，是百姓每父母一般。

3. 非至德，其孰能順民如此其大者乎！

（後缺）

13. 元刻本《指南總論》殘片

題解：

本件《中國藏黑水城漢文文獻》中原始編號為 Y1：W7A，出版編號為 M1·

1250，收於第七冊《書籍印本》第1561頁，擬題為《印本殘件》，並記其尺寸為2.5cm×10cm。《黑城出土文書（漢文文書卷）》一書未收。文書現存三殘片，殘片一、二各存文字1行，殘片三現存文字2行。陳瑞青指出本件文書應為南宋許洪《指南總論》殘片，其内容出自《指南總論》卷上《論合和法》，且其中殘片一、二順序顛倒。參考文獻：1. 陳瑞青《〈中國藏黑水城漢文文獻〉印本古籍殘片題名辨正》，《薪火相傳——史金波先生70壽辰西夏學國際學術研討會論文集》，中國社會科學出版社2012年版；2. 劉波《黑水城漢文刻本文獻定名商補》，《文獻》2013年第2期。

錄文標點：

（一）

（前缺）

1. ▢合也壹▢

（後缺）

（二）

（前缺）

1. ▢等分▢

（後缺）

（三）

（前缺）

1. ▢調臨病濟▢
2. ▢實諸蟲▢

（後缺）

附：《指南總論》相關内容為：

凡言等分者，非分兩之分，即諸藥之斤兩多少，皆同為等分也。凡煑湯云用水，大盞者約壹升也，壹中盞者約五合也，壹小中者約叁合也。務從簡易，庶免參差，俾修合煎，調臨病濟，急不更冗繁易為曉了也。凡草有根莖、枝葉、皮骨、花實，諸蟲有毛翅、皮甲、頭足、尾骨之屬。

14. 元刻本《金剛般若波羅蜜多經》殘片

題解：

本件《中國藏黑水城漢文文獻》中原始編號為84H·F116：W400/1572，出版編號為M1·1251，收於第七冊《書籍印本》第1562頁，擬題為《印本殘件》，並記其尺寸為4.7cm×4.3cm。《黑城出土文書（漢文文書卷）》一書未收。文書現存文字5行，劉波指出其應為《金剛經·善現啓請分》殘頁。參考文獻：劉波《黑水城漢文刻本文獻定名商補》，《文獻》2013年第2期。

錄文標點：

（前缺）

1. □□□□□□□□
2. 座起，偏□□□□□
3. 恭敬□□□□□□
4. 善護□□□□□□
5. □□□□□□□□

（後缺）

15. 元刻本《三国志》殘片

題解：

本件《中國藏黑水城漢文文獻》中原始編號為F2：W1，出版編號為M1·1252，收於第七冊《書籍印本》第1562頁，擬題為《印本殘件》，並記其尺寸為3.8cm×3.7cm。《黑城出土文書（漢文文書卷）》一書未收。文書現存文字2行。陳瑞青指出本件文書應為《三國志》殘片，其內容出自《三国志》卷六《魏志·袁绍传》。參考文獻：1. 陳瑞青《〈中國藏黑水城漢文文獻〉印本古籍殘片題名辨正》，《薪火相傳——史金波先生70壽辰西夏學國際學術研討會論文集》，中國社會科學出版社2012年版；2. 劉波《黑水城漢文刻本文獻定名商補》，《文獻》2013年第2期。

錄文標點：

（前缺）

1. ☐☐起土山,射☐☐☐☐
2. ☐☐紹樓,皆破☐☐☐

　　　(後缺)

附:《三國志》相關內容為:

紹為高櫓,起土山,射營中。營中皆蒙楯,眾大懼。太祖乃為發石車,擊紹樓,皆破,紹眾號曰霹靂車。

16. 元刻本《續一切經音義》殘片

題解:

本件《中國藏黑水城漢文文獻》中原始編號為F64:W1,出版編號為M1·1253,收於第七冊《書籍印本》第1562頁,擬題為《辭書殘頁》,並記其尺寸為15.8cm×9cm。本件還收錄於《黑城出土文書(漢文文書卷)》第202頁《儒學與文史類·書籍印本》,其所記文書編號與《中國藏黑水城漢文文獻》原始編號同,稱其為某辭書殘頁的上半段,並列出文書諸要素為:細欄,行寬24毫米,詞條宋體大字,徑17毫米;釋文雙行夾注,宋體小字,徑9毫米,尺寸為8.6cm×16.1cm。文書現存文字7行。聶鴻音指出本件文書為遼代僧人希麟編集的《續一切經音義》殘片,其內容出自《續一切經音義》卷六《無量壽如來念誦修觀行儀軌》。參考文獻:聶鴻音《黑城所出〈續一切經音義〉殘片考》,《北方文物》2001年第1期。

錄文標點:

　　　(前缺)

1. ☐☐☐庳☐☐☐☐☐
   同上。
2. 官室卑庳無臺☐☐☐
   伏舍也。又音☐
3. 非輕 指皦下☐☐☐☐
   義也。　　脛
4. 聲敫,音羊灼反。☐☐
   糸作繳,音灼非
5. 云牆垣也,《說文》☐☐☐
   也。丬音同上經
6. 非。車輅上九☐☐☐
   　　　輔車鑾

7. 天子所乘曰輅，▢▢▢▢▢
   之車輅也。從車▢▢▢▢▢

　　　　（後缺）

附：文書所缺文字補齊應為：

1. 聲薦，音｜庫｜脚 上音婢，切韻下也。《玉篇》短也，屋下也。《左氏》
   同上。

2. 官室卑庫，無臺｜觀也。《說文》從土，作埤，
   伏舍也。又音｜卑｜。經文從示作裨，助也，

3. 非經｜指㢩 下｜古了反，切韻，以絹㢩
   義也。｜　　 脛｜也，亦纏㢩也，從巾敫，

4. 聲敫，音羊灼反。｜經文從糸｜牆形 上匠羊
   作繳，音灼，非｜指㢩義｜。反，聲類，

5. 云牆垣也。《說文》｜垣，牆蔽也，從嗇爿，聲
   也。爿音同上。經｜文作牆廬墻，三形皆

6. 非。車輅 上九｜魚反，切韻，車輅也。《詩》云
   　　　　 輅車鑾｜鑣。下洛故反，《釋名》曰：

7. 天子所乘曰輅。《大戴禮》云：古
   之車輅也。從車｜路，省聲也。

17. 元刻本失名類書殘片

題解：

本件《中國藏黑水城漢文文獻》中原始編號為 F124：W11，出版編號為M1·1254，收於第七冊《書籍印本》第1563頁，擬題為《〈碎金〉殘頁》，並記其尺寸為15.9cm×23.3cm。本件還收錄於《黑城出土文書（漢文文書卷）》第202頁《儒學與文史類·書籍印本》，其所記文書編號與《中國藏黑水城漢文文獻》原始編號同，並列出文書諸要素為：《碎金》殘頁，為右半面，竹紙，尺寸為22.8cm×15.8cm，邊粗欄，內細欄不甚清楚，版心高19.5cm，殘存文字18行，行寬約7毫米，字細體楷書，大小不勻，最高8毫米，最低5毫米。張磊、黃沚青考證指出本文書應為元初建陽刻本，且其與碎金系字書不是一個系統，不宜題"碎金"之名，可擬定名作"失名類書"。碎金系字書的目的在於識字啓蒙，屬於經部小學類，而本文書所收詞語多從文章詞藻中摘錄而成，以供賦詩作文，應當

屬於"詞藻"類類書。參考文獻：張磊、黃沘青《黑水城所出元建本〈碎金〉殘頁研究》，《圖書館理論與實踐》2014年第6期。

錄文標點：

（前缺）

1. _____瓦、白壁、白屋、

2. 紫壁、紫柱、翠□、翠場、翠黛、翠檻、粉檻、□□、□□、□□、白浪、綠户、

3. 碧島、翠岫、碧□、綠野、翠野、碧海、碧澗、碧□、碧水、□□、紫陌、翠壖、

4. 赤石。人事：素體、白眼、碧眼、皓髮、白幘、素組、素□、□□、素箔、絳蠆、

5. 綠髮、紺髮、白髮、粉面、白首、皓首、綠鬢、綠帳、碧帳、翠帳、紫綬、綠綬、

6. 畫舫、彩舫、翠䗩、紫䗩、縞帶、翠帶、畫斾、畫鼓、畫□、畫楫、畫蠆、畫□、

7. 皂蓋、紫蓋、翠袖、翠被、綠幕、綠字、綠線、赤瑠、赤節、赤脚、白紵、白□、

8. 絳節、紫□、□□。草木：綠樹、綠橘、碧□、白榛、黑黍、□樹、碧蘚、翠□、

9. 紫蘇、□菊、白□、白□、白茨、碧藻、綠藻、綠蓼、綠竹、翠竹、紫竹、□□、

10. 綠草、碧草、紫草、絳萼、紫筍、紫芋、碧蓋、翠蓋、白葦、綠葉、翠葉、□□、

11. 綠柳、翠柳。禽獸：彩雉、白雉、白兔、皓鶴、紫燕、紫蟹、紫鴿、赤□、□□、

12. □鯉、紫鯉、白馬、白鴈、白鷺、白鹿①、白鴻、彩鳳、綠鴨、赤驥、粉□、□□。

13. □□天文：紅日、丹極、青靄、青漢、丹漢。地理：青廜②、青土、青□、□□、

14. 丹闕、丹檻、朱檻、朱户、朱閣、丹閣、華屋、黃屋、黃潦、紅沫、□□、□□、

15. 華髮、玄髮、幡髮、蒼鬚、班③鬚、丹頰、丹認、青眼、青額、蒼玉、青□、□□、

16. □□、紅臉、紅蜜、紅燭、紅袖、紅被、紅粉、丹管、彤營④、班管、青□、□□、

17. □□、黃卷、朱笵、朱拱、朱綱、烏帽。草木：朱草、青草、蒼蘚、班蘚、□□、

18. □□、□□、黃竹、黃菊、黃葦、青藻、青荇、紅蓼、紅葉、黃葉、丹葉、□□

　　　（後缺）

18. 元刻本《孟子集注》殘片（二）

題解：

本件《中國藏黑水城漢文文獻》中原始編號為 F19：W14，出版編號為M1·1255，收於第七冊《書籍印本》第 1564 頁，擬題為《〈孟子〉卷第二》，並記其尺寸為 10.2cm×12cm。本件還收錄於《黑城出土文書（漢文文書卷）》第 201 頁《儒學與文史類·書籍印本》，其所記文書編號與《中國藏黑水城漢文文獻》原始編號同，並列出文書諸要素為：《孟子卷第二》殘頁，為右半面上角，竹紙，尺寸為 11.2cm×9.5cm，邊粗欄，內細欄，殘存 4 行，仿宋體楷書，大字 1.1cm×0.9cm，小字 0.7cm×0.7cm。該書第 57 頁還指出，本號文書與同頁M1·1257

---

① "白鹿"，張磊、黃泔青文漏錄，現據圖版補。
② "廜" 通 "障"。
③ 據文意推斷，"班" 應為 "斑"。
④ 據文意推斷，"營" 應為 "管"。

［F21：W23］號文書均為朱熹集注本《孟子》。但M1·1257［F21：W23］號文書出自元詹道傳著《孟子纂箋》，本號文書可能為朱熹集注本《孟子》，應非同件刻本殘片，而其與《中國藏黑水城漢文文獻》第1560頁M1·1243［F19：W30］號文書形制、字體相同，出土地一致，應為同件刻本殘片。文書內容出自《孟子》卷第二《梁惠王章句下》。

錄文標點：

（前缺）

1. 孟子卷第二
2. 　□□①集註
3. 　　　後
4. 　梁惠王

（後缺）

19. 元刻本注疏《孟子》殘片

題解：

本件《中國藏黑水城漢文文獻》中原始編號為F197：W2A，出版編號為M1·1256，收於第七冊《書籍印本》第1564頁，擬題為《〈孟子〉殘件》，並記其尺寸為11.3cm×6.3cm。本件還收錄於《黑城出土文書（漢文文書卷）》第201頁《儒學與文史類·書籍印本》，其所記文書編號為F197：W2，並列出文書諸要素為：《孟子》殘頁，竹紙，尺寸為6cm×11cm，內細欄，正文行寬13毫米，大字楷體徑12毫米；注文行寬5毫米，小字楷體，徑4毫米。該書第57頁還指出，本件文書不同於元代通行的朱熹集注本，也不同於趙岐注本。在印刷格式上也較為特別，一般均為雙行夾注，而本件文書的經文為楷體大字，注文為楷體小字，均加有細欄，即注文自成一行，在右側旁注，所注文字也較為淺易，應是為初學者所作的淺顯注釋，是元代所特有的一種版本。文書現存文字大字7行，小字5行，有句讀，其大字內容出自《孟子》卷二二《告子章句下》，小字注不知何人所書。

錄文標點：

（前缺）

---

① 此兩字似為"朱熹"。

1. □□□□□□□
2. 　　五□□
3. ＿＿之諸侯五霸＿
4. ＿＿侯之罪人也。□
5. 　　　陳述其所受＿
6. ＿天子曰述戕□
7. ＿＿力之不給　自州至＿
8. ＿＿不給。入其疆＿
9. 　　　　□
10. ＿＿在位，則有慶＿
11. ＿＿不能用□□欽者
12. ＿＿失賢□□□

（後缺）

20. 元刻本《孟子纂箋》殘片

題解：

本件《中國藏黑水城漢文文獻》中原始編號為F21：W23，出版編號為M1・1257，收於第七冊《書籍印本》第1564頁，擬題為《〈孟子〉殘件》，並記其尺寸為15.2cm×12.6cm。本件還收錄於《黑城出土文書（漢文文書卷）》第201頁《儒學與文史類・書籍印本》，其所記文書編號與《中國藏黑水城漢文文獻》原始編號同，並列出文書諸要素為：《孟子》殘頁，為左上角，竹紙，尺寸為12.4cm×15.3cm，邊粗欄，內細欄，殘存4行，正文大字楷體，徑17毫米；小字雙行夾注，楷體徑7毫米。該書第57頁還指出，本號文書與同頁M1・1255［F19：W14］號文書均為朱熹集注本《孟子》。但本件文書應為元詹道傳著《孟子纂箋》殘片，其內容出自《孟子纂箋》卷十三《盡心章句上》，兩者應非同件刻本殘片。文書現存文字5行，有朱書點畫痕跡。

錄文標點：

（前缺）

1. 民☐☐☐☐☐☐☐☐

2. 推己☐☐☐☐☐☐☐
   物則不☐☐☐☐☐☐

3. 楊氏曰☐☐☐☐☐☐
   一而分殊☐☐☐☐☐

4. 也，無○孟☐☐☐☐☐
   偽也。

5. 之為急☐☐☐☐☐☐

（後缺）

附：文書所缺文字補齊應為：

（前缺）

1. 民 而愛物。 物謂禽獸草木，愛謂取之
            有時，用之有節。程子曰：仁，

2. 推己 及人，如老吾老以及人之老，於民則可，於
   物則不 可。統而言之，則皆仁；分而言之，則有序。

3. 楊氏曰 其分不同，故所施不能無差等，所謂理
   一而分殊 者也。尹氏曰：何以有是差等，一本故

4. 也，無○孟 子曰：知者無不知也，當務
   偽也。

5. 之為急 仁者，無不愛也，急親賢之為

（後缺）

21. 元刻本朱祖義注《尚書句解》殘片

題解：

本件《中國藏黑水城漢文文獻》中原始編號為 F1：W67，出版編號為 M1·1258，收於第七冊《書籍印本》第 1565 頁，擬題為《〈尚書〉殘頁》，並記其尺寸為 14.4cm×23.6cm。本件還收錄於《黑城出土文書（漢文文書卷）》第 201 頁《儒學與文史類·書籍印本》，其所記文書編號與《中國藏黑水城漢文文獻》原始編號同，並列出文書諸要素為：《尚書》殘頁，為右半面，竹紙，尺寸為 22.6cm×13.8cm，版心高 22.6cm，粗邊欄，內細欄，現存 14 行，大字楷體，徑 10 毫米，欄內雙行小字夾注。惠宏最先考證出本文書應為朱祖義《尚書句解》殘葉，之後王天然、馬楠又考證指出本文書原書當為元建仿刻或翻刻宋建的一種版

本，與今傳敏德書堂本不同，且有優於今傳本的可能。撰者朱祖義，宋季廬陵人，其書櫽栝夏僎《尚書詳解》，與蔡傳並不相涉，亦非四庫館臣所言為元時所復科舉之制而作。參考文獻：1. 惠宏《黑水城出土〈尚書句解〉殘頁考》，《西夏學》（第四輯），寧夏人民出版社 2009 年版；2. 王天然、馬楠《黑水城出土刊本〈尚書句解〉殘葉小識》，《中國典籍與文化》2014 年第 2 期。

錄文標點：

（前缺）

1. □一曰凶短折，□□而至短折 □以致夭死非正命 □

2. 憂，多憂思不樂其生。四曰貧，困於財。五曰惡，為人凶惡。六曰弱

3. 王既勝殷，此孔子序□器亡 書武王既已勝商，邦諸侯，制邦國以封有功之諸侯。□

4. 彝尊以為有國重器。作分器。□分器之書言諸□尊卑各有分也。

5. 旅獒第七

6. □□一獒之□□□□武王受之，若 □□力誠之□□□□玩物而喪□作□書。

7. 西旅獻獒，西□□國，慕武王威德，□□作《旅獒》召之 獻人□□曰獒獒音□。

8. 之書以戒武王。旅獒竹□□□ □克商，武□①之後。□□□道於九

9. □□□□享西旅□□獒，故西旅亦□作《旅獒》□□作 來□非一。 致貢獒□ 用

10. 訓于王以訓武王。曰言：嗚呼！嗟歎明王慎德，□□明哲之王□慎修德。西夷咸賓，四方

11. 之夷皆來賓服。無有遠邇，

無遠無近畢獻方物，蓋獻方土所有之物。惟服食器用。可□為衣

12. 服飲食器用者。王乃昭德之致于異姓之邦，王乃昭明已德，足致遠方之來貢，逐以□賜于□而

13. 異姓侯國。無替厥服；使無廢其事上之誠。分寶玉于伯叔之國，□□□所貢寶□□□□姓

---

① 據文意推斷"商"應為"商"。

14. ▢▢▢▢獒．

　　　　（後缺）

附：《尚書》相關內容為：

五福：一曰壽，二曰富，三曰康寧，四曰攸好德，五曰考終命。六極：一曰凶短折，二曰疾，三曰憂，四曰貧，五曰惡，六曰弱。

武王既勝殷，邦諸侯，班宗彝，作分器。

旅獒第七

西旅獻獒，太保作《旅獒》。

惟克商，遂通道於九夷八蠻，西旅底貢厥獒，太保乃作《旅獒》用訓於王曰：嗚呼！明王慎德，四夷咸賓，無有遠邇，畢獻方物，惟服食器用。王乃昭德之致于異姓之邦，無替厥服；分寶玉於伯叔之國，時庸展親。

22. 元刻本《孝經直解》殘片（二）

題解：

本件《中國藏黑水城漢文文獻》中原始編號為 F197：W2B，出版編號為 M1·1259，收於第七冊《書籍印本》第 1566 頁，擬題為《〈孝經〉殘頁》，並記其尺寸為 15.3cm×23.5cm。本件還收錄於《黑城出土文書（漢文文書卷）》第 201 頁《儒學與文史類·書籍印本》，其所記文書編號為 F43：W2，與《中國藏黑水城漢文文獻》原始編號異，並列出文書諸要素為：《孝經》殘頁，竹紙，尺寸為 20.7cm×13.8cm，邊粗欄，內細欄，殘存 7 行，大字楷體，大小不勻，最大 1.5cm×1.4cm，每欄內雙行小字夾注，注文用元代硬譯體語言。該書第 57 頁還指出，這種硬譯體注釋本，是為了方便蒙古人學習儒家經典，是在元代的特定環境中所產生的。元亡之後，這種特定的產物當然就遭到了歷史的淘汰。按，本件文書現有傳世本，其應為元貫云石所著《孝經直解》殘片，其內容出自《孝經直解》聖治章第九。另，本號文書與《中國藏黑水城漢文文獻》第 1561 頁 M1·1249 [F19：W31] 號文書形制、字體相同，內容相關，應為同一刻本殘片。

錄文標點：

　　　　（前缺）

1. 地之性人為貴。<small>孔子回說：天地內人最貴有。</small>人之▢

2. 莫大於孝，^{人的勾當都無大侶孝的事。}孝莫大於 嚴

3. 父，^{孝的勾當都无大侶父親的。}嚴父莫大於配天，敬

4. 父^{親的勾當便侶敬天一般。}則周公其人也。^{在先聖人有簡周公}

5. □□字，^{曾□□□□。}昔者周公郊祀后稷以配天，

6. ＿＿＿ 於 明堂以配上帝。是以四海

7. ＿＿＿＿＿ □祭□＿＿＿

　　　（後缺）

附：文書所缺文字補齊應為：

　　　（前缺）

1. 地之性人為貴。^{孔子回說：天地內人最貴有。}人之行

2. 莫大於孝，^{人的勾當都無大侶孝的事。}孝莫大于嚴

3. 父，^{孝的勾當都無大侶父親的。}嚴父莫大於配天，敬

4. 父^{親的勾當便侶敬天一般。}則周公其人也。^{在先聖人有簡周公}

5. 的名字，曾這般行來。昔者周公郊祀后稷以配天，

6. 宗祀文王 於明堂以配上帝，是以四海

7. 之內，各以其職來 祭。^{那周公是周武王的宰相，拜郊的時，}

　　　（後缺）

23. 元刻本《薛仁貴征遼事蹟》殘片

題解：

本件《中國藏黑水城漢文文獻》中原始編號為F209：W2—W4，出版編號為M1·1260—1262，收於第七冊《書籍印本》第1567—1569頁，共三件殘片，擬題為《〈薛仁貴征遼事跡〉殘頁》，並記其尺寸分別為：16cm×11cm、17cm×12cm、15.4cm×12.5cm。本件還收錄於《黑城出土文書（漢文文書卷）》第202

頁《儒學與文史類·書籍印本》，其所記文書編號與《中國藏黑水城漢文文獻》原始編號同，並列出文書諸要素為：《薛仁貴征遼事跡》殘頁，竹紙，正文邊粗欄，內細欄，行寬約7毫米，字楷體，大小不勻，高5—7毫米。其中：F209：W4為繡像頁左面下半部，繪兩人騎馬交戰，左下角騎馬人榜題"張士貴"三字，再左一騎馬人榜題"劉君昂"三字，尺寸為13.5cm×15.6cm；F209：W2，為左半面下半段，殘存文字及中縫共20行，尺寸為11.2cm×15.3cm；F209：W3為右半面下半段，殘存文字及中縫共20行，尺寸為11.4cm×15.8cm。該書第59頁還指出F209：W4號文書所繪繡像較好，當為明清時代繡像本小說的先聲。元代民間流通的話本，已有非口語化的，這部《薛仁貴征遼事跡》中的對白多用口語，敘事已有書面語言，因此也可以說是一部小說。由於它介於單純話本與小說之間，經不住歷史的考驗，而被小說《薛仁貴征東》所取代，以致流傳下來的版本甚少。這些殘頁的出土，只是進一步證明它是元代流行於民間的一種話本而已。

錄文標點：

（一）F209：W2：

　　　　（前缺）

1. ▢同反也
   【
2. ▢同其背唐。士貴曰：高麗君▢▢▢
3. 公往平相，去見高麗▢，赦▢士貴▢
4. ▢揔管后来，恐唐兵▢▢▢君昂▢
5. 惚，甚怯甚怕。正到峻嶺▢▢處射一
6. 一負將高叫：劉君昂畧住，鄂国公在
7. ▢▢直東，待那裏去？劉君昂曰：我奉
8. ▢仁貴一箭，正中左肩，今帝知其細
9. 背唐投遼乎？君昂曰：不敢。敬德曰：尔
10. 昂知罪乎？撥馬帰遼，領兵便走。敬德
11. 却更走十数里。遠邊海島一隊軍来，
12. 白袍，遮藏了怗鎧，一个皂羅袍，籠罩

13. _____ □休高叫：来將何人？君昂覰了，不雇①

14. _____ □領一年少將軍赶將來，盛走衷忽

15. _____ 去路。旗開，捧一員 帥 ，素袍玉鎧，赤

16. _____ □畧住。薛仁貴□□便似报恨件

17. _____ □下馬□□□仁貴生致君昂，

18. _____ □莫不□□□□正尋思間，人报

19. _____ □左右□□□城，路逢莫离

　　　　（後缺）

（二）F209：W3：

　　　　（前缺）

1. _____ □射，道□□ _____ 仁貴馬合面

2. _____ 刘君昂發箭□ _____ 在后，一箭射

3. _____ 史②傷吾之命，箭□□不飛，一家喫

4. _____ 来，迎頭遂問：二□□發箭射厶者

5. _____ 如對帝辨之。一騎便奔駐驛山上，

6. _____ 帥收軍，卿何不迴来？仁貴曰：臣將

7. _____ 支，其功要建，既見此賊，臣肯放囬。

8. _____ 里遠其賊，未得賊。帝曰：何為不得？

9. _____ 人救莫离支也。臣追賊方及，背後

10. _____ 囬頭認的却是唐將。帝曰：莫非張士

11. _____ 令也。仁貴曰：臣故帶箭見陛下。帝令

12. _____ 大怒曰：二賊怎敢如此。卿与朕擒来。

13. _____ 曰：何為？仁貴曰：臣立身於張摠管、刘

14. _____ 上下之礼。帝曰：良將也。遂問衆：摠管

---

① 據文意推斷"雇"應為"顧"。
② 據文意推斷"史"應為"使"。

15. ▢□將應声而出：啓陛下，尉遲恭叵①徃。

16. ▢德揔管且慢去。付耳低言這般者，敬

17. ▢恭帳上論話。士貴問君昴：公射仁貴

18. ▢何？君昴道：若帝見罪，和揔管也休

【□□二▢】

19. ▢▢▢▢▢▢▢▢▢▢▢納

（後缺）

（三）F209：W4：

版畫（略）

24. 元刻本《新編待問集四書疑節》殘片（二）

題解：

本件《中國藏黑水城漢文文獻》中原始編號為 F90：W2—3、F43：W1，出版編號為 M1·1263—1265，收於第七冊《書籍印本》第 1570—1572 頁，擬題為《〈新編待問〉殘頁》，共四件殘片，分為三組，並記其尺寸分別為 13cm×15cm、13.8cm×21.8cm、10cm×17.5cm。本件還收錄於《黑城出土文書（漢文文書卷）》第 202 頁《儒學與文史類·書籍印本》，其所記文書編號與《中國藏黑水城漢文文獻》原始編號同，並列出文書諸要素為：《新編待問》殘頁，竹紙，邊粗欄，內細欄，行寬 8 毫米，正文楷體，徑 6 毫米；卷末刻書名卷次，占兩行，楷體，徑 12 毫米。其中 F43：W1 為右面上半部，尺寸為 19.1cm×9.7cm，殘存文字 9 行；F90：W2 為右面下半部，尺寸為 15.1cm×13.5cm，殘存文字 14 行，背面右下角邊沿塗畫有字跡；F90：W3 為右面的上下兩段，當中被裁掉，上段和下段尺寸各為 7.5cm×14cm，殘存文字 13 行，上段背面塗寫有字跡。F90：W2、F90：W3 背面圖版《中國藏黑水城漢文文獻》均未收錄。該書還指出本號文書與《中國藏黑水城漢文文獻》第 1561 頁 M1·1247［F90：W1］號文書為同一刻本殘片。虞萬里指出黑水城《新編待問》五片殘頁，即收入《四庫全書》之元袁俊翁《四書疑節》一書之部分內容，其書之全名當是《新編待問集四書疑節》。黑城出土之殘

---

① "叵"據文意當作"願"。

頁，則為元至治原刊。其中F90：W3兩件殘片可拼合成一半頁，並與F90：W2殘頁復原後連成一整頁，為前後正反之兩面。F90：W1復原後，即為W3、W2所拼合整葉之前半頁。以上內容在卷五。F43：W1另為一半頁，內容在卷七。另，虞萬里還指出F90：W1號文書及F90：W2號文書之1—7行文字不見於現存抄本及四庫本，很可能係"傳之九章釋齊家治國而章內所言似有及於修身平天下之事何邪"一問之答語。倘此推測不誤，則知四庫本、抄本漏脫"傳之九章釋齊家治國而章內所言似有及於修身平天下之事何邪"一問之全部答語，以及"所藏乎身不恕何不言忠"之題目和自"忠者恕之體"至"蓋子貢專"之答語三百五十字。參考文獻：虞萬里《黑城文書〈新編待問〉殘葉考釋與復原》，臺灣《漢學研究》2003年第2期。

錄文標點：

（一）F90：W2：

正：

　　　　（前缺）

1. 　　□昭然，何待明以忠言，而後謂之恕哉？《紫陽語錄》嘗
2. 　　　遠是就接物上說否，曰：是且謂忠，方能恕，若不忠，便
3. 　　　甚麼去及物是，則朱子之意，蓋亦謂忠在其中矣。嘗
4. 　　□可以終身行之者乎？子曰：其恕乎，己所不欲，勿施
5. 　　□以恕言之也。及系諸，《中庸》有曰：忠恕違道不遠施
6. 　　　施於人。然則此二語本兼忠恕之事，而夫子之答
7. 　　　言之，蓋子貢專以行之為問，□夫子止從用上說恕
8. 　　《大學》專論治人之道□□□□不言忠者一耳，論者
9. 　　　
10. 　　　本也，財者末也。又曰：生財有大道，何欤？
11. 　　　未有如《大學》之書。初以德與財相配而言，次以財與
12. 　　□緩急之倫，發明殆無餘蘊。□□財本末之論，正言
13. 　　　財為末而可廢，切①□□□□首言君子先

---

① 據四庫全書本《新編待問集四書疑節》"切"應為"竊"。

14. ☐☐有土☐
         （後缺）

背：
（略）

（二）F90: W3：

正：
         （前缺）

1. ＿＿＿＿＿大道。道即德也，☐
2. 言有大＿＿＿☐所謂有財是也。先言
3. 有德，而后＿＿＿☐而後言有道者，由末
4. 而遡本也。反覆＿＿＿民散，財散民聚，對而
5. 論之，甚言財之☐＿＿而入者亦悖而出，正以
6. 結上文外本內☐＿＿☐以身發財，對而論之，
7. 甚言財之有係＿＿＿☐非其財，又以①結上文
8. 生財有道之所＿＿＿德而言，次則以財貫
9. 道而論其實同＿＿＿☐疊以義利互論，利即
10. 所謂財也，義即＿＿＿不以利為利，以義為利
11. 即此可以觀《大孝》＿＿＿財之有大道矣。不然《大
12. 易聚人》曰：財之＿＿＿為非曰義。

13. **新編待問**＿＿＿**之五**
         （後缺）②

背：
（略）

---

① "以"四庫全書本《新編待問集四書疑節》無。
② 本文書共兩件殘片，第2—13行中缺文符號前之文字為殘片一內容，第1行及第2—13行中缺符號後之文字為殘片內容。

（三）F43：W1：

（前缺）

1. 能為，即此觀之曰性□□□□名雖殊，其理則☐
2. 之旨，正欲發明人性□□□□□□才之發於☐
3. 易知而易曉也，且如□□□□也，正所謂性之☐
4. 是也；惻隱羞惡恭敬是非，□□，正所謂情則性☐
5. 其能惻隱羞惡恭敬是非者，才□，正所謂才則☐
6. 也○下文牵惻隱羞惡恭敬是非之情，明其為仁☐
7. 以心言之，可見其心為性情之統也。既而又論不☐
8. □，則知此才之發用，亦係於吾心之思耳。朱子嘗☐
9. □，心之動才便是那情之會，怎地者，千頭萬緒皆從☐

（後缺）

附：F90：2 第 7—14 行及 F90：W3 所缺文字補齊應為：

（前缺）

F90：W2

7. ☐言之，蓋子貢專以行之為問，故夫子止從用上說恕，
8. 而不及忠，與此《大孝》專論治人之道，止言恕而不言忠者一耳，論者
9. 復何疑哉！
10. 既曰德者本也，財者末也。又曰生財有大道，何欤？
11. 古今論財之善，未有如《大孝》之書。初以德與財相配而言，次以財與
12. 道相貫而言。先后緩急之倫，發明殆無餘蘊。德財本末之論，正言
13. 當先德而後財，初非以財為末而可廢。切詳此章大旨，首言君子先
14. 慎乎德，有德此有人，有人此有土，有土此有財，有財此有用，只此數

F90：W3

1. 語，可見其先有德而后有財也。其后所謂生財有大道，道即德也。此
2. 言有大道，正前所謂有德是也；此言生財，正前所謂有財是也。先言
3. 有德而后言有財者，自本而徂末也；先言生財而後言有道者，由末
4. 而遡本也。反覆玩繹旨意，正互相發。初舉財聚民散，財散民聚，對而
5. 論之，甚言財之有係於民者。若此乃謂貨悖而入者，亦悖而出，正以
6. 結上文外本内末之所以失也。次舉以財發身，以身發財，對而論之，
7. 甚言財之有係於身者。若此乃謂未有府庫，財非其財，又以①結上文
8. 生財有道之所以得也。合而論之，初則以財配德而言，次則以財貫
9. 道而論，其實同一揆耳，不寧惟是及其末也。又疊以義利互論，利即
10. 所謂財也，義即所謂道與德也。章末兩謂国②不以利为利，以義為利③
11. 即此可以觀《大孝》之所以有德而后有財生財之有大道矣。不然《大
12. 易聚人》曰：財之論何以申之？曰理財正辭禁民為非曰義。

13. 新編待問集四書疑節卷之五

F43：W1 所缺文字補齊應為：

1. 能為，即此觀之曰性、曰情、曰才，其名雖殊，其理
   則一。竊原孟子立言
2. 之旨，正欲發明人性之本善，乃舉情與才之發於外者言之，庶乎人
3. 易知而易曉也。且如仁義禮知，性也，正所謂性之本體，理而已矣者
4. 是也；惻隱羞惡恭敬是非，情也，正所謂情則性之動而有為者是也；
5. 其能惻隱羞惡恭敬是非者，才也，正所謂才則性之具而能為者是

---

① "以"四庫全書本《新編待問集四書疑節》無，抄本有。
② "謂國"四庫全書本《新編待問集四書疑節》作"言"，此據抄本補。
③ "利"字後四庫全書本《新編待問集四書疑節》多"也"字，抄本無。

6. 也○下文辛惻隱羞惡恭敬是非之情，明其為仁 義禮知之性，必皆

7. 以心言之，可見其心為性情之統也。既而又論不 思不求不能盡其

8. 才 ，則知此才之發用，亦係於吾心之思耳。朱子嘗 謂性者心之理情

9. 者 ，心之動才便是那情之會，恁地者，千頭萬緒皆從 心來者。斯言豈

（後缺）

25. 元刻本《資治通鑑綱目》殘片

題解：

本件《中國藏黑水城漢文文獻》中原始編號為 F6：W36，出版編號為 M1·1266，收於第七冊《書籍印本》第 1573 頁，擬題為《史籍殘頁》，並記其尺寸為 12.4cm×21.1cm。本件還收錄於《黑城出土文書（漢文文書卷）》第 202 頁《儒學與文史類·書籍印本》，其所記文書編號與《中國藏黑水城漢文文獻》原始編號同，並列出文書諸要素為：某史籍殘頁，竹紙，尺寸為 20.3cm×9.7cm，為左半面，細欄，行寬 13 毫米。正文為趙孟頫體楷書大字，高 10—15 毫米；注文引用《資治通鑑·晉紀》原文，雙行夾注，字高 5—7 毫米。該書第 58 頁還指出本件文書為 7 件殘片拼綴而成，並據《資治通鑑》將小字注文補齊。段玉泉則指出本件文書應為元刻本《資治通鑑綱目》殘片，其內容出自《資治通鑑綱目》卷二十"晉孝穆帝"，其版式應為每行大字 16 字，雙行夾注每行 44 字。另，段玉泉還指出《俄藏黑水城文獻》第五冊第 12 頁所收 TK316 號文書也為刻本《資治通鑑綱目》殘件，出自卷二十一，兩件文書版式相同，但所用紙張非一，故應為不同版本。其中 TK316 號出現"桓"字缺末筆之情況，應為南宋刻本，而本件文書應為元刻本。按，元刻書籍中也存在避諱宋朝皇帝名諱之現象，如《中國藏黑水城漢文文獻》第七冊第 1501—1558 頁所收之《文獻通考》即出現"匡""桓""恒"等字缺末筆現象，故不排除兩件文書為同一刻本之可能。另，《斯坦因第三次中亞考古所獲漢文文獻（非佛經部分）》第一冊第 292—311 頁所收 OR.8212/813K.K.III.01 也與其形制相同，內容相關，不排除其為同一刻本之可能。參考文獻：段玉泉《黑水城文獻〈資治通鑑綱目〉殘頁考辨》，《寧夏大學學報》（人文社會科學版）2006 年第 3 期。

錄文標點：

（前缺）

〔□十〕　　　　□□

1. _____征討大都督，督
2. _____□修復園　夏四月秦
   　　　　　　　　溫討襄。
3. ___□氏以憂_____大風發屋拔木，秦宮中驚
   　　　　　　　　稱賊至，宮門晝閉，五日乃
4. ___推告賊者刳□□□。彊太后弟平諫曰："天降災
   ___愛民事神，緩□□德以應之，乃可弭也。"生怒，鑿
5. □頂而殺之。太后以憂恨□。生復下詔曰：朕受□□，□
   □□□，有何不善而謗讟之音扇滿天下。殺不過□□□乃
6. □□者比肩，未足為希_____
   □□潼關之西至于長_____
7. □□□則食人飽當_____
   □□□正以犯罪_____
8. □敗姚襄于伊水，遂_____
9. 戍而還。襄①北走據襄_____
10. _____亮諫曰：今頓兵堅_____
    _____

（後缺）

附：文書所缺文字補齊應為：

（前缺）

1. 君一舉耳。瑾懼，乃以玄靚　以桓溫為征討大都督，督
   玄靚所稱官爵而授之。
2. 諸軍討姚襄。溫請移都洛陽，修復園　夏四月，秦
   　　　　　　陵。不許，而詔溫討襄。
3. 太后彊氏以憂卒。長安大風，發屋拔木，秦宮中驚
   　　　　　　擾，或稱賊至，宮門晝閉，五日乃
4. 止。秦主生推告賊者，刳出其心。彊太后弟平諫曰："天降災
   異，陛下當愛民事神，緩刑崇德以應之，乃可弭也。"生怒鑿
5. 其頂而殺之。太后以憂恨卒。生復下詔曰：朕受天命，君臨
   萬邦，有何不善而謗讟之音扇滿天下。殺不過千，而謂之
6. 殘虐，行者比肩，未足為希。方當峻刑極罰，復如朕何。自去
   春以來，潼關之西至于長安，虎狼食人，羣臣請禳之。生曰：

---

① 四庫全書本《御批資治通鑒綱目》"襄"字前多一"姚"字。

7. 野獸饑則食人，飽當自止，何襄之有。且天豈不愛民哉？正以犯罪者多，故助朕殺之耳。秋八月，桓

8. 溫敗姚襄于伊水，遂入洛陽修謁諸陵，置

9. 戍而還。襄北走，據襄陵。初魏將周成降晉，反據洛陽。姚襄攻之，踰月不

10. 克。長史王亮諫曰："今頓兵堅城之下，力屈威挫，或為他寇所乘，此危道也。"襄不從。桓溫自江陵北伐，遣督護高武據

（後缺）

26. 元刻本《折獄龜鑑》殘片

題解：

本件《中國藏黑水城漢文文獻》中原始編號為83H・F9：W37/0291，出版編號為M1・1267，收於第七冊《書籍印本》第1574頁，擬題為《印本殘頁》，並記其尺寸為16cm×26cm。《黑城出土文書（漢文文書卷）》一書未收。文書現存文字11行，為一頁之右半頁。陳瑞青指出本件文書應為鄭克《折獄龜鑑》殘片，其內容出自《折獄龜鑑》卷一《劉崇龜》。參考文獻：1. 陳瑞青《〈中國藏黑水城漢文文獻〉印本古籍殘片題名辨正》，《薪火相傳——史金波先生70壽辰西夏學國際學術研討會論文集》，中國社會科學出版社2012年版；2. 劉波《黑水城漢文刻本文獻定名商補》，《文獻》2013年第2期。

錄文標點：

（前缺）

1. □□□□訊，具吐情實，惟不招殺人。崇□視所遺

2. □，乃屠刀也。□□□□□日大設，合境屠者皆集

3. □塲，以俟宰殺。既而日①晚放□，□□留刀，翌日再

4. 至。乃命以□人刀換下一口。□□□□各來認刀②，③

5. □一屠□後不認④　　　　　　　　某刀。問

---

① "日"四庫全書本《折獄龜鑑》作無。
② "各來認刀"四庫全書本《折獄龜鑑》作"各認本刀"。
③ 文書第3、4行天頭處有書寫字跡，字跡不清。
④ 此幾字四庫全書本《折獄龜鑑》無。

6. ☐是①某人☐☐☐之，則已竄矣。
7. ☐☐☐☐☐斃之。竄者聞
8. ☐☐富商子☐☐家，杖背而已。②
9. ☐☐☐☐有術。換刀者，跡賊之
10. 術也。☐☐☐☐何由釋
11. 故☐☐☐亦不可☐

（後缺）

附：文書所缺文字補齊應為：

（前缺）

1. 捕，械繫考訊，具吐情實，唯不招殺人。崇龜視所遺
2. 刀，乃屠刀也。因下令曰：某日大設，合境屠者皆集
3. 毬塲以俟宰殺。既而日晚放散，令各留刀，翌日再
4. 至。乃命以殺人刀換下一口。明日，諸人各來認刀，
5. 獨一屠最後不認其刀。因詰之，對曰：此非某刀。③ 問：
6. 是誰者？云：是④某人之刀也。亟徃捕之，則已竄矣。
7. 於是以他囚合死者為商人子，侵夜斃之，竄者聞
8. 而還，乃擒寘於法。富商子坐夜入人家，杖背而已。
9. 按，凡欲釋冤，必須有術。換刀者，迹賊之
10. 術也；斃囚者，譎賊之術也。賊若不獲，冤何由釋？
11. 故仁術有在於是者，君子亦不可忽也。

（後缺）

---

① "是"四庫全書本《折獄龜鑒》無。
② 文書第7、8行天頭處有書寫字跡，字跡不清。
③ 此行文字據四庫全書本《棠陰比事》補，四庫全書本《折獄龜鑒》此句云："一人不去，云非某刀。"
④ "是"四庫全書本《折獄龜鑒》無。

第八冊（上）

卷八　醫算、曆學、符占秘術、堪輿地理及其他文書卷

（一）醫算

1. 元寫本醫書殘頁

題解：

本件《中國藏黑水城漢文文獻》中原始編號為 F137：W2，出版編號為 M1·1268，收於第八冊《醫算》第 1593 頁，擬題為《醫書抄本》，並記其尺寸為 18cm×27.2cm。本件還收錄於《黑城出土文書（漢文文書卷）》第 210 頁《雜類·符占秘術》，其所記文書編號與《中國藏黑水城漢文文獻》原始編號同，並列出文書諸要素為：竹紙，整頁，楷行書，尺寸為 27.3cm×18cm。文書大小字相間，共 12 行，首行"冊六"二字當為頁碼，從內容來看，其應為醫書抄本。趙小明指出其內容為用四柱推命術推算疾病。參考文獻：1. 劉海波、劉玉書《〈黑城出土文書〉醫藥初探》，《"第二屆中國少數民族科技史國際學術討論會"論文集》，社會科學文獻出版社 1996 年版；2. 劉海波《〈黑城出土文書〉醫藥殘文考略》，《中華醫史雜誌》，1998 年第 2 期；3. 趙小明《中國藏黑水城方術類文獻研究》，碩士學位論文，西北師範大學，2011 年；4. 內蒙古醫學史料編寫組《從出土醫書殘頁窺元代哈拉浩特醫學之一斑》，《內蒙古中醫藥》1993 年第 3 期。

錄文標點：

（前缺）

1.　　　　　　冊六

2. 眼目昏暗　丙丁字壬辰①巳②午字多言語謇□風氣，音瘂暗風。

3. 　　　　丙丁火旺疾難防　　四柱休臨辰巳③方

4. 　　　　火木相生來此地　　血光風中失音亡④

5. 腰脚殘疾頭面帶破

6. 　　　　乙辛庚甲兩交差　　痣癜瘢⑤痕更有巴⑥

7. 　　　　重克兩干頭面損　　克支腰脚痛頑麻

8. 脾胃受疾

9. 　　　　飲食難消脾胃傷　　五行推究細消詳

10. 　　　　□虛木旺食難克　　腹痞心朦面色黃

11. 濕證⑦戊己土□□癸亥子水火相克，金沉，亥子亦然。

12. 　　　　壬癸亥子土堆積　　日久四肢困無力

　　（後缺）

2. 元刻本《備急千金要方》殘片

題解：

本件《中國藏黑水城漢文文獻》中原始編號為F14：W8，出版編號為M1·1269，收於第八冊《醫算》第1594頁，擬題為《醫書印本》，並記其尺寸為16.6cm×6.7cm。《黑城出土文書（漢文文書卷）》一書未收。本文書係醫書印本殘頁，共兩件殘片，殘片一為書頁右上角，現存文字4行，下殘；殘片二為書頁左上角，現存文字5行，下殘。邱志誠指出本件文書為元刻本《重刊孫真人備急千金要方》殘頁，這一結論表明，黑水城出土文書中，除了分別藏於英國和俄國的兩種《千金要方》之外，又發現了第三種版本的《千金要方》，這

---

① "壬辰"，趙小明《中國藏黑水城方術類文獻研究》釋作"亥"，現據圖版改。
② "巳"應為"己"，《黑城出土文書》錄文作"己"。
③ "巳"字右旁加寫一"巽"字。
④ 文書第3—4行文字與明張楠所著《神峰通考》之《帶疾歌》大致相同，其文作"丙丁火旺疾難防，四柱休囚辰巳方。木火相生來此地，啞中風疾暗中亡"。
⑤ "瘢"字《黑城出土文書》錄文作"疤"，現據圖版改。
⑥ 據文意推斷，"巴"通"疤"。
⑦ 據文意推斷，"證"通"癥"。

對進一步研究醫籍在古代社會的傳播、元代邊疆地區醫學發展水準、漢醫在少數民族地區的影響等無疑具有重大意義。參考文獻：1. 劉海波、劉玉書《〈黑城出土文書〉醫藥初探》，《"第二屆中國少數民族科技史國際學術討論會"論文集》，社會科學文獻出版社 1996 年版；2. 劉海波《〈黑城出土文書〉醫藥殘文考略》，《中華醫史雜誌》1998 年第 2 期；3. 內蒙古醫學史料編寫組《從出土醫書殘頁窺元代哈拉浩特醫學之一斑》，《內蒙古中醫藥》1993 年第 3 期；4. 邱志誠《黑水城文書中發現又一版本的《千金要方》——新刊中國藏黑水城 F14∶W8 號漢文文書考釋》，《首都師範大學學報》（社會科學版）2012 年第 1 期。

錄文標點：

（一）

（前缺）

1. 腫上，乾☐
2. 人瘡痛。
3. 青龍五生☐
4. ☐☐

（後缺）

（二）

（前缺）

1. 右十☐☐
2. 乾擣☐
3. 末水☐
4. 服如☐☐
5. 滅瘢膏☐

（後缺）

附：邱志誠將文書復原為：

（前缺）

1. 腫上，乾即易。如春月。去附子其髪須，盡洗去垢，不爾，令
2. 人瘡痛。
3. 青龍五生膏：治癩疽、痔漏、惡瘡，膿血出，皆以此方導之。

生梧桐白皮　　生桑白皮　　生青竹茹　　生栢白皮

生龍膽 各五兩　蜂房　猬皮　蛇蛻皮　雄黃　雌黃 各二兩

蜀椒　　　附子　芎藭 各五分

4. 右十三味咀，以三年苦酒二斗浸一宿，於炭火上炙，
5. 乾擣下細篩，以猪脂二升半，微火煎，攪令相得如飴，着
6. 末水中。新白甓器中盛，稍稍隨病深淺傳之，并以清酒
7. 服，如棗核大，日一。
8. 滅瘢膏：治諸色癰腫、惡瘡瘥後有瘢痕方。

（後缺）

3. 元抄本《傷寒論》殘頁

題解：

本件《中國藏黑水城漢文文獻》中原始編號為 F20：W10，出版編號為M1·1270，收於第八冊《醫算》第1595頁，擬題為《醫方》，並記其尺寸為14.4cm×18.6cm。本件還收錄於《黑城出土文書（漢文文書卷）》第208頁《雜類·醫算》，其所記文書編號與《中國藏黑水城漢文文獻》原始編號同，並列出文書諸要素為：竹紙，缺，行草書；尺寸為 18.3cm×14.5cm。文書現存文字 10 行，前後均缺，首行上殘，留"麻"字殘畫。崔為、王姝琛指出本件文書為抄錄《傷寒論》中方劑，且其所抄三首方劑，屬於兩個不同版本。其中前兩首方劑與宋版《傷寒論》同，後一首方劑與金成無己《注解傷寒論》同。參考文獻：1. 崔為、王姝琛《黑城出土的〈傷寒論〉抄頁》，《長春中醫藥大學學報》2007 年第 3 期；2. 劉海波、劉玉書《〈黑城出土文書〉醫藥初探》，《"第二屆中國少數民族科技史國際學術討論會"論文集》，社會科學文獻出版社 1996 年版；3. 劉海波《〈黑

城出土文書〉醫藥殘文考略》,《中華醫史雜誌》1998 年第 2 期; 4. 內蒙古醫學史料編寫組《從出土醫書殘頁窺元代哈拉浩特醫學之一斑》,《內蒙古中醫藥》1993 年第 3 期。

錄文標點:

　　　　　　（前缺）

1. ☐☐☐☐☐☐☐☐☐☐☐☐☐☐☐☐☐麻
2. 　　生姜三兩,甘草二兩,大棗十二枚,
3. 　　四錢①,水二盞煮,去滓,溫服。
4. 小便難,發汗,遂瀉漏不止,惡感②,四躰③微急,難以屈伸。下七
5. 甘草附子湯:　　甘草二④兩 炙⑤,附子 二枚,炮去皮齐⑥ 白术二兩,
6. 　　桂枝四兩,煮,去滓,溫服。
7. 小便不利,汗出結氣,惡風,掣痛或身腫,風濕相搏,
8. 　　不得屈伸。下三十七
9. 白虎湯:　　知母 三兩苦寒,石膏一斤,甘寒⑦,甘草二兩,
10. 　　硬⑧米六合。

　　　　　　（後缺）

4. 元寫本醫方殘片

題解:

　　本件《中國藏黑水城漢文文獻》中原始編號為 F62:W24,出版編號為 M1·1271,收於第八冊《醫算》第 1596 頁,擬題為《醫方》,並記其尺寸為 17.8cm×16.6cm。本件還收錄於《黑城出土文書（漢文文書卷）》第 208

---

① "錢"崔為、王姝琛文指出應為"分"。
② "感"崔為、王姝琛文指出應為"風"。
③ "躰"崔為、王姝琛文作"肢",圖版作"躰"。
④ "二",《黑城出土文書》錄文作"三",現據圖版改。
⑤ "炙",《黑城出土文書》錄文作"半",崔為、王姝琛文作"炙",現從後者。
⑥ "炮",《黑城出土文書》錄文作"核",現據圖版改。另,據《金生指迷方》"齐"應為"臍"。
⑦ "甘寒"二字《黑城出土文書》錄作"石膏一斤"的右側,現據圖版改。
⑧ "硬"崔為、王姝琛文指出應為"粳"。

頁《雜類·醫算》，其所記文書編號與《中國藏黑水城漢文文獻》原始編號同，並列出文書諸要素為：麻紙，殘，行草書，尺寸為 14cm×18cm。文書現存文字 11 行，前後缺，上下殘。參考文獻：1. 劉海波、劉玉書《〈黑城出土文書〉醫藥初探》，《"第二屆中國少數民族科技史國際學術討論會"論文集》，社會科學文獻出版社 1996 年版；2. 劉海波《〈黑城出土文書〉醫藥殘文考略》，《中華醫史雜誌》1998 年第 2 期；3. 內蒙古醫學史料編寫組《從出土醫書殘頁窺元代哈拉浩特醫學之一斑》，《內蒙古中醫藥》1993 年第 3 期。

錄文標點：

（前缺）

1. ☐丸①：生姜二兩，☐☐☐☐☐☐☐☐
2. ☐人☐☐☐，白茯②苓半兩，☐☐☐
3. ☐甘姜七錢半，白朮二兩，☐☐☐☐
4. ☐細煉蜜為丸，每兩分作③☐☐
5. ☐☐下　或☐④半，夏曲半兩，用☐☐
6. ☐☐☐☐☐☐
7. ☐☐☐☐☐☐木香，青皮，☐☐
8. ☐☐☐☐☐☐☐蓉面⑤煨☐⑥，☐☐
9. ☐☐☐☐去核，白茯苓，☐☐☐
10. ☐☐☐☐段，生姜，各☐☐☐☐
11. ☐☐錢，不拘時服用☐☐☐☐☐

（後缺）

---

① "丸"，《黑城出土文書》錄文作"兩"，現據圖版改。
② "茯"，《黑城出土文書》錄文作"伏"，現據圖版改。
③ "作"，《黑城出土文書》錄文未釋讀，現據圖版補。
④ 此字《黑城出土文書》錄文漏錄，現據圖版補。
⑤ "蓉面"，《黑城出土文書》錄文未釋讀，現據圖版補。
⑥ 此字不清，《黑城出土文書》錄文作"服"，現存疑。

5. 元寫本醫方殘片

題解：

本件《中國藏黑水城漢文文獻》中原始編號為 F8：W2，出版編號為 M1·1272，收於第八冊《醫算》第 1597 頁，擬題為《醫方》，並記其尺寸為 8.7cm×17.2cm。本件還收錄於《黑城出土文書（漢文文書卷）》第 208 頁《雜類·醫算》，其所記文書編號與《中國藏黑水城漢文文獻》原始編號同，並列出文書諸要素為：竹紙，屑，行草書，尺寸為 17cm×8.5cm。文書為殘片，僅存文字 2 行，且第 2 行"去滓"兩字字頭向下。

錄文標點：

（前缺）

1. ☐☐☐☐每服三錢，水一大①盞。

2. ☐☐☐☐☐☐姜三片，娄兒同，去滓②

（後缺）

6. 元寫本醫方殘片

題解：

本件《中國藏黑水城漢文文獻》中原始編號為 F21：W18，出版編號為 M1·1273，收於第八冊《醫算》第 1597 頁，擬題為《醫方》，並記其尺寸為 6.4cm×14.2cm。本件還收錄於《黑城出土文書（漢文文書卷）》第 208 頁《雜類·醫算》，其所記文書編號與《中國藏黑水城漢文文獻》原始編號同，並列出文書諸要素為：麻紙，屑，行草書，尺寸為 14cm×6cm。文書為殘片，僅存文字 2 行。

錄文標點：

（前缺）

1. 白术三兩，荆芥☐☐☐☐

---

① "一大"，《黑城出土文書》錄文作"三"，現據圖版改。
② "去滓"兩字字頭向下。

2. 川椒二兩

　　　　（後缺）

7. 元習抄《大學》殘片

題解：

本件《中國藏黑水城漢文文獻》中原始編號為83H・F1：W14/0014，出版編號為M1・1274，收於第八冊《醫算》第1598頁，擬題為《醫方》，並記其尺寸為5.1cm×14cm。《黑城出土文書（漢文文書卷）》一書未收。文書為殘片，存正文2行，內容出自《大學》傳第六章《釋誠意》，另有雜寫兩行，與正文文字成經緯狀，且第二行被塗抹。

錄文標點：

正文：

　　　　（前缺）

1. ☐☐☐☐☐□其肺肝☐☐☐☐

2. ☐☐☐☐☐誠於中☐☐☐☐

　　　　（後缺）

雜寫：

1. 水天大

2. ☐☐☐☐①

附：《大學》相關內容為：

小人閑居為不善，無所不至，見君子而后厭。然揜其不善，而著其善。人之視己如見其肺肝，然則何益矣？此謂誠於中，形於外，故君子必慎其獨也。

8. 元算術抄本殘片

題解：

本件《中國藏黑水城漢文文獻》中原始編號為F13：W114、F13：W113，出版編號為M1・1275—1276，收於第八冊《醫算》第1598—1598頁，共兩件殘片，擬題

---

① 此行文字被塗抹。

為《算術》，並記其尺寸分別為 11.1cm×18.5cm、11.3cm×15.1cm。本件還收錄於《黑城出土文書（漢文文書卷）》第 208 頁《雜類·醫算》，其所記文書編號與《中國藏黑水城漢文文獻》原始編號同，並列出文書諸要素為：麻紙，殘，楷書，尺寸為 18.5cm×12.5cm、14.2cm×11.5cm。該書第 59 頁還指出，F13：W113 與 F13：W114，為紙質、字跡相同的兩張殘頁，原是同一人書寫的算術教本，殘破後的兩頁上下文尚可連貫，即 F13：W114 為前半頁，內容為"單乘之法"；F13：W113 為後半頁，其第 1 行的答數，即前半頁最後一行乘法的答數，以下內容為"單除之法"。這是教習算術的入門課本，抄寫的字跡較為熟練，應是民間從事商業人家抄來教習學徒用的課本。文書兩件殘片，各存文字 6 行，可拼合，今按拼合後釋錄。

錄文標點：

（前缺）

1. ▢兩二錢三分五厘
2. 曰：五十六疋，一疋價錢七兩一錢，問共多少？
3. 答曰：一千一百令七兩六錢。
4. ▢：三①百七十一斤一十二兩，每斤價錢八兩一錢，問共多少？
5. 答曰：三千令一十一兩一錢七分五厘。
6. ▢②：四十疋，每疋價錢九十一▢，問共多少？

（以上為 F13：W114 號文書）

7. 答曰：三千令九
8. 単除之法：
9. 除從上位除，言十即當身，言
10. 今有一十一人，分錢二十四兩七錢半，問
11. 答曰：二兩二錢半。
12. ▢▢十二人，分錢四百一十▢▢▢

（以上為 F13：W113 號文書）

（後缺）

---

① "三"，《黑城出土文書》錄文作"一"。觀圖版，此處為某字末筆殘畫，據文書中數字關係推算，當為"三"而非"一"，現改。另，"三"字前所缺文字應為"曰"。

② 據文意推斷，此處所缺文字應為"曰"。

9. 元寫本醫方殘片

題解：

本件《中國藏黑水城漢文文獻》中原始編號為 F14：W7B，出版編號為 M1·1277，收於第八冊《醫算》第 1600 頁，擬題為《醫方》，並記其尺寸為 8.2cm×20cm。本件還收錄於《黑城出土文書（漢文文書卷）》第 208 頁《雜類·醫算》，其所記文書編號為 F14：W7，並列出文書諸要素為：草紙，屑，行草書，尺寸為 19.5cm×8cm。文書現存文字 5 行，前後均缺。參考文獻：1. 劉海波、劉玉書《〈黑城出土文書〉醫藥初探》，《"第二屆中國少數民族科技史國際學術討論會"論文集》，社會科學文獻出版社 1996 年版；2. 劉海波《〈黑城出土文書〉醫藥殘文考略》，《中華醫史雜誌》1998 年第 2 期；3. 內蒙古醫學史料編寫組《從出土醫書殘頁窺元代哈拉浩特醫學之一斑》，《內蒙古中醫藥》1993 年第 3 期。

錄文標點：

（前缺）

1. ▭▭▭▭▭▭▭▭□□
2. ▭▭▭▭黃色
3. ▭▭□五錢，生姜一兩，水一盞半，煎至□▭▭▭
4. ▭▭▭□服
5. ▭▭▭□

（後缺）①

（二）曆學

1. 元至正五年（1345）八月十六日夜望月食文書

題解：

本件《中國藏黑水城漢文文獻》原始編號為 Y1：W7B，出版編號為M1·1278，

---

① 文書第 1、5 兩行《黑城出土文書》錄文均未標注，現據圖版補。

收於第八冊《曆學》第1603頁，擬題為《至正五年乙酉歲八月十六日丁卯夜望月食》，並記其尺寸為14.9cm×28.7cm。本件還收錄於《黑城出土文書（漢文文書卷）》第212頁《雜類·曆學》，所記文書編號為Y1：W71，與《中國藏黑水城漢文文獻》原始編號異，並列出文書諸要素為：竹紙，缺，楷行書，尺寸為27.5cm×13.5cm。文書為正背雙面書寫，此為正面內容，現存文字2行，前後均完；背面圖版《中國藏黑水城漢文文獻》未收，《黑城出土文書（漢文文書卷）》一書也未釋錄，從正面所透墨跡看，背面存文字4行，與正面文字成經緯狀。

錄文標點：

正：

1. 至正五年乙酉歲八月
2. 十六日丁卯夜望月食

背：

（前缺）

1. ☐☐☐
2. ☐☐丁
3. 哥 二 ☐
4. ☐ 人 ☐

（後缺）

2. 元刻本曆書殘片

題解：

本件《中國藏黑水城漢文文獻》中原始編號為F19：W19，出版編號為M1·1279，收於第八冊《曆學》第1604頁，擬題為《曆書殘頁》，並記其尺寸為29.4cm×9.1cm。《黑城出土文書（漢文文書卷）》一書未收。文書為刻本曆書殘頁，共三件殘片，字跡模糊，難以辨別。殘片一現存文字7行，殘片二現存文字10行，殘片三現存文字34行。

錄文標點：

（一）

（前缺）

1. ☐☐壞☐☐
2. ☐☐
3. ☐☐室☐
4. ☐☐☐
5. ☐
6. ☐☐浴裁衣☐
7. ☐☐ 忌遠☐
　　　（後缺）

（二）
　　　（前缺）
1. ☐☐☐☐
2. ☐☐
3. ☐☐忌移街☐
4. ☐☐陰☐
5. ☐
6. ☐☐會賓☐
7. ☐☐忌出行☐
8. ☐
9. ☐☐☐
10. ☐☐☐
　　　（後缺）

（三）
　　　（前缺）
1. ☐☐☐☐☐☐
2. ☐☐☐☐駕☐
3. ☐☐☐☐宜用癸
4. ☐☐☐修造、栽植、牧☐

5. ▢▢▢▢▢▢▢□持栽妝牧□

6. ▢▢▢▢

7. ▢▢▢▢▢▢用市□□

8. ▢▢▢▢▢▢牧養納□

9. ▢▢▢▢▢忌動土、種□

10. ▢▢▢▢□婚姻、會賓客、沐

11. ▢▢▢▢沐浴、修造、捕捉

12. ▢▢▢▢屋壞垣。

13. ▢▢▢▢市立券、交易、啓櫝

14. ▢▢▢▢□封，結婚姻、會親人□

15. ▢▢▢▢結婚會□□□□□

16. ▢▢▢▢捕捉。　忌□

17. ▢▢▢▢

18. ▢▢▢▢客 遊 □求□□□修

19. ▢▢▢▢□補垣塞穴　忌

20. ▢▢▢▢土。

21. ▢▢▢▢□栽 種 、裁妝、沐浴

22. ▢▢▢▢□裁衣、傳驛、□補、牧□

23. ▢▢▢▢忌出行。

24. ▢▢▢結婚姻、會親众、沐浴、修□

25. ▢▢▢▢□□牧□捕捉。

26. ▢▢▢▢

27. ▢▢▢▢□□易修□□□

28. ▢▢▢▢□求醫療前修□□□

29. ▢▢▢▢捕捉。　忌出行，

30. ▢▢▢▢姻、會賓客、嫁娶、出行、納

31. _____妝、捕捉、塞穴
32. _____
33. _____□
34. _____□□
　　（後缺）

3. 元刻本曆書殘片

題解：

本件《中國藏黑水城漢文文獻》中原始編號為 F14：W10，出版編號為 M1・1280，收於第八冊《曆學》第 1604 頁，擬題為《眞尺圖》，並記其尺寸為 14.4cm×9.9cm。本件還收錄於《黑城出土文書（漢文文書卷）》第 212 頁《雜類・曆學》，其所記文書編號與《中國藏黑水城漢文文獻》原始編號同，並列出文書諸要素為：竹紙印本，為天文用"眞尺圖"殘頁，為一頁的左下角，尺寸為 9.4cm×14.6cm。文書右半部為眞尺圖圖像及牓題，後存文字 5 行，有雙行小字夾注。

錄文標點：

　　（前缺）
1. 眞尺
　　（眞尺圖像）
2. _____至晝滿／景極短
3. ____中星　　　且中星
4. ____□六弱　　亢二少強／退一
5. ____半少退　　氐七少角／□二
6. ____半強　　　_____二
　　（後缺）

4. 元刻本大德十一年（1307）授時曆殘片（一）

題解：

本件《中國藏黑水城漢文文獻》中原始編號為 F21：W24d，出版編號為 M1·1281，收於第八冊《曆學》第 1605 頁，擬題為《曆書殘頁》，並記其尺寸為 4.4cm×8.1cm。本件還收錄於《黑城出土文書（漢文文書卷）》第 212 頁《雜類·曆學》，其所記文書編號為 F21：W24，並列出文書諸要素為：竹紙印本，至正二十三年（1363）曆書殘屑，所刻月建字體為仿宋體，尺寸為 7.7cm×2.6cm。張培瑜、盧央則指出本件文書中所記干支，僅元大德十一年（1307）符合，故其應為大德十一年授時曆殘片。其還指出本號文書與同頁 M1·1282［F21：W24a］號文書形制相同，內容相關，應為同一刻本殘片。彭向前則通過考證指出，本文書為大德十一年殘曆無疑。文書係曆書刻本殘片，存文字 2 行，上半部為單行大字，下半部為小字雙行。文書擬題依綴合後所定。參考文獻：1. 張培瑜、盧央《黑城出土殘曆的年代和有關問題》，《南京大學學報》（哲學·人文·社會科學）1994 年第 2 期；2. 彭向前《幾件黑水城出土殘曆日新考》，《中國科技史雜誌》2015 年第 2 期。

錄文標點：

（前缺）

1. □① 月大 年前十二月 ▯▯▯
        天德在丁月

2. 建壬寅 是月也東 ▯▯▯
          十二日丁丑

3.   一 日 丙 ▯▯▯

（後缺）

5. 元刻本大德十一年（1307）授時曆殘片（二）

題解：

本件《中國藏黑水城漢文文獻》中原始編號為 F21：W24a，出版編號為 M1·1282，收於第八冊《曆學》第 1605 頁，擬題為《曆書殘頁》，並記其尺寸為

---

① 張培瑜、盧央文指出此處所缺文字應為"正"。

4.2cm×7.8cm。本件還收錄於《黑城出土文書（漢文文書卷）》第212頁《雜類·曆學》，其所記文書編號為F21∶W22，與《中國藏黑水城漢文文獻》原始編號異，並列出文書諸要素為：竹紙印本，至正二十三年（1363）曆書殘屑，所刻月建字體仿宋體，小字亦仿宋體，尺寸為8.0cm×4.1cm。張培瑜、盧央則指出本件文書中所記干支，僅元大德十一年（1307）符合，故其應為大德十一年授時曆殘片。其還指出本號文書與同頁M1·1281［F21∶W24d］號文書形制相同，內容相關，應為同一刻本殘片。彭向前則通過考證，進一步確定了本文書為大德十一年殘曆無疑。文書係曆書刻本殘片，為一頁的最右側部分，存文字2行，上半部為單行大字，下半部為小字雙行。文書擬題依綴合後所定。參考文獻：1. 張培瑜、盧央《黑城出土殘曆的年代和有關問題》，《南京大學學報》（哲學·人文·社會科學）1994年第2期；2. 彭向前《幾件黑水城出土殘曆日新考》，《中國科技史雜誌》2015年第2期。

錄文標點：

（前缺）

1. 五月小 前月二十□ 天德在□ □

2. 建丙午□

（後缺）

6. 元刻本至正二十五年（1365）曆書殘片

題解：

本件《中國藏黑水城漢文文獻》中原始編號為F19∶W18，出版編號為M1·1283，收於第八冊《曆學》第1605頁，擬題為《至正十五年曆書》，並記其尺寸為12.3cm×10cm。本件還收錄於《黑城出土文書（漢文文書卷）》第212頁《雜類·曆學》，其所記文書編號與《中國藏黑水城漢文文獻》原始編號同，並列出文書諸要素為：竹紙印本，至正十五年（1355）曆書殘屑，所刻月建字體為楷體，小字亦為楷體，尺寸為9.7cm×12.5cm。該書還指出本號文書與《中國藏黑水城漢文文獻》第1610頁M1·1291［F13∶W87］號文書字體相近，可能為同一件文書。張培瑜、盧央則指出本件文書中所記干支僅僅元至正二十五年（1365）相符，故其應為至正二十五年曆書殘片。文書為一頁的右上角，首兩行上半部為大字，其餘均為小字。參考文獻：張培瑜、盧央《黑城出土殘曆的年代和有關問題》，《南京大學學報》（哲學·人文·社會科學）1994年第2期。

錄文標點：

（前缺）

1. 七月大　十一日丁卯申 年□
　　　　　　天德在癸月□□辰
2. 建甲申　是月也涼風至□□
　　　　　　二日丁巳午初初□
3. 　　　　一日丁巳土開柳　宜祭祀祈福襲□
4. 　　　　二日戊午火閉 星 宜祭祀□
5. 　　　　三日己未火趁張宜祭祀出行
6. 中伏　　四日庚申木除翼宜□□□□
7. 　　　　五日辛酉木滿軫　 宜 解除□
8. 　　　　□□□戌水平□① 宜 □□
9. 　　　　□□□亥水定□②
10.　　　　□□□□金執□③

（後缺）

7. 元刻本至正十年（1350）授時曆殘片

題解：

本件《中國藏黑水城漢文文獻》中原始編號為F21:W25，出版編號為M1·1284，收於第八冊《曆學》第1606頁，擬題為《曆書殘頁》，並記其尺寸為15.6cm×21.1cm。本件還收錄於《黑城出土文書（漢文文書卷）》第212頁《雜類·曆學》，其所記文書編號與《中國藏黑水城漢文文獻》原始編號同，並列出文書諸要素為：竹紙印本，字體楷書，較《中國藏黑水城漢文文獻》第七冊第

---

① 據文書書寫格式可知，此據補齊應為"六日壬戌水平角"。
② 據文書書寫格式可知，此據補齊應為"七日癸亥水定亢"。
③ 據文書書寫格式可知，此據補齊應為"八日甲子金執氐"。

1605 頁所收三種曆書開本、字體均小，最小字徑 2 毫米，屬於袖珍本，殘存碎屑 4 張，其中最大尺寸為 6.4cm×6.2cm。文書共四件殘片，殘片一、二均為一頁之右半頁，殘片三為一頁之左半頁。張培瑜、盧央據殘片二推斷出其應為元至正十年（1350）五月授時曆殘頁。參考文獻：張培瑜、盧央《黑城出土殘曆的年代和有關問題》，《南京大學學報》（哲學·人文·社會科學）1994 年第 2 期。

錄文標點：

（一）

（前缺）

1. ☐北行，宜出北行☐
2. ☐在☐南
3. ☐年
4. ☐乾時
5. ☐
6. ☐不宜☐☐
7. ☐☐乘船渡水
8. ☐☐病☐☐動土塞

（後缺）

（二）

（前缺）

1. ☐月大 前月二十四日戊申寅☐☐ 天德壬乾月厭☐午☐救☐
2. ☐☐☐ 是月也螳蜋生　鵙始鳴 十五日戊辰酉正二刻
3. ☐成胃　　　　宜
4. ☐☐水收昴

（後缺）

（三）

（前缺）

1. ☐病，破屋壞垣。

2. ☐☐☐☐☐☐

3. ☐☐☐☐表☐☐納采、問名、安牀、修造、動土

4. ☐☐☐☐☐☐☐履險。

5. ☐☐☐☐☐☐交、出行、入學、求醫、療病☐☐☐

6. ☐☐☐☐☐修置產室、種蒔、栽植、牧養、破啓欑☐☐

7. ☐☐☐☐☐祀、栽植、捕捉。

8. ☐☐☐☐☐出行、種蒔、針刺、乘船渡水。

（後缺）

（四）

（前缺）

七日庚申木滿鬼			
八日辛酉木平柳			宜☐ ☐
☐☐壬戌水定星			
☐☐☐☐☐執張	日出寅正二刻 夏至五月中 日入戌初二刻	晝天☐☐ 夜☐☐	

（後缺）

8. 元刻本三旬揀日圖殘片

題解：

本件《中國藏黑水城漢文文獻》中原始編號為 F13：W86B，出版編號為M1·1285，收於第八冊《曆學》第 1607 頁，擬題為《三旬揀日圖》，並記其尺寸為 13.6cm×23.3cm。本件還收錄於《黑城出土文書（漢文文書卷）》第 212 頁《雜類·曆學》，其所記文書編號為 F13：W86，並列出文書諸要素為：竹紙印本，為"三旬揀日圖"殘頁，粗邊欄，版心高 19.2cm，楷體字，尺寸為 23.5cm×13.4cm。文書為一頁之右半頁。

錄文標點：

十二日	十一日	初十日	初九日	初八日	初七日	□日	□□	□□	□□	□□	□□	看橫		【三旬揀日圖】
吉	吉	吉	吉	凶	吉	吉	吉	■	■	■		六事龍吉日□	○卒便檢閱未到，看此下可以擇日，但只是一日之事可矣，不宜久遠造作	
葬吉造移娶凶	四事並吉	造移娶吉塋凶	四事並凶	四事並凶	□□①造移葬凶	四□②並凶	葬吉造□□③凶	葬吉造移娶凶	四事並吉	□□④吉葬凶	□□⑤並凶	白虎大曆居□□□ 造移娶吉		
							裁合吉	裁合吉	裁合吉		裁合吉	吉日裁衣合帳		
	種作吉	種作吉		種作吉		種作吉	種作吉		種作吉		種作吉	日種飛虫不食吉		
陂塘吉						作陂凶		陂塘凶		陂塘凶		天穿日陂塘凶作		
	祭祀凶					祭凶	祭凶		祭□		月九祭凶	□□□凶□□		
				作土凶						作□□		日遂凶□作土		
		子□	丑□	寅□	卯□	□□						衙用日之百凶事		

---

① 據書寫格式推斷，此處所缺文字應為"娶吉"。
② 據書寫格式推斷，此處所缺文字應為"事"。
③ 據書寫格式推斷，此處所缺文字應為"移娶"。
④ 據書寫格式推斷，此處所缺文字應為"造移娶"。
⑤ 據書寫格式推斷，此處所缺文字應為"四事"。

							解日衙祭解祀冤吉		
						□□吉	三牛□馬□吉□□		

9. 元刻本曆書殘片

題解：

本件《中國藏黑水城漢文文獻》中原始編號為 F19：W47，出版編號為 M1·1286，收於第八冊《曆學》第 1608 頁，擬題為《曆書殘頁》，並記其尺寸為 2.4cm×6.3cm。《黑城出土文書（漢文文書卷）》一書未收。文書粗邊欄，為刻本曆書殘片，存文字較少，可辨識僅為"九月"字，當為一頁的右上角。

錄文標點：

（前缺）

1. 九月□▭

（後缺）

10. 元刻本至元二十二年（1285）曆日殘頁

題解：

本件《中國藏黑水城漢文文獻》中原始編號為 F68：W1，出版編號為 M1·1287，收於第八冊《曆學》第 1608 頁，擬題為《曆書殘頁》，並記其尺寸為 4.3cm×7.7cm。《黑城出土文書（漢文文書卷）》一書未收。文書現存文字 6 行，前後均缺，第 3 行為版心，存魚尾一個，下殘。彭向前通過考證指出本件文書應為元世祖至元二十二年七月殘曆，可定名為"元刻本至元二十二年曆日殘頁"，今從。參考文獻：彭向前《幾件黑水城出土殘曆日新考》，《中國科技史雜誌》2015 年第 2 期。

錄文標點：

（前缺）

1. ▭□□□□①卯 土 危張□▭

---

① 據文書書寫格式可知，此處所缺文字應為"十二日己"。

2.　　　十三日庚辰金成翼□□□□□□
3.　　　　　　【□□□□□
4.　　　十四日辛巳金收軫日出卯初二刻□□
5.　　　十五日壬午木開角日入酉正二刻□□
6.　　　□□□①癸未木 閉 亢□□□□

　　　　　（後缺）

11. 元刻本曆書殘片

題解：

本件《中國藏黑水城漢文文獻》中原始編號為 F224：W16，出版編號為M1·1288，收於第八冊《曆學》第 1608 頁，擬題為《曆書殘頁》，並記其尺寸為 8.1cm×11.7cm。《黑城出土文書（漢文文書卷）》一書未收。文書共兩件殘片，各存文字3行，其所存文字均為十二地支。

錄文標點：

（一）

　　　（前缺）

1.　　　□□寅卯□□□
2.　　　□□午申未□□
3.　　　□寅巳申□□

　　　（後缺）

（二）

　　　（前缺）

1.　　　□□□戌申□□
2.　　　□□□寅巳申□□
3.　　　□□申酉戌亥子丑寅卯□□

　　　（後缺）

---

① 據文書書寫格式可知，此處所缺文字應為"十六日"。

12. 元刻本曆書殘片

題解：

本件《中國藏黑水城漢文文獻》中原始編號為 F224：W17，出版編號為 M1·1289，收於第八冊《曆學》第 1609 頁，擬題為《曆書殘頁》，並記其尺寸為 13cm×14.2cm。《黑城出土文書（漢文文書卷）》一書未收。文書為刻本曆書殘頁，為一頁之下半頁，現存文字 16 行。

錄文標點：

（前缺）

1. _____□□
2. _____
3. _____□乘船渡水
4. _____
5. _____□磑、纳畜、破土、安葬。　　忌移徙
6. _____出行。
7. __□
8. __□安牀沐浴。　　忌登高履險。
9. ___□修造、動土、豎柱、上梁、安磑、築隄防、交易、牧養。忌遠迴□□乘船渡水
10. __□　　　　　□刊__
11. __□
12. ___修造、動土、安磑、開渠、立券、交易、種蒔、栽植、牧養啓□
13. ___築隄防、交易、栽接、補垣、塞穴。　忌_____
14. __
15. ____□療病、破土、安葬_____
16. _____忌出行____

（後缺）

13. 元刻本曆書殘片

題解：

本件《中國藏黑水城漢文文獻》中原始編號為F197：W7，出版編號為M1·1290，收於第八冊《曆學》第1609頁，擬題為《曆書殘頁》，並記其尺寸為24.1cm×5.2cm。《黑城出土文書（漢文文書卷）》一書未收。文書為刻本曆書殘頁，為一頁之下半頁，現存文字25行，開始3行存有"碧""黑""白""綠"等表示顏色的字樣，字體較大。

錄文標點：

（前缺）

1. ＿＿＿＿＿＿＿＿＿碧黑
2. ＿＿＿＿＿＿＿＿＿白白
3. ＿＿＿＿＿＿＿＿□白綠
4. ＿＿＿＿＿
5. ＿＿＿＿＿
6. ＿＿＿＿＿□捉□土種蒔
7. ＿＿＿＿＿
8. ＿＿＿遠迴移徙
9. ＿＿＿
10. ＿＿＿畜　忌出行
11. ＿＿＿＿□
12. ＿＿＿＿
13. ＿＿＿＿
14. ＿＿＿＿＿渡水
15. ＿＿＿＿出行
16. ＿＿＿＿
17. ＿＿＿
18. ＿＿＿

19. ☐乘船渡水
20. ☐徙乘船渡水
21. ☐横。　忌移徙
22. ☐
23. ☐船渡水
24. ☐渡水
25. ☐
　　（後缺）

14. 元刻本至正十七年（1357）授時曆殘片

題解：

本件《中國藏黑水城漢文文獻》中原始編號為F13∶87，出版編號為M1·1291，收於第八冊《曆學》第1610頁，擬題為《曆書殘頁》，並記其尺寸為7.4cm×23cm。本件還收錄於《黑城出土文書（漢文文書卷）》第212頁《雜類·曆學》，其所記文書編號與《中國藏黑水城漢文文獻》原始編號同，並列出文書諸要素為：竹紙印本，曆書殘屑，字體為楷體，與F19∶W18殘屑（《中國藏黑水城漢文文獻》第1605頁）字體相近，可能為同一曆書之殘屑，此頁已剪做鞋樣，尺寸為20.7cm×6.2cm。張培瑜、盧央指出本件文書應為元至正十七年（1357）正月授時曆殘頁。文書現存文字8行。參考文獻：張培瑜、盧央《黑城出土殘曆的年代和有關問題》，《南京大學學報》（哲學·人文·社會科學）1994年第2期。

錄文標點：

　　　　（前缺）
1. 　二十三☐☐☐☐☐☐☐☐☐。　忌出行遠☐☐
2. 二十四日己亥☐☐☐☐☐☐☐☐☐。
3. 二十五日庚子土開翼　宜結婚、出行、沐浴、入學、求醫、療病、修置產室、種蒔、栽植、牧養。　忌動土。
4. 二十六日辛丑土閉軫　宜補垣塞穴。　忌出行、遠迴移徙、動土、種蒔、針刺。
5. 二十七日壬寅金建角日入西初二刻　宜解安宅舍。　忌出行、動土。
6. 二十八日癸卯金除亢日出卯正二刻　宜上官赴任、解除、求醫、療病、

修造、動土、立券交易、破土啓欑。　忌乘☐☐☐☐

7. 二十九日甲辰火滿氐晝四十六刻夜五十四刻　宜修舍、動土、經絡裁衣、栽植、牧養　忌種蒔、乘船渡水☐☐☐☐

8. ☐☐☐☐☐☐☐房　宜泥飾垣牆、平治道塗。　忌出行。

（後缺）

15. 元刻本曆書殘片

題解：

本件《中國藏黑水城漢文文獻》中原始編號為 Y1：W1，出版編號為M1·1292，收於第八冊《曆學》第1610頁，擬題為《曆書殘頁》，並記其尺寸為4.3cm×17.8cm。《黑城出土文書（漢文文書卷）》一書未收。文書為刻本曆書殘頁，現存文字5行。

錄文標點：

（前缺）

1. ☐☐☐☐☐☐☐☐☐☐☐☐☐☐☐修造、動土☐☐☐☐交易。忌種蒔、登高履險

2. ☐☐☐☐沐浴、剃頭、納財、入學、求醫、療病、修造、動土豎柱、上樑、安碓、交易、種蒔、栽植、牧養。

3. ☐☐☐☐種蒔、栽植、捕捉。　忌出行、移徙、乘船渡水。

4. ☐☐☐☐求醫、療病、牧養。　忌動土、種蒔、乘船渡水。

5. ☐☐☐☐穴破土啓欑。　忌遠迴移徙、針刺。

（後缺）

（三）符占秘術

1. 元抄本《六十四卦象》殘頁（一）

題解：

本件《中國藏黑水城漢文文獻》中原始編號為 F61：W2，出版編號為M1·1293，收於第八冊《符占秘術》第1613頁，擬題為《艮為山卦象》，並記其尺寸

為28.1cm×18.2cm。本件還收錄於《黑城出土文書（漢文文書卷）》第210頁《雜類·符占秘術》，其所記文書編號與《中國藏黑水城漢文文獻》原始編號同，並列出文書諸要素為：竹紙，缺，楷書，用朱筆書寫"十七"二字並標點，尺寸為18cm×27.2cm。該書第64頁還指出本號文書與《中國藏黑水城漢文文獻》第1614頁M1·1294［F62：W23］、第1615頁M1·1295［F61：W3］、第1620頁M1·1301［F61：W1］、M1·1302［F62：W22］號等文書應為同一人抄習卦書殘頁，出於臨近的兩座房基中。趙小明則指出本件文書為六十四卦之"艮為山卦象"，內容依據傳統的"京房納甲筮法"，在各爻間標有"干支""五行""六親""世應"，接着對"艮為山卦象"做了說明，最後以詩句進行了總結，其詩句與《河洛理數·六十四卦訣》有關。文書擬題依綴合後所定。參考文獻：趙小明《中國藏黑水城方術類文獻研究》，碩士學位論文，西北師範大學，2011年。

錄文標點：

（前缺）

1. 十七｜①　　　　　　　丙寅木丙子水丙戌土丙申金丙午火丙辰土
2. **艮為山**　阻隔　　一世　－－　－－　一應　－－　－－
3. 遊月　　　山憂　　官鬼　妻才　兄弟　子孫　父母　兄弟
4. 魚　　　　行人　　艮者止也，其象如□人②
5. 避　　　　山喜　　之為字，如身之背，占者
6. 網之心　　西北　　遇之，凡事當求③於静，乃
7. 课,心積　　　　　　錢　得無咎也。
8. □成高之象。

---

9. 詩　危怖多④驚恐，人身有鬼隨。
　　　月明云又掩，争奈暗悲啼。

10. 此卦求官見责⑤不順；家宅不寧，切防小口；身有灾害，行人未

---

① "十七｜"為朱書。
② "人"，《黑城出土文書》錄文未釋讀，現據圖版補。
③ "求"，《黑城出土文書》錄文未釋讀，現據圖版補。
④ "多"，《黑城出土文書》錄文作"和"，現據圖版改。
⑤ "责"為右行補入，《黑城出土文書》錄文單作1行，現徑改。據文意推斷"责"似為"貴"。

11. 歸；公訴小事成大；求財難入①手，交易將成，有鬼賊相破，大抵
12. 不可；急病，春不利；旺神；家先上宜作福保之；出行，不利東南方。
13. 甲丙戊庚壬 抱王|懷|□久琢磨，近來名利尚蹉跎。
　　　　　　　不須嗟恨②成功晚，必待陽和借力多。
14. 乙丁己辛癸 征行趍北又趍東，干祿求才事兩通。
　　　　　　　□就朝天今日路，不惟成始又成終。

　　　　　（後缺）

2. 元抄本《六十四卦象》殘頁（二）

題解：

本件《中國藏黑水城漢文文獻》中原始編號為 F62：W23，出版編號為 M1・1294，收於第八冊《符占秘術》第 1614 頁，擬題為《雷天大壯卦象》，並記其尺寸為 27.7cm×18.6cm。本件還收錄於《黑城出土文書（漢文文書卷）》第 209 頁《雜類・符占秘術》，其所記文書編號與《中國藏黑水城漢文文獻》原始編號同，並列出文書諸要素為：竹紙，缺，楷書，用朱書書寫"十四"等字並標點，尺寸 18.2cm×27.3cm。該書第 64 頁還指出本號文書與《中國藏黑水城漢文文獻》第 1613 頁 M1・1293〔F61：W2〕、第 1615 頁 M1・1295〔F61：W3〕、第 1620 頁 M1・1301〔F61：W1〕、M1・1302〔F62：W22〕號等文書應為同一人抄習卦書殘頁，出於臨近的兩座房基中。趙小明則指出本件文書為六十四卦之"雷天大壯卦"，內容依據傳統的"京房納甲筮法"，在各爻間標有"干支""五行""六親""世應"，接着對"雷天大壯卦象"做了說明，最後以詩句進行了總結，其詩句與《河洛理數・六十四卦訣》有關。文書擬題依綴合後所定。參考文獻：趙小明《中國藏黑水城方術類文獻研究》，碩士學位論文，西北師範大學，2011 年。

錄文標點：

　　　　　（前缺）

1. 　　　　　　　　　庚戌土庚申金庚午|火甲|辰土甲寅木甲子水
2. **雷天大壯** 十四丨③　－－　－－　—世　—　　—　—應

---

① "入"，《黑城出土文書》錄文作"人"，現據圖版改。
② "恨"，《黑城出土文書》錄文作"艱"，現據圖版改。
③ "十四丨"為朱書，且《黑城出土文書》將其錄作上 1 行，現據圖版改。

3. 羝羊　春旺　財　兄弟　　子孫　父母 兄弟官鬼　財①

4. 觸藩　雷　作 福　大壯□也，回陽盛長，故為大

5. 之課，財禄旺　　　壯，二月之卦也。占者遇之，不可

6. 先曲　　　　　　持其剛建，凌觸他②人，則守靜③

7. 後順　貴乘馬　　為吉，不可苟動。雖有謹度，

8. 之象。　　　　　捨之則④吉。

---

9. 詩　雷天大壯觸藩羊，頭角難舒手足張。
　　　獬豸此時當路立，直須和⑤會莫令張。

10. 此卦求官難遂，見貴吉，身宅吉，婚姻成，六甲生男，行人

11. 無信，求才吉，病，男輕、女重，犯樹神，家先，香⑥有口願 求祭五道。

12. 甲丙戊庚壬　堂上持權酌重輕，因人借力事方成。
　　　　　　　虎前龍後宜求望，頭角崢嶸自此亨。⑦

13. 乙丁己辛癸　財利雖防失，歡情恐變憂。
　　　　　　　貴人終喜悅，惱後叙綢繆。

（後缺）

3. 元抄本《六十四卦象》殘頁（三）

題解：

本件《中國藏黑水城漢文文獻》中原始編號為 F61：W3，出版編號為 M1・1295，收於第八冊《符占秘術》第 1615 頁，擬題為《山火賁卦象》，並記其尺寸為 28.1cm×18.2cm。本件還收錄於《黑城出土文書（漢文文書卷）》第 209 頁《雜類・符占秘術》，其所記文書編號與《中國藏黑水城漢文文獻》原始編號同，並列出文書諸要素為：竹紙，缺，楷書，用朱書標點，尺寸為 18.2cm×27.7cm。該書第 64 頁還指出本號文書與《中國藏黑水城漢文文獻》第 1613 頁 M1・1293

---

① 《黑城出土文書》錄文於"財"字前衍錄一缺文符號，現據圖版改。此處趙小明文則補為"妻財"。
② 《黑城出土文書》於"他"字前衍錄一"也"字，現據圖版改。
③ "靜"，《黑城出土文書》錄文作"諍"，趙小明文同，現據圖版改。
④ "則"，《黑城出土文書》錄文作"為"，現據圖版改。
⑤ "和"，《黑城出土文書》錄文作"知"，現據圖版改。
⑥ "香"字右側朱書一"火"字。
⑦ "堂上""龍後""亨"等字《黑城出土文書》錄文分別作"掌上""龍從""享"，現據圖版改。

[F61：W2]、第 1614 頁 M1·1294 [F62：W23]、第 1620 頁 M1·1301 [F61：W1]、M1·1302 [F62：W22] 號文書應為同一人抄習卦書殘頁，出於臨近的兩座房基中。趙小明則指出本件文書為六十四卦之"山火賁卦象"，內容依據傳統的"京房納甲筮法"，在各爻間標有"干支""五行""六親""世應"，接著對"山火賁卦象"做了說明，最後以詩句進行了總結，其詩句與《河洛理數·六十四卦訣》有關。文書擬題依綴合後所定。參考文獻：趙小明《中國藏黑水城方術類文獻研究》，碩士學位論文，西北師範大學，2011 年。

錄文標點：

    （前缺）

1.   丙寅木丙子水丙戌土己亥水已丑土□①卯木
2. 山火賁 — - - - - — - - —
3. 猛 枯木生逢 官鬼 妻才② 兄弟 妻才 兄弟 官鬼
4. 虎 貴人金銀錢 賁者，飾也，如日在
5. 罪   山，萬物光彩。文章交
6. 家 口□香炉 錯，自然裝飾。占者
7. 之課③，文書 遇之④，如人受富貴，自
8. □□通泰之象。宅鬼入⑤然光亨，亦同天祐，不可慢易。

---

9. 詩⑥ 衆惡皆消滅，吉喜自然生。
    如人行暗路，今却見天明。
10. 此卦求官迁戩見⑦貴喜；家宅不和，身灾，宜禳謝；婚姻
11. 成；求財遂意；公訟凶；孕生男；病不死；難安；犯家先及東
12. 方神廟，祭之吉；送白虎。

---

① 此處所缺文字趙小明文補做"己"。
② "妻才"趙小明文作"妻財"，下同。
③ "課"，《黑城出土文書》錄文未釋讀，趙小明文也未釋讀，現據圖版補。
④ "之"字為右行補入，現徑改。
⑤ "人"，《黑城出土文書》錄文作"人"，現據圖版改。
⑥ "詩"，《黑城出土文書》錄文漏錄，現據圖版補。
⑦ "見"，《黑城出土文書》錄文漏錄，現據圖版補。

13. 甲丙戊庚壬　行舟無阻險，舟泛自通津。
　　　　　　　　雨露從天降，求謀事漸新。
14. 乙丁己辛癸　禄從天上降，喜至不湏求。
　　　　　　　　昔日憂愁事，逢羊始□周。

　　（後缺）

4. 元抄本《圖像合璧君臣故事句解》殘頁（一）

題解：

本件《中國藏黑水城漢文文獻》中原始編號為 F1：W44，出版編號為M1·1296，收於第八冊《符占秘術》第 1616 頁，擬題為《卦書》，並記其尺寸為 13.4cm×17.1cm。本件還收錄於《黑城出土文書（漢文文書卷）》第 209 頁《雜類·符占秘術》，其所記文書編號與《中國藏黑水城漢文文獻》原始編號同，並列出文書諸要素為：竹紙，缺，楷書，小字雙行夾注，尺寸為 16.5cm×13cm。該書第 64 頁還指出本號文書與《中國藏黑水城漢文文獻》第 1617 頁M1·1298 [F1：W45] 號文書為前後連接的兩頁，抄者顯係粗通文字，字跡笨拙，且抄寫卦文有誤。文書現存文字 6 行，其內容在M1·1298 [F1：W45] 之後。趙小明則指出從內容上看，這兩件文書是對伏羲事跡的描述，並非卦書，文書夾注提到《史記》《索隱紀》等，則這兩件文書的內容可能摘抄自《史記·三皇本紀》，其字跡拙劣，可能為蒙童學習的練習本，歸入符占秘術類恐不妥。邱志誠則指出本件文書內容出自《圖像合璧君臣故事句解》一書。文書擬題依綴合後所定。參考文獻：1. 趙小明《中國藏黑水城方術類文獻研究》，碩士學位論文，西北師範大學，2011 年；2. 邱志誠《黑水城 M1·1296、M1·1298 號文書的綴合、考釋及相關問題研究》，《文獻》2012 年第 4 期。

錄文標點：

　　（前缺）

1. 始畫八卦^{始分畫乾坤艮巽
坎離震兌之八}卦造書契，

2. 刻木而書其^{側，以為契券。}以代結繩之政^{以更帶
結繩}

1306　中國藏黑水城漢文文獻的整理與研究

3. 為治之政事。　　☰乾☶艮①☵坎☳震②
4. 　　　　　　　　☷坤☴巽☲離☱兌③
5. 　　　　　　　　神農教耕出《史記》。
6. 神農氏姓姜氏，以赭鞭草本用赭赤之竹。

　　（後缺）

5. 元道符殘片

題解：

　本件《中國藏黑水城漢文文獻》中原始編號為 F135：W39，出版編號為M1·1297，收於第八冊《符占秘術》第1616頁，擬題為《道符殘件》，並記其尺寸為4.1cm×12.7cm。本件還收錄於《黑城出土文書（漢文文書卷）》第209頁《雜類·符占秘術》，其所記文書編號與《中國藏黑水城漢文文獻》原始編號同，並列出文書諸要素為：道符殘屑，竹紙，黑墨畫，尺寸為 12.7cm×4cm。從圖版可見，文書首字大寫一"勑"字，其中間則為一"鬼"字，"鬼"字上似為三個"月"字，下似為四個"日"字，再下又為一"鬼"字。趙小明曾指出此件道符殘件中有一大寫"鬼"字，旁寫日月等字，當為一驅鬼符。參考文獻：趙小明《中國藏黑水城方術類文獻研究》，碩士學位論文，西北師範大學，2011年。

錄文標點：

---

① "☶"，《黑城出土文書》錄文作"☷"，誤。按，坎卦卦象應為"☵"，文書書寫錯誤。
② 《黑城出土文書》指出文書中震卦卦象誤，應為"☳"。
③ 《黑城出土文書》指出文書中震卦卦象誤，應為"☲"。

6. 元抄本《圖像合璧君臣故事句解》殘頁（二）

題解：

本件《中國藏黑水城漢文文獻》中原始編號為 F1：W45，出版編號為 M1·1298，收於第八冊《符占秘術》第 1617 頁，擬題為《庖犧畫卦》，並記其尺寸為 12.9cm × 16.7cm。本件還收錄於《黑城出土文書（漢文文書卷）》第 209 頁《雜類·符占秘術》，其所記文書編號與《中國藏黑水城漢文文獻》原始編號同，並列出文書諸要素為：竹紙，微缺，楷書，小字雙行夾注，尺寸為 17cm × 13cm。該書第 64 頁還指出本號文書與《中國藏黑水城漢文文獻》第 1616 頁 M1·1296［F1：W44］號文書為前後連接的兩頁，抄者顯係粗通文字，字跡笨拙，且抄寫卦文有誤。文書現存文字 6 行，其內容在 M1·1299［F1：W44］之前。趙小明則指出從內容上看，這兩件文書是對伏羲事跡的描述，並非卦書，文書夾注提到《史記》《索引紀》等，則這兩件文書的內容可能摘抄自《史記·三皇本紀》，其字跡拙劣，可能為蒙童學習的練習本，歸入符占秘術類恐不妥。邱志誠則指出本件文書內容出自《圖像合璧君臣故事句解》一書。文書擬題依綴合後所定。參考文獻：1. 趙小明《中國藏黑水城方術類文獻研究》，碩士學位論文，西北師範大學，2011 年；2. 邱志誠《黑水城 M1·1296、M1·1298 號文書的綴合、考釋及相關問題研究》，《文獻》2012 年第 4 期。

錄文標點：

（前缺）

1. 庖犧畫卦^{出《索隱紀①》}。

2. 庖犧氏^{右三皇象二人}，有聖德^{有聖明之德}，仰則

3. 觀象於天^{仰而觀形象於天}，俯則觀法

4. 於地^{俯而觀法則於地}，旁觀鳥獸之文

5. ^{帝觀飛禽走獸之文}，與地之宜^{與土地之所宜}，近取諸

6. 身^{近而取則於一身}，遠取諸物^{遠而取則於萬物}，

（後缺）

---

① "紀"，《黑城出土文書》錄文作"記"，現據圖版改。

1308　中國藏黑水城漢文文獻的整理與研究

附：M1·1298［F1∶W45］與M1·1296［F1∶W44］綴合復原為：

（前缺）

1.　　　庖犧畫卦^{出《索隱紀①》}

2.　庖犧氏^{右三皇象一人}，有聖德^{有聖明之德}，仰則

3.　觀象於天^{仰而觀形象於天}，俯則觀法

4.　於地^{俯而觀法則於地}，旁觀鳥獸之文

5.　^{帝觀飛禽走獸之文}，與地之宜^{與土地之所宜}，近取諸

6.　身^{近而取則於一身}，遠取諸物^{遠而取則於萬物}，

7.　始畫八卦^{始分畫乾坤艮巽坎離震兊之八卦}。造書契，

8.　^{刻木而書其側，以為契券}。以代結繩之政^{以更韋代結繩}②

9.　為治之政事。　☰乾☶艮③坎☳震④

10.　　　　　☷坤☴巽☲離☱兊⑤

11.　　　　　神農教耕《出史記》

12.　[神]農氏^{姓姜氏}以赭鞭草本^{用赭赤之竹}

（後缺）

7. 元抄本《鬼谷分定經》等殘頁（一）

題解：

本件《中國藏黑水城漢文文獻》中原始編號為F150∶W4，出版編號為M1·1299，收於第八冊《符占秘術》第1618頁，擬題為《方術》，並記其尺寸為19.7cm×18.2cm。本件還收錄於《黑城出土文書（漢文文書卷）》第210頁《雜

---

① "紀"，《黑城出土文書》錄文作"記"，現據圖版改。
② "韋"，《黑城出土文書》錄文作"帶"，且"結繩"漏錄"代"字，現據圖版改。
③ "☶"，《黑城出土文書》錄文作"☷"，誤。按，坎卦卦象應為"☵"，文書書寫錯誤。
④ 《黑城出土文書》指出文書中震卦卦象誤，應為"☳"。
⑤ 《黑城出土文書》指出文書中震卦卦象誤，應為"☱"。

類·符占秘術》，其所記文書編號與《中國藏黑水城漢文文獻》原始編號同，並列出文書諸要素為：麻紙，殘，楷書，尺寸為18cm×20cm。該書第64頁還指出本號文書與《中國藏黑水城漢文文獻》第1619頁M1·1300［F150：W3］號文書為同一人抄寫的卜書，求卜者拈出其中一片，其上有卜辭、詩句和影格，影格繪有圖畫，卜者據此影射求卜者的吉凶。趙小明則指出文書中有對影格繪畫的描述，並無繪畫。另，其還指出本件文書當抄自《康節前定數》與《鬼谷分定經》二書，但語句有出入，且形式不同，多了影格描述的語句。文書現存文字11行，前後均缺。文書擬題據綴合後所定。參考文獻：趙小明《中國藏黑水城方術類文獻研究》，碩士學位論文，西北師範大學，2011年。

錄文標點：

（前缺）

1. ☐鴛鴦相戲水中，一花结三果①，落二山前，一屋四☐

2. ☐牛一羊，一人騎鹿乘雲。詩曰：大隱逢時力漸成，青天明月

3. □②分明。桃花樹上生松子，得見平生禄自昇③。

4. 謙　　己戌　　貴劫哭傷印

5. 詩曰：百歲生涯此漸④新，險中重換一番身。江淮春色濃如

6. 錦，好向西門問主人。越鴈過溪忘羽⑤翼，吳花開處兩傷

7. 神。平生意在勞難処，争奈⑥從前未出塵。影格：□□□⑦

8. 屋倒二柱，撑⑧之，一白衣人射虎，一雞立⑨皷上，□鷹高飛□

9. 复皆⑩落。一樹存二果，一⑪紫衣踏⑫鼠把火照，一牛，一張弓，蛇

---

① 此字殘，《黑城出土文書》錄文作"朵"，趙小明文作"果"，今從趙文。
② 此處所缺文字趙小明文推補作"轉"。
③ "昇"，《黑城出土文書》錄文作"生"，趙小明文同，現據圖版改。
④ "漸"趙小明文作"浙"，誤。
⑤ "羽"，《黑城出土文書》錄文作"相"，趙小明文同，現據圖版改。
⑥ 《黑城出土文書》"争奈"前衍錄"此事"二字，現據圖版改。
⑦ 據文書字距可知，此處應缺三字，《黑城出土文書》標注二字，現據圖版改。
⑧ "撑"，《黑城出土文書》錄文作"擎"，現據圖版改。
⑨ "立"，《黑城出土文書》錄文作"之"，現據圖版改。
⑩ "皆"，《黑城出土文書》錄文作"背"，現據圖版改。
⑪ "一"，《黑城出土文書》錄文漏錄，現據圖版補。
⑫ "踏"，《黑城出土文書》錄文作"跳"，現據圖版改。

10. 嚼書①，一卓 子 ②、一笠子、一堆□。詩曰：雞③報更深曉，牛④边□⑤
11. 漸奇。竜⑥蛇好消息，羊馬載錢歸。
　　　　（後缺）

8. 元抄本《鬼谷分定經》等殘頁（二）

題解：

本件《中國藏黑水城漢文文獻》中原始編號為F150：W3，出版編號為M1·1300，收於第八冊《符占秘術》第1619頁，擬題為《方術》，並記其尺寸為15.1cm×18cm。本件還收錄於《黑城出土文書（漢文文書卷）》第211頁《雜類·符占秘術》，其所記文書編號與《中國藏黑水城漢文文獻》原始編號同，並列出文書諸要素為：麻紙，殘，楷書，尺寸為17.5cm×15.2cm。該書第64頁還指出本號文書與《中國藏黑水城漢文文獻》第1618頁M1·1299［F150：W4］號文書為同一人抄寫的卜書，求卜者拈出其中一片，其上有卜辭、詩句和影格，影格繪有圖畫，卜者據此影射求卜者的吉凶。趙小明則指出文書中有對影格繪畫的描述，並無繪畫，其應抄自《鬼谷分定經》，字句略有差異。文書現存文字9行，前後均缺。文書擬題據綴合後所定。參考文獻：趙小明《中國藏黑水城方術類文獻研究》，碩士學位論文，西北師範大學，2011年。

錄文標點：

　　　　（前缺）

1. □遠，雲散亭前花幾株。　影格：一疎⑦屋，一人釣魚□□□
2. 来，一人檐上⑧高橋，文書當路放光，一樹間半果，二鷹⑨飛下，□⑩
3. 鹿未起，一人撑舡載石，在六 池 前見水，一石生光。　詩曰：

---

① "嚼書"，《黑城出土文書》錄文作"唧書"，趙小明文作"銜香"，現據圖版改。
② " 子 "，《黑城出土文書》錄文未釋讀，現據圖版補。
③ "雞"，《黑城出土文書》錄文作"難"，現據圖版改。
④ "牛"，《黑城出土文書》錄文作"午"，現據圖版改。
⑤ 此處所缺文字，趙小明文推補為"鼠"。
⑥ "竜"，《黑城出土文書》錄文作"魖"，現據圖版改。
⑦ "疎"趙小明文作"楝"，誤。
⑧ "檐上"，《黑城出土文書》錄文作"擔土"，現據圖版改。
⑨ "鷹"，《黑城出土文書》錄文作"鴈"，現據圖版改。
⑩ 此處所缺文字趙小明文推補為"一"。

整理編　第八冊（上）　1311

4. ☒弓親射鼠，驚鹿鳥歸林。前在黃牛背，羊馬遂人心。

5. 　□　戊①乙　　厨害破空昌

6. 蠱者，血也，二虫兵②一血，陰毒之兆，多生血光之□　慮重□

7. □□平生自足，常招是非，為　　　　　　　　　為□

8. □□□　　詩曰：祖計□□

9. 　　　　　　滿囊

　　　　（後缺）

9. 元抄本《六十四卦象》殘頁（四）

題解：

本件《中國藏黑水城漢文文獻》中原始編號為 F61：W1，出版編號為 M1·1301，收於第八冊《符占秘術》第 1620 頁，擬題為《卦象殘件》，並記其尺寸為 13cm×6.2cm。本件還收錄於《黑城出土文書（漢文文書卷）》第 210 頁《雜類·符占秘術》，其所記文書編號與《中國藏黑水城漢文文獻》原始編號同，並列出文書諸要素為：竹紙，屑，楷書，用紅色標點，尺寸為 6cm×11.5cm。該書第 64 頁還指出本號文書與《中國藏黑水城漢文文獻》第 1613 頁 M1·1293 [F61：W2]、第 1614 頁 M1·1294 [F62：W23]、第 1615 頁 M1·1295 [F61：W3]、第 1620 頁 M1·1302 [F62：W22] 號文書應為同一人抄習卦書殘頁，出於臨近的兩座房基中。趙小明則指出本件文書與 M1·1302 [F62：W22] 號文書可拼合為一，其拼合後為"雷風恆卦象"。文書現存文字 7 行。文書擬題依綴合後所定。

參考文獻：趙小明《中國藏黑水城方術類文獻研究》，碩士學位論文，西北師範大學，2011 年。

錄文標點：

　　　　（前缺）

1. 　　　　辛酉金辛亥

2. 　　　一世－－

---

① "戊"，《黑城出土文書》錄文作"戌"，趙小明文同，現據圖版改。
② "兵"，似為"共"。

3. ☐☐☐☐☐ 官鬼 父母 妻才 ☐☐☐☐☐
4. ☐☐☐☐☐ 有天地常①德，日月常 ☐☐
5. ☐☐☐☐☐ 者遇之，宜乎 ☐☐☐☐☐
6. ☐☐☐☐☐ □不可改更，凡事 ☐☐☐☐
7. ☐☐☐☐☐ 吉也。

  （後缺）

10. 元抄本《六十四卦象》殘頁（五）

題解：

本件《中國藏黑水城漢文文獻》中原始編號為F62：W22，出版編號為M1·1302，收於第八冊《符占秘術》第1620頁，擬題為《卦象殘件》，並記其尺寸為13.5cm×6.9cm。本件還收錄於《黑城出土文書（漢文文書卷）》第210頁《雜類·符占秘術》，其所記文書編號與《中國藏黑水城漢文文獻》原始編號同，並列出文書諸要素為：竹紙，屑，楷行書，尺寸為6.5cm×13.4cm。該書第64頁還指出本號文書與《中國藏黑水城漢文文獻》第1613頁M1·1293［F61：W2］、第1614頁M1·1294［F62：W23］、第1615頁M1·1295［F61：W3］、第1620頁M1·1301［F61：W1］號文書應為同一人抄習卦書殘頁，出於臨近的兩座房基中。趙小明則指出本件文書與M1·1301［F61：W1］號文書可拼合為一，其拼合後為"雷風恒卦象"。文書現存文字9行。文書擬題依綴合後所定。參考文獻：趙小明《中國藏黑水城方術類文獻研究》，碩士學位論文，西北師範大學，2011年。

錄文標點：

  （前缺）
1. ☐☐☐☐☐ □□②束 ☐☐☐☐☐
2. ☐☐☐☐☐ □净 ☐☐☐☐☐
3. ☐☐☐☐☐ 宅只 ☐☐☐☐☐
4. ☐☐☐☐☐ 防產婦有 ☐☐☐☐

---

① "地常"兩字為右行補入，現徑改。
② 此字殘損不清，《黑城出土文書》錄文作"鬼"，現存疑。

5. ☐☐☐☐☐改病犯傷①☐☐☐
6. ☐☐☐☐貴②人相☐☐☐
7. ☐☐☐☐險難從☐☐☐
8. ☐☐☐☐鳳引雛☐☐☐
9. ☐☐☐ 翱翔得遇③西風☐☐

  （後缺）

11. 元刻本屬相算命書殘片

題解：

  本件《中國藏黑水城漢文文獻》中原始編號為 F19：W32，出版編號為 M1·1303，收於第八冊《符占秘術》第 1621 頁，擬題為《屬相方術》，並記其尺寸為 3.5cm×7.6cm。《黑城出土文書（漢文文書卷）》一書未收。本文書為有關屬相方術的刻本殘屑，現存版心及文字 5 行，前後均缺。趙小明指出本件文書為屬相是蛇、龍、兔、虎之人相對應的干支、五行、歲數及九宮位，這種對應關係出自《呂才合婚法》，故而其應是關於合婚的，並且屬於《呂才合婚法》，可能和《呂才大義書》有關，甚或即為《呂才大義書》書籍殘片。參考文獻：趙小明《中國藏黑水城方術類文獻研究》，碩士學位論文，西北師範大學，2011 年。

錄文標點：

  （前缺）

1.   【☐
2. 乙巳火，五十四歲，蛇，男八宮，女四宮☐☐☐
3. 甲辰火，五十五歲，龍，男九宮，女三宮☐☐☐
4. 癸卯金，五十六歲，兔，男☐☐☐☐

---

① "傷"，《黑城出土文書》錄文作"後"，現據圖版改。
② "貴"趙小明文作"員"，誤。
③ "遇"，《黑城出土文書》錄文作"過"，現據圖版改。

5. □① 寅 金，五十□□②，虎，男＿＿＿＿＿＿＿

（後缺）

12. 元刻本《康節前定數》殘片

題解：

本件《中國藏黑水城漢文文獻》中原始編號為 F62：W5，出版編號為 M1·1304，收於第八冊《符占秘術》第 1621 頁，擬題為《占卜書》，並記其尺寸為 11.9cm×11.1cm。本件還收錄於《黑城出土文書（漢文文書卷）》第 211 頁《雜類·符占秘術》，其所記文書編號為 F62：W15，與《中國藏黑水城漢文文獻》原始編號異，無錄文，僅列出文書諸要素為：竹紙印本，為占卜書殘頁的左面下半部，邊細欄，內每 4 行欄略粗，共殘存 14 行（有文字的為 13 行），每 4 行為一首七言詩，尺寸為 10.8cm×11.2cm。趙小明指出本件文書出自《康節前定數》中"戊甲"男命的一部分。另，趙小明還指出本文書內容與《永樂大典》版《康節前定數》完全一致，可見二者屬於同一版本。其此說法有誤，本文書與《永樂大典》版《康節前定數》個別字句上有出入，非完全一致。參考文獻：趙小明《中國藏黑水城方術類文獻研究》，碩士學位論文，西北師範大學，2011 年。

錄文標點：

（前缺）

1. ＿＿＿＿＿□夢，夢□□量百□非。
2. ＿＿＿＿＿□張，百□□當□箭強。
3. ＿＿＿＿＿的中，□□弦斷反身傷。
4. ＿＿＿＿＿風急，春暖花敷帶露芳。
5. ＿＿＿＿＿作計，只將茲事□東陽。
6. ＿＿＿＿＿□攀，欲上危樓□又闌。
7. ＿＿＿＿＿別用，他時□利又□還。

---

① 據六十甲子表可知，此處所缺文字應為"壬"。
② 據文意推斷，此處所缺兩字應為"七歲"。

8. ▭□飛去， 春花芳花①結果慳。

9. ▭□息慮， 望中再立兩重山。

10. ▭□營家， 漸漸②謀成事有涯。

11. ▭須自屈， 朋交无分是非加。

12. ▭□南鴈， 朶朶③情傷冒④雨花。

13. ▭骨薄， 休將心膽跨靈⑤槎。

　　（後缺）

附：據趙小明文所引《永樂大典》版《康節前定數》相關內容為：

　　（前略）

1. 年來歲去渾如夢，夢覺思量百事非。
　　午

2. 當年得意亂施張，百發中當百箭強。

3. 只謂弓開還的中，奈何弦斷反身傷。

4. 天寒雁叫西風急，春暖花敷帶露芳。

5. 欲識此生身作計，只將茲事擬東陽。
　　申

6. 雲梯咫尺可躋攀，欲上危樓意又闌。

7. 再把身心成別用，他時名利又重還。

8. 寒江有雁分飛去，春苑芳芳結果慳。

9. 直待馬牛方息慮，望中再立兩重山。
　　戌

10. 離親離祖獨營家，漸漸謀成事有涯。

11. 胸次多難須自屈，朋交無分是非加。

12. 雙雙目斷歸南雁，朶朶情傷墨雨花。

13. 料想此君仙骨薄，休將心膽跨雲槎。

　　（後略）

---

① "春花芳花"趙小明文作"春苑芳芳"，現據圖版改。
② 第二個"漸"為省文符號，現逕改。
③ 第二個"朶"為省文符號，現逕改。
④ "冒"趙小明文作"墨"，現據圖版改。
⑤ "靈"趙小明文作"雲"，現據圖版改。

13. 元抄本醫書殘頁

題解：

本件《中國藏黑水城漢文文獻》中原始編號為 F14∶W2、F14∶W1，出版編號為M1·1305—1306，收於第八冊《符占秘術》第1622頁，共兩件殘片，擬題為《方術冊頁》，並記其尺寸分別為 10cm×14.5cm、9.8cm×14.7cm。本件還收錄於《黑城出土文書（漢文文書卷）》第211頁《雜類·符占秘術》，其所記文書編號與《中國藏黑水城漢文文獻》原始編號同，並列出文書諸要素為：竹紙，整，細欄，小字雙行夾注，楷行書，用紅色畫〇符號，尺寸分別為 14.5cm×10cm、14.5cm×9.8cm。其中 F14∶W1 為一頁之左半，F14∶W2 為一頁之右半，兩者可拼合，F14∶W1 在前，F14∶W2 在後，其非同頁，而應為上下頁。其中殘片一 F14∶W2 號文書現存文字 7 行，殘片二 F14∶W1 號文書現存文字 8 行。劉海波指出本件文書中 F14∶W1 號文書注文大部分出自《千金藥方》，F14∶W2 注文大部分出自《諸病源候論·轉女為男候》。趙小明則指出本件文書內容在《備急千金要方》《太平聖惠方》《諸病源候論》《校注婦人大全良方》等多種醫書中出現過。但其與上述幾本書文字上沒有完全一致者，由此可知其應為一已佚醫書殘頁。參考文獻：1. 內蒙古醫學史料編寫組《從出土醫書殘頁窺元代哈拉浩特醫學之一斑》，《內蒙古中醫藥》1993 年第 3 期；2. 劉海波、劉玉書《〈黑城出土文書〉醫藥初探》，《"第二屆中國少數民族科技史國際學術討論會" 論文集》，社會科學文獻出版社 1996 年版；3. 劉海波《〈黑城出土文書〉醫藥殘文考略》，《中華醫史雜誌》1998 年第 2 期；4. 趙小明《中國藏黑水城方術類文獻研究》，碩士學位論文，西北師範大學，2011 年。

錄文標點：

　　　　（前缺）

1. 免①見苦辛，或產之時，仍要熟忍小心，不可解低心，忍
2. 陣忘乱，自伐性命，祇在片時。只如偷生之女未聞有死，
3. 祇能熟忍㷊无外人知。凢是產時，切不用報人知，令
4. 產母加添外禍，心中憂怕，生理不和，因此喪失不難。

---

① "免"通"娩"。

整理編　第八冊（上）　1317

5. ○又曰 或倒生，以塩和輕粉塗兒頭脚底，即轉也。 ○又方 以針刺兒足成底，以塩磨產婦腹，即順生也。 ○又方 以竈黑研酒下，方寸七①立，不或橫生。見兒手脚

6. 者，急燒蚯脱皮②為末，酒下一撮，便下。 或衣不下者，取洗兒湯溫服半盞，便下。 ○又方 小麦小豆濃煎汁服，立見。凢子死胎中，急以

7. 牛糞塗產母肚上，其胎便下也。 ○夫陰陽和調，二氣相感陰化，

8. 是以有娠。而三陰所會，則多生女，但任③娠二月當④

（以上為 F14: W1 內容）

9. 始藏精，成為胞，至於三月為謂之始胎。血脉不流，

10. 像形而变，未有定儀，見物兒化。是時男女未分，

11. 故未滿三月者，可服藥方術轉之，令生男也。

12. ○又妊娠三月已前，要生男者，取一小⑤斧小懸於婦人卧所床下，以斧刃向下，勿令知之。如不信者，侍鷄抱卵時，依此置於窠兒子，尽為雄也。 ○又方

13. 妊娠三月以前，取雄鷄尾紃上者毛三莖，潛安婦人卧蓆下，勿令知之，驗也。 ○又自初竟有娠 取弓努弦縛腰下，滿百

14. 日去之，紫宮玉女秘法也。 ○又方 取夫頭髮及手足甲潛安卧蓆下，勿令知之，也妙。⑥ ○又妊娠綵⑦滿三月，

15. 若要男者， 以雄黃半兩，衣中帶之為男；以雌黃半兩⑧。要女帶之为女。 崔氏曰：產婦食

（以上為 F14: W2 內容）

　　　（後缺）

14. 元刻本占卜書殘片

題解：

本件《中國藏黑水城漢文文獻》中原始編號為 F19: W33，出版編號為M1·

---

① "七"，《黑城出土文書》錄文作"土"，趙小明文錄文作"七"。
② "脱皮"趙小明文作"蛻皮"，現據圖版改。
③ 據文意推斷，"任"應為"妊"，《黑城出土文書》錄文即作"妊"。
④ 文書第 1—7 行為M1·1305［F14: W2］號文書，第 8—15 行為M1·1306［F14: W1］號文書。
⑤ "一小"原作"小一"，旁加倒乙符號，現徑改。《黑城出土文書》錄文照錄。又，據文意推斷"斧小"中之"小"似為衍文，"卧所"應為"所卧"。
⑥ 《黑城出土文書》、趙小明文錄文於"取"前衍錄均"又方"二字，現據圖版改。
⑦ "綵"通"纔"。
⑧ "以雄黃半兩"趙小明文作"以雄黃半勺"，現據圖版改。

1307，收於第八冊《符占秘術》第1623頁，擬題為《方術印本》，並記其尺寸為6.9cm×21.8cm。文書前後均缺，上下兩端為文字，字頭相對，中間為插圖，圖中畫神鬼，可見榜題三條，最左為"万鬼"，其右下為"六囗"，其右上為"六関"。上、下各存文字3行。趙小明認為本件文書與六壬占卜有關。參考文獻：趙小明《中國藏黑水城方術類文獻研究》，碩士學位論文，西北師範大學，2011年。

錄文標點：

（前缺）

1. 　　　　　　喪門金囗
2. ☐丙空①（圖像）癸大禍
3. 　　　　　　五歲殺人神②

（後缺）

15. 元刻本占卜書殘片

題解：

本件《中國藏黑水城漢文文獻》中原始編號為F89：W1，出版編號為M1・1308，收於第八冊《符占秘術》第1623頁，擬題為《占卜書殘頁》，並記其尺寸為10.9cm×13cm。本件還收錄於《黑城出土文書（漢文文書卷）》第211頁《雜類・符占秘術》，其所記文書編號與《中國藏黑水城漢文文獻》原始編號同，並列出文書諸要素為：竹紙印本，為占卜書殘頁的左面上角碎屑，殘存雙邊欄，內細欄，殘存8行，行寬約9毫米，每行最多3字，尺寸為12.7cm×11.1cm。趙小明認為本件文書內容與小六壬占卜術有關。參考文獻：趙小明《中國藏黑水城方術類文獻研究》，碩士學位論文，西北師範大學，2011年。

錄文標點：

（前缺）

1. ☐☐☐　　☐☐☐
2. ☐☐☐　　☐☐☐

---

① "丙空"二字倒寫。
② 文書上半部文字字頭向下。另，此行文字趙小明文未釋讀。

3. □□　□□□□□□

4. □□例　□□□□□□

5. 赤□時　□□□□□□

6. 留連時　□□□□□□

7. 空亡時　□□□□□□

8. 課所主　□□□□□□

16. 元刻本書籍殘片

題解：

本件《中國藏黑水城漢文文獻》中原始編號為 F166：W8，出版編號為 M1·1309，收於第八冊《符占秘術》第 1623 頁，擬題為《方術印本》，並記其尺寸為 13.6cm×3.8cm。《黑城出土文書（漢文文書卷）》一書未收。文書為刻本，左右雙邊、上下單邊欄，單邊欄粗，當為一頁的上半部，現存文字 17 行。文書背面寫有文字，但圖版《中國藏黑水城漢文文獻》未收。趙小明認為本件文書為佚類書刻本，其中的"行年"與星命術有關。參考文獻：趙小明《中國藏黑水城方術類文獻研究》，碩士學位論文，西北師範大學，2011 年。

錄文標點：

正：

　　　　（前缺）

1. 凡祭祀不□□□□□□

2. 分散之□□□□□□

3. 凡升①時□□□□□□

4. 凡明□□□□□□

5. □□□□□□

6. □□□□□□

7. □□□□□□

---

① "升"趙小明文未釋讀，現據圖版補。

8. 五行論☐
9. 備，故男從☐
10. 女体亦備☐
11. 男行年☐
12. ☐
13. ☐
14. ☐
15. □☐
16. 十☐
17. 二十☐

（後缺）

背：

（前缺）

1. 大☐
2. 臨☐
3. 大☐
4. □☐
5. □☐
6. 向☐
7. 承☐

（後缺）

17. 元文書殘片

題解：

本件《中國藏黑水城漢文文獻》中原始編號為84HF90，出版編號為M1·1310—1311，收於第八冊《符占秘術》第1624—1625頁，擬題為《文書殘件》，並記其尺寸為9cm×25cm。《黑城出土文書（漢文文書卷）》一書未收。文書共兩件殘片，均正背雙面書寫。兩件殘片字跡非一，內容無關，非同件文書。其中殘片一為雜寫，正背均字跡凌亂，並畫有八卦卦象；殘片二為甘肅等處行中書省文書殘件，正面現存文字 3 行，背面現存文字 1 行。

錄文標點：

（一）

正：

　　　　　（前缺）

1.　　　　　☰　　☐
2.　　癸未　丁巳☰　☰
3.　　三千未　戊子☰
4.　或　田余　☐　三　☰
5. 道☐　（圖畫）寅　二　☰　☰
6. 地風升　山風蠱　一　一　一

　　　　　（後缺）

背：

　　　　　（前缺）

1. 三月（圖畫）　寅辰　道德①（圖畫）　道②
2. ☐　十月　无妄
3.　　☰
4. 三（圖畫）　十三　☰
5. （花朵）　　道真

　　　　　（後缺）

（二）

正：

　　　　　（前缺）

1. ＿＿＿肅等処官中＿＿＿
2. ＿＿＿省咨部☐＿＿＿

---

① "道德"兩字字頭向右。
② "道"兩字字頭向左。

3. ☐☐☐☐等処官中☐☐☐☐☐
   （後缺）

背：
   （前缺）
1. ☐☐☐☐咨請□☐☐☐
   （後缺）

18. 元抄本朱熹《小學集注》殘片

題解：

本件《中國藏黑水城漢文文獻》中原始編號為83H·F1：W40/0040，出版編號為M1·1312，收於第八冊《符占秘術》第1626頁，擬題為《秘術殘件》，並記其尺寸為11.2cm×9.9cm。《黑城出土文書（漢文文書卷）》一書未收。文書現存文字5行，前後均缺。趙小明認為本件文書出自《韓詩外傳》卷九"孟母教子片段"。按，本件文字多有出處，據其形制判斷應出自《小學集注》卷四《稽古第四》，應為朱熹《小學集注》殘片。參考文獻：趙小明《中國藏黑水城方術類文獻研究》，碩士學位論文，西北師範大學，2011年。

錄文標點：
   （前缺）
1. 母曰：欲啖☐☐☐☐
2. 聞古有胎□☐☐☐
3. 欺之，是教□☐☐☐
4. 肉以食之。□☐☐☐
5. □□○孔☐☐☐☐
   （後缺）

附：據《小學集注》將文書所缺文字補齊應為：
   （前缺）
1. 母曰：欲啖汝。既而悔曰：吾
2. 聞古有胎教，今適有知而
3. 欺之，是教之不信。乃買猪

4. 肉以食之。既長就學，遂成

5. 大儒。O 孔子嘗獨立，鯉趨

（後缺）

19. 元文書殘片

題解：

本件《中國藏黑水城漢文文獻》中原始編號為 83H·F1：W34/0034，出版編號為 M1·1313，收於第八冊《符占秘術》第 1626 頁，擬題為《文書殘件》，並記其尺寸為 7.9cm×12.1cm。《黑城出土文書（漢文文書卷）》一書未收。文書殘存文字 2 行，左半部濃墨大書"吉"字。

錄文標點：

（前缺）

1. 鷹兒□我和爭

2. 吉　　甚的

（後缺）

20. 元文書殘片

題解：

本件《中國藏黑水城漢文文獻》中原始編號為 84H·F209：W51/2349，出版編號為 M1·1314，收於第八冊《符占秘術》第 1627 頁，擬題為《文書》，並記其尺寸為 15cm×16.5cm。文書前後均缺，上下為兩個網狀紅色長方圖形，正中長方形框內朱筆書"皇帝王歲"四字。

錄文標點：

1. 皇帝王歲

21. 元道符殘片

題解：

本件《中國藏黑水城漢文文獻》中原始編號為 Y1：W79，出版編號為 M1·1315，收於第八冊《符占秘術》第 1628 頁，擬題為《道符》，並記其尺寸為

12.7cm×25.1cm。《黑城出土文書（漢文文書卷）》一書未收。文書係道符圖案，分為上下兩部分，上部為一人像，頭頂及左右均書有文字，下部靠上為一龍形，色彩鮮明，保存較為完整。參考文獻：趙小明《中國藏黑水城方術類文獻研究》，碩士學位論文，西北師範大學，2011年。

錄文標點：

頂部：

1. 日
2. 星神
3. □當的
4. □□
5. 月

右部：

1. 當　神
2. 管　　　　　知女
3. 有的道令

中部：日水月

左部：

1. 　北斗
2. □　　七元南斗　　乎　子
3. 日月　神星星非　合大牛

（四）堪輿地理

1. 元刻本堪輿書殘頁

題解：

本件《中國藏黑水城漢文文獻》中原始編號為F13：W90，出版編號為M1·1316，收於第八冊《堪輿地理》第1631頁，擬題為《堪輿書》，並記其尺寸為12.8cm×23.6cm。本件還收錄於《黑城出土文書（漢文文書卷）》第211頁《雜類·堪輿地理書》，其所記文書編號與《中國藏黑水城漢文文獻》原始編號同，無錄文，僅列出文書諸要素為：竹紙印本，為堪輿地理書的殘頁右半面，邊粗欄，內細欄，版心為 19.8cm×12.6cm，共 18 行，每行寬 6.4 毫米，每行最多 26 字。趙小明認為本件文書的內容屬於堪輿術中形勢派。參考文獻：趙小明《中國藏黑水城方術類文獻研究》，碩士學位論文，西北師範大學，2011 年。

錄文標點：

（前缺）

1. 相聞細推詳，灾禍定難當。
2. 前朱雀，南方火陰將主財，在商估面前磊落。似驅羊群①隊，森森如伏
3. 虎，既有來龙用。案山峰秀，出高官，對②面無朝山，不顧躰支無力，受孤
4. 貧。斜尖兇直衝破，破③損④岩崖皆是禍。叢雜山橫便不發，要識凶山如
5. 病卧，或細小，或高大。圓石為官橫石富，遠近縱橫終敗人，側近圓尖
6. 官產戶。
7. 案山一重，高一重，富貴似石崇。一重案山一重孫，車馬亂紛紛。
8. 後玄武，遠則一程近半里，若識分明神自歸，滿座朝墳賓皆羙⑤。玄武，
9. 山要高厚尖秀，高圓為福曜。莫教无主有朝山，葬了似虛閑；後龍常
10. 作星峯起，子孫登甲弟⑥；後龙勇聳落墳來，富貴足資財；後龍骨力來
11. 雄壯，高貴為丞相；後龍鶴膝更蜂腰，及弟入皇朝；後龍來短形勢軟，
12. 葬了家貧賤；後龍若見少星峰，子息永貧窮；後龍重疊帶天星，世代
13. 出公卿⑦；後龍若起貪狼來，大貴⑧出賢才；後龍若更成形像，富貴家門
14. 旺；来龍落穴合天星，世代足黃金；後龙若還生碎石⑨，葬了家門退；後
15. 龍若還不入形，葬了主窮貧。或在路傍人不識，或在水中人不疑，或
16. 在澗溪池沼畔，或隱山源人不知。若人尋得眞龍穴，子孫世代紫兼
17. 緋。
18.

---

① "羊群"趙小明文作"丰"，現據圖版改。
② "對"趙小明文作"封"，現據圖版改。
③ 此"破"字為省文符號，現徑改。
④ "損"趙小明文漏錄，現據圖版補。
⑤ "羙"趙小明文作"羗"，現據圖版改。
⑥ "弟"通"第"，下同，不再另作說明。
⑦ "卿"趙小明文作"鄉"，現據圖版改。
⑧ "貴"字前趙小明文衍錄一"富"，現據圖版改。
⑨ "石"字有改刻痕跡。

19.　　　　　　【□　　　□□】
　　　　　（後缺）

2. 元刻本堪輿書殘片

題解：

本件《中國藏黑水城漢文文獻》中原始編號為 F13：W63，出版編號為M1·1317，收於第八冊《堪輿地理》第 1632 頁，擬題為《堪輿書殘頁》，並記其尺寸為 9.6cm×21.5cm。本件還收錄於《黑城出土文書（漢文文書卷）》第 211 頁《雜類·堪輿地理書》，其所記文書編號與《中國藏黑水城漢文文獻》原始編號同，並列出文書諸要素為：竹紙印本，為堪輿地理書的殘頁，粗邊欄，版心 18.4cm，與 F13：W90 號文書非同一本書，殘頁上刻印墓地形勢圖並說明。文書左側上部山峰形勢圖上印有"文筆貪狼"字樣，中間形勢圖缺損，下部並排刻墳墓圖上倒字"呂氏""劉氏"；右側有文字說明。趙小明認為本件文書中的"劉氏""呂氏"分別為劉邦與呂雉。參考文獻：趙小明《中國藏黑水城方術類文獻研究》，碩士學位論文，西北師範大學，2011 年。

錄文標點：

　　　　　（前缺）
1. _____貴_____
2. ____筆 案合□_____
3. ____□在平田　案塋____
4. □□□皆俊傑，為官必定到□□__
5. 　　　　　出泥螃蟹形。
　　　　　（後缺）

（五）封簽及包封

1. 元元統二年（1334）甘肅等處行中書省委官公文包封

題解：

本件《中國藏黑水城漢文文獻》中原始編號為 F125：W62，出版編號為M1·

1318，收於第八冊《封簽及包封》第 1635 頁，擬題為《甘肅等處行中書省委官公事包封》，並記其尺寸為 20.6cm×20.2cm。本件還收錄於《黑城出土文書（漢文文書卷）》第 203 頁《雜類‧封簽及包封》，其所記文書編號與《中國藏黑水城漢文文獻》原始編號同，並列出文書諸要素為：竹紙，缺，楷行書，尺寸為 19.2cm×20.5cm。文書現存文字 3 行，後有剪裁痕跡。

錄文標點：

1. 元統二年四月　日發行
2. 甘肅等處行中書省委官公文
3. 實行①　　　　　　　封

2. 元亦集乃路總管府達魯花赤墨戳

題解：

本件《中國藏黑水城漢文文獻》中原始編號為 84H‧F41：W1/0772，出版編號為 M1‧1319，收於第八冊《封簽及包封》第 1636 頁，擬題為《亦集乃路總管府達魯花赤封》，並記其尺寸為 10.6cm×10.9cm。《黑城出土文書（漢文文書卷）》一書未收。文書現存墨戳文字 1 行。

錄文標點：

（前缺）

1. ▢亦集乃路總管府達魯▢
   （後缺）

3. 元提調官公文封簽

題解：

本件《中國藏黑水城漢文文獻》中原始編號為 F116：W81B，出版編號為 M1‧1320，收於第八冊《封簽及包封》第 1636 頁，擬題為《提調官封》，並記其尺寸為 10.4cm×16.4cm。本件還收錄於《黑城出土文書（漢文文書卷）》第 203 頁《雜類‧封簽及包封》，其所記文書編號為 F116：W87，與《中國藏黑水城漢文文獻》原始編號異，並列出文書諸要素為：竹紙，屑，行書，蓋一朱印，尺

---

① "行"，《黑城出土文書》錄文漏錄，現據圖版補。

寸為 15.6cm×10.3cm。文書現存文字 1 行，上鈐朱印一枚。

錄文標點：

（前缺）

1. 提調 官☐☐☐☐☐

（後缺）

4. 元公文封簽殘片

題解：

本件《中國藏黑水城漢文文獻》中原始編號為 F124：W17，出版編號為M1·1321，收於第八冊《封簽及包封》第 1637 頁，擬題為《包封》，並記其尺寸為 8.7cm×26.2cm。《黑城出土文書（漢文文書卷）》一書未收。文書存文字 2 行，第 2 行書 "少印" 兩字。

錄文標點：

1. 九月至十月兩个月 房 移来 的
2. 　　少印

5. 元某行省委官公文封簽

題解：

本件《中國藏黑水城漢文文獻》中原始編號為 F125：W63，出版編號為M1·1322，收於第八冊《封簽及包封》第 1638 頁，擬題為《中書省委官封》，並記其尺寸為10cm×26.8cm。本件還收錄於《黑城出土文書（漢文文書卷）》第 203 頁《雜類·封簽及包封》，其所記文書編號與《中國藏黑水城漢文文獻》原始編號同，並列出文書諸要素為：竹紙，缺，楷書，上下各蓋朱印一方，尺寸為20.5cm×9.1cm。文書現存文字 1 行，鈐朱印兩枚。

錄文標點：

1. 省委官封

6. 元某行省委官公文封簽

題解：

本件《中國藏黑水城漢文文獻》中原始編號為 F125：W70，出版編號為M1·

1323，收於第八冊《封籤及包封》第1639頁，擬題為《中書省官封》，並記其尺寸為10.8cm×13cm。本件文書共兩件殘片，還收錄於《黑城出土文書（漢文文書卷）》第203頁《雜類·封籤及包封》，其將二殘片拼合為一釋錄，所記文書編號與《中國藏黑水城漢文文獻》原始編號同，並列出文書諸要素為：竹紙，殘，楷書，加蓋兩朱印，尺寸為15.5cm×8.5cm。文書殘片一現存1字，殘片二現存2字，兩殘片各鈐朱印一枚。今按拼合後文字釋錄。

錄文標點：

1. 省□官封①

7. 元某行省委官公文封籤

題解：

本件《中國藏黑水城漢文文獻》中原始編號為F125:W66，出版編號為M1·1324，收於第八冊《封籤及包封》第1639頁，擬題為《中書省委官封》，並記其尺寸為10.4cm×27cm。本件文書共兩件殘片，還收錄於《黑城出土文書（漢文文書卷）》第203頁《雜類·封籤及包封》，其將二殘片拼合為一釋錄，所記文書編號與《中國藏黑水城漢文文獻》原始編號同，並列出文書諸要素為：竹紙，殘，楷書，加蓋兩朱印，尺寸為21.6cm×10.3cm。文書二殘片各存2字，各鈐朱印一枚。今按拼合後文字釋錄。

錄文標點：

1. 省委官封②

8. 元官員公文封籤

題解：

本件《中國藏黑水城漢文文獻》中原始編號為F125:W64，出版編號為M1·1325，收於第八冊《封籤及包封》第1640頁，擬題為《官封》，並記其尺寸為9.9cm×12.7cm。本件還收錄於《黑城出土文書（漢文文書卷）》第203頁《雜類·封籤及包封》，其所記文書編號與《中國藏黑水城漢文文獻》原始編號同，

---

① "省"字為殘片一內容，"官封"為殘片二內容。
② "省委"為殘片一內容，"官封"為殘片二內容。

並列出文書諸要素為：竹紙，殘，僅存下半段，楷書，尺寸為 12.3cm×10cm。文書現存 2 字，並鈐朱印一枚。據M1·1322［F125：W63］號文書可知其前應缺"省委"兩字，其所缺兩字上也應鈐朱印一枚。

錄文標點：

1. □□①官封

9. 元提調官公文封簽

題解：

本件《中國藏黑水城漢文文獻》中原始編號為 F167：W2，出版編號為M1·1326，收於第八冊《封簽及包封》第 1640 頁，擬題為《提調官封》，並記其尺寸為 11.7cm×9.8cm。本件還收錄於《黑城出土文書（漢文文書卷）》第 203 頁《雜類·封簽及包封》，其所記文書編號與《中國藏黑水城漢文文獻》原始編號同，並列出文書諸要素為：竹紙，屑，行書，蓋一朱印，尺寸為 8.4cm×11.6cm。文書殘存一"調"字，且上鈐朱印一枚。

錄文標點：

1. □調□　□②

10. 元提調官公文封簽

題解：

本件《中國藏黑水城漢文文獻》中原始編號為 F116：W8，出版編號為M1·1327，收於第八冊《封簽及包封》第 1641 頁，擬題為《提調官封》，並記其尺寸為 10.3cm×26.7cm。本件還收錄於《黑城出土文書（漢文文書卷）》第 203 頁《雜類·封簽及包封》，其所記文書編號與《中國藏黑水城漢文文獻》原始編號同，並列出文書諸要素為：棉紙，殘，行書，尺寸為 25.4cm×9.8cm。文書現存 3 字，無印章。

---

① 據M1·1322［F125：W63］號文書可知，此處所缺文字應為"省委"，其上應鈐朱印一枚。
② 據其他同類文書可知，所缺文字補齊應為"提調官封"。

錄文標點：

1. □①調官　　封

11. 元提調官公文封簽

題解：

本件《中國藏黑水城漢文文獻》中原始編號為 F167：W1，出版編號為M1·1328，收於第八冊《封簽及包封》第1642頁，擬題為《提調官封》，並記其尺寸為 13.1cm×29cm。本件文書共三件殘片，還收錄於《黑城出土文書（漢文文書卷）》第203頁《雜類·封簽及包封》，其將三殘片拼合為一釋錄，所記文書編號與《中國藏黑水城漢文文獻》原始編號同，並列出文書諸要素為：竹紙，殘，行書，蓋兩方朱印，下畫花押，尺寸為 18.4cm×11.8cm。文書殘片一現存2字，殘片二現存1字，殘片三存簽押，殘片一、二各鈐朱印一枚。今按拼合後文字釋錄。

錄文標點：

1. □②調 官　　封　（簽押）③

12. 元總管府封簽

題解：

本件《中國藏黑水城漢文文獻》中原始編號為 F209：W48，出版編號為M1·1329，收於第八冊《封簽及包封》第1643頁，擬題為《總管府封》，並記其尺寸為 10.4cm×24.3cm。本件還收錄於《黑城出土文書（漢文文書卷）》第203頁《雜類·封簽及包封》，其所記文書編號為 F209：W50，與《中國藏黑水城漢文文獻》原始編號異，並列出文書諸要素為：竹紙，整，行書，加花押，尺寸為 24.1cm×9.8cm。文書現存文字1行，無印章

錄文標點：

1. 揔管府（簽押／簽押）　　封

---

① 據其他同類文書可知，此處所缺文字應為"提"。
② 據其他同類文書可知，此處所缺文字應為"提"。
③ "調官"為殘片一內容，"封"為殘片二內容，"簽押"為殘片三內容。

13. 元支持庫子公文包封殘片

題解：

本件《中國藏黑水城漢文文獻》中原始編號為 Y1：W5，出版編號為M1·1330，收於第八冊《封簽及包封》第1644頁，擬題為《包封殘件》，並記其尺寸為 15.1cm×14.8cm。本件文書共兩件殘片，其中殘片一還收錄於《黑城出土文書（漢文文書卷）》第203頁《雜類·封簽及包封》，其所記文書編號與《中國藏黑水城漢文文獻》原始編號同，並列出文書諸要素為：竹紙，殘，行書，尺寸為 14cm×15cm。文書殘片一現存文字3行，殘片二現存文字2行，均前後缺。

錄文標點：

（一）

1. 支|持|庫子范□□□□□□□
2. 謹□　　|持|　|庫|
3. 緫|府|□□□□□□□

（二）

　　　　（前缺）
1. 　　　　□□□□
2. □
　　　　（後缺）

14. 元和中糧錢包封

題解：

本件《中國藏黑水城漢文文獻》中原始編號為 F249：W24，出版編號為M1·1331，收於第八冊《封簽及包封》第1644頁，擬題為《包封》，並記其尺寸為 12cm×15cm。本件還收錄於《黑城出土文書（漢文文書卷）》第204頁《雜類·封簽及包封》，其所記文書編號與《中國藏黑水城漢文文獻》原始編號同，並列出文書諸要素為：竹紙，缺，行書，尺寸為 14.3cm×11.8cm。文書現存文字3行，末行人名後有簽押。

整理編　第八冊（上）　1333

錄文標點：

1. 和中糧錢伍拾定。

2. 庫子 趙也久 ☐

3. 行人羅兀（簽押）

15. 元屯田新附軍百戶所呈亦集乃路總管府公文包封

題解：

本件《中國藏黑水城漢文文獻》中原始編號為F111：W46，出版編號為M1·1332，收於第八冊《封簽及包封》第1645頁，擬題為《屯田新附軍百戶所呈文包封》，並記其尺寸為18.9cm×19.6cm。本件還收錄於《黑城出土文書（漢文文書卷）》第203頁《雜類·封簽及包封》，其所記文書編號與《中國藏黑水城漢文文獻》原始編號同，並列出文書諸要素為：草紙，缺，楷書，尺寸為15.7cm×16.3cm。文書現存文字3行，存留粘貼痕跡。

錄文標點：

1. 呈

2. 　　☐☐屯田新附軍百戶所　　　謹ノ丶①

3. 亦集乃路總管府

16. 元寧夏路住人買住呈亦集乃知司相公書信包封

題解：

本件《中國藏黑水城漢文文獻》中原始編號為F224：W22，出版編號為M1·1333，收於第八冊《封簽及包封》第1646頁，擬題為《寧夏路住人買住頓首謹封》，並記其尺寸為4.8cm×24.4cm。本件還收錄於《黑城出土文書（漢文文書卷）》第203頁《雜類·封簽及包封》，其所記文書編號與《中國藏黑水城漢文文獻》原始編號同，並列出文書諸要素為：竹紙，缺，行書，尺寸為24cm×4cm。文書現存文字3行，存留粘貼痕跡。

---

① "ノ丶"通"具"，《黑城出土文書》錄文漏錄，現據圖版補。

錄文標點：

1. 奉　　　　　上
2. 　　　　　寧夏路住人買住頓首　謹封

―――――――――――――――――――

3. 亦集乃知司相公閣下。

17. 元投下文書包封殘片

題解：

本件《中國藏黑水城漢文文獻》中原始編號為 F125：W49，出版編號為M1·1334，收於第八冊《封簽及包封》第1646頁，擬題為《包封殘件》，並記其尺寸為13cm×8.4cm。本件還收錄於《黑城出土文書（漢文文書卷）》第203頁《雜類·封簽及包封》，其所記文書編號與《中國藏黑水城漢文文獻》原始編號同，並列出文書諸要素為：竹書，殘，行書，尺寸為7.5cm×13cm。文書現存文字2行。

錄文標點：

1. ▢▢▢▢　封①
2. ▢▢▢▢□投下

18. 元錢鈔包封殘片

題解：

本件《中國藏黑水城漢文文獻》中原始編號為 Y1：W89B，出版編號為M1·1335，收於第八冊《封簽及包封》第1647頁，擬題為《包封殘件》，並記其尺寸為14.6cm×14.8cm。本件還收錄於《黑城出土文書（漢文文書卷）》第203頁《雜類·封簽及包封》，其所記文書編號為 Y1：W189，與《中國藏黑水城漢文文獻》原始編號異，並列出文書諸要素為：草紙，殘，行書，尺寸為14.2cm×14.8cm。文書現存文字4行。

錄文標點：

1. □□▢▢▢
2. 鈔伍拾定。

―――――――――

① "封"字當寫與兩紙粘連處，因前紙脫落故僅存"封"字左半。

3. 行人馬合牟

4.　　　　（簽押）

19. 元中統鈔包封

題解：

本件《中國藏黑水城漢文文獻》中原始編號為 Y1：W118，出版編號為M1·1336，收於第八冊《封簽及包封》第 1648 頁，擬題為《包封》，並記其尺寸為 14.2cm×16.1cm。本件還收錄於《黑城出土文書（漢文文書卷）》第 203 頁《雜類·封簽及包封》，其所記文書編號與《中國藏黑水城漢文文獻》原始編號同，並列出文書諸要素為：草紙，缺，楷書，尺寸為 15.3cm×13.3cm。文書現存文字 3 行。

錄文標點：

1. 中統鈔伍拾

2. 定，揀足。

3. 綵帛行人兀麻兒（簽押）

20. 元經歷司包封

題解：

本件《中國藏黑水城漢文文獻》中原始編號為 F7：W101，出版編號為M1·1337，收於第八冊《封簽及包封》第 1649 頁，擬題為《包封》，並記其尺寸為 6.8cm×13.3cm。本件還收錄於《黑城出土文書（漢文文書卷）》第 204 頁《雜類·封簽及包封》，其所記文書編號與《中國藏黑水城漢文文獻》原始編號同，並列出文書諸要素為：草紙，木版印戳，填寫姓名花押，尺寸為 12.7cm×6.8cm。文書為墨戳印刷，之後手書填官員姓名及簽押，雙邊欄。

錄文標點：

1.　　　　附□曹狀吏馬顯[①]（簽押）

[①] "顯"，《黑城出土文書》錄文作"是"，現據圖版改。

2. 經歷司　　　　　　　（簽押）①
3. 　　　　　　　　　　五②

21. 元燃香包裝紙殘片

題解：

本件《中國藏黑水城漢文文獻》中原始編號為 F111∶W6，出版編號為M1·1338，收於第八冊《封簽及包封》第1649頁，擬題為《包封》，並記其尺寸為 14.8cm × 11.7cm。本件還收錄於《黑城出土文書（漢文文書卷）》第204頁《雜類·封簽及包封》，其所記文書編號與《中國藏黑水城漢文文獻》原始編號同，無錄文，僅列出文書諸要素為：麻紙，木版印刷，刻文已模糊不清，應是燃香的包封紙殘頁，尺寸為11cm×14.4cm。文書分為上下兩部分，上部右半為人物圖案，左半可見有"味""香"字，靠下為蓮花圖案；下半部分為文字，為對香質之誇耀。

錄文標點：

上部左半：

1. □□□味
2. □□□□香
3. □□□□香

下部：

1. 香積真材
2. 志心脩合
3. 味欺花菓
4. 香座況極
5. 非內庫利
6. 目積限德

---

① 此簽押《黑城出土文書》錄文未釋牘，現據圖版補。另，錄文中楷體字為手書填寫，其餘文字為木版印刷。
② "五"，《黑城出土文書》錄文作墨戳，現據圖版改。

22. 元次紫粉包裝紙

題解：

本件《中國藏黑水城漢文文獻》中原始編號為 F224：W6，出版編號為M1·1339，收於第八冊《封簽及包封》第 1650 頁，擬題為《包封》，並記其尺寸為 10.2cm×18.3cm。本件還收錄於《黑城出土文書（漢文文書卷）》第 204 頁《雜類·封簽及包封》，其所記文書編號與《中國藏黑水城漢文文獻》原始編號同，並列出文書諸要素為：草紙，上印墨色戳記，紙碎，戳記分為兩半，尺寸為 18cm×9.3cm。文書中墨戳印原印於包裝紙的粘連處，拆開後形成左右兩半。

錄文標點：

1. 次紫粉

23. 元冠山准造高茶記茶葉包裝紙

題解：

本件《中國藏黑水城漢文文獻》中原始編號為 F279：W1，出版編號為 M1·1340，收於第八冊《封簽及包封》第 1651 頁，擬題為《茶葉包裝》，並記其尺寸為 53.5cm×20.2cm。本件還收錄於《黑城出土文書（漢文文書卷）》第 204 頁《雜類·封簽及包封》，其所記文書編號與《中國藏黑水城漢文文獻》原始編號同，並列出文書諸要素為：棉紙，左半面用木版印刷茶葉包封，上有"□□□冠山准造高茶記""嘉山親造"等標記，首行左側上方有朱書痕跡，並有《西江月》詞一首，末尾有八思巴字一行，加蓋朱紅印章二方，印文不清，尺寸為19.2cm×52.5cm。

錄文標點：

1. ▢▢▢冠山准造高茶記　　嘉山親造①

2. ▢▢▢□竞浪借□來，北雨初収真□

3. ▢▢▢□□□北江浪未有□□□

---

① 此行文字鈐朱印兩枚。

4. ▆□量可□賞，則与得論□
5. ▆看香庭口□。　　　西江月
6. （八思巴蒙古文）

（六）柬帖

1. 元拜呈亦集乃路掾劉繼卿外郎帖殘片

題解：

本件《中國藏黑水城漢文文獻》中原始編號為 F1：W56，出版編號為M1·1341，收於第八冊《柬帖》第1655頁，擬題為《拜呈亦集乃路掾劉繼卿外郎等開》，並記其尺寸為13.6cm×27.6cm。本件還收錄於《黑城出土文書（漢文文書卷）》第204頁《雜類·柬帖》，其所記文書編號與《中國藏黑水城漢文文獻》原始編號同，並列出文書諸要素為：竹紙，缺，行書，尺寸為27.4cm×12.4cm。文書現存文字4行，前缺後完。

錄文標點：

（前缺）

1. ▆言①
2. 拜　　呈
3. 亦集乃路掾劉继
4. 卿外郎等開。

2. 元與國瑞兄柬帖

題解：

本件《中國藏黑水城漢文文獻》中原始編號為 Y1：W9A，出版編號為M1·1342，收於第八冊《柬帖》第1656頁，擬題為《謹請國瑞老兄帖》，並記其尺寸為12cm×28.5cm。本件還收錄於《黑城出土文書（漢文文書卷）》第204頁《雜類·柬帖》，其所記文書編號為 Y1：W9，並列出文書諸要素為：竹紙，殘，行書，

---

① 此行文字《黑城出土文書》未釋讀，現據圖版補。

尺寸為 28cm×11.3cm。文書現存文字 4 行。

錄文標點：

1. 　　謹請
2. 國瑞老兄　　衆友務得①夂等，
3. 今朝若不赴會，　来日甚臉覷人。
4. 　　　□□□□□（簽押）

3. 元初二至初八日馬二柬帖

題解：

本件《中國藏黑水城漢文文獻》中原始編號為 Y1：W106，出版編號為 M1·1343，收於第八冊《柬帖》第 1657 頁，擬題為《謹請賢良帖》，並記其尺寸為 10.5cm×26.2cm。本件還收錄於《黑城出土文書（漢文文書卷）》第 204 頁《雜類·柬帖》，其所記文書編號與《中國藏黑水城漢文文獻》原始編號同，並列出文書諸要素為：竹紙，缺，行書，尺寸為 25.8cm×9.5cm。文書現存文字 4 行，前後均完。

錄文標點：

1. 謹请贤良
2. 　　製造諸般品味，　簿海饅頭飾粧，
3. 　　请君来日试嚐，　伏望仁兄早降。
4. 　　　今月初六至初八日小可人馬二。

4. 元柬帖等殘片

題解：

本件《中國藏黑水城漢文文獻》中原始編號為 84H·Y1 采：W76/2746，出版編號為 M1·1344，收於第八冊《柬帖》第 1658 頁，擬題為《甫王閣下開》，並記其尺寸為 6.3cm×31.8cm。《黑城出土文書（漢文文書卷）》一書未收。文書共兩件殘片，兩者紙張不同，應非同件文書。其中殘片一存文字 2 行，前缺後完，

---

① "得"，《黑城出土文書》錄文作"別"，現據圖版改。

第 1 行字體濃大，僅存殘痕，不能釋讀，第 2 行字體較小，從內容來看，應為束帖；殘片二倒置，僅存 2 簽押符號。

錄文標點：

（一）

（前缺）

1. □□□□

2. □甫王　閣下　開

（二）

（前缺）

1. （簽押）　（簽押）

（後缺）

5. 元閏二月廿二日高司獄家送行帖

題解：

本件《中國藏黑水城漢文文獻》中原始編號為 F41：W2，出版編號為 M1·1345，收於第八冊《束帖》第 1659 頁，擬題為《束帖殘件》，並記其尺寸為 18.8cm × 12.4cm。本件還收錄於《黑城出土文書（漢文文書卷）》第 204 頁《雜類·束帖》，其所記文書編號與《中國藏黑水城漢文文獻》原始編號同，並列出文書諸要素為：竹紙，屑，行書，尺寸為 12.3cm × 18.2cm。文書現存文字 2 行，前後均完。

錄文標點：

1. 閏二月廿二日高①司

2. 獄家送行　謹□②

6. 元賈本奉謁帖

題解：

本件《中國藏黑水城漢文文獻》中原始編號為 F111：W20，出版編號為 M1·1346，收於第八冊《束帖》第 1660 頁，擬題為《賈本奉謁》，並記其尺寸為

---

① "高"，《黑城出土文書》錄文作 "為"，現據圖版改。

② "謹□"，《黑城出土文書》錄文作 "請"，現據圖版改。

7.5cm×12.1cm。本件還收錄於《黑城出土文書（漢文文書卷）》第 204 頁《雜類·柬帖》，其所記文書編號與《中國藏黑水城漢文文獻》原始編號同，並列出文書諸要素為：竹紙，整，楷書，尺寸為 12cm×7.4cm。文書現存文字 2 行，前後均完。

錄文標點：

1. 　　　賈本奉
2. 謁

7. 元劉永安拜請帖

題解：

本件《中國藏黑水城漢文文獻》中原始編號為 F6：W77，出版編號為 M1·1347，收於第八冊《柬帖》第 1661 頁，擬題為《劉永安拜請帖》，並記其尺寸為 11.8cm×33.4cm。本件還收錄於《黑城出土文書（漢文文書卷）》第 204 頁《雜類·柬帖》，其所記文書編號與《中國藏黑水城漢文文獻》原始編號同，並列出文書諸要素為：竹紙，整，行書，尺寸為 33cm×11.5cm。文書現存文字 5 行，前後均完。

錄文標點：

1. 　　　小人刘永安拜：
2. 政卿^{呂}　敏中^{楊}　　專
3. 望二仁兄敎①請
4. 趙孝德先生、　王復礼^{先生}，　千万千万　休交有悮，端望
5. 二位仁兄　敎请。　　只此拜上，　収拾完俻。

8. 元國的吉拜帖

題解：

本件《中國藏黑水城漢文文獻》中原始編號為 F6：W81，出版編號為 M1·1348，收於第八冊《柬帖》第 1662 頁，擬題為《國的吉拜》，並記其尺寸為 7.7cm×11.5cm。本件還收錄於《黑城出土文書（漢文文書卷）》第 204 頁《雜

---

① "敎"通"邀"，《黑城出土文書》錄文作"邀"。下同，不再另作說明。

類·柬帖》，其所記文書編號與《中國藏黑水城漢文文獻》原始編號同，並列出文書諸要素為：竹紙，整，楷書，尺寸為 11.2cm×7.4cm。文書現存文字 2 行，前後均完。

錄文標點：

1. 甘省理
2. 　　　國的吉拜

第八冊(下)

卷九　佛教文獻卷

（一）抄本佛經

1. 元抄本《吉祥大黑修法》殘卷

題解：

本件《中國藏黑水城漢文文獻》中原始編號為 F191：W103A—103E，出版編號為 M1·1349—1353，收於第八冊《抄本佛經》第 1667—1693 頁，擬題為《吉祥大黑修法》《智尊大黑八道贊》《吉祥大黑八足贊》《十方護神贊》《大黑長咒》等。本件還收錄於《黑城出土文書（漢文文書卷）》第 216 頁《佛教類·佛經抄本》，其所記文書編號為 F191：W103，並列出文書諸要素為：竹紙，原線裝成冊，出土時邊角微損，每頁折縫破裂成兩頁，現每頁尺寸為 22.5cm×13.3—13.8cm，楷書，加紅黑色圈點。文書現存 27 個半頁，第 1 個半頁單獨為左半頁，其餘均為一整頁斷裂為兩半頁，每半頁文字 5—8 行。文书天头地脚處有朱筆或墨筆圈畫及符號，圈畫用圓圈表示，符號用星號表示。沈衛榮指出，本件文書中之《大黑長咒》還見於《俄藏黑水城文獻》第四冊第 330—335 頁所收 TK26 號文書（其名為《大黑根本命咒》）及第五冊第 182 頁所收 A7 號文書（其名與 TK26 同）。而本文書中之《智尊大黑八道贊》又見於《俄藏黑水城文獻》第四冊第 330—335 頁所收 TK26 號文書（其題為《大黑贊》）及第六冊第 42—59 頁所收 B59 號文書（其題為《大黑八足贊歎》）。沈衛榮還指出《黑城出土文書》中見到的佛教抄本絕大部分是有關念、修大黑天神的咒語和修法儀軌，《俄藏黑水城文獻》中見到的為數不多的元代寫本中亦有《慈烏大黑要門》和《大黑求修並作法》兩部修習大黑天神的長篇儀軌，這進一步說明大黑天神崇拜於元代曾是何等地流行。求修摩訶葛剌（即大黑天神）之所以如此流行，或當與信徒祈雨、治病、祛災等實際的需求有關。參考文獻：1. 沈衛榮《序說有關西夏、元朝所傳藏傳密法之漢文文獻——以黑水城所見漢譯藏傳佛教儀軌文書為中心》，《歐亞學刊》第七輯，中華書局 2007 年版；2. 沈衛榮《西夏、蒙元時代的大黑天神崇拜與黑水城文獻——以漢譯龍樹聖師造〈吉祥大黑八足讚〉為中心》，《賢者新宴》第 5 輯，上海古籍出版社 2007 年版；3. 吳超《中國藏黑水城漢文文獻所見大黑天信仰》，《西藏民族學院學報》（哲學社會科學版）2012 年第 1 期；4. 馬曉林《元代國家祭祀研究》，博士學位論文，南開大學，2012 年。

錄文標點：

（前缺）

1. □□　　三水偈
2. 吽大黑尊者具緊行，名稱鵞鳥羅乂□。
3. 　降臨此處愍念我，隨順世間作行故。
4. 　手面與足而沐浴，以血啞哩遏毒洗漱，
5. 　勝羙酒等哀①納受。
6. 唵末唎②囉③麻易曾轉④啞哩 二合 遏　薩帝英　不囉帝撈⑤英　啞撈目浪⑥

（以上為 F191:W103A（1），尺寸為 14.6cm×22.9cm）

7. 　　　　　敬礼偈
8. 吽　惡相嚴鯑⑦身處称讃礼，音如千龍語處称讃礼，
9. 　平等不動⑧意處称讃礼，具吉悲心尊處称讃礼。
10. 唵末日羅麻曷⑨葛桙啞委遏啞嘚⑩哩怛吽悉波

---

① "哀"字原作"顧"，塗抹後於右行改寫，現徑改。《黑城出土文書》錄文照錄。
② "唎"，《黑城出土文書》、吳超文作"則"，現據圖版改。
③ "囉"，《黑城出土文書》、吳超文均作"羅"，現據圖版改。下同，不再另作說明。
④ "易曾轉"為右行補寫，"易"，《黑城出土文書》錄文作"為"，且將此補寫三字單獨錄作 1 行，吳超文漏錄，現據圖版改。
⑤ "撈"，《黑城出土文書》、吳超文均作"歲"，現據圖版改。下同，不再另作說明。
⑥ "薩帝英""不囉帝撈英""啞撈目浪"三處文字前有一連線符號，應為省文符號，表示此三詞前文字相同。
⑦ "鯑"通"飾"。下同，不再另作說明。
⑧ "動"字原作"變"，塗抹後於右行改寫，現徑改。
⑨ "曷"，吳超文作"昌"，誤。
⑩ "嘚"，吳超文作"得"，誤。

11.　　　　　屹捺麻不囉帝拶莎訶①
12.　　　　　　安坐偈
13.　　護教緊行形相具悲心，頂具無量功德調②冤□。

───────────────────

14.　　愛樂黑色蓮花日輪上，擁護觸犯妙法而安住。
15. 唵末日羅麻曷葛幹威捺末怛卑葛幹曳鉢徐□
16.　謁囉幹遏哩啞帝英鉢帝末日羅末吟③捺形嘛④麻布室併
17.　　　　　奉五供養
18.　　毒藥青色穢氣此妙花，　具吉緊行尊者之所愛。
19.　　奉獻護教頂上而嚴餙，　自他願得微妙相好身。
20. 唵末日囉馬曷葛幹布廝邦啞吽

（以上為 F191:W103A（2—3），尺寸為 14cm×22.7cm、14.1cm×23.1cm）

21.　　安息大肉及脂与驢香、駞香物等相和此妙香。
22.　　奉獻護教鼻相⑤令滿足，願度破戒律儀犯記句。
23.　　　　　唵的哪⑥啞吽
24.　　人亥秥⑦羊脂等而為油，屍布所作殊勝為灯燭。
25.　　虔誠奉獻光明於目前，願摧觸犯智惠⑧令腦裂。
26.　　　　　唵尼哪啞吽
27.　　衆毒大肉相和塗香水，飲血護教意處我 奉⑨ □。
28.　　間斷禪定魔等出者衆，願摧无餘如灰作微□。
29.　　　　　唵按喃啞吽
30.　　黑色青稞喬麦豆芝麻，乳糖共作三棱塗抹血。
31.　　天食奉獻舌根令滿足，具力願護教法裏納受。

───────────────────

① "訶"，吳超文作"河"，誤。
② "調"，《黑城出土文書》、吳超文作"詞"，現據圖版改。
③ "吟"，《黑城出土文書》、吳超文作"吟"，現據圖版改。
④ "嘛"，《黑城出土文書》、吳超文作"捺"，現據圖版改。
⑤ 《黑城出土文書》、吳超文於"相"字前衍錄一"祖"，現據圖版改。
⑥ "哪"，《黑城出土文書》、吳超文均作"邦"，現據圖版改。下同，不再另作說明。
⑦ "秥"通"殺"，下同，不再另作說明。另，此字吳超文作"羚"，誤。
⑧ "惠"通"慧"，吳超文作"慧"。
⑨ " 奉 "，《黑城出土文書》、吳超文未釋讀，現據圖版補。

32.　　　　　唵麻養啞吽
33.　　　音樂大骨為笛對脳皷，班捺鐃鈸法皷妙音哢。
34.　　　大黑耳處虔誠而奉獻，摧滅譏毀教法受命行。

（以上為 F191：W103A（4—5），尺寸為 14.1cm × 22.8cm、14.1cm × 22.8cm）

35. 唵折巴怛啞吽　　　召請偈①
36.　　○大寶熾焰妙宮內，雲集供養而嚴鎀②，
37.　　　衆色蓮花日月上，此處召請願降臨。
38.　　○即以信心及記句，善来善来護正法，
39.　　　吉祥大黑具威德，為護正法願降臨。
40.　　○於法界躰雖不動，善逝為利有情故③，
41.　　　示現無量大悲身，□□□面具四臂，

42.　　　此處召請願降臨，
43.　　○真智大悲具神变，威德廣大同中尊。
44.　　　行尊大黑具烏面，百千④大黑衆圍遶，
45.　　　此處召請願降臨，
46.　　○梵種吉祥大黑尊，摧壞魔類悉無餘，
47.　　　噉肉具大獅子面⑤，百億噉肉衆圍繞。
48.　　　此處召請願降臨。

（以上為 F191：W103A（6—7），尺寸為 14.3cm × 23.1cm、14.1cm × 22.8cm）

49.　　○大悲為利有情故，而指示於淨法身。
50.　　　大陰天母讚帝葛，俱胘陰母衆圍繞。
51.　　○此處召請願降臨。

---

① "召請偈"前有朱筆勾畫痕跡，其下每組偈語前均有朱筆所畫○，另每句後均有朱筆標點，錯誤處有朱筆塗改痕跡。
② "鎀"通"飾"。
③ "故"，《黑城出土文書》、吳超文作"做"，現據圖版改。
④ "千"字原作"億噉"，用朱筆塗抹後於右行改寫，現徑改。
⑤ "面"，吳超文作"而"，誤。

52. 　　〇尊處奉施供養者，即十方界之①供養。
53. 　　水脂及與所燒脂，精血及餘脊脛膪②，
54. 　　〇癡醉酒及五③甘露，囉怛末陵阿没怛，
55. 　　口内奉獻渴④覽渴⑤，喉中所呾⑥阿⑦桚桚。
———————————————————————
56. 　　汝處所委法行者，所有摧壞⑧佛正法，
57. 　　殘害最上三寶尊，於上師處作冤敵，
58. 　　惱害一切諸有情，於我殘害冤魔尊⑨，
59. 　　願以殺縛麻囉也，即怛曷囉吃嘮拶。
60. 　　善滿主宰及緊行，所作法事願成就，
61. 　　我及無量諸有情，願得二種之成就。
62. 　　究竟作於利他事，尅證无上大菩提。

（以上爲 F191：W103A（8—9），尺寸爲 14.1cm × 22.8cm、14.1cm × 22.8cm）

63. 　　　　　智尊⑩大黑八道讚
64. 　　〇吽字眞性所出生，名曰具烏大黑尊，
65. 　　雜色蓮花日輪上，勇識跌坐稱讚礼。
66. 　　〇如折喓嘮⑪身黑色，一面四臂窈窕身，
67. 　　頭⑫髮蒼⑬黄而豎立，張口咬牙稱讚礼。
68. 　　〇舐舌閃眉威德大，寳及虵中而嚴餙，

———————————————————————
① "之"字爲右行補入，現徑改。
② "膪"，《黑城出土文書》、吴超文作"髇"，現據圖版改。
③ "五"字前原衍一"與"字，用朱筆塗抹并旁加抹毁符號，現徑改。
④ "渴"，《黑城出土文書》、吴超文作"謁"，現據圖版改。
⑤ "渴"，《黑城出土文書》、吴超文作"偈"，現據圖版改。
⑥ "呾"通"咽"。下同，不再另作説明。
⑦ "阿"，《黑城出土文書》、吴超文作"何"，現據圖版改。
⑧ "摧壞"原作"壞摧"，旁加倒乙符號，現徑改。
⑨ "尊"，《黑城出土文書》、吴超文作"專"，現據圖版改。
⑩ "智尊"前有朱筆勾畫痕跡，其下每組偈語前均有朱筆所畫〇，錯誤處有朱筆塗改痕跡。
⑪ "喓嘮"，《黑城出土文書》、吴超文作"英歲"，現據圖版改。
⑫ "頭"，《黑城出土文書》、吴超文作"願"，現據圖版改。
⑬ "蒼"字前原衍一"蒼"，朱筆塗抹後並於右旁加抹毁符號，現徑改。

69.　　　　以五骷①髏嚴額上，□□□□□
＿＿＿＿＿＿＿＿＿＿＿＿＿＿＿＿＿＿

70.　　○口中流血可怖畏，□□□□□
71.　　　三目圓赤②而嗔視，遊歷作戲称讚礼。
72.　　○右手喻嘮③菓木釰④，左手頭器三股义⑤，
73.　　　半百人頭作瓔珞，大拙扑處称讚礼。
74.　○身相圓滿而垂腹，以大虎皮而作祜⑥，
75.　　　安住熾焰劫火中，頂嚴意種称讚礼。
76.　○身語意三之所化，尊躰似於妖精狀，

（以上為 F191：W103B（1—2），尺寸為 14.1cm×22.8cm、13.5cm×22.8cm）

77.　　　於身化出諸忿怒，遣除緊行稱讚礼。
78.　○往昔要誓護正法⑦，行人召請應時赴，
79.　　　疾賜成就中圍最，大黑尊處称讚礼。
80.　　　　　　折薩捒偈⑧
81.　○大黑汝等隨類種集者，班捺一片頭榾之器內。
82.　　額熟五穀種等悉哩立，龍腦五香種等獨□□。
83.　　穀精所作頭酒卑陵斗⑨□，□□□□□
＿＿＿＿＿＿＿＿＿＿＿＿＿＿＿＿＿＿

84.　　班嘮⑩堆積大骨渴稡稡，□□□□□
85.　○魚肉葱蒜黑色妙飲食，蘿蔔種種□□□
86.　　具吉尊者衆處而奉獻，具吉尊者心願皆圓滿。

---

① "骷"字為右行補入，現徑改。
② "目圓赤"，《黑城出土文書》錄文作"月圓視"，現據圖版改。
③ "喻嘮"，《黑城出土文書》、吳超文作"掄歲"，現據圖版改。
④ "釰"，《黑城出土文書》、吳超文作"釧"，現據圖版改。
⑤ "义"通"叉"，《黑城出土文書》、吳超文作"叉"。下同，不再另作說明。
⑥ "祜"，《黑城出土文書》、吳超文作"苦"，現據圖版改。
⑦ "正法"原作"法正"，旁加倒乙符號，現徑改。
⑧ 其下每組偈語前均有朱筆所畫○。
⑨ "斗"，《黑城出土文書》、吳超文作"斛"，現據圖版改。
⑩ "嘮"，《黑城出土文書》、吳超文作"歲"，現據圖版改。下同，不再另作說明。

87. 吉祥大黑八足讚 三合　西天竺國龍樹聖師　造①

88. ○吽吽癹②怛緊行之嚀③，即能遍滿於三界。

89. ○曷曷怛怛喜笑之嚀，悉皆最極令振恐。

90. 　干干聲響人頭瓔珞，嚴額黑色觜④形相。

（以上為 F191：W103B（3）及 F191：W103C（1）尺寸為 14.1cm×22.8cm、14.1cm×22.8cm）

91. 没隆没隆之聲嗔皷，最極怖畏暴惡烏食肉。＊

92. ○髮髮眉黃而親行行，大守人者護十方。

93. 囉囉聲振洞目旋轉，嗔視孤孤而窈窕。

94. 咬牙安住死屍座上，以歡喜心護世間。

95. 曷曷吽音吃㗚⑤吃㗚，左手渴⑥單持頭器。＊

96. ○嚕嚕響亮口中流血，執持飡⑦飲生歡喜。

97. 渴渴⑧聲口拙朴右手腕，口釖⑨等而遊戲。

_____

98. 旦旦⑩聲中動捺麻嚕，所役半遶覆護汝。

99. 具極嗔意嚴首瓔珞，獄帝形相怖畏身。

100. 吃㗚⑪吃㗚聲出具忍辱心，實能護持嗔乱者⑫。

101. 鎮伏異類葛曷葛曷，聲振如同雲雨色。

102. 自身莊嚴人皮瓔珞，就中食噉人腸胃。

103. 緊行手中取部多心，遊戲遍歷諸方所。＊

_____

① 其下每組偈語開始前均有朱筆所畫○，結束處有朱筆所畫＊符號。
② "癹"，《黑城出土文書》、吳超文作"發"，現據圖版改。下同，不再另作說明。
③ "嚀"通"聲"，《黑城出土文書》、吳超文作"聲"。下同，不再另作說明。
④ "觜"，《黑城出土文書》、吳超文作"皆"，現據圖版改。
⑤ "㗚"，《黑城出土文書》、吳超文作"梨"，現據圖版改。下同，不再另作說明。
⑥ "渴"，《黑城出土文書》、吳超文作"謁"，現據圖版改。
⑦ "飡"通"餐"。下同，不再另作說明。
⑧ "渴渴"，《黑城出土文書》錄文作"謁謁"，現據圖版改。
⑨ "釖"，《黑城出土文書》、吳超文作"釗"，現據圖版改。
⑩ 據文意推斷，"旦旦"應為"怛怛"。
⑪ "㗚"，《黑城出土文書》、吳超文作"浪"，現據圖版改。下同，不再另作說明。
⑫ "乱者"，吳超文漏錄，現據圖版補。

104. ○悉皆擒捉速疾殺害，飡飲血肉令①怖畏。

（以上為 F191:W103C（2—3）尺寸為 14.1cm×22.8cm、14.1cm×22.8cm）

105. ○唵②葛韶音巴嚕巴嚕，呪中焚燒諸魔類。

106. 　行遊戲行人間至極，親近無遺而擁護。③

107. 　嚬嚬④聲中斷各生長之根，住大火焰中。＊

108. ○具持種身能行遠離，資助行人之福祿。

109. 　與諸行人每日時中摧魔，與沐清淨水。

110. 　拶拶聲裏拙朴振動，奇特光中照世間。

111. 　吃呤⑤吃呤音聲遊戲，破他煩惱真實皆消滅。

――――――――――――――――――――

112. ○薩薩聲中親自聞已，憶念記句而親護。

113. 　巴巴嚕中如獄帝遊此，觀無垢衆色蓮。

114. 　嚷嚷⑥聲出如風迅疾，遊歷世間破或⑦惱。

115. 　梓連厈⑧聲現邪士身，日夜破於三有界。＊

116. ○巴巴巴聲慈悲，絹⑨索擒縛異類手中調。

117. 　具有密呪金剛之身，令彼呪士界无此。

118. 　能護諸⑩田遍諸有情，悉皆恒常而護持。

（以上為 F191:W103C（4—5）尺寸為 14.1cm×22.8cm、14.1cm×22.8cm）

119. 　若諸⑪行人或諸上師，聞⑫持記句有智人。＊

120. ○每三時中誦持八足神呪之者，助成福、

121. 　延壽、無病、吉祥、名稱、威德、勢行皆圓⑬滿，

――――――――――

① "令"，《黑城出土文書》、吳超文漏錄，現據圖版補。
② "唵"，《黑城出土文書》、吳超文作"紋"，現據圖版改。下同，不再另作說明。
③ 吳超文於"擁護"後衍錄"亂者"，現據圖版改。
④ "嚬嚬"，《黑城出土文書》、吳超文作"頻頻"，現據圖版改。
⑤ "呤"，吳超文作"令"，現據圖版改。下同，不再另作說明。
⑥ "嚷嚷"，《黑城出土文書》、吳超文作"養養"，現據圖版改。下同，不再另作說明。
⑦ 據文意推斷"或"似應通"惑"。
⑧ "厈"，《黑城出土文書》、吳超文作"信"，現據圖版改。
⑨ "絹"，《黑城出土文書》、吳超文作"内絹"，現據圖版改。
⑩ 《黑城出土文書》、吳超文於"諸"字前衍錄一"者"，現據圖版改。
⑪ "諸"，《黑城出土文書》、吳超文作"能"，現據圖版改。
⑫ "聞"，《黑城出土文書》、吳超文作"間"，現據圖版改。
⑬ "圓"字右旁加寫"园"字，似為改寫，但改寫誤，現錄原文。《黑城出土文書》錄文作"园"。

122. 地上及与空界所居魔類，恒常能敵者。※

123. 　　　　十方護神讚① 　　※②

124. ○善了他心神通具威德，方便勇猛慈悲利有情。

125. 　□□□伏一切諸魔類，擁護方神十一名稱□：

────────────────────────────

126. 帝釋天神火神并獄帝，及離諦神水神并風神，

127. 施尋③并及具吉孤必囉，具主十神地神并日神，

128. 月神方宿一切諸神處，志心供養讚嘆恭敬礼。

129. 汝等天王各各護十方，如曾佛處曾發大誓願。

130. 不違本誓所應成就④者，行人所求願得速成就。

131. 吽○具吉智尊馬曷葛莘曳，大天吉焰黑色大神通。

132. 　馬曷帝瓦長子具拙朴，廣大集主馬曷葛莘者。⑤

（以上為 F191∶W103D（1—2） 尺寸為 14.1cm×22.8cm、14.5cm×22.8cm）

133. ○廣大⑥怖畏馬曷葛莘曳，具美大黑摧⑦三層宮魔。

134. 　具記修習尊主之大黑，擁護一切法輪之大黑。

135. ○擁護一切教法之大黑，斷犯記句命等之大黑。

136. 　來此受此莊嚴妙施食，受此赤色血肉妙施食。

137. ○受此贊卜的者之妙食，受此撈葛勇猛妙藥頭分之供養。

138. 　先囑作行奉此凶酬賀，現囑作行受此凶禱祝。

139. ○擁護主半願⑧迴諸間斷，嗔怒冤及作界諸邪□⑨。

────────────────────────────

140. 　所有魔眾一切間斷等，願摧一切悉皆⑩如微塵。

────────

① 其下每組偈語前均有朱筆所畫○。
② 此處有一圖畫。
③ "尋"通"礙"，《黑城出土文書》、吳超文作"尋"，現據圖版改。
④ "就"字為右行補入，現徑改。
⑤ 此行文字吳超文漏錄。
⑥ "廣大"原作"大廣"，旁加倒乙符號，現徑改。
⑦ "摧"，《黑城出土文書》、吳超文作"擁"，現據圖版改。
⑧ 《黑城出土文書》錄文於"願"字前衍錄"頭"字，現據圖版改。
⑨ 此缺文吳超文未標注，現據圖版補。
⑩ "皆"，《黑城出土文書》錄文漏錄，現據圖版補。

141.　　吽○以羅乂①相調暴惡，決斷菩提勇識故。
142.　　　　摧壞三層大宮城，掇朴汝處称讚礼。
143.　　　○身短黑色大威雄，決斷暴惡右勾刀。
144.　　　　左掌暴惡血滿器，具頭髮處我讚礼。
145.　　　○嗔怒足踏地振動，怖畏哮吼摧湏弥。
146.　　　　能取觸犯記句心，具護記句我讚礼。

（以上為F191：W103D（3—4）尺寸為14.1cm×22.8cm、14.1cm×22.8cm）

147.　　　○藐大海浪中汝火焰，神通能竭一灯水。
148.　　　○柔善一切女人故，大天身半而安住。
149.　　　　作行迴遮②大黑母，天及天非作敬礼。
150.　　　○人何疾病汝能知，彼處能令无怖畏。
151.　　　　獄帝姐妹魔王母，欲界自在母③敬礼。

―――――――――――――――――――――

152. 唵末日囉④室哩馬曷幹曳折薩捺啞巴葛哩祢⑤噫折啞巴
153. 唧馬曷葛螺啞嚼依檐囉怛二合捺○嘚囉二合耶也○啞巴
154. 曷哩祢○曳帝不囉二合拶耶⑥厮麻囉○悉怛依檐都○室
155. 吒二合渴渴○渴兮○渴兮○馬囉馬囉○屹囉二合捺○屹
156. 囉捺○班捺班捺○曷捺曷捺○怛曷⑦怛曷⑧○巴拶巴
157. 拶○帝捺不見○吉捺馬囉也○吽吽發怛吽
158.　　　　大黑長呪

（以上為F191：W103D（5）及F191：W103E（1），尺寸為14.1cm×22.8cm、14.1cm×22.8cm）

159.　　唵悉哩麻喝葛幹也○舌莎捺○阿巴葛哩祢○也舌阿

―――――――――――

① "乂"通"叉"，《黑城出土文書》錄文作"乂"。
② "遮"同"遮"。下同，不再另作說明。
③ "母"，《黑城出土文書》、吳超文作"毋"，現據圖版改。
④ "末日囉"三字為右行補入，《黑城出土文書》、吳超文作"口羅"，且單獨作一行，現據圖版改。
⑤ "祢"，吳超文作"彌"，現據圖版改。下同，不再另作說明。
⑥ "耶"字為右行補入，現徑改。
⑦ "曷"字原作"捺"，塗抹後於右行改寫，現徑改。
⑧ "曷"字前原衍一"捺"字，後塗抹，現徑改。

160. 巴唧〇麻喝葛㭿也〇也帝不囉①帝捔〇厮末囉悉
161. 丹也〇班帝悉擔②〇渴渴③渴兮渴兮〇麻囉麻囉〇屹哩捔
162. 屹哩捔〇班捔班捔〇喝捔喝捔〇捔喝捔喝〇巴拶巴拶〇帝捔
163. 眉吃④哩喃〇薩哩末忉⑤息捔〇麻囉耶〇吽吽發怛

---

164. 誦四面呪方左隅，右以洒行水，令如藥城。誦三字 呪⑥，
165. 散洒标受諸種集上，次面前壇上，左手无明指內取
166. 酒。誦三字呪，左邊右遶，畵⑦三角宮，尖向於外，復取酒。
167. 誦三字呪，右邊左遶畵三角宮，尖向於內。於此二手
168. 上置左酒右肉，令洒行人，方左隅右誦四面咒，依大施
169. 食标受。若⑧廣作故，左手橫執金剛杵，以无名指酒
170. 上，令畵二相交法生宮中⑨吽字。是藥和吽。

（以上為 F191：W103E（2—3），尺寸為 14.1cm × 22.8cm、14.1cm × 22.8cm）

171. 于上二大拇指橫執金剛杵，諸指展開，作覆護甘⑩
172. 露⑪印已，杵臍間月輪上，想一白色吽字。是召智吽。
173. 酒肉吽字出光照觸杵臍吽字，於此出光照三界有情
174. 処，作共別利益。其光復迴，召請昔成佛、所新成佛等
175. 心間智甘露。一切諸法，本依啞哩葛哩等藥肉安住，其
176. 昔成藥肉亦标入杵臍吽字，以流注於酒中吽字，為一不二，

---

① "囉"，《黑城出土文書》、吳超文作"唯"，現據圖版改。下同，不再另作說明。
② "擔"，《黑城出土文書》、吳超文作"檐"，現據圖版改。
③ "渴"字為省文符號，《黑城出土文書》、吳超文作"又"，現徑改。下文中之重復詞語中第二個詞，文書中均作省文符號，《黑城出土文書》及吳超文均釋錄為"又"。下同，不再另作說明。
④ "吃"，《黑城出土文書》、吳超文作"乞"，現據圖版改。
⑤ "忉"，《黑城出土文書》、吳超文作"切"，現據圖版改。
⑥ "呪"，《黑城出土文書》、吳超文未釋讀，現據圖版補。
⑦ "畵"同"畫"。下同，不再另作說明。
⑧ "若"，《黑城出土文書》錄文漏錄，現據圖版補。
⑨ "中"字前原衍一"內"字，後塗抹，現徑改。《黑城出土文書》錄文照錄。
⑩ "甘"，《黑城出土文書》、吳超文作"耳"，現據圖版改。
⑪ "露"，《黑城出土文書》、吳超文未釋讀，現據圖版補。

177. □□□能成不二知藥。右手掌中想"唵①啞吽"三字，唵字白色，啞②

178. □□□，□字③青色，三字力能变成无漏知藥。想羡味，右手

179. _____□不二，一朱花④_____

180. _____□□藥，五智所顯樂。

181. _____樂身⑤□行无余，成滿樂惠，方无一樂。

182. 想⑥光明皎潔，最極明淨肉，亦虽同於酒，其不同者，召昔成五肉⑦□

183. 成不二。右无明指內取酒于肉上，三番彈酒，復取肉⑧三粒入⑨於酒內，此⑩

184. 变⑪成不二一味。故⑫此标受，遠離⑬能所，不二智甘露享用，則此手⑭ 供養

（以上為F191：W103E（4—5），尺寸為14.1cm×22.8cm、14.1cm×22.8cm）

　　　　　（後缺）

2. 元抄本《佛說大白傘蓋總持陀羅經》殘卷

題解：

本件《中國藏黑水城漢文文獻》中原始編號為F9：W38、F13：W15，出版編號為M1·1354—1365，收於第八冊《抄本佛經》第1694—1699頁，擬題為《佛

---

① "唵"，《黑城出土文書》、吳超文作"俺"，現據圖版改。
② "啞"，《黑城出土文書》、吳超文未釋讀，現據圖版補。
③ "字"，《黑城出土文書》、吳超文未釋讀，現據圖版補。
④ "花"，《黑城出土文書》、吳超文未釋讀，現據圖版補。
⑤ "樂身"，《黑城出土文書》、吳超文錄作上一行，現據圖版改。
⑥ "想"，《黑城出土文書》、吳超文作兩缺字符號，現據圖版改。
⑦ "肉"，《黑城出土文書》、吳超文作"內"，現據圖版改。
⑧ "肉"，《黑城出土文書》錄文作"內"，現據圖版改。
⑨ "入"，吳超文作"人"，誤。
⑩ 《黑城出土文書》、吳超文於"此"字後衍錄一缺文符號，現據圖版改。
⑪ "变"，《黑城出土文書》、吳超文未釋讀，現據圖版補。
⑫ "故"，《黑城出土文書》、吳超文作"汝"，現據圖版改。
⑬ "離"，《黑城出土文書》、吳超文作"難"，現據圖版改。
⑭ "此手"，《黑城出土文書》錄文漏錄"手"，吳超文作"手此"，現據圖版補。

說大白傘蓋總持陀羅尼經》。本件還收錄於《黑城出土文書（漢文文書卷）》第221—223頁《佛教類·佛經抄本》，其所記文書編號與《中國藏黑水城漢文文獻》原始編號同，並列出文書諸要素為：麻紙，經摺裝，上下雙欄用木版印刷，經文楷體墨書，現已拆成散頁，每頁高16cm。寬8.5—9cm，共出土13張，其中F13出土11頁半，F9出土1頁。另，《黑城出土文書（漢文文書卷）》又將F9：W38號文書編號為F9：W36，另行釋錄。文書每頁6行，滿行11—12字。據《大正藏》本《佛說大白傘蓋總持陀羅尼經》，圖版對文書排列有誤，其正確順序應為F9：W38、F13：W15—10、F13：W15—1、F13：W15—5、F13：W15—3、F13：W15—2、F13：W15—4、F13：W15—9、F13：W15—8、F13：W15—11、F13：W15—7、F13：W15—6，下錄文先按圖版順序釋錄，之後將正確順序附錄於後。

錄文標點：

　　　　　　（前缺）

1. 西怛怛鉢嘚①哩咩発怛㖿②捼③
2. 没④末哩渇渇渇兮渇兮⑤
3. 誦三遍或五遍已，然誦讚嘆禱
4. 祝，求索願事等畢，奉送
5. □會，其施食弃在⑥扵淨處，回⑦

（以上為F9：W38，尺寸為7.5cm×16.3cm）

6. 如是我聞，一時出有壞，住三十
7. 三天善法妙好諸天所居之
8. 處，與大比丘并大菩提勇識及
9. 天主帝釋衆等集。
10. 尒時，出有壞坐蓮花座，入扵普
11. 觀頂髻三昧。速然，出有壞從頂

（以上為F13：W15—1，尺寸為8.8cm×16.2cm）

---

① "嘚"，《黑城出土文書》錄文作"得"，現據圖版改。下同，不再另作說明。
② "㖿"，《黑城出土文書》錄文作"依"，現據圖版改。
③ "捼"，《黑城出土文書》錄文作"捺"，現據圖版改。下同，不再另作說明。
④ "没"，《黑城出土文書》錄文作"設"，現據圖版改。
⑤ 此兩行咒語《大正藏》本作"席嗪怛末嘚哩咩發（怛）嗪擔末哩渇渇渇兮渇兮"。
⑥ "在"字《大正藏》本無。
⑦ 此頁文字《黑城出土文書》錄文錄於文書最末，誤。此頁文字可與F13：W15—10號文書拼接。

12. 釋，敬礼緊威具羙能令退
13. 屈苦行之主者等，敬礼具
14. 羙嚴五手印無愛子之所歸
15. 敬處，敬礼具羙能摧壞三層
16. 宮城住扵墓地之中一切陰母
17. 所歸敬處。
（以上為 F13：W15—2，尺寸為 8.6cm×16cm）
18. 敬礼所有一来等，敬礼所有不
19. 還等，敬礼所有世間真實超
20. 越等，敬礼所有入實者等，敬
21. 礼天仙呪咀及①有加祐力能
22. 等，敬禮所有誦持明呪獲成
23. 就者等，敬礼淨梵，敬礼帝
（以上為 F13：W15—3，尺寸為 8.9cm×16.1cm）
24. 敬礼出有壞如來種佛②，
25. 敬礼蓮花種佛，敬礼金剛種
26. 佛，敬礼寶珠種佛，敬礼③大象種
27. 佛，敬礼少童種佛，敬礼龍種
28. 佛，敬礼出有壞如來應供真實
29. 究竟正覺④勇固部器械王⑤佛，
（以上為 F13：W15—4，尺寸為 8.6cm×16.1cm）
30. 髻中出現如是揔持密呪法行：
31. 敬礼正覺及一切菩提勇識，敬
32. 礼正覺，敬礼妙法，敬礼大衆，
33. 敬礼七俱胝⑥真實究竟正覺

---

① "及"字原作"者"，塗抹後於右行改寫，現徑改。
② "佛"字後原衍"敬礼"兩字，旁加抹毀符號，現徑改。《黑城出土文書》錄文照錄。
③ "礼"字為右行補入，現徑改。
④ 《大正藏》本無"出有壞如來應供真實究竟正覺"等字。
⑤ "王"，《黑城出土文書》錄文作"玉"，現據圖版改。
⑥ "胝"通"胝"，《黑城出土文書》錄文作"胝"，現據圖版改。下同，不再另作說明。

34. 及聲聞大衆等，敬礼①所有世

35. 間壞怨等，敬礼所有預流等，

（以上為 F13:W15—5，尺寸為 8.9cm×16.1cm）

36. 三界中□□一切 時 □□□□②

37. 我擁護扵我。

38. 唵國王難盜賊、難□□□□③

39. 毒藥、難櫖④械、難外□□⑤、難

40. 飢饉、難怨讎、難疾疫、難霹靂、

41. 難非時橫夭、難地震動、難星

（以上為 F13:W15—6，尺寸為 8.7cm×16.3cm）

42. 鳩没擁護扵我。

43. 出有壞母，一切如來頂髻中出白

44. 傘蓋佛母，金剛頂⑥髻大迴遮母，

45. 具千大臂母，有千大首母，具

46. 十萬俱胝目不二熾燃具種

47. 相金剛寬廣大白母，主宰

（以上為 F13:W15—7，尺寸為 8.8cm×16.2cm）

48. 聖救度母大力□⑦　不殁金 剛 鐵 錠 ⑧母

49. 金剛少童持種母　金剛手種金念珠

50. 大赤色及寶珠母　種明金剛稱頂髻

51. 種相窈窕金剛母　如金色光具眼母

52. 金剛燭及白色母　蓮花眼及月光母

53. 手印聚彼等一切力故，願令擁

---

① "敬礼"原作"礼敬"，旁加倒乙符號，現徑改。
② 據《大正藏》本，此行文字補齊應為"三界中圍母一切時中擁護扵"。
③ 此處所缺文字據《大正藏》本應為"火、難水、難"。
④ "櫖"通"器"。
⑤ 此處所缺文字據《大正藏》本應為"國軍兵"。
⑥ 《黑城出土文書》錄文於"頂"字前衍錄一"石"字，現據圖版改。
⑦ 此處所缺文字據《大正藏》本應為"母"。
⑧ " 鐵 錠 "，《黑城出土文書》錄文未釋讀，現據圖版及《大正藏》本補。

1360　中國藏黑水城漢文文獻的整理與研究

（以上為 F13：W15—8，尺寸為 8.6cm×16cm）

54. 無有能敵大緊母　大掇朴母大力母
55. 大熾燃母大威力　大白蓋母大力母
56. 熾燃掛纓白衣母　聖救度母①具嗔皺
57. 勝勢金剛稱念珠　蓮花昭明金剛名
58. 無有能敵具念珠　金剛牆等摧壞母
59. 柔善佛等供養母　柔相威力具大母

（以上為 F13：W15—9，尺寸為 8.6cm×16.2cm）

60. 佛會
61. 向善根矣。

62. 梵言②：啞吟耶怛達遏哆嗚室祢
63. 㗌③西④怛引鉢⑤嘚哩嚇麻啞末
64. 囉唧怛嚇羅祢
65. 此云⑥：聖一切如來頂髻中出白傘
66. 蓋佛母餘無能敵摠持
67. 敬禮最上三寶

（以上為 F13：W15—10，尺寸為 11.4cm×15.5cm）

68. 曷薩曷西囉莧嚇薩捺割⑦吽
69. 能隆二合啞色怛冰上腭㗌帝嚇能捺
70. 色渴上腭引得得囉捺麻不囉薩

---

① "母"字為右行補入，現徑改。
② "梵言"《大正藏》本作"梵語"，位於此梵文之後。
③ "㗌"，《黑城出土文書》錄文作"折"，現據圖版改。《大正藏》本《佛說大白傘蓋總持陀羅尼經》作"折"。下同，不再另作說明。
④ 《大正藏》本"西"字後有一"嚇"字。
⑤ "鉢"《大正藏》本作"末"。
⑥ "此云"《大正藏》本作"華言"，位於此"三寶"之後。
⑦ "囉"，《黑城出土文書》錄文作"羅"，現據圖版改。下同，不再另作說明。

71. 㘿①捺割囉吽嚨②隆(二合)啞希怛捺

72. 麻麻訶屹囉訶嚨能覓嚨(能)(上③腭)薩

73. 捺割囉吽嚨隆(二合引)囉塞尅囉④

（以上為 F13：W15—11，尺寸為 8.6cm×16.1cm）

　　　　（後缺）

附：據《大正藏》本文書正確排序應為：

　　　　（前缺）

1. 西怛怛鉢嘚哩吽発怛㘁嚨

2. 沒末哩渴渴渴兮渴兮

3. 誦三遍或五遍已，然誦讚嘆禱

4. 祝，求索願事等畢，奉送

5. 佛會，其施食弃在於淨處，回

（以上為 F9：W38）

6. 向善根矣。

────────────────

7. 梵言：啞呤耶怛達遏哆嗚室祢

8. 㗏西怛引鉢嘚哩嚨麻啞末

9. 囉唧怛嚨羅祢

10. 此云：聖一切如來頂髻中出白傘

11. 蓋佛母餘無能敵摠持

12. 敬禮最上三寶

（以上為 F13：W15—10）

13. 如是我聞，一時出有壞，住三十

14. 三天善法妙好諸天所居之

---

① "㘿"，《黑城出土文書》錄文作"納"，現據圖版改。
② "嚨"，《黑城出土文書》錄文作"能"，現據圖版改。
③ "上"，《黑城出土文書》錄文漏錄，現據圖版改。
④ 此咒語《大正藏》本作"曷薩曷悉囉覓嚨（能）薩捺葛囉吽嚨隆（二合引）啞室捺喻（能）折帝嚨（能）捺色曷（上腭引）得得囉捺麻不囉怛捺葛囉吽嚨隆（二合引）啞希怛捺麻麻渴屹囉曷捺（能）覓（能）捺（能上腭）薩捺葛囉吽嚨隆（二合引）囉塞尅囉"。

15. 處，與大比丘并大菩提勇識及
16. 天主帝釋衆等集。
17. 尒時，出有壞坐蓮花座，入於普
18. 觀頂髻三昧。速然，出有壞從頂
（以上為 F13：W15—1）
19. 髻中出現如是揔持密呪法行：
20. 敬礼正覺及一切菩提勇識，敬
21. 礼正覺，敬礼妙法，敬礼大衆，
22. 敬礼七俱胝真實究竟正覺
23. 及聲聞大衆等，敬礼所有世
24. 間壞怨等，敬礼所有預流等，
（以上為 F13：W15—5）
25. 敬礼所有一來等，敬礼所有不
26. 還等，敬礼所有世間真實超
27. 越等，敬礼所有入實者等，敬
28. 礼天仙呪咀及有加祐力能
29. 等，敬禮所有誦持明呪獲成
30. 就者等，敬礼淨梵，敬礼帝
（以上為 F13：W15—3）
31. 釋，敬礼緊威具羙能令退
32. 屈苦行之主者等，敬礼具
33. 羙嚴五手印無愛子之所歸
34. 敬處，敬礼具羙能摧壞三層
35. 宮城住於墓地之中一切陰母
36. 所歸敬處。
（以上為 F13：W15—2）
37. 敬礼出有壞如來種佛，
38. 敬礼蓮花種佛，敬礼金剛種
39. 佛，敬礼寶珠種佛，敬礼大象種
40. 佛，敬礼少童種佛，敬礼龍種

41. 佛，敬礼出有壊如來應供真實
42. 究竟正覺勇固部器械王佛，
（以上為 F13：W15—4）

　　　　（中缺）①

43. 無有能敵大緊母　　大掇扑母大力母
44. 大熾燃母大威力　　大白蓋母大力母
45. 熾燃掛纓白衣母　　聖救度母具嗔皺
46. 勝勢金剛稱念珠　　蓮花昭明金剛名
47. 無有能敵具念珠　　金剛墻等摧壞母
48. 柔善佛等供養母　　柔相威力具大母
（以上為 F13：W15—9）

49. 聖救度母大力 母　　不歿金剛鐵錠母
50. 金剛少童持種母　　金剛手種金念珠
51. 大赤色及寶珠母　　種明金剛稱頂髻
52. 種相窈窕金剛母　　如金色光具眼母
53. 金剛燭及白色母　　蓮花眼及月光母
54. 手印聚彼等一切力故，願令擁
（以上為 F13：W15—8）

　　　　（中缺）②

55. 曷薩曷西囉覓嚧薩捺割囉吽
56. 能隆（二合）啞色怛冰（上腭）昕帝嚧能捺

---

① 據《大正藏》本，此處所缺文字應為"敬禮無量光佛，敬禮不動佛，敬禮藥師瑠璃光王佛，敬禮娑羅主王華實圓滿佛，敬禮釋迦牟尼佛，敬禮寶上王佛，敬禮最妙普賢佛，敬禮眾明主佛，敬禮目圓滿烏巴辣香上王佛。彼等處敬禮已，出有壞母一切如來頂髻中出白傘蓋佛母餘無能敵大迴遮母，以此決斷一切出者邪魔，亦能決斷餘者一切明呪，亦能迴遮非時橫夭，亦能令有情解脫一切繫縛，亦能迴遮一切憎嫌惡夢，亦能摧壞八萬四千邪魔，亦能歡悅二十八宿，亦能折伏八大房宿，亦能迴遮一切冤讎，亦能摧壞最極暴惡一切憎嫌他夢，亦能救度毒藥器械水火等難。"

② 據《大正藏》本，此處所缺文字應為"護於我擁護於我。唵吟室遏捺不囉（二合引）折嚧（引）也怛達遏哆烏室襴折席嚧怛巴嘚哩（二合）吽嚧隆（二合）捺（沒）末捺葛囉吽嚧隆（二合）席怛（沒）末捺葛囉吽嚧隆（二合）麻曷覓（得）也三（合口）末室渴捺葛囉吽嚧隆（二合）撥囉覓能（二合）惹（舌上）三（合口）末室渴捺葛囉吽嚧隆（二合）薩（沒）斡六（舌上）室達捺（能）席擔（沒）末捺葛囉吽嚧隆（二合）薩斡也室渴囉室渴薩屹囉曷捺覓（得）嚧（能）薩捺葛囉吽嚧隆（二合）捺六囉室帝捺（能）屹囉"。

57. 色渴(上腭引)得得囉捺麻不囉薩

58. 㖜捺割囉吽嚨隆(二合)啞希怛捺

59. 麻麻訶屹囉訶嚨能覓嚨能(上腭)薩

60. 捺割囉吽嚨隆(二合引)囉塞尅囉

（以上為F13：W15—11）

61. 鳩没擁護於我。

62. 出有壞母，一切如來頂髻中出白

63. 傘蓋佛母，金剛頂髻大迴遮母，

64. 具千大臂母，有千大首母，具

65. 十萬俱胝目不二熾燃具種

66. 相金剛寬廣大白母，主宰

（以上為F13：W15—7）

67. 三界中 圍母 一切 時中擁護於

68. 我擁護於我。

69. 唵國王難盜賊、難 火、難水、難

70. 毒藥、難櫧械、難外 國軍兵 、難

71. 饑饉、難怨讎、難疾疫、難霹靂、

72. 難非時橫夭、難地震動、難星

（以上為F13：W15—6）

（後缺）

3. 元抄本《真州長蘆了和尚劫外錄》殘頁

題解：

本件《中國藏黑水城漢文文獻》中原始編號為F9：W12—1、F19：W12—2，出版編號為M1·1366—1367，收於第八冊《抄本佛經》第1700—1701頁，共兩件殘片，擬題為《〈真州長蘆了和尚劫外錄〉殘頁》，並記其尺寸分別為12.7cm×23.7cm、15.9cm×23.9cm。本件還收錄於《黑城出土文書（漢文文

卷)》第219頁《佛教類·佛經抄本》，其所記文書編號為F9：W12，並列出文書諸要素為：竹紙，殘，細欄，楷書，尺寸分別為23.4cm×12.5cm、23.3cm×12.7cm。文書兩殘片各存文字9行，其中均含版心1行，可知原本半頁文字8行，滿行14字，均為一頁之左半頁。另，《俄藏黑水城文獻》第三冊第127—164頁收錄有宋刻本《真州長蘆了和尚劫外錄》，可見其曾在黑水城地區長期流行。了和尚為宋代雲門宗高僧真歇清了，據宏智正覺所作《崇先真歇了禪師塔銘》，可知清了生平情況：

  清了，號真歇，亦稱寂庵。俗姓雍，左綿安昌（四川）人。十一歲，依聖果寺清俊出家，學《法華經》。十八歲試經得度。受具足戒後，到成都大慈寺，學習《圓覺》《金剛》《起信》等經論。後登峨嵋禮普賢，並從四川東行，於長江沿線參學，後經湖北來到鄧州（河南省）之丹霞山，參丹霞子淳。後往儀真長蘆參祖照，先任侍者，再為首座。宣和三年（1121），祖照因病退院，命清了為第一座。四年（1122）秋七月，經制使陳公請，入主長蘆寺。五年（1123）五月正式開堂說法，當時長蘆聚集學人一千七百多，蔚為大觀。清了住長蘆前後七年多。建炎二年（1128）六月，退院。八月，至普陀山禮觀音。四年（1130），在正覺處結夏安居。五月，天臺國清寺三請，三辭。十一月，受福唐雪峰請，入主雪峰寺（在福建省閩侯縣雪峰山）。參學之人，較長蘆猶多。直至紹興五年（1135），退居東庵。紹興六年（1136）七月，奉旨入主四明阿育王山廣利寺（浙江鄞縣），十月入寺後，解決了其寺所負債務問題。紹興七年（1137），以病辭退建康府（江蘇省）蔣山之請。八年（1138），溫州龍翔、興慶二院合併為禪寺，詔清了主持。四月入院，升堂小參，安集來眾，並大事修建，使其煥然一新。得賜田千畝，法食充足。十五年（1145）二月退居。四月，詔清了住臨安徑山。五月入院，因僧多用薄，親自行丐供眾。二十年（1150）二月，因病乞歸長蘆。紹興二十一年（1151），慈寧太后在杭所建崇先顯孝禪院成，詔清了主席。六月入院，暑熱受病。九月，慈寧太后親自來寺參拜，清了忍病開堂，榮寵盛極一時。十月朔旦，從容辭世，於西桃花塢，建塔以瘞全身。二十三年（1153）八月，敕諡悟空禪師、靜照之塔。清了享年六十三，僧臘四十五夏，開堂說法三十年，六處度弟子普嵩等四百人，其中最著名的有三十多人，如慧悟，住真州長蘆；宗珏，住明州雪竇；傅卿，住建康府移忠報慈；德朋，住臨安府崇先顯孝。

  清了著作主要有《劫外錄》《一掌錄》《信心銘拈古》三種。除此之外，清了還有一些短文，散見宋、元以後編輯的各種文集中。比較重要的，如《華藏無盡燈記》《戒殺文》《淨土宗要》等，有的已被面山端方收錄，有的尚未收錄。

《劫外錄》除此殘本外，目前共有三個完本存世，分別為：一、日本寬永七年（1630）刊佈之《真州長蘆了和尚劫外錄》；二、日本明和四年（1767）面山端方序刊之《真州長蘆了和尚劫外錄》；三、俄藏黑水城本《真州長蘆了和尚劫外錄》。

目前學術界對俄藏黑水城本《劫外錄》的整理主要有：惠達法師《新校黑水城本〈劫外錄〉》（《中華佛學研究》第六期）；宗舜法師《真歇清了及其黑水城本〈劫外錄〉》（《中國禪學》第三卷）。兩位法師校對過程當中均以此黑水城本為底本，以日本寬永七年（1630）刊佈之《真州長蘆了和尚劫外錄》、日本明和四年（1767）面山端方序刊之《真州長蘆了和尚劫外錄》為校本，宗舜法師並將《卍續藏經》本也作為一種校本。本錄文即主要對照圖版，并參校兩位法師的整理本釋錄而成。參考文獻：1. 惠達法師《新校黑水城本〈劫外錄〉》，《中華佛學研究》第六期；2. 宗舜《真歇清了及其黑水城本〈劫外錄〉》，《中國禪學》第三卷。

錄文標點：

（一）

（前缺）

1. ☐①　　　☐②
2. ☐☐☐☐☐③言之莫及。時時
3. 顧堂上 之 ④☐⑤深，憐☐☐☐⑥屨⑦滿，於是萬
4. 金良藥，湔⑧腸易骨，斯☐☐⑨間，病者起
5. 走，人人輕安，得未嘗病。又⑩如雷雨既
6. 作，草木萌動，頃刻霽止，了無痕跡。天

---

① 此處所缺文字據殘片二可知應為"劫外"。
② 此行為版心。
③ 此處所缺文字據俄藏黑水城本《劫外錄》可知應為"河之秋月，視之不見"。
④ " 之 "，《黑城出土文書》錄文漏錄，現據圖版補。
⑤ 此處所缺文字據俄藏黑水城本《劫外錄》可知應為"草"。
⑥ 此處所缺文字據俄藏黑水城本《劫外錄》可知應為"戶外之"。
⑦ "屨"，《黑城出土文書》錄文作"屢"，現據圖版改。另，此字寬永本、面山本、續藏本作"履"。
⑧ "湔"同"煎"。
⑨ 此處所缺文字據俄藏黑水城本《劫外錄》可知應為"湏之"。
⑩ "又"字面山本、續藏本作"亦"。

7. □①物春，雨已無用。雖然，豈真如是而
8. 已哉？木雞啼霜，石虎嘯雲，鳥鳴山幽，
9. □□□□，□②有望角知牛，聞嘶知馬

　　　　（後缺）

（二）

　　　　（前缺）
1. 　　　劫外　　　　□③
2. 得也④。"霞云："你試舉，我今日陞座看。"師
3. 良久，霞云："將謂不瞥地。"師抽身便出。
4. 霞一日在方丈後坐，師問訊，霞見来
5. 不顧，師云："維摩道箇什麼，文殊便生
6. 讚歎？"霞微笑。師禮拜，霞云："你不待我
7. 為你說？"師云："我又不是患聾。"
8. 師見石門和尚。門問云："終日勞勞，成
9. 得什麼邊事？"師云："湏知有不勞勞者。"

　　　　（後缺）

4. 元抄本《九頂尊滅惡趣燒施儀》殘頁

題解：

本件《中國藏黑水城漢文文獻》中原始編號為 F13：W12，出版編號為 M1·1368，收於第八冊《抄本佛經》第 1702 頁，擬題為《〈九頂尊滅惡趣燒施儀〉殘頁》，並記其尺寸為 11.1cm×18.9cm。本件還收錄於《黑城出土文書（漢文文書卷）》第 219 頁《佛教類·佛經抄本》，其所記文書編號與《中國藏黑水城漢文文獻》原始編號同，並列出文書諸要素為：竹紙，殘，上粗欄，內細絲欄，行書，尺寸分別為 18.0cm×10.5cm。文書現存文字 3 行，為儀軌文卷殘尾。

---

① 此處所缺文字據俄藏黑水城本《劫外錄》可知應為"清"。
② 此處所缺文字據俄藏黑水城本《劫外錄》可知應為"蟬噪林寂。世"。
③ 此行為版心。
④ "也"，《黑城出土文書》錄文作"邊"，現據圖版改。

錄文標點：

（前缺）

1.　　　　□三

2. 惣持①澄初地菩薩也。

3. 九頂尊滅惡趣燒施儀　　竟②

5. 元抄本密教施食儀軌殘頁

題解：

本件《中國藏黑水城漢文文獻》中原始編號為 F13：W25，出版編號為M1·1369，收於第八冊《抄本佛經》第 1703 頁，擬題為《佛經殘頁》，並記其尺寸為 16.3cm×14.7cm。本件文書共兩件殘片，還收錄於《黑城出土文書（漢文文書卷）》第 220 頁《佛教類·佛經抄本》，其所記文書編號與《中國藏黑水城漢文文獻》原始編號同，並列出文書諸要素為：竹紙，散頁，楷書，上下細絲欄，每頁尺寸為 14.1cm×6.5—6.9cm。文書每頁各存文字 5 行。按，從內容來看，其應為密教施食儀軌，而非佛經。

錄文標點：

（一）

（前缺）

1. 字大明呪，王圍旋心中啞字，離

2. 諸妄念而誦□也。

3. 行人欲放施食者，於淨罨中盛

4. 所辦食，淨水沃之，自身頓成聖

5. 者，誦六字呪，召請諸佛、菩薩及

（後缺）

---

① "持"，《黑城出土文書》錄文作"拔"，現據圖版改。
② "竟"，《黑城出土文書》錄文作"競"，現據圖版改。

（二）

　　　　　（前缺）

1. 其中浩淼廣大。若人能於此呪發
2. 信敬心者，福德超彼大水①。積滴以成
3. 滴，數亦可知之。神呪一遍，功德難比，
4. 世間大地、山林、河海，猶可擔持。明呪一
5. ▭▭▭▭▭②

　　　　　（後缺）

6. 元抄本中元節度亡儀軌殘頁

題解：

本件《中國藏黑水城漢文文獻》中原始編號為 F13：W3—1、F13：W3—2，出版編號為M1·1370—1371，收於第八冊《抄本佛經》第 1704—1705 頁，共兩件殘片，擬題為《佛經殘頁》，並記其尺寸分別為 15.4cm×20.7cm、10.5cm×21.3cm。本件還收錄於《黑城出土文書（漢文文書卷）》第 220 頁《佛教類·佛經抄本》，其所記文書編號為 F13：W3，並列出文書諸要素為：竹紙，殘，楷書，尺寸分別為 20.7cm×15.1cm、20.9cm×8.8cm。文書殘片一現存文字 8 行，殘片二現存文字 6 行。按，從內容來看，其應為中元節度亡儀軌殘頁，而非佛經。

錄文標點：

　　　　　（前缺）

1. 召識誦中改弟▭▭③▭▭▭▭▭
2. 二示其宿業，誦此偈：
3. 亡過弟子志心聽，宿生由造慳悋④業。
4. 慮恐墮在餓鬼中，於飢渴苦⑤而濟度。
5. 三燒施助善誦此偈：　先念火神偈

---

① "水"，《黑城出土文書》錄文作"小"，現據圖版改。
② 此行文字《黑城出土文書》錄文未標注，現據圖版補。
③ 此字僅存左半"方"部，《黑城出土文書》錄文作"於"，現存疑。其後一字僅存左半"食"部，似為"餓"。
④ "悋"，《黑城出土文書》錄文作"怪"，現據圖版改。
⑤ "苦"，《黑城出土文書》錄文作"若"，現據圖版改。

6. 所除貪悋①大悲尊，演說施法能救苦。

7. □□□求皆得遂，唯願止滅飢渴苦

8. ＿＿＿□□，＿＿＿＿＿＿②

　　　（後缺）

（二）

　　　（前缺）

1. □□□□□□，＿＿＿＿＿＿。

2. 五禱祝③加行誦此偈：

3. 唯願亡過④弟子身，餓鬼業障皆除滅。

4. 飢渴苦中得解脫，施度园⑤滿成正竟。

5. 六教戒演法誦此偈：

6. 所生之□□□□，＿＿＿＿＿＿。

　　　（後缺）

7. 元抄本《大乘起信論》殘頁

題解：

本件《中國藏黑水城漢文文獻》中原始編號為F19：W8，出版編號為M1·1372，收於第八冊《抄本佛經》第1706頁，擬題為《〈大乘起信論〉殘頁》，並記其尺寸為12.8cm×24.1cm。本件還收錄於《黑城出土文書（漢文文書卷）》第221頁《佛教類·佛經抄本》，其所記文書編號與《中國藏黑水城漢文文獻》原始編號同，並列出文書諸要素為：麻紙，殘，楷書，尺寸為24.0cm×12.4cm。文書為上下兩紙粘接，現存文字9行，滿行17字，上一紙每行8字，下一紙每行9字。

錄文標點：

　　　（前缺）

---

① "悋"，《黑城出土文書》錄文作"怪"，現據圖版改。
② 此行文字《黑城出土文書》錄文未標注，現據圖版補。
③ "五禱祝"，《黑城出土文書》錄文作"王禱□"，現據圖版改。
④ "過"，《黑城出土文書》錄文作"遼"，現據圖版改。
⑤ "园"，《黑城出土文書》錄文作"圓"，現據圖版改。

1. 除疑捨耶執，　起大乘正信，　佛種不斷故。①
2. 論曰：有法能起摩訶衍信根，是故應說。說有
3. 五分。云何為五？一②者因緣分，二者立義分，
4. 三者解釋分，四者修行信心分，五者勸修利
5. 益分。初說因緣分。問③曰：有何因緣④而造此
6. 論？荅曰：是因緣，有八種。云何為八？一者因緣
7. 揔相，所謂為令眾生離一切苦，得究竟樂，
8. 非求世間名利恭敬⑤故；二者為欲能解釋如
9. □□□□□□⑥生⑦正解不⑧謬故；三者

　　（後缺）

8. 元抄本《大方廣佛華嚴經》殘頁

題解：

本件《中國藏黑水城漢文文獻》中原始編號為 F218∶W1，出版編號為 M1·1373，收於第八冊《抄本佛經》第 1707 頁，擬題為《佛經殘頁》，並記其尺寸為 9.1cm×21.9cm。本件還收錄於《黑城出土文書（漢文文書卷）》第 219 頁《佛教類·佛經抄本》，其所記文書編號與《中國藏黑水城漢文文獻》原始編號同，並列出文書諸要素為：棉紙，殘，楷書，上下有細欄，尺寸為 21.7cm×8.7cm。從現存狀況來看，文書原應為經摺裝，現存一折 5 行，滿行 11—12 字。陳瑞青指出，本件文書內容出自《大方廣佛華嚴經》卷第四十《入不思議解脫境界普賢行願品》。參考文獻：陳瑞青《〈中國藏黑水城漢文文獻〉所收佛經殘頁題名辨正》，《"中國藏黑水城漢文文獻整理與研究研討會"論文

---

① 此行文字被裁切，僅存左半部，《黑城出土文書》錄文未釋讀，現據圖版及《大正藏》本補。
② "一"，《黑城出土文書》錄文漏錄，現據圖版補。
③ "問"，《黑城出土文書》錄文作"得"，現據圖版改。
④ "因緣"，《黑城出土文書》錄文作"問□"，現據圖版改。
⑤ "恭敬"，《黑城出土文書》錄文未釋讀，現據圖版補。
⑥ 此處所缺文字據《大正藏》本應為"來根本之義，令諸眾"。
⑦ "生"，《黑城出土文書》錄文作"在"，現據圖版改。
⑧ "不"，《黑城出土文書》錄文作"下"，現據圖版改。

集》，2012 年 8 月，煙台。

錄文標點：

（前缺）

1. 所有盡法界、虛空界、十方三
2. 世一切刹土①，所有極微，一一塵中，
3. 皆有一切世間極微塵數佛。一
4. 一佛所，皆有菩薩海會圍遶。
5. 我當悉以甚深勝解，現前知

（後缺）

9. 元抄本密教儀軌殘頁

題解：

本件《中國藏黑水城漢文文獻》中原始編號為 F19：W5—1、F19：W5—2、F19：W5—3，出版編號為 M1·1374—1376，收於第八冊《抄本佛經》第 1708—1710 頁，共三件殘片，擬題為《〈吉祥持大輪寶蓮花瓶修習儀軌〉殘頁》，並記其尺寸分別為 17.2cm×19.8cm、16.5cm×19.8cm、9.9cm×11.4cm。本件還收錄於《黑城出土文書（漢文文書卷）》第 219—220 頁《佛教類·佛經抄本》，其所記文書編號為 F19：W5，並列出文書諸要素為：麻紙，殘，楷行書，上下有欄，尺寸分別為 19.2cm×16.5cm、19.4cm×16.4cm、11cm×10.1cm。文書殘片一現存文字 13 行，殘片二現存文字 12 行，殘片三現存文字 7 行。從內容來看，其應為密教修習儀軌殘頁。

錄文標點：

（一）

（前缺）

1. 耳耳上師②、真性③上師、十方上師、成 就 ④□□、

---

① "刹土"，《黑城出土文書》錄文作 "剥木"，現據圖版改。
② "師"，《黑城出土文書》錄文未釋讀，現據圖版補。
③ "性"，《黑城出土文書》錄文作 "住"，現據圖版改。
④ " 就 "，《黑城出土文書》錄文未釋讀，現據圖版補。

2. 最妙天衆、　　标受尊者、　　金剛修習、威①□□□、
3. 勝金剛手、　　悟解主者、　　聖妙吉祥、慈悲主者、
4. 觀音菩薩、　　三世如來，　　标受於身、标受於語、
5. 标受於意，　　共及不共，　　最大手印，一切成就，
6. 願令施与，　　吽哦吽哦吽哦哦②。
7. 　我是吉祥持大輪^{金剛宝蓮花釵}③，一切天衆應諦聽。
8. 　身語意三作㝵④魔，　以此熾爐⑤大妙輪^{金剛宝蓮花釵}。
9. 　作於擁護輪^{杵宝花釵}法行，　三身所生而摧碎。
10. 　應當汝若違我勑，　　勿住此地往他方。
11. 吽哦吽哦吽哦哦唵末則囉⑥^{二合}噅⑧哩^{二合}厮帝碧厮
12. 帝厮怛⑨捺吽吽⑩癹⑪唵末則囉囉尅囉囉尅囉吽吽癹⑫
13. ▭▭▭▭▭▭▭▭▭□ 噅 哩 捺 捺⑬吽吽癹

　　　　（後缺）

（二）
　　　　（前缺）

1. ▭▭▭▭▭▭▭▭▭▭□已。⑭
2. 　□□□□□□，　精進波羅彼岸母。

---

① "威"，《黑城出土文書》錄文作"感"，現據圖版改。
② 第二個"哦"為一省文符號，《黑城出土文書》錄文作"了"，現據圖版改。
③ "釵"，《黑城出土文書》錄文作"瓶"，據《中國藏黑水城漢文文獻》所擬題，可知編者對此字也釋讀為"瓶"，現據圖版改。下同，不再另作說明。
④ "㝵"，《黑城出土文書》錄文作"尋"，現據圖版改。
⑤ "爐"通"盛"。
⑥ "囉"，《黑城出土文書》錄文作"羅"，現據圖版補。下同，不再另作說明。
⑦ "二合"，《黑城出土文書》錄文未釋讀，現據圖版補。
⑧ "噅"，《黑城出土文書》錄文作"紇"，現據圖版補。下同，不再另作說明。
⑨ "怛"，《黑城出土文書》錄文作"但"，現據圖版改。
⑩ 第二個"吽"為一省文符號，現徑改。下同，不再另作說明。
⑪ "癹"，《黑城出土文書》錄文作"發"，現據圖版改。下同，不再另作說明。
⑫ "癹"，《黑城出土文書》錄文作"登"，現據圖版改。
⑬ "噅 哩 捺 捺"，《黑城出土文書》錄文未釋讀，現據圖版補。
⑭ 此行文字《黑城出土文書》錄文未釋讀，現據圖版補。

3. □□懈怠諸垢染，　修習伴遶具記句。

4. 降臨集輪哀納受，　二種成就①我願證。

5. 唵嚟哩二合鵝②麻曷祢吽吽癹莎訶

6. 微妙宝珠空行母，　名稱焚燒身黃色。

7. 能轉□③大具自性④，忍⑤辱皮⑥羅彼岸母。

8. 摧壞嗔恚諸煩惱，　□⑦習伴繞具記句，

9. 降臨集輪□□□⑧，二⑨種成就我願證，

10. ＿＿＿＿＿＿祢吽吽癹莎訶

11. □□□□□□，　名稱遺罰身白色，

12. □□□□□□，　□戒波羅彼岸母。

　　　（後缺）

（三）

　　　（前缺）

1. 能□神□如大海，＿＿＿＿＿

2. 自性本淨離諸欲，＿＿＿＿＿

3. □味⑩清⑪深玄妙理，＿＿＿＿＿

4. 脫解道中最解脫，＿＿＿＿＿

5. 勝妙福田生善処，＿＿＿＿＿

6. 次作七支加行懺悔等偈曰＿＿＿＿

---

① "就"，《黑城出土文書》錄文未釋讀，現據圖版補。
② "鵝"，《黑城出土文書》錄文作"鳩"，現據圖版改。
③ 此字漫漶，僅存下部似"人"，《黑城出土文書》錄文作"人"，現存疑。
④ "性"，《黑城出土文書》錄文作"住"，現據圖版改。
⑤ "忍"，《黑城出土文書》錄文未釋讀，現據圖版補。
⑥ "皮"，《黑城出土文書》錄文作"波"，現據圖版改。
⑦ 據上文第3行可知，此處所缺文字應為"修"。
⑧ 據上文第4行可知，此處所缺文字應為"哀納受"。
⑨ "二"，《黑城出土文書》錄文作"一"，據上文第4行可知應為"二"。
⑩ "味"，《黑城出土文書》錄文作"末"，現據圖版改。
⑪ "清"字右側有一墨點。

7.　□□□□□□，□□□□□□□□□□□①
　　　　（後缺）

10. 元抄本持金剛修習儀軌殘頁

題解：

本件《中國藏黑水城漢文文獻》中原始編號為 F13：W2，出版編號為 M1·1377，收於第八冊《抄本佛經》第 1711 頁，擬題為《〈大持金剛稱贊禮〉殘頁》，並記其尺寸為 8.9cm×19.5cm。本件還收錄於《黑城出土文書（漢文文書卷）》第 220 頁《佛教類·佛經抄本》，其所記文書編號與《中國藏黑水城漢文文獻》原始編號同，並列出文書諸要素為：竹紙，殘，楷書，尺寸為 19.5cm×8.5cm。文書現存文字 4 行。從內容來看，其應為持金剛修習儀軌殘頁。

錄文標點：

　　　　（前缺）
1. 修福智足皆②圓滿，以獲五智并四身。
2. 悲智救拔迷途者，大持金剛稱讚③礼。
3. 具神通力伏諸魔，結集果乘利有情。
4. 諸空行母而擁護，持金剛手稱讚④礼。
　　　　（後缺）

11. 元抄本金剛修習儀軌殘頁

題解：

本件《中國藏黑水城漢文文獻》中原始編號為 F9：W13，出版編號為 M1·1378，收於第八冊《抄本佛經》第 1712 頁，擬題為《密宗修法殘頁》，並記其尺寸為 22cm×17.9cm。本件還收錄於《黑城出土文書（漢文文書卷）》第 221 頁《佛教類·佛經抄本》，其所記文書編號與《中國藏黑水城漢文文獻》原始編號同，並列出文書諸要素為：竹紙，殘，楷行書，尺寸為 18cm×22cm。文書現存文字 9 行，上下有金絲邊欄。從內容來看，其應為金剛修習儀軌殘頁。

---

① 此行文字《黑城出土文書》錄文未標注，現據圖版補。
② "皆"，《黑城出土文書》錄文作"替"，現據圖版改。
③ "讚"，《黑城出土文書》錄文作"贊"，現據圖版改。
④ "讚"，《黑城出土文書》錄文作"贊"，現據圖版改。

錄文標點：

（前缺）

1. ☐☐☐☐☐☐☐☐唯願慈悲我☐☐
2. ☐☐☐☐金剛愍念於我，住十方界，一切
3. 滿及一切金剛，作行善逝衆等，愍念於
4. 我，弟子某甲自從今日，直至菩提上師大持
5. 金剛，願标受我身，願标受我語，願标受
6. 我意，願我現标受，願令成熟，願令滿足。
7. 具大标受，願令增盛身、語、意三，願獲
8. 标受。上師、本佛、空行母，三與我身、語、意願，
9. 願标受。誦三遍七遍，師亦①身、語、意三放大光明，入資頂中，光明充滿一身，如闇室明燈。身、語、意三一切業障，如黑墨汗流出二道及諸毛孔，一身

（後缺）

12. 元抄本《妙法蓮華經》殘頁

題解：

本件《中國藏黑水城漢文文獻》中原始編號為 F13：W4，出版編號為M1·1379，收於第八冊《抄本佛經》第1713頁，擬題為《〈妙法蓮華經·觀世音菩薩普門品〉殘頁》，並記其尺寸為12.9cm×18.5cm。本件還收錄於《黑城出土文書（漢文文書卷）》第220頁《佛教類·佛經抄本》，其所記文書編號與《中國藏黑水城漢文文獻》原始編號同，並列出文書諸要素為：竹紙，殘，楷書，上下雙細欄，尺寸為18.3cm×12.4cm。文書現存文字10行，其內容出自《妙法蓮華經觀世音菩薩普門品第二十五》。

錄文標點：

（前缺）

1. 心念不空過，能滅諸☐☐。
2. 假使興害意，推落大火坑，
3. 念彼觀音力，火坑变城池。

---

① "亦"，《黑城出土文書》錄文作"示"，現據圖版改。

4. □□□巨海，龍魚諸鬼暗①，
5. □□□□力，波浪不能没。
6. □□湏弥峯，為人所推墮，
7. □□觀音力，如日虛空住。
8. □□惡人逐，墮落金剛山，
9. □□觀音力，不能損一毛。
10. □□冤②賊繞，各執刀加害，
　　（後缺）

附：據《大正藏》本《妙法蓮華經》將文書所缺文字補齊應為：
　　（前缺）
1. 心念不空過，能滅諸 有苦 。
2. 假使興害意，推落大火坑，
3. 念彼觀音力，火坑变城池。
4. 或漂流 巨海，龍魚諸鬼暗，
5. 念彼觀音 力，波浪不能没。
6. 或在 湏弥峯，為人所推墮，
7. 念彼 觀音力，如日虛空住。
8. 或被 惡人逐，墮落金剛山，
9. 念彼 觀音力，不能損一毛。
10. 或值 冤賊繞，各執刀加害，
　　（後缺）

13. 元抄本密教儀軌殘頁

題解：

本件《中國藏黑水城漢文文獻》中原始編號為 F14：W11，出版編號為M1。

---

① "暗"據《大正藏》本應為"難"。
② "冤"據《大正藏》本應為"怨"。

1380，收於第八冊《抄本佛經》第1714頁，擬題為《佛經殘頁》，並記其尺寸為12cm×24.2cm。本件還收錄於《黑城出土文書（漢文文書卷）》第220頁《佛教類·佛經抄本》，其所記文書編號與《中國藏黑水城漢文文獻》原始編號同，並列出文書諸要素為：竹紙，殘，楷行書，尺寸為24.2cm×11.8cm。文書現存文字7行，从內容來看，其應為密教修習儀軌，而非佛經。

錄文標點：

(前缺)

1. 瓶上窈窕而立，自心間拶①字出光，照着法界一切有
2. 情，雉②苦獲樂，成將无上佛果菩提。其光復迴融入
3. 拶字，拶字③放光，召諸智 拶 ④麻⑤帝来至面⑥前，念召請
4. 偈：
5. 空 中 安⑦住最殊勝，廣大天母拶 麻 帝 ⑧，
6. □□青紅火焰內，□□□□□
7. □□□□莊嚴身，□□□□□

(後缺)

14. 元抄本《佛說大白傘蓋總持陀羅尼經》殘片（一）

題解：

本件《中國藏黑水城漢文文獻》中原始編號為F209：W9，出版編號為M1·1381，收於第八冊《抄本佛經》第1715頁，擬題為《〈佛說大白傘蓋總持陀羅尼經〉殘頁》，並記其尺寸為6.7cm×13.3cm。本件還收錄於《黑城出土文書（漢文文書卷）》第221頁《佛教類·佛經抄本》，其所記文書編號與《中國藏黑水城

---

① "拶"，《黑城出土文書》錄文作"歲"，現據圖版改。下同，不再另作說明。
② "雉"通"離"，《黑城出土文書》錄文作"難"，現據圖版改。
③ "拶字"為兩省文符號，《黑城出土文書》錄文作"多"，現據圖版改。
④ " 拶 "，《黑城出土文書》錄文未釋讀，現據圖版補。
⑤ "麻"，《黑城出土文書》錄文作"赤"，現據圖版改。
⑥ "面"，《黑城出土文書》錄文作"而"，現據圖版改。
⑦ "安"，《黑城出土文書》錄文作"空"，現據圖版改。
⑧ " 麻 帝 "，《黑城出土文書》錄文作"赤□"，現據圖版補。

漢文文獻》原始編號同，並列出文書諸要素為：草紙，殘，楷行書，上下細欄，尺寸為 13.3cm×6.7cm。文書現存文字 5 行。按，本號文書與《中國藏黑水城漢文文獻》第 1723 頁 M1·1394 ［F209：W8］、M1·1395 ［F209：W10］號文書字跡一致，內容相連，可以拼合為一，應為同一抄本殘片。文書擬題依綴合後所定。馬曉林指出本件文書為元代密宗祈雨咒語之一種。參考文獻：馬曉林《元代國家祭祀研究》，博士學位論文，南開大學，2012 年。

錄文標點：

（前缺）

1. 薩吟抹莫嗦①啞殢②色達捺啞殢色提丁
2. 薩吟抹怛達遏哆③吳色祢哳④西怛怛鉢
3. 嘚⑤哩吽發怛⑥莎訶。吽⑦麻麻吽祢⑧□⑨訶⑩
4. 應作明滿修習，彼所有龍　　　⑪
5. 雨矣。

（後缺）

15. 元抄本淨土度亡儀軌殘頁

題解：

本件《中國藏黑水城漢文文獻》中無原始編號，出版編號為 M1·1382，收於第八冊《抄本佛經》第 1716 頁，擬題為《佛經殘頁》，並記其尺寸為 21.6cm×23.5cm。《黑城出土文書（漢文文書卷）》一書未收。文書共三件殘片，殘片一現存文字 4 行，為一半頁；殘片二、三各存文字 8 行，各為一整頁。從內容來看，

---

① "嗦"，《黑城出土文書》錄文作"捺"，現據圖版改。
② "殢"，《黑城出土文書》錄文作"帶"，現據圖版改。下同，不再另作說明。
③ "遏哆"，《黑城出土文書》錄文作"曷多"，現據圖版改。
④ "哳"，《黑城出土文書》錄文作"折"，現據圖版改。
⑤ "嘚"，《黑城出土文書》錄文作"得"，現據圖版改。
⑥ "發怛"，《黑城出土文書》錄文作"發但"，現據圖版改。
⑦ 據《大正藏》本"吽"字前脫"堅甲呪"三字。
⑧ "祢"，《黑城出土文書》錄文未釋讀，現據圖版補。
⑨ 據《大正藏》本此處所缺文字應為"莎"。
⑩ "祢□訶"三字墨色較淺，應為二次書寫。另，此段咒文《大正藏》本作"薩嘆末莫喻啞溺室達捺啞溺室提叮薩嘆末怛達遏哆烏室祢折席怛怛末嘚哩吽發（怛）莎曷"。
⑪ 據《大正藏》本此處所缺文字應為"王等依時降"。

其似為淨土度亡儀軌殘頁，而非佛經。

錄文標點：

（一）

　　　　　　（前缺）

1.　　　　□命似水，

2.　　　　大河不斷頭，福如南

3.　　　　□年長鞏固，

4.　　　　□福壽菩薩，菩薩①

　　　　　　（後缺）

（二）

　　　　　　（前缺）

1.　　　　□今向□甘世生

2.　　　　□臨命終時，无諸

3.　　　　□音菩薩，菩薩②

4.　　　　奉各人本命

5.　　　　生曜以祈各

6.　　　　□遠福祿，增添

7.　　　　無諸□難。

8.　　　　□□

　　　　　　（後缺）

（三）

　　　　　　（前缺）

1.　引勢至來，迎向弥陁佛

2.　前，親蒙受記。

3.　　　無量壽尊佛

---

① 此"菩薩"二字為省文符號，現徑改。
② 此"菩薩"二字為省文符號，現徑改。

4. 又將一分功德專伸 諸身亡追

_____

5. 薦亡過稟信生身父母，

6. 人間天上，轉一逍遙，若在

7. 三佘①八難，離苦解脫。

8. 　南無三却三千佛

　　　（後缺）

16. 元抄本密教儀軌殘頁

題解：

本件《中國藏黑水城漢文文獻》中無原始編號，出版編號為M1·1383，收於第八冊《抄本佛經》第1717頁，擬題為《佛經殘頁》，並記其尺寸為21.2cm×24.1cm。《黑城出土文書（漢文文書卷）》一書未收。文書共三件殘片，上下細欄，楷書。其中殘片一現存文字5行，為一半頁；殘片二、三各存文字10行，各為一整頁。從內容來看，其應為密教修習儀軌，而非佛經。

錄文標點：

（一）

　　　　（前缺）

1. 　　□護六道如一子。

2. 　　生死深泥希出難，

3. 攝受故　空有一相咸悟了。

4. 　　速願焚燒諸妄想，

5. 　　普願調伏諸施㝵

　　　（後缺）

（二）

　　　　（前缺）

1. 　　慈 利 □□

---

① 據文意推斷，"佘"應為"途"。

2.　　月輪□□
3.　　室水銷鑠
4.　　□出塵沙
5.　　□終不盡，
　　　——————————
6.　　□口
7.　　□謎烘
8.　　乞賜至戒并成就，
9.　　法門義相希悉解，
10.　願速 令 離執着心。
　　　（後缺）

（三）
　　　　　（前缺）
1. 本佛、護法、善神等，悉降蓮，誦唵
2. 啞吽七遍，攝受彼食，成白色甘露。次
3. 誦本呪三遍或七遍、二十一遍已，祝偈云：
4.　　淨界大悲者，願悉受茲供。
5.　　以法界力故，所奉成無尽。
　　——————————
6. 隨意禱祝奉送佛會矣。
7.　　讚歡聖者偈曰：
8.　　聖者光瑩身白色，
9.　　煩惱垢染不能污。
10.　一面圓滿合歡悅。
　　　（後缺）

17. 元抄本密教儀軌殘片

題解：

本件《中國藏黑水城漢文文獻》中原始編號為 F13：W1，出版編號為 M1·1384，收於第八冊《抄本佛經》第1718頁，擬題為《佛經殘頁》，並記其尺寸為

6.6cm×17.6cm。《黑城出土文書（漢文文書卷）》一書未收。文書共兩件殘片，各存文字1行。從內容來看，其應為密教修習儀軌，而非佛經。

錄文標點：

（一）

（前缺）

1. 斯三轉，復禱告云：大宝上師、三世諸佛身語□

（後缺）

（二）

（前缺）

1. 我從今日而為始，乃至證得不二処

（後缺）

18. 元抄本《大方廣佛華嚴經》殘片

題解：

本件《中國藏黑水城漢文文獻》中原始編號為F13：W6，出版編號為M1·1385，收於第八冊《抄本佛經》第1718頁，擬題為《〈大方廣佛華嚴經〉殘頁》，並記其尺寸為1.5cm×8.2cm。《黑城出土文書（漢文文書卷）》一書未收。文書現存文字1行，其內容出自《大方廣佛華嚴經》第十七《入不思議解脫境界普賢行願品》。

錄文標點：

（前缺）

1. □□十方寶聚、寶冠□□□□□

（後缺）

附：《大正藏》本《大方廣佛華嚴經》第十七《入不思議解脫境界普賢行願品》相關內容為：

爾時大天，於善財前，示現種種金聚、銀聚、瑠璃聚、玻瓈聚、硨磲聚、碼碯聚、摩尼寶聚、無垢藏寶聚、毘盧遮那寶聚、普現十方寶聚、寶冠聚、寶印聚、寶鬘聚、寶璫聚、寶釧聚、寶鎖聚、寶鈴聚、寶瓔珞聚、寶珠網聚、種種眾色摩尼寶聚、種種一切寶莊嚴聚、種種如意摩尼寶聚，一一積聚皆如大山。

19. 元抄本佛典殘片

題解：

本件《中國藏黑水城漢文文獻》中原始編號為 F13：W7，出版編號為M1·1386，收於第八冊《抄本佛經》第1718頁，擬題為《佛經殘頁》，並記其尺寸為3.3cm×10.9cm。《黑城出土文書（漢文文書卷）》一書未收。文書現存文字2行，其出處待考。

錄文標點：

（前缺）
1. ▢耀黃金眉長而秋月▢▢
2. ▢蓮花口似顧▢▢
（後缺）

20. 元抄本《慈悲道場懺法》殘片（一）

題解：

本件《中國藏黑水城漢文文獻》中原始編號為 F79：W15，出版編號為M1·1387，收於第八冊《抄本佛經》第1719頁，擬題為《佛經殘頁》，並記其尺寸為16.7cm×29.4cm。《黑城出土文書（漢文文書卷）》一書未收。文書共六件殘片，各存文字1—4行。按，本號文書殘片一至五與《中國藏黑水城漢文文獻》第1720頁M1·1388［F79：W16］號文書字跡一致，內容相關，編號相連，應為同一件文書殘片，殘片三有朱筆點畫痕跡。陳瑞青指出本號文書殘片六無論字體還是內容都與其他殘片不同，應為混入佛經文獻中的世俗文獻，其他文書殘片與M1·1388［F79：W16］號文書均出自《慈悲道場懺法》卷第七。另，F79：W15、F79：W16 兩號文書還與《黑城出土文書（漢文文書卷）》第214頁所收 F79：W7號文書（《中國藏黑水城漢文文獻》一書未收）內容相關，可拼合為一，應為同一抄本殘頁。三號文書拼合、復原見本卷整理三《其他佛教文獻》附錄2。文書擬題依綴合後所定。參考文獻：陳瑞青《〈中國藏黑水城漢文文獻〉所收佛經殘頁題名辨正》，《"中國藏黑水城漢文文獻整理與研究研討會"論文集》，2012年8月，煙台。

錄文標點：

（一）

　　　　　　（前缺）

1. 属廣□□□□□□

2. 抱識□□□□□□

　　　　　　（後缺）

（二）

　　　　　　（前缺）

1. □□□□□□

2. □□□難脫相□□□

3. □□□慶畜生□□□

4. □□□□□□

　　　　　　（後缺）

（三）

　　　　　　（前缺）

1. □□□□□□□

2. □□□言今識麂故□

3. □□□極然□□□

　　　　　　（後缺）

（四）

　　　　　　（前缺）

1. □□□□苑初唱事□□□

2. □□□□不見佛□□□

　　　　　　（後缺）

（五）

　　　　　　（前缺）

1. □□□喜尚□□□□□

2. □□□此無礙皆□□□

3. ☐☐☐☐☐|懷|憶|此|恩|☐☐☐

　　　　　（後缺）

（六）

　　　　　（前缺）

1. ☐☐☐|□五花冬三月|☐☐☐①

　　　　　（後缺）

21. 元抄本《慈悲道場懺法》殘片（二）

題解：

本件《中國藏黑水城漢文文獻》中原始編號為 F79：W16，出版編號為 M1·1388，收於第八冊《抄本佛經》第 1720 頁，擬題為《佛經殘頁》，並記其尺寸為 19.1cm×30cm。《黑城出土文書（漢文文書卷）》一書未收。文書共六件殘片，各存文字 2—4 行。按，本號文書與《中國藏黑水城漢文文獻》第 1719 頁 M1·1387［F79：W15］號文書殘片一至五字跡一致，內容相關，編號相連，應為同一件文書殘片，且本文書殘片一、三、四有朱筆點畫痕跡。陳瑞青指出本號文書與 M1·1387［F79：W15］號文書殘片一至五均出自《慈悲道場懺法》卷第七。另，F79：W15、F79：W16 兩件文書還與《黑城出土文書（漢文文書卷）》第 214 頁所收 F79：W7 號文書（《中國藏黑水城漢文文獻》一書未收）內容相關，可拼合為一，應為同一抄本殘頁。三號文書拼合、復原見本卷整理三《其他佛教文獻》附錄 2。文書擬題依綴合後所定。參考文獻：陳瑞青《〈中國藏黑水城漢文文獻〉所收佛經殘頁題名辨正》，《"中國藏黑水城漢文文獻整理與研究研討會"論文集》，2012 年 8 月，煙台。

錄文標點：

（一）

　　　　　（前缺）

1. ☐☐☐|及②覆|尋|☐

2. ☐☐☐|發此言|☐☐

---

① 此殘片字跡、內容均與其他五件殘片不同，應為混入之世俗文獻殘片。
② "及"據《大正藏》本應為"反"。

（後缺）

（二）

（前缺）

1. ＿＿＿＿其不會眾＿＿＿＿＿

2. ＿＿＿＿＿猶為菩提□＿＿＿

（後缺）

（三）

（前缺）

1. ＿＿＿＿然＿＿＿＿

2. ＿＿＿聖之導所＿＿＿

3. ＿＿＿言彰言＿＿＿

4. ＿＿＿影響相＿＿＿

5. ＿＿□言以＿＿＿＿

（後缺）

（四）

（前缺）

1. ＿＿＿佛前□＿＿＿＿

2. ＿＿＿得出難我＿＿＿

3. ＿＿＿難之為語①罪＿＿

（後缺）

（五）

（前缺）

1. ＿＿＿親＿＿＿＿

2. ＿＿＿不知□＿＿＿

3. ＿＿＿是五自＿＿＿

（後缺）

---

① "為語"原作"語為"，旁加倒乙符號，現逕改。

（六）
（前缺）
1. ▢▢正者則難▢▢
2. ▢▢可從故▢▢
3. ▢▢邊地▢▢
（後缺）

22. 元抄本度亡儀軌殘片

題解：

本件《中國藏黑水城漢文文獻》中原始編號為 F5：W2，出版編號為 M1·1389，收於第八冊《抄本佛經》第 1721 頁，擬題為《佛經殘頁》，並記其尺寸為 11.5cm×11.3cm。《黑城出土文書（漢文文書卷）》一書未收。文書現存文字 8 行，為一半頁，上、右細欄，楷行書。從內容來看，其應為度亡儀軌殘片，而非佛經。

錄文標點：

（前缺）
1. 亦是▢▢
2. 歸極樂上品
3. 復結歸奉送▢
4. 求願放部
5. 智神歸於大▢
6. 百字呪三遍淨渚▢
7. 雖前生身廣造惡
8. 一切苦厄決定生於極
（後缺）

23. 元抄本佛典殘片

題解：

本件《中國藏黑水城漢文文獻》中原始編號為 F21：W1，出版編號為 M1·

1390，收於第八冊《抄本佛經》第1721頁，擬題為《佛經殘頁》，並記其尺寸為4.2cm×8.1cm。《黑城出土文書（漢文文書卷）》一書未收。文書現存文字3行，楷書，其出處待考。

錄文標點：

（前缺）

1. ☐☐☐☐☐☐利益群生
2. ☐☐☐☐☐金輪光明上照於
3. ☐☐☐☐慈悲☐☐

（後缺）

24. 元抄本供養儀軌殘片

題解：

本件《中國藏黑水城漢文文獻》中原始編號為F20：W5，出版編號為M1·1391，收於第八冊《抄本佛經》第1721頁，擬題為《佛經殘頁》，並記其尺寸為6.1cm×6.6cm。《黑城出土文書（漢文文書卷）》一書未收。文書現存文字5行，楷書。從內容來看，其應為某供養儀軌殘片，而非佛經。

錄文標點：

（前缺）

1. 　　五穀真☐☐☐
2. ☐悉哵怛☐☐☐☐
3. 　　五藥真☐☐☐
4. 唵割捺三麻☐☐
5. 　　五香真☐☐☐

（後缺）

25. 元抄本佛典殘片

題解：

本件《中國藏黑水城漢文文獻》中原始編號為F211：W1，出版編號為M1·

1392，收於第八冊《抄本佛經》第1722頁，擬題為《佛經殘頁》，並記其尺寸為12.7cm×26.6cm。《黑城出土文書（漢文文書卷）》一書未收。文書現存文字2行，楷書，其出處待考。

  錄文標點：

    （前缺）

 1. 上報佛恩下□▢

 2. 法界有情同□▢

    （後缺）

26. 元抄本佛典殘片

題解：

本件《中國藏黑水城漢文文獻》中原始編號為F13：W8，出版編號為M1·1393，收於第八冊《抄本佛經》第1723頁，擬題為《佛經殘頁》，並記其尺寸為2.8cm×4.5cm。《黑城出土文書（漢文文書卷）》一書未收。文書現存文字2行，上雙欄，楷書，其出處待考。

  錄文標點：

    （前缺）

 1. 惡夢▢

 2. 邪魔□▢

    （後缺）

27. 元抄本《佛說大白傘蓋總持陀羅尼經》殘片（二）

題解：

本件《中國藏黑水城漢文文獻》中原始編號為F209：W8，出版編號為M1·1394，收於第八冊《抄本佛經》第1723頁，擬題為《〈佛說大白傘蓋總持陀羅尼經〉殘頁》，並記其尺寸為3cm×12.4cm。《黑城出土文書（漢文文書卷）》一書未收。文書現存文字2行，楷書。按，本號文書與《中國藏黑水城漢文文獻》第1715頁M1·1381［F209：W9］、第1723頁M1·1395［F209：W10］號文書字跡一致，內容相連，可以拼合為一，其應為同一抄本殘片。文書擬題依綴合後所定。

錄文標點：

（前缺）

1. 正覺與菩提、勇識、天及非天，并人 與 □

2. 香一切世間等，皆大歡喜，出有 壞

（後缺）

28. 元抄本《佛說大白傘蓋總持陀羅尼經》殘片（三）

題解：

本件《中國藏黑水城漢文文獻》中原始編號為 F209：W10，出版編號為 M1·1395，收於第八冊《抄本佛經》第 1723 頁，擬題為《〈佛說大白傘蓋總持陀羅尼經〉殘頁》，並記其尺寸為 5cm×13.5cm。《黑城出土文書（漢文文書卷）》一書未收。文書現存文字 3 行，楷書。按，本號文書與《中國藏黑水城漢文文獻》第 1715 頁 M1·1381［F209：W9］、第 1723 頁 M1·1394［F209：W8］號文書字跡一致，內容相連，可以拼合為一，其應為同一抄本殘片。文書擬題依綴合後所定。

錄文標點：

（前缺）

1. 之處現前讚 揚 。

2. 聖一切如來頂髻中出白傘蓋佛母 餘

3. 無 能敵揔持

（後缺）

附：F209：W9、F209：W8、F209：W10 三件文書拼合，並據《大正藏》本《佛說大白傘蓋總持陀羅尼經》將所缺文字補齊應為：

（前缺）

1. 薩哈抹莫嚧啞殢色達捺啞殢色提丁

2. 薩哈抹怛達遏哆吳色袮哳西怛怛缽

3. 嗳哩吽發怛莎訶。吽麻麻吽祢 莎 訶①

4. 應作明滿修習，彼所有龍王 等依時降

5. 雨矣。

（以上為 F209：W9）

6. 正覺與菩提勇識、天及非天幷人，與 尋

7. 香一切世間等，皆大歡喜。出有壞 所說

（以上為 F209：W8）

8. 之處現前讚揚。

9. 聖一切如來頂髻中出白傘蓋佛母 餘

10. 無 能敵揔持

（以上為 F209：W10）

　　　　（後缺）

29. 元刻本佛典殘片

題解：

本件《中國藏黑水城漢文文獻》中原始編號為 F209：W12，出版編號為 M1·1396，收於第八冊《抄本佛經》第 1724 頁，擬題為《〈佛說大白傘蓋總持陀羅尼經〉殘頁》，並記其尺寸為 5.4cm×26.6cm。《黑城出土文書（漢文文書卷）》一書未收。文書現存文字 3 行，楷書。按，本件文書為刻本，而非抄本，其內容也非出自《佛說大白傘蓋總持陀羅尼經》。從其內容來看，似為佛經論釋。

錄文標點：

　　　　（前缺）

1. 次 說 聽 受 分 別 義 ， 證 □ 勝 緣 救 世 間 。

2. □□明智證涅槃，如來皆說如幻化。

---

① "祢 莎 訶"三字墨色較淺，應為二次書寫。另，此段咒文《大正藏》本作"薩㗚末莫嚧啞溺室達捺啞溺室提矴薩㗚末怛達遏哆鳥室祢折席怛怛末嗳哩吽發（怛）莎曷"。

3. □□□□□□，佛□真實□不退。
    （後缺）

30. 元抄本《佛說大白傘蓋總持陀羅尼經》等殘片

題解：

本件《中國藏黑水城漢文文獻》中原始編號為F210：W12，出版編號為M1·1397，收於第八冊《抄本佛經》第1725頁，擬題為《〈佛說大白傘蓋總持陀羅尼經〉殘頁》，並記其尺寸為11.3cm×21.7cm。《黑城出土文書（漢文文書卷）》一書未收。文書共六件殘片，殘片一現存文字文字5行，殘片二現存文字3行，殘片三、四、六各存文字1行，殘片五現存文字2行。其中殘片一、五、六均不見於《大正藏》本《佛說大白傘蓋總持陀羅尼經》，殘片二、三、四見於《佛說大白傘蓋總持陀羅尼經》，故其似為兩件佛教典籍殘頁。

錄文標點：

（一）
　　　　（前缺）
1. ＿＿＿度有情＿＿＿
2. ＿＿＿　迷津＿＿＿
3. ＿＿＿□所稱＿＿＿
4. ＿＿＿□我敬因＿
5. ＿＿＿□法性身＿＿
　　　　（後缺）

（二）
　　　　（前缺）
1. 敬礼所有①最□□師
2. 夫若②欲修習白傘蓋佛母＿＿
3. ＿＿＿已然發願云□＿＿
　　　　（後缺）

---

① "所有"《大正藏》本作"一切"。
② "若"《大正藏》本無。

（三）

　　　　　（前缺）

1. ☐☐☐輪迴中令 得 ☐☐☐

　　　　　（後缺）

（四）

　　　　　（前缺）

1. ☐☐☐而發願已面☐☐☐

　　　　　（後缺）

（五）

　　　　　（前缺）

1. ☐☐☐☐☐☐

2. ☐☐☐燈☐☐

　　　　　（後缺）

（六）

　　　　　（前缺）

1. ☐☐☐樂☐☐☐

　　　　　（後缺）

附：《大正藏》本《佛說大白傘蓋總持陀羅尼經》相關內容為：

<u>敬礼一切最妙上師</u>。夫欲修習白傘蓋佛母者，寂靜室內，於軟穩氈上坐已，<u>然發願云</u>：（二）為六道一切有情，於<u>輪迴中令得</u>解脫故，（三）願我成究竟正覺。<u>而發願已，面</u>前空中想白傘蓋佛會。（四）

31. 元抄本《慈悲道場懺法》殘片

題解：

本件《中國藏黑水城漢文文獻》中原始編號為 F209：W5—W7，出版編號為 M1·1398—1400，收於第八冊《抄本佛經》第 1726 頁，共三件殘片，擬題為《〈慈悲道場懺法〉殘頁》及《佛經殘頁》，並記其尺寸分別為 7.9cm×14.6cm、4.2cm×10.3cm、7cm×5.8cm。《黑城出土文書（漢文文書卷）》一書未收。文書 F209：W5 現存文字 4 行，F209：W6 現存文字 2 行，F209：W7 現存文字 3 行。陳瑞青指出文書

F209: W5 內容出自《慈悲道場懺法》卷第一《懺悔第三》，F209: W6、F209: W7 可拼合，其內容同出自《慈悲道場懺法》卷第一《懺悔第三》。參考文獻：陳瑞青《〈中國藏黑水城漢文文獻〉所收佛經殘頁題名辨正》，《"中國藏黑水城漢文文獻整理與研究研討會"論文集》，2012 年 8 月，煙台。

錄文標點：

（一）F209: W5：

（前缺）

1. 又復□始已來至于□_____

2. 身殺盜婬，口妄言綺語_____

3. 自行十惡，教他行_____

4. 十惡_____

（後缺）

（二）F209: W6：

（前缺）

1. _____□道，阿脩羅道，人

2. _____□起□□

（後缺）

（三）F209: W7：

（前缺）

1. _____彼①我心

2. _____如是等罪

3. _____重復至②誠

（後缺）

F209: W6、F209: W7 拼合：

（前缺）

1. _____□道，阿脩羅道，人

---

① "彼"《大正藏》本作"吾"，據文意推斷應為"彼"。
② "至"《大正藏》本作"志"，據文意推斷應為"至"。

1396　中國藏黑水城漢文文獻的整理與研究

2.　_____□起彼我心

3.　_____如是等罪

4.　_____重復至誠

　　　（前缺）

附：據《大正藏》本《慈悲道場懺法》將文書所缺文字補齊應為：

F209：W5

　　　（前缺）

1. 又復無始以來至于今日，依身口意行十惡業，

2. 身殺盜婬，口妄言綺語兩舌惡罵，意貪瞋癡。

3. 自行十惡，教他行十惡，讚歎十惡法。讚歎行

4. 十惡法者，如是一念之間起四十種惡，如是等

　　　（後缺）

F209：W6、F209：W7 拼合：

　　　（前缺）

1. 乃至不知餓鬼道、畜生道、阿脩羅道、人

2. 道、天道有種種苦。以不平等故，起彼我心，

3. 生怨親想，所以怨對遍於六道，如是等罪，

4. 無量無邊。今日懺悔願乞除滅。某甲等重復志誠

　　　（後缺）

32. 元抄本《妙法蓮華經》殘片

題解：

本件《中國藏黑水城漢文文獻》中原始編號為 F79：W22，出版編號為 M1·1401，收於第八冊《抄本佛經》第 1727 頁，擬題為《佛經殘頁》，並記其尺寸為 4.8cm×19.7cm。《黑城出土文書（漢文文書卷）》一書未收。文書現存文字 3 行，楷書。陳瑞青指出本件文書內容出自《妙法蓮華經》卷第四《見寶塔品第十一》。參考文獻：陳瑞青《〈中國藏黑水城漢文文獻〉所收佛經殘頁題名辨正》，

《"中國藏黑水城漢文文獻整理與研究研討會"論文集》，2012年8月，煙台。

錄文標點：

（前缺）

1. 若自書持，若使人書，是則為難。
2. 若以大地，置足甲上，昇於梵天，
3. 亦未為 難 。佛口☐①

（後缺）

33. 抄本《修習瑜伽集要施食壇經》殘頁

題解：

本件《中國藏黑水城漢文文獻》中原始編號為F160：W2，出版編號為M1·1402，收於第八冊《抄本佛經》第1728頁，擬題為《〈修習瑜伽集要施食壇經〉殘頁》，並記其尺寸為7.9cm×15.2cm。《黑城出土文書（漢文文書卷）》一書未收。文書現存文字4行，楷書。按，本件文書內容截取自清法藏著《修習瑜伽集要施食壇儀》，但其省略了注釋及咒語內容。

錄文標點：

（前缺）

1. 達，所食②飲食，得甘露味。
2. 南無妙色身如來，
3. 諸佛子等若聞妙色如來
4. ☐③号，能令汝等不受醜

（後缺）

附：《卍新纂續藏經》本《修習瑜伽集要施食壇儀》相關內容為：

諸佛子等，若聞廣博身如來名號，能令汝等餓鬼針咽，業火停燒，清涼通達，所受飲食，得甘露味。

南無妙色身如來（左羽豎胸前，力智指相彈；右羽曲舒，展手掌皆仰下。）

---

① 此處所缺文字據《大正藏》本應為"灭度後，於惡世中"。
② "食"《卍新纂續藏經》本《修習瑜伽集要施食壇儀》作"受"。
③ 此處所缺文字據《卍新纂續藏經》本《修習瑜伽集要施食壇儀》應為"名"。

1398　中國藏黑水城漢文文獻的整理與研究

那謨蘇嚕叭耶答塔葛達耶

諸佛子等，若聞妙色身如來名號，能令汝等不受醜陋，諸根具足，相好圓滿，殊勝端嚴，天上人間最為第一。

附

1. 元抄本密教儀軌殘頁

題解：

本件文書收錄於《黑城出土文書（漢文文書卷）》第220頁《佛教類·佛經抄本》，其所記文書編號為F13：W11，並列出文書諸要素為：竹紙，殘，楷書，尺寸為22.8cm×12.7cm。《中國藏黑水城漢文文獻》一書未收錄圖版。文書現存文字7行，從內容來看，其應為密教修習儀軌殘頁。

錄文標點：

（前缺）

1. ☐者最極怖畏廣大寒林墓冢之間。吉祥智
2. 尊擁護甚深。諸大本續救情智目，具足記句。修
3. 習人處伏冤之師間，斷諸魔自在，降諸惡緣。主命
4. 之鬼能護靈驗，諸火中圍成就作行，汝是根本。
5. 頂具骷髏，明滿諸相，怒目張口，其皺威儀，面☐
6. ☐大吉悅之相，四臂執持作行手☐，二足勇☐
7. ☐☐☐☐獲就法☐☐☐☐

（後缺）

2. 元抄本密教儀軌殘頁

題解：

本件文書收錄於《黑城出土文書（漢文文書卷）》第221頁《佛教類·佛經抄本》，其所記文書編號為F20：W3，並列出文書諸要素為：黃色竹紙，缺，行楷書，上下有細欄，尺寸為15.8cm×9.6cm。《中國藏黑水城漢文文獻》一書未收錄圖版。文書現存文字6行，從內容來看，其應為密教修習儀軌殘頁。

錄文標點：

（前缺）

1. 麻曷拶①斡吽　想七寶□中降下
2. 　　标受瓶　遣魔四面呪
3. 　　增長佛慢　念忿怒呪
4. 唵末則囉②麻曷末辝吽癹③怛
5. 　　三字标受種集
6. 采糖密乳呪

（後缺）

（二）印本佛經

1. 元刻本《大方廣佛華嚴經》殘卷

題解：

本件《中國藏黑水城漢文文獻》中原始編號為F9：W20—1至F9：W20—6，出版編號為M1·1403—1408，收於第八冊《印本佛經》第1731—1733頁，擬題為《大方廣佛華嚴經·入不思議解脫境界普賢行願品》。本件還收錄於《黑城出土文書（漢文文書卷）》第223頁《佛教類·佛經印本》，其所記文書編號為F9：W20，無錄文，僅列出文書諸要素為：《大方廣佛華嚴經·入不思議解脫境界普賢行願品》殘卷，夾竹紙，經摺裝，每面圓角；每面一端高12.3cm，另一端高12cm，寬6.2cm；現存17面，其中有3面連接在一起的3張，兩面相連的2張（應為1張）；版心上下雙欄，高9cm，每面刻經文6行，每行最多14字，刻文楷體為主，夾有宋體字，其中亦有簡俗字；首面右下角加蓋朱紅印一方，長3.9cm，寬4cm，印文為橫書梵文5行。文書F9：W20—1、F9：W20—2、F9：W20—5三件為三面相連；F9：W20—3、F9：W20—4也為三面，但三面斷開；F9：W20—6為兩

---

① "拶"，《黑城出土文書》錄文原作"歲"，據其他佛教"拶"字《黑城出土文書》均作"歲"，且佛教咒文"拶"字常見推斷，其應為"拶"。
② "囉"，《黑城出土文書》錄文原作"唯"，據佛教典籍中"唵末則囉"為常見句式推斷，其應為"囉"。
③ "癹"，《黑城出土文書》錄文原作"發"，據其他佛教"癹"字《黑城出土文書》均作"發"，且佛教咒文"癹"字常見推斷，其應為"癹"。

面相連，但一面無文字。據《大正藏》本《大方廣佛華嚴經·入不思議解脫境界普賢行願品》，圖版對文書排列有誤，其正確順序應為 F9：W20—1、F9：W20—4（三）、F9：W20—4（二）、F9：W20—4（一）、F9：W20—3（三）、F9：W20—3（一）、F9：W20—2、F9：W20—5、F9：W20—6、F9：W20—3（二）。下錄文先按圖版順序釋錄，之後將正確順序附錄於後。

錄文標點：

F9：W20—1，尺寸為 18.6cm×12.4cm：

1. 大方廣佛華嚴經入不思議解脫境
2. 界普賢行願品
3. 　　　罽賓國三藏般若奉　詔譯
4. 尒時，普賢菩薩摩訶薩稱歎如來勝[①]
5. 功德已，告諸菩薩及善財言："善男子，
6. 如來功德，假使十方一切諸佛經不

————————————

7. 可說不可說佛剎極微塵數劫，相續
8. 演說，不可窮盡。若欲成就此功德門，
9. 應修十種廣大行願。何等為十？一者
10. 礼敬諸佛，二者稱讚如來，三者廣修
11. 供養，四者懺悔業障，五者隨喜功德，
12. 六者請轉法輪，七者請佛住世，八者

————————————

13. 常隨佛學，九者恒順眾生，十者普皆
14. 迴向。"
15. 善財白言："大聖，云何礼敬乃至迴向？"
16. 普賢菩薩告善財言："善男子，言礼敬
17. 諸佛者，所有盡法界、虛空界、十方三
18. 世一切佛剎極微塵數諸佛世尊，我

　　　（後缺）

————————————

① 第1—4行下部加蓋朱文梵文印章一枚。

F9: W20—2，尺寸為 18.6cm×12.3cm：
　　　（前缺）
1. 究竟佛事示涅槃　我皆往詣而親近
2. 速疾周徧神通力　普門徧入大乘力
3. 智行普修功德力　威神普覆大慈力
4. 徧淨莊嚴勝福力　無着無依智慧力
5. 定慧方便諸威力　普能積集菩提力
6. 清淨一切善業力　摧滅一切煩惱力

7. 降伏一切諸魔力　圓滿普賢諸行力
8. 普能嚴淨諸剎海　解脫一切眾生海
9. 善能分別諸法海　能甚深入智慧海
10. 普能清淨諸行海　圓滿一切諸願海
11. 親近供養諸佛海　修行無倦經劫海
12. 三世一切諸如來　最勝菩提諸行願

13. 我皆供養圓滿修　以普賢行司菩提
14. 一切如來有長子　彼名號曰普賢尊
15. 我今迴向諸善根　願諸智行悉同彼
16. 願身口意恒清淨　諸行剎土亦復然
17. 如是智慧號普賢　願我與彼皆同等
18. 我為徧淨普賢行　文殊師利諸大願
　　　（後缺）

F9: W20—3，尺寸為 22.5cm×12.3cm：
（一）
　　　（前缺）
1. 諸佛、菩薩，經尒所佛剎極微塵數劫，
2. 相續不斷，所得功德。若復有人，聞此
3. 願王，一經於耳，所有功德，比前功德
4. 百分不及一，千分不及一，乃至優波

5. 尼沙陁分亦不及一。或復有人，以深
6. 信心，於此大願，受持、讀誦乃至書寫
　　　　　（後缺）

（二）
　　　　　（前缺）
1. 成等正覺轉法輪　普利一切諸含識
2. 若人於此普賢願　讀誦受持及演說
3. 果報唯佛能證知　決定獲勝菩提道
4. 若人誦此普賢願　我說少分之善根
5. 一念一切悉皆圓　成就眾生清淨願
6. 我此普賢殊勝行　無邊勝福皆迴向
　　　　　（後缺）

（三）
　　　　　（前缺）
1. 利樂一切眾生，如是虛空界盡、眾生
2. 界盡、眾生業盡、眾生煩惱盡、我此勸
3. 請無有窮盡，念念相續，無有間斷，身
4. 語意業，無有疲猒。
5. 復次，善男子，言常隨佛學者，如此娑
6. 婆世界，毗盧遮那如來，從初發心，精
　　　　　（後缺）

F9：W20—4，尺寸為22.7cm×11.7cm：
（一）
　　　　　（前缺）
　　　　　行　三①
1. 切言詞海，稱揚讚歎一切　　　　②
2. 德海，窮未來際，相續不斷，　　　③

---

① 此行文字為黏結處斷開後露出的原來所標紙序。
② 據《大正藏》本此處所缺文字應為"如來諸功"。
③ 據《大正藏》本此處所缺文字應為"盡於法界"。

3. 無不周徧。如是虛空界盡、衆生☐①

4. 衆生業盡、衆生煩惱盡，我☐②

5. 虛空界乃至煩惱，無有盡故，☐③

6. ☐☐☐④窮盡，念念相續，無有間☐⑤

　　　（後缺）

（二）

　　　（前缺）

1. 法界、虛空界、十方三世一切刹土，所

2. 有極微一一塵中，皆有一切世間⑥極

3. 微塵數佛，一一佛所皆有菩薩海☐⑦

4. 圍遶。我當悉以甚深勝☐⑧

5. 各以出過辯才天女微妙☐⑨

6. 舌根，出無盡音聲海☐⑩

　　　（後缺）

（三）

　　　（前缺）

1. 微塵☐⑪

2. 說佛☐⑫

---

① 據《大正藏》本此處所缺文字應為"界盡"。
② 據《大正藏》本此處所缺文字應為"讚乃盡，而"。
③ 據《大正藏》本此處所缺文字應為"我此讚"。
④ 據《大正藏》本此處所缺文字應為"歎無有"。
⑤ 據《大正藏》本此處所缺文字應為"斷，身"。
⑥ "間"《大正藏》本作"界"。
⑦ 據《大正藏》本此處所缺文字應為"會"。
⑧ 據《大正藏》本此處所缺文字應為"解，現前知見"。
⑨ 據《大正藏》本此處所缺文字應為"舌根，一一"。
⑩ 據《大正藏》本此處所缺文字應為"一一音聲，出一"。
⑪ 據《大正藏》本此處所缺文字應為"數身，一一身徧礼不可說不可"。
⑫ 據《大正藏》本此處所缺文字應為"刹極微塵數佛，虛空界盡，我礼"。

3. 乃盡。以① _____ ②

　　　（後缺）

F9：W20—5，尺寸為 18.7cm×12.2cm：

　　　（前缺）

1. 我今迴向諸善根　為得普賢殊勝行
2. 願我臨欲命終時　盡除一切諸障礙
3. 面見彼佛阿弥陁　即得往生安樂剎
4. 我既往生彼國已　現前成就此大願
5. 一切圓滿盡無餘　利樂一切衆生界
6. 彼佛衆會咸清淨　我時於勝蓮花生

7. 親覩如來無量光　現前授我菩提記
8. 蒙彼如來授記已　化身無數百俱胝③
9. 智力廣大徧十方　普利一切衆生界
10. 乃至虛空世界盡　衆生及業煩惱盡
11. 如是一切無盡時　我願究竟恒無盡
12. 十方所有無邊剎　莊嚴衆寶供如來

13. 最勝安樂施天人　經一切剎微塵劫
14. 若人於此勝願王　一經於耳能生信
15. 求勝菩提心渴仰　獲勝功德過於彼
16. 即常遠離惡知識　永離一切諸惡道
17. 速見如來無量光　具此普賢最勝願
18. 此人善得勝壽命　此人善來人中生

　　　（後缺）

F9：W20—6，尺寸為 12.3cm×12.2cm：

---

① "以"《大正藏》本作"而"。
② 據《大正藏》本此處所缺文字應為"虛空界不可盡故，我此礼敬"。
③ "胑"通"胝"。

九　　□①

1. 此人不久當成就　如彼普賢菩薩行
2. 往昔由無智慧力　所造極惡五無間
3. 誦此普賢大願王　一念速疾皆消滅
4. 族姓各類及容色　相好智慧咸圓滿
5. 諸魔外道不能摧　堪為三界所應供
6. 速諸菩提大樹王　坐已降伏諸魔衆
　　　　（後缺）

附：據《大正藏》本《大方廣佛華嚴經》將文書復原應為：

F9: W20—1：

1. 大方廣佛華嚴經入不思議解脫境
2. 界普賢行願品
3. 　　　罽賓國三藏般若奉　　詔譯
4. 尒時，普賢菩薩摩訶薩稱歎如來勝②
5. 功德已，告諸菩薩及善財言："善男子，
6. 如來功德，假使十方一切諸佛經不

---

7. 可說不可說佛刹極微塵數劫，相續
8. 演說，不可窮盡。若欲成就此功德門，
9. 應修十種廣大行願。何等為十？一者
10. 礼敬諸佛，二者稱讚如來，三者廣修
11. 供養，四者懺悔業障，五者隨喜功德，
12. 六者請轉法輪，七者請佛住世，八者

---

13. 常隨佛學，九者恒順衆生，十者普皆
14. 迴向。"
15. 善財白言："大聖，云何礼敬乃至迴向？"
16. 普賢菩薩告善財言："善男子，言礼敬

---

① 此行文字為黏結處斷開後露出的原來所標紙序。
② 第1—4行下部加蓋朱文梵文印章一枚。

17. 諸佛者，所有盡法界、虛空界、十方三

18. 世一切佛刹極微塵數諸佛世尊，我以普賢行願力故，起深信解。如對目前。悉以清淨身語意業。常修禮敬。一一佛所。皆現不可說不可說佛刹極

F9：W20—4（三）：

1. 微塵數身，一一身徧礼不可說不可

2. 說佛虛空界不可盡故，我此礼敬

3. 乃盡。以虛空界不可盡故，我此礼敬無有窮盡。如是，乃至衆生界盡、衆生業盡、衆生煩惱盡，我礼乃盡。而衆生界、乃至煩惱無有盡故，我此礼敬無有窮盡。念念相續，無有間斷，身語意業無有疲猒。

復次，善男子，言稱讚如來者，所有盡

F9：W20—4（二）：

1. 法界、虛空界、十方三世一切刹土，所

2. 有極微一一塵中，皆有一切世間①極

3. 微塵數佛，一一佛所皆有菩薩海會

4. 圍遶。我當悉以甚深勝解，現前知見

5. 各以出過辯才天女微妙舌根，一一

6. 舌根，出無盡音聲海一一音聲，出一

F9：W20—4（一）：

---

① "間"《大正藏》本作"界"。

行　三①

1. 切言詞海，稱揚讚歎一切 如來諸功
2. 德海，窮未來際，相續不斷， 盡於法界
3. 無不周徧。如是虛空界盡、眾生 界盡
4. 眾生業盡、眾生煩惱盡，我 讚乃盡，而
5. 虛空界乃至煩惱無有盡故， 我此讚
6. 歎無有 窮盡，念念相續，無有 間斷，身
　　　（中缺）

F9：W20—3（三）：
1. 利樂一切眾生，如是虛空界盡、眾生
2. 界盡、眾生業盡、眾生煩惱盡，我此勸
3. 請無有窮盡，念念相續，無有間斷，身
4. 語意業，無有疲猒。
5. 復次，善男子，言常隨佛學者，如此娑
6. 婆世界，毗盧遮那如來，從初發心，精
　　　（中缺）

F9：W20—3（一）：
1. 諸佛、菩薩，經尒所佛剎極微塵數劫，
2. 相續不斷，所得功德。若復有人，聞此
3. 願王，一經於耳，所有功德，比前功德
4. 百分不及一，千分不及一，乃至優波
5. 尼沙陀分亦不及一。或復有人，以深
6. 信心，於此大願，受持、讀誦乃至書寫
　　　（中缺）

F9：W20—2：
1. 究竟佛事示涅槃　我皆徃詣而親近
2. 速疾周徧神通力　普門徧入大乘力

① 此行文字為黏結處斷開後露出的原來所標紙序。

3. 智行普修功德力　威神普覆大慈力
4. 徧淨莊嚴勝福力　無着無依智慧力
5. 定慧方便諸威力　普能積集菩提力
6. 清淨一切善業力　摧滅一切煩惱力

---

7. 降伏一切諸魔力　圓滿普賢諸行力
8. 普能嚴淨諸刹海　解脫一切衆生海
9. 善能分別諸法海　能甚深入智慧海
10. 普能清淨諸行海　圓滿一切諸願海
11. 親近供養諸佛海　修行無倦經劫海
12. 三世一切諸如來　最勝菩提諸行願

---

13. 我皆供養圓滿修　以普賢行司菩提
14. 一切如來有長子　彼名號曰普賢尊
15. 我今迴向諸善根　願諸智行悉同彼
16. 願身口意恒清淨　諸行刹土亦復然
17. 如是智慧號普賢　願我與彼皆同等
18. 我為徧淨普賢行　文殊師利諸大願

滿彼事業盡無餘　未來際劫恒無倦

我所修行無有量獲得無量諸功德

安住無量諸行中了達一切神通力

文殊師利勇猛智普賢慧行亦復然

我今迴向諸善根隨彼一切常修學

三世諸佛所稱歎如是最勝諸大願

F9: W20—5：

1. 我今迴向諸善根　為得普賢殊勝行
2. 願我臨欲命終時　盡除一切諸障礙
3. 面見彼佛阿弥陁　即得往生安樂刹，
4. 我旣往生彼國已　現前成就此大願

5. 一切圓滿盡無餘　　利樂一切衆生界
6. 彼佛衆會咸清淨　　我時於勝蓮花生

7. 親睹如來無量光　　現前授我菩提記
8. 蒙彼如來授記已　　化身無數百俱胝①
9. 智力廣大徧十方　　普利一切衆生界
10. 乃至虛空世界盡　　衆生及業煩惱盡
11. 如是一切無盡時　　我願究竟恒無盡
12. 十方所有無邊刹　　莊嚴衆寶供如來

13. 最勝安樂施天人　　經一切刹微塵劫
14. 若人於此勝願王　　一經於耳能生信
15. 求勝菩提心渴仰　　獲勝功德過於彼
16. 即常遠離惡知識　　永離一切諸惡道
17. 速見如來無量光　　具此普賢最勝願
18. 此人善得勝壽命　　此人善來人中生

F9: W20—6：

九　　　□②

1. 此人不久當成就　　如彼普賢菩薩行
2. 往昔由無智慧力　　所造極惡五無間
3. 誦此普賢大願王　　一念速疾皆消滅
4. 族姓各類及容色　　相好智慧咸圓滿
5. 諸魔外道不能摧　　堪為三界所應供
6. 速諸菩提大樹王　　坐已降伏諸魔衆

F9: W20—3（二）：

1. 成等正覺轉法輪　　普利一切諸含識
2. 若人於此普賢願　　讀誦受持及演說
3. 果報唯佛能證知　　決定獲勝菩提道
4. 若人誦此普賢願　　我說少分之善根

---

① "胘"通"胝"。
② 此行文字為黏結處斷開後露出的原來所標紙序。

5. 一念一切悉皆圓　成就衆生清淨願
6. 我此普賢殊勝行　無邊勝福皆迴向
　　　　（後缺）

2. 元刻本《圓覺經疏鈔隨文要解》等殘片

題解：

本件《中國藏黑水城漢文文獻》中原始編號為F13：W17—1至F13：W17—5，出版編號為M1·1409—1413，收於第八冊《印本佛經》第1734—1735頁，擬題為《〈圓覺疏抄隨文要解〉殘頁》。本件還收錄於《黑城出土文書（漢文文書卷）》第223頁《佛教類·佛經印本》，其所記文書編號為F13：W17，並列出文書諸要素為：竹紙，經摺裝，F13及F9出土為同一書（F9所出文書李逸友記其編號為F9：W42，《中國藏黑水城漢文文獻》一書未收），其中F5（應為F13）殘存5面，F9出土一面，均不完整，最高21.2cm，最寬11cm，刻文宋體，粗邊欄。文書F13：W17—1現存文字6行，F13：W17—2現存文字6行，F13：W17—3現存文字7行，F13：W17—4現存文字2行，F13：W17—5現存文字3行。按，文書F13：W17—1、F13：W17—2可拼合，內容出自元清遠述《圓覺經疏鈔隨文要解》卷第七；F13：W17—3、F13：W17—5可拼合，內容出自《圓覺經疏鈔隨文要解》卷第十；F13：W17—4出處不明，其內容似為陀羅尼真言，且字體較小，與其他文書應非同件文書。

錄文標點：

（一）F13：W17—1、F13：W17—2，尺寸為11.5cm×30.4cm、11.1cm×15.2cm：

　　　　（前缺）
1. 若語意冥符，則衣法皆付。時上座神秀書偈云："身是菩提
2. 樹，心如明鏡臺，時時勤拂拭，莫遣有塵埃。"能在碓坊，忽聆
3. 誦偈，乃問同學，已知其詳，曰："能亦以一偈和之。"人皆相視
4. 而笑。至夜，告一童子，寫一偈云："菩提本無樹，心鏡亦非臺，
5. 本來無一物，何假拂塵埃？"大師既見此偈，至夜，潛令人召
6. 能行者入室，分付衣法。能捧衣而出。是夜，南邁。慧能，俗姓
7. ＿＿＿＿＿＿＿＿＿＿＿＿＿＿＿新州，三歲喪父，其母

8. _____梅之東禪云云。《大
9. _____剃髮。若《傳燈》云：
10. _____性耳。印宗與緇白送
11. _____其道盛行。然返曹溪，雨大
12. _____不入。唐睿宗先天二年，入滅。①

　　　（後缺）

（二）F13∶W17—3，尺寸為12.6cm×13.6cm：

　　　（前缺）

1. _____此菩
2. _____薩問對離
3. _____上平等妙觀，二智
4. _____疏對機之佛亦不可得
5. _____今經能應，即他受用身，所
6. _____離之智？既無對離之智，何
7. _____□□□

　　　（後缺）

（三）F13∶W17—4，尺寸為3.4cm×5.5cm：

　　　（前缺）

1. _____□普吒　扇
2. _____𪚥　賀②

　　　（後缺）

（四）F13∶W17—5，尺寸為6.7cm×5.3cm：

　　　（前缺）

1. _____有對_____
2. ___垢之菩薩何____

---

① 文書第1—6行為F13∶W17—1內容，第7—12行為F13∶W17—2內容。
② 此件文書應與其他文書非同件佛經殘片，應為混入。

3. ____見法身問____

（後缺）

附：F13: W17—3、F13: W17—5 拼合：

（前缺）

1. ____此菩
2. ____薩問對離
3. ____上平等妙觀，二智
4. ____疏對機之佛亦不可得
5. ____今經能應，即他受用身，所
6. ____有對離之智？既無對離之智，何
7. ____垢之菩薩何____□□□
8. ____見法身問____

（後缺）

附：據《卍新纂續藏經》本《圓覺經疏鈔隨文要解》將 F13: W17—1、F13: W17—2、F13: W17—3 所缺文字補齊應為：

（一）F13: W17—1、F13: W17—2：

（前缺）

1. 若語意冥符，則衣法皆付。時上座神秀書偈云："身是菩提
2. 樹，心如明鏡臺，時時勤拂拭，莫遣有塵埃。"能在碓坊，忽聆
3. 誦偈，乃問同學，已知其詳，曰："能亦以一偈和之。"人皆相視
4. 而笑。至夜，告一童子，寫一偈云："菩提本無樹，心鏡亦非臺，
5. 本來無一物，何假拂塵埃？"大師既見此偈，至夜，潛令人召
6. 能行者入室，分付衣法。能捧衣而出。是夜，南邁。慧能，俗姓
7. 盧氏，其先是范陽人。父在，官于南海新州。三歲喪父，其母
8. 守志，家貧采樵。聞忍大師有道，直造黃梅之東禪云云。《大
9. 鈔》云：歸嶺南廣州制止寺，印宗法師為之剃髮。若《傳燈》云：
10. 南海廣州法性寺。恐即此寺，後名法性耳。印宗與緇白送

11. 送歸韶州寶林，於大梵寺轉法輪，其道盛行。然返曹溪，雨大
12. 法。唐中宗神龍元年敕請，不入。唐睿宗先天二年，入滅
    （後缺）

（二）F13：W17—3、F13：W17—5：
    （前缺）
1. 我說身心以為幻垢，對所離幻垢之跡說名菩薩。問：此菩
2. 薩是何地位？答：即上根凡夫當彼終教地上菩薩。問：對離
3. 之智是何智邪？答：約二空觀言之，即地上平等妙觀；二智
4. 若約唯破我執言之，即成所作智。疏對機之佛亦不可得，
5. 方見法身。法身說經義在斯矣。今經能應，即他受用身，所
6. 對是登地機，妄執既無，何有對離之智？既無對離之智，何
7. 有對垢之菩薩？既無對垢之菩薩，何有對機說法之者。故
8. 云對機之佛亦不可得，方見法身。問：前云是他受用身說
    （後缺）

3. 元刻本《大方廣佛花嚴經》殘片

題解：

本件《中國藏黑水城漢文文獻》中原始編號為F14：W13，出版編號為M1·1414，收於第八冊《印本佛經》第1736頁，擬題為《〈大方廣佛花嚴經光明覺品第九〉殘頁》，並記其尺寸為16.3cm×27.6cm。本件還收錄於《黑城出土文書（漢文文書卷）》第223頁《佛教類·佛經印本》，其所記文書編號與《中國藏黑水城漢文文獻》原始編號同，並列出文書諸要素為：《大方廣佛花嚴經·光明覺品第九》殘頁，竹紙，線裝本，尺寸為27.5cm×16.5cm，版心高23.7cm；邊粗欄，上下雙細欄，題頭細欄，經文無欄；刻文宋體；右下角墨書小字兩行十字："大夏（夏應為寬）圓寂寺/賀家新施經"，並加蓋朱紅印一方，徑3.4cm，印文漫漶不清。文書現存文字7行。

1414　中國藏黑水城漢文文獻的整理與研究

錄文標點：

（前缺）

1.　　　　　　　　大竟①圓寂寺
　　　　　　　　　賀家新施經
2. 大方廣佛花嚴經光明覺品第九②
3.　　　　　　卷第十三　　　章
4.　　　　　唐于闐三藏實乂③難陁等奉　制譯
5. 尒時，世尊從兩足輪下，放百億光明，照
6. ▭▭▭▭▭▭▭④百億閻浮提，百億弗
7. ▭▭▭▭▭▭▭⑤百億欝▭越，百億大

（後缺）

4. 元刻本《大方廣佛花嚴經》殘片（一）

題解：

本件《中國藏黑水城漢文文獻》中原始編號為F20：W4，出版編號為M1·1415，收於第八冊《印本佛經》第1737頁，擬題為《〈大方廣佛花嚴經十天盡藏品第二十二〉殘頁》，並記其尺寸為5.7cm×5.2cm。《黑城出土文書（漢文文書卷）》一書未收。文書現存文字3行，在1、2行之間有一圓形墨點。按，本號文書與同頁M1·1417［F20：W68］號文書字跡一致，內容相關，可以拼合為一，應為同一刻本殘頁。文書擬題依綴合後所定。

錄文標點：

（前缺）

1. ▭▭廣佛花嚴經十▭▭▭▭▭
　　　　　·
2. ▭▭▭德林菩薩復▭▭▭▭

---

① "竟"，《黑城出土文書》一書釋讀為"夏"，現據圖版改。
② 文書第1—2行下部鈐朱印一枚。
③ "乂"通"叉"。
④ 此處所缺文字據《大正藏》本應為"此三千大千世界"。
⑤ 此處所缺文字據《大正藏》本應為"婆提，百億瞿耶尼"。

3. □□□□當說▭▭▭▭▭▭▭
　　　　（後缺）

5. 元刻本《阿毗達磨俱舍論本頌》殘片

題解：

本件《中國藏黑水城漢文文獻》中原始編號為 F20：W2，出版編號為 M1·1416，收於第八冊《印本佛經》第 1737 頁，擬題為《佛經殘頁》，並記其尺寸為 7.6cm×7.2cm。《黑城出土文書（漢文文書卷）》一書未收。文書現存文字 4 行。陳瑞青指出本件文書內容出自《阿毗達磨俱舍論本頌》之《分別定品第八》。參考文獻：陳瑞青《〈中國藏黑水城漢文文獻〉所收佛經殘頁題名辨正》，《"中國藏黑水城漢文文獻整理與研究研討會"論文集》，2012 年 8 月，煙台。

錄文標點：

　　　　（前缺）
1. ▭▭▭▭|上|无，□▭▭▭
2. ▭|餘十，諦行|▭▭▭
3. ▭|脫門，重|□▭
4. ▭▭|□□，□|▭
　　　　（後缺）

附：據《大正藏》本《阿毗達磨俱舍論本頌》將文書所缺文字補齊應為：

　　　　（前缺）
1. |中唯伺|上无　|空謂空非我　無相謂滅四|
2. |無願謂|餘十　諦行|相相應　此通淨無漏|
3. |無漏三|脫門　重|二緣無學　取空非常相|
4. |後緣無相定　　非擇滅為靜　有漏人不時|
　　　　（後缺）

6. 元刻本《大方廣佛花嚴經》殘片（二）

題解：

本件《中國藏黑水城漢文文獻》中原始編號為 F20：W68，出版編號為M1·

1416 中國藏黑水城漢文文獻的整理與研究

1417，收於第八冊《印本佛經》第 1737 頁，擬題為《〈大方廣佛花嚴經十天盡藏品第二十二〉殘頁》，並記其尺寸為 10.6cm×9.1cm。《黑城出土文書（漢文文書卷）》一書未收。文書現存文字 3 行。文書現存文字 7 行。按，本號文書與同頁 M1·1415［F20∶W4］號文書字跡一致，內容相關，可以拼合為一，應為同一刻本殘頁。文書擬題依綴合後所定。

錄文標點：

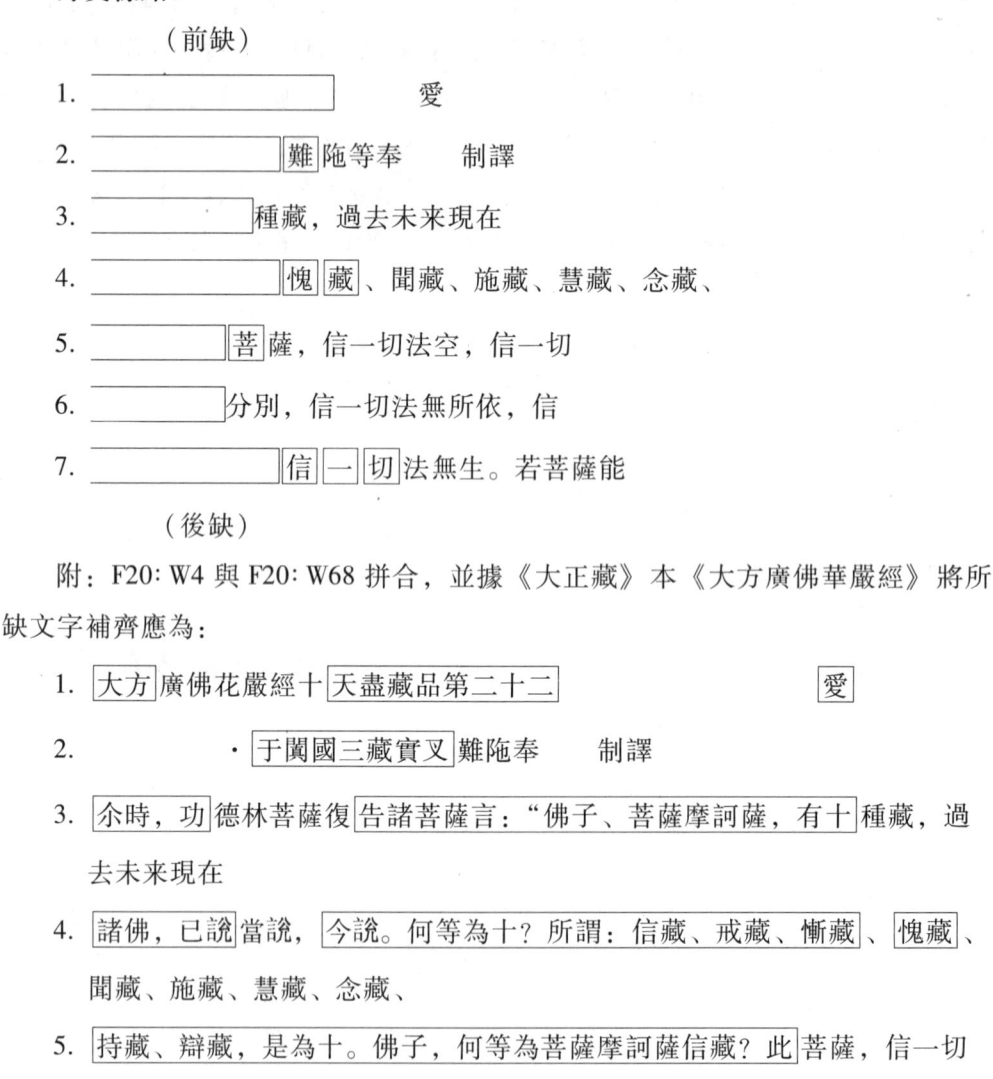

（前缺）

1. ☐☐☐☐☐☐☐☐ 愛
2. ☐☐☐☐ 難陁等奉　　制譯
3. ☐☐☐☐ 種藏，過去未來現在
4. ☐☐☐☐ 愧 藏、聞藏、施藏、慧藏、念藏、
5. ☐☐☐☐ 菩 薩，信一切法空，信一切
6. ☐☐☐☐ 分別，信一切法無所依，信
7. ☐☐☐☐ 信 一 切法無生。若菩薩能

（後缺）

附：F20∶W4 與 F20∶W68 拼合，並據《大正藏》本《大方廣佛華嚴經》將所缺文字補齊應為：

1. 大方 廣佛花嚴經十 天盡藏品第二十二　　　　　　愛
2. 　　　·于闐國三藏實叉 難陁奉　　制譯
3. 尒時，功 德林菩薩復 告諸菩薩言："佛子、菩薩摩訶薩，有十 種藏，過去未來現在
4. 諸佛，已說 當說， 今說。何等為十？所謂：信藏、戒藏、慚藏 、 愧藏 、聞藏、施藏、慧藏、念藏、
5. 持藏、辯藏，是為十。佛子，何等為菩薩摩訶薩信藏？此 菩薩，信一切法空，信一切
6. 法無相，信一切法無願，信一切法無作，信一切法無 分別，信一切法無所依，信

7. 一切法不可量，信一切法無有上，信一切法難超越，信一切法無生。若菩薩能

　　　（後缺）

7. 元刻本《禪秘要法經》殘片

題解：

本件《中國藏黑水城漢文文獻》中原始編號為F80：W1，出版編號為M1·1418，收於第八冊《印本佛經》第1738頁，擬題為《〈禪秘要法經〉殘頁》，並記其尺寸為18.7cm×15.1cm。《黑城出土文書（漢文文書卷）》一書未收。文書現存文字9行，其內容出自《禪祕要法經》卷中。

錄文標點：

　　　（前缺）

1. ＿＿＿＿尒＿＿＿＿＿＿

2. □身外，以觀空故＿＿＿

3. 身，兩足如琉璃筒＿＿＿

4. 聞所希有①事。此想＿＿

5. 淨可愛，□□琉璃＿＿＿

＿＿＿＿＿＿＿＿＿＿＿＿＿

6. 者，見地清＿

7. 見淨地＿

8. 百千＿＿＿＿

9. 白＿

　　　（後缺）

附：據《大正藏》本《禪秘要法經》將文書所缺文字補齊應為：

　　　（前缺）

1. 中，一切皆見。尒時行者，於自身內及

---

① "有"《大正藏》本《禪秘要法經》作"見"。

2. 與身外，以觀空故，學無我法。自見己

3. 身，兩足如琉璃筒；亦見下方，一切世

4. 間所希有事。此想成時，行者前地，明

5. 淨可愛，如毘琉璃，極為映徹。持戒具

_____

6. 者，見地清淨如梵王宮，威儀不具。雖

7. 見淨地，猶如水精。此想成時，有無量

8. 百千無數夜叉羅刹，皆從地出，手執

9. 白羊角龜甲白石，打金剛山。復有諸

　　　（後缺）

8. 元刻本《慈悲道場懺法》殘頁（一）

題解：

本件《中國藏黑水城漢文文獻》中原始編號為F245：W6—2、F245：W6—1、F245：W6—3，出版編號為M1·1419—1421，收於第八冊《印本佛經》第1739—1741頁，共三件殘片，擬題為《慈悲道場懺法卷二》及《慈悲道場懺法卷九》，並記其尺寸分別為16.1cm×22.2cm、16.2cm×22.3cm、15.8cm×22.1cm。本件還收錄於《黑城出土文書（漢文文書卷）》第223頁《佛教類·佛經印本》，其所記文書編號為F24 5：W6，指出本號文書與《中國藏黑水城漢文文獻》第1744頁M1·1424［F6：W70］號文書為同一經書殘頁，並列出文書諸要素為：某佛經《發願第五》殘頁，夾宣紙，經摺裝，F245與F6出土的為同一經書，其中F245殘存5面半，F6僅出土一面；每面裁切成圓角，尺寸為22cm×8.2cm，版心高16.1cm；刻文每面6行，每行最多16字，楷體夾宋體字，並夾有少量梵文，其中有兩面上有朱紅圈點斷句（M1·1421［F24 5：W6—3］與M1·1424［F6：W70］有朱筆句讀）。按，本號文書除與M1·1424［F6：W70］號文書為同一經書殘頁外，與《中國藏黑水城漢文文獻》第1743頁M1·1422［F13：W54］、M1·1423［F13：W55］兩號文書也是版式相同，字體一致，內容相關，為同一經書殘片。其中F245：W6—2、F245：W6—1可以拼合，F246：W6—1在前，內容出自《慈悲

道場懺法卷二》；F245：W6—3、F13：W54、F13：W55、F6：W70可拼合，且F13：W54與F6：W70可拼合為一整面，排列順序應為F245：W6—3、F13：W55、F13：W54與F6：W70拼合頁，內容出自《慈悲道場懺法卷九》。文書擬題依綴合後所定。

錄文標點：

（一）F245：W6—2、F245：W6—1《慈悲道場懺法卷二》：

（前缺）

1. 悉令入大願海中，即得成就功德智
2. 慧，同諸菩薩滿十地行，具足一切種
3. 智莊嚴、無上菩提，究竟解脫。
4. 發願第五　　※　※　※①
5. 今日道場同業大眾，相與已得，發大
6. 心竟，喜踊無量，宜復應發如是大願：

———————————————————

7. 等一痛切，五體投地，歸依世間大慈
8. 悲父。　　　※　※　※②
9. 南無　弥　勒　佛，南無釋迦牟尼佛，
10. 南無旃檀檀窟莊嚴勝佛，
11. 南無賢善首佛，南無　善　意佛，
12. 南無廣莊嚴王佛，南無金剛華佛，

（以上為F245：W6—1號文書）

13. 南無寶盖照空自在王佛，
14. 南無虛空寶華光佛，南無琉璃莊嚴王佛，
15. 南無普現色身光佛，南無不動智光佛，
16. 南無降伏諸魔王佛，南無才光明佛，
17. 南無智慧勝佛，南無弥勒仙光佛，
18. 南無藥王菩薩，南無藥上菩薩，

———————————————————

① 此行有三個梵文種字。
② 此行有三個梵文種字。

19. 南無無邊身菩薩，南無觀世音菩薩，

20. 願以不思議力，同加覆護，令㊟某甲等所

21. 有誓願，皆悉成就，在所生處，常不忘

22. 失，究竟無上菩提，成等正覺。一拜。

23. 各自心念口言：㊟某甲等從今日去，願生

24. 生世世，在在處處，常得憶念發菩提

　　　　（後缺）

（二）F245：W6—3《慈悲道場懺法卷九》

　　　　（前缺）

1. 華心一切世法，所不能染。優曇缽華

2. 心，多劫難遇。㊟諸本皆闕，見古華嚴①淨日心除滅

3. 一切愚癡，瞖障虛空心，一切眾生無

4. 能量者。又願四生六道一切眾生從

5. 今日去，思量識性，思量決信解性，棄

6. 捐調戲，常思法語，所有皆施，心無愛

―――――――――――――――――

7. ＿＿＿＿不壞怯弱。所修功德，悉

8. ＿＿＿＿道，專心一向。見善如

9. ＿＿＿＿離生死，速出三界，明

10. ＿＿＿＿各得供養，一切諸

11. ＿＿＿＿滿足，各得供養，一

12. ＿＿＿＿具皆悉滿足，各得供②

　　　　（後缺）

附：據《大正藏》本《慈悲道場懺法》將F245：W6—3號文書所缺文字補齊應為：

―――――――――――

① "優曇缽華心，多劫難遇。諸本皆闕，見古華嚴，"一語，《大正藏》本無。

② 此件殘片有朱筆句讀痕跡。

（前缺）

1. 華心一切世法，所不能染。優曇缽華
2. 心，多劫難遇。^{諸本皆闕，見古華嚴}淨日心除滅
3. 一切愚癡，瞖障虛空心，一切衆生無
4. 能量者。又願四生六道一切衆生從
5. 今日去，思量識性，思量決信解性，棄
6. 捐調戲，常思法語，所有皆施，心無愛

⸻

7. 惜，心心勇猛，不壞怯弱。所修功德，悉
8. 施一切，不還邪道。專心一向，見善如
9. 化，見惡如夢。捨離生死，速出三界，明
10. 了觀察甚深妙法。各得供養一切諸
11. 諸佛，供養衆具，皆悉滿足；各得供養，一
12. 切尊法，供養衆具，皆悉滿足，各得供

（後缺）

9. 元刻本《大方廣佛華嚴經隨疏演義鈔》殘片

題解：

本件《中國藏黑水城漢文文獻》中原始編號為 AE185　ZHi24，出版編號為 M3·0012，收於第八冊《印本佛經》第 1742 頁，擬題為《佛經殘頁》，並記其尺寸為 11.3cm×13.2cm。《黑城出土文書（漢文文書卷）》一書未收。文書現存文字 7 行，楷體，下細欄。彭海濤指出本件文書內容出自唐澄觀著《大方廣佛華嚴經隨疏演義鈔》，是對《華嚴經疏》的隨文解釋，特稱《華嚴經疏鈔玄談》，又稱《華嚴懸談》《清涼玄談》，並對本文書進行了復原。參考文獻：彭海濤《黑水城所出八件佛經殘片定名及復原》，《西夏學》第八輯，上海古籍出版社 2011 年版。

錄文標點：

（前缺）

1. ＿＿＿＿＿二？一者法，二者義。所言

2. ☐☐☐☐☐☐☐☐世間、出世間法。依於此
3. ☐☐☐☐☐☐☐☐□義訖，今取解釋分①，顯
4. ☐☐☐☐☐☐☐☐□《論賢首疏》云：一心者，
5. ☐☐☐☐☐☐☐☐絕相②即真如門，二隨緣
6. ☐☐☐☐☐☐☐☐品，當廣分別，今但略證教
7. ☐☐☐☐☐☐☐☐☐證圓教唯心，知一切
　　　（後缺）

附：彭海濤將文書復原如下：
　　　（前缺）

1. 摩訶衍者，總說有二種。云何為二？一者法，二者義。所言
2. 法者，謂衆生心是，心即攝一切世間、出世間法。依於此
3. 心，顯示摩訶衍義，此即已明唯心義訖。今取解釋分，顯
4. 心性相真妄交徹，知是終教。按彼《論賢首疏》云：一心者，
5. 即如來藏心，含於二義：一約體絕相即真如門，二隨緣
6. 起滅即生滅門。此義至問明品，當廣分別。今但略證教
7. 體是心耳。梵行品下，即引當經，以證圓教唯心，知一切③
　　　（後缺）

10. 元刻本《慈悲道場懺法》殘頁（二）

題解：

本件《中國藏黑水城漢文文獻》中原始編號為 F13：W54、F13：W55，出版編號為M1・1422—1423，收於第八冊《印本佛經》第1743頁，共兩件殘片，擬題為《〈慈悲道場懺法卷九〉殘頁》，並記其尺寸分別為 8.3cm×12cm、7.3cm×

---

① 《大正藏》本《大方廣佛華嚴經隨疏演義鈔》"分"字後多一"中"字。
② 《大正藏》本《大方廣佛華嚴經隨疏演義鈔》"相"字前多一"諸"字。
③ 此行文字《大正藏》本《大方廣佛華嚴經隨疏演義鈔》作"體是唯心耳。嚫：梵行品下，即引當經，以證圓教唯心之義，知一切"。

10.9cm。《黑城出土文書（漢文文書卷）》一書未收。文書 F13：W54 為一面之上半部，現存文字 6 行；F13：W55 為一面之下半部，現存文字 5 行，均有朱筆句讀。按，本號文書與《中國藏黑水城漢文文獻》第 1739 頁 M1·1419〔F245：W6—2〕、第 1740 頁 M1·1420〔F245：W6—1〕、第 1741 頁 M1·1421〔F245：W6—3〕、第 1744 頁 M1·1424〔F6：W70〕號文書版式相同，字體一致，內容相關，為同一刻本殘頁。其中 F245：W6—2、F245：W6—1 可以拼合，F246：W6—1 在前，內容出自《慈悲道場懺法卷二》；F245：W6—3、F13：W54、F13：W55、F6：W70 可拼合，F13：W54 與 F6：W70 可拼合為一整面，排列順序應為 F245：W6—3、F13：W55、F13：W54 與 F6：W70 拼合頁，內容出自《慈悲道場懺法卷九》。文書擬題依綴合後所定。

錄文標點：

（一）F13：W54

　　　　（前缺）

1. 警念無常□□□□□□□

2. 今日道場同業□□□□□□

3. 道礼懺竟，次復□□□□□

4. 世罪福因果相□□□□□□

5. 隔。常謂影響相□□□□□

6. 致非可得而舛□□□□□□

　　　　（後缺）

（二）F13：W55：

　　　　（前缺）

1. □□□□□□衆具，皆悉滿足；各

2. □□□□□聖，供養衆具，皆悉滿

3. □□□□□□切衆生，異某甲等，今日

4. □□□□入大願海中，即得成

5. □□□□佛神力，隨心自在，等

　　　　（後缺）

1424　中國藏黑水城漢文文獻的整理與研究

附：F13: W54 與 F6: W70 拼合并據《大正藏》本《慈悲道場懺法》將F13: W55 所缺文字補齊應為：

（一）F13: W54

　　　　（前缺）

1. 警念無常　※　※　　※
2. 今日道場同業 大眾，相與已得，為六
3. 道礼懺竟，次復 應須悟世無常。夫三
4. 世罪福因果相 生，惻然在心，慮不斯
5. 隔。常謂影響相 符乃可胡越，善惡之
6. 致，非可得而舛 也。唯願大眾覺悟無

　　　　（後缺）

（二）F13: W55：

　　　　（前缺）

1. 養一切菩薩，供養 眾具，皆悉滿足；各
2. 得供養一切賢 聖，供養眾具，皆悉滿
3. 足。若有後流一 切眾生，異某等，今日
4. 願界者，皆悉令 入大願海中，即得成
5. 就功德智慧。以 佛神力，隨心自在，等

　　　　（後缺）

11. 元刻本《慈悲道場懺法》殘頁（三）

題解：

本件《中國藏黑水城漢文文獻》中原始編號為 F6: W70，出版編號為M1·1424，收於第八冊《印本佛經》第 1744 頁，擬題為《〈慈悲道場懺法卷九〉殘頁》，並記其尺寸為8.2cm×11.6cm。本件還收錄於《黑城出土文書（漢文文書卷）》第 223 頁《佛教類·佛經印本》，其所記文書編號與《中國藏黑水城漢文文獻》原始編號同，指出本號文書與《中國藏黑水城漢文文獻》第 1739 頁 M1·

1419［F245：W6—2］、第1740頁M1·1420［F245：W6—1］、第1741頁M1·1421［F245：W6—3］等號文書為同一經書殘頁，並列出文書諸要素為：某佛經《發願第五》殘頁，夾宣紙，經摺裝，F245與F6出土的為同一經書，其中F245殘存5面半，F6僅出土一面；每面裁切成圓角，尺寸為22cm×8.2cm，版心高16.1cm；刻文每面6行，每行最多16字，楷體夾宋體字，並夾有少量梵文，其中有兩面上有朱紅圈點斷句（M1·1421［F245：W6—3］與M1·1424［F6：W70］有朱筆句讀）。文書現存文字6行，其中第1行為梵文種子字，其餘各行均有朱筆句讀痕跡。按，本號文書除與《中國藏黑水城漢文文獻》第1739頁M1·1419［F245：W6—2］、第1740頁M1·1420［F245：W6—1］、第1741頁M1·1421［F245：W6—3］等號文書為同一經書殘頁外，與《中國藏黑水城漢文文獻》第1743頁M1·1422［F13：W54］、M1·1423［F13：W55］兩號文書也是版式相同，字體一致，內容相關，為同一刻本殘片。其中F245：W6—2、F245：W6—1可以拼合，F246：W6—1在前，內容出自《慈悲道場懺法卷二》；F245：W6—3、F13：W54、F13：W55、F6：W70可拼合，F13：W54與F6：W70可拼合為一整面，排列順序應為F245：W6—3、F13：W55、F13：W54與F6：W70拼合頁，內容出自《慈悲道場懺法卷九》。文書擬題依綴合後所定。

錄文標點：

　　　　　　（前缺）

1. ▭▭▭▭▭　※※　※①

2. ▭▭▭▭▭大衆，相與已得，為六

3. ▭▭▭▭▭應須悟世無常。夫三

4. ▭▭▭▭▭生，惻然在心，慮不斯

5. ▭▭▭▭▭符乃可胡越，善惡之

6. ▭▭▭▭▭也。唯願大衆覺悟，無

　　　　　　（後缺）

附：本件文書與F245：W6—3、F13：W55、F13：W54拼合，並據《大正藏》本《慈悲道場懺法》將所缺文字補齊應為：

---

① 此處為三個梵文字符。

（前缺）

1. 華心一切世法，所不能染。優曇鉢華
2. 心，多劫難遇。諸本皆闕，見古華嚴，淨日心除滅
3. 一切愚癡，瞖障虛空心，一切眾生無
4. 能量者。又願四生六道一切眾生從
5. 今日去，思量識性，思量決信解性，棄
6. 捐調戲，常思法語，所有皆施，心無愛

_____

7. 惜，心心勇猛，不壞怯弱。所修功德，悉
8. 施一切，不還邪道。專心一向，見善如
9. 化，見惡如夢。捨離生死，速出三界，明
10. 了觀察甚深妙法。各得供養一切諸
11. 佛，供養眾具，皆悉滿足；各得供養，一
12. 切尊法，供養眾具，皆悉滿足，各得供

（以上為 F245∶W6—3）

13. 養一切菩薩，供養眾具，皆悉滿足；各
14. 得供養一切賢聖，供養眾具，皆悉滿
15. 足。若有後流一切眾生，異某甲等，今日
16. 願界者，皆悉令入大願海中，即得成
17. 就功德智慧。以佛神力，隨心自在，等
    與如來俱成正覺一拜

（以上為 F13∶W55）

18. 警念無常　※　※　※
19. 今日道場同業大眾，相與已得，為六
20. 道礼懺竟，次復應須悟世無常。夫三
21. 世罪福因果相生，惻然在心，慮不斯

22. 隔。常謂影響相符乃可胡越，善惡之

23. 致，非可得而舛也。唯願大衆覺悟無

（以上為F13：W54、F6：W70）

12. 元延祐三年（1316）五月王业大等施經題記

題解：

本件《中國藏黑水城漢文文獻》中原始編號為F197：W6，出版編號為M1·1425，收於第八冊《印本佛經》第1744頁，擬題為《印經題款》，並記其尺寸為6.9cm×15.3cm。本件還收錄於《黑城出土文書（漢文文書卷）》第223頁《佛教類·佛経印本》，其所記文書編號與《中國藏黑水城漢文文獻》原始編號同，並列出文書諸要素為：印經題款殘頁，夾宣紙，經摺裝，僅存一面，尺寸為15.2cm×6.8cm，上下粗欄，版心高12cm，為延祐三年（1316）五月刻版。文書現存文字5行，為王业大等施經題記。

錄文標點：

　　　　（前缺）

1.　　　男王业大　　婦曹氏
2.　　　男王彬　　婦任氏
3. 助緣人李子明　　李子贇
4.　　延祐三年五月　日板主曹璋
5.　　　印經 待 詔 王白月

　　　　（後缺）

13. 元刻本《金剛般若波羅蜜經》殘片

題解：

本件《中國藏黑水城漢文文獻》中原始編號為F209：W13—1、F209：W13—2，出版編號為M1·1426—1427，收於第八冊《印本佛經》第1745—1746頁，共兩件殘片，擬題為《金剛經道場前儀》，並記其尺寸分別為9.1cm×25.9cm、8.9cm×26.1cm。本件還收錄於《黑城出土文書（漢文文書卷）》第223頁《佛教類·佛経印本》，其所記文書編號為F209：W13，並列出文書諸要素為：夾宣

紙，經摺裝，僅存兩面，均裁圓角，尺寸為26cm×9cm，版心高21cm，上下粗欄，刻文為楷體。其中一面刻"淨口業真言"，另一面刻"淨三業真言"，並蓋有朱紅印。印文為八思巴字，約為五方印加蓋重迭，因而模糊不清。兩件殘片各存文字5行，可拼合，其内容為《金剛般若波羅蜜經》前附之道場儀軌，今按拼合後文字釋錄。本件文書與F13及F19所出均不同。

錄文標點：

（前缺）

1. 滅隨喜者，八部冥扶，普勸受持，
2. 當來成佛。然後念淨口業真言，
3. 啓請八金剛、四菩薩，名號所在之
4. 處，常當擁護。
5. 　　淨口業真言

————————————————

6. 脩唎脩唎摩訶脩唎脩脩唎娑婆訶
7. 　　淨三業真言
8. 唵　薩嚩婆嚩秣馱　薩嚩達麽
9. 薩嚩婆嚩　秣度憾
10. 　　虛空藏菩薩普供養真言①

（後缺）

14. 元刻本《妙法蓮華經》殘片（一）

題解：

本件《中國藏黑水城漢文文獻》中原始編號為F13：W48，出版編號為M1·1428，收於第八冊《印本佛經》第1747頁，共兩件殘片，擬題為《〈添品妙法蓮華經卷六〉殘頁》，並記其尺寸為18.2cm×13.4cm。《黑城出土文書（漢文文書卷）》一書未收。文書殘片一現存文字6行，殘片二現存文字2行，其内容見於《妙法蓮華經》卷第六《隨喜功德品第十八》和《添品妙法蓮華經》卷六《隨喜功德品第十七》。按，本號文書與《中國藏黑水城漢文文獻》第1769頁M1·

————————————————

① 第1—5行為F209：W13—1内容，第6—10行為F209：W13—2内容。

1467［F13：W46］號文書字跡、版式相同，內容相關，可拼合為一，應為同一刻本殘頁。文書擬題依綴合後所定。

錄文標點：

（一）

　　　　　　（前缺）

1. ☐☐☐☐☐世尊 欲 ☐☐ 此 義，而說
2. ☐☐☐
3. ☐☐☐☐，得聞是經典。乃至於一偈，
4. ☐☐☐☐ 說 。如是展轉 教 ，至于第五十。
5. ☐☐☐☐☐☐☐☐。☐有大施主，
6. ☐☐☐☐☐☐☐，☐意之所欲。

　　　　　　（後缺）

（二）

　　　　　　（前缺）

1. ☐☐☐聞是法，皆得☐☐
2. ☐☐☐☐解脫，最☐☐☐①

　　　　　　（後缺）

15. 元刻本佛典殘片

題解：

本件《中國藏黑水城漢文文獻》中原始編號為AE183　ZHi22，出版編號為M3·0013，收於第八冊《印本佛經》第1748頁，擬題為《佛經殘頁》，並記其尺寸為12.7cm×13.3cm。《黑城出土文書（漢文文書卷）》一書未收。文書現存文字6行。陳瑞青指出本件文書內容出自宋普觀著《釋摩訶衍論記》卷第一《釋題目已下》，但其與《卍新纂續藏經》本文字略有出入。按，本件文書第1—3行見於《卍新纂續藏經》本《釋摩訶衍論記》，但其文書字數格式不符，第4—6行不見，現存疑。參考文獻：陳瑞青《〈中國藏黑水城漢文文獻〉所收佛經殘頁題

---

① 文書復原見M1·1467［F13：W46］號文書所附之復原。

名辨正》，《"中國藏黑水城漢文文獻整理與研究研討會"論文集》，2012年8月，煙台。

錄文標點：

（前缺）

1. 入二①門法中，自然即☐
2. 運而轉，故說②自然☐
3. 通，三種③謂體相相☐
4. 之義。 論大摠地中至☐
5. 問下解釋分，但依此一☐
6. 門等，何故不釋本法所☐

（後缺）

附：據《卍新纂续藏经》本《釋摩訶衍論記》相關內容：

三大覺下引文歸論二：初引經證成中，初歎所入法，次示能入門法中，自然即自用義。謂由業用自在無礙，任運而轉，故名自然，對上一體。但云相用影顯示故，或即自相貫通。三自謂即體相、相相、用相，又由自相覺心殊勝，故曰自然。二今攝下歸論指結中：初歸本論，謂攝經文歸論說故，次指廣文大總地中開八種者，彼兼初後，故開八門。

16. 元刻本《金剛般若波羅蜜經》殘片

題解：

本件《中國藏黑水城漢文文獻》中原始編號為F13：W51、83H·F13：W52/0403、83H·F13：W53/0404，出版編號為M1·1429—1431，收於第八冊《印本佛經》第1748—1749頁，共三件殘片，擬題為《〈金剛般若波羅蜜經〉殘頁》，並記其尺寸分別為2.9cm×11.2cm、8.3cm×19.1cm、7.9cm×6.7cm。《黑城出土文書（漢文文書卷）》一書未收。文書F13：W51現存文字2行、83H·F13：W52/0403現存文字4行，83H·F13：W53/0404現存文字3行，三件殘片可拼合為

---

① "二"《卍新纂續藏經》本《釋摩訶衍論記》無。
② "說"《卍新纂續藏經》本《釋摩訶衍論記》作"名"。
③ "三種"《卍新纂續藏經》本《釋摩訶衍論記》作"三自"。

一，均刻有句讀。本號文書與 F209 及 F19 所出均不同。

錄文標點：

（一）F13∶W51：

（前缺）

1. ☐☐☐☐☐佛告須菩提：爾所

2. ☐☐☐☐☐☐☐☐☐☐心如來悉知☐☐

（後缺）

（二）83H·F13∶W52/0403：

（前缺）

1. ☐土中所有眾生，若干種☐☐☐☐☐☐☐

2. 故，如來說諸心皆為非心，是名為☐☐☐☐☐

3. 何？☐☐☐，過去心不可得，現在心☐☐☐☐☐

4. 來☐☐☐☐☐☐☐☐☐☐☐☐☐☐☐☐

（後缺）

（三）83H·F13∶W53/0404：

（前缺）

1. ☐☐☐☐☐☐☐☐大千世界

2. ☐☐☐☐☐福多不，如

3. ☐☐☐☐☐☐☐☐☐須菩提

（後缺）

附：三件殘片拼合，並據《大正藏》本《金剛般若波羅蜜經》將所缺文字補齊應為：

（前缺）

1. 如是寧為多不？甚多世尊。佛告須菩提：爾所

2. 國土中所有眾生，若干種心如來悉知，何以

3. 故？如來說諸心皆為非心，是名為心。所以者

4. 何？須菩提，過去心不可得，現在心不可得，未

5. 來心不可得。

6. 須菩提，於意云何？若有人滿三千大千世界

7. 七寶以用布施，是人以是因緣，得福多不？如

8. 是世尊，此人以是因緣得福甚多。須菩提

　　　（後缺）

17. 元刻本《金剛般若波羅蜜經》殘片（一）

題解：

本件《中國藏黑水城漢文文獻》中原始編號為 F19：W9、F19：W10，出版編號為 M1·1432—1433，收於第八冊《印本佛經》第 1750 頁，共三件殘片，分為兩組，擬題為《〈金剛般若波羅蜜經〉殘頁》，並記其尺寸分別為 8.2cm×11.7cm、10.1cm×20.9cm。《黑城出土文書（漢文文書卷）》一書未收。文書 F19：W9 現存文字 4 行；F19：W10 殘片一現存文字 4 行，殘片二現存文字 2 行，均刻有句讀。三件殘片可拼合為一。按，本號文書與《中國藏黑水城漢文文獻》第 1752 頁 M1·1435［F15：W1］、第 1770 頁 M1·1470［F6：W74］等號文書字體、版式相同，應為同一刻本殘頁。文書擬題依綴合後所定。本號文書與 F209 及 F13 所出均不同。

錄文標點：

（一）F19：W9

　　　（前缺）

1. 　　　善男
2. 　　　是人先世
3. 　　　輕賤故，先世罪業
4. 　　多羅三貌三菩提

　　　（後缺）

（二）F19：W10 殘片一：

　　　（前缺）

1. 復次須菩
2. 經，若為

3. 以今世人
4. 得阿耨
　　　（後缺）

（三）F19:W10 殘片二：
　　　（前缺）
1. 　　能淨業
2. 　　菩提，
　　　（後缺）

附：三件殘片拼合並據《大正藏》本《金剛般若波羅蜜經》將文書所缺文字補齊應為：
　　　（前缺）
1. 　　能淨業障分第十六
2. 復次須菩提，善男子、善女人，受持誦讀此
3. 經，若為人輕賤，是人先世罪業應墮惡道，
4. 以今世人輕賤故，先世罪業則為消滅，當
5. 得阿耨多羅三藐三菩提。
　　　（後缺）

18. 元刻本《金光明最勝王經》殘頁（一）

題解：

本件《中國藏黑水城漢文文獻》中原始編號為F13:W49，出版編號為M1·1434，收於第八冊《印本佛經》第1751頁，擬題為《〈金光明最勝王經卷第九〉殘頁》，並記其尺寸為18.2cm×21.4cm。本件還收錄於《黑城出土文書（漢文文書卷）》第223頁《佛教類·佛經印本》，其所記文書編號與《中國藏黑水城漢文文獻》原始編號同，並列出文書諸要素為：竹紙，經摺裝，殘存兩面，尚連接在一起，每面均有小圓角，尺寸為21.2cm×9.2cm，現通寬18.4cm，上下雙欄，版心高16.8cm，刻文為楷體，字跡秀麗。文書每面文字6行，內容出自《金光明最勝王經》卷第九《諸天藥叉護持品第二十二》。按，本號文書與《中國藏黑水城漢文文獻》第1769頁M1·1468［F13:W44］號文書字體、版式相同，應為同一

刻本殘頁。文書擬題依綴合後所定。

錄文標點：

　　　　（前缺）
1. 樹神江河神，制底諸神等。如是諸天神，
2. 心生大歡喜，彼皆來擁護，讀誦此經人。
3. 見有持經者，增壽命色力，威光及福德，
4. 妙相以莊嚴。星宿現災變，困厄當此人，
5. 夢見惡徵①樣，皆悉令除滅。此大地神女，
6. 堅固有威勢，由此經力故，法味常充足。

---

7. 地肥若流下，過百踰繕那，地神令味上，
8. 滋潤於大地。此地厚六十，八億踰繕那，
9. 乃至金剛際，地味皆令上。由聽此經王，
10. 獲大功德蘊，能使諸天衆，悉蒙其利益。
11. 復令諸天衆，威力有光明，歡喜常安樂，
12. 捨離於衰相。於此南洲內，林果苗稼神，
　　　　（後缺）

19. 元刻本《金剛般若波羅蜜經》殘片（二）

題解：

本件《中國藏黑水城漢文文獻》中原始編號為 F15：W1，出版編號為 M1·1435，收於第八冊《印本佛經》第 1752 頁，擬題為《〈金剛般若波羅蜜經〉殘頁》，並記其尺寸為 14.6cm×11.5cm。本件還收錄於《黑城出土文書（漢文文書卷）》第 223 頁《佛教類·佛經印本》，其所記文書編號與《中國藏黑水城漢文文獻》原始編號同，並列出文書諸要素為：《金剛般若波羅蜜經》殘頁，夾竹紙，經摺裝，現存 3 面連在一起，每面尺寸為 11cm×4.9cm，現通寬 14.8cm，版心高 9.6cm，上下細欄，邊粗欄，刻文每面 5 行，每行最多 12 字，楷體，字跡秀麗，並刻有圈點斷句。按，本號文書與《中國藏黑水城漢文文獻》第 1750 頁 M1·1432［F19：W9］、M1·1433［F19：W10］、第 1770 頁 M1·1470［F6：W74］等

---

① "徵"通"徵"。

號文書字體、版式相同，應為同一件刻本殘頁。文書擬題依綴合後所定。本號文書與 F209 及 F13 所出均不同。

錄文標點：

（前缺）

1. 願佛開微密，　廣為眾生說。
2. 　校證壽州石本，並無差訛，
3. 　修文坊南五百五郎鋪重新
4. 　鏤板，四遠善友辨認收贖。①

─────────────────

5. 金剛般若波羅蜜經
6. 　　姚秦三藏法師鳩摩羅什奉　詔譯
7. 　　法會因由分第一
8. 如是我聞，一時佛在舍衛國祇
9. 樹給孤獨園，與大比丘眾，千二

─────────────────

10. 百五十人俱。尔時世尊，食時著
11. 衣持鉢，入舍衛大城，乞食於其
12. 城中。次第乞已，還至本處。飯食
13. 訖，收衣鉢，洗足已，敷座而坐。
14. 　　善現起請分第二
　　　　　　金②

（後缺）

20. 元刻本《佛頂心觀世音菩薩大陀羅尼經》殘片（一）

題解：

本件《中國藏黑水城漢文文獻》中原始編號為 F197:W4a、F197:W4b，出版編號為M1・1436—1437，收於第八冊《印本佛經》第1752頁，共兩件殘片，擬題為《〈千眼千臂觀世音菩薩陀羅尼經神咒經卷上〉殘頁》，並記其尺寸分別為 7.8cm×11.6cm、5.8cm×7.5cm。其中文書 F197:W4a 還收錄於《黑城出土文書

---

① 第2—3行文字在一經幡狀圖案內，上為傘蓋，下為蓮台。
② "金"字為版心

（漢文文書卷）》第223頁《佛教類・佛經印本》，其所記文書編號為F197：W4，並列出文書諸要素為：《觀世音經》殘屑，麻紙，線裝本，僅存經文5行，楷體，尺寸為11.3cm×7.5cm。文書F197：W4a現存文字5行，F197：W4b現存文字3行，可拼合為一。按，本號文書與《中國藏黑水城漢文文獻》第1770頁M1・1469［F197：W14B］、第1772頁M1・1476［F197：W3］等號文書字體、版式相同，且內容相關，可拼合為一，應為同一刻本殘頁。彭海濤指出M1・1469［F197：W14B］號文書內容出自《佛頂心陀羅尼經》，其相似內容亦見於《千眼千臂觀世音菩薩陀羅尼神咒經》，但本文書與《大正藏》本《千眼千臂觀世音菩薩陀羅尼神咒經》文字有出入，而與《佛頂心陀羅尼經》相符，故其內容應出自《佛頂心陀羅尼經》，而非《千眼千臂觀世音菩薩陀羅尼神咒經》。據M1・1476［F197：W3］殘片二與M1・1436［F197：W4a］號文書拼合可知，此經應名《佛頂心觀世音菩薩大陀羅尼經》。文書擬題依綴合後所定。

錄文標點：

（一）F197：W4a：

（前缺）

1. □□□觀世音□□□□□□

2. □卷上

3. □時觀世音菩薩而白釋迦□

4. □佛言：是我前身不可思議□

5. □□緣，欲令利益一切眾生□

（後缺）

（二）F197：W4b：

（前缺）

1. □□□□□□斷一切繫繞，能□□□□□

2. □□□□□切眾生蒙此威神□□□□

3. □□□□□□□時觀世音□□□□□□ ①

（後缺）

---

① 文書復原見M1・1476［F197：W3］號文書所附復原。

21. 元刻本《佛母大孔雀明王經》殘片

題解：

本件《中國藏黑水城漢文文獻》中原始編號為 F73：W1—W11，出版編號為 M1・1438—1448，收於第八冊《印本佛經》第 1753—1759 頁，擬題為《〈佛母大孔雀明王經〉殘頁》。《黑城出土文書（漢文文書卷）》一書未收。文書均為殘屑，刻文為宋體，上下雙邊。

錄文標點：

（一）F73：W1，二件殘片，尺寸為 20.2cm×9.3cm：

（1）　（前缺）

1. ▭▭▭▭▭□□
2. ▭▭▭▭▭□嚕護
3. ▭▭▭▭▭□嚕十三
4. ▭▭▭▭底十六二合娑
5. ▭▭▭▭□二合娑底二合十九
6. ▭▭▭▭▭▭

（後缺）

（2）　（前缺）

1. ▭▭▭▭□引三尾史努二合
2. ▭▭▭▭
3. ▭▭▭▭圓滿名
4. ▭▭▭▭彼亦
5. ▭▭▭▭□某甲

（後缺）

（二）F73：W2，二件殘片，尺寸為 9.6cm×7.8cm：

（1）　（前缺）

1. ▭▭▭▭□十三弭

2. ☐☐☐☐☐☐☐合六娑嚩
3. ☐☐☐☐☐☐☐☐☐☐☐
   （後缺）

（2）（前缺）
1. ☐☐☐☐☐☐☐☐引 里迦引六乙
   （後缺）

（三）F73∶W3，二件殘片，尺寸為17cm×9.8cm：

（1）（前缺）
1. ☐☐☐☐☐☐☐☐底十九娑
2. ☐☐☐☐
3. ☐☐☐☐☐☐處胎時
4. ☐☐☐☐☐☐其名曰
   （後缺）

（2）（前缺）
1. ☐☐☐☐☐☐菩薩處胎時，初
2. ☐☐☐☐☐☐☐護其名曰
3. ☐☐☐☐☐☐☐史二引三合計
4. ☐☐☐☐☐☐☐☐路引 吶
5. ☐☐☐☐
6. ☐☐☐☐☐☐☐☐☐☐
   （後缺）

（四）F73∶W4，尺寸為19.6cm×9.7cm：
   （前缺）
1. ☐☐☐☐☐☐空宅處
2. ☐☐☐☐☐☐怖畏驚
3. ☐☐☐☐☐☐孔雀明
4. ☐☐☐☐☐☐壽命百年

5. ☐☐☐☐☐
6. ☐☐☐☐☐齲嚙四麼黎五
7. ☐☐☐☐☐□九護嚕護
8. ☐☐☐☐☐□護嚕十三
9. ☐☐☐☐☐底二合十六娑
10. ☐☐☐☐☐娑底二合十九

（後缺）

（五）F73:W5，尺寸為 19.4cm×9.3cm：

（前缺）

1. ☐☐☐☐☐☐□□
2. ☐☐☐☐☐☐其名曰
3. ☐☐☐☐☐☐囉 羅刹女
4. ☐☐☐☐☐☐□囉二合羅刹女
5. ☐☐☐☐☐☐□迦羅刹女
6. ☐☐☐☐☐☐
7. ☐☐☐☐光明形色圓滿
8. ☐☐☐☐大威力，彼
9. ☐☐☐☐於我某
10. ☐☐☐☐
11. ☐☐☐☐☐□□五 弭

（後缺）

（六）F73:W6，尺寸為 11cm×14.3cm：

（前缺）

1. 膩☐☐☐弭膩弭膩☐☐☐☐☐
2. 二合娑底二合十七娑嚩二合娑☐☐☐☐☐
3. 二合娑十九嚩二合賀引二□☐☐☐☐☐

4. 阿[難]▭

　　　（後缺）

（七）F73∶W10，二件殘片，尺寸爲17.2cm×22.6cm：

(1)　　（前缺）

1. ▭娑底

2. ▭

3. □難陁復有五大女鬼，當稱彼名，此女鬼□

4. 於菩薩處胎時、初生時及生已，此等女鬼常

5. 爲守護，其名曰：

　　　（後缺）

(2)　　（前缺）

1. □時現大神力，彼亦以此佛母大孔雀□□

2. □言守護於我某甲并諸眷屬壽命▭

3. 言曰：　　　　　　※

4. □祢也二合他一　賀嚇二　佉去　嚇三　齲嚇四　麼黎五

5. ▭□膩□□▭嚕護嚕

　　　（後缺）

（八）F73∶W9，二件殘片，尺寸爲13.2cm×20.3cm：

(1)　　（前缺）

1. ▭二合你迦引囉二合乞史底迦引▭

2. ▭止迦引二布囉□▭□里▭

3. ▭□□二合底迦▭

4. ▭□囉乞史二合底迦▭

5. ▭鬼常噉血肉，惱觸於人▭

6. 大光明，形色圓滿，名稱周遍天阿穌①羅共戰▭

---

① "穌"同"蘇"。

（後缺）

（2）　（前缺）

1.　　　孔中□□①

（後缺）

（九）F73：W7，四件殘片，尺寸為 5.2cm × 28.5cm：

（1）　（前缺）

1. 顆二合

2. 栗二合史

3. □等女

（後缺）

（2）　（前缺）

1.　　　引五娑嚩二合□

2.　　　底二合十八娑嚩合□

（後缺）

（3）　（前缺）

1.　　　□持彥

2.　　　持藥叉所

3.　　　舍遮

（後缺）

（4）　（前缺）

1.　　　□

2.　　　所魅濕嗢麼那

3.　　　塢娑跢二合

（後缺）

（十）F73：W8，三件殘片，尺寸為 5.6cm × 21cm：

---

① 此行文字為兩紙粘結處標列順序，原裱壓，現脫落顯露。

(1)　　　（前缺）

1.　▭□八①

　　　（後缺）

(2)　　　（前缺）

1.　▭□□□

2.　▭緊那羅▭

3.　▭□

　　　（後缺）

(3)　　　（前缺）

1.　▭□□□

2.　▭持囉

3.　▭　□

　　　（後缺）

（十一）F73∶W11，四件殘片，其中2、3可拼合，尺寸爲5.6cm×21cm：

(1)　　　（前缺）

1. 所□▭

2. 阿▭

　　　（後缺）

(2、3)　　　（前缺）

1. □□▭

2. 弭黎六　母黎七　麽帝八　□□底計九　護嚕▭

3. 護嚕護嚕十　護嚕護嚕╋護嚕護▭　②

　　　（後缺）

(4)　　　（前缺）

---

① 此行文字爲兩紙粘結處標列順序，原裱壓，現脱落顯露。
② 第2行"底計九護嚕▭"及第3行"嚕╋護嚕護▭"爲殘片3內容，其餘爲殘片2內容。

1. □□□□□□□□
2. □□□□□□□□
3. □□□□□□□□①

（後缺）

22. 元刻本《佛說大乘聖無量壽決定光明王如來陀羅尼經》殘頁

題解：

本件《中國藏黑水城漢文文獻》中原始編號為 F13：W36，出版編號為M1·1449，收於第八冊《印本佛經》第1760頁，擬題為《〈佛說大乘聖無量壽決定光明王如來陀羅尼經〉殘頁》，並記其尺寸為 16.3cm×17.5cm。本件還收錄於《黑城出土文書（漢文文書卷）》第224頁《佛教類·佛經印本》，其所記文書編號與《中國藏黑水城漢文文獻》原始編號同，並列出文書諸要素為：竹紙，經摺裝殘頁，為兩面連接在一起，每面高17.3cm，寬8.1cm，現通寬16.2cm。上下雙欄，刻文每面6行，每行16字，刻文楷體，近似趙孟頫體，工整俊秀，印刷着墨不勻，有墨漬跡。文書現存文字12行。

錄文標點：

（前缺）

1. 王如來陁羅尼經。是時復有二十五俱胝②
2. 佛一心異口同音，亦說此無量壽決定光
3. 明王如來陁羅尼經。是時 復 有 十殑伽河
4. 沙数俱胝佛，各各心無差別，□□□□□③
5. 皆說此無量壽決定光明王如來陁羅尼
6. 經。此陁羅尼經，若復有人，若自書，若教人

7. 書，如是之人，於後不堕地獄，不堕餓鬼，不
8. 堕畜生，不堕閻羅王界業道冥宫，永不於
9. 是諸惡道中受其惡報。如是之人，由是書

---

① 此殘片僅存一天頭，文字均不可釋讀。
② "胝"通"胝"，下同，不再另作說明。
③ 此處所缺文字據《大正藏》本《佛說大乘聖無量壽決定光明王如來陀羅尼經》應為"異口同音，亦"。

10. 寫此無量壽決定光明王如來陁羅尼經
11. 功德力故，於後一切生處，生生世世得宿
12. 命智。此無量壽決定光明王如來陁羅尼
　　　　（後缺）

23. 元刻本《聖妙吉祥真實名經》殘頁
題解：
本件《中國藏黑水城漢文文獻》中原始編號為 F5：W13，出版編號為 M1·1450，收於第八冊《印本佛經》第 1761 頁，擬題為《聖妙吉祥真實名經》，並記其尺寸為 5.8cm×11.5cm。本件還收錄於《黑城出土文書（漢文文書卷)》第 223 頁《佛教類·佛經印本》，其所記文書編號與《中國藏黑水城漢文文獻》原始編號同，並列出文書諸要素為：竹紙，經摺裝，僅存一面，尺寸為 11.4cm×5.9cm，版心高 9.6cm，上下雙欄，刻文楷體。文書現存文字 6 行，其內容出自《聖妙吉祥真實名經》之《六波羅蜜偈》。

錄文標點：
　　　　（前缺）
1. 身心具足如是力，精進波羅皆圓滿，
2. 如幻如化諸等持，勇猛無怖之正受。
3. 猶如金剛之三昧，禪定波羅皆圓滿，
4. 空無相願三脫門，三世平等一味真。
5. 體達諸覺如如理，智惠①波羅皆圓滿，
6. 一切如來之所說，光明熾爐威神力。
　　　　（後缺）

24. 元刻本《永嘉正道歌頌》殘片
題解：
本件《中國藏黑水城漢文文獻》中原始編號為 F19：W1—4、F19：W1—2、F19：W1—3、F19：W1—1，出版編號為 M1·1451—1454，收於第八冊《印本佛經》第 1761—1763 頁，共四件殘片，擬題為《永嘉正道歌頌》。本件還收錄於《黑城

---
① "惠"通"慧"。下同，不再另作說明。

出土文書（漢文文書卷）》第 224 頁《佛教類·佛經印本》，其所記文書編號為 F19: W1，並列出文書諸要素為：夾竹紙，線裝本殘頁，共 4 頁，最大殘頁尺寸為 16.9cm×9.3cm。上下及內文均為細欄，經文最多的 7 行，每行最多 12 字。刻文楷體，夾有簡俗字，"明"字避諱作"眀"。文書中整行文字為《永嘉證道歌》內容，半行文字均為"頌"之內容。《永嘉證道歌》有傳世本，而其"頌"與傳世本宋法泉《證道歌頌》不同，不見於現存佛藏。文書四件殘片可拼合，《中國藏黑水城漢文文獻》F19: W1—1、F19: W1—4 圖版排列順序倒置，現按正確順序釋錄。

錄文標點：

（一）F19: W1—1，尺寸為 6.4cm×16cm：

    （前缺）

1. 住相布施生天福，猶如仰箭射虛

2. 空。勢力盡，箭還墜。招得來生不

3. 如意，爭似無為實相門，一超直入

4. 如來地。 頌曰：

    （後缺）

（二）F19: W1—2，尺寸為 9.9cm×17.9cm：

    （前缺）

1.   若了□□□□

2.   □□□□□□

3. 但□□□□□□□①

4. 既能解此如意珠，自利利他終

5. 不竭。 頌曰：

6.   □□□添照□□

    （後缺）

（三）F19: W1—3，尺寸為 9.4cm×17.1cm：

    （前缺）

---

① 第 2、3 行文字被裱壓。

1.　　　　　□□①
2.　　　　　十方沙界體中圓。
3.　　　　　有人問我解何旨，
4.　　　　　苔道泥牛吼亘天。
5. 江月照，松風吹，永夜清霄何所
6. 為。佛性戒珠心地印，霧露雲霞
7. 體上衣。　　頌曰：
　　　　　（後缺）

（四）F19：W1—4，尺寸為9.3cm×17cm：
　　　　　（前缺）
1.　　　　　江月松風照復吹，
2.　　　　　堂堂全體顯真規。
3.　　　　　休生情見多分別，
4.　　　　　直下分明見阿誰。
5. 降龍鉢，解虎錫，兩鈷金鐶鳴歷
6. 歷。不是標形虛施持，如來寶仗
　　　　　（後缺）

25. 元刻本佛典殘片

題解：

本件《中國藏黑水城漢文文獻》中原始編號為84H·F197：W5/2255，出版編號為M1·1455，收於第八冊《印本佛經》第1763頁，擬題為《佛經殘頁》，並記其尺寸為4.6cm×7.8cm。《黑城出土文書（漢文文書卷）》一書未收。文書現存文字2行4字，所存文字較少，無法判斷其出處。

錄文標點：

　　　　　（前缺）
　　1. 佛子云

---

① 此行文字為版心。

2. □▭▭▭▭▭▭▭▭▭▭▭▭
　　　（後缺）

26. 元刻本《佛說金輪佛頂大威德熾盛光如來陀羅尼經》殘片

題解：

本件《中國藏黑水城漢文文獻》中原始編號為F13∶W28—1、F13∶W28—3、F13∶W28—2、F9∶W41，出版編號為M1·1456—1459，收於第八冊《印本佛經》第1764—1765頁，共四件殘片，擬題為《〈佛說金輪佛頂大威德熾盛光如來陀羅尼經〉殘頁》。其中F13∶W28—1、F13∶W28—3、F13∶W28—2三件文書還收錄於《黑城出土文書（漢文文書卷）》第223頁《佛教類·佛經印本》，其所記文書編號為F13∶W28，並列出文書諸要素為：竹紙，經摺裝，殘存三面，每面均為上圖下文，上圖繡像並有榜題，分別為"太陽星真言""火星真言""土星真言"，每面尺寸為15.5cm×8cm，版心高13.7cm。文書F13∶W28—1、F13∶W28—2為完整一面，F13∶W28—3僅存上圖榜題及部分繡像，F9∶W41僅存上圖繡像殘跡及下文部分真言。其中，F13∶W28—3與F9∶W41號文書可拼合為一。另，《中國藏黑水城漢文文獻》原編序有誤，其正確順序應為F13∶W28—3與F9∶W41拼合（中缺3面）F13∶W28—1、F13∶W28—2。按，本文書真言與《俄藏黑水城文獻》第3冊第77—79頁所收之TK129號西夏乾祐十五年（1184）尚座袁宗鑒等印施《佛說金輪佛頂大威德熾盛光如來陀羅尼經》相同，但TK129號文書無星曜繡像。另，《中國藏黑水城漢文文獻》第1735頁M1·1412［F13∶W17—4］號文書與此字體相同，內容也為真言，似與此應為同件經書殘頁，但其所存文字不見於《佛說金輪佛頂大威德熾盛光如來陀羅尼經》，故存疑。

錄文標點：

（一）F13∶W28—1，尺寸為8.2cm×15.8cm：

　　　（前缺）

1. 太陽星真言　　　每月二十七日降下
2. 　　　　　　　唵阿謨│佉│寫
3. 　　　　　　　設底喃　娑
4. 　　　　　　　嚩訶　　　※
　　　（後缺）

（二）F13∶W28—3，尺寸為4.5cm×8.1cm：

　　　　　　（前缺）

1. 土星真言　　　□□□□□□□

　　　　　　（後缺）

（三）F13：W28—2，尺寸為 8.1cm×15.8cm：

　　　　　　（前缺）

1. 火星真言　　　每月二十九日降下
2. 　　　　　　　曩謨三滿哆
3. 　　　　　　　沒駄喃　唵摩
4. 　　　　　　　利多　娑訶

　　　　　　（後缺）

（四）F9：W41，尺寸為 5.2cm×9.3cm：

　　　　　　（前缺）

1. 　　　　　　　曩謨三□□
2. 　　　　　　　沒駄喃　唵
3. 　　　　　　　替曳　娑訶

　　　　　　（後缺）

附：將 F13：W28—3 與 F9：W41 兩文書拼合，並據俄藏黑水城本《佛說金輪佛頂大威德熾盛光如來陀羅尼經》將所缺文字補齊應為：

　　　　　　（前缺）

1. 土星真言　　　每月十九日降下
2. 　　　　　　　曩謨三滿哆
3. 　　　　　　　沒駄喃　唵
4. 　　　　　　　替曳　娑訶

　　　　　　（後缺）

27. 元刻本金剛索菩薩版畫

題解：

本件《中國藏黑水城漢文文獻》中原始編號為 F280：W101，出版編號為 M1·1460，收於第八冊《印本佛經》第 1766 頁，擬題為《金剛索菩薩版畫》，並記其尺寸為17.5cm×30.2cm。本件還收錄於《黑城出土文書（漢文文書卷）》第223頁《佛教類·佛經印本》，其所記文書編號與《中國藏黑水城漢文文獻》原始編號同，並列出文書諸要素為：竹紙，線裝本殘頁，尺寸為29.5cm×17.2cm，版心高26.8cm，上下兩欄，上半面刻菩薩像一尊，榜題"□剛索菩薩"；下半面右下角繡像，內容為中隔一門及院牆，上方為隋文榮念《金剛經》圖，下方為二僧執燭導引隋文榮返生圖，並在上、左兩側刻文解說。按，據文書下部解說文字推斷，其似為《金剛經》前所附版畫。

錄文標點：

上部榜題：

1. □①剛索菩薩

下部文字：

1. 隋文榮
2. 常持此
3. 經，身死，
4. 王問文
5. 榮在生
6. 善惡。對
7. 云：一生
8. 已來，常
9. 持《金剛經》。王聞，敬歎，賜言："放汝却②
10. 歸。"忽有二僧，執燭、錫引至一橫坦
11. 塞路，僧以錫扣即開，示云："從此而去。"
12. 遂即活矣。

28. 元刻本《大方廣佛華嚴經》殘頁

題解：

本件《中國藏黑水城漢文文獻》中原始編號為F13：W27，出版編號為M1·

---

① 據文意推斷，此處所缺文字應為"金"。
② 文書第1—8行下及第9行右為下部繡像。

1461，收於第八冊《印本佛經》第1767頁，擬題為《佛經殘頁》，並記其尺寸為6.1cm×9.5cm。《黑城出土文書（漢文文書卷）》一書未收。文書現存文字6行，滿行14字。陳瑞青指出本件文書內容出自《大方廣佛華嚴經》卷第四十《入不思議解脫境界普賢行願品》。參考文獻：陳瑞青《〈中國藏黑水城漢文文獻〉所收佛經殘頁題名辨正》，《"中國藏黑水城漢文文獻整理與研究研討會"論文集》，2012年8月，煙台。

錄文標點：

（前缺）

1. 賢菩薩諸行願海。是故，善男子，汝於
2. 此義，應如是知：若有善男子善女人，
3. 以滿十方無量無邊不可說不可說
4. 佛剎極微塵數一切世界，上妙七寶
5. 及諸人天最勝安樂，布施尒所一切
6. 世界所有眾生，供養尒所一切世界

（後缺）

29. 元刻本《佛說大白傘蓋總持陀羅尼經》殘片（一）

題解：

本件《中國藏黑水城漢文文獻》中原始編號為F13：W16—1，出版編號為M1·1462，收於第八冊《印本佛經》第1767頁，擬題為《佛經殘頁》，並記其尺寸為8.4cm×18cm。本件還收錄於《黑城出土文書（漢文文書卷）》第223頁《佛教類·佛經印本》，其指出本號文書與《中國藏黑水城漢文文獻》第1771頁M1·1471［F13：W16—2］號文書為同一件經書殘頁，所記兩件殘頁編號為F13：W16，並列出文書諸要素為：竹紙，經摺裝，殘存二面，每面均裁切成圓角，尺寸為18.3cm×8cm，版心高12.2cm，上下雙欄，刻文楷體，夾有簡俗字。按，兩號文書字體、版式相同，應為同一刻本殘片。本文書現存文字6行，彭海濤指出其內容出自《佛說大白傘蓋總持陀羅尼經》，並對其進行了復原。文書擬題依綴合後所定。參考文獻：彭海濤《黑水城所出八件佛經殘片定名及復原》，《西夏學》第八輯，上海古籍出版社2011年版。

錄文標點：

（前缺）

1. 苗鬼等，食燒施鬼等，具罪慼心
2. 者等，具忌嫌心者等，具暴惡心
3. 者等。※ ※ * ※
4. 又復所有天魔等，龍魔等，非天
5. 魔等，風神魔等，☐☐☐☐☐
6. 魔等，疑神魔等，☐☐☐☐☐

（後缺）

附：彭海濤將文書復原如下：

（前缺）

1. 苗鬼等，食燒施鬼等，具罪慼心
2. 者等，具忌嫌心者等，具暴惡心
3. 者等。※ ※ * ※
4. 又復所有天魔等，龍魔等，非天
5. 魔等，風神魔等，飛空魔等，尋香
6. 魔等，疑神魔等，大腹行魔等，施

（後缺）

30. 元刻本《大方廣佛華嚴經》殘片（一）

題解：

本件《中國藏黑水城漢文文獻》中原始編號為 F62：W1，出版編號為M1·1463，收於第八冊《印本佛經》第1768頁，擬題為《佛經殘頁》，並記其尺寸為5.9cm×11cm。《黑城出土文書（漢文文書卷）》一書未收。文書現存文字2行，其背面有墨書文字，但其圖版《中國藏黑水城漢文文獻》一書未收。按，本號文書與同頁之M1·1465［F62：W6］號文書字體、版式相同，內容相關，可拼合為一，應為同一刻本殘頁。文書內容出自《大方廣佛華嚴經》卷第四十七《佛不思議法品第三十三之二》。文書擬題依綴合後所定。

錄文標點：

正：

　　　（前缺）

1. ☐☐☐☐|能|隨順衆生心|☐☐☐
2. ☐☐☐☐|切|諸佛悉能|☐☐☐ ①

　　　（後缺）

背：

　　　（前缺）

1. ☐☐☐|☐☐|☐☐☐
2. ☐☐|☐☐即|☐☐☐
3. ☐|土|☐|☐☐|☐☐

　　　（後缺）

31. 元刻本《佛說觀彌勒菩薩上生兜率天經》殘片

題解：

本件《中國藏黑水城漢文文獻》中原始編號為 F21：W2，出版編號為 M1·1464，收於第八冊《印本佛經》第 1768 頁，擬題為《〈佛說彌勒菩薩上兜率天經〉殘頁》，並記其尺寸為 10.7cm×8.2cm。《黑城出土文書（漢文文書卷）》一書未收。文書現存文字 5 行，內容出自《佛說彌勒菩薩上生兜率天經》。

錄文標點：

　　　（前缺）

1. ☐☐☐☐|未得道者|各|☐☐☐
2. ☐☐☐☐|發誠實誓|☐☐☐
3. ☐☐☐☐☐|得|上生兜|率|☐☐
4. ☐☐☐☐|福持戒|皆|☐☐☐

---

① 文書復原見 M1·1465［F62：W6］號文書所附復原。

5. ☐☐☐☐☐菩薩之所攝☐☐☐☐

　　　（後缺）

附：《大正藏》本《佛說彌勒菩薩上生兜率天經》相關內容為：

說是語時，無量大眾即從坐起，頂禮佛足禮彌勒足，遶佛及彌勒菩薩百千匝。未得道者各發誓願：我等天人八部，今於佛前發誠實誓願，於未來世值遇彌勒，捨此身已，皆得上生兜率陀天。世尊記曰：汝等及未來世修福持戒，皆當往生彌勒菩薩，前為彌勒菩薩之所攝受。佛告優波離：作是觀者名為正觀，若他觀者名為邪觀。

32. 元刻本《大方廣佛華嚴經》殘片（二）

題解：

本件《中國藏黑水城漢文文獻》中原始編號為F62：W6，出版編號為M1·1465，收於第八冊《印本佛經》第1768頁，擬題為《佛經殘頁》，並記其尺寸為9.6cm×19.3cm。《黑城出土文書（漢文文書卷）》一書未收。文書共兩件殘片，殘片一現存文字1行，殘片二現存文字5行，其背面皆有墨書文字，但其圖版《中國藏黑水城漢文文獻》一書未收。按，本號文書與同頁之M1·1463［F62：W1］號文書字體、版式相同，內容相關，可拼合為一，應為同一刻本殘頁。文書內容出自《大方廣佛華嚴經》卷第四十七《佛不思議法品第三十三之二》。文書擬題依綴合後所定。

錄文標點：

（一）

正：

　　　（前缺）

1. ☐☐決定☐☐

背：

　　　（前缺）

1. ☐☐☐☐☐

　　　（後缺）

1454　中國藏黑水城漢文文獻的整理與研究

（二）

正：

　　　　（前缺）

1. □□□□□□□□□切
2. □□□□□念令其意滿，決
3. □□□□現竟一切諸法，
4. □□□切諸佛悉能具
5. □□□決定無二，一切

　　　　（後缺）

背：

　　　　（前缺）

1. □□□□□
2. □□□
3. □甘罪，乞
4. □□□□
5. □□□

　　　　（後缺）

附：將 F62∶W1 與 F62∶W6 兩件文書拼合，並據《大正藏》本《大方廣佛華嚴經》將所缺文字補齊應為：

　　　　（前缺）

1. 佛，悉能善說，授記言辭，決定無二；一切
2. 諸佛悉能隨順眾生心念，令其意滿，決
3. 定無二；一切諸佛悉能現竟一切諸法，
4. 演說其義，決定無二；一切諸佛悉能具
5. 足去來今世，諸佛智慧，決定無二；一切

　　　　（後缺）

33. 元刻本佛典殘片

題解：

本件《中國藏黑水城漢文文獻》中原始編號為 F9：W4，出版編號為M1·1466，收於第八冊《印本佛經》第1769頁，擬題為《佛經殘頁》，並記其尺寸為4.8cm×16.1cm。《黑城出土文書（漢文文書卷）》一書未收。文書現存文字3行，其出處待考。

錄文標點：

（前缺）

1. 公 移 □□□□□，一切災殃皆解脫。
2. 我今稱念真言教，願降神通護我身。
3. 十纏九結永消除，萬善千祥悉□□

（後缺）

34. 元刻本《妙法蓮華經》殘片（二）

題解：

本件《中國藏黑水城漢文文獻》中原始編號為 F13：W46，出版編號為M1·1467，收於第八冊《印本佛經》第1769頁，擬題為《佛經殘頁》，並記其尺寸為5.2cm×4.4cm。《黑城出土文書（漢文文書卷）》一書未收。文書現存文字4行，其內容見於《妙法蓮華經》卷六《隨喜功德品第十八》和《添品妙法蓮華經》卷六《隨喜功德品第十七》。按，本號文書與《中國藏黑水城漢文文獻》第1747頁M1·1467〔F13：W48〕號文書字跡、版式相同，內容相關，可拼合為一，應為同一件刻本殘頁。文書擬題依綴合後所定。

錄文標點：

（前缺）

1. ＿＿＿＿＿＿＿枯竭
2. ＿＿＿＿＿＿＿□道果
3. ＿＿＿＿＿＿＿牢固
4. ＿＿＿＿＿＿＿＿＿□

（後缺）

附：將 F13：W48 與 F13：W46 號文書拼合，並據《大正藏》本《妙法蓮華經》將文書所缺文字補齊應為：

(前缺)

1. 分別如說修行。尒時，世尊欲重宣此義，而說
2. 偈言：
3. 若人於法會，得聞是經典。乃至於一偈，
4. 隨喜為塔說。如是展轉教，至于第五十。
5. 最後人獲福，今當分別之。如有大施主，
6. 供給無量衆。具滿八十載，隨意之所欲。
7. 見彼衰老相，髮白而面皺。齒疎形枯竭，
8. 念其死不久。我今應當教，令得於道果。
9. 即為方便說，涅槃真實法。世皆不牢固，
10. 如水沫泡焰。汝等咸應當，疾生厭離心。
11. 若人聞是法，皆得阿羅漢。具足六神通，
12. 三明八解脫。最後第五十，聞一偈隨喜。

(後缺)

35. 元刻本《金光明最勝王經》殘頁（二）

題解：

本件《中國藏黑水城漢文文獻》中原始編號為 F13：W44，出版編號為 M1・1468，收於第八冊《印本佛經》第 1769 頁，擬題為《佛經殘頁》，並記其尺寸為 5.6cm×20cm。《黑城出土文書（漢文文書卷）》一書未收。文書現存文字 3 行。彭海濤指出本件文書內容出自《金光明最勝王經》，並對其進行了復原。按，本號文書與《中國藏黑水城漢文文獻》第 1751 頁 M1・1434［F13：W49］號文書字體、版式相同，應為同一刻本殘頁。文書擬題依綴合後所定。參考文獻：彭海濤《黑水城所出八件佛經殘片定名及復原》，《西夏學》第八輯，上海古籍出版社 2011 年版。

錄文標點：

（前缺）

1. 芥子許持還本 處 ，置寶函中，恭敬 供 □，
2. 命終之□□□□釋，常受安樂。云何汝
3. ＿＿＿＿＿＿＿＿ 斯 一願？作是

（後缺）

附：彭海濤將文書復原如下：

（前缺）

1. 芥子許持還本處，置寶函中，恭敬供 養 ，
2. 命終之 後，得為帝 釋，常受安樂。云何汝
3. 今不能為我從明行足，求 斯一願？作是

（後缺）

36. 元刻本《佛頂心觀世音菩薩大陀羅尼經》殘片（二）

題解：

本件《中國藏黑水城漢文文獻》中原始編號為 F197：W14B，出版編號為 M1·1469，收於第八冊《印本佛經》第 1770 頁，擬題為《佛經殘頁》，並記其尺寸為 17.7cm×13.5cm。《黑城出土文書（漢文文書卷）》一書未收。文書共四件殘片，殘片一現存文字 5 行，殘片二現存文字 2 行，殘片三、四現存文字 4 行。彭海濤指出本件文書內容出自《佛頂心陀羅尼經》，該經是一部重要的疑偽經，又稱《佛頂心觀世音菩薩大陀羅尼經》《佛頂心觀世音經》《佛頂心觀世音菩薩療病催產方》等，房山石經中保存有兩種刻本，並對文書殘片一及殘片四進行了復原。按，本號文書與《中國藏黑水城漢文文獻》第 1752 頁 M1·1436［F197：W4a］、M1·1437［F197：W4b］、第 1772 頁 M1·1476［F197：W3］等號文書字體、版式相同，且內容相關，可拼合為一，應為同一刻本殘頁。M1·1436［F197：W4a］、M1·1437［F197：W4b］號文書原定名為《千眼千臂觀世音菩薩陀羅尼神咒經》，本件文書相似內容亦見於該經，但其文字與書與《大正藏》本《千眼千臂觀世音菩薩陀羅尼神咒經》文字有出入，而與《佛頂心陀羅尼經》相符，故其內容應出自《佛頂心陀羅尼經》，而非《千眼千臂觀世音菩薩陀羅尼神咒經》。據

M1・1476［F197:W3］殘片二與M1・1436［F197:W4a］號文書拼合可知，此經應名《佛頂心觀世音菩薩大陀羅尼經》。文書擬題依綴合後所定。參考文獻：彭海濤《黑水城所出八件佛經殘片定名及復原》，《西夏學》第八輯，上海古籍出版社2011年版。

錄文標點：

（一）

（前缺）

1. □□
2. 救拔一
3. 疾病，滅除惡業
4. 諸善智①速能
5. 利益安樂

（後缺）

（二）

（前缺）

1. □用
2. □

（後缺）

（三）

（前缺）

1. □
2. 離苦
3. 白釋迦
4. 生說

（後缺）

---

① 據《佛頂心陀羅尼經》"智"字前脫一"種"字。

（四）

（前缺）

1. ☐ 碍 自 ☐
2. 尼 法 以 用 ☐
3. 除 一 切 ☐
4. 就 一 ☐①

（後缺）

37. 元刻本《金剛般若波羅蜜經》殘片（三）

題解：

本件《中國藏黑水城漢文文獻》中原始編號為 F6：W74，出版編號為 M1・1470，收於第八冊《印本佛經》第 1770 頁，擬題為《佛經殘頁》，並記其尺寸為 7cm×8.8cm。《黑城出土文書（漢文文書卷）》一書未收。文書現存文字 5 行，上細欄，刻有句讀。陳瑞青指出本件文書內容出自《金剛般若波羅蜜經》之《善現啓請分第二》。按，本號文書與《中國藏黑水城漢文文獻》第 1750 頁 M1・1432［F19：W9］、M1・1433［F19：W10］、第 1752 頁 M1・1435［F15：W1］等號文書字體、版式一致，應為同一刻本殘頁。文書擬題依綴合後所定。本號文書與 F209 及 F13 所出均不同。參考文獻：陳瑞青《〈中國藏黑水城漢文文獻〉所收佛經殘頁題名辨正》，《"中國藏黑水城漢文文獻整理與研究研討會"論文集》，2012 年 8 月，煙台。

錄文標點：

（前缺）

1. 羅三藐三菩提☐
2. 何降伏其心？佛言☐
3. 菩提，如汝所說如來善☐
4. 菩薩，善☐☐諸☐

---

① 文書復原見 M1・1476［F197：W3］號文書所附復原。

5. 當為汝說。善□□□□□□□□
　　　　（後缺）

附：據《大正藏》本將文書所缺文字補齊應為：
　　　　（前缺）
1. 羅三藐三菩提心，應云何住？云
2. 何降伏其心？佛言：善哉善哉！須
3. 菩提，如汝所說如來善護念諸
4. 菩薩，善付囑諸菩薩，汝今諦聽，
5. 當為汝說。善男子、善女人，發阿
　　　　（後缺）

38. 元刻本《佛說大白傘蓋總持陀羅尼經》殘片（二）

題解：

本件《中國藏黑水城漢文文獻》中原始編號為 F13：W16—2，出版編號為 M1·1471，收於第八冊《印本佛經》第 1771 頁，擬題為《佛經殘頁》，並記其尺寸為 8.5cm×11.8cm。本件還收錄於《黑城出土文書（漢文文書卷）》第 223 頁《佛教類·佛經印本》，其指出本號文書與《中國藏黑水城漢文文獻》第八冊《印本佛經》第 1767 頁 M1·1462［F13：W16—1］號文書為同一件經書殘頁，所記兩件殘頁編號為 F13：W16，並列出文書諸要素為：竹紙，經摺裝，殘存二面，每面均裁切成圓角，尺寸為 18.3cm×8cm，版心高 12.2cm。上下雙欄，刻文楷體，夾有簡俗字。按，兩號文書字體、版式相同，應為同一刻本殘片。文書現存文字 6 行，彭海濤指出其內容出自《佛說大白傘蓋總持陀羅尼經》，並對其進行了復原。文書擬題依綴合後所定。參考文獻：彭海濤《黑水城所出八件佛經殘片定名及復原》，《西夏學》第八輯，上海古籍出版社 2011 年版。

錄文標點：
　　　　（前缺）
1.　　惡獸虎等大□□□□□□
2. ※　一切時中乞覆□□□□□

3. 其天 魔 等 諸 ☐
4. 能奪威 ☐
5. ※ 風膽痰 ☐
6. 一切時 ☐
　　（後缺）

附：彭海濤將文書復原如下：
（前缺）
1. 惡獸虎等大 難中 ，
2. ※ 一切時中乞覆 護 。
3. 其天魔等諸 魔碍 ，
4. 能奪威 力並餓鬼 。
5. ※ 風膽痰 等大病中 ，
6. 一切時 中乞覆護 。
　　（後缺）

39. 元抄本《慈悲道場懺法》殘片

題解：

本件《中國藏黑水城漢文文獻》中原始編號為F245：W8，出版編號為M1·1472，收於第八冊《印本佛經》第1771頁，擬題為《佛經殘頁》，並記其尺寸為2.9cm×10cm。本件還收錄於《黑城出土文書（漢文文書卷）》第221頁《佛教類·佛經抄本》，其記文書編號與《中國藏黑水城漢文文獻》原始編號同，並列出文書諸要素為：宣紙，屑，朱書，楷體，上有雙細欄，尺寸為9.8cm×3cm。按，文書現存文字2行，應為抄本殘片。彭海濤指出，其內容出自《慈悲道場懺法》卷八《為人道禮佛》，並將文書進行了復原。參考文獻：彭海濤《黑水城所出八件佛經殘片定名及復原》，《西夏學》第八輯，上海古籍出版社2011年版。

錄文標點：

（前缺）

1. 行國王地，飲⬚
2. 心。經言：若能⬚

　　（後缺）

附：彭海濤將文書復原如下：

　　（前缺）

1. 行國王地，飲 國王水，諸餘利益不可具說，大衆宜各起報恩
2. 心。經言：若能 一日一夜六時忍苦為欲利益奉報恩者，應當

　　（後缺）

40. 元抄本《妙法蓮華經》殘片

題解：

本件《中國藏黑水城漢文文獻》中原始編號為 F245：W9，出版編號為 M1·1473，收於第八冊《印本佛經》第 1771 頁，擬題為《佛經殘頁》，並記其尺寸為 5cm×8.3cm。本件還收錄於《黑城出土文書（漢文文書卷）》第 221 頁《佛教類·佛經抄本》，其所記文書編號與《中國藏黑水城漢文文獻》原始編號同，並列出文書諸要素為：墨綠色夾宣紙，屑，瀝金書，隸體，並細絲欄，尺寸為 8.3cm×5.1cm。按，文書現存文字 3 行，應為抄本殘頁。彭海濤指出其內容出自《妙法蓮華經》卷二《譬喻品》，並將文書進行了復原，但其復原格式有誤。參考文獻：彭海濤《黑水城所出八件佛經殘片定名及復原》，《西夏學》第八輯，上海古籍出版社 2011 年版。

錄文標點：

　　（前缺）

1. ⬚者，知子志劣，
2. ⬚□，一切財物
3. ⬚便□

　　（後缺）

附：據《大正藏》本《妙法蓮華經》將文書所缺文字補齊應為：

　　（前缺）

1. 初不勸進，說有實利。如富長者，知子志劣，

2. 以方便力，柔伏其心，然後乃付，一切財物。

3. 佛亦如是，現希有事，知樂小者，以方便力，

　　　（後缺）

41. 元刻本佛典殘片

題解：

本件《中國藏黑水城漢文文獻》中原始編號為 F79：W7、F79：W19，出版編號為M1·1474—1475，收於第八冊《印本佛經》第1772頁，共兩件殘片，擬題為《佛經殘頁》，並記其尺寸分別為 4.3cm×6.9cm、6.6cm×10.7cm。《黑城出土文書（漢文文書卷）》一書未收。文書 F79：W7 現存文字 3 行，F79：W19 現存文字 4 行。從內容來看，其應為某密教儀軌或陀羅尼經殘頁。

錄文標點：

（一）F79：W7：

　　　　（前缺）

1. 東方宮殿□□

2. 四門。後內入

3. □□上誦已

　　　　（後缺）

（二）F79：W19：

　　　　（前缺）

1. □□

2. 印彼額□

3. 室達慢

4. 二合□溺帝室達慢

5. □□□

　　　　（後缺）

42. 元刻本《佛頂心觀世音菩薩大陀羅尼經》殘片（三）

題解：

本件《中國藏黑水城漢文文獻》中原始編號為 F197：W3，出版編號為 M1·1476，收於第八冊《印本佛經》第 1772 頁，擬題為《佛經殘頁》，並記其尺寸為 14.1cm×21.4cm。《黑城出土文書（漢文文書卷）》一書未收。文書共六件殘片，除殘片六無文字殘留外，其餘各存文字 2 行。按，本號文書與《中國藏黑水城漢文文獻》第 1752 頁 M1·1436［F197：W4a］、M1·1437［F197：W4b］、第 1770 頁 M1·1469［F197：W14B］等號文書字體、版式相同，且內容相關，可拼合為一，應為同一刻本殘頁。彭海濤指出 M1·1469［F197：W14B］號文書內容出自《佛頂心陀羅尼經》。而 M1·1436［F197：W4a］、M1·1437［F197：W4b］號文書原定名為《千眼千臂觀世音菩薩陀羅尼神咒經》，但其文字與書與《大正藏》本《千眼千臂觀世音菩薩陀羅尼神咒經》文字有出入，而與《佛頂心陀羅尼經》相符，故其內容應出自《佛頂心陀羅尼經》，而非《千眼千臂觀世音菩薩陀羅尼神咒經》。據 M1·1476［F197：W3］殘片二與 M1·1436［F197：W4a］號文書拼合可知，此經應名《佛頂心觀世音菩薩大陀羅尼經》。文書擬題依綴合後所定。參考文獻：彭海濤《黑水城所出八件佛經殘片定名及復原》，《西夏學》第八輯，上海古籍出版社 2011 年版。

錄文標點：

（一）

　　　　（前缺）

1. 重⃞
2. ⃞

　　　　（後缺）

（二）

　　　　（前缺）

1. 佛頂
2. 經

　　　　（後缺）

（三）

（前缺）

1. ☐☐☐☐☐☐惱

2. ☐☐☐☐☐☐☐

（後缺）

（四）

（前缺）

1. 苦眾☐☐☐☐☐

2. 羅☐☐☐☐☐☐

（後缺）

（五）

（前缺）

1. ☐☐☐業重罪☐☐

2. ☐☐☐滿足☐☐☐

（後缺）

（六）

（無文字殘留）

附：將 F197：W4a、F197：W4b、F197：W14B 及 F197：W3 等文書拼合，並據《藏外佛教文獻》第七輯所收《佛頂心陀羅尼經》將所缺文字補齊應為：

（前缺）

1. 佛頂心觀世音菩薩大陀羅尼

2. 經卷上

3. 尒時觀世音菩薩而白釋迦牟

4. 尼佛言：是我前身不可思議福

5. 德因緣，欲令利益一切眾生起

6. 大悲心，能斷一切繫繞，能滅一

7. 一切怖畏。一切眾生蒙此威神，

8. 悉能│離苦│解脫。尒│時觀世音│菩薩│
9. 重白釋迦│牟尼佛言：我今欲│
10. │為苦惱衆│生說│消除災厄救│
11. 苦衆│生無│碍自│在王智印大陀│
12. 羅尼法，以用救拔一│切受苦衆生│，
13. 除一切疾病，滅除惡業重罪│，成│
14. 就一│切│諸善智①，速能滿足│一切│
15. │心願│，利益安樂│一切衆生，煩│惱│
16. │障閉。唯願慈悲，哀愍聽許。尒時│
　　　　（後缺）

43. 元刻本《佛說守護大千國土經》殘片

題解：

本件《中國藏黑水城漢文文獻》中原始編號為F209：W11，出版編號為M1·1477，收於第八冊《印本佛經》第1773頁，擬題為《佛經殘頁》，並記其尺寸為5.1cm×9.6cm。《黑城出土文書（漢文文書卷）》一書未收。文書現存文字3行，彭海濤指出其內容出自《佛說守護大千國土經》，並對其進行了復原。參考文獻：彭海濤《黑水城所出八件佛經殘片定名及復原》，《西夏學》第八輯，上海古籍出版社2011年版。

錄文標點：

　　　　（前缺）
1. ────│那提迦葉尊│者│────
2. ────│頻│螺迦葉尊者│────
3. ────　　│槃豆│尊│────
　　　　（後缺）

---

① 據《佛頂心陀羅尼經》"智"字前脫一"種"字。

整理編　第八冊(下)　1467

附：彭海濤所列《佛說守護大千國土經》相關內容如下：

如是我聞，一時世尊，住王舍城鷲峯山南面佛境界大樹林中，與大苾芻衆千二百五十人俱，其名曰：尊者舍利弗尊者摩訶目乾連、尊者摩訶迦葉尊者伽耶迦葉、尊者那提迦葉、尊者摩訶那提迦葉、尊者阿若憍陳如、尊者優樓頻螺迦葉、尊者摩訶迦旃延、尊者跋俱羅、尊者婆藪槃豆、尊者俱絺羅、尊者囀倪舍、尊者阿濕嚩爾多。

44. 元刻本佛典殘片

題解：

本件《中國藏黑水城漢文文獻》中無原始編號，出版編號為M1·1478，收於第八冊《印本佛經》第1773頁，擬題為《佛經殘頁》，並記其尺寸為4.9cm×4.2cm。《黑城出土文書（漢文文書卷）》一書未收。文書現存文字4行，內細欄，其出處待考。

錄文標點：

（前缺）

1. ▢▢▢▢▢▢金剛▢▢
2. ▢▢▢▢語金剛中▢
3. ▢▢▢究竟有義金▢
4. ▢▢▢▢內▢

（後缺）

45. 元刻本佛典殘片

題解：

本件《中國藏黑水城漢文文獻》中原始編號為F6：W80，出版編號為M1·1479，收於第八冊《印本佛經》第1773頁，擬題為《佛經殘頁》，並記其尺寸為4.2cm×4.4cm。《黑城出土文書（漢文文書卷）》一書未收。文書似為一版畫殘片，上部為圖案，下部有兩行文字，為陰文，其出處待考。

錄文標點：

（前缺）

1. 異□▢
2. 南▢
　　　（後缺）

46. 元刻本《金剛般若經疏論纂要》殘片
題解：

本件《中國藏黑水城漢文文獻》中原始編號為 AE184ZHi23，出版編號為 M3・0014，收於第八冊《印本佛經》第 1774 頁，擬題為《〈金剛般若經疏論纂要下〉殘頁》，並記其尺寸為 8cm×10.8cm。《黑城出土文書（漢文文書卷）》一書未收。文書現存文字 3 行，有雙行小字夾注。

錄文標點：
　　　（前缺）
1. ▢▢□□▢
2. ▢▢▢譬喻所不能
3. ▢▢▢▢故一法寶勝無
　　　　　大菩提故此法
　　　（後缺）

附：《大正藏》本《金剛般若經疏論纂要》相關內容為：

須菩提，若三千大千世界中，所有諸須彌山王，如是等七寶聚，有人持用布施。若人以此般若波羅蜜經，乃至四句偈等，受持讀誦為他人說，於前福德百分不及一，百千萬億分，乃至算數譬喻所不能及。　偈云：雖言無記法，而說是彼因。是故一法寶勝無量珍寶。論云：以離所說法不能得大菩提故，此法能為菩提因。

47. 元抄本佛典殘片
題解：

本件《中國藏黑水城漢文文獻》中原始編號為 F14：W12，出版編號為 M1・1480，收於第八冊《印本佛經》第 1774 頁，擬題為《佛經殘頁》，並記其尺寸為 5.2cm×6.3cm。本件還收錄於《黑城出土文書（漢文文書卷）》第 221 頁《佛教類・佛經抄本》，其所記文書編號與《中國藏黑水城漢文文獻》原始編號同，並列出文書諸要素為：墨綠色夾宣紙，屑，瀝金楷書，並雙欄，尺寸為 6.3cm × 4.8cm。按，文書現存文字 2 行，應為抄本殘頁，其出處待考。

錄文標點：

（前缺）

1. 所說□□□□□□
2. 事善 男 □□□□□

（後缺）

（三）其他佛教文獻

1. 元抄本《釋徒智堅轉誦本》殘卷

題解：

本件《中國藏黑水城漢文文獻》中原始編號為 F191：W101—1 至 F191：W101—6，出版編號為 M1·1481—1486，收於第八冊《其他佛教文獻》第 1777—1782 頁，擬題為《釋徒智堅轉頌本》。本件還收錄於《黑城出土文書（漢文文書卷）》第 213 頁《佛教類·佛徒習學本》，其所記文書編號為 F191：W101，並列出文書諸要素為：棉紙，原線裝成冊，每紙高 14.3cm，寬 17.2—17.5cm，折疊成兩面，計 6 頁，楷書。文書主要包括"三皈依"和"三十五佛"兩部分，其中"三十五佛"部分出自《瑜伽集要熖口施食儀》。據《瑜伽集要熖口施食儀》可知《中國藏黑水城漢文文獻》中文書 F191：W101—4 與 F191：W101—5 位置顛倒，《黑城出土文書（漢文文書卷）》錄文順序正確，下錄文照《黑城出土文書（漢文文書卷）》一書錄文順序釋錄。

錄文標點：

1. 　　釋徒智堅
2. 轉誦本

—————————————

3. 　　三皈依
4. 稽首歸依佛，天宮坐宝臺。

5. 有情思渴①仰，早願下生來。

6. 阿嚕揭帝莎嚩②訶　　南无

（以上為 F191：W101—1，尺寸為 17.6cm×14.6cm）

7. 莫捺耶　　南无捺哩麻耶

8. 南无僧伽耶

9. 稽首皈依法，河沙經藏開。

10. 惣持心印法，无去亦無來，

―――――――――――――

11. 阿嚕揭帝莎嚩訶　　南无

12. 莫捺耶　　南无達摩耶

13. 南无僧伽耶

14. 稽首皈依僧，三明具六通。

（以上為 F191：W101—2，尺寸為 17.5cm×14.6cm）

15. 靈山親受記，三會願相逢。

16. 阿嚕揭帝莎嚩訶　　南无

17. 莫捺耶　　南无捺哩摩耶

18. 南无僧伽耶，

―――――――――――――

19. 　　　　三十五佛

　　　　　　　　一切諸佛，

20. 南无皈依十方盡虛空界一切尊法，

　　　　　　　　一切賢聖僧③，

21. 南无如來應供正遍知明行足善

22. 逝世間解无上士調禦丈夫天人師佛世尊④，

（以上為 F191：W101—3，尺寸為 17.7cm×15cm）

―――――――――――

① "渴"，《黑城出土文書》錄文作"謁"，現據圖版改。
② "嚩"，《黑城出土文書》錄文作"縛"，現據圖版改。下同，不再另作說明。
③ 據《大正藏》本《瑜伽集要焰口施食儀》可知，此處省寫，其原應為"南无皈依十方盡虛空界一切諸佛，南无皈依十方盡虛空界一切尊法，南无皈依十方盡虛空界一切賢聖僧"。
④ "世尊"兩字為左行補寫，現徑改。

23. 南无釋迦牟尼佛，南无金剛不壞①佛，

24. 南无宝光佛，南无龍尊王佛，

25. 南无精進軍佛，南无精進喜佛，

26. 南无寶火佛，南无宝月光佛，

27. 南无現無愚佛，南无宝月佛，

────────────────────────

28. 南无無垢佛，南无離坊佛，

29. 南无勇施佛，南无清淨佛，

30. 南无清淨施佛，南无娑留那佛，

31. 南无水天佛，南无坚德佛，

32. 南无旃檀功德佛，南无無量掬光佛，

（以上為 F191：W101—5，尺寸為 17.8cm×14.6cm）

33. 南无光德佛，南无無憂德佛，

34. 南无那羅延佛，南无功德華佛，

35. 南无蓮花光遊戲神通佛，

36. 南无財功德佛，南无德念佛，

37. 南无善名稱功德佛，南无紅炎帝幢王②佛，

38. 南無善遊步功德佛，南无鬥戰勝 佛 ，

────────────────────────

39. 南無善遊步佛，南无周帀③莊嚴功 德 □④，

40. 南无寶花遊步佛，南无寶蓮花善

41. 住娑羅樹王佛，法⑤界藏身

42. 阿弥陁佛。

43. 如是等一切世界諸佛世尊，常住

44. 在世。是諸世尊，當慈念我，若我

────────

① "壞"，《黑城出土文書》錄文作"攘"，現據圖版改。
② "王"字為左行補寫，現徑改。
③ "帀"通"匝"，《黑城出土文書》錄文作"而"，現據圖版改。
④ 此處所缺文字據《大正藏》本《瑜伽集要焰口施食儀》應為"佛"。
⑤ 據《大正藏》本《瑜伽集要焰口施食儀》"法"字前脫"南無"兩字。

（以上為 F191:W101—4，尺寸為 16.4cm×14.4cm）

45. 此生，若我前生，從无始生死以來，所
46. 作衆①罪，若自作，若教他作，見作隨
47. 喜；若塔若僧若四方僧物，若自取，若
48. 教他取，見取隨喜；五無間罪，若自
49. 作，若教他作，見作隨喜；十不善道，②
50. 若自作，若教他作，見作隨喜。所

───────────────

51. 作罪障，或有覆藏，或不覆藏，□③
52. 墮地獄、餓鬼、畜生，諸餘惡趣、邊地、下
53. 賤及蔑戾車，如是等処④。所作罪障，今
54. 皆懺悔。今諸佛世尊，當證知我，當憶念我。我復於諸佛世尊前作如是言⑤：若
55. 我此生，若於餘生，曾行布施，或守
56. 淨戒，乃至施与畜生一搏之食，或□⑥

（後缺）

2. 施經題記殘片

題解：

本件《中國藏黑水城漢文文獻》中原始編號為 AE200　ZHi39，出版編號為 M3·0015，收於第八冊《其他佛教文獻》第 1783 頁，擬題為《施主》，並記其尺寸為 14.2cm×5.9cm。《黑城出土文書（漢文文書卷）》一書未收。文書現存文字 3 行。從文書內容推斷，其似為施經題記。

---

① "衆"《大正藏》本《瑜伽集要焰口施食儀》作"重"。
② 此行文字《黑城出土文書》錄文漏錄，現據圖版補。
③ 此處所缺文字據《大正藏》本《瑜伽集要焰口施食儀》應為"應"。
④ "処"，《黑城出土文書》錄文漏錄，現據圖版補。
⑤ "當憶念我。我復於諸佛世尊前作如是言"等字為左行補寫，《黑城出土文書》錄文作下一行，現據圖版改。
⑥ 此處所缺文字據《大正藏》本《瑜伽集要焰口施食儀》應為"修"。

錄文標點：

（前缺）

1. ▢▢▢▢▢▢▢□▢▢▢▢▢▢
2. ▢▢▢▢▢▢□施主□▢▢▢
3. ▢▢▢□拜　　□□▢▢▢

（後缺）

3. 文書殘片

題解：

本件《中國藏黑水城漢文文獻》中原始編號為 F170：W3，出版編號為M1·1487，收於第八冊《其他佛教文獻》第 1783 頁，擬題為《佛教文獻殘頁》，並記其尺寸為 8.6cm×17.3cm。《黑城出土文書（漢文文書卷）》一書未收。文書現存文字 1 行，其紙色為墨色，文字似為銀色，不清，無法釋讀，其內容不明。

錄文標點：

（略）

4. 元各人講解經名錄殘片

題解：

本件《中國藏黑水城漢文文獻》中原始編號為 F2：W2，出版編號為M1·1488，收於第八冊《其他佛教文獻》第 1784 頁，擬題為《信衆名單》，並記其尺寸為 19.4cm×24.3cm。《黑城出土文書（漢文文書卷）》一書未收。文書共兩件殘片，殘片一現存文字 8 行，殘片二現存文字 2 行，有朱筆點畫及改寫痕跡。

錄文標點：

（一）

（前缺）

1. 各人講解經▢▢▢▢▢
2. 　王仲深　　▢▢▢▢▢
3. 　李文鼎　　▢▢▢▢▢
4. 　李良臣　　▢▢▢▢▢

5. 步祥甫 □
6. 趙晉①卿 □
7. 李□ ②
8. 拜□
　　　（後缺）

（二）
　　　（前缺）
1. □楊堯卿□
2. □禧□
　　　（後缺）

5. 元僧人取鈔等文書殘片

題解：

本件《中國藏黑水城漢文文獻》中原始編號為 F224：W14，出版編號為M1·1489，收於第八冊《其他佛教文獻》第 1785 頁，擬題為《佛教文獻殘頁》，並記其尺寸為，11.2cm×24cm。《黑城出土文書（漢文文書卷）》一書未收。文書共兩件殘片，殘片一現存文字 4 行，殘片二為一版畫殘片，版畫內容為一老者像。

錄文標點：

（一）
　　　（前缺）
1. □中統鈔□
2. □□一升，小僧□
3. □□底取鈔□
4. 小僧會的是□
　　　（後缺）

---

① "晉"原作"進"，後於右旁改寫，現徑改。
② 文書第4—7行人名中均有朱筆勾點痕跡。

（二）

（版畫略）

6. 元抄本佛典殘片

題解：

本件《中國藏黑水城漢文文獻》中原始編號為Y1：W8，出版編號為M1·1490，收於第八冊《其他佛教文獻》第1786頁，擬題為《佛教文獻殘頁》，並記其尺寸為3.6cm×14.1cm。《黑城出土文書（漢文文書卷）》一書未收。文書共三件殘片，殘片一、二各存文字2行，殘片三現存文字1行，均為殘屑。從內容來看，疑為某陀羅尼真言殘件。

錄文標點：

（一）

（前缺）

1. ☐□六合□☐
2. ☐□

（後缺）

（二）

（前缺）

1. ☐娑底□☐
2. ☐□

（後缺）

（三）

（前缺）

1. ☐天神☐

（後缺）

附

1. 元抄本《釋徒吳智善習學本》殘卷

題解：

本件文書收錄於《黑城出土文書（漢文文書卷）》第213頁《佛教類·佛徒習學本》，其所記文書編號為 F191：W102，並列出文書諸要素為：竹紙，原線裝成冊，每紙高 14.5—15cm，寬 19.3—19.7cm，折疊為兩面，計 10 頁，其中 5 頁寫有習學經文，楷書。《中國藏黑水城漢文文獻》未收錄圖版。按，本件文書內容與《中國藏黑水城漢文文獻》第 1777—1782 頁所收 F191：W101 號文書基本相同，應為同一類釋徒習學本。

錄文標點：

1. 釋徒吳智善習學

（以上為 F191：W102—1）

2. 　　三皈依
3. 稽首歸依佛，天宮坐
4. 宝臺。有情思渴①
5. 仰，早願下生來。

（以上為 F191：W102—2）

6. 阿嚕揭帝莎嚩②訶
7. 南无莫捺耶　南无
8. 捺哩麻耶　南无僧伽耶
9. 稽首皈依法，河沙經藏開。
10. 惣持心印法，无去亦无來，
11. 阿嚕揭帝莎嚩訶
12. 南无莫捺耶　南无捺哩

（以上為 F191：W102—3）

---

① "渴"，《黑城出土文書》錄文作"謁"，現據 F191：W101 號文書圖版改。
② "嚩"，《黑城出土文書》錄文作"縛"，現據 F191：W101 號文書圖版改。下同，不再另作說明。

13. 麻①耶　南无僧伽耶

14. 稽首皈依僧，三明具六通。

15. 靈山親受記，三會願相逢。

16. 阿嚕揭帝莎嚩訶

17. 南无皈依十方盡虚空界一切諸

18. 佛，南无皈依十方盡虚空界一切

19. 尊法，南无皈依十方盡虚空界

20. 一切賢聖僧，南无如來應供正通②

21. 知明行足善逝世間解上士③

（以上為 F191：W102—4）

22. 无上師④調禦丈夫天人師佛世

23. 尊，南无釋迦牟尼佛，

（以上為 F191：W102—5）

2. 元抄本《慈悲道場懺法》殘頁（三）

題解：

本件文書收錄於《黑城出土文書（漢文文書卷）》第214頁《佛教類·佛徒習學本》，其所記文書編號為 F79：W7，並列出文書諸要素為：竹紙，線裝殘頁，楷書，加朱字圈點。《中國藏黑水城漢文文獻》未收錄圖版。文書共七件殘片，其内容出自《慈悲道場懺法》卷第七。按，本號文書内容與《中國藏黑水城漢文文獻》第1719頁M1·1387［F79：W15］、第1720頁M1·1388［F79：W16］等號文書内容相關，均出自《慈悲道場懺法》卷第七，且均出土自 F79，其殘片也可拼合，應為同一抄本殘頁。另，據《大正藏》本《慈悲道場懺法》可知，本文書《黑城出土文書（漢文文書卷）》抄錄拼合順序有誤，下錄文先照《黑城出土文書（漢文文書卷）》錄文順序釋錄，後將正確順序及與M1·1387［F79：W15］、M1·1388［F79：W16］號文書拼合結果附錄於後。

---

① "捺哩麻"據 F191：W101 號文書圖版應為"達摩"。
② "通"據 F191：W101 號文書圖版應為"遍"。
③ 據 F191：W101 號文書圖版"上士"應為衍文。
④ "師"據 F191：W101 號文書圖版應為"士"。

錄文標點：

（一）尺寸為 12.4cm × 19.1cm

　　　　（前缺）

1.　　　　第七

2.　　　　　　　]衆：夫至德渺漠，本無言

3.　　　　　　　]經①道之逕；說者，理之

4.　　　　　　　]理顯，理故非言，理

5.　　　　　　　]理而②乖，善惡殊絕。

6.　　　　　　　]濫，在於初學，

7.　　　　　　　]學，乃合理而忘言。

8.　　　　　　　]至③，於諸法門未能

9.　　　　　　　]其妙，見淺故不

10.　　　　　　　]身④，行之實難，唯聖

11.　　　　　　　]難言，自不能

　　　　（後缺）

（二）尺寸為 13.4cm × 12.1cm：

　　　　（前缺）

1.　　　　]優⑤人身，是[　　　]

2.　　　　]以⑥善根，相舉⑦清淨，

3.　　　　]一⑧自慶；世智辯聰

4.　　　　]與一心，歸憑正法，

5.　　　　]前佛後復謂為難。

---

① "經"據《大正藏》本《慈悲道場懺法》應為"詮"。
② "而"據《大正藏》本《慈悲道場懺法》應為"兩"。
③ "至"據《大正藏》本《慈悲道場懺法》應為"重"。
④ "身"據《大正藏》本《慈悲道場懺法》應為"易"。
⑤ "優"據《大正藏》本《慈悲道場懺法》應為"獲"。
⑥ "以"據《大正藏》本《慈悲道場懺法》應為"預"。
⑦ "舉"據《大正藏》本《慈悲道場懺法》應為"與"。
⑧ "一"據《大正藏》本《慈悲道場懺法》應為"七"。

6. ＿＿＿＿佛，又為大難，相與

7. ＿＿＿＿願，於未來世誓拔

8. ＿＿＿＿覲如來為難。但一

9. ＿＿＿＿正法，自同在□，□

10. ＿＿＿＿滅罪生＿＿＿＿①

　　　（後缺）

（三）尺寸為 8.7cm×21.7cm：

　　　（前缺）

1. ＿＿＿＿＿＿＿＿佛
2. ＿＿＿＿＿＿＿是九
3. ＿＿＿＿＿＿相與已得
4. ＿＿＿＿慶；佛言：出家
5. ＿＿＿＿親割愛，歸向
6. ＿＿＿＿佛言：自利者
7. ＿＿＿＿今日一絆②一
8. ＿＿＿＿＿＿＿＿＿
9. ＿＿＿＿慶；畜生難
10. ＿＿＿＿遠離病③切，是
11. ＿＿＿＿相與已得不受
12. ＿＿＿＿邊地難④不知仁
13. ＿＿＿＿中國，道法流
14. ＿＿＿＿優⑤生長壽

---

① 據《大正藏》本《慈悲道場懺法》殘片二應位於殘片三第 8—15 行之後，殘片三第 1—7 行之前。
② "絆"據《大正藏》本《慈悲道場懺法》應為"拜"。
③ "病"據《大正藏》本《慈悲道場懺法》應為"痛"。
④ "難"《大正藏》本《慈悲道場懺法》無。
⑤ "優"據《大正藏》本《慈悲道場懺法》應為"慶"。

15. ▭樹①

　　（後缺）

（四）尺寸為9.0cm×23.5cm：

　　（前缺）

1. ▭所為

2. ▭慶；佛言：讀誦

3. ▭為難。而今見有②

4. ▭慶；今日道場同

5. ▭多無量，非復弱

6. ▭少，一欣

7. ▭擬③，得

8. ▭盡④

9. ▭心同如⑤

10. ▭乃⑥，覆護拯接，

11. ▭及三界六道一

12. ▭越生死海道⑦

13. ▭登十地，入金⑧

　　（後缺）

（五）尺寸為12.2cm×13cm：

　　（前缺）

---

① 據《大正藏》本《慈悲道場懺法》殘片三《黑城出土文書》排列錯誤，其中第9、10顛倒，另，第8—15行應位於殘片二之前，殘片七之後。
② 據文書格式及《大正藏》本《慈悲道場懺法》可知，第2、3行之間應缺一行。
③ "擬"據《大正藏》本《慈悲道場懺法》應為"礙"。
④ 據《大正藏》本《慈悲道場懺法》可知第7、8行之間有缺文。
⑤ "如"據《大正藏》本《慈悲道場懺法》應為"加"。
⑥ "乃"據《大正藏》本《慈悲道場懺法》應為"力"。
⑦ "道"據《大正藏》本《慈悲道場懺法》應為"到"。
⑧ 據《大正藏》本《慈悲道場懺法》殘片四第1—7行應位於殘片三第1—7行之後，殘片五之前；第8—13行應位於殘片五之後。

整理編 第八冊(下) 1481

1. ＿＿＿＿＿痛切五骨①＿＿＿
2. ＿＿＿＿＿境人民父母師長上中
3. ＿＿＿施檀越，善惡知識，諸天諸仙
4. ＿＿＿＿聰明正直天地虛空，主善罰
5. ＿＿＿＿持呪，五方龍王龍神八部，
6. ＿＿＿帝大魔，一切魔王，閻羅王
7. ＿＿＿大神，十八＿＿＿＿②
　　　（後缺）

（六）尺寸為 12.1cm×33.1cm：
　　　（前缺）

1. ＿＿＿＿＿云③穢濁，云何
2. ＿＿＿＿＿淨，欲使他清
3. ＿＿＿＿＿堅固，何以勸人？
4. ＿＿＿＿＿他既生惱，何不
5. ＿＿＿＿＿愧。余是善知識
6. ＿＿＿＿＿整理衣服，斂容無對。
7. ＿＿＿＿辭，心情慚耐④，自知深
8. ＿＿＿＿人隱覆其失，今欲毁
9. ＿＿＿＿＿見⑤存□⑥復
10. ＿＿＿＿覆護攝交⑦，既已⑧
11. ＿＿＿愧，大衆願無觸腦⑨。若謬

---

① "骨"據《大正藏》本《慈悲道場懺法》應為"體"。
② 據《大正藏》本《慈悲道場懺法》殘片五應位於殘片四第7、8行之間。
③ "云"據《大正藏》本《慈悲道場懺法》應為"業"。
④ "耐"據《大正藏》本《慈悲道場懺法》應為"惡"。
⑤ "見"據《大正藏》本《慈悲道場懺法》應為"欲"。
⑥ 此處所缺文字據《大正藏》本《慈悲道場懺法》應為"之"。
⑦ "交"據《大正藏》本《慈悲道場懺法》應為"受"。
⑧ 據《大正藏》本《慈悲道場懺法》文書第9、10行之間有缺文。
⑨ "腦"據《大正藏》本《慈悲道場懺法》應為"惱"。

12. ☐法，改往修來為善知識。
13. ☐施歡喜，不成惡知識，
14. ☐自慶第十
15. ☐大眾第十二，總發
16. ☐佛第十四，為諸仙禮佛
17. ☐六。自慶第十：今日
18. ☐至德，可憑①

（後缺）

（七）尺寸為12.2cm×13cm：

（前缺）

1. ☐道②，續以發心勸獎兼
2. ☐豈得不人人踊躍歡喜。
3. ☐云：八難：一者地獄，二者
4. ☐五者長壽天，六者雖
5. ☐生邪見家，八者生在
6. ☐以眾生輪迴生死，不
7. ☐佛而慶事尤多。凡③
8. ☐非難成難，心若無疑
9. ☐八難云：生在佛前，或生④佛
10. ☐母，與佛同生一世，共佛俱
11. ☐心疑是難，未必異世，皆云是
12. ☐地獄，龍聞說法，便得悟道。當
13. ☐難。心苟不善，稟報不殊。
14. ☐畜生之賤超登道

---

① 據《大正藏》本《慈悲道場懺法》殘片六應接於殘片一之後。
② "道"據《大正藏》本《慈悲道場懺法》應為"遺"。
③ 據《大正藏》本《慈悲道場懺法》文書第6、7行之間應缺一行。
④ "生"《大正藏》本《慈悲道場懺法》作"在"。

15. ☐故輕難成重，心正
16. ☐今日道場同業大
17. ☐向成難。心能正
18. ☐舉此一條，在處
19. ☐無非正法，
20. ☐今若正心
21. ☐疑惑則難成
22. ☐少。大衆日用不知其
23. ☐自慶之端。若①
24. ☐修出世心。何
25. ☐難免。相與已②

（後缺）

附：F79：W15、F79：W16 與本件文書拼合，並據《大正藏》本《慈悲道場懺法》將所缺文字補齊、誤寫文字改正應為：

（前缺）

1. 慈悲道場懺法卷第七
2. 今日道場同業大衆，夫至德渺漠，本無言
3. 無說。然言者，德之詮道之逕；說者，理之
4. 階聖之導，所以藉言而理顯。理故非言，理
5. 由言彰，言不越理。雖言理兩乖，善惡殊絕，
6. 然影響相符，未曾差濫。在於初學，
7. 要言以會道。至於無學，乃合理而忘言。
8. 自惟凡愚，惛惑障重，於諸法門未能
9. 捨言。今識寙故，不盡其妙；見淺故，不

---

① 《大正藏》本《慈悲道場懺法》"若"字前多"大衆"二字。
② 據《大正藏》本《慈悲道場懺法》殘片七應位於殘片六之後，殘片三第 8—15 行之前。

10. 臻其極。然言之且易，行之實難，唯聖

11. 與聖乃得備舉。今有難言，自不能

（以上為 F79: W7（一）、F79: W16（三）、F79: W15（三）拼合）

12. 正，云何正他？汝自三業穢濁，云何

13. 勸人清淨？自不清淨，欲使他清

14. 淨，無有是處。既不堅固，何以勸人？

15. 今言行空說，便成惱他，他既生惱，何不

16. 且止？反覆尋省，寧不自愧。余是善知識，

17. 故發此言。於是整理衣服，斂容無對。

18. 今聞善知識此辭，心情慚惡，自知深

19. 過，不敢欺謂。聖人隱覆其失，今欲毀

20. 除，恐脫有人，因此增福，適欲存之。復
恐有人生謗，進退迴遑，不知所措。且
立懺法心既是善，善法無礙，但應努力，

21. 不得計此。今唯憑世間大慈悲父，覆護攝受，既已

22. 有其言，不容毀滅。正當慚愧，大眾願無觸惱。若謬

23. 與理合相與，因此懺法，改往修來為善知識。

24. 如其不會眾心，願布施歡喜，不成惡知識，

25. 猶為菩提眷屬。　　　自慶第十

26. 警緣三寶第十一，主謝大眾第十二，總發

27. 大願第十三，奉為天道禮佛第十四，為諸仙禮佛

28. 禮佛第十五，奉為梵王等禮佛第十六。自慶第十：今日①

29. 道場同業大眾，從歸依已來知至德，可憑

---

① 文書第 25—28 行據《大正藏》校注乙種本《慈悲道場懺法》補。

(以上為 F79：W7（六）、F79：W16（一）、F79：W16（二）拼合)

30. 斷疑。懺悔則罪惑俱遣，續以發心勸獎兼
31. 行。怨結已解，逍遙無礙，豈得不人人踴躍歡喜。
32. 所應自慶，今宣其意。經云：八難：一者地獄，二者
33. 餓鬼，三者畜生，四者邊地，五者長壽天，六者雖
34. 得人身癃殘百疾，七者生邪見家，八者生在
35. 佛前。或生佛後有此八難，所以眾生輪迴生死，不
36. 得出離。我等相與生在如來像法之中，雖不值佛，而慶事尤多。凡
37. 難之為語罪在於心。若心生疑非難，成難；心若無疑
38. 是難，非難。何以知之？第八難云：生在佛前，或在佛
39. 後，是名為難。而城東老母，與佛同生一世，共佛俱
40. 在一處，而不見佛。故知心疑是難，未必異世，皆云是
41. 難。波旬懷惡，生陷地獄；龍聞說法，便得悟道。當
42. 知人天，未必非難。心苟不善，稟報不殊，
43. 六天之主，墜在地獄；畜生之賤，超登道
44. 場，是則心邪，故輕難成重；心正，
45. 故重難無礙。今日道場同業大
46. 眾，以心礙故，觸向成難，心能正
47. 者，則難非難。舉此一條，在處
48. 可從，故知佛前、佛後無非正法，
49. 邊地、畜生莫非道處。今若正心，
50. 則無復八難；如其疑惑，則難成
51. 無量。如是自慶，事實不少。大眾日用，不知其
52. 功，今略陳管見，示自慶之端。大眾若

53. 能知自慶者，則復應須修出世心。何
54. 者自慶？佛言：地獄難免，相與已

（以上為 F79：W7（七）、F79：W16（四）、F79：W16（六）拼合）

55. 得，免離此苦，是一自慶；餓鬼難脫，相
56. 與已得，遠離痛切，是二自慶；畜生難
57. 捨，相與已得不受
58. 其報，是三自慶；生在邊地，不知仁
59. 義，相與已得，共住中國，道法流
60. 行，親承妙典，是四自慶；生長壽
61. 天不知植福，相與已得，更復樹
62. 因，是五自慶；人身難得，一失不

（以上為 F79：W7（三）第 8—15 行、F79：W15（二）、F79：W16（五）拼合，其中第 56 行之"慶；畜生難"等字即見於 F79：W15（二），又見於 F79：W7（三），但李逸友此處釋錄有誤，故不能否定其可拼合之可能）

63. 返，相與已得，各獲人身，是六自
64. 慶；六根不具，不預善根，相與清淨，
65. 得深法門，是七自慶；世智辯聰，
66. 反成為難，相與一心，歸憑正法，
67. 是八自慶；佛前佛後，復謂為難。
68. 或云：面不覩佛，又為大難，相與
69. 已能，發大善願，於未來世，誓拔
70. 眾生，不以不覩如來為難。但一
71. 見色像，一聞正法，自同在昔，鹿
72. 苑初唱，事貴滅罪，生人福業，不
73. 以不見佛故，稱之為難。佛言：見佛

（以上為 F79：W7（二）、F79：W15（四）拼合）

74. 為難，相與已得，瞻對尊像，是九
75. 自慶；佛言：聞法復難，相與已得，
76. 湌服甘露，是十自慶；佛言：出家
77. 為難，相與已得，辭親割愛，歸向
78. 入道，是十一自慶；佛言：自利者
79. 易，利他為難，相與今日，一拜一

（以上為 F79：W7（三）第1—7行）

禮，普為十方，是十二自慶；佛言：捍勞
80. 忍苦為難，相與今日，各自翹勤，有所為
81. 作，不為自身，是十三自慶；佛言：讀誦
為難，我今大眾，同得讀誦，
82. 是十四自慶；坐禪為難，而今見有
83. 息心定意者，是十五自慶。今日道場同
84. 業大眾，如是自慶，事多無量，非復弱
85. 辭，所能宣盡。凡人處世，苦多樂少，一欣
86. 一喜，尚不可諧，況今相與，有多無礙，得
87. 此無礙，皆是十方三寶威力，宜各至心
88. 懷憶此恩。等一痛切，五體投地，奉為，

（以上為 F79：W7（四）第1—7行、F79：W7（五）第1行、F79：W15（五）拼合）

89. 國王帝主、土境人民、父母師長、上中
90. 下座、信施檀越、善惡知識、諸天諸仙、
91. 護世四王、聰明正直天地虛空、主善罰
92. 惡守護持呪、五方龍王龍神八部、

93. 諸大魔王五帝大魔、一切魔王、閻羅王、

94. 泰山府君、五道大神、十八獄主并諸官

（以上為 F79：W7（五）第 2—7 行）

95. 屬、廣及三界六道，無窮無盡含情

96. 抱識有佛性者，至誠歸依十方盡虛

97. 空界一切三寶，願以慈悲心同加

98. 攝受，以不可思議神力，覆護拯接。

99. 令諸天諸仙一切神王及三界六道一

100. 切衆生，從今日去，越生死海到

101. 涅槃岸，行願早圓俱登十地，入金

　　剛心成等正覺（一拜）。

（以上為 F79：W7（四）第 8—13 行、F79：W15（一）拼合）

（四）佛教圖像

1. 佛經版畫殘片

題解：

本件《中國藏黑水城漢文文獻》中原始編號為 F13：W61，出版編號為M1·1491，收於第八冊《佛教圖像》第 1789 頁，擬題為《佛像》，並記其尺寸為 21.8cm × 11.1cm。《黑城出土文書（漢文文書卷）》一書未收。文書現存版畫右上部，共二菩薩一尊者，中間之菩薩較大；左尊者左向，應為迦葉；右之菩薩持金剛劍。

錄文標點：

（略）

2. 佛經版畫殘片

題解：

本件《中國藏黑水城漢文文獻》中原始編號為 F13：W60，出版編號為M1·

1492，收於第八冊《佛教圖像》第 1790 頁，擬題為《佛像》，並記其尺寸為 8.1cm×15.7cm。《黑城出土文書（漢文文書卷）》一書未收。文書現存版畫一面，裁切成圓角，下部有火燒痕跡。畫中釋迦牟尼佛坐須彌座說法，旁迦葉侍立。

錄文標點：

（略）

3. 佛經版畫殘片

題解：

本件《中國藏黑水城漢文文獻》中原始編號為 F210：W2，出版編號為M1·1493，收於第八冊《佛教圖像》第 1791 頁，擬題為《佛像》，並記其尺寸為 5.2cm×7.7cm。《黑城出土文書（漢文文書卷）》一書未收。文書現存一僧裝菩薩坐蓮台，施無畏印。

錄文標點：

（略）

4. 圖畫殘片

題解：

本件《中國藏黑水城漢文文獻》中原始編號為 F13：W62，出版編號為M1·1494，收於第八冊《佛教圖像》第 1791 頁，擬題為《圖像殘件》，並記其尺寸為 12.1cm×9.1cm。《黑城出土文書（漢文文書卷）》一書未收。文書殘損嚴重，不知原圖為何。

錄文標點：

（略）

5. 佛經版畫殘片

題解：

本件《中國藏黑水城漢文文獻》中原始編號為 F210：W1，出版編號為M1·1495，收於第八冊《佛教圖像》第 1791 頁，擬題為《佛像》，並記其尺寸為 14.5cm×5.5cm。《黑城出土文書（漢文文書卷）》一書未收。文書現存版畫上部,現存一佛一菩薩。

  錄文標點:

  (略)

6. 佛像殘片

題解:

本件《中國藏黑水城漢文文獻》中原始編號為 F210:W4,出版編號為M1·1496,收於第八冊《佛教圖像》第1792頁,擬題為《圖像殘件》,並記其尺寸為 21.3cm×30.1cm。《黑城出土文書(漢文文書卷)》一書未收。文書共六件殘片,拼合後為一佛像,圖像風格與唐卡近似。

  錄文標點:

  (略)

7. 佛像殘片

題解:

本件《中國藏黑水城漢文文獻》中原始編號為 F9:W40,出版編號為M1·1497,收於第八冊《佛教圖像》第1793頁,擬題為《圖像殘件》,並記其尺寸為 11.6cm×20.7cm。《黑城出土文書(漢文文書卷)》一書未收。文書共兩件殘片,殘片一朱筆所畫佛像,其背面現存墨字11行,與正面佛像成經緯狀,其圖版《中國藏黑水城漢文文獻》未收;殘片二為墨畫圖像殘片。

  錄文標點:

  (略)